Couvertures supérieure et inférieure
en couleur

VIE ET AVENTURES

DE

NICOLAS NICKLEBY

ROMAN ANGLAIS

TRADUIT AVEC L'AUTORISATION DE L'AUTEUR

PAR P. LORAIN

TOME PREMIER

PARIS
LIBRAIRIE HACHETTE ET Cie
79, BOULEVARD SAINT-GERMAIN, 79

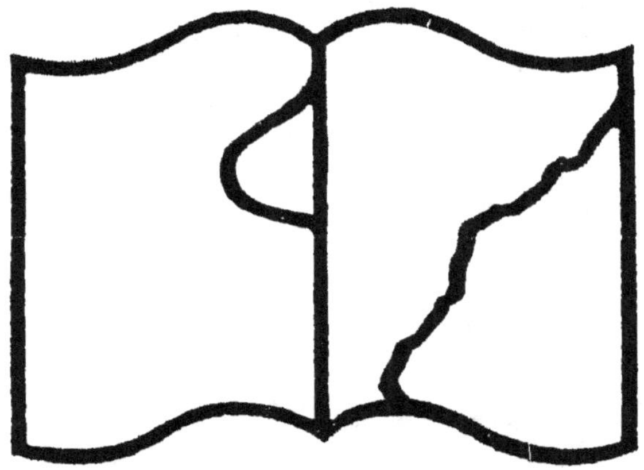

Texte détérioré — reliure défectueuse

NF Z 43-120-11

Librairie HACHETTE

ÉDITIONS A 1 FRANC 25 C. LE VOLUME

FORMAT IN-16 JÉSUS

BIBLIOTHÈQUE DES MEILLEURS ROMANS ÉTRANGERS

Ainsworth (W. Harrisson) : Abigail. 1 v. — Crichton. 2 v. — Jack Sheppard. 2 v.
Andersen : Livre d'images sans images. 1 v.
Anonymes : César Borgia. 2 v. — Les Pilleurs d'épaves. 1 v. — Paul Ferroll. 1 v. — Violetta. 1 v. — Whitehall. 2 v. — Whitefriars. 2 v. — Miss Mortimer. 1 v.
Azeglio (Massimo d') : Nicolas de Lapi. 2 v.
Beecher-Stowe (Mrs) : La case de l'oncle Tom. 1 v. — La Fiancée du ministre. 1 v.
Bersezio (V.) : Nouvelles piémontaises. 1 v.
Braddon (miss) : Œuvres. 33 v. — Aurora Floyd. 2 v. — Henry Dunbar. 2 v. — Lady Lisle. 1 v. — La trace du serpent. 2 v. — Le Cap. du Vautour. 1 v. — Le secret de lady Audley. 2 v. — Le Testament de John Marchmont. 2 v. — Le Triomphe d'Éléonor. 2 v. — Ralph l'intendant. 1 v. — La femme du Docteur. 2 v. — Le locataire de sir Gaspard. 2 v. — L'allée des Dames. 2 v. — Rupert Godwin. 2 v. — Le Brosseur du Lieutenant. 2 v. — Les Oiseaux de proie. 2 v. — L'Héritage de Charlotte. 2 v. — La Chanteuse des rues. 2 v. — Un fruit de la mer Morte. 2 v.
Bulwer-Lytton : Œuvres. 26 v. — Devereux. 2 v. — Ernest Maltravers. 1 v. — Le Dernier des Barons. 2 v. — Le Désavoué. 2 v. — Les Derniers jours de Pompéi. 1 v. — Mémoires de Pisistrate Caxton. 2 v. — Mon roman. 2 v. — Paul Clifford. 2 v. — Qu'en fera-t-il ? 2 v. — Rienzi. 2 v. — Zanoni. 1 v. — Eugène Aram. 2 v. — Alice ou les Mystères. 1 v. — Pelham. 2 v. — Jour et Nuit. 2 v.
Caballero (F.) : Nouvelles andalouses. 1 v.
Cervantès : Nouvelles. Trad. 1 v.
Cummins (miss) : L'allumeur de réverbères. 1 v. — Mabel Vaughan. 1 v. — La Rose du Liban. 1 v.
Currer Bell (miss Brontë) : Jane Eyre. 2 v. — Le Professeur. 1 v. — Shirley. 2 v.
Dickens (Charles) : Œuvres. 27 v. — Aventures de M. Pickwick. 2 v. Barnabé Rudge. 2 v. — Bleak-House. 2 v. — Contes de Noël. 1 v. — David Copperfield. 2 v. — Dombey et fils. 3 v. — La petite Dorrit. 2 v. — Le Magasin d'antiquités. 2 v. — Les temps difficiles. 1 v. — Nicolas Nickleby. 2 v. — Olivier Twist. 1 v. — Paris et Londres en 1793. 1 v. — Vie et Aventures de Martin Chuzzlewit. 2 v. — Les grandes Espérances. 2 v. — L'ami commun. 2 v.
Dickens et Collins : L'abîme. 1 v.
Disraeli : Sybil. 2 v. — Lothair. 2 v.
Douglas Jerrold : Sous les rideaux. 1 v.
Freytag (G.) : Doit et Avoir. 3 v.
Fullerton (lady) : L'oiseau du bon Dieu. 1 v. — Hélène Middleton. 1 v.
Gaskell (Mrs) : Œuvres 8 v. — Autour du sofa. 1 v. — Marie Barton. 1 v. — Cranford. 1 v.
— Marguerite Hall (Nord et Sud). 2 v. — Ruth. 1 v. — Les Amoureux de Sylvia. 2 v. — Cousine Phillis. 1 v.
Gerstaecker : Les deux Convicts. 1 v. — Pirates du Mississipi. 1 v. — Aventures d'une colonie d'émigrants en Amérique. 1 v.
Gœthe : Werther. 1 v.
Gogol (N.) : Tarass Boulba. 1 v.
Grenville Murray (E. C.) : La jeune Brésilienne. 2 v. — La cabale du boudoir. 2 v.
Hacklaender : Boutique et Comptoir. 1 v. — Le Moment du Bonheur. 1 v. — La vie militaire en Prusse. 4 séries.
Chaque série se vend séparément.
Hall (Cap. Basil) : Scènes de la Vie maritime. 1 v. — Scènes du Bord et de la Terre ferme. 1 v.
Hauff (W.) : Nouvelles. 1 v. — Lichtenstein. 1 v.
Hawthorne (N.) : La Lettre rouge. 1 v. — La Maison aux sept pignons. 1 v.
Heiberg (J.) : Nouvelles danoises. 1 v.
Hildreth : L'esclave blanc. 1 v.
Immermann : Les Paysans de Westphalie. 1 v.
James : Léonora d'Orco. 1 v.
Jenkin (Mrs) : Qui casse paie. 1 v.
Kavanagh (J.) : Tuteur et Pupille. 2 v.
Kingsley : Il y a deux ans. 2 v.
Kompert : Nouvelles juives. 1 v.
Lawrence : Maurice Dering. 1 v. — Guy Livingstone. 1 v. — Frontière et prison. 1 v. — L'épée et la robe. 1 v. — Honneur stérile. 2 v.
Lennep (J. Van) : Les Aventures de Ferdinand Huyck. 2 v.
Lever (Ch.) : Harry Lorrequer. 2 v. — L'homme du jour. 1 v.
Longfellow : Drames et poésies. 1 v.
Ludwig (O.) : Entre ciel et terre. 1 v.
Mayne-Reid : La piste de guerre. 1 v. — La Quarteronne. 1 v. — Le Doigt du Destin. 1 v. — Le roi des Séminoles. 1 v.
Melville (G. J. Whyte) : Les Gladiateurs. — Katerfelto. 1 v.
Mügge (Th.) : Afraja. 2 v.
Pouchkine : La Fille du Capitaine. 1 v.
Smith (J.-F.) : L'héritage (Dick Tarleton). 3 v.
Stephens (miss A.-S.) : Opulence et Misère. 1 v.
Thackeray : Œuvres. 9 v. — Henry Esmond. 2 v. — Histoire de Pendennis. 3 v. — La Foire aux Vanités. 2 v. — Le Livre des Snobs. 1 v. — Mémoires de Barry Lyndon. 1 v.
Tourguéneff : Mém. d'un seigneur russe. 1 v.
Trollope (A.) : Le domaine de Belton. 1 v.
Trollope (Mrs) : La Pupille. 1 v.
Wilkie Collins : Le Secret. 1 v. — La Pierre de Lune. 2 v. — Mademoiselle ou Madame. 1 v. — Mari et Femme. 2 v. — La Morte vivante. 1 v. — La Piste du crime. 2 v. — Pauvre Lucile ! 2 v. — Cache-Cache. [illegible]
Wood (Mrs H.) : [illegible]
Zschokke : Addrich des Mousses. 1 v. — Le Château d'Aarau. 1 v.

Coulommiers. — Imprimerie P. BRODARD et GALLOIS.

VIE ET AVENTURES

DE

NICOLAS NICKLEBY

OUVRAGES DU MÊME AUTEUR

QUI SE VENDENT A LA MÊME LIBRAIRIE

Œuvres de Charles Dickens, traduites de l'anglais, sous la direction de P. Lorain. 28 vol.

Aventures de M. Pickwick. 2 vol.
Barnabé Rudge. 2 vol.
Bleak-House. 2 vol.
Contes de Noël. 1 vol.
David Copperfield. 2 vol.
Dombey et fils. 3 vol.
La petite Dorrit. 2 vol.
Le Magasin d'antiquités. 2 vol.
Les temps difficiles. 1 vol.
Olivier Twist. 1 vol.
Paris et Londres en 1793. 1 vol.
Vie et aventures de Martin Chuzzlewit. 2 vol.
Les grandes Espérances. 2 vol.
L'ami commun. 2 vol.
Le mystère d'Edwid Drood. 1 vol.

Dickens et Collins : L'Abîme, traduit de l'anglais, par Mme Judith. 1 vol.

Coulommiers. — Typographie P. BRODARD et GALLOIS.

CH. DICKENS

VIE ET AVENTURES
DE
NICOLAS NICKLEBY

ROMAN ANGLAIS

TRADUIT AVEC L'AUTORISATION DE L'AUTEUR

PAR P. LORAIN

TOME PREMIER

PARIS
LIBRAIRIE HACHETTE ET Cie
79, BOULEVARD SAINT-GERMAIN, 79

1885

NICOLAS NICKLEBY.

CHAPITRE PREMIER.

Introduction générale.

Il y avait une fois, dans un coin du Devonshire, un digne gentleman du nom de Godefroy Nickleby, qui avait attendu un peu tard pour se décider à se marier. Comme il n'était ni assez jeune ni assez riche pour aspirer à la main de quelque héritière, il avait épousé, par pure affection, une vieille inclination. La dame, en le prenant, n'avait pas eu non plus d'autre motif. Ce n'est pas la première fois que l'on voit deux personnes, qui ne peuvent pas se permettre de jouer de l'argent, prendre néanmoins les cartes et se faire vis-à-vis pour jouer tranquillement ensemble une partie de pur agrément.

Peut-être des esprits chagrins, qui se plaisent à tourner en ridicule la vie matrimoniale, me reprocheront-ils de n'avoir pas plutôt comparé ce couple modeste à deux champions de nos boxes anglaises qui, voyant les fonds bas et les souteneurs rares, aiment mieux, par un goût chevaleresque pour leur art, se mesurer ensemble, pour le seul plaisir de s'entretenir la main. Et je ne puis disconvenir que, sous un certain rapport, la comparaison ne s'appliquerait pas mal ici. Car, de même que les deux héros de la boxe font circuler, après la lutte, un chapeau à la ronde pour recevoir de la générosité des spectateurs le moyen d'aller se régaler ensemble, de même M. et Mme Godefroy Nickleby, une fois la lune de miel disparue, jetèrent autour d'eux un regard soucieux sur le monde, pour envisager les chances qu'il pourrait leur offrir d'ajouter quelque chose à leurs ressources, le revenu de M. Nickleby, au moment de son mariage, flottant entre quinze cents et deux mille francs de rente au plus.

Il y a bien assez de monde sur la terre, bon Dieu! Et particulièrement à Londres, où M. Nickleby faisait alors sa résidence, on n'entend guère se plaindre du défaut de population. Eh bien! on ne saurait croire combien on peut regarder longtemps dans toute cette foule, sans y découvrir le visage d'un ami. Ce n'est pourtant que trop vrai. M. Nickleby en fit l'expérience. Il eut beau regarder, regarder tant, que ses yeux en devinrent aussi tristes que son cœur, pas un ami n'apparut, et lorsque, fatigué de chercher, il ramena ses regards sur son intérieur, il n'y trouva pas grande consolation à ses recherches infructueuses. Un peintre, qui a trop longtemps fixé la vue sur des couleurs éblouissantes, a la ressource de rafraîchir ses yeux troublés en les reportant sur quelque teinte plus foncée et plus sombre, mais, pour M. Nickleby, tous les objets qui s'offraient à ses regards étaient d'un noir si lugubre qu'il aurait été charmé d'y trouver plutôt, au risque d'en être ébloui, quelque contraste éclatant.

Enfin, au bout de cinq ans, lorsque Mme Nickleby eut fait présent de deux fils à son époux, et que ce gentleman dans l'embarras, préoccupé de la nécessité de pourvoir à la subsistance de sa famille, songeait sérieusement à aller prendre une assurance sur la vie pour le premier trimestre, et puis à se laisser choir après cela par accident du haut de la fameuse colonne, il reçut un matin par la poste une lettre bordée de noir qui l'informait que son oncle, M. Ralph Nickleby, venait de mourir, et lui avait laissé en totalité son petit avoir, montant à la somme de cent vingt-cinq mille francs.

Jusque-là le défunt n'avait guère donné signe de vie à son neveu. Une fois cependant il lui avait envoyé pour son fils aîné, que, par une prévoyance utile, le père avait décoré du nom de baptême de son grand-oncle, une cuiller d'argent, dans un étui de maroquin. Comme l'enfant n'avait pas grand'chose à manger avec la cuiller, cela pouvait passer pour une moquerie détestable de ce qu'il était né sans avoir seulement, à l'usage de sa bouche affamée, cette pièce d'argenterie intéressante. Aussi M. Nickleby, qui n'avait pas été gâté par la générosité du cher oncle, en pouvait croire à peine ses yeux quand il lut la lettre funèbre qui lui annonçait cette consolante nouvelle. Cependant ses informations ne firent que la confirmer avec exactitude. Le bon vieux gentleman avait eu d'abord, à ce qu'il paraît, l'intention de laisser tout son bien à la *Société royale d'humanité;* il avait même fait un testament à cet effet. Mais cette institution charitable ayant eu le malheur, quelques mois avant, de sauver la vie à un pauvre parent des Nickleby, auquel il servait une rente de dix-sept francs quarante centimes par mois, il avait, dans un accès d'exaspération bien naturelle, révoqué, dans un codicille, le legs fait à la Société, en faveur de M. Godefroy Nickleby, et il n'avait pas manqué d'y faire une mention spéciale de son indignation, non-seulement contre la Société, qui avait eu la maladresse de sauver la vie à ce malheureux, mais contre le malheureux lui-même qui s'était permis de se laisser sauver la vie par la Société d'humanité.

M. Godefroy Nickleby employa une partie de cet héritage à l'acquisition d'une petite ferme près de Dawlish, dans le Devonshire, et s'y retira avec sa femme et ses deux enfants pour y vivre à la fois de l'intérêt le plus élevé que pourrait lui rapporter le reste de son argent, et du petit produit qu'il pourrait tirer de son domaine. Il y réussit si bien qu'à sa mort, quelque quinze ans après cette époque, quelque cinq ans après la perte de sa femme, il put laisser à son fils aîné Ralph soixante-quinze mille francs écus, et à Nicolas, son cadet, vingt-cinq mille francs en sus de la ferme, qui constituait une terre domaniale aussi petite qu'on pût le souhaiter.

Ces deux frères avaient été élevés ensemble dans une pension d'Exeter. Et, pendant leur sortie de chaque semaine, ils avaient souvent recueilli, des lèvres de leur mère, le long récit des souffrances qu'avait endurées leur père dans ses jours de pauvreté, et de l'importance dont avait joui feu leur oncle dans ses jours d'opulence. Ces souvenirs produisirent sur eux des impressions très-différentes. Pendant que le plus jeune, qui était d'un esprit timide et contemplatif, n'y trouvait qu'un avertissement sérieux de fuir le grand monde et de s'attacher plus que jamais à la routine paisible de la vie des champs, Ralph, l'aîné, raisonnant sur ces contes d'autrefois si souvent répétés, en tirait la conséquence qu'il n'y a pas d'autre source de bonheur et de puissance que la richesse, et que tous les moyens sont bons pour l'acquérir, pourvu qu'ils ne soient pas précisément criminels. « Ainsi, se disait Ralph en lui-même, si l'argent de mon oncle n'a pas absolument produit grand bien pendant sa vie, il en a produit beaucoup après sa mort; car c'est mon père qui en profite maintenant et qui me le garde pour plus tard; n'est-ce pas un but très-vertueux? Et, pour en revenir au vieil oncle, il en a aussi tiré un grand bien, puisqu'il a eu le plaisir d'y penser toute sa vie et d'être un objet d'envie et de déférences respectueuses pour tout le reste de sa famille. » Et Ralph ne manquait jamais de terminer ces soliloques intérieurs par cette conclusion qu'il n'est rien tel que l'argent.

Trop conséquent pour s'en tenir à la théorie ou pour laisser ses facultés se rouiller, même à un âge si tendre, dans de pures abstractions d'esprit, ce garçon plein d'avenir commença dès l'école le métier d'usurier sur une échelle limitée, plaçant d'abord à gros intérêt un petit capital de crayons d'ardoise et de billes, puis étendant graduellement ses opérations financières, si bien qu'elles finirent par comprendre la monnaie de billon du royaume de la Grande-Bretagne, sur laquelle il spécula avec un profit considérable. Et n'allez pas croire qu'il embarrassât l'esprit de ses débiteurs par des calculs fastidieux en chiffres, ou des concordances avec les tables de Barême. Sa règle d'intérêt était bien simple, elle se résumait dans cette maxime qui valait son pesant d'or : Quatre sols pour deux liards. C'était un adage précieux pour simplifier les comptes, et sa forme familière le rendait plus propre encore à se graver dans la mémoire que toutes les règles de l'arithmétique. Aussi nous ne saurions trop le recommander à l'attention des capitalistes, petits ou grands, et plus particulièrement à celle des courtiers de change et des escompteurs de billets. Au reste, il faut rendre justice à ces messieurs, il y a déjà bon nombre d'entre eux qui n'ont pas cessé d'en faire un usage quotidien, avec un succès remarquable.

Le jeune Ralph, par le même principe, et pour éviter tous ces calculs minutieux et subtils de décompte et d'appoint, toujours embarrassants pour ceux qui supputent rigoureusement le nombre des jours d'intérêt, avait établi en règle générale que toute somme, principal et intérêt, serait payée le jour où on donne la semaine, c'est-à-dire le samedi, et que pour tout prêt, contracté soit le lundi, soit le vendredi, le montant de l'intérêt serait toujours le même. En effet, il disait, et avec une grande apparence de raison, qu'on doit prendre un peu plus cher pour un jour que pour cinq, d'autant plus qu'il y a de fortes présomptions que l'emprunteur, dans le premier cas, est dans une extrémité plus pressante, autrement il n'emprunterait pas avec de telles chances contre lui. Ce dernier trait a cela d'intéressant qu'il met dans tout son jour le lien secret et la mystérieuse sympathie qui unissent toujours les grands esprits. Quoique maître Ralph Nickleby ne fût pas d'âge encore à avoir pu étudier les règles de l'art, il avait déjà deviné par la force de son génie les procédés des honorables prêteurs dont nous parlions tout à l'heure, qui ne manquent pas de faire servir le même principe de base à toutes leurs transactions.

D'après ce que nous avons dit de ce jeune gentleman et l'admiration bien naturelle que le lecteur ne peut manquer de consavoir immédiatement pour son caractère, on pourrait supposer que c'est lui qui sera le héros du livre que nous présentons au public. Pour éviter tout malentendu à cet égard, nous nous empressons de le détromper une fois pour toutes et de passer vite au récit des faits.

A la mort de son père, Ralph Nickleby, qui avait été placé peu de temps auparavant dans une maison de commerce de Londres, s'appliqua avec ardeur à la poursuite de son rêve, gagner de l'argent. Il s'absorba, il s'ensevelit tout entier dans cette passion, au point d'en oublier presque son frère pendant plusieurs années, et si, parfois, un souvenir de l'ancien compagnon des jeux de son enfance venait illuminer les ténèbres dans lesquelles il passait sa vie, car l'or enveloppe l'avare comme d'un brouillard confus, plus funeste à tous ses sentiments d'autrefois et plus asphyxiant pour sa sensibilité que les vapeurs du charbon; ce souvenir se présentait toujours accompagné de cette idée que s'ils renouaient leur intimité, l'autre viendrait lui emprunter de l'argent. Aussi M. Ralph Nickleby se contentait de hausser les épaules en disant qu'il valait mieux que les choses restassent comme elles étaient.

Quant à Nicolas, il vécut célibataire du produit de son patrimoine, jusqu'au jour où, las de son isolement, il prit pour femme la fille d'un gentleman du voisinage, avec une dot de vingt-cinq mille francs. Cette excellente dame lui donna deux enfants, un fils et une fille, et quand le garçon approcha de ses dix-neuf ans, la fille en avait quatorze, du moins à ce que nous pouvons croire, car il était difficile de savoir l'âge précis des dames avant le nouvel acte du parlement, vu que les registres de province n'en contenaient aucune trace. M. Nickleby songea sérieusement au moyen de réparer les tristes brèches faites à sa fortune par l'accroissement de sa famille, et par la nécessité de pourvoir aux frais de leur éducation.

« Faites des spéculations avec votre capital, disait Mme Nickleby.

— Des spéculations, ma chère? disait M. Nickleby avec hésitation.

— Pourquoi pas? demandait Mme Nickleby.

— Parce que, ma chère, si nous venions à le perdre,... répliquait M. Nickleby, qui n'avait pas la parole vive et prompte, si nous venions à le perdre, nous n'aurions plus de quoi vivre, ma chère.

— Bah! disait Mme Nickleby.

— Je n'en suis pas sûr du tout, disait M. Nickleby.

— Voilà Nicolas, poursuivait la dame, qui est tout à fait en âge, il est temps qu'on le mette à même de se tirer d'affaire; et Catherine aussi, la pauvre fille, qui n'a pas un écu pour tout bien. Regardez votre frère, serait-il ce qu'il est, s'il n'avait pas fait des spéculations?

— C'est vrai, reprit M. Nickleby. Vous avez raison, ma chère; oui, je ferai des spéculations, ma chère. »

Spéculer, c'est bientôt dit. Les joueurs ne savent guère en débutant ce qu'ils ont de chances dans leurs cartes. Le gain peut être considérable, mais aussi la perte. Le sort ne fut pas favorable à M. Nickleby. Il y eut un coup de bourse; vient une déconfiture, la bulle crève, et voilà quatre agents de change partis pour résider dans des villas de Florence, quatre cents pauvres diables ruinés : M. Nickleby était du nombre.

« La maison même où je demeure, disait en soupirant le malheureux gentleman, peut m'être enlevée dès demain. Je n'ai pas un meuble qui ne doive bientôt passer dans des mains étrangères. »

Cette dernière réflexion lui fit tant de peine qu'il se mit aussitôt au lit, peut-être pour sauver au moins ce meuble-là, à tout hasard.

« Allons, du courage, monsieur, disait l'apothicaire.

— Il ne faut pas vous laisser abattre, disait la garde.

— Cela se voit tous les jours, remarquait l'homme de loi.

— Et c'est un gros péché de vous révolter contre la Providence, lui disait à voix basse le ministre.

— Et c'est une chose qui n'est pas permise à un homme qui a de la famille, » ajoutaient les voisins.

M. Nickleby hocha la tête, et priant qu'on les fît tous sortir de sa chambre, il embrassa sa femme et ses enfants, puis, après les avoir tour à tour pressés contre son cœur défaillant, il retomba épuisé sur son chevet. Ils eurent toute raison de croire que sa raison s'égara après cette dernière émotion; car il se mit à parler longuement de la générosité et du bon cœur de son frère, du bon vieux temps, quand ils étaient ensemble au collége. Quand cet accès de délire fut passé, il se recommanda par une prière solennelle à *celui* qui n'a jamais abandonné la veuve et l'orphelin, puis, leur souriant doucement, détourna la tête, disant qu'il se sentait le besoin de dormir.

CHAPITRE II.

M. Ralph Nickleby, son établissement et ses entreprises. Grande compagnie par actions d'une vaste importance nationale.

M. Ralph Nickleby n'était pas, à proprement parler, comme qui dirait un négociant; ce n'était pas non plus un banquier, ni un procureur, ni un avocat consultant, ni un notaire. Ce n'était certainement pas un marchand; bien moins encore aurait-il pu prendre le titre de quelque spécialité professionnelle, car il eût été impossible de citer une profession connue à laquelle il appartînt. Néanmoins, comme il habitait dans Golden-square une maison spacieuse, ornée d'abord d'une plaque de cuivre sur la porte de la rue, puis d'une autre deux fois plus petite sur le guichet à gauche, juste au-dessus d'une petite main de bronze traversée d'une brochette pour servir de marteau, et qu'on y pouvait lire en grosses lettres le mot *bureau*, il était clair que M. Ralph Nickleby faisait ou prétendait faire des affaires de quelque nature. Et si l'on en voulait une preuve plus irrécusable encore, on n'avait, pour dissiper ses doutes, qu'à observer la scrupuleuse exactitude avec laquelle, tous les jours, de neuf heures et demie à cinq heures, un homme à face blême, en habit jadis noir, la plume à l'oreille, se tenait assis sur un tabouret extrêmement dur dans une espèce d'office, au bout du corridor, excepté quand il venait ouvrir la porte en entendant sonner dehors.

Quoiqu'il y ait autour de Golden-square quelques maisons occupées par des professions graves, on ne peut pas dire précisément que ce soit sur le chemin de personne, ni que cela mène nulle part. C'est un des squares qui ont fini d'exister, un quartier de la ville qui a disparu du monde et qui ne se compose guère que de chambres garnies. Les premiers et les seconds étages y sont presque tous loués meublés à des célibataires; on y prend des pensionnaires pour la table. C'est un grand rendez-vous d'étrangers. Les hommes au teint basané, qui portent de larges bagues au doigt, de longues et pesantes chaînes de montre, des favoris touffus, et qui se rassemblent sous les colonnes de l'Opéra, ou dans la saison autour du bureau de location, entre quatre et cinq heures de l'après-midi, au moment où l'on délivre les billets de faveur, demeurent tous à Golden-square ou dans une des rues adjacentes; il y a deux ou trois violons et une flûte qui y font leur résidence. Ses pensions bourgeoises sont toutes musicales, et les notes qui s'échappent des pianos et des harpes voltigent la nuit autour de la statue lugubre, le génie du lieu, qui semble avoir sous sa garde un petit désert d'arbres nains, au centre de la place. Par une nuit d'été, le passant peut voir les fenêtres toutes grandes ouvertes, garnies d'hommes à moustaches, au teint bistreux, flânant à la croisée, et fumant à faire trembler. Des éclats de voix rauques, qui s'exercent à vocaliser, usurpent le silence du soir, et les vapeurs d'un tabac exquis parfument les airs. Là, cigares et tabatières, flûtes et clarinettes, basses et violons se partagent l'empire de ce petit royaume. C'est le pays des chants et du tabac. Les orchestres ambulants se sentent là sur leur théâtre, et les chanteurs des rues, en pénétrant dans son enceinte, font vibrer des accents plus vigoureux et des cadences plus sonores.

Il semble au premier abord que ce n'était pas précisément là un quartier propice aux affaires. Toutefois, depuis plusieurs années que M. Ralph Nickleby s'y était fixé, il ne s'en était jamais plaint. Il ne connaissait personne à la ronde, comme il n'était connu de personne, quoiqu'il y eût la réputation d'un homme immensément riche. Les marchands supposaient que c'était un homme de loi, et les autres voisins pensaient plutôt qu'il tenait une agence générale. Ce n'était pas de part et d'autre plus mal deviné qu'on ne fait d'ordinaire quand on s'occupe des affaires d'autrui.

M. Ralph Nickleby était assis un matin dans son cabinet particulier, tout prêt à sortir. Il portait un spencer vert-bouteille par-dessus un habit bleu : un gilet blanc, un pantalon gris mélangé, enfoncé dans des bottes à la Wellington. Le bout d'un jabot sur une chemise à petits plis, impatient de se montrer à son avantage, faisait tout ce qu'il pouvait pour se dégager de la prison où il étouffait, entre le menton du personnage et le bouton d'en haut, qui fermait son spencer. Ce pardessus, autrefois à la mode, ne descendait pas assez par devant pour masquer une longue chaîne de montre en or, composée d'une série d'anneaux unis, dont le premier partait d'une montre d'or à répétition placée dans le gousset de M. Nickleby, et dont le dernier était orné de deux petites clefs, l'une appartenant à la montre même, et l'autre à quelque cadenas de sûreté. Il avait sur la tête une légère pointe de poudre destinée sans doute à lui donner un air bienveillant, mais, si tel était son but, il aurait peut-être mieux fait, pendant qu'il y était, de poudrer aussi sa figure, car il y avait dans ses rides mêmes, et dans son œil glacé, qui n'était jamais en repos, quelque chose qui trahissait un esprit rusé en dépit de ses efforts pour le dissimuler. Bref, quoi qu'il en soit, M. Ralph était donc là dans son cabinet, tout seul, et par conséquent ni sa poudre, ni ses rides, ni ses yeux, ne produisaient le moindre effet, ni bon ni mauvais, sur personne, et n'ont jusqu'à présent rien à faire avec nous.

M. Nickleby ferma un livre de compte qui était ouvert devant lui sur son bureau, puis, se rejetant en arrière dans son fauteuil, il porta d'un air distrait les yeux à travers les vitres poudreuses de sa fenêtre. Il y a à Londres des maisons qui ont sur le derrière un petit bout de terrain bien triste, ordinairement flanqué de quatre grands murs badigeonnés et couronnés d'un rang de cheminées qui n'ajoutent pas à l'agrément du paysage. Là, au fond de ce petit puits, s'étiole, tout le long de l'année, un arbre rabougri qui se donne les airs de vouloir pousser quelques feuilles en automne, à l'époque où elles tombent chez les autres; puis, succombant sous l'effort, tout crevassé, tout enfumé, il retombe encore une fois dans sa langueur jusqu'à l'été suivant, où il donne une nouvelle représentation avec le même succès Pourtant, si la température devient par hasard tout à fait favorable, il n'est pas sans exemple que ses branches aient attiré par leur séduction quelque pierrot mélancolique. Il y a des gens qui donnent à ces cours sombres le nom de « jardins. » Pourquoi? je n'en sais rien. Personne ne peut supposer qu'ils aient jamais été plantés; il est bien plus vraisemblable que c'étaient dans l'origine quelques tas de déblais restés sans maître, embellis par la végétation qui peut naître dans des plâtras. Quelque panier sans fond, quelques débris de bouteilles cassées qu'on y jette à l'occasion, quand quelque locataire emménage, y restent fidèlement jusqu'à son déménagement; la paille humide qu'on y dépose met à moisir tout le temps qu'il lui plaît, sans que personne la dérange, et se mêle agréablement au buis rare des bordures, aux arbres verts qui sont jaunes, aux pots à fleurs ébréchés qui sont renversés là, tristement en proie aux limaces, sous les gouttières. Tel était le jardin que M. Ralph Nickleby contemplait à travers la fenêtre, assis dans son fauteuil, et les mains dans ses goussets. Il avait les yeux fixés sur un sapin tortu, planté par quelque ancien locataire dans un baquet, jadis peint en vert, mais qu'on avait laissé, par insouciance, depuis bien des années déjà, pourrir petit à petit tout à son aise. Ce n'était pas précisément un coup d'œil divertissant, mais M. Nick-

leby était enseveli dans une méditation profonde, et semblait prêter à ce tableau peu séduisant une attention qu'il n'aurait certainement pas voulu prêter sciemment à l'examen de la plante exotique la plus rare. A la fin ses yeux s'égarèrent à gauche, sur une autre petite croisée non moins sale, à travers laquelle on voyait confusément la figure du commis, dont il rencontra les regards; il lui fit signe de venir.

Docile à cette invitation, le clerc laisse là sa haute escabelle, polie comme un miroir par un long commerce avec sa culotte, et se présente dans le cabinet de M. Nickleby. C'était un homme grand, entre deux âges, avec des yeux à fleur de tête, dont l'un paraissait immobile, le nez rubicond, la face cadavéreuse, un accoutrement mal assorti de vêtements qui montraient la corde, beaucoup trop petits pour sa taille, et où l'on avait ménagé les boutons avec une telle économie, qu'il lui fallait bien de l'habileté pour réussir à les faire tenir sur lui.

« N'est-il pas midi et demi, Noggs? dit M Nickleby d'une voix aigre et rude.

— Il n'est encore que vingt-cinq minutes au.... (Noggs allait dire : au cabaret; mais il se ravisa prudemment).

— A Saint-Paul, continua-t-il.

— Ma montre s'est donc arrêtée? dit M. Nickleby; je ne sais comment cela se fait.

— Pas montée, dit Noggs.

— Si, dit M. Nickleby.

— Alors démontée, reprit Noggs.

— J'espère que non, répliqua M. Nickleby.

— Il faut bien, dit Noggs.

— C'est bon, dit M. Nickleby, remettant dans sa poche la montre à répétition; peut-être bien. »

Noggs poussa un petit grognement à son usage, par lequel il terminait toute discussion avec son maître, pour faire entendre que c'était lui qui triomphait, et (comme il parlait rarement si ce n'est pour répondre) il retomba dans son silence bourru, et se frotta lentement les mains l'une contre l'autre, non sans faire craquer successivement ses doigts dans leurs jointures et les serrer de manière à leur imprimer toute sorte de contorsions. Cette habitude routinière à laquelle il satisfaisait à tout propos, et le regard fixe qu'il avait soin de communiquer à son bon œil pour le mettre d'accord avec le mauvais, de manière à dépister le curieux qui aurait voulu savoir de quel œil il regardait, étaient deux singularités de M. Noggs, qui n'en manquait pas, et frappaient tout d'abord l'observateur qui le voyait pour la première fois.

« Je vais ce matin à la *Taverne de Londres*, dit M. Nickleby.
— Séance publique? » demanda Noggs.

M. Nickleby fit un signe de tête d'assentiment. « J'attends une lettre de l'avoué pour cette hypothèque de Ruddle. Si elle venait, ce ne sera toujours que par la distribution de deux heures. C'est le moment où je sortirai de la Cité pour aller à Charing-cross : je prendrai le trottoir de gauche; s'il y a quelque lettre, venez à ma rencontre, vous me l'apporterez. »

Noggs lui rendit son signe de tête, et il n'avait pas fini qu'on sonna à la porte du bureau. Le patron leva les yeux de dessus ses papiers, et le clerc resta sans bouger.

« La sonnette, dit Noggs, attendant une explication. Vous y êtes?

— Oui.

— Pour tout le monde?

— Oui.

— Pour le percepteur?

— Non. Il reviendra. »

Encore le petit grognement habituel, ce qui voulait dire : Je le savais bien. Et le bruit de la sonnette ayant recommencé, Noggs ouvre la porte et ramène, en annonçant M. Bonney, un gentleman pâle et haletant, les cheveux dressés sur la tête dans un grand désordre, avec une cravate blanche d'un pouce de large, nouée négligemment autour du cou; à le voir, on eût dit qu'il avait passé une mauvaise nuit sans se déshabiller.

« Mon cher Nickleby, dit le monsieur, prenant à la main son chapeau blanc, si plein de papiers qu'il n'y avait plus de place pour le faire tenir sur sa tête, nous n'avons pas un moment à perdre, j'ai un cab à la porte. M. Mathieu Pupker préside, et nous avons positivement trois membres du parlement qui doivent venir. Je viens d'en voir deux se lever en bon état; le troisième, qui a passé toute la nuit à Crockford, n'a pris que le temps de retourner chez lui pour mettre une chemise blanche et prendre une bouteille ou deux de soda water, et il ne manquera pas de venir nous retrouver à temps pour l'adresse proposée à la réunion. Il a encore un peu d'excitation de la nuit dernière, mais n'importe, il n'en parle jamais moins haut pour cela.

— Voilà qui a l'air de marcher assez bien, dit M. Ralph Nickleby, dont les manières réfléchies faisaient un contraste parfait avec la vivacité de son collègue en affaires.

— Assez bien! répéta M. Bonney; c'est la plus belle idée qu'on ait jamais conçue. *Compagnie de l'Union métropolitaine pour le perfectionnement des petits pains chauds et tartelettes*, ren-

dus exactement à domicile. Capital soixante-quinze millions, divisés en cinq cent mille actions de deux cent cinquante francs. Ma foi! le titre seul vaudra aux actions une prime avant dix jours.

— Et alors, quand les actions seront en prime? dit M. Ralph Nickleby avec un sourire.

— Alors vous savez mieux que personne l'usage qu'il en faut faire, et comment on se retire à propos, dit M. Bonney en lui donnant familièrement une petite tape sur l'épaule. Mais à propos, vous avez là un clerc bien remarquable.

— Oui, le pauvre diable! répondit Ralph en mettant ses gants, et cependant M. Newman Noggs a eu dans son temps des chevaux et une meute.

— Ah! vraiment! dit l'autre négligemment.

— Mais oui, continua Ralph, et il n'y a pas encore de cela bien des années. Mais c'est un homme qui jetait son argent par la fenêtre, il le plaçait n'importe comment, il empruntait à intérêt; bref, il a commencé par des folies, il a fini par la misère. Alors il s'est mis à boire, il a eu une attaque de paralysie, et puis il est venu pour me demander de lui prêter vingt-cinq francs, sous prétexte que, dans le temps de sa fortune, j'avais...

— Fait affaire avec lui, dit M. Bonney d'un air moqueur.

— Justement, répliqua Ralph. Je ne les lui ai pas prêtés, vous comprenez.

— Oh! comme de raison.

— Mais comme il me fallait justement un employé pour ouvrir la porte, etc., je l'ai recueilli par charité, et il est resté depuis ce temps-là avec moi. Je le crois un peu timbré, dit M. Nickleby, prenant un air de compassion. Mais il me rend des services, le pauvre bonhomme, il me rend des services. »

Le charitable gentleman ne jugea pas à propos d'ajouter que Newman Noggs, étant tout à fait sans ressource, le servait à moitié prix de ce qu'on donne à un petit clerc de treize ans. Il oublia également, dans cet exposé rapide, que la taciturnité excentrique de Noggs le lui rendait particulièrement précieux dans un emploi où il y avait à faire bien des petites choses dont il n'était pas désirable qu'on fût informé au dehors. L'autre monsieur était, d'ailleurs, pressé de s'en aller; et, comme ils terminèrent cet entretien à la hâte, pour se jeter dans le cabriolet de louage qui les attendait, c'est sans doute pour cela que M. Nickleby n'eut pas le temps de spécifier des circonstances d'ailleurs si peu intéressantes.

Quel fracas ils trouvèrent à leur arrivée dans la rue de Bishopsgate-within! Ils descendirent au travers d'une demi-douzaine d'hommes-affiches qui couraient des bordées par un vent affreux pour tourner aux passants les avis gigantesques sous le poids desquels ils étaient courbés, annonçant au public qu'à une heure précise il se tiendrait une réunion, pour prendre en considération la nécessité d'adresser au parlement une pétition en faveur de la *Compagnie de l'Union métropolitaine pour le perfectionnement des petits pains chauds et tartelettes rendus exactement à domicile, capital soixante-quinze millions, divisé en cinq cent mille actions de deux cent cinquante francs.* Toutes ces sommes rebondissaient en chiffres monstres d'un noir luisant. M. Bonney joua du coude hardiment au travers de la foule, et monta l'escalier en recevant le long du chemin une foule de révérences respectueuses des huissiers qui se tenaient sur les paliers pour introduire le monde; et suivi de M. Nickleby, il plongea dans une enfilade de chambres derrière la grande salle où se tenait le public. Il entra dans un cabinet où se tenaient autour d'une table des hommes d'affaires, à ce qu'il semblait.

« Silence ! s'écria un monsieur à double menton, en voyant M. Bonney se présenter en personne. Un fauteuil, messieurs, un fauteuil ! »

Les nouveaux venus furent accueillis par un sentiment de bienveillance universel, et M. Bonney s'empressa d'aller prendre le haut bout de la table, ôta son chapeau, passa ses doigts dans ses cheveux, prit un petit marteau dont il donna sur la table un coup à tout rompre, sur quoi plusieurs messieurs crièrent : Silence ! et se firent mutuellement d'aimables signes de tête qui voulaient dire : Hein ! quel gaillard ! Au même instant un huissier, dans une agitation fiévreuse, se précipita dans la chambre, et ouvrant la porte avec fracas, cria à tue-tête : « M. Mathieu Pupker ! » Le comité se leva et battit des mains pour exprimer sa joie; puis, pendant qu'ils battaient des mains, entra M. Mathieu Pupker, escorté de deux membres *à vie* du parlement, l'un d'Irlande et l'autre d'Écosse, tous souriant, saluant, ayant un air si agréable qu'on se demandait avec étonnement comment on pourrait avoir le cœur de voter contre des personnages si avenants. Sir Mathieu Pupker surtout, qui avait une petite tête ronde, surmontée d'un joli toupet de filasse, tomba dans un paroxysme de salutations si empressées, qu'à chaque instant le toupet menaçait de faire un plongeon. Quand ces symptômes se furent un peu calmés, ceux de ces messieurs qui étaient en position de converser avec sir Mathieu Pupker, ou les deux autres membres du parlement, formèrent autour d'eux trois petits groupes, près desquels les autres moins heureux se tenaient languissamment, le sourire sur les lèvres, et se frottant les mains par contenance, dans l'espérance de quelque circonstance inespérée qui les mettrait à même de se faire mieux connaître. Pendant tout ce temps, sir Mathieu Pupker et les deux autres membres racontaient à leurs cercles respectifs quelles étaient les intentions du gouvernement sur la présentation du bill. Ils leur communiquaient en détail tout ce que le gouvernement leur avait dit à l'oreille la dernière fois qu'ils avaient dîné chez lui, sans oublier le coup d'œil mystérieux dont le gouvernement avait accompagné cette confidence : d'où ils étaient fondés à conclure que, si le gouvernement avait quelque chose à cœur, il n'avait rien de plus à cœur que le succès et la prospérité de la compagnie d'union métropolitaine pour le perfectionnement des petits pains chauds et tartelettes, rendus avec exactitude à domicile.

En attendant, pendant qu'on réglait le programme de la séance et que l'on arrangeait, à la satisfaction de tous les orateurs, l'ordre des discours qu'ils allaient faire, le public de la grande salle promenait ses regards de l'estrade encore vide à la galerie musicale pleine de dames. Il n'y avait guère plus d'une couple d'heures que la plus grande partie de l'auditoire prenait plaisir à cet amusement (mais on se blase de tout, et la satiété suit la jouissance des divertissements les plus agréables), lorsque des esprits chagrins commencèrent à marquer la mesure sur le parquet avec leurs talons de bottes, et à exprimer leur mécontentement par une grande variété de cris et de clameurs. Ces exercices vocaux se remarquaient naturellement de préférence chez ceux qui avaient attendu plus longtemps, c'est-à-dire chez les premiers venus, et par conséquent les plus voisins de l'estrade et les plus reculés des policemen de service, qui, ne se souciant pas de faire le coup de poing pour percer la foule, mais se sentant obligés en conscience de faire quelque démonstration pour apaiser le tumulte, se mirent immédiatement en devoir de tirer à eux comme ils purent, l'un par le collet, l'autre par les pans de son habit, les innocents qui se trouvaient près de la porte. Bien entendu qu'ils entremêlaient cet intermède de coups de trique étourdissants, selon les procédés de leur art, à l'instar de leur ingénieux modèle, M. Polichinelle, dont cette branche du pouvoir exécutif imite à ravir dans l'occasion l'habile maniement des armes.

Il se livrait déjà sur plusieurs points des escarmouches assez vives, lorsqu'un grand tumulte attira l'attention, même des parties belligérantes, et alors se répandit sur l'estrade, par une porte latérale, un long flot de gentlemen, le chapeau à la main tous regardant derrière eux en poussant des cris joyeux, dont la cause s'expliqua d'elle-même quand on vit sir Mathieu Pupker et les deux autres membres du parlement apparaître sur le devant du théâtre, au milieu d'applaudissements assourdissants, et exprimant par leurs gestes muets et leur attitude admirative qu'en vérité ils n'avaient jamais joui d'un si beau coup d'œil dans tout le cours de leur carrière publique.

Enfin l'assemblée cessa le vacarme, mais pour le recommencer de plus belle pendant cinq minutes, quand un vote unanime eut appelé sir Mathieu Pupker au fauteuil de la présidence. Alors sir Mathieu Pupker se mit à dire combien il se sentait ému dans cette circonstance solennelle, et l'effet que cette circonstance solennelle ne pouvait manquer d'avoir aux yeux du monde; il parla de la profonde intelligence de ses compatriotes qui siégeaient devant lui, de la fortune et de la considération de ses honorables amis qui siégeaient derrière lui, et, finalement, de l'influence qu'aurait sur le bien-être, le bonheur, le confort, la liberté, que dis-je? l'existence d'une nation grande et libre, une institution aussi importante que celle de la compagnie de l'union métropolitaine pour le perfectionnement des petits pains chauds et tartelettes, rendus avec exactitude à domicile.

M. Bonney se présenta ensuite pour proposer la première motion; et passant sa main droite dans ses cheveux, pendant qu'il tenait la gauche plantée d'une manière élégante sur ses côtes, il confia son chapeau aux soins du gentleman à deux mentons, qui faisait généralement l'office de portemanteau pour les orateurs, et annonça qu'il allait lire sa première proposition, dont voici les termes : « L'assemblée voit avec un sentiment d'alarme et de juste appréhension l'état actuel du commerce des petits pains dans cette métropole et lieux circonvoisins; elle considère le corps des distributeurs de petits pains, tel qu'il est à présent constitué, comme complétement indigne de la confiance du public; son opinion est que le système des petits pains, dans son ensemble, est également préjudiciable à la santé comme à la moralité du peuple, et, de plus, entièrement subversif des intérêts bien entendus d'une grande société commerciale et industrielle. » L'honorable gentleman fit un discours qui émut les dames jusqu'aux larmes, et pénétra des plus vives émotions tous les individus présents. Il avait visité les maisons des pauvres dans les divers districts de Londres : il n'y avait pas trouvé la moindre trace de petit pain, et il n'avait que trop lieu de croire qu'il y avait quelques indigents qui n'en goûtaient pas une fois tout le long de l'année. Il avait découvert qu'il existait parmi les vendeurs de petits pains une ivrognerie, une débauche, un désordre de mœurs qui s'expliquaient aisément par la nature humiliante de leur négoce, tel qu'il était maintenant exercé. Il avait trouvé les mêmes vices dans les classes pauvres qu'on devrait compter parmi les consommateurs de petits pains, et il attribuait ce résultat au désespoir où l'impossibilité d'atteindre à cet article de subsistance jetait ces malheureux, désespoir funeste qui leur faisait chercher un stimulant factice dans les liqueurs enivrantes. Il se faisait fort d'articuler, devant un comité de la chambre des communes, la preuve qu'il existait une conspiration pour maintenir à un taux élevé le prix des petits pains, et créer un monopole aux distributeurs à sonnettes; qu'il ferait parler, si l'on voulait, des distributeurs à sonnettes à la barre de la chambre, et qu'il prouverait en outre que ces gens-là correspondaient entre eux par des mots et des signes cabalistiques, comme : « snooks, walker, Ferguson, Murphy va-t-il bien? » et bien d'autres. Voilà l'état de choses douloureux auquel la compagnie se proposait de porter remède : 1° en interdisant, sous des peines sévères, tout commerce particulier de petits pains, quel qu'il fût; 2° en fournissant elle-même au public en général, et aux pauvres à domicile, des petits pains de première qualité à prix réduit. C'était là l'objet d'un bill présenté au parlement par l'excellent patriote sir Mathieu Pupker, leur président. C'est ce bill que la réunion avait pour but de soutenir. C'étaient ceux qui soutiendraient ce bill qui jetteraient un éclat et une splendeur impérissables sur l'Angleterre, sous le nom de *Compagnie de l'Union métropolitaine pour le perfectionnement des petits pains chauds et tartelettes, distribués avec exactitude.* Il devait ajouter que la société se constituait au capital de soixante-quinze millions, divisés en cinq cent mille actions de deux cent cinquante francs.

M. Ralph Nickleby appuya la motion, et un autre gentleman ayant proposé un amendement consistant dans l'insertion des mots *et tartelettes* après les mots *petits pains*, toutes les fois qu'ils se rencontreraient dans la motion, fut enlevé victorieusement. Il n'y eut en tout qu'un homme dans la foule qui cria « Non! » On en fit prompte justice en l'arrêtant et le mettant sur-le-champ à la porte.

La seconde motion, qui avait pour but de proclamer la nécessité d'abolir immédiatement « tout vendeur de petits pains (ou tartelettes), tout commerçant en petits pains (ou tartelettes), quels qu'ils fussent, mâles ou femelles, hommes ou enfants, à sonnettes ou sans sonnettes, » fut proposée par un gentleman à l'air grave, au maintien demi-clérical, qui monta tout de suite sur un ton si pathétique, qu'il fit oublier le premier orateur en moins de rien. Vous auriez entendu tomber une épingle. — Une épingle! dites une plume, tant il décrivait avec art les cruautés infligées par leurs patrons à ces distributeurs de petits pains, et il observait sagement qu'il ne fallait pas d'autre motif pour justifier l'établissement de cette inestimable compagnie. Il paraît, d'après ce qu'il racontait, que l'on envoyait dehors ces infortunés garçons, le soir, dans les rues humides, dans la saison la plus dure de l'année, pour circuler dans l'obscurité et par des temps de pluie, de grêle ou de neige, pendant des heures entières, sans abri, sans nourriture, sans être en rien protégés contre le froid; et, remarquez bien ce point-ci, messieurs, on avait bien soin d'envelopper chaudement les petits pains dans de bonnes couvertures; mais, les garçons qui les vendaient, on ne s'en occupait seulement pas, on les abandonnait à leurs propres ressources. (C'est affreux!) L'honorable gentleman cita l'exemple d'un vendeur de petits pains, qui, pour avoir été exposé à ce système odieux et barbare pendant cinq ans consécutifs, finit par être victime d'un rhume de cerveau qui ruina son tempérament par degrés, jusqu'à ce qu'enfin une transpiration heureuse lui rendit la santé. Cet exemple était à sa connaissance; il pouvait l'attester en personne. Mais en voici un autre qu'il tenait, par ouï-dire, d'une personne dont il n'avait aucune raison de suspecter la bonne foi. Celui-là était bien plus attendrissant et plus effrayant encore. Il avait entendu parler d'un garçon orphelin, vendeur de petits pains, qui, ayant été renversé par un fiacre, avait été emporté à l'hôpital. Là, il avait subi l'amputation d'une jambe au-dessous du genou, et, aujourd'hui même, continuait son commerce avec des béquilles. Dieu de justice! était-il permis de laisser subsister de pareilles horreurs!

La division adoptée pour les délibérations du comité et l'éloquence déployée par les orateurs eurent un plein succès : elles entraînèrent toutes les sympathies. Les hommes poussaient des acclamations; les dames trempaient de larmes leurs mouchoirs de poche, qu'elles agitaient ensuite jusqu'à ce que leurs pleurs fussent séchés. L'enthousiasme fut épouvantable, et M. Nickleby murmura tout bas à l'oreille de son ami qu'à partir de ce moment les actions étaient assurées d'une prime de 25 pour 100.

La résolution fut donc emportée avec des applaudissements répétés. Il n'y avait pas un auditeur qui ne levât les deux mains en sa faveur; et si, dans son enthousiasme, il ne levait pas aussi les deux jambes, c'est que ce n'était pas une évolution si facile.

Cela fait, on lut, *in extenso*, le projet de pétition proposé. Et la pétition, comme toutes les pétitions, disait que les pétitionnaires étaient très-humbles, les pétitionnés très-honorables, et que l'objet en était très-vertueux. Par conséquent (disait toujours la pétition), il n'y avait plus qu'à convertir tout de suite le bill en une loi, pour l'honneur et la gloire éternels de cette très-honorable chambre des communes assemblée en parlement.

Alors le gentleman, qui avait passé toute la nuit précédente à Crokford, et dont les yeux battus n'annonçaient que trop qu'il s'en ressentait encore, s'avança pour dire à ses concitoyens le discours qu'il avait l'intention de faire en faveur de la pétition, toutes les fois qu'elle serait présentée, et tous les sarcasmes dont il comptait poursuivre le parlement s'il rejetait le bill. Il leur confia même le regret que ses honorables amis n'y eussent pas inséré une clause pour rendre l'achat des petits pains et tartelettes de la compagnie obligatoire dans toutes les classes de la société; quant à lui, qui ne connaissait pas les demi-mesures et qui ne s'arrêtait jamais en chemin, il leur promettait bien d'en faire la proposition, par division, dans le comité. Après avoir annoncé cette détermination, le gentleman devint d'une gaieté folâtre; et, comme rien n'aide tant au succès d'une plaisanterie que des bottes brevetées, des gants de chevreau jaune-citron et un col de fourrure à son habit, il y eut des rires immenses, un enjouement général, et les dames, de leur côté, firent un si brillant étalage de leurs mouchoirs unanimes, qu'elles mirent tout à fait à l'ombre le gentleman à l'air grave qui les avait tant émues tout à l'heure.

Puis, après la lecture de la pétition, au moment où on allait passer à l'adoption, se présenta le membre irlandais (jeune gentleman d'un tempérament fougueux); il fit un de ces discours que les membres irlandais seuls sont capables de faire, où respirent partout l'âme et le souffle divin de la poésie, animé par une déclamation si brûlante qu'on s'échauffait rien qu'à le voir. Il y disait, entre autres choses, qu'il demanderait l'extension de ce magnifique bienfait à son pays natal; qu'il réclamerait pour elle son égalité devant la loi des petits pains comme devant toutes les autres lois anglaises; qu'il ne désespérait pas de voir le jour où la tartelette serait aussi savourée dans les humbles cabanes de la verte Érin, et où la sonnette des petits pains éveillerait les échos de ses riches vallées.

Puis, après lui, vint le membre écossais, dont une infinité d'allusions plaisantes au chiffre probable des profits à faire augmenta la bonne humeur provoquée par la poésie de l'autre.

Enfin le succès fut complet, et tous les discours réunis laissèrent les auditeurs bien convaincus qu'il n'y avait pas de spéculation qui eût autant d'avenir, ni qui pût faire plus d'honneur que la compagnie de l'Union métropolitaine pour le perfectionnement des petits pains chauds et tartelettes, rendus exactement à domicile.

Aussi la pétition en faveur du bill fut adoptée, et l'assemblée se sépara au bruit des acclamations générales. Alors, M. Nickleby et les autres directeurs passèrent à l'office pour faire collation, comme ils n'y manquaient jamais à une heure et demie; exactitude que la compagnie, encore au berceau, ne pouvait reconnaître aussi libéralement qu'elle aurait voulu ; elle ne leur accordait, pour leur peine, sur les fonds généraux, qu'une allocation de soixante-quinze francs chacun à titre de jeton de présence.

CHAPITRE III.

M. Ralph Nickleby reçoit de mauvaises nouvelles de son frère, mais il soutient noblement cette épreuve. Le lecteur y verra le goût qu'il prit pour Nicolas, qui fait ici sa première apparition, et la bienveillance avec laquelle il lui proposa de faire tout de suite sa fortune.

Après avoir expédié scrupuleusement la partie de ses fonctions qui consistait dans la collation, avec toute la promptitude et l'énergie qui caractérisent l'homme véritablement fait pour les affaires, M. Ralph Nickleby dit un adieu cordial à ses associés, et tourna ses pas vers l'ouest de la ville dans une disposition de bonne humeur inaccoutumée. En passant devant Saint-Paul, il se retira sous une porte pour mettre sa montre à l'heure, et, la main sur la clef, l'œil sur le cadran de la cathédrale, il allait tourner l'aiguille, quand un homme s'arrêta tout à coup devant lui. C'était Newman Noggs.

« Ah! Newman, dit M. Nickleby les yeux relevés sur l'horloge, la lettre pour l'hypothèque est venue, n'est-ce pas? Je m'en doutais.

— Erreur! reprit Newman.

— Comment! Et vous n'avez vu personne concernant cette affaire? » demanda M. Nickleby avec inquiétude.

Noggs secoua la tête.

« Alors, qu'est-ce qui est venu? poursuivit M. Nickleby.

— Moi, dit Newman.

— Rien de plus? »

En disant cela, le visage du patron se rembrunit.

« Ceci, dit Newman tirant doucement de sa poche une lettre, timbrée à la poste ; « Strand : cachetée en noir, bordée de noir, une main de femme, C. N. dans un des coins. »

— Un cachet noir! dit M. Nickleby en jetant un coup d'œil sur la lettre. Il me semble que cette écriture ne m'est pas tout à fait inconnue. Newman, je ne serais pas surpris que mon frère fût mort.

— Certainement non, vous ne le seriez pas, dit Newman tranquillement.

— Et pourquoi cela, monsieur? demanda M. Nickleby.

— Parce que vous n'êtes jamais surpris de rien, répliqua Newman, voilà tout. »

M. Nickleby saisit la lettre des mains de son clerc, en fixant sur lui un regard glacial, l'ouvrit, la lut, la mit dans sa poche, et, ayant réglé sa montre à une seconde près, il se mit à la monter.

« Je le disais bien, Newman, dit M. Nickleby poursuivant son opération, il est mort. Eh bien! voilà du nouveau, par exemple; franchement, je ne m'y attendais pas. »

Après ces expressions touchantes de son chagrin subit, M. Nickleby replace sa montre dans son gousset, prend ses gants, les plisse soigneusement sur ses doigts, se remet en route, et se dirige à petits pas vers l'ouest de la ville, les mains derrière le dos.

« Des enfants vivants? demanda Noggs en se rapprochant de son maître.

— Parbleu! c'est bien là le hic, reprit M. Nickleby comme s'il avait justement l'esprit occupé d'eux en ce moment. Ils sont bien vivants tous les deux.

— Deux! répéta Newman Noggs à voix basse.

— Et la veuve, donc! ajouta M. Nickleby. Ils sont tous les trois à Londres, Dieu me pardonne! tous les trois ici, Newman. »

Newman laissa son maître passer devant; et l'on eût pu voir sa figure se contracter d'une façon singulière, comme par l'effet d'un spasme nerveux. Mais, quant à dire si c'était paralysie, ou chagrin, ou rire intérieur, il n'y avait que lui qui pût le savoir. En général, l'expression des traits est d'un grand secours pour deviner la pensée d'un homme ou pour traduire fidèlement ses paroles; mais la physionomie ordinaire de Newman Noggs était un problème qui défiait l'interprète le plus ingénieux.

« Retournez à la maison, » dit M. Nickleby après avoir fait encore quelques pas, et il fit les gros yeux à son clerc, comme s'il grondait un chien.

Newman n'attendit pas son reste, et le voilà parti au travers de la rue, perdu dans la foule et disparu en un instant.

« C'est bien raisonnable! certainement oui, se disait en marmottant entre ses dents M. Nickleby. Voyez comme c'est raisonnable! Mon frère n'a jamais rien fait pour moi, et je n'ai jamais compté sur lui. Eh bien! à peine a-t-il rendu le dernier souffle, qu'il faut que l'on se tourne vers moi, comme le soutien d'une grande diablesse de femme et de ses deux grands coquins d'enfants, le fils et la fille. Qu'est-ce qu'ils me sont, après tout? Je ne les ai jamais vus. »

Tout entier à ces réflexions et à bien d'autres de même nature, M. Nickleby continua son chemin vers le Strand, et, reprenant sa lettre pour s'assurer du numéro de la maison où il avait affaire, il s'arrêta à une porte bâtarde, à peu près au milieu de ce carrefour populeux.

C'était la maison de quelque artiste en miniature, car il y avait un grand cadre doré accroché à la porte, dans lequel s'étalaient, sur un fond de velours noir, deux portraits d'uniformes de marine, dont sortaient deux figures sacrifiées au costume; on n'y avait pas oublié les télescopes. Il y avait aussi un jeune homme en uniforme du plus beau vermillon; celui-là brandissait un sabre. Un autre portrait, dans le style littéraire, était orné d'un front haut, d'une écritoire et d'une plume, avec accompagnement de rideau. De plus, on y voyait la représentation touchante d'une jeune dame occupée à lire un manuscrit dans une forêt profonde, avec un charmant portrait en pied d'un petit enfant à grosse tête, assis sur un tabouret, les jambes en raccourci, et les genoux cagneux en forme de cuillers à sel. Avec ces petits chefs-d'œuvre, il y avait encore je ne sais combien de têtes de vieillards, dames et messieurs, se faisant des mines les uns aux autres, sur un ciel bleu ou brun. Enfin, une carte des prix, écrite d'une main élégante, et décorée d'une bordure en relief.

M. Nickleby jeta en passant un œil de mépris sur ces frivolités, et frappa deux coups de marteau: l'expérience, répétée une seconde, puis une troisième fois, réussit à faire apparaître une petite bonne, qui vint ouvrir la porte avec une figure extraordinairement malpropre.

« Mme Nickleby est-elle à la maison? demanda Ralph d'un ton bourru.

— Son nom n'est pas Nickleby, dit la servante. C'est la Creevy que vous voulez dire? »

M. Nickleby montra une grande indignation de se voir ainsi rectifié par la chambrière, et lui demanda rudement ce que cela signifiait. Elle allait lui en donner l'explication, lorsqu'on entendit une voix, qui partait du haut d'un escalier perpendiculaire au fond du corridor, crier en bas :

« Qu'est-ce qu'on demande?

— Mme Nickleby, dit Ralph.

— C'est le second étage, Hannah, dit la même voix; que vous êtes donc imbécile! Le second étage y est-il?

— Je viens d'entendre sortir quelqu'un, mais je pense que c'est la mansarde qui est allée se faire décrotter, répondit Hannah.

— Vous auriez dû y regarder, continua la dame invisible. Montrez à ce monsieur où est la sonnette dans la rue, qu'il ne frappe plus une autre fois deux coups de marteau pour le second étage. Je n'autorise le marteau que lorsque la sonnette est cassée, et encore, on ne doit donner que deux petits coups secs.

— Bon! dit Ralph, entrant sans plus de façon dans le couloir. Je vous demande pardon. Est-ce là Mme la.... Comment donc?

— Creevy..., la Creevy, reprit la voix, accompagnée cette fois d'une coiffe jaune qui se laissa voir par-dessus la rampe.

— Je voudrais vous dire un mot, madame, avec votre permission, » dit Ralph.

La voix répondit que le monsieur n'avait qu'à monter; mais c'était déjà fait, et il fut reçu au premier étage par la propriétaire de la coiffe jaune, avec une robe assortie; la dame aussi paraissait être de la même couleur. Miss la Creevy était une jeune mignonne de cinquante ans; et le salon de miss la Creevy n'était guère que la répétition, sur une plus large échelle, du cadre doré pendu dans la rue; seulement il était un peu plus sale.

« Ah! dit miss la Creevy toussant délicatement derrière sa mitaine de soie noire. Une miniature, je présume? Vous avez là, monsieur, des traits bien caractérisés : le portrait ne peut qu'y gagner. Avez-vous déjà posé?

— Je vois, madame, que vous vous méprenez sur mes intentions, répliqua Nickleby avec sa brusquerie ordinaire. Je n'ai pas d'argent à perdre en miniatures, madame, ni personne, Dieu merci! à qui donner la mienne, si je l'avais. En vous voyant au haut de l'escalier, j'ai voulu seulement vous adresser une question sur quelques locataires que vous avez ici. »

Miss la Creevy toussa de nouveau : cette fois, c'était pour cacher son désappointement.

« Oh! très-bien! dit-elle.

— D'après ce que je vous ai entendu dire tout à l'heure à votre servante, je suppose que l'étage supérieur vous appartient, madame? » dit Nickleby.

Mme la Creevy répondit qu'en effet le haut de la maison lui appartenait, et comme elle n'avait pas pour le moment besoin de l'appartement du second, elle était dans l'habitude de le mettre en location. Il y avait même, à l'heure qu'il est, une dame de province qui l'occupait avec ses deux enfants.

« Une veuve, madame? dit Ralph.

— Oui, elle est veuve, répondit la dame.

— Une *pauvre* veuve, madame, dit Ralph en appuyant de toutes ses forces sur ce petit adjectif, qui en dit plus qu'il n'est gros.

— Mais j'ai peur, en effet, qu'elle ne soit pauvre, reprit miss la Creevy.

— Je puis vous garantir qu'elle l'est, madame, dit Ralph. Aussi, qu'est-ce qu'une pauvre veuve comme elle avait besoin d'une maison comme la vôtre, madame?

— C'est bien vrai, répliqua miss la Creevy, qui n'était pas du tout fâchée d'entendre ce compliment à l'adresse de ses appartements, on ne peut plus vrai.

— Je connais mieux que personne sa position, madame, dit Ralph. Au fait, je suis un de ses parents, et je crois devoir vous prévenir de ne pas la garder chez vous, madame.

— J'ai lieu d'espérer pourtant que, s'il y avait impossibilité pour elle de remplir ses obligations pécuniaires, dit miss la Creevy toussant encore, la famille de la dame ne manquerait pas....

— Non, non, elle n'en ferait rien, interrompit Ralph avec vivacité. Ne comptez pas là-dessus.

— Si je croyais cela, dit miss la Creevy, ce serait bien différent.

— En ce cas, madame, vous pouvez le croire, dit Ralph, et vous régler là-dessus. C'est moi qui suis la famille, madame; du moins, je ne pense pas qu'ils aient d'autre parent que moi, et je crois de mon devoir de vous faire savoir que je ne suis pas en état de les soutenir dans leurs folles dépenses. Pour combien de temps ont-ils pris cet appartement?

— A la semaine seulement, répliqua miss la Creevy. Mme Nickleby m'a payé la première d'avance.

— Alors, vous ferez bien de les mettre dehors au bout des huit jours, dit Ralph. Ils n'ont rien de mieux à faire que de retourner en province; ils ne feront qu'embarrasser tout le monde ici.

— Certainement, dit miss la Creevy en se frottant les mains. Si Mme Nickleby a pris l'appartement sans avoir le moyen de le payer, ce ne serait pas là une belle conduite pour une dame.

— C'est cependant comme cela, madame, dit Ralph.

— Et, naturellement, continua miss la Creevy, moi, qui suis *pour le moment*.... hem!... une pauvre femme sans défense, je ne puis pas risquer de perdre mon loyer.

— Vous avez bien raison, madame, dit Ralph.

— Cependant, je dois dire en même temps, ajouta miss la Creevy, qui hésitait naïvement entre son bon cœur et son intérêt, que je n'ai pas le moindre reproche à faire à cette dame; elle est extrêmement affable et gracieuse, la pauvre femme, malgré l'accablement où elle paraît. Je n'ai rien à dire non plus contre ses enfants; on ne peut pas voir un jeune homme et une jeune demoiselle plus aimables ni mieux élevés.

— Très-bien, madame, dit Ralph prenant le chemin de la porte, car ces éloges donnés à la misère ne faisaient que l'agacer; j'ai fait mon devoir, et peut-être plus que je ne devais; je sais bien que personne ne me saura gré de ce que je viens de vous dire.

— Soyez sûr, monsieur, que moi du moins je vous en suis très-obligée, dit miss la Creevy d'un ton gracieux. Voulez-vous me faire l'honneur de regarder quelques échantillons de mes portraits?

— Vous êtes trop bonne, madame, dit M. Nickleby pressé de sortir; mais comme j'ai encore à faire visite là-haut et que mon temps est précieux, je ne puis vraiment pas.

— Quelque jour que vous passerez par ici, je serai très-heureuse si.... dit miss la Creevy. Mais voulez-vous être assez bon pour emporter une carte de mes prix? Merci, bonjour!

— Bonjour, madame, dit Ralph, se hâtant de fermer la porte derrière lui pour couper court à la conversation. A présent, à ma belle-sœur. Bah! »

Il grimpe donc un autre étage sur le même escalier perpendiculaire, vrai chef-d'œuvre de mécanique, uniquement composé de marches angulaires : il s'arrête, pour reprendre haleine, sur le palier, où l'avait déjà devancé la servante, car miss la Creevy avait eu la politesse de l'envoyer annoncer monsieur: et, nous lui devons cette justice, que depuis sa première entrevue avec lui, elle avait fait une infinité d'essais plus ou moins heureux pour nettoyer sa sale figure en l'essuyant sur un tablier plus sale encore.

« Quel nom? dit la bonne.

— Nickleby, répliqua Ralph.

— Eh! madame Nickleby, dit-elle en ouvrant la porte toute grande, voici M. Nickleby. »

Une dame en grand deuil se leva pour recevoir M. Ralph Nickleby, mais elle se sentit incapable de faire un pas vers lui et s'appuya sur le bras d'une jeune fille délicate mais d'une rare beauté, qui venait de prendre place près d'elle et qui pouvait avoir dix-sept ans. Un jeune homme qui paraissait plus âgé qu'elle d'un an ou deux s'avança vers Ralph qu'il salua du nom de : mon oncle.

« Oh! grommela Ralph d'un air refrogné, c'est vous qui êtes Nicolas? je suppose.

— C'est mon nom, monsieur, répliqua le jeune homme.

— Tenez, prenez mon chapeau, dit Ralph d'un ton impérieux. Eh bien! madame, comment allez-vous? Il faut surmonter vos chagrins, madame. Il faut faire comme moi.

— La perte que j'ai faite n'est pas une perte ordinaire, dit Mme Nickleby en portant son mouchoir à ses yeux.

— C'est une perte, madame, qui n'a rien d'extraordinaire, reprit-il en boutonnant froidement son spencer. Il meurt des maris tous les jours, madame, et des femmes aussi.

— Et des frères aussi, monsieur, dit Nicolas avec un coup d'œil indigné.

— Oui, monsieur, et des petits chiens aussi, et des roquets, répliqua son oncle en prenant une chaise. Vous ne m'avez pas dit, madame, dans votre lettre, ce qu'avait eu mon frère?

— Les docteurs n'ont pas donné à sa maladie de nom particulier, dit Mme Nickleby fondant en larmes. Nous n'avons que trop de raisons de croire qu'il est mort le cœur brisé.

— Peuh! dit Ralph, je ne connais pas de maladie de ce nom-là. Je comprends qu'un homme meure pour s'être brisé le cou; qu'il se brise un bras et qu'il en souffre; on peut se briser la tête, se briser une jambe, se briser le nez, mais un cœur brisé! Cela ne veut rien dire, c'est l'argot du temps. Quand un homme ne peut pas payer ses dettes, il meurt le cœur brisé, et sa veuve devient un martyr.

— En tout cas, dit tranquillement Nicolas, il me semble qu'il y a des gens qui n'ont pas de cœur à briser.

— Tiens! quel âge a ce garçon? demanda Ralph en se retournant avec sa chaise et toisant son neveu des pieds à la tête avec un souverain mépris.

—Nicolas va avoir dix-neuf ans, répliqua la veuve.

— Dix-neuf! Eh! dit Ralph, et comment comptez-vous gagner votre pain, monsieur?

— Sans vivre aux dépens du revenu de ma mère, répliqua Nicolas le cœur gros.

— Vous ne vivriez toujours pas aux dépens de grand'chose, riposta l'oncle avec un coup d'œil de dédain.

— Si petit qu'il soit, dit Nicolas rouge de colère, ce n'est pas à vous que je m'adresserai pour l'augmenter.

— Nicolas, mon cher, maîtrisez-vous, dit Mme Nickleby avec inquiétude.

—Mon cher Nicolas, je t'en prie, disait la jeune fille avec tendresse.

— Vous ferez mieux de vous taire, monsieur, dit Ralph; par ma foi, voilà un beau début, madame Nickleby, un beau début!»

Mme Nickleby, sans répliquer, fit un geste suppliant à Nicolas pour qu'il se tînt tranquille: et l'oncle et le neveu se dévisagèrent l'un l'autre pendant quelques secondes sans dire un mot. La figure du vieux était sombre, ses traits durs et repoussants. La physionomie du jeune homme était ouverte, belle et généreuse. Les yeux du vieux petillaient d'avarice et d'astuce. Ceux du jeune homme brillaient de l'éclat d'une ardeur vive et intelligente. Toute sa personne était un peu délicate, mais virile et bien prise, et, sans parler de la beauté pleine de grâce que donne la jeunesse, il y avait dans son port et dans son regard une étincelle du feu qui animait son jeune cœur et qui tenait en respect le vieux rusé.

Combien un tel contraste, tout saisissant qu'il peut être pour ceux qui en sont témoins, est-il plus saisissant encore pour celui des deux adversaires qui se sent atteint et frappé dans son infériorité. C'est un trait aigu qui lui perce et lui pénètre l'âme. Ralph le sentit descendre au fond de son cœur; sa haine pour Nicolas data de ce moment décisif.

Ce regard fixe et provoquant ne pouvait pas durer toujours. Ce fut Ralph qui céda: il détourna les yeux avec un dédain affecté, en appelant Nicolas un mioche. C'est un mot de reproche dont les hommes plus âgés font quelquefois usage avec la jeunesse: peut-être veulent-ils par là faire croire à la société (qui ne s'y trompe pas) que, s'ils pouvaient redevenir jeunes, ils en seraient bien fâchés.

« Eh bien! madame, dit Ralph avec impatience, les créanciers ont tout saisi, m'avez-vous dit, et il ne vous reste rien du tout?

— Rien, répliqua Mme Nickleby.

— Et vous avez dépensé le peu d'argent que vous aviez pour venir voir à Londres ce que je pourrais faire pour vous?

— J'espérais, dit Mme Nickleby d'une voix défaillante, que vous seriez à même de faire quelque chose pour les enfants de votre frère. J'obéissais au vœu qu'il m'avait exprimé à son lit de mort, en venant faire un appel à la bonté de votre cœur en leur faveur.

— Je ne sais pas comment cela se fait, murmura Ralph en se promenant de long en large dans la chambre; mais toutes les fois qu'un homme meurt sans laisser de bien, il croit toujours avoir le droit de disposer de celui des autres. A quoi votre fille est-elle bonne? madame.

— Catherine a été bien élevée, dit avec un soupir Mme Nickleby. Dites à votre oncle, mon enfant, jusqu'où vous êtes allée dans le français et les arts d'agrément. »

La pauvre fille allait hasarder quelques mots, quand son oncle lui coupa la parole sans cérémonie.

« Il faut que nous essayions de vous mettre en apprentissage dans quelque institution, dit-il; vous n'avez pas été élevée, j'espère, trop délicatement pour cela?

— Non certainement, mon oncle, répéta la jeune fille en pleurant; je suis résolue à faire tout ce qui peut me procurer un abri et du pain.

— C'est bon, c'est bon, dit Ralph un peu radouci, soit par la beauté de sa nièce, soit par pitié pour son malheur (pensez l'un et dites l'autre); vous en essayerez, et si l'épreuve est trop rude pour vous, peut-être supporterez-vous mieux les travaux du tambour et de l'aiguille. » Puis, se tournant du côté de son neveu : « Et vous, monsieur, avez-vous jamais fait quelque chose?

— Non, répondit brusquement Nicolas.

— Non? J'en étais sûr, dit Ralph. C'est donc comme cela que mon frère élevait ses enfants, madame?

— Il n'y a pas longtemps que Nicolas a achevé l'éducation qu'a pu lui donner son pauvre père, qui songeait à....

— A faire de lui quelque jour quelque chose, dit Ralph; je connais cela : c'est une vieille histoire; on songe toujours, on ne fait jamais. Si mon frère avait été un homme actif et prudent, il vous aurait laissée riche, madame. Et s'il avait lancé son fils dans le monde, comme mon père l'a fait avec moi, quoique je fusse plus jeune que ce garçon-là au moins de dix-huit mois, il se trouverait aujourd'hui en position de vous aider, au lieu de vous être à charge et d'ajouter à votre embarras. Mon frère, madame Nickleby, a toujours été un homme imprévoyant, irréfléchi, et personne, j'en suis sûr, n'a de meilleures raisons de le savoir que vous. »

Cet appel insidieux donna à la veuve la tentation de croire qu'elle aurait peut-être en effet pu faire un placement plus avantageux de ses vingt-cinq mille francs de dot, et elle ne put s'empêcher de réfléchir combien en ce moment une somme si considérable aurait été précieuse. Ces réflexions douloureuses précipitèrent encore ses larmes, et, sous l'empire de son chagrin, cette femme, qui n'était pas méchante, elle n'était que faible après tout, se mit d'abord à gémir sur son triste sort, puis à remarquer, avec force soupirs, qu'assurément elle avait toujours été l'esclave du pauvre Nicolas, qu'elle lui avait souvent dit qu'elle aurait pu faire un mariage plus avantageux (on l'avait demandée tant de fois!), qu'elle n'avait jamais su du vivant de son mari où allait l'argent, mais que, s'il avait eu plus de confiance en elle, ils en seraient tous plus à leur aise aujourd'hui. Elle ne se fit pas faute d'ajouter bien d'autres récriminations encore familières à la plupart des dames, soit en puissance de mari, soit après leur veuvage, et peut-être en tout temps. Mme Nickleby termina en déplorant que ce cher défunt n'eût jamais daigné profiter de ses avis, excepté en une occasion unique. Hélas ! c'était l'exacte vérité, il ne l'avait fait qu'une fois, et cette fois-là il s'était ruiné.

M. Ralph Nickleby entendait tout cela avec un demi-sourire, et, quand la veuve eut fini, il reprit tranquillement la question au point où elle était avant l'explosion rétrospective de sa belle-sœur.

« Êtes-vous dans l'intention de travailler, monsieur? demanda-t-il à son neveu en fronçant le sourcil.

— Comment ne l'aurais-je pas? répliqua Nicolas avec hauteur.

— Alors voyez, monsieur, dit l'oncle; voici un avis qui a frappé mes yeux ce matin, et dont vous devez remercier votre étoile. »

Après cet exorde, M. Ralph Nickleby tira de sa poche un journal, le déplia, et, après avoir cherché quelques moments dans les annonces, lut cet avertissement :

« Éducation. Académie de M. Wackford Squeers, à Dotheboys-Hall, dans le délicieux village de Dotheboys, près de Greta-Bridge en Yorkshire; les jeunes gens sont nourris, vêtus, fournis de livres de classe et d'argent de poche, pourvus de toutes les choses nécessaires, instruits dans toutes les langues anciennes et modernes, les mathématiques, l'orthographe, la géométrie, l'astronomie, la trigonométrie, la sphère, l'algèbre, la danse (si on le demande), l'écriture, l'arithmétique, les fortifications et toutes les autres branches de littérature classique. Conditions : Vingt guinées (520 fr.), pas de mémoires, pas de vacances, régime de nourriture incomparable. M. Squeers est en ville et se tient tous les jours d'une heure à quatre, à la *Tête-de-Sarrasin*, Snow-Hill. *N. B.* On demande aussi un sous-maître capable : traitement annuel, 125 fr. On prendrait de préférence un maître ès arts. »

« Voilà ! dit Ralph reployant son journal ; qu'il obtienne cette position, et sa fortune est faite.

— Mais il n'est pas maître ès arts, dit Mme Nickleby.

— Pour cela, répliqua Ralph, pour cela, je pense qu'on passera par là-dessus.

— Mais le traitement est si peu de chose, et c'est si loin, mon oncle, dit Catherine d'une voix émue.

— Laissez, ma chère Catherine, laissez dire votre oncle, dit Mme Nickleby ; il sait mieux que nous ce qu'il y a à faire.

— Je dis, répéta Ralph d'un ton aigre, qu'il obtienne cette position et sa fortune est faite. S'il n'en veut pas, qu'il se tire d'affaire tout seul. Sans amis, sans argent, sans recommandations, sans connaissance de quoi que ce soit, qu'il trouve un emploi honnête à Londres qui lui paye seulement ses souliers, et je lui donne vingt-cinq mille francs, c'est-à-dire (en se reprenant) je les lui donnerais si je les avais.

— Pauvre garçon ! dit la jeune demoiselle. Oh ! mon oncle, faut-il sitôt nous séparer !

— Ne fatiguez donc pas votre oncle de vos objections, au moment où il n'a pas d'autre pensée que votre bien, ma fille, dit Mme Nickleby. Nicolas, mon cher, n'avez-vous rien à dire ?

— Si, ma mère, si, dit Nicolas qui était resté jusque-là silencieux et pensif. Si je suis assez heureux, monsieur, pour être nommé à cet emploi dont je ne suis pas sûr de bien remplir toutes les conditions, que deviendront ma mère et ma sœur après mon départ ?

— Dans ce cas, monsieur, mais seulement dans ce cas, je me charge de pourvoir à leurs besoins, en les plaçant dans une sphère d'existence indépendante. Ce sera mon premier soin : elles ne resteront pas huit jours après votre départ dans la situation où elles sont, c'est mon affaire.

— Alors, dit Nicolas s'avançant gaiement pour serrer la main de son oncle, je suis prêt à faire tout ce que vous voudrez. Essayons tout de suite mon sort chez M. Squeers ; mais s'il allait me refuser ?

— Il ne vous refusera pas, dit Ralph ; il sera bien aise de vous prendre à ma recommandation. Rendez-vous utile dans sa maison, et vous réussirez en peu de temps à devenir son associé. Tenez, songez un peu ; mon Dieu ! s'il venait à mourir, eh bien ! voilà votre fortune faite.

— Oh ! bien sûr, je comprends, dit le pauvre Nicolas, l'esprit charmé de mille visions que son ardeur et son inexpérience évoquaient dans son cerveau ; ou bien je suppose que quelque jeune gentilhomme, élevé dans le Hall de Dotheboys, allât prendre du goût pour moi et me faire nommer par son père en qualité de précepteur attaché à ses voyages quand il quittera l'établissement, et puis qu'en revenant du continent il me procurât quelque jolie place. Hein ! mon oncle !

— Ah ! c'est sûr ! dit Ralph avec un rire moqueur.

— Et qui sait ? si en venant me voir quand je serai établi (car il n'y manquera pas naturellement), il ne s'éprendra pas de Catherine, qui tiendra mon ménage et.... et ne l'épousera pas, hein ! mon oncle, qui sait ?

— Comment donc ? mais assurément. Et Ralph ricanait plus fort.

— Oh ! que nous serions heureux, s'écria Nicolas dans son enthousiasme. La douleur du départ ne serait rien au prix de la joie du retour. Catherine sera une femme superbe, et moi si fier de l'entendre dire, et ma mère si heureuse de se retrouver avec nous. Et tout ce triste passé sera si doucement effacé, et.... » Et Nicolas, succombant sous l'image d'un avenir trop beau pour qu'il pût en supporter l'idée, commença un sourire qui finit par un torrent de larmes.

Cette bonne et simple famille, née et nourrie dans la solitude, tout à fait étrangère à ce qu'on appelle le monde, c'est-à-dire à ce tas de coquins qu'on est convenu, dans un certain argot, d'appeler le monde, fondait en larmes. Ils mêlaient leurs pleurs en pensant à leur séparation prochaine ; puis, quand ce premier éclat de sensibilité fut apaisé, ils se livrèrent à tous les transports d'une joie inespérée en voyant s'ouvrir devant eux cet horizon brillant. Mais M. Ralph Nickleby s'empressa de leur rappeler qu'il ne fallait pas perdre de temps, de peur qu'un candidat plus heureux n'allât couper l'herbe sous le pied à Nicolas et renverser du même coup tous leurs châteaux en Espagne. Cette réflexion opportune coupa court à la conversation.

Nicolas ayant copié avec exactitude l'adresse de M. Squeers, l'oncle et le neveu sortirent ensemble à la recherche de ce parfait gentleman : Nicolas fermement convaincu qu'il avait fait à son parent une grande injustice lorsqu'il l'avait pris en antipathie à la première vue ; et Mme Nickleby faisant de son mieux pour catéchiser sa fille et lui persuader que certainement M. Ralph valait beaucoup mieux qu'il ne paraissait ; Mlle Nickleby lui faisant observer avec respect qu'il n'avait pas de peine à cela.

A dire vrai, l'opinion de la bonne dame avait été singulièrement modifiée par l'adresse de M. Nickleby à flatter son amour-propre. Il avait eu l'air de s'en rapporter à sa haute intelligence, il avait fait un compliment indirect à la supériorité de son mérite. On est toujours flattée de ces sortes de choses, et quoiqu'elle eût tendrement aimé son mari et fût encore folle de tendresse pour ses enfants, il avait su faire vibrer si à propos une de ces fibres discordantes du cœur humain dont il ne connaissait pas les bonnes qualités, mais dont nul ne connaissait mieux les faiblesses, qu'elle avait fini par se considérer sérieusement, d'après lui, comme une aimable et douloureuse victime de l'imprudence de feu son époux.

CHAPITRE IV.

Nicolas et son oncle (pour ne pas laisser échapper une si belle occasion) rendent visite à M. Wackford Squeers, maître de pension dans le Yorkshire.

Snow-Hill[1] ! Qu'est-ce que peut être ce Snow-Hill se demandent les bonnes gens des villes de province où passent les diligences du Nord quand ils y voient inscrit ce mot mystérieux en grandes lettres d'or sur un fond noir avec un splendide écusson ? On finit toujours par se faire une idée vague et par avoir une notion confuse d'un endroit dont le nom frappe souvent nos yeux ou nos oreilles. Jugez du nombre prodigieux de suppositions en l'air auxquelles prêtait ce nom de Snow-Hill. Snow-Hill, c'est déjà par soi-même un nom bien fait pour piquer la curiosité. Mais Snow-Hill, en compagnie d'une tête de Sarrasin.

1. En français *Montagne de neige.*

représentant à notre esprit par un affreux accouplement d'idées quelque chose d'âpre et de rébarbatif. Quelque contrée glaciale et désolée, en proie à la bise perçante et aux terribles ouragans de l'hiver. Quelque lande, solitaire dans le jour, et la nuit... rien que d'y penser, c'est à faire frémir d'honnêtes gens. Quelque coupe-gorge redouté des voyageurs isolés, le rendez-vous d'infâmes brigands. Voilà, j'imagine, comment on devait se figurer ce Snow-Hill inconnu dans les campagnes éloignées, que la *Tête-de-Sarrasin*, comme une apparition lugubre, traverse en courant tous les jours ou toutes les nuits avec l'exactitude fatale attribuée aux revenants, poursuivant résolûment sa course rapide par tous les temps, et semblant porter un défi aux éléments mêmes conjurés.

La réalité est un peu différente, mais elle n'est pas non plus tout à fait à dédaigner. C'est là, au cœur de Londres, au centre de l'activité des affaires, au milieu d'un tourbillon de mouvement et de bruit, et comme pour refouler le courant abondant du fleuve de vie qui y afflue sans cesse de différents quartiers, et vient baigner le pied de ses murs, c'est là que se dresse debout.... Newgate[1]. Là, dans la rue populeuse sur laquelle il plane d'un air sombre, à quelques pas de ses maisons sales et délabrées, à l'endroit même où les marchands de soupe au poisson et de fruits gâtés exercent leur commerce, on a cent fois vu des êtres humains, à travers un tumulte de sons dont n'approche pas le fracas des grandes villes, des hommes vigoureux et sains, lancés dans la mort par bandes de quatre, six ou huit; scène horrible, rendue plus horrible encore par le spectacle des derniers sanglots de la vie; et chaque fenêtre, et chaque toit, et chaque mur et chaque pilier avait ses curieux qui venaient en rassasier leurs yeux, pendant que le malheureux agonisant, dans toute cette masse de figures frémissantes et le nez en l'air, n'en rencontrait pas une, pas une qui consolât son dernier regard par l'expression d'une pitié compatissante.

Près de la prison, et par conséquent aussi de Smithfield et du *comptoir*, c'est-à-dire de tout le bruit et le tumulte de la Cité, juste à l'endroit de Snow-Hill où les chevaux d'omnibus qui partent pour l'est de la ville sont tentés de se laisser tomber exprès, et où ceux des cabriolets de louage qui vont vers l'ouest tombent souvent par accident, est située la cour intérieure de l'auberge dite de la *Tête-de-Sarrasin*. En effet, deux têtes de Sar-

1. Prison de Londres où on attachait autrefois à la potence les criminels condamnés à mort.

rasins, avec leurs larges épaules, montent la garde à son portail. Il fut un temps où elles étaient exposées à se voir la nuit jeter par terre par quelques aimables tapageurs de la métropole, qui mettaient leur gloire à se signaler par ces exploits nocturnes. Mais, depuis quelque temps, on les a laissées en paix maîtresses du terrain, peut-être parce que ce genre de gaieté folâtre a changé de paroisse et s'est transporté à Saint-James, où elle préfère s'exercer sur les marteaux de porte, plus portatifs, et sur le fil de fer des cordons de sonnette, plus commode pour en faire des cure-dents. Pour cette raison ou pour toute autre, les têtes sont là, fidèles au poste, et vous pouvez les voir qui vous regardent de mauvais œil de chaque côté de la porte cochère. L'auberge elle-même, ornée d'une autre tête de Sarrasin, vous fait aussi mauvaise mine du fond de la cour, et, quand vous passez plus loin, sur les panneaux de toutes les diligences rouges qui y sont rangées à la file, brille d'un éclat éblouissant un diminutif de tête de Sarrasin, qui a un air de famille avec les grosses têtes de la porte, en sorte que décidément le style général du monument n'est ni de l'ordre corinthien, ni de l'ordre dorique, mais bien de l'ordre sarracénique.

En avançant dans la cour, vous trouvez à gauche le bureau d'enregistrement, et, à droite, la tour de l'église du Saint-Sépulcre, qui s'élance dans le ciel à perte de vue, avec une galerie de chambres à coucher tout autour. Tout à fait au-dessus de votre tête, vous remarquez une fenêtre avec ce mot : *Café*, peint en caractères lisibles sur le devant, et puis, en regardant derrière cette fenêtre, vous pourriez apercevoir de plus, en ce moment, M. Wackford Squeers, les mains dans ses poches.

L'extérieur de M. Squeers ne prévenait pas en sa faveur. Il n'avait qu'un œil, et je ne sais si c'est un préjugé, mais généralement on en préfère un de plus. L'œil qu'il possédait n'était certainement pas sans utilité, mais ce n'était assurément pas un œil d'agrément, car il était d'un vert gris quant à la couleur, et, quant à la forme, il ressemblait assez à ces impostes vitrés qui couronnent d'un éventail la porte d'entrée de nos maisons. Le coin de l'œil ridé et ratatiné lui donnait une physionomie sinistre, surtout quand il voulait sourire, car alors son expression prenait quelque chose de traître et de faux. Il avait les cheveux plats et luisants, excepté à leur racine où ils se redressaient roides comme une brosse de son front bas et protubérant; le tout en harmonie avec sa voix rude et ses manières grossières. Il pouvait avoir de cinquante à cinquante-trois ans; sa taille était un peu au-dessous de la moyenne. Il portait au col une cravate blanche à longs bouts; son costume tout scolastique était entièrement noir, mais les manches de son habit étant beaucoup trop longues et les canons de son pantalon beaucoup trop courts, il n'avait pas l'air à son aise dans ses vêtements, et paraissait surtout dans un état d'étonnement perpétuel de se voir si bien mis.

M. Squeers se tenait dans une stalle, près d'une cheminée du café, avec une table devant lui telle qu'on en voit dans tous les cafés, mais il y en avait deux autres dans les encoignures de forme et de dimension extraordinaires, pour s'accommoder aux angles de la cloison. Sur un coin de la banquette était une toute petite malle de bois blanc attachée avec un misérable bout de ficelle. Et sur cette malle était perché un atome de petit garçon dont on voyait pendiller les bottines lacées et la culotte de peau. Il avait la tête enfoncée dans les épaules jusqu'aux oreilles, les mains étalées sur ses genoux, et jetant de temps en temps un coup d'œil furtif du côté du maître de pension avec des signes manifestes d'appréhension et de terreur.

« Trois heures et demie passées! murmurait M. Squeers, détournant les yeux de la fenêtre pour les reporter d'un air de mauvaise humeur sur la pendule du café, il ne viendra personne aujourd'hui. »

A cette pensée, M. Squeers, profondément vexé, regarda le petit garçon dans l'espérance qu'il ferait quelque chose pour mériter d'être battu. Mais comme l'enfant ne faisait rien du tout, il se contenta de lui donner une paire de taloches, en lui disant de ne pas recommencer.

« A la Saint-Jean, continua-t-il de grommeler entre ses dents, j'ai emmené dix petits garçons. Dix fois cinq, cela fait cinq mille francs. Je retourne demain à huit heures du matin, et je n'en ai encore que trois, — trois quelque chose, et n'est pas grand'chose, — trois fois cinq font quinze, quinze cents francs. Que diable fait-on donc de tous les enfants? Qu'est-ce qui passe par la tête des parents? Qu'est-ce que tout cela veut dire?... »

Ici le petit garçon qui trônait sur sa malle fut pris d'un éternument violent.

« Eh bien! monsieur, dit l'instituteur en se retournant avec colère, qu'est-ce que c'est que cela, monsieur?

— Pardon, monsieur, ce n'est rien, répliqua l'enfant.

— Rien, monsieur? s'écria M. Squeers.

— Pardon, monsieur, c'est que j'éternuais, répliqua le pauvre garçon tremblant à faire trembler sous lui sa petite malle.

— Ah! vous éternuez, n'est-ce pas? Alors pourquoi donc me disiez-vous que vous ne faisiez rien, monsieur? »

Faute de trouver une meilleure réponse à cette question, le petit garçon s'enfonça les poings dans les yeux et se mit à pleurer, sur quoi M. Squeers lui donna d'un côté sur la face un coup qui l'aurait descendu de son siége, s'il ne lui en avait pas donné un second sur l'autre joue, qui le remit en selle.

« C'est bon! attendez que je vous tienne en Yorkshire, mon petit monsieur, dit M. Squeers, et je vous donnerai votre reste. Avez-vous bientôt fini de crier, monsieur?

— Oui, i, i, dit en sanglotant l'enfant, qui frottait de toutes ses forces sa figure humide de pleurs avec la *Complainte du mendiant* sur un mouchoir de calicot imprimé.

— En ce cas, que ce soit fini tout de suite, entendez-vous? »

Comme cette injonction était accompagnée d'un geste menaçant et prononcée d'un ton féroce, le petit garçon se frotta bien plus fort encore, comme pour renfoncer ses larmes, et, sauf le retour de quelques sanglots étouffés, il ne donna plus carrière à ses émotions.

« M. Squeers, dit le garçon d'auberge passant la tête en ce moment par la porte entr'ouverte, voici un gentleman qui vous demande au comptoir.

— Faites entrer le gentleman, répondit M. Squeers adoucissant sa voix. Et vous, petit drôle, mettez votre mouchoir dans votre poche, ou je vais vous assassiner quand le gentleman sera parti. »

L'instituteur avait à peine eu le temps de prononcer ces menaces à demi voix, quand l'étranger entra. Feignant de ne pas le voir, M. Squeers fit semblant d'être occupé à tailler une plume, et à donner à son élève des conseils paternels.

« Mon cher enfant, disait M. Squeers, chacun a ses épreuves en ce monde. Cette épreuve, il est vrai prématurée, qui fait gonfler votre jeune cœur, et qui vous fait sortir les yeux de la tête à force de pleurer, qu'est-ce que c'est après tout? rien, moins que rien. Vous quittez vos amis, mais vous allez retrouver en moi un père, mon cher enfant, et une mère véritable en Mme Squeers, au délicieux village de Dotheboys, près Gretabridge dans le Yorkshire, où les jeunes gens sont nourris, habillés, fournis de livres classiques, d'argent de poche, blanchis, pourvus de toutes les choses nécessaires....

— C'est monsieur, dit l'étranger arrêtant l'instituteur au milieu de la récitation de son prospectus, qui est M. Squeers, je pense?

— Moi-même, monsieur, dit M. Squeers, simulant une extrême surprise.

— C'est vous, monsieur, qui avez mis une annonce dans le journal le *Times*?

— Le *Morning-Post*, le *Chronicle*, le *Herald* et l'*Advertiser*, concernant l'Académie, intitulée : « Dotheboys-Hall au délicieux vil« lage de Dotheboys, près Greta-bridge, dans le Yorkshire, » ajouta M. Squeers. Vous venez pour affaire, monsieur? je le vois à ces petits messieurs qui sont à vos côtés. Comment vous portez-vous, mes petits amis, et vous, monsieur, comment vous portez-vous? »

En même temps, il donnait des petits coups caressants sur la tête de deux enfants aux yeux caves et d'une structure délicate, que l'étranger avait amenés avec lui, et semblait attendre de plus amples renseignements.

« Je suis dans la couleur à l'huile. Je m'appelle Snawley, monsieur, » dit le nouveau venu.

Squeers inclina la tête comme s'il voulait dire « Vous portez là un bien joli nom.

— J'ai l'intention, M. Squeers, de placer mes enfants chez vous.

— Ce n'est peut-être pas à moi à le dire, monsieur, répliqua Squeers, mais je ne pense pas que vous puissiez trouver mieux.

— Hein, dit l'autre, c'est vingt livres sterling pour l'année, n'est-ce pas, M. Squeers?

— Vingt guinées[1], reprit le maître de pension avec un sourire persuasif.

— Vingt livres chacun, s'il vous plaît, M. Squeers, dit M. Snawley d'un air solennel.

— Vraiment, je ne crois pas cela possible, répliqua M. Squeers comme si c'était la première fois qu'il eût à réfléchir sur une pareille proposition. Laissez-moi voir : quatre fois cinq font vingt; multipliez par deux, et retranchez.... Allons, il ne faut pas que nous nous tenions à vingt-cinq francs. Tenez, vous me recommanderez à vos connaissances, et j'en passerai par là.

— Ce ne sont pas de gros mangeurs, dit M. Snawley.

— Oh! cela n'y fait rien, repartit M. Squeers, nous ne faisons pas du tout attention à l'appétit des enfants dans notre établissement. » C'était bien vrai, le malheureux! Ce n'était que trop vrai.

« Tout le luxe de santé que peut donner le Yorkshire, continua M. Squeers, toutes les beautés morales que Mme Squeers

1. Différence d'un franc entre la livre sterling, monnaie réelle de vingt-cinq francs, et la guinée, monnaie fictive de vingt-six francs.

peut inculquer à la jeunesse, enfin tout le confort domestique qu'on peut désirer pour un enfant, ils l'auront, M. Snawley.

— C'est particulièrement sur leur moralité que je vous prierai de veiller, dit M. Snawley.

— J'en suis charmé, monsieur, reprit M. Squeers, se redressant glorieusement; ils seront justement venus tout droit à la véritable école de la moralité, monsieur.

— Vous êtes vous-même un homme moral, dit le père.

— Mais je m'en flatte, monsieur, répliqua Squeers.

— Je me suis assuré que vous l'êtes, dit M. Snawley; j'ai pris des informations près d'un de vos répondants, qui m'a dit que vous étiez tres-pieux.

— C'est vrai, monsieur; j'espère que je suis connu pour cela.

— C'est comme moi, reprit l'autre. Je voudrais vous dire un petit mot en particulier dans le cabinet voisin.

— Volontiers, dit Squeers avec un rire forcé. Mes chers petits, voulez-vous causer une minute avec votre nouveau camarade? C'est un de nos élèves, monsieur; il s'appelle Belling; il est de Taunton, monsieur.

— Ah! vraiment! reprit M. Snawley, regardant le pauvre petit souffre-douleur comme si c'était quelque curiosité naturelle extraordinaire.

— Il part demain avec moi, monsieur, dit Squeers. Voilà ses effets sur lesquels il est assis. Tous les pensionnaires doivent apporter, monsieur, deux habillements complets, six chemises six paires de bas, deux bonnets de nuit, deux mouchoirs de poche, deux paires de souliers, deux chapeaux et un rasoir.

— Un rasoir! s'écria M. Snawley, tout en passant dans le cabinet voisin : pourquoi faire?

— Pour se raser, » répondit Squeers d'un ton grave et mesuré.

Ces trois mots n'avaient pas l'air de dire grand'chose, mais il devait y avoir dans la manière dont ils furent articulés de quoi attirer l'attention, car l'instituteur et son interlocuteur se regardèrent fixement l'un l'autre pendant quelques secondes, et finirent par échanger ensemble un sourire très-significatif.

Snawley était un homme à la peau luisante, au nez épaté; il avait des vêtements de couleur sombre, de longues guêtres noires, et tout son extérieur respirait une expression de sainte mortification : son sourire inexpliqué n'en était que plus remarquable.

« Jusqu'à quel âge gardez-vous donc les enfants dans votre pension? demanda-t-il à la fin.

— Tout le temps que leurs parents payent exactement leur trimestre à mon agent à Londres, à moins qu'ils ne se sauvent de chez moi, répliqua Squeers. Voyons, expliquons-nous, je vois que nous nous entendons. Qu'est-ce que c'est que ces petits garçons? des enfants naturels?

— Non, répondit Snawley, soutenant le regard scrutateur que lui dardait l'œil unique de l'instituteur.

— Ah! je croyais, dit froidement M. Squeers. Nous en avons beaucoup; tenez, j'en ai un là.

— Celui qui est dans le cabinet voisin? » dit Snawley.

Squeers répondit par un signe affirmatif. Son visiteur jeta un nouveau coup d'œil sur le petit garçon de la malle, et se retourna d'un air parfaitement désappointé en voyant qu'il ressemblait tout à fait aux autres enfants. « C'est extraordinaire, dit-il, je n'aurais jamais cru cela.

— Eh bien! c'en est un, lui répéta Squeers. Mais les vôtres, qu'est-ce que vous alliez me dire?

— Voilà! dit Snawley : le fait est que je ne suis pas leur père; je ne suis que leur beau-père.

— Oh! c'est donc çà, dit le maître de pension. A la bonne heure. Je me demandais aussi pourquoi, diable! vous alliez les envoyer en Yorkshire. Ha! ha! Oh! maintenant, je comprends.

— Voyez-vous! j'ai épousé la mère, poursuivit Snawley. C'est trop coûteux de garder des enfants à la maison, et, comme elle a quelque argent à elle, j'ai peur (les femmes sont si peu raisonnables, monsieur Squeers) qu'elle ne soit tentée de le gaspiller pour eux, ce qui les ruinerait, vous comprenez.

— Je comprends, dit Squeers se rejetant en arrière dans son fauteuil, et lui faisant signe de la main de ne pas parler trop haut.

— C'est là, continua M. Snawley, ce qui m'a fait prendre le parti de les mettre dans quelque bonne pension, un peu loin, où il n'y eût pas de congés, pas de ces absurdes vacances qui dérangent deux fois par an les enfants pour les envoyer à la maison, et où ils puissent un peu se dégrossir; vous comprenez?

— Les payements seront réguliers, et qu'il n'en soit plus parlé, dit Squeers avec un signe de tête.

— C'est cela exactement, poursuivit l'autre. Cependant, attention à la moralité.

— Soyez tranquille

— Vous ne permettez pas, je suppose, d'écrire trop souvent à la maison, dit le beau-père avec un peu d'hésitation.

— Jamais, excepté une circulaire à Noël, pour dire qu'ils n'ont jamais été aussi heureux, et qu'ils espèrent qu'on ne les en verra jamais chercher, répondit M. Squeers.

— Je ne pouvais rien désirer de mieux, dit le beau-père en se frottant les mains.

— A présent, dit Squeers, que nous nous comprenons tous les deux, me permettrez-vous de vous demander si vous me tenez pour un homme d'une haute vertu, régulier et d'une conduite exemplaire dans sa vie privée, et si vous n'avez pas, sous le rapport de mes devoirs comme instituteur de la jeunesse, la plus entière confiance dans mon intégrité scrupuleuse, ma libéralité, mes principes religieux et ma capacité?

— Certainement, je l'ai, répliqua le beau-père en renvoyant au maître de pension le même ricanement.

— Alors, peut-être ne verrez-vous pas d'inconvénient à le certifier, si j'envoie aux informations près de vous?

— Pas le moins du monde.

— Vous êtes mon homme! dit Squeers prenant une plume. Voilà ce que j'appelle faire des affaires, et c'est comme cela que je les aime. »

Puis, ayant inscrit l'adresse de M. Snawley, le vertueux instituteur n'eut plus qu'à remplir un devoir encore plus agréable, celui d'inscrire aussi à la recette le payement du premier quartier d'avance, opération à peine terminée, quand on entendit une autre voix demandant M. Squeers.

« Le voici. Qu'est-ce que c'est?

— Seulement une petite affaire, monsieur, dit Ralph Nickleby s'introduisant, sans autre formalité, avec Nicolas à ses côtés. N'est-ce pas vous qui avez fait insérer une annonce dans les journaux de ce matin?

— C'est moi, monsieur. Par ici, s'il vous plaît, dit Squeers qui était allé reprendre sa place dans sa stalle près de la cheminée. Ne voulez-vous pas vous asseoir?

— Si fait, répondit Ralph le faisant comme il le disait, et mettant son chapeau sur la table qui était devant lui. Voici mon neveu, M. Nicolas Nickleby.

— Comment vous portez-vous, monsieur? » dit Squeers.

Nicolas salua, répondit qu'il se portait bien, et sembla fort étonné de voir l'extérieur du propriétaire de Dotheboys-Hall : il s'attendait à mieux.

« Peut-être que vous me reconnaissez? dit Ralph regardant de près le maître de pension.

— Oui, c'est vous qui régliez tous les six mois un petit

compte avec moi, il y a quelques années, quand je venais à la ville, n'est-ce pas, monsieur? répondit Squeers.

— Tout juste.

— C'était pour les parents d'un élève nommé Dorker, qui a eu le malheur....

— Le malheur de mourir à Dotheboys-Hall, dit Ralph, finissant la phrase.

— Je me le rappelle très-bien, monsieur, reprit Squeers. Ah, monsieur, que Mme Squeers a été bonne pour cet enfant! Ç'aurait été le sien qu'elle ne l'aurait pas mieux soigné. Quelles attentions maternelles pendant sa maladie! Des rôties et du thé chaud qu'on lui donnait tous les soirs et tous les matins, quand il ne pouvait plus rien avaler; une chandelle dans sa chambre la nuit même de sa mort; le meilleur dictionnaire qu'on put trouver dans la maison, qu'on lui envoya pour reposer sa tête! Après tout, je n'ai pas regret à ces sacrifices. On est bien heureux de penser qu'on n'a rien eu a se reprocher avec lui. »

Ralph sourit, mais d'un air qui n'était pas du tout souriant, et jeta les yeux sur les personnes qui se trouvaient là.

« Ce sont quelques-uns de mes élèves, dit Wackford Squeers, montrant du doigt le petit garçon assis sur sa malle et les deux petits garçons assis sur le parquet, qui avaient passé tout ce temps-là à se regarder les uns les autres sans se dire un mot, et à se disloquer le corps en une foule de contorsions étonnantes, selon l'usage des petits garçons qui en sont à leur première entrevue. Quant à ce gentleman, monsieur, c'est un père d'élève qui était assez bon pour me faire compliment du système d'éducation adopté à Dotheboys-Hall, situé, monsieur, au délicieux village de Greta-Bridge, dans le Yorkshire, où les jeunes gens sont nourris, habillés, blanchis, fournis de livres classiques et d'argent de poche....

— Oui, nous savons tout cela, dit Ralph d'un air ennuyé en l'interrompant. Cela se trouve dans les annonces.

— Vous avez parfaitement raison, monsieur; cela s'y trouve en effet, répliqua Squeers.

— Et ce n'est pas seulement dans les annonces, Dieu merci! dit M. Snawley. Je suis obligé, en conscience, de vous garantir, et je suis heureux de saisir cette occasion de le faire, que je considère M. Squeers comme un gentleman d'une haute vertu, régulier, d'une conduite exemplaire, et....

— Je n'en fais aucun doute, monsieur, interrompit Ralph pour arrêter ce torrent de louanges, aucun doute, assurément. Mais parlons de notre affaire

— De tout mon cœur, monsieur, dit Squeers. N'ajournez jamais une affaire, c'est le premier précepte que nous inculquons à nos élèves de la classe commerciale. Maître Belling, mon cher petit, rappelez-vous toujours ce précepte, entendez-vous?

— Oui, monsieur, répondit maître Belling.

— Il se le rappelle, croyez-vous? dit Ralph.

— Répétez-le au gentleman, dit Squeers.

— Jamais ne..., commença maître Belling.

— C'est très-bien, dit Squeers; allons, continuez.

— Jamais ne..., et maître Belling en restait encore là.

— A..., lui souffla Nicolas par bonté d'âme.

— Achevez... une affaire, dit maître Belling. Jamais... n'achevez... une affaire.

— Très-bien, monsieur, dit Squeers dardant un regard sombre au coupable. Vous et moi nous aurons à achever tantôt une petite affaire ensemble pour régler nos comptes.

— Quant à présent, dit Ralph, nous ferions peut-être bien de finir la nôtre.

— Comme il vous fera plaisir, dit Squeers.

— Eh bien! reprit Ralph, ce ne sera pas long : j'espère qu'elle sera aussitôt conclue qu'entamée. Vous avez demandé dans les annonces un sous-maître capable, monsieur?

— Précisément, dit Squeers.

— Et vous en voulez réellement un?

— Certainement, répondit Squeers.

— Le voici, dit Ralph. Mon neveu Nicolas, tout frais émoulu des classes, la tête ple[illegible] de science, et la poche vide, est tout juste l'homme qu'il vous faut.

— J'ai peur, dit Squeers embarrassé d'une telle demande pour un jeune homme de la tournure de Nicolas, j'ai peur que ce jeune monsieur ne puisse pas me convenir.

— Que si, dit Ralph, il vous conviendra. » A Nicolas. « Ne vous découragez pas, monsieur; d'ici à huit jours vous enseignerez toute la jeune noblesse de Dotheboys-Hall, ou il faudrait que ce gentleman fût plus obstiné que je ne suppose.

— Je crains, monsieur, dit Nicolas, s'adressant à M. Squeers, que votre refus ne vienne de ma jeunesse et de ce que je ne suis pas maître ès arts.

— Il est certain qu'il vaudrait mieux avoir pris quelque degré dans l'université, répliqua Squeers, se donnant un air aussi grave qu'il le pouvait, et extrêmement troublé du contraste de la simplicité du neveu et des manières aisées de l'oncle, mais surtout de l'allusion incompréhensible faite par le dernier à la jeune noblesse de son école.

— Tenez, monsieur, dit Ralph, je vais vous présenter l'affaire sous son véritable jour en deux secondes.

— Vous m'obligerez, reprit Squeers.

— Voici, dit Ralph, un garçon, ou un adolescent, ou un gaillard, ou un jeune homme, ou un mirliflore, ou un tout ce que vous voudrez de dix-huit à dix-neuf ans.

— Pour cela, je le vois, observa le maître de pension.

— Et moi aussi, dit M. Snawley, croyant de son devoir de soutenir au besoin son nouvel ami.

— Son père est mort, continua Ralph, il ne connaît pas du tout le monde, il n'a aucune ressource, et sent le besoin de faire quelque chose. Je vous le recommande pour entrer dans votre splendide établissement, comme le premier pas qui peut le mettre sur le chemin de la fortune, s'il en sait profiter : vous comprenez ?

— Qui est-ce qui ne comprendrait pas cela ? répliqua Squeers imitant le rire malicieux avec lequel le vieux renard regardait son candide neveu.

— Pour ma part, je le comprends aussi, dit Nicolas avec vivacité.

— Vous voyez, il le comprend, dit Ralph du même ton dur et sec. Si quelque boutade capricieuse lui faisait rejeter cette occasion magnifique avant de l'avoir mise à profit, je me regarde comme dégagé de tout devoir d'assistance envers sa sœur et sa mère. Examinez-le, et songez à tout le parti que vous en pouvez tirer pour bien des choses. A présent la question est de savoir si, pendant quelque temps, à tout événement, il ne fera pas mieux votre affaire que vingt autres candidats auxquels vous pourriez vous adresser dans les conditions ordinaires. N'est-ce pas là une question qui mérite réflexion ?

— Certainement si, dit Squeers répondant par un signe de tête au signe de tête de Ralph.

— Bien, répliqua Ralph ; laissez-moi vous dire deux mots. »

Les deux mots furent dits à part en moins de deux minutes, et M. Wackford Squeers annonça que M. Nicolas Nickleby était, à partir de ce moment, nommé officiellement et installé dans les fonctions de premier maître auxiliaire à Dotheboys-Hall.

« C'est à la recommandation de votre oncle que vous le devez, monsieur Nickleby, » dit Wackford Squeers; Nicolas ivre de joie, à la vue d'un pareil succès, serra avec chaleur la main de son oncle ; je crois qu'il aurait presque encensé Squeers lui-même, comme une divinité bienfaisante.

« Il a un air original, se disait Nicolas, mais quoi ! Person avait un air original, le docteur Johnson aussi ; tous ces savants plongés dans leurs livres sont comme cela. »

« Monsieur Nickleby, c'est à huit heures du matin que nous prenons demain la diligence, dit Squeers, il faut que vous soyez ici un quart d'heure d'avance, parce que nous avons ces élèves à emmener avec nous.

— Je n'y manquerai pas, monsieur, dit Nicolas.

— J'ai payé votre place, grommela Ralph, ainsi vous n'aurez à vous occuper de rien que de vous mettre chaudement. »

Encore un acte de générosité de la part de son oncle ! Nicolas fut si touché de cette bonté inattendue qu'à peine s'il pouvait trouver des paroles pour lui exprimer sa reconnaissance. Le fait est qu'il se confondait encore en remercîments, quand ils prirent congé du maître de pension, et traversèrent la grande porte de la *Tête-de-Sarrasin*.

« Je serai ici demain matin pour vous voir embarquer comme il faut, dit Ralph. Surtout pas de reculade.

— Je vous remercie, monsieur, répliqua Nicolas, jamais je n'oublierai tant de bonté.

— Tâchez de ne pas l'oublier, reprit l'oncle. Maintenant vous ferez bien d'aller chez vous faire votre malle. Croyez-vous pouvoir trouver le chemin de Golden-square auparavant ?

— Certainement, dit Nicolas, d'ailleurs il me sera toujours facile de le demander.

— Eh bien ! alors, vous remettrez ces papiers à mon clerc, dit Ralph en lui donnant un petit paquet, et vous lui direz de m'attendre à la maison. »

Nicolas se chargea gaiement du message, et disant à son digne oncle un adieu cordial, auquel le vieux gentleman répondit avec sa tendresse de cœur ordinaire par un grognement, il se mit en route promptement pour faire sa commission.

Il arriva tout droit à Golden-square ; M. Noggs, qui venait de sortir quelques minutes pour aller au cabaret, ouvrait justement la porte avec son loquet, lorsque Nicolas montait les marches.

« Qu'est-ce que c'est que cela ? demanda Noggs en montrant le paquet.

— Des papiers de la part de mon oncle, répondit Nicolas, et vous aurez la bonté de l'attendre ici jusqu'à son retour, s'il vous plaît.

— Oncle! cria Noggs.

— M. Nickleby, dit Nicolas par forme d'explication.

— Entrez, » dit Newman.

Sans dire un mot de plus il fit passer Nicolas par le corridor, le conduisit dans l'espèce de garde-manger du fond qui lui servait de bureau, le planta sur une chaise, et escaladant son tabouret, il s'assit, les bras pendants tout du long, les yeux braqués sur lui comme d'un observatoire.

« Il n'y a pas de réponse? » dit Nicolas, déposant le paquet sur une table à côté de lui.

Newman ne disait rien, mais il croisa les bras, et portant la tête en avant, comme pour examiner de plus près la figure de Nicolas, il étudiait attentivement tous ses traits.

« Pas de réponse? » dit Nicolas parlant très-haut, dans l'idée qu'apparemment Newman Noggs était sourd.

Newman étendit les mains sur ses genoux, et, sans prononcer une syllabe, continua de passer l'examen détaillé de la figure du nouveau venu.

C'était un procédé si étrange de la part d'un homme qu'il n'avait jamais vu ni connu, et l'extérieur du personnage était si bizarre, que Nicolas, qui ne manquait pas de finesse pour saisir le ridicule des gens, ne put réprimer un sourire en demandant à M. Noggs s'il n'avait pas d'autres instructions à lui donner.

Noggs secoua la tête avec un soupir; sur quoi Nicolas se leva, et, prétextant qu'il n'avait pas de temps à perdre, lui souhaita le bonjour.

Voici un grand effort pour Newman Noggs, et personne n'a jamais pu savoir tout ce qu'il coûta à ses habitudes timides et silencieuses; eh bien! quoique l'autre lui fût entièrement inconnu, il prit son courage à deux mains et dit à haute voix et d'une haleine que, si le jeune gentleman n'avait pas de répugnance à l'honorer d'une pareille confidence, il voudrait bien savoir ce que son oncle allait faire pour lui.

Nicolas n'avait pas de répugnance le moins du monde à répondre à cette question: bien au contraire il était charmé de trouver une occasion de causer sur le sujet qui occupait tout entier sa pensée. Aussi il se rassit, et, entraîné par l'ardeur de son imagination, il fit une description brillante et animée de tous les honneurs et les avantages dont il allait être comblé par suite de sa nomination à ce foyer d'instruction qu'on appelait Dotheboys-Hall.

« Mais qu'est-ce qu'il vous prend? êtes-vous malade? » dit Nicolas s'interrompant brusquement à la vue d'une grande variété d'attitudes fantastiques auxquelles se livrait son interlocuteur qui, passant les mains sous son tabouret, faisait claquer ses doigts, comme s'il en brisait tous les os.

Newman Noggs, sans répondre un mot, continua à jouer des épaules et à faire craquer ses doigts ; pendant tout ce temps-là il avait un sourire horrible, un regard sans but, les yeux hors de a tête ; on aurait dit un spectre.

Nicolas crut d'abord que le mystérieux inconnu avait une attaque de nerfs, mais, après réflexion, il s'arrêta à la pensée qu'il avait bu, auquel cas il était prudent de s'esquiver sans perdre de temps. Il réussit à gagner la porte, l'ouvrir, s'évader et, en jetant les yeux derrière lui, il vit Newman Noggs encore occupé à se livrer aux mêmes exercices, avec des gestes extraordinaires et des craquements de doigts plus retentissants que jamais.

CHAPITRE V.

Nicolas part pour le Yorkshire. Ses adieux. Ses compagnons de voyage, et ce qui leur arrive en route.

Si des larmes versées dans une malle étaient un talisman capable de défendre son propriétaire contre le chagrin et le malheur, Nicolas Nickleby aurait commencé son expédition sous les plus heureux auspices. Il avait tant à faire et si peu de temps pour le faire ; tant de mots tendres à dire et à entendre, tant de douleurs à refouler dans leurs cœurs affligés, que les petits préparatifs de son voyage se firent avec une grande tristesse. Il y avait une foule d'objets que la sollicitude de sa mère et de sa sœur trouvaient indispensables à son bien-être, et que Nicolas ne voulait absolument pas emporter, dans la pensée qu'on pourrait en avoir besoin plus tard, ou que, s'il le fallait, on en ferait quelque argent, dans l'occasion. Que de débats affectueux de ce genre s'élevèrent entre eux la veille, la triste veille de son départ ! Et à mesure que chaque discussion terminée rapprochait le terme de leurs préparatifs modestes, Catherine devenait de plus en plus empressée, et versait des larmes plus abondantes en cachette.

Enfin la malle est faite : alors vint le souper qu'on avait, pour la circonstance, servi avec un peu plus de délicatesse, dont la dépense avait été compensée par l'abstinence de Catherine et de sa mère qui firent semblant d'avoir dîné pendant l'absence de Nicolas. Le pauvre garçon manquait d'étouffer à chaque morceau, et il était près de défaillir une ou deux fois au milieu de quelque plaisanterie affectée, ou d'un rire forcé, plein de mélancolie. Ils restèrent dans cet état languissant jusqu'à ce que l'heure de se séparer pour la nuit fût dépassée de beaucoup, et alors ils virent au bout du compte qu'ils auraient aussi bien fait de s'abandonner avant à leurs sentiments, car ils ne purent en retenir l'explosion, malgré tout. Ils s'y livrèrent donc sans réserve, et firent bien, puisqu'ils y trouvèrent plutôt du soulagement.

Nicolas dormit bien jusqu'à six heures du matin. Il rêva de leur maison, ou plutôt de ce qui avait été leur maison (peu importe, car, Dieu merci, le sommeil ne tient aucun compte des changements du présent et garde le privilége de continuer le passé et de rendre la réalité à ce qui n'est plus), et il s'éveilla frais et dispos. Il écrivit quelques lignes au crayon, pour dire de cœur l'adieu qu'il n'osait pas dire de bouche, et déposant le billet avec la moitié de son petit pécule à la porte de sa sœur, il chargea la malle sur son épaule et glissa doucement le long de l'escalier.

« Est-ce vous, Hannah? cria une voix qui sortait de la chambre de miss la Creevy, éclairée par la faible lueur d'une chandelle.

— C'est moi, miss la Creevy, dit Nicolas déposant sa malle et jetant dans la chambre un regard indiscret.

— Ah! bon Dieu! s'écria miss la Creevy toute saisie et se hâtant de défaire ses papillottes, vous êtes sur pied de bien bonne heure, monsieur Nickleby.

— Et vous aussi, repartit Nicolas.

— Ce sont les beaux-arts qui me chassent du lit, monsieur Nickleby. J'attends le jour pour exécuter une idée. »

Miss la Creevy s'était levée matin pour mettre un nez de fantaisie à la miniature d'un vilain petit monstre d'enfant, dont le portrait devait être envoyé en province à sa grand'mère : on avait lieu d'espérer qu'elle le ferait héritier de son bien, s'il ressemblait à la famille.

« .... Pour exécuter une idée, répéta miss la Creevy; et c'est là le grand avantage de demeurer dans une rue aussi passante que le Strand. Avez-vous besoin d'un œil ou d'un nez pour un de vos modèles, vous n'avez qu'à vous mettre à la fenêtre, et vous êtes bien sûr d'en attraper un au passage.

— Faut-il bien du temps pour attraper un nez? demanda Nicolas en souriant,

— Dame, cela dépend en grande partie du genre que l'on demande, répondit miss la Creevy. Des nez bossus, des nez romains, il n'en manque pas; quant aux nez camards, vous n'avez qu'à aller à Exeter-Hall un jour de meeting, et vous en trouverez de toutes les sortes et de toutes les dimensions; mais un nez parfaitement aquilin, je suis fâchée de vous le dire, c'est chose rare, et nous les réservons généralement pour les militaires et les magistrats.

— Ah! vraiment! dit Nicolas; si j'en trouve un dans mes voyages, je tâcherai de le croquer pour vous.

— Qu'est-ce que vous parlez de voyage? Il n'est pas possible, n'est-ce pas, que vous songiez sérieusement à vous exiler en Yorkshire pendant cette froide saison d'hiver, comme je l'entendais dire hier au soir, monsieur Nickleby?

— Pardonnez-moi. Vous savez qu'il faut aller où l'on vous mène : eh bien, c'est la nécessité qui me mène, et je la suis.

— Vraiment? Tout ce que je peux vous dire, c'est que j'en suis fâchée, dit miss la Creevy, autant pour votre mère et votre sœur que pour vous. Votre sœur est très-jolie, monsieur Nickleby, et c'est une raison de plus pour qu'elle ait besoin de quelqu'un qui la protége. Je l'ai priée de me donner une ou deux séances pour mon cadre de dehors. Ah! quelle charmante miniature cela fera! » Et en parlant ainsi, miss la Creevy prenait un portrait sur ivoire nuancé de petites veines bleu céleste, et le regardait avec tant de complaisance, que Nicolas semblait lui porter envie.

« Si vous avez jamais l'occasion de montrer un peu de tendresse à Catherine, dit Nicolas en lui présentant la main, j'espère qu'elle peut compter sur vous.

— Comptez-y, dit l'artiste en miniature du fond du cœur, et que Dieu vous conduise, monsieur Nickleby! je vous souhaite tout bonheur. »

Nicolas n'avait guère appris encore à connaître le monde, mais il devina, sans le savoir, que, s'il donnait à miss la Creevy un petit baiser, la bonne dame n'en serait peut-être que mieux disposée pour celles qu'il allait laisser derrière lui. Il lui en donna donc trois ou quatre, par forme d'aimable galanterie, et miss la Creevy ne s'en montra pas autrement fâchée, si ce n'est qu'en rajustant son turban jaune elle déclarait que jamais elle n'avait entendu dire pareille chose, et que d'ailleurs elle ne l'aurait jamais cru possible.

Ayant donc terminé cette entrevue inopinée d'une façon si satisfaisante, Nicolas s'éloigna à la hâte. Il trouva à propos un homme pour lui porter sa malle, et, comme il n'était encore que sept heures, il continua son chemin, sans se presser, devançant de quelques pas le commissionnaire, dont le cœur était peut-être plus à l'aise sous le poids de son fardeau, que le sien sous le poids de sa douleur, quoique le costume du lazzarone de Londres parlât tout haut de sa misère, car on voyait bien qu'il avait couché dans une écurie et déjeuné à la pompe du réservoir.

Chemin faisant, il regardait, avec autant de curiosité que d'intérêt, toute l'activité des préparatifs déployée dans chaque rue et jusque dans chaque maison pour le jour qui allait commencer. En songeant que tant de gens de tous les rangs et de tous les états gagnaient leur vie à Londres, il faisait de temps en temps la réflexion qu'il était bien dur qu'il fût réduit à aller si loin pour chercher à gagner la sienne, puis il pressait le pas pour arriver à la *Tête-de-Sarrasin*, Snow-Hill. Il congédia son porteur, fit déposer en lieu de sûreté sa malle au bureau de la diligence et se mit à chercher M. Squeers dans la salle du café.

Il trouva le savant gentleman assis à table pour déjeuner; les trois petits garçons avec lesquels il avait déjà fait connaissance, et deux autres qu'un bon vent avait amenés au maître de pension depuis leur entrevue de la veille, étaient rangés à la file sur un banc vis-à-vis. M. Squeers avait devant lui une demi-tasse, une assiettée de rôties toutes chaudes, et une tranche de bœuf froid : mais il était occupé, pour le moment, à faire préparer le déjeuner de sa petite troupe.

« Est-ce qu'il y a pour quatre sols de lait là dedans, disait M. Squeers au garçon d'auberge, plongeant la vue dans une grande cruche bleue, et la penchant doucement, pour se rendre un compte exact de la quantité de liquide qu'elle contenait.

— Il y en a pour quatre sous, répondit l'autre.

— Il faut que le lait soit un article bien rare à Londres, soupira M. Squeers. Emplissez-moi bien cette cruche avec de l'eau tiède, William, voulez-vous?

— Tout à fait pleine, monsieur? demanda William. Ah! bien, le lait va être noyé.

— Ne vous inquiétez pas de cela, répliqua M. Squeers. Faites ce que je vous dis, le lait est si cher! Vous avez demandé du gros pain et du beurre pour trois, n'est-ce pas?

— On l'apporte à l'instant, monsieur.

— Oh! vous n'avez pas besoin de vous presser, nous avons bien le temps, dit Squeers. Apprenez à vaincre vos passions mes petits, et ne soyez pas trop avides de nourriture. » En prononçant cette sentence morale, M. Squeers prenait une bonne bouchée de roastbeef : il reconnut Nicolas.

« Asseyez-vous, monsieur Nickleby, dit-il. Nous voici en train de déjeuner, comme vous voyez. »

Nicolas ne voyait pas du tout qu'ils fussent en train de déjeuner, excepté M. Squeers; ce qui ne l'empêcha pas de lui faire un salut respectueux et de se montrer d'aussi bonne humeur que possible.

« Ah ! est-ce le lait coupé que vous apportez là, William ? dit M. Squeers. Très-bien, à présent, vous n'oublierez pas le pain et le beurre. »

A cette nouvelle annonce du pain et du beurre, les cinq petits garçons parurent très-agités et suivirent des yeux le départ de William, pendant que M. Squeers dégustait le lait coupé.

« Ah ! dit le gentleman en faisant claquer ses lèvres, c'est succulent. Songez, petits enfants, combien il y a de mendiants et d'orphelins dans les rues qui voudraient bien en avoir ! C'est une chose terrible que la faim, n'est-ce pas, monsieur Nickleby ?

— Oh ! terrible, monsieur, dit Nicolas.

— Quand je dirai numéro un, poursuivit M. Squeers, plaçant la cruche devant les élèves, le plus près de la cruche à gauche boira un coup, et quand je dirai numéro deux, il passera la cruche à l'autre, et ainsi de suite jusqu'au numéro cinq, qui est le dernier. Êtes-vous prêts ?

— Oui, monsieur, crièrent tous les petits garçons avec une grande énergie.

— C'est bon, dit M. Squeers continuant tranquillement son déjeuner; maîtrisez votre appétit, mes mignons; c'est comme cela que vous apprendrez à vaincre la nature sensuelle. Voilà, monsieur Nickleby, comme nous leur inculquons de la force d'âme, » dit l'instituteur se tournant vers Nicolas et parlant la bouche pleine de bœuf et d'une bonne rôtie.

Nicolas marmotta une réponse, sans trop savoir ce qu'il disait; et les petits garçons, partageant leurs regards affamés entre la cruche, le pain et le beurre qui venaient d'arriver, et chaque morceau que M. Squeers portait à sa bouche, restaient les yeux écarquillés dans une attente dévorante.

« Dieu soit loué, j'ai fait un bon déjeuner, dit Squeers quand il ne resta plus rien dans son assiette. Numéro un, vous pouvez boire un coup. »

Numéro un saisit la cruche avec rage, et il en avait avalé tout juste de quoi lui faire désirer d'en avaler davantage, quand

M. Squeers donna le signal au numéro deux, qui la passa de même, au premier commandement, au numéro trois. Si bien qu'à la fin, le lait coupé fut absorbé par le numéro cinq.

« A présent, dit le maître de pension partageant le pain beurré pour trois en autant de portions qu'il y avait de convives, vous ferez bien de ne pas perdre de temps à votre déjeuner, car la trompe du conducteur va nous appeler dans une ou deux minutes, et alors il faudra cesser immédiatement. »

Quand ils se virent autorisés à tomber sur les vivres, les écoliers se mirent à manger avec voracité, et surtout avec un empressement désespéré, pendant que leur maître, que son déjeuner avait mis de belle humeur, se nettoyait les dents avec sa fourchette, et contemplait avec un doux sourire le spectacle présent à ses yeux. Presque aussitôt la trompe maudite se fit entendre.

« Je pensais bien que ce ne serait pas long, dit Squeers en se levant vivement et tirant de dessous la banquette un petit panier; allons, enfants, mettez là dedans tout ce que vous n'avez pas eu le temps de manger, vous en aurez besoin en route. »

Nicolas était extrêmement étonné de tous ces arrangements économiques, mais il n'eut pas le temps d'y songer, car il fallut aider les petits garçons à monter tout en haut de la diligence, il fallut porter et placer leurs malles, il fallut aussi veiller à ce que le bagage de M. Squeers fût soigneusement serré dans le coffre, et c'est lui qui était chargé de tous ces soins. Il était dans le coup de feu, et tout entier à ces occupations, quand il fut accosté par son oncle, M. Ralph Nickleby.

« Oh, vous voilà, dit Ralph : tenez, voici votre mère et votre sœur, monsieur.

— Où donc? cria Nicolas, jetant à la hâte un regard autour de lui.

— Par ici, répliqua son oncle. Comme elles ont tant d'argent qu'elles ne savent qu'en faire, je viens de les trouver, comme j'arrivais, qui payaient un fiacre qu'elles ont pris.

— Nous avions peur d'arriver trop tard pour le voir partir, dit Mme Nickleby embrassant son fils, sans se soucier des regards curieux des voyageurs.

— Très-bien, madame, dit Ralph, vous savez ce que vous avez à faire. Je disais seulement que vous étiez en train de payer un fiacre. Moi, je n'en paye jamais de fiacre, madame, par la raison que je n'en prends jamais. Je ne sache pas avoir été dans un fiacre, à mon compte, depuis trente ans, et j'espère bien n'en pas prendre encore de trente ans, si je vais jusque là.

— Je ne me serais jamais pardonné de ne pas l'avoir vu encore une fois, dit Mme Nickleby ; mon pauvre cher fils, partir comme cela, et encore sans déjeuner, parce qu'il craignait de nous faire de la peine!

— C'est certainement fort bien, dit Ralph avec un air rechigné. La première fois que j'ai été placé dans les affaires, madame, je prenais un petit pain et un flacon de lait en allant à la cité tous les matins ; qu'en dites-vous, madame? déjeuner ! bah!

— A présent, Nickleby, dit Squeers, qui s'approcha en boutonnant son paletot, je pense que vous ferez bien de monter derrière. J'ai peur qu'un de ces petits drôles ne tombe de là, et alors bonsoir mes vingt guinées par an.

— Cher Nicolas, dit Catherine à voix basse en tirant son frère par le bras, qu'est-ce que c'est que cet homme si commun ?

— Eh ! eh ! dit Ralph en grommelant, car il avait l'oreille fine et venait d'entendre la question. Désirez-vous, ma chère, que je vous présente à M. Squeers ?

— Çà, le maître de pension ! oh non, mon oncle, non, répliqua Catherine en reculant avec dégoût.

— Puisque vous m'en exprimez le désir, ma chère, continua Ralph avec son sourire froidement moqueur, monsieur Squeers, voici ma nièce, la sœur de Nicolas !

— Charmé de faire votre connaissance, mademoiselle, dit Squeers soulevant à peine son chapeau. Je voudrais bien que Mme Squeers tînt une pension de demoiselles, et que vous y fussiez sous-maîtresse. Seulement j'ai peur qu'elle ne devînt jalouse dans ce cas. Ha ! ha ! ha ! »

Si le propriétaire de Dotheboys Hall avait pu voir ce qui se passait en ce moment dans l'esprit de son maître auxiliaire, il y aurait découvert avec quelque surprise que jamais il n'avait été si près de recevoir une bonne volée de sa vie. Catherine Nickleby, devinant tout de suite les intentions de son frère, l'attira doucement à part, et par là épargna à M. Squeers une correction qui aurait bien pu ne pas du tout lui être agréable.

« Mon cher Nicolas, dit la jeune fille, qu'est-ce que cet homme? quel est donc le genre de place où vous allez !

— Je le sais à peine, Catherine, répliqua Nicolas en serrant la main de sa sœur ; je suppose que les gens du Yorkshire sont un peu rudes et grossiers, voilà tout.

— Mais cet homme?

— C'est mon patron, mon maître, tous les noms que vous voudrez lui donner, reprit vivement Nicolas, et c'était une stupidité de ma part de mal interpréter ses façons brutales. Mais voici qu'on regarde de mon côté, je devrais avoir déjà pris ma place. Que Dieu vous garde, ma bien-aimée sœur, et au revoir! Ma mère, pensez désormais au bonheur de notre prochaine réunion. Adieu! mon oncle, je vous remercie de tout mon cœur de ce que vous avez fait et de ce que vous voulez faire encore.... (*Au conducteur.*) Me voilà prêt, monsieur. »

Après ces adieux faits à la hâte, Nicolas monta lestement à sa place et fit de la main un salut si tendre qu'il semblait dire : « Mon cœur reste avec vous. »

Au moment même, le cocher et le conducteur venaient de comparer encore une fois leurs listes avant de partir ; les porteurs tiraient des voyageurs récalcitrants leurs derniers pourboire, les colporteurs de journaux faisaient leurs dernières offres de service, et les chevaux donnaient leur dernière ruade d'impatience, quand Nicolas se sentit tirer doucement par la jambe. Il regarda en bas ; c'était Newman Noggs qui lui glissa dans la main une lettre crottée.

« Qu'est-ce que c'est? demanda Nicolas.

— Chut! répliqua Noggs montrant M. Ralph Nickleby, qui avait pris à part M. Squeers à deux pas de là pour lui dire quelques mots. Prenez cela, lisez-le. Personne n'en sait rien, voilà tout : et il partit

— Un moment, lui cria Nicolas.

— Non.

— Attendez donc un moment, répéta Nicolas ;» mais Newman Noggs n'était déjà plus là.

Encore un peu d'agitation pendant une minute, la porte de la diligence qui se ferme avec fracas, la voiture qui penche d'un côté sous le poids du cocher un peu lourd, et du conducteur plus lourd encore qui grimpent tous deux sur leurs siéges ; un cri de : Partons! un petit air de trompe, un regard rapide de deux figures attristées par derrière, l'expression dure des traits de M. Ralph Nickleby, et la diligence avait disparu à son tour, faisant retentir le pavé de Smithfield.

Les petits garçons ayant les jambes trop courtes pour les poser de pied ferme, quand ils furent assis, et par conséquent leurs petits corps étant à chaque instant menacés d'être lancés par-dessus la voiture, Nicolas avait fort à faire de les tenir en respect, tant qu'on fut sur le pavé; les mains en mouvement et l'esprit tendu pour accomplir cette tâche difficile, il ne fut pas fâché de voir la diligence s'arrêter à l'hôtel du Paon à Islington. Il fut encore bien plus satisfait de voir un monsieur, à la mine franche et ouverte, avec une figure de bonne humeur, et le teint frais, monter derrière et lui proposer de prendre l'autre côté de la banquette.

« Si nous mettions quelques-uns de ces jeunes écoliers au milieu, dit le nouveau venu, ils seraient plus en sûreté dans le cas où ils viendraient à s'endormir, qu'en dites-vous ?

— Si vous voulez avoir cette bonté, dit Squeers, ce sera en effet pour le mieux. Monsieur Nickleby, mettez-en trois entre vous et ce monsieur. Belling et Snawley cadet se mettront entre moi et le conducteur.

— Trois enfants, vous savez, dit Squeers à l'étranger, ça ne compte que pour deux.

— Je ne m'y oppose pas le moins du monde, dit le gentleman aux fraîches couleurs. J'ai un frère qui s'abonnerait bien avec n'importe quel boucher ou quel boulanger de la Grande-Bretagne pour que ses six enfants ne comptassent que pour deux, j'en suis bien sûr, et il y trouverait son compte.

— Six enfants, monsieur ? s'écria Squeers.

— Oui, et tous garçons, répliqua l'étranger.

— Monsieur Nickleby, dit Squeers en toute hâte, voulez-vous tenir ce panier ? Permettez-moi, monsieur, de vous donner un prospectus d'un établissement où ces six enfants trouveraient une éducation éclairée, libérale, morale surtout, et sans aucun mécompte, moyennant vingt guinées par an chacun, vingt guinées, monsieur, ou bien nous pourrions même faire une cote mal taillée ; je m'offre à les prendre en bloc pour cent livres sterling[1].

— Oh ! dit le monsieur jetant un coup d'œil sur le prospectus, c'est vous qui êtes le M. Squeers dont il s'agit ici, je présume ?

— Oui, monsieur, c'est moi, répondit l'estimable pédagogue. Je m'appelle Wackford Squeers, et je m'en fais honneur. Voici quelques-uns de mes élèves, monsieur. Vous voyez en même temps un de mes maîtres auxiliaires, M. Nickleby ; c'est un jeune homme de bonne maison, et un excellent professeur des études mathématiques, classiques et commerciales. Nous ne faisons pas les choses à moitié dans ma boutique. Mes élèves reçoivent toute espèce d'instruction. Je ne regarde pas à la dépense, et ils sont traités et blanchis à la maison, comme dans la maison paternelle.

— Ma foi ! dit le gentleman avec un demi-sourire à l'adresse

1. Vingt guinées chacun font cinq cent-vingt francs ; cent livres sterling font deux mille cinq cents francs. C'est donc un rabais de cent francs.

de Nicolas et une expression de surprise qui n'était pas dissimulée, voilà en vérité des avantages positifs.

— Je puis vous en répondre, monsieur, continua M. Squeers plongeant ses deux mains dans les poches de son paletot. Je puis donner, comme je demande moi-même en retour, les garanties les plus solides. Je ne voudrais pas prendre un enfant qui ne présenterait pas un répondant prêt à payer les cinq livres cinq schellings de chaque quartier; non certainement, je ne le prendrais pas, quand vous me le demanderiez à deux genoux avec des larmes grosses comme le poing.

— C'est de la haute prudence, dit le voyageur.

— La prudence est en effet l'une de mes qualités favorites, monsieur, répliqua Squeers.... Snawley junior, si vous ne finissez pas de faire claquer vos dents et de frissonner comme vous faites, je m'en vais vous réchauffer tout à l'heure avec une bonne raclée.

— En place, messieurs, tenez-vous bien, dit le conducteur en montant sur le siége.

— Est-ce fini, là-bas derrière, Dick? cria le cocher.

— Oui, marche! fut la réponse. Eh bien! le voilà qui marche. »

Et en effet, il se mit en marche, le véhicule assez mal nommé diligence, au milieu d'une éclatante fanfare à son de trompe et du témoignage d'une approbation flatteuse de tous les amateurs de chevaux et de voitures assemblés devant l'*hôtel du Paon*, mais plus particulièrement des valets de service qui se tenaient là, les bras retroussés, à regarder la voiture jusqu'à ce qu'elle disparût à leurs yeux; après quoi ils regagnèrent lentement les écuries, exprimant dans leur langage grossier leur admiration de l'habileté du cocher au détour.

Quand le conducteur (un robuste enfant du Yorkshire vieilli dans le métier) eut soufflé dans sa trompe à perte d'haleine, il la remit dans un petit cornet d'osier attaché *ad hoc* le long de la caisse, et faisant pleuvoir sur sa poitrine et sur ses épaules une averse de coups de poing en cadence pour se réchauffer, fit l'observation qu'il ne faisait pas chaud du tout. Puis il demanda à chaque personne, à tour de rôle, si elle allait jusqu'au bout, ou bien en quel endroit elle voulait descendre. Ces informations prises, il ajouta que le chemin était devenu joliment mauvais depuis hier au soir, et prit la liberté de demander si quelqu'un de ces messieurs n'avait pas sur lui une tabatière. Personne n'ayant répondu à cet appel, il fit d'un air mystérieux la remarque qu'il avait entendu dire à un médecin qui se rendait à Grantham la semaine dernière, que cela ne valait rien pour les yeux de prendre du tabac. Pour lui, il ne s'en était jamais mal trouvé, et tout ce qu'il pouvait dire, c'est que chacun était bien libre d'en penser ce qu'il voulait. Personne n'ayant envie de le contredire là-dessus, il prit un petit colis en papier gris dans son chapeau, et mettant une paire de lunettes de corne (l'écriture, disait-il, était comme des pattes de mouche) il lut et relut l'adresse d'un bout à l'autre et examina ses passagers les uns après les autres. Cela fait, il sonna encore un petit air de trompe en guise de récréation; et, comme il avait apparemment épuisé tous ses sujets de conversation ordinaires, il se croisa les bras comme il put avec tous les vêtements dont il était fourré, tomba dans un silence solennel, regarda machinalement tous les objets bien connus qui frappaient ses yeux le long de la route, ne paraissant prendre d'intérêt qu'aux chevaux et au bétail : ceux-là, il les observait d'un air critique, à mesure qu'ils passaient près de lui.

Il faisait un air vif et piquant. Il tombait de temps en temps beaucoup de neige, et le vent était extraordinairement aigre. M. Squeers descendait presque à chaque relai, pour s'étirer les jambes, et revenait toujours de ces excursions le nez extrêmement rouge, et se remettait tout de suite à dormir, ce qui ferait supposer que son procédé ne lui réussissait pas mal. Les petits élèves s'étant évertués sur les restes de leur déjeuner du matin, et fortifiés par quelques gorgées d'un cordial curieux, que M. Squeers avait sur lui, et qui avait un goût d'eau panée égarée dans une bouteille d'eau-de-vie, se mirent à dormir, à s'éveiller, à grelotter, à pleurer, chacun selon ses inclinations. Nicolas et le brave homme assis sur sa banquette avaient toujours tant de choses à se dire, qu'en causant ensemble, en amutant les enfants, le temps passa pour eux aussi rapidement que possible en pareille circonstance.

Le soir, on trouva préparé à Eton Slocomb un bon dîner de table d'hôte, dont le coupé, les quatre voyageurs de l'impériale, sur le devant, le voyageur de l'intérieur, Nicolas, et le brave M. Squeers prirent leur part, pendant que l'on mit les cinq petits garçons dégeler devant l'âtre, et qu'on les régala de sandwiches Un ou deux relais plus loin, on alluma les lanternes, et il y eut un grand remue-ménage pour prendre à une auberge de la route une dame qui faisait ses embarras avec tout un assortiment de manteaux et de petits paquets. Elle jetait les hauts cris, au grand amusement des voyageurs de l'impériale, du retard de sa voiture qui aurait dû venir au-devant d'elle, et fit promettre solennellement au conducteur qu'il arrêterait le premier coupé vert qu'il verrait venir. Ce fonctionnaire le jura sur ses grands dieux, ce qui ne l'empêcha pas de s'asseoir le dos tourné au prétendu char à bancs, sans compter qu'il faisait noir comme dans un four. Enfin, la dame aux embarras se trouvant en tête-à-tête, à l'intérieur, avec un monsieur tout seul, fit allumer une petite lampe qu'elle portait dans son ridicule, et, quand on eut fini par l'emballer après bien de la peine, les chevaux reprirent un bon trot et la diligence continua sa course rapide.

La nuit était noire, la neige tombait toujours; c'était peu divertissant. On n'entendait que les hurlements du vent, car le bruit des roues et du pas des chevaux était amorti par l'épais tapis de neige qui cachait la route, et qui la recouvrait de plus en plus à chaque moment. Les rues de Stamford étaient désertes quand on traversa la ville, et l'on voyait se dresser tristes et sombres les vieux clochers de ses églises sur le pavé blanchi. Vingt milles plus loin, deux passagers de la banquette de devant, sur l'impériale, en gens bien avisés, profitèrent de leur arrivée à la porte d'un des meilleurs hôtels d'Angleterre, pour y descendre, et pour passer la nuit à Grantham, à l'enseigne du *Roi-Georges*. Les autres s'enveloppèrent de leur mieux dans leurs manteaux et leurs couvertures, et, laissant à regret derrière eux l'éclairage des réverbères et le foyer d'auberge, se firent un oreiller de leur bagage, et se disposèrent, avec plus d'un soupir mal réprimé, à affronter de nouveau la brise cruelle qui balayait la plaine.

Ils n'étaient guère à plus d'un relai de Grantham, c'est-à-dire à mi-chemin de Newark, quand Nicolas, qui s'était un moment assoupi, fut réveillé en sursaut par un cahot violent, qui le jeta presque à bas de la banquette. En saisissant la rampe, il s'aperçut que la diligence, fortement inclinée d'un côté, continuait d'être entraînée au pas de course par les chevaux, et pendant que, partagé entre le plongeon qu'ils allaient faire et les cris affreux de la dame de l'intérieur, il hésitait un moment s'il devait ou non sauter à bas, le véhicule versa tout tranquillement et le tira d'incertitude en le lançant tout de son long sur la route.

CHAPITRE VI.

Où l'accident en question donne occasion à deux messieurs de conter des histoires d'un genre bien différent.

« Hu! ho! cria le conducteur, qui fut sur pied en une minute, et qui courut à la tête des chevaux de devant. Y a-t-il ici quelqu'un de ces messieurs pour me donner un coup de main? Veux-tu te tenir tranquille, sacrée rosse! Hu! ho!

— Qu'est-ce qu'il y a? demanda Nicolas en se frottant les yeux.

— Bah! ce qu'il y a. Il y en a assez pour cette nuit, répliqua le conducteur. Le diable emporte la rousse avec son œil vairon! chienne de jument, je crois qu'elle a perdu la tête; nous voilà bien avec la diligence par terre. Ici, s'il vous plaît, un coup de main. Sapristi, je crois que j'ai tous les os cassés.

— Voilà! cria Nicolas se relevant sur ses pieds. Me voilà. Je ne suis qu'un peu étourdi, ce n'est rien.

— Tenez-les bien! cria le conducteur, pendant que je coupe les traits. Maudites bêtes. Bien travaillé, mon garçon; lâchez-les à présent. N'ayez pas peur, ils sauront bien retrouver l'écurie. »

Et, en effet, ils ne furent pas plutôt dégagés qu'ils retournèrent bien vite, d'un pas délibéré, à l'écurie qu'ils venaient de quitter, à moins d'un mille de là.

« Savez-vous sonner de la trompe? demanda le conducteur, occupé à détacher une des lanternes.

— Mais, je crois que oui, dit Nicolas.

— En ce cas, prenez-la donc, elle est là par terre, et faites-moi le plaisir de sonner un air à réveiller un mort, pendant que je vais calmer ces gens-là qui beuglent à l'intérieur. Allons! allons! pas tant de bruit, ma petite dame. »

En même temps, il se mit à ouvrir la portière qui faisait face au firmament, pendant que Nicolas, saisissant la trompe, éveillait les échos à la ronde, en exécutant sur cet instrument un des exercices les plus extraordinaires qui jamais aient frappé des oreilles mortelles. L'effet n'en fut pas moins prodigieux, non-seulement sur les voyageurs qu'il réveilla encore tout abasourdis de leur chute, mais encore sur les habitants d'alentour qui comprirent ce cri d'alarme. Car on vit des lumières briller à distance, et les gens se mettre en mouvement.

L'un d'eux vint au galop, avant que tous les passagers fussent encore réunis, et, informations prises, on reconnut que la dame de l'intérieur n'avait que sa lampe de cassée, plus heureuse que le monsieur qui s'était cassé la tête; les deux voyageurs de la banquette de devant en étaient quittes pour des yeux pochés; le coupé avait le nez en sang; le cocher, une contusion à la tempe; M. Squeers, un coup de portemanteau dans les reins; quant aux autres, pas le moindre mal, grâce à la mollesse de la couche de neige sur laquelle ils avaient été versés. Tous ces résultats constatés, la dame fit mine de se pâmer, mais, à l'idée de se voir porter sur les épaules de quelques messieurs dévoués jusqu'au cabaret le plus voisin, elle se ravisa prudemment et se mit à marcher à pied, comme tout le monde.

En arrivant au rendez-vous, ils se trouvèrent dans une maison isolée qui n'offrait pas beaucoup de commodités pour s'y loger, toutes ses ressources d'appartements consistant dans une salle publique avec du sable pour tout parquet, une chaise ou deux pour mobilier. Cependant, un gros fagot, jeté au feu avec une bonne provision de charbon de terre, changea bientôt la face des choses, et pendant qu'ils effaçaient à grande eau toutes les traces effaçables de leur dernier accident, la chambre s'était échauffée et éclairée; agréable contraste avec le froid et les ténèbres du dehors.

« A propos, monsieur Nickleby, dit Squeers qui s'était accommodé d'un coin bien chaud auprès de la cheminée, vous avez très-bien fait d'arrêter les chevaux : je n'y aurais pas manqué moi-même si j'étais arrivé à temps, mais c'est égal, vous avez bien fait, vous avez très-bien fait, très-bien.

— Si bien, dit le gentleman de bonne mine qui n'avait pas l'air de goûter le ton protecteur de M. Squeers, que, si on ne les avait pas tenus d'une main ferme comme ils l'ont été, il ne vous resterait à l'heure qu'il est pas grande cervelle pour en faire usage dans votre classe. »

Cette observation mit tout le monde sur le chapitre de la promptitude et de l'énergie qu'avait déployées Nicolas, et il fut accablé de compliments et de félicitations.

« Certainement, remarqua M. Squeers, je suis charmé, pour ma part, de n'avoir rien attrapé. Chacun est bien aise d'échapper au danger. Mais si quelqu'un des enfants dont je suis responsable avait eu du mal, si le malheur avait voulu que je ne pusse rendre l'un de ces petits garçons à ses parents en bon état de santé comme je les ai reçus, combien j'en aurais souffert dans mes sentiments! Ah! j'en aurais perdu la tête.

— Sont-ils tous frères, monsieur? demanda la dame qui avait apporté dans la voiture sa lampe de Davy, je veux dire sa lampe de sûreté.

— Ils le sont bien dans un sens, madame, répliqua Squeers en plongeant la main dans les poches de son paletot pour en retirer des prospectus, car ils sont tous soumis au même régime d'affection tendre et paternelle. Mme Squeers et moi nous sommes pour chacun d'eux un père et une mère. Monsieur Nickleby, passez ces prospectus à madame, et offrez-en aussi à ces messieurs: peut-être connaîtraient-ils quelques familles qui seraient bien aises de profiter des avantages de l'établissement. »

M. Squeers prit alors une pose sentimentale, car il ne laissait jamais échapper une occasion de faire des annonces gratuites: il plaça ses mains sur ses genoux, les yeux fixés sur ses élèves avec toute la bénignité qu'il pouvait mettre dans ses traits, pendant que Nicolas, rouge de honte, lui obéissait en passant des prospectus à la ronde.

« J'espère, madame, que votre chute ne vous a pas fait de mal? dit le gentleman de bonne mine, en s'adressant à la dame aux embarras, comme s'il voulait charitablement détourner la conversation.

— Pas de mal corporel, répondit la dame.

— Ni intellectuel, je suppose?

— C'est un sujet si pénible pour ma sensibilité, reprit-elle avec une émotion visible, que vous me ferez plaisir si vous voulez bien, en vrai gentleman, ne plus y faire allusion.

— Diable! dit le gentleman de bonne mine qui paraissait encore plus réjoui que d'habitude, je voulais seulement m'informer....

— J'espère bien qu'on ne poussera pas plus loin les informations, dit la dame, ou je me verrais obligée de me mettre sous la protection de ces autres messieurs. (*A l'aubergiste.*) Envoyez, je vous prie, quelqu'un faire le guet à la porte, pour voir s'il passe un coupé vert dans la direction de Grantham, afin qu'il l'arrête ici. »

Cette recommandation parut faire beaucoup d'effet sur tous les gens de la maison, et, quand la dame, pour mieux faire reconnaître au garçon d'auberge le coupé vert qu'elle attendait, eut dépeint le cocher sur le siége comme ayant un galon d'or à son chapeau, et le valet de pied par derrière comme portant probablement des bas de soie, la bonne hôtesse redoubla d'attentions.

il n'y eut pas jusqu'au voyageur du coupé de la diligence qui ne s'y laissât prendre, et, de l'air le plus respectueux, il lui demanda immédiatement s'il n'y avait pas une excellente société dans le voisinage ; la dame répondit qu'il ne se trompait pas, et cela d'un air qui laissait suffisamment entendre qu'elle marchait en tête de cette excellente société.

« Puisque le conducteur est parti à cheval pour se procurer à Grantham une autre voiture, dit le brave gentleman de bonne mine quand tout le monde eut pris place autour du feu en silence, et puisque nous avons à passer ici au moins une couple d'heures, je propose un bol de punch chaud : qu'en dites-vous, monsieur ? »

Cette question s'adressait à l'intérieur qui s'était cassé la tête, un monsieur de très-bon air, habillé en grand deuil. Quoiqu'il ne fût guère qu'entre deux âges, ses cheveux étaient déjà gris, sans doute par suite de quelque chagrin ou de quelque affliction qui l'avait blanchi avant l'âge. Il accueillit tout de suite la proposition, et se montra prévenu en faveur des manières bonnes et franches de celui qui l'avait faite.

Ce dernier voulut servir lui-même à la compagnie le punch quand il fut prêt, et, en le distribuant à la ronde, il mit sur le tapis les antiquités d'York, qui lui paraissaient aussi familières qu'au monsieur à tête grise. Quand il vit la conversation languir, il se retourna avec un sourire du côté de son nouveau compagnon et lui demanda s'il savait chanter.

« Certainement non, dit le gentleman en souriant à son tour.

— C'est bien dommage, reprit l'autre, est-ce qu'il n'y a personne ici capable de chanter une petite chanson pour aider à passer le temps ? »

Les voyageurs, l'un après l'autre, se déclarèrent incapables ; ils en avaient bien du regret ; mais ils ne savaient rien par cœur.... et ainsi de suite.

« Peut-être que madame ne nous refusera pas ? dit le président avec un grand air de respect, mais avec un clin d'œil plein de malice. Nous aurions tant de plaisir à entendre quelque morceau du dernier opéra envoyé dans la ville voisine. »

La dame ne se donna pas la peine de répondre, elle se contenta de remuer la tête d'un air de mépris, et d'exprimer encore une fois son étonnement de ne pas voir arriver le coupé vert : alors quelques voix s'élevèrent pour demander au président lui-même de faire un petit effort de mémoire en faveur de la société.

« Ah ! que je voudrais le pouvoir, dit le brave monsieur, car, dans un cas comme celui-ci, où des personnes étrangères l'une à l'autre se trouvent réunies d'une manière imprevue, on devrait, selon moi, contribuer autant que l'on peut à l'agrément général du petit cercle impromptu!

— Plût à Dieu, dit la tête grise, que votre maxime fût toujours mise en pratique!

— J'aime à vous entendre parler ainsi, reprit l'autre. Eh bien! si vous ne pouvez pas chanter, vous pouvez toujours bien nous conter une histoire, peut-être?

— Bon! j'allais vous le demander à vous-même.

— Volontiers, mais après vous.

— Allons! dit la tête grise prenant gaiement son parti, je le veux bien. Je crains seulement que la tournure de mes idées ne soit pas propre à égayer beaucoup les heures que vous avez à passer ici. Mais ce sera votre faute, vous l'avez exigé, vous en porterez la peine. Puisque nous parlions tout à l'heure de la cathédrale d'York, elle sera pour quelque chose dans le sujet de mon histoire que nous intitulerons, s'il vous plaît :

LES CINQ SŒURS D'YORK.

La complaisance du gentleman fut accueillie par tous les voyageurs avec un murmure d'approbation dont la dame aux embarras profita pour boire incognito pendant ce temps-là un bon verre de punch. « Écoutez bien :

« Il y a longtemps, bien longtemps, — car le XVe siècle n'avait pas alors plus de deux ans, et le roi Henri IV était sur le trône d'Angleterre, — habitaient dans la vieille cité d'York cinq jeunes filles, cinq sœurs, les héroïnes de mon conte.

« Elles étaient toutes les cinq d'une beauté rare. L'aînée pouvait avoir vingt-quatre ans, la seconde un an de moins, la troisième était plus jeune d'un an que la seconde : même distance entre la quatrième et la troisième. Elles étaient grandes de taille, d'un port noble et élégant, des yeux de flamme, une chevelure de jais. Pas un mouvement qui ne respirât la grâce et la dignité : il n'était bruit que de leurs attraits dans tout le pays à la ronde.

« Mais si les quatre aînées avaient tant de charmes, combien ils étaient surpassés par la splendeur de la sœur cadette, une jeune beauté de seize ans! Ces teintes vermeilles qui dorent les fruits nouveaux comme d'une fleur veloutée, ou bien encore les couleurs vives d'un parterre printanier, ne sont pas plus exquises que l'heureux mélange des roses et des lis sur sa charmante figure, ou le bleu profond de ses yeux. La vigne, dans toute la souplesse de ses contours élégants, n'a pas plus de grâce que les boucles de sa noire chevelure qui se jouaient en grappes légères autour de son front.

« Ah! si tous nos cœurs ressemblaient à ceux qui battent si doucement dans le sein de la jeunesse et de la beauté, la terre n'aurait rien à envier au ciel. Si seulement nos cœurs, laissant flétrir nos corps au souffle pernicieux du temps, pouvaient conserver leur jeunesse et leur fraîcheur premières, nos peines et nos souffrances en seraient bien plus légères. Mais non, la faible image de l'Éden qu'ils portent empreinte dans la jeunesse s'altère par le frottement cruel de nos luttes du monde, et bientôt s'efface tout à fait, ne laissant trop souvent à sa place qu'un vide douloureux.

« Le cœur de cette belle fille bondissait de joie et de bonheur. Un dévouement tendre pour ses sœurs et un amour ardent de toutes les belles créations de la nature étaient pour elle la source des plus pures sensations. Sa voix joyeuse, son rire folâtre étaient la plus douce musique qui pût animer leur maison. Elle en était la lumière et la vie. Qu'étaient-ce auprès d'elle que les fleurs les plus brillantes de leur jardin? Les oiseaux, dans leur volière, chantaient par émulation en entendant sa voix, et se taisaient de dépit, vaincus par la douceur des ses accents. Alice, chère Alice! Quel être vivant, dans la sphère de tes séductions enchanteresses, pouvait échapper à ton empire!

« Vous chercheriez en vain aujourd'hui l'endroit où demeuraient ces sœurs; leurs noms mêmes ont disparu et les antiquaires poudreux vont jusqu'à les traiter de fables. Mais elles habitaient une vieille maison de bois, même alors déjà vieille, avec des chevrons avancés sous les toits et des balcons suspendus, de chêne grossièrement sculpté, au milieu d'un verger délicieux, clos de murs rustiques d'où un bon archer aurait pu faire voler sa flèche par-dessus le clocher de l'abbaye de Sainte-Marie. Car la vieille abbaye était alors dans tout son lustre, et les cinq sœurs qui vivaient dans ses beaux domaines payaient tous les ans la rente convenue aux moines noirs de Saint-Benoît dont la communauté possédait cette terre.

« Par une belle et splendide matinée de l'agréable saison de l'été, un de ces moines noirs franchissait le portail de l'abbaye et dirigeait ses pas vers la maison des belles sœurs. Au-dessus de sa tête le ciel était bleu; la terre était verdoyante sous ses pas; la rivière brillait au soleil comme un torrent de diamants; les oiseaux, à couvert dans l'ombre des arbres, faisaient retentir leurs chants alentour; l'alouette prenait son essor bien haut au-dessus des blés ondoyants, et le bourdonnement incessant des insectes remplissait l'air; tout semblait heureux et souriant. Mais lui, l'homme de Dieu, il continuait sa marche d'un air mélancolique, les yeux fixés sur la terre. La beauté du monde n'est qu'un souffle, et l'homme n'est qu'une ombre. Quel intérêt l'un ou l'autre pouvait-il inspirer à un saint prédicateur?

« Ainsi donc, les yeux fixés sur le sol, ou, s'il les relevait quelquefois, c'était pour ne pas tomber dans les pierres du chemin, le religieux s'avança lentement jusqu'à ce qu'il rencontrât une porte de derrière qui ouvrait sur le verger des sœurs, y passa et la ferma soigneusement. Le bruit des douces voix, animées par une causerie mêlée de rires joyeux, frappa ses oreilles dès le premier pas; et, levant les yeux plus haut que n'était son humble habitude, il découvrit près de là les cinq sœurs assises sur le gazon. Alice était au milieu; elles étaient toutes occupées à leur ouvrage de broderie ordinaire.

« Dieu vous garde, mes belles filles! » dit le frère, et elles étaient bien belles en effet. Un moine même pouvait aimer en elles le chef-d'œuvre des mains de son Créateur.

« Les sœurs saluèrent le saint homme avec le respect dû à son ministère, et l'aînée l'invita à prendre place près d'elles sur un banc de mousse. Mais le bon frère branla la tête et préféra se laisser tomber sur une pierre nue, marque d'humilité dont les anges lui surent sans doute très-bon gré.

« Vous étiez bien gaies, jeunes filles, dit le moine.

« — Vous savez, répliqua l'aînée, comme cette chère Alice est enjouée! et, en disant cela, elle passait ses mains dans les tresses de cheveux de la jeune fille souriante.

« Aussi, poursuivit Alice, quelle joie et quel bonheur la nature éveille en nous, quand on la voit brillante de l'éclat du soleil! » et Alice rougissait devant le regard sinistre du solitaire.

« Il ne répondit rien; il pencha seulement la tête avec gravité, et les sœurs continuèrent leur tâche en silence.

« Toujours à gaspiller des heures précieuses, » dit-il enfin, se retournant en même temps du côté de la sœur aînée; « toujours à gaspiller des heures précieuses dans ce travail futile. Hélas! hélas! est-il possible que ces courts instants que Dieu nous a permis de puiser au vaste et sombre torrent des âges, ces gouttelettes de l'éternité, vous les répandiez ainsi d'un cœur frivole?

« — Mon père, dit la jeune fille, suspendant un moment, ainsi que ses sœurs, sa tâche commencée, nous avons fait nos prières du matin; nos aumônes quotidiennes ont été distribuées aux pauvres qui sont venus frapper à notre porte : nous avons visité les paysans malades du voisinage : nous avons fini notre tâche aujourd'hui. J'espère que vous ne trouverez pas à blâmer le travail dont nous nous occupons maintenant.

« — Voyez, dit le frère, lui prenant son ouvrage des mains, un mélange compliqué de couleurs brillantes sans objet et sans but, à moins que vous ne le destiniez un jour à quelque vaine parure, pour flatter l'orgueil de votre sexe capricieux et fragile. Les jours se succèdent dans cette occupation insensée, et vous n'en avez pas fait la moitié. L'ombre de chaque jour perdu s'allonge sur nos tombes, et le ver est là qui triomphe en nous regardant; il voit approcher sa proie. Ah! mes filles, n'y a-t-il pas moyen de mieux employer les heures qui passent? »

« Les quatre sœurs baissèrent les yeux, humiliées des reproches du saint homme; mais Alice leva les siens et les fixa doucement sur le frère.

« Notre chère mère!... dit-elle, que le ciel garde en paix son âme!

« — Amen! cria le frère d'une voix profonde.

« — Notre chère mère, reprit Alice défaillante, était encore vivante quand nous avons commencé ce long travail, et elle nous a recommandé, quand elle ne serait plus, de le continuer gaiement et sans scrupule, dans nos heures de loisir : elle nous disait que si nous passions ensemble ces heures dans la joie innocente permise à notre âge, ce seraient les plus heureuses et les plus paisibles de notre vie, et que si, plus tard, nous entrions dans le monde, pour nous mêler à ses épreuves et à ses soucis ; si, cédant à l'attrait de ses tentations et nous laissant éblouir par son éclat, nous oubliions jamais ces devoirs d'affection, ces nœuds sacrés qui unissent les enfants d'une même mère, tendrement aimée, un simple regard jeté sur l'antique travail entrepris en commun dans nos jeunes années réveillerait en nous le doux souvenir des temps passés, et attendrirait nos cœurs par des sentiments d'affection et d'amour.

« — Alice dit la vérité, mon père, » dit la sœur aînée avec une certaine fierté, et elle reprit son ouvrage; ses sœurs imitèrent son exemple.

« Chaque sœur avait devant elle un canevas d'une grandeur peu ordinaire : le dessin en était varié à l'infini, le modèle et les couleurs étaient uniformes pour chacune d'elles. Elles se penchèrent gracieusement sur leur ouvrage, pendant que le moine, le menton appuyé sur ses mains, promenait ses regards de l'une à l'autre en silence.

« Ah! qu'il vaudrait bien mieux, dit-il enfin, éviter toutes ces pensées et tous ces périls, en allant, dans l'abri tranquille d'un cloître, vouer votre vie à Dieu. Le bas âge, l'enfance, la fleur de la vie, ou la vieillesse, se touchent et se pressent avec tant de rapidité! Songez comme cette poussière humaine est vite emportée vers la tombe, et, tenant vos yeux fermement attachés toujours sur ce but inévitable, chassez le nuage qui s'élève entre vous du sein des plaisirs du monde et qui trompe les sens de ceux qui se donnent à lui. Le voile, mes filles, le voile!

« — Jamais, mes sœurs, s'écria Alice. Non, non, n'échangez pas l'air et la lumière du ciel, la fraîcheur de la terre, et toutes les belles créatures qui l'animent pour le cloître glacé, pour la cellule sombre. Les bienfaits de la nature, voilà les vrais biens de ce monde; nous pouvons, sans crainte de faire mal, les savourer ensemble. La mort est triste, oh! oui; mais mourons au moins avec la vie autour de nous. Quand nos cœurs froids par la mort cesseront de battre, qu'il y ait des cœurs encore chauds près du nôtre. Que notre dernier regard embrasse l'horizon que Dieu a donné à l'azur du ciel, au lieu de se briser contre des murs de pierre ou des grilles de fer. Chères sœurs, si vous m'en croyez, vivons et mourons dans l'enceinte de ce jardin riant: fuyons seulement le séjour terrible et triste du cloître; ce sera déjà le bonheur. »

« Les pleurs ruisselaient des yeux des jeunes filles, quand Alice, épuisée par ce mouvement passionné, se cacha la face dans le sein de sa sœur.

« Courage, Alice, prends courage, dit l'aînée en baisant son beau front. Jamais, jamais le voile ne jettera son ombre sur tes yeux; vous le ferez si vous voulez, mes sœurs, mais Alice et moi jamais. »

« Les sœurs, d'un accord unanime, protestèrent de leur intention de rester unies ensemble; elles étaient convaincues que la paix et la vertu peuvent habiter aussi hors des murs du couvent.

« Mon père, dit l'aînée se levant avec dignité, vous avez entendu notre dernière résolution. Le même acte pieux qui a enrichi de nos biens l'abbaye de Sainte-Marie, nous laissant orphelines sous sa sainte tutelle, a interdit toute contrainte contre notre inclination et nous a laissé la liberté de vivre selon notre choix. Qu'il n'en soit plus parlé, je vous prie. Mes sœurs, voici midi bientôt, retirons-nous jusqu'à ce soir. » Puis la jeune fille se leva, fit une révérence au solitaire et se dirigea vers la maison, prenant Alice par la main; les autres sœurs suivirent ses pas.

« Le saint religieux, qui avait souvent auparavant soulevé la même question, mais sans jamais recevoir un refus si positif, marchait aussi derrière elles à quelque distance, baissant les yeux vers la terre et remuant les lèvres sans doute en récitant quelque prière. Au moment où les sœurs montaient le perron, il hâta le pas et leur cria de s'arrêter.

« Arrêtez, dit-il levant en l'air la main droite et lançant tour à tour à Alice et à sa sœur aînée un regard de colère, arrêtez! Je vais vous apprendre ce que c'est que ces souvenirs que vous voudriez faire passer avant l'éternité, et que vous vous flattez de réveiller un jour de leur néant, à l'aide de ces jouets d'enfant. La mémoire des choses terrestres est empoisonnée plus tard dans le cours de la vie, par des déceptions amères, l'affliction, la mort; les traits s'altèrent, le chagrin flétrit la beauté. Un jour viendra que le regard que vous abaisserez sur ces bagatelles insignifiantes rouvrira des plaies profondes dans le cœur de quelqu'une d'entre vous, et ira lui arracher l'âme.

« Quand il viendra ce jour (et rappelez-vous-le bien, il viendra), détachez-vous de ce monde que vous aviez embrassé, cherchez au cloître ce refuge que vous aviez méprisé. Vous ne trouverez pas la cellule plus froide que le feu des attachements mortels, quand il s'éteint au souffle du malheur et de l'adversité, vous irez pleurer là les rêves de votre jeunesse. Cet arrêt n'est pas de moi, dit le frère adoucissant sa voix à la vue des jeunes filles qui reculaient d'effroi, c'est le ciel qui le prononce. Que la bénédiction de la sainte Vierge soit avec vous, mes filles! »

« A ces mots il disparut par la porte du verger, et l'on ne vit plus de tout le jour les sœurs qui avaient regagné la maison à la hâte.

« Mais la nature n'a pas cessé de sourire, parce qu'un prêtre a tonné d'un air menaçant, et le lendemain le soleil brillait de tout son éclat, puis le lendemain encore, et toujours; et, les cinq sœurs, profitant de la fraîcheur du matin et de la paix du soir, se promenaient ensemble, travaillaient ensemble, trompaient ensemble les heures par une conversation joyeuse dans leur verger tranquille.

« Le temps se passait, rapide comme le récit d'un conte, plus rapide même que bien des contes, j'ai peur que le mien ne soit du nombre. La maison des cinq sœurs était toujours à sa place, et les mêmes arbres projetaient toujours leur ombre agréable sur la pelouse du verger. Les sœurs aussi y étaient encore, aussi aimables, aussi gracieuses, mais il y avait eu du changement dans leur demeure. Quelquefois on y entendait le bruit d'une armure, et les rayons de la lune tombaient sur des casques d'acier; ou bien on voyait accourir, tout couverts de sueur, à la porte, des coursiers pressés de l'éperon, et une forme féminine se glisser empressée, pour savoir plus tôt les nouvelles qu'apportait le messager haletant. Il y eut une nuit un grand train de dames et de chevaliers qui logèrent dans l'enceinte des murs de l'abbaye, et qui partirent le lendemain, emmenant sur leurs haquenées deux des charmantes sœurs. Depuis ce temps les cavaliers commencèrent à se montrer moins souvent, et, quand il en venait par hasard, il semblait qu'ils n'apportaient plus que de tristes nouvelles. Enfin, ils ne reparurent plus du tout. Seulement on voyait le soir, de temps en temps, après le coucher du soleil, quelque paysan harassé s'approcher avec précaution de la porte et s'acquitter à la hâte de son message clandestin. Une fois, c'était au milieu de la nuit, un vassal fut envoyé promptement à l'abbaye, et, au point du jour, on entendit dans la maison des sœurs des cris de douleur et des gémissements : puis il y régna un silence de mort : plus de chevaliers ni de dames, plus de courriers ni d'armures, tout avait disparu.

« Il y avait dans le ciel des ténèbres lugubres, et le soleil venait de se coucher irrité, laissant en teintes sombres sur les nuages sinistres les dernières traces de sa colère, quand le moine noir, qui nous est déjà connu, marchait d'un pas lent, et les bras croisés sur la poitrine, à un jet de pierre de l'abbaye. Il était tombé un brouillard malsain sur les arbres et les arbrisseaux; et le vent, commençant à rompre le calme lourd qui avait régné toute la journée, poussait de temps en temps comme un profond soupir, avant-coureur certain des ravages qu'apportait l'orage dans ses flancs. La chauve-souris décrivait dans l'air chargé de vapeurs des courbes fantastiques, et le sol se couvrait de petits êtres que leur instinct appelait hors de son sein pour aller se nourrir et s'engraisser dans une goutte de pluie.

« Les yeux du frère n'étaient plus abaissés sur la terre. Il les portait au loin, arrêtant çà et là ses regards comme si la tristesse et la désolation de ce tableau trouvaient dans ses pensées un écho rapide. Il s'arrêta encore cette fois à la porte des sœurs pour traverser le verger.

« Mais ses oreilles n'y furent plus frappées par des éclats de rire, ni ses yeux par la beauté des cinq sœurs. Tout était silencieux et désert. Les arbres avaient leurs branches courbées ou brisées, la pelouse de gazon n'était plus qu'une herbe longue et dure. On voyait qu'il y avait longtemps, bien longtemps qu des pieds humains n'avaient passé par là.

« Avec l'air d'indifférence distraite d'un homme accoutumé à ne point s'émouvoir des vicissitudes du temps, le moine péné tra dans la maison, et entra dans une salle basse et sombr. Il y trouva quatre sœurs assises ensemble. Leurs robes noir faisaient encore paraître plus blanches leurs pâles figures, s lesquelles le temps et le chagrin avaient empreint de profon ravages : elles avaient encore une grande noblesse dans leu traits, mais la fraîcheur et la primeur de la beauté avaient dis paru.

« Et Alice, où était-elle ? Dans le ciel.

« Le moine, le moine lui-même, ne fut pas entièrement insensible à leur malheur. Car il y avait longtemps qu'il n'avait vu les sœurs, et il pouvait reconnaître sur leur visage flétri des sillons profonds tracés plutôt par le chagrin que par la main du temps. Il s'assit en silence et leur fit signe de continuer leur entretien.

« Ils sont là, mes sœurs, dit l'aînée d'une voix tremblante, je n'ai jamais eu le courage d'y jeter les yeux depuis, et aujourd'hui je me reproche ma faiblesse. Qu'avons-nous à craindre des souvenirs qu'ils peuvent réveiller en nous ? Ils ne peuvent que nous rappeler les anciens jours, ce sera encore dans notre affliction un plaisir solennel. »

« Elle lança un coup d'œil au moine en finissant, et, ouvrant une armoire, elle en tira les cinq tissus brodés; depuis longtemps l'ouvrage avait été terminé. Son pas était ferme, mais sa main trembla en prenant le dernier, et, quand la douleur de ses sœurs éclata en les voyant, ses pleurs comprimées se firent un passage, et elle s'écria en sanglotant :

« Que Dieu lui donne sa bénédiction ! »

« Le moine se leva et s'avança vers elles : « C'est là, dit-il à voix basse, le dernier objet qu'elle a touché avant de tomber malade.

« — Hélas ! oui, » dit la sœur aînée versant des larmes amères.

« Le moine se tourna vers la seconde sœur.

« Ce beau cavalier qui plongeait ses yeux dans tes yeux et respirait ton haleine, les premières fois qu'il t'a vue appliquée à ce passe-temps frivole, est enterré maintenant dans la plaine dont il a rougi la terre de son sang. Des débris d'armure autrefois d'un bronze éclatant, aujourd'hui rongés par la rouille, pourrissent sur le sol, et leur poussière se mêle à celle de ses os qui pourrissent aussi dans la fange. »

« Elle poussa des gémissements en se tordant les mains.

« Et vous, continua le frère en se tournant vers les deux autres sœurs, les intrigues de cour vous ont tirées de votre paisible demeure pour passer à des scènes de luxe et de splendeur. Ce sont aussi des intrigues et l'ambition turbulente de rivaux orgueilleux et cruels qui vous ont renvoyées ici, filles et veuves à la fois, proscrites et déshonorées. Est-ce vrai? »

« Les sanglots des deux sœurs furent leur unique réponse

« A quoi sert, dit le moine avec un regard de dédain, de perdre le temps à ces colifichets qui ne sont bons qu'à ressusciter les pâles fantômes des vaines espérances conçues dans votre jeunesse? Ensevelissez-moi tout cela sous des exercices répétés de mortification et de pénitence; dépouillez-vous de toutes ces chimères, et que le couvent leur serve de tombeau. »

« Les sœurs demandèrent trois jours pour se décider, et, ce soir-là, elles étaient disposées à croire que le voile était le meilleur linceul pour ensevelir leurs joies passées. Quand le matin revint éclairer le verger, les arbres étaient courbés par l'orage et laissaient traîner à terre leurs branches, mais c'était encore le même verger qu'elles avaient aimé. L'herbe était haute et rude, mais on y voyait encore la place où elles s'étaient si souvent assises ensemble, du temps qu'elles ne connaissaient que de nom la peine et le chagrin. Elles y retrouvaient toutes les promenades et tous les coins favoris qu'Alice était heureuse de parcourir autrefois, et elles avaient près d'elles, dans la nef de la cathédrale, une large dalle de pierre où elle reposait en paix.

« Iraient-elles, en se rappelant combien son jeune cœur s'alarmait à la seule pensée des murs d'un cloître, s'agenouiller sur sa tombe dans un costume qui glacerait même ses cendres? Et quand elles se prosterneraient dans leurs prières, quand toute l'armée céleste viendrait pour les entendre, iraient-elles lui présenter la face d'un ange dans un cadre lugubre de tristesse et de deuil? Non.

« Elles s'adressèrent au loin à des artistes de grand renom, et, s'étant prémunies d'une sanction de l'Église pour leur œuvre pieuse, elles firent exécuter, en cinq vitraux des plus riches couleurs, une copie fidèle de leur ancienne broderie. On les plaça dans une large fenêtre jusqu'alors privée de tout ornement, et, quand le soleil faisait briller ses rayons, dont la vue causait jadis sa joie, les dessins qui lui étaient si familiers, s'illuminant de leurs couleurs originelles, versaient un torrent d'éclatante lumière sur la dalle où elles semblaient réchauffer encore le nom d'Alice.

« Tous les jours les sœurs, pendant plusieurs heures, passaient et repassaient sans bruit dans la nef ou tombaient à genoux auprès de la pierre tumulaire. Plusieurs années après, on n'en vit plus que trois à la place accoutumée, puis deux seulement, puis au bout d'un long temps une seule pauvre vieille courbée par les ans. A la fin, elle aussi disparut, et sur la pierre on lisait cinq noms.

« Cette pierre elle-même s'est usée, elle a été remplacée par d'autres, tout comme les générations qui sont nées et qui sont mortes depuis ce siècle-là. Le temps a amorti sur le verre l'éclat des couleurs, mais le même torrent de lumière inonde encore la tombe oubliée dont il ne reste plus trace. Et jusqu'à ce jour on montre à l'étranger, dans la cathédrale d'York, une vieille fenêtre qu'on appelle les *Cinq sœurs*. »

« Voilà une histoire bien mélancolique, dit le gentleman à face réjouie, en vidant son verre.

— C'est une histoire de la vie, et la vie n'est qu'une suite de chagrins pareils, répliqua l'autre d'un ton poli, mais grave et triste.

— Il y a des ombres dans les meilleurs tableaux, mais il y a aussi des lumières, quand on veut y regarder de près, dit le gentleman de bonne humeur. Avec tout cela, la plus jeune sœur de votre conte a toujours eu le cœur content.

— C'est qu'elle est morte de bonne heure, dit l'autre d'une voix douce.

— Elle serait peut-être morte plus tôt encore, si elle avait été moins heureuse, reprit le premier avec sentiment. Croyez-vous que ses sœurs, qui l'aimaient si tendrement, eussent été moins affligées si sa vie n'avait été que peine et tristesse? Si quelque chose, au contraire, est capable d'émousser les pointes aiguës de la douleur, après la perte d'un objet si cher, c'est, selon moi, cette pensée : ceux que je pleure, en se livrant ici à une innocente félicité et en aimant autour d'eux toutes choses, se sont préparés d'avance pour un monde plus pur et plus heureux. Soyez bien sûrs que, si le soleil se donne la peine d'éclairer cette terre si riche et si belle, ce n'est pas pour qu'on lui réponde par des grimaces de mauvaise humeur.

— Vous pourriez bien avoir raison, dit le gentleman qui venait de raconter l'histoire des *Cinq sœurs*.

— Comment! repartit l'autre ; et qui pourrait en douter? Prenez tous les sujets de chagrin et de regret qu'on peut avoir, et voyez combien il s'y mêle de plaisir secret. Il est vrai que la mémoire d'un plaisir passé peut devenir douloureuse....

— Elle ne l'est que trop, reprit l'autre.

— Elle l'est, c'est vrai. Le souvenir d'un bonheur irréparable est un chagrin, mais un chagrin qui n'est pas sans douceur. Malheureusement, il est inséparable du bien que nous regrettons et de bien des actions qui nous laissent un fond de repentir amer. Et pourtant, dans la vie la plus agitée, j'en suis fermement convaincu, on retrouve encore tant de rayons de soleil pour dorer le passé, qu'il n'y a peut-être pas un mortel, à moins qu'il ne se soit volontairement voué au désespoir, qui acceptât de sang-froid un verre d'eau du Léthé, s'il le trouvait sous sa main.

— C'est encore un point où il est possible que vous n'ayez pas tort, dit le gentleman à tête grise après un moment de réflexion. Je suis disposé à penser là-dessus comme vous.

— Oui, continua l'autre ; le bien, après tout, l'emporte ici-bas sur le mal, quoi qu'en puissent dire les faux sages. Si nos affections causent nos peines, nos affections font aussi notre consolation et notre joie ; et la mémoire, même chargée de tristesse, est encore le lien le meilleur et le plus pur entre ce monde et un monde meilleur. Mais, allons, je vais vous conter à mon tour une histoire d'un autre genre. »

Après un court silence, le joyeux gentleman fit circuler le punch, et, jetant un coup d'œil malin sur la mijaurée, qui semblait dans une crainte mortelle qu'il n'allât conter quelque chose d'inconvenant, il commença ainsi le conte du

BARON DE GROGZWIG.

« Le jeune baron de Koëldwethout, de Grogzwig, en Allemagne, avait autant de droits qu'on peut en avoir à s'intituler baron. Il va sans dire qu'il habitait un château ; naturellement aussi, c'était un vieux château : quel baron allemand a-t-on jamais vu habiter dans un château moderne? Ce vénérable bâtiment avait des particularités étranges, dont celle que je vais dire n'était pas la moins émouvante et la moins mystérieuse ; à savoir que, quand il faisait du vent, il grondait dans les cheminées, ou même poussait des hurlements dans les arbres de la forêt voisine. Puis aussi, quand il y avait clair de lune, elle s'ouvrait un passage à travers les crevasses des murs et éclairait, *à giorno*, quelques coins des vastes salles et des longs corridors, laissant le reste dans une morne obscurité. J'ai lieu de croire qu'un des ancêtres de M. le baron, se voyant à court d'argent, avait planté sa dague dans les flancs d'un gentleman égaré qui vint un soir lui demander son chemin, et c'est à ce fait qu'on attribuait l'origine de ces particularités miraculeuses. Pour moi, j'ai peine à le croire, parce que l'ancêtre de M. le baron, qui était un aimable homme, fut très-fâché, après coup, d'avoir été si prompt, et, prenant de force quantité de pierres et de bois de charpente qui appartenaient à un baron voisin moins fort que lui, en construisit une chapelle expiatoire, et, par conséquent, reçut du ciel une quittance en bonne forme pour solde de tout compte.

« A propos de l'ancêtre de M. le baron, cela me rappelle que M. le baron avait une généalogie très-respectable. Je suis désolé de ne pas être en mesure d'énumérer tous les ancêtres qu'il avait, mais je sais qu'il en avait beaucoup plus que tous les gentilshommes de son temps, et je regrette seulement qu'il n'eût pas vécu du nôtre, parce qu'il en aurait eu encore davantage. C'est une circonstance très-fâcheuse pour les grands hommes des siècles passés, qu'ils soient venus au monde sitôt, parce qu'un individu qui est né il y a trois ou quatre cents ans ne peut pas raisonnablement s'attendre à avoir autant de parents que s'il était né de nos jours. Celui-ci, par exemple, notre contemporain, quel qu'il soit, et ce peut être un savetier ou quelque mauvais chien de l'espèce la plus vulgaire, peut avoir un arbre généalogique plus étendu que le noble le plus noble d'alors, et je regarde cela comme une grande injustice.

« C'est bel et bon, mais revenons au baron de Koëldwethout, de Grogzwig. C'était un beau brun, avec des cheveux bien noirs, et de grandes moustaches. Il allait à la chasse en habit vert pomme, en bottes rousses, un bugle en sautoir comme un conducteur des Messageries royales. Quand il donnait du bugle, vingt-quatre autres gentilshommes d'un rang subalterne, en drap vert pomme un peu moins fin, en bottes rousses à grosses semelles, accouraient à l'instant et galopaient tout le long du chemin, la pique au poing (vous savez, ces piques vernies qui composent les grilles de nos jardins) pour aller chasser le sanglier, ou, par occasion, pour débusquer un ours : dans ce dernier cas, le baron commençait par le tuer, avant de prendre sa graisse pour en lisser ses moustaches.

« Le baron de Grogzwig menait donc joyeuse vie, et ses compagnons la menaient plus joyeuse encore.

« Ils buvaient, tous les soirs, le vin du Rhin, et, même quand ils tombaient sous la table, ils gardaient près d'eux leurs bouteilles et demandaient leurs pipes. Jamais on n'a vu de jolis lurons, pour faire du tapage, des farces et des folies, comme la bande joviale de Grogzwig.

« Mais les plaisirs de la table, ou, si l'on veut, les plaisirs sous la table, demandent un peu de variété, surtout quand on est réuni tous les jours à souper, toujours vingt-cinq, toujours les mêmes, à discuter les mêmes questions, à raconter les mêmes histoires. Le baron s'ennuyait donc et sentait le besoin de quelque émotion nouvelle. Il se mit à quereller ses gentilshommes, et, pour se distraire, à en mettre tous les jours après dîner deux ou trois à la porte à coups de pied dans les reins. Il goûta d'abord quelque plaisir à ce divertissement; mais il le trouva fade et monotone au bout de quelques semaines, et finalement, poussé à bout, il se creusa la tête pour inventer quelque amusement nouveau.

« Un soir, après une journée de chasse où il avait surpassé Nemrod ou Gérard, après avoir massacré un *bel ours* de plus et l'avoir rapporté en triomphe au château, le baron de Koëldwethout s'assit d'un air maussade au haut bout de la table, les yeux fixés sur le plafond fumeux de la salle avec un mécontentement visible. Il avala force rasades; mais, plus il en avalait, plus il devenait grognon. Les gentilshommes qui, par une dangereuse préférence, étaient honorés de son voisinage à sa droite et à sa gauche, imitaient à ravir ses nombreuses rasades et son air rechigné.

« Je vais, s'écria tout à coup le baron, frappant du poing sur la table, et, de l'autre main, se frisant la moustache, boire à la santé de la baronne de Grogzwig! »

« Les vingt-quatre convives vert pomme devinrent tout pâles, à l'exception de leurs vingt-quatre nez, qui ne changaient jamais de couleur.

« J'ai dit à la santé de la baronne de Grogzwig, répéta le baron, promenant ses regards à la ronde sur ses pensionnaires.

« — A la santé de la baronne de Grogzwig! » crièrent en chœur les vert pomme; et leurs vingt-quatre gosiers absorbèrent vingt-quatre pintes impériales d'un bon vieux tokay si délicieux, qu'ils en léchèrent leurs quarante-huit lèvres en clignant de l'œil.

« — La belle fille du baron de Swillenhausen! dit Koëldwethout, qui voulut bien expliquer son toast. Nous allons la demander en mariage à son père avant demain soir. S'il refuse notre déclaration, nous lui couperons le nez. »

« Un murmure rauque fut poussé par la société : chacun toucha d'abord la poignée de son sabre, puis, après, le bout de son nez, avec un ensemble effrayant.

« C'est une belle chose à voir que la piété filiale ! Si la fille du baron de Swillenhausen avait prétexté des engagements de cœur, ou qu'elle fût tombée aux pieds de son père et les eût détrempés de ses larmes amères, ou qu'elle se fût seulement trouvée mal, ou qu'elle eût touché le vieux gentilhomme par des sensibleries frénétiques, il y avait cent à parier contre un qu'on aurait jeté le château de Swillenhausen par la fenêtre ; je voulais dire qu'on aurait jeté le baron par la fenêtre et démoli son château. Mais la demoiselle se tint coite, lorsqu'un messager vint, le lendemain matin de bonne heure, apporter la requête de *Von* Koëldwethout. Elle se retira modestement dans sa chambre pour voir par la croisée arriver son prétendant et sa suite. Elle ne se fut pas plutôt assurée que le cavalier aux grandes moustaches était son futur, qu'elle courut trouver son père, pour lui dire qu'elle était prête à se sacrifier à son repos. Le vénérable baron pressa sa fille sur son cœur, et versa presque une larme de joie.

« Il y eut ce jour-là grand gala au château. Les vingt-quatre vert pomme de Koëldwethout échangèrent des serments d'amitié éternelle avec les douze vert pomme de Von Swillenhausen, et promirent au vieux baron de boire son vin jusqu'à ce qu'il n'en restât plus de quoi entretenir leur trogne. Pourtant, quand le moment de partir fut arrivé, chacun en donna le signal par une bonne tape appliquée sur le dos de son camarade, et le baron Von Koëldwethout se mit gaiement en route avec ses compagnons.

« Pendant six mortelles semaines, les sangliers et les ours furent en vacances. Les maisons de Koëldwethout et de Swillenhausen célébrèrent leur union ; les piques se rouillèrent, et le bugle du baron s'enroua faute d'exercice.

« Ce fut là un temps bien heureux pour les vingt-quatre chevaliers. Mais, hélas ! leurs jours de gloire et de bonheur prirent leurs bottes de sept lieues et disparurent en un clin d'œil.

« Mon ami, dit la baronne.

« — Mon amour, dit le baron.

« — Ces vilains tapageurs....

« — Qui donc cela, madame ? » dit le baron tressaillant de surprise.

« La baronne lui montra, de la fenêtre où ils étaient ensemble la cour où les vert pomme, sans se douter de leur sort, prenaient en bas un coup d'étrier copieux pour se préparer à courir un sanglier ou deux.

« Mon train de chasse, madame, dit le baron.

« — Congédie-les, mon amour, murmura-t-elle.

« — Les congédier! s'écria le baron, ne pouvant en croire ses oreilles.

« — Pour l'amour de moi, mon cœur.

« — Pour l'amour du diable, madame, » répondit le baron.

« Sur quoi la baronne poussa un grand cri, et tomba évanouir aux pieds du baron.

« Que vouliez-vous qu'il fît? Il sonna la femme de chambre de la baronne, il envoya chercher le docteur. Puis, se précipitant dans la cour, il chassa à grands coups de pied les deux vert pomme qui avaient cette spécialité, donna sa malédiction à tous les autres à la ronde, les envoya faire.... n'importe quoi. Je voudrais savoir mieux l'allemand pour lui mettre dans la bouche une expression plus délicate.

« On n'attend pas de moi que j'aille décrire les moyens à l'aide desquels certaines dames réussissent par degrés dans leur ménage à donner le croc-en-jambe à leur époux; je garde mon opinion pour moi; je n'en dois compte à personne. J'aurais le droit, après tout, de penser qu'un membre du parlement, par exemple, ne devrait pas être marié. Car, sur quatre membres qui le sont, il y en a trois qui se croient obligés de voter selon la conscience de leur femme (quand elles ont de ces sortes de choses) et non selon la leur. Qu'il me suffise de dire, quant à présent, que la baronne Von Koëldwethout, par un moyen ou par un autre, acquit un grand empire sur le baron Von Koëldwethout, et que, petit à petit, brin à brin, jour par jour, d'année en année, le baron perdait du terrain et se voyait sournoisement démonté de quelque vieux dada du bon temps de sa jeunesse, car il commençait à devenir un gros papa d'environ quarante-huit ans. Plus de festin, plus de gala, plus de train de chasse, plus de chasse, plus rien enfin de ce qu'il aimait par goût ou par habitude; et ce lion féroce, ce cœur d'acier fut décidément muselé et mené en laisse par sa propre dame, dans son propre château de Grogzwig.

« Encore si ses infortunes s'étaient bornées là! Mais, un an après ses noces, un joli petit baronnet fit son entrée dans le monde, et l'on tira en son honneur je ne sais combien de feux d'artifice, on vida je ne sais combien de douzaines de bouteilles de vin. L'année suivante, ce fut le tour d'une petite baronnette, et ainsi de suite, tous les ans, à tour de rôle, un baronnet, une baronnette, un jour même, tous les deux à la fois, si bien que le baron se trouva à la tête d'une famille de douze enfants. A chacun de ces anniversaires, la vénérable baronne Von Swillenhausen tombait dans des transports de sensibilité nerveuse en voyant compromettre le repos et la santé de sa chère fille, la baronne de Koëldwethout, et, si jamais on ne s'aperçut que la bonne dame ait, par quelque dévouement personnel, contribué au rétablissement de l'accouchée, elle ne s'en faisait pas moins un devoir de se montrer aussi agacée qu'elle le pouvait dans le château de Grogzwig, passant son temps à faire des observations critiques sur la tenue intérieure de la maison du baron, et surtout à déplorer le triste sort de sa fille infortunée. Si par hasard le baron de Grogzwig, passablement ennuyé de ces jérémiades, perdait patience et s'émancipait jusqu'à faire entendre que sa femme n'était pas plus malheureuse que toutes les autres femmes de baron, la baronne Von Swillenhausen prenait tout le monde à témoin qu'il n'y avait qu'elle dans ce monde qui s'intéressât aux souffrances de sa chère petite; aussi ses parents et ses amis tombaient d'accord que, sans aucun doute, elle faisait deux fois plus de tapage que son gendre, et qu'il n'y avait pas de sans-cœur comparable à cette brute de baron de Grogzwig.

« Le pauvre baron supporta tout cela tant qu'il put, et quand il ne put plus résister à ses ennuis, il en perdit l'appétit et la bonne humeur, et alors il se laissa tristement aller à son abattement. Mais il n'était pas au bout de ses peines, et de nouveaux chagrins vinrent accroître sa mélancolie. Ses affaires n'étaient plus si florissantes. Il avait fait des dettes. Les coffres de Grogzwig s'épuisaient, quoique la famille de Swillenhausen les eût crus inépuisables : et c'était juste au moment où la baronne allait enrichir sa noble famille d'un treizième rejeton que Von Koëldwethout fit la triste découverte qu'il n'avait plus rien dans sa bourse.

« Qu'est-ce que je vais donc faire? dit le baron. Si je me tuais ! »

« C'était une fameuse idée. Le voilà donc qui prend un couteau de chasse sur le buffet voisin; il le repasse sur sa botte, et fait une fausse attaque à sa gorge.

« Hein! dit le baron s'arrêtant en chemin, peut-être qu'il n'est pas assez bien aiguisé. »

« Le baron lui redonne le fil, et présente encore l'instrument à sa gorge qui n'y mettait pas beaucoup de bonne volonté. Au même instant, sa main reste suspendue en entendant un grand vacarme parmi les baronnets et baronnettes, qu'on élevait à l'étage supérieur dans une tour dont les fenêtres étaient garnies en dehors d'une grille de fer pour les empêcher de tomber de là dans le fossé.

« Si j'étais garçon, dit le baron en soupirant, j'en aurais déjà fini cinquante fois sans qu'on vînt m'interrompre.

« — Holà! qu'on me porte un pot de vin et une grande pipe dans la petite chambre voûtée derrière le salon. »

« Un domestique, plein de docilité, exécuta l'ordre du baron en moins d'une demi-heure, et Von Koëldwethout, averti que tout est prêt, se rendit à grands pas dans la chambre voûtée, dont les lambris d'un bois sombre reluisaient de l'éclat des flammes du foyer. Les bûches étaient empilées dans l'âtre; la pipe et la bouteille étaient placées sur la table; c'était, en somme, un cabinet très-confortable.

« Laisse la lampe, dit le baron.

« — Vous ne voulez plus rien, milord? demanda le domestique.

« — Si; je veux être seul. »

« Le domestique ne se le fit pas dire deux fois, et le baron mit le verrou.

« Je vais fumer encore une pipe, dit le baron, et puis bonsoir. »

« Mettant donc le couteau sur la table en attendant qu'il en fît usage, et sablant une bonne rasade, le seigneur de Grogzwig se rejeta en arrière dans son fauteuil, les jambes étendues devant le feu, et poussa quelques bouffées de tabac.

« Il se mit à penser à toutes sortes de choses : à ses ennuis présents, à son bon temps de célibat, à ses chevaliers vert pomme, depuis bien des années dispersés je ne sais où. Cependant on savait que l'un d'eux avait eu le malheur d'être pendu, l'autre décapité, quatre autres s'étaient tués à force de boire. Les sangliers et les ours lui trottaient dans la tête, lorsqu'au moment où il portait son verre à ses lèvres pour lui dire un dernier mot, il leva les yeux, et s'aperçut, à sa grande surprise, qu'il n'était pas seul.

« Non, il n'était pas seul. Il y avait là, vis-à-vis de la cheminée, une figure hideuse et qui était assise, les bras croisés, avec des yeux creux et sanglants, la figure ridée, une face cadavéreuse d'une longueur démesurée, encadrée dans une masse de gros vilains cheveux noirs tressés en natte. Le monstre portait une tunique de bleu foncé, demi-deuil; le baron remarqua même, en la regardant de plus près, qu'elle était décorée tout du long d'une garniture de poignées de cercueil, en guise d'agrafes; ses jambes aussi étaient recouvertes de plaques à bière, en guise de cuissards, et il avait sur l'épaule gauche un petit manteau couleur tête de nègre, qui avait bien l'air d'avoir été taillé dans un poêle mortuaire. Il ne s'occupait pas du baron, mais il tenait les yeux fixés sur le feu.

« Eh bien! dit le baron frappant du pied pour éveiller son attention.

« — Eh bien! répliqua l'étranger portant ses yeux sur le baron, mais sans tourner la tête ni se déranger de sa place. Après?

« — Après? répondit le baron sans s'effrayer le moins du monde de la voix creuse et des yeux ternes de son hôte, ce serait plutôt à moi à vous dire : Après? Par où donc êtes-vous entré?

« — Par la porte.

« — Qui êtes-vous donc?

« — Un homme.

« — Je ne crois pas cela, dit le baron.

« — Alors ne le croyez pas, dit la figure.

« — C'est ce que je fais, » repartit le baron.

La figure regarda quelque temps le baron qui ne baissait pas les yeux et finit par lui dire d'un ton familier :

« Tenez, je vois bien qu'il n'y a pas à vous attraper, je ne suis pas un homme.

« — Qu'êtes-vous donc alors? demanda le baron.

« — Un génie, répliqua la figure.

« — C'est singulier, on ne croirait pas cela à vous voir, reprit le baron d'un air méprisant.

« — Je suis le génie du désespoir et du suicide, dit le fantôme, à présent vous savez à quoi vous en tenir. »

A ces mots le génie se retourna du côté du baron, pour faire la conversation, et ce qu'il y eut de très-particulier, c'est qu'il défit son manteau, et, prenant un pieu qu'il avait au travers du corps, il le tira avec force, et le mit sur la table avec des manières aussi aisées que si c'était sa canne.

« A présent, dit la figure, montrant des yeux le couteau de chasse, allez-vous faire quelque chose pour moi?

« — Pas encore, répondit le baron : il faut d'abord que je finisse ma pipe.

« — En ce cas, dépêchez-vous.

« — Vous êtes donc bien pressé?

« — Tiens, si je le suis! repartit la figure, il se fait tant d'affaires maintenant dans ma partie, en France et en Angleterre, que tout mon temps est diantrement occupé.

« — Buvez-vous un coup? dit le baron touchant la bouteille du bout de sa pipe.

« — Cela m'arrive plus de neuf fois sur dix, et fameusement encore, répondit la figure sèchement.

« — Quoi, jamais modérément? demanda le baron.

« — Jamais, répliqua la figure, en frissonnant, ce n'est bon qu'à mettre en gaieté. »

« Le baron jeta encore un coup d'œil sur son nouvel ami auquel il trouvait un air on ne peut plus singulier, et finit par lui demander s'il prenait une part active dans le genre d'opérations auxquelles il faisait allusion.

« Non, répliqua la figure d'une manière évasive, mais j'y assiste toujours.

« — Seulement pour juger le coup, je suppose? dit le baron

« — Justement cela, répondit la figure, badinant avec son pieu, dont elle examinait la pointe. Dépêchez-vous d'avoir fini, voulez-vous? parce qu'il y a un jeune gentleman affligé d'une trop grande fortune et sans occupation, qui attend après moi, à ce que je peux croire.

« — Un homme qui va se tuer parce qu'il a trop d'argent! s'écria le baron qui n'en pouvait plus de rire; ha! ha! en voilà une bonne. » C'était la première fois depuis longtemps que le baron riait de si bon cœur.

« — Je vous en prie, dit la figure d'un ton suppliant et d'un air épouvanté, ne recommencez pas, hein!

« — Pourquoi pas? demanda le baron.

« — Parce qu'il n'y a rien qui me fasse plus de mal : soupirez tant qu'il vous plaira, par exemple, pour cela, ça ne me fait que du bien. »

« Le baron soupira machinalement au mot de soupir : la figure, reprenant tout son entrain, lui passa le couteau de chasse avec la politesse la plus engageante.

« C'est égal, c'est une drôle d'idée, dit le baron, tâtant le fil de la lame, un homme qui se tue parce qu'il a trop d'argent!

« — Peuh! dit le spectre, étourdiment, ce n'est pas plus drôle qu'un homme qui se tue parce qu'il n'en a pas. »

« Le génie se compromit-il sans y penser par ces paroles imprudentes, ou bien croyait-il le baron si bien décidé qu'il pouvait lui dire tout ce qui lui passait par la tête, je n'en sais rien; mais ce que je sais bien, c'est que le baron s'arrêta tout court, et ouvrit de grands yeux, comme un homme qui se sent illuminé d'une idée nouvelle.

« Au fait, certainement, dit Von Koëldwethout, il n'y a pas de maux sans remède.

« — Excepté un coffre vide, cria le génie.

« — Bon! mais qui est-ce qui dit qu'on ne peut pas encore le remplir? dit le baron.

« — Des femmes acariâtres, fit le génie en grognant.

« — Oh! si ce n'est que cela, on peut les mettre à la raison.

« — Treize enfants, cria le génie à tue-tête.

« — Ils ne peuvent pas tous mal tourner, » dit le baron.

« Il était visible que le génie devenait féroce, en entendant le baron lui tenir tête sur tous ces points. Cependant il essaya de tourner la chose en plaisanterie et lui demanda quand il aurait fini de rire, qu'il lui en serait très-obligé.

« Mais je ne ris pas du tout; je n'ai jamais parlé plus sérieusement, continua le baron.

« — A la bonne heure, j'aime à vous entendre parler comme cela, dit le génie, d'un air consterné, parce qu'une plaisanterie, voyez-vous, sans figure de rhétorique, c'est ma mort. Allons! venez; quittez vite ce monde insipide.

« — Je ne sais pas, dit le baron, jouant tranquillement avec son couteau : je ne sais pas. Certainement ce monde est insipide, je vous l'accorde, mais je ne crois pas que le vôtre soit beaucoup plus amusant, car vous ne m'avez pas du tout l'air personnellement d'être fort à votre aise. Et j'y songe, quelle garantie me donnez-vous que je gagnerai au change, après tout? tiens! s'écria-t-il en se levant avec vivacité, je n'avais pourtant pas encore pensé à cela!

« — Dépêchons-nous, cria la figure, grinçant des dents.

« — Passe au large, dit le baron, je ne veux plus me laisser ennuyer plus longtemps, je vais réformer tout cela; je tâterai encore du grand air et de la chasse aux ours; et si cela ne va pas bien, je parlerai comme il faut à la baronne, et je couperai la tête aux Swillenhausen. » Là-dessus le baron retomba dans son fauteuil et poussa un éclat de rire si franc et si bruyant qu'il en ébranla toute la chambre.

« Le spectre recula de quelques pas, regardant d'abord le baron avec un air terrifié, puis à la fin, il empoigna son pieu, se le plongea avec violence au travers du corps, poussa un hurlement effrayant et disparut.

« Von Koëldwethout ne le revit jamais. Une fois bien décidé à exécuter son projet, il eut bientôt mis à la raison la baronne et les Swillenhausen, et vécut encore de longues années. Il n'était pas bien riche, à ce qu'on dit, mais il n'en fut pas moins heureux. Il laissa une nombreuse famille qui avait été soigneusement dressée à la chasse des sangliers et des ours sous sa direction personnelle. Pour moi, je conseille à tous ceux qui se sentiraient ennuyés et tristes pour de pareilles misères, comme il y en a, de bien étudier la question sous ses deux faces, en ayant soin de regarder la meilleure avec un verre grossissant; et, s'ils n'en restaient pas moins tentés de s'en aller sans demander de congé, qu'ils commencent toujours par fumer une grande pipe et boire une bonne bouteille de vin: ils ne peuvent rien faire de mieux que de mettre à profit l'excellent exemple du baron de Grogzwig. »

« Messieurs et mesdames, la voiture est prête, s'il vous plaît, » dit un nouveau conducteur en ouvrant la porte.

Cette nouvelle fit dépêcher le punch en toute hâte et prévint toute discussion sur le conte précédent. On remarqua que M. Squeers tirait à part le gentleman à tête grise et lui adressait une question à laquelle il paraissait attacher un grand intérêt: c'était à l'occasion des cinq sœurs d'York. On sut après qu'il désirait savoir combien les couvents du Yorkshire prenaient alors à leurs pensionnaires.

On se remit en route. Nicolas dormit jusqu'au lendemain matin, et quand il s'éveilla, il ne retrouva plus, à son grand regret, ni le baron de Grogzwig, ni l'historien des cinq sœurs; ils avaient quitté la diligence.

Le jour se passa assez peu agréablement, et le soir, vers six heures, Nicolas, M. Squeers et les petits garçons, avec leur bagage commun, furent descendus ensemble à l'hôtel *George-and New*, Greta-Bridge.

CHAPITRE VII.

M. et Mme Squeers dans leur intérieur.

M. Squeers, arrivé à bon port, laissa sur la route Nicolas, ses élèves (et leur bagage) s'amuser à regarder changer les chevaux, pendant qu'il courait à la taverne s'étirer les jambes au comptoir. Quelques minutes après, il revint, après s'être suffisamment étiré les jambes, autant qu'on pouvait en juger par le coloris de son nez et un léger hoquet. Au même instant sortit de la cour un tilbury crasseux et une charrette, conduite par deux journaliers.

« Mettez les enfants et les malles dans la charrette, dit Squeers en se frottant les mains; ce jeune homme et moi nous allons monter dans le tilbury. Montez, Nicolas. »

Nicolas obéit. M. Squeers eut quelque difficulté à persuader à son roussin de se montrer aussi docile; enfin ils démarrèrent, laissant la charretée d'enfants venir comme elle pourrait.

« Avez-vous froid, Nickleby? demanda Squeers après qu'ils eurent fait un bout de chemin sans rien dire.

— Un peu, monsieur, je l'avoue.

— Bon! je n'y trouve pas à redire, dit Squeers; c'est un voyage un peu long par ce temps-ci.

— Y a-t-il encore loin d'ici à Dotheboys-Hall, monsieur? demanda Nicolas.

— A peu près trois milles encore, répondit Squeers; mais vous n'avez pas besoin de l'appeler ici du nom de Hall[1]. »

Nicolas toussa, comme pour en demander la raison.

« Le fait est que ce n'est pas un Hall, continua Squeers d'un ton sec.

— Ah! vraiment, dit Nicolas tout étonné de ce bout de confidences.

— Non! répliqua Squeers. Nous l'appelons Hall à Londres, parce que cela sonne mieux à l'oreille, mais de ce côté-ci on ne le connaît pas sous ce nom-là. Chacun a le droit d'appeler sa

1. Hall est ordinairement le titre aristocratique de quelque vieux château.

maison une île si cela lui fait plaisir; il n'y a pas de loi du Parlement qui l'en empêche, que je crois.

— Je ne crois pas non plus, monsieur, » dit Nicolas.

Squeers jeta un regard de côté sur son compagnon à la fin de ce petit dialogue, et, voyant qu'il était devenu pensif et ne paraissait nullement disposé à renouer la conversation, s'en vengea sur son poney, qu'il roua de coups de fouet jusqu'au bout du voyage.

« Sautez à bas, dit Squeers. Holà, ici! qu'on vienne prendre le cheval et le mettre à l'écurie. Qu'on se dépêche, s'il vous plaît. »

Pendant que le maître de pension poussait ainsi des cris d'impatience, Nicolas eut le temps d'observer que son Hall se composait d'une maison longue, assez triste, bâtie seulement à un étage, avec quelques misérables constructions sur le derrière, une grange et une écurie y attenantes. Une minute ou deux après, on entendit quelqu'un débarrer la porte, et on vit apparaître un grand garçon bien maigre, une lanterne à la main.

« Est-ce vous, Smike? cria Squeers.

— Oui, monsieur.

— Alors, pourquoi diable n'êtes-vous pas venu plus tôt?

— Pardon, monsieur, c'est que je m'étais endormi auprès du feu, dit humblement Smike.

— Du feu! quel feu! où y a-t-il du feu? demanda le maître de pension avec aigreur.

— C'est seulement à la cuisine, monsieur, répliqua l'autre. Madame m'a dit que, comme je veillais, je pouvais y aller me chauffer.

— Votre maîtresse ne sait ce qu'elle dit, repartit Squeers. Vous auriez été diantrement plus exact à veiller au froid, j'en réponds. »

Pendant ce temps-là, M. Squeers avait mis pied à terre, et, après avoir donné l'ordre à son garçon de dételer et de rentrer le cheval, en lui recommandant bien de ne plus lui donner d'avoine jusqu'à demain, il dit à Nicolas d'attendre un moment à la porte, pendant qu'il allait faire un tour dans la maison pour l'introduire.

La foule de mécomptes assez désagréables que Nicolas avait eu à subir dans le cours du voyage vint assaillir alors son esprit avec bien plus de force, quand il se vit seul. L'éloignement considérable où il était de sa famille, et l'impossibilité absolue d'y retourner autrement qu'à pied, quelque envie qu'il en eût, se présentèrent à son esprit sous les plus tristes couleurs; et, en levant les yeux sur cette maison lugubre et ses fenêtres sombres, puis après, en les reportant à la ronde sur ce pays désert, couvert de neige, il éprouva un découragement et un désespoir tels qu'il n'en avait jamais ressenti de pareils.

« Vous pouvez venir maintenant ! s'écria Squeers, passant la tête par la porte de face. Où êtes-vous, Nickleby?

— Ici, monsieur, dit Nicolas.

— Entrez donc, dit Squeers, il fait un vent, à cette porte, qui vous coupe la figure. »

Nicolas soupira et se dépêcha d'entrer. M. Squeers, ayant mis le verrou pour tenir la porte fermée, l'introduisit dans un petit parloir chichement garni de quelques chaises. Il y avait une mappemonde jaunâtre accrochée au mur et une couple de tables, dont l'une était servie de quelques préparatifs de souper. On voyait sur l'autre un manuel du professeur, une grammaire de Murray, une demi-douzaine de prospectus et une lettre malpropre à l'adresse de l'honorable M. Wackford Squeers, rangés dans une confusion pittoresque.

Il n'y avait pas deux minutes qu'il était dans cette pièce, quand une femme fit un bond dans la chambre, et, saisissant M. Squeers à la gorge, lui appliqua vivement deux gros baisers, l'un après l'autre, comme les deux coups de marteau du facteur à la porte. La dame, grande, forte et sèche comme un os, avait à peu près la tête de plus que M. Squeers, et portait une camisole de nuit en basin; elle était en papillotes, coiffée aussi d'un bonnet de nuit malpropre, orné d'un mouchoir de coton jaune, qui l'attachait sous son menton.

« Comment va mon petit Squeers? dit-elle d'un air folâtre et d'une voix rauque.

— Très-bien, mon amour, répliqua Squeers. Comment vont les vaches?

— A merveille, l'une et l'autre, répondit la dame.

— Et les cochons? dit Squeers.

— Aussi bien qu'à votre départ.

— Bon. Dieu soit loué! dit Squeers ôtant son paletot. Les enfants sont tous comme je les ai laissés, je suppose?

— Oui! oui, ils sont toujours assez bien, répondit Mme Squeers d'un air revêche. Le petit Pitcher a attrapé la fièvre.

— Pas possible, s'écria Squeers. Que le diable emporte ce drôle, il a toujours quelque chose comme ça.

— Je n'ai jamais vu son pareil, sur ma parole, dit Mme Squeers. Quand il a quelque chose, on est bien sûr que ça se gagne. C'est pure obstination de sa part, on ne m'ôtera pas cela de la tête

Je la lui ferais bien passer à coups de canne, moi; voilà plus de six mois que je vous le dis.

— Je ne l'ai pas oublié, m'amour, reprit Squeers. Nous verrons ce qu'il y a à faire. »

Pendant ces tendres épanchements, Nicolas était resté debout, d'un air assez gauche, au milieu de la chambre, ne sachant pas s'il était de trop, et s'il devait se retirer dans le couloir ou rester à sa place. M. Squeers ne le laissa pas longtemps dans cette incertitude.

« Voici, dit-il, ma chère, le nouveau jeune homme.

— Ah! répliqua Mme Squeers, faisant un signe de tête pour tout salut à Nicolas, et le toisant froidement des pieds à la tête.

— Il va manger avec nous ce soir, dit Squeers, et ira avec les élèves demain matin. Vous pouvez lui dresser un lit de sangle pour cette nuit, n'est-ce pas?

— Il faudra toujours bien qu'on s'arrange, reprit la dame. Vous ne vous occupez pas beaucoup de savoir comment vous couchez, monsieur, je suppose?

— Ah! certainement, répondit Nicolas, je ne suis pas difficile.

— Cela se trouve bien, dit Mme Squeers. » A cette heureuse repartie, M. Squeers se mit à rire de tout son cœur, s'attendant à voir Nicolas en faire autant.

Après quelques nouveaux chuchotements entre le maître et la maîtresse sur le succès de la tournée que venait de faire M. Squeers à Londres, sur les gens qui avaient payé, sur ceux qui avaient demandé des délais, etc., une jeune servante vint servir sur la table une tourte du Yorkshire et du bœuf froid, en même temps que M. Smike apparut, un pot d'ale à la main.

M. Squeers était en train de tirer des poches de son paletot des lettres destinées à différents élèves, et d'autres menus objets qu'il avait apportés de son voyage. Le jeune garçon jetait de côté un regard inquiet et timide sur les papiers, dans une espérance fiévreuse qu'il pourrait y en avoir quelqu'un à son adresse. Regard vraiment pénible et qui alla tout de suite au cœur de Nicolas; car il y avait dans ce seul coup d'œil toute une longue et triste histoire.

Ce fut pour lui une occasion de le considérer plus attentivement, et il fut frappé tout d'abord de l'extraordinaire bigarrure des vêtements qui composaient son costume. Quoiqu'il dût avoir au moins dix-huit ou dix-neuf ans, et qu'il fût même assez grand pour cet âge, il portait un habillement enfantin tel qu'on le voit d'ordinaire à de tout petits garçons; ce n'est pas qu'il fût trop étroit pour embrasser sa taille frêle et sa poitrine resserrée, mais il était ridiculement court des canons et des manches. Pour que le bas de ses jambes fût en parfaite harmonie avec ce singulier accoutrement, elles flottaient dans une grande paire de bottes, qui, dans l'origine, avait dû avoir des revers; aujourd'hui, après avoir été usée sans doute par quelque fermier robuste, elle était trop rapiécée et trop déchirée pour en faire cadeau à un mendiant. Quant à son linge, depuis qu'il était dans cette maison, et Dieu sait s'il y avait longtemps, c'était encore le même, car on voyait remonter autour de son col un jabot d'autrefois, tout en loques, mal caché par une cravate grossière. Avec cela il était estropié. En passant ce pénible examen, Nicolas le voyait faire semblant d'être fort affairé à ranger la table, mais c'était pour gagner du temps et dans l'espérance que ses yeux rencontreraient dans toutes ces lettres quelque chose pour lui. Mais, quand il se vit déçu cette fois encore, son regard était si abattu, si désespéré que Nicolas pouvait à peine en soutenir la vue.

« Qu'est-ce que vous avez à nous ennuyer là, Smike? s'écria Mme Squeers. Laissez donc tout ça tranquille, entendez-vous?

— Eh! dit Squeers, levant les yeux. Tiens, vous êtes encore là!

— Oui, monsieur répondit le jeune homme, pressant ses mains l'une contre l'autre, comme pour dominer violemment le tremblement nerveux de ses doigts, y a-t-il....

— Hein! dit Squeers.

— Avez-vous.... quelqu'un a-t-il.... est-ce que personne n'a rien entendu dire de ce qui me concerne?

— Du diable, par exemple, s'il en a été question, » répliqua Squeers d'un air maussade.

Le pauvre garçon baissa les yeux, et, portant sa main à sa figure pour cacher ses larmes, fit un pas vers la porte.

« Pas un mot, continua Squeers; c'est bien fini maintenant. En voilà une bonne aubaine pour moi, qu'on vous ait laissé ici, depuis tant d'années, sans avoir jamais payé que les six premières, sans qu'on ait pu découvrir nulle part à qui vous appartenez! C'est bien agréable pour moi d'avoir eu à nourrir un grand garçon comme vous, sans espoir d'en retirer jamais un sou, n'est-ce pas? »

Le jeune homme porta la main à son front, comme s'il faisait un effort pour recueillir quelque souvenir ancien, puis, abaissant sur son maître un regard vague et préoccupé, il finit par un sourire niais et se retira boitillant.

« Je vous dirai, Squeers, observa sa femme quand la porte fut fermée, que je crois que Smike tourne à l'imbécillité.

— J'espère que non, dit le maître de pension, car ce garçon-là n'est pas maladroit dans son service, et il gagne bien sa nourriture, à tout prendre. Dans tous les cas, il lui restera toujours bien assez d'esprit pour faire notre ouvrage. Mais, voyons! commençons par souper, car je tombe de faim et de fatigue, et j'ai besoin d'aller me coucher. »

Il n'y avait qu'un bifteck; c'était naturellement pour M. Squeers, qui ne se fit pas prier pour l'expédier avec diligence. Nicolas approcha sa chaise pour se mettre à table, quoique sans appétit.

« Comment trouvez-vous le bifteck, Squeers? dit madame.

— Tendre comme un agneau, répliqua Squeers. En voulez-vous un morceau?

— Il me serait impossible de rien prendre, répondit son épouse. Qu'est-ce que je vais donner au jeune homme, mon bon ami?

— Tout ce qu'il voudra de ce qui est servi sur la table, répondit Squeers dans un accès de générosité inaccoutumée.

— Que voulez-vous, monsieur Knuckleboy? demanda alors Mme Squeers.

— Je prendrai un peu de tourte, s'il vous plaît; très-peu, car je n'ai pas faim.

— Ma *foi!* ce serait dommage d'entamer la tourte si vous n'avez pas faim; qu'en dites-vous? lui demanda Mme Squeers. Voulez-vous essayer d'un morceau de bœuf?

— Tout ce qu'il vous plaira, répondit Nicolas machinalement; cela m'est parfaitement égal. »

Mme Squeers parut on ne peut plus satisfaite en recevant cette réponse : elle fit à Squeers un signe de tête qui voulait dire qu'elle était charmée de voir le jeune homme comprendre sa position, et elle récompensa Nicolas d'une tranche de viande qu'elle lui coupa de ses propres et gracieuses mains.

« Faut-il de l'ale, mon petit Squeers? demanda la dame avec des clins d'œil et des mines à la dérobée, pour lui faire comprendre que le sens de sa question n'était pas de savoir s'il en voulait pour lui, mais s'il fallait aussi en faire donner à Nicolas.

— Certainement, dit Squeers avec le même procédé de signes télégraphiques, un plein verre. »

Nicolas eut donc un plein verre d'ale, et, comme il était absorbé dans ses réflexions, il le but sans se douter, dans son heureuse innocence, de tout ce petit manége.

« Rien de plus succulent que ce bifteck, dit Squeers en remettant sur la table son couteau et sa fourchette avec lesquels il s'amusait en silence depuis quelque temps.

— C'est de la viande de première catégorie, reprit la dame. Je suis allée moi-même acheter un bon gros morceau exprès pour....

— Pour...? s'écria Squeers vivement. Ce n'est pas pour les...?

— Non, non, pas pour eux, répliqua Mme Squeers. Je l'ai acheté exprès pour vous, pour votre retour à la maison. Ah! bien! c'est bon! si vous croyez que je suis femme à faire de ces étourderies-là!

— Ma parole d'honneur, ma chère, je ne savais pas ce que vous alliez me dire, dit Squeers qui en était encore pâle de saisissement.

— Vous n'avez pas besoin de vous tourner le sang, dit sa femme en riant aux éclats. Vous me croyez donc bien nigaude! c'est bon! »

Pour bien comprendre ce bout de conversation, il faut savoir que, selon la rumeur publique, M. Squeers passait, dans tout le voisinage, pour avoir des sentiments si charitables à l'égard des animaux, que, plutôt que de les faire tuer exprès, il préférait, pour la consommation de ses pensionnaires, acheter de temps en temps une vache morte de sa belle mort. Et peut-être que, dans tout cet imbroglio, il avait craint un moment d'avoir dévoré sans le savoir quelque bon morceau de ce genre destiné aux jeunes gentlemen de Dotheboys-Hall.

Le souper fini, et la table desservie par une petite servante qui regardait les plats d'un œil affamé, Mme Squeers se retira pour les enfermer sous clef, et aussi pour serrer les effets des cinq écoliers qui venaient d'arriver, et qui, par suite du froid extrême auquel ils avaient été exposés, n'avaient plus grand'chose à faire pour être convertis en de véritables glaçons. On les régala à souper d'une bonne petite soupe, puis on les fit coucher côte à côte dans un petit lit étroit pour se tenir chaud: là, rien ne les empêcha de rêver à leur aise de quelque repas substantiel couronné d'un bon feu à l'âtre. Leur imagination pouvait se donner carrière, et ne s'en fit pas faute, je l'espère.

M. Squeers s'administra une grande canette de grog à l'eau-de-vie, où cette liqueur n'avait admis le mélange de l'eau que sur le pied d'une parfaite égalité, pour faire mieux fondre le sucre, et son aimable moitié prépara pour Nicolas l'ombre d'un petit verre du même liquide. Après cela, M. et Mme Squeers s'approchèrent du feu, et, les pieds étendus sur les chenets, se chuchotèrent quelques secrets à l'oreille, pendant que Nicolas, prenant le manuel du professeur, lisait les légendes intéressantes réunies dans le chapitre des *mélanges*, et regardait les images par-dessus le marché, sans savoir plus ce qu'il faisait que s'il avait été plongé dans un sommeil magnétique.

M. Squeers, à la fin, poussa d'horribles bâillements, et fut d'avis qu'il était grand temps d'aller se coucher : à ce signal, Mme Squeers et sa servante tirèrent dans la chambre une petite paillasse et une couple de couvertures, et en firent un lit pour Nicolas.

« Demain, dit Squeers, nous vous mettrons, monsieur Nickleby, dans une véritable chambre à coucher. Voyons! Qu'est-ce qui couche dans le lit de Brooks, ma chère amie?

— Le lit de Brooks? dit Mme Squeers réfléchissant. Il y a d'abord Jennings, puis le petit Bolder, Graymarsh, et.... comment donc s'appelle l'autre?

— Oui, je sais, reprit Squeers; ainsi Brooks est complet.

— Complet! disait en lui-même Nicolas; je crois bien.

— Il y a une place quelque part, tout ce que je sais, dit Squeers, mais je ne puis pas me rappeler où pour le moment. N'importe, tout cela s'arrangera demain. Bonsoir, Nickleby. Demain, à sept heures du matin; n'y manquez pas.

— Je serai prêt, monsieur, répliqua Nicolas. Bonsoir.

— Je viendrai vous montrer moi-même où est le puits, dit Squeers : quant au savon, vous en trouverez toujours un morceau dans l'embrasure de la fenêtre de la cuisine; celui-là est pour vous. »

Nicolas ouvrit les yeux et ferma la bouche, et Squeers s'en alla, mais il revint encore sur ses pas.

« Je ne sais en vérité pas où trouver à vous donner une serviette pour votre toilette, mais vous trouverez toujours bien quelque chose demain matin. Mme Squeers arrangera tout cela dans le courant de la journée. Ne l'oubliez pas, ma chère.

— C'est bon, c'est bon, on y pensera, répliqua Mme Squeers, et vous, jeune homme, pensez aussi à être là de bonne heure pour vous laver le premier : c'est un droit du maître, mais ils ne manquent pas de s'en faire du bien, quand ils peuvent. »

Alors M. Squeers fit un signe à Mme Squeers d'emporter la bouteille d'eau-de-vie, de peur que Nicolas ne lui dît deux mots pendant la nuit, et la dame, la saisissant avec ardeur, se retira en même temps que son mari.

Nicolas, resté seul, fit cinq ou six fois à grands pas le tour de sa chambre dans un état d'agitation nerveuse facile à concevoir; mais il se calma par degrés, s'assit sur une chaise, se raisonna, et finit par se promettre, coûte que coûte, de faire, en attendant mieux, tous ses efforts pour supporter les maux qu'il allait avoir à subir encore; car il se rappelait le dénûment de sa mère et de sa sœur, et ne voulait pas donner à son oncle le moindre prétexte de les abandonner dans leur malheur. Il est rare qu'une bonne résolution ne produise pas un bon effet sur l'âme qui l'a prise. Il se sentit moins découragé, et même (voyez un peu l'ardeur et la vivacité de la jeunesse!) il alla jusqu'à se flatter de l'espérance qu'il ne serait peut-être pas si mal à Dotheboys-Hall qu'il en avait l'air.

Il allait donc se mettre au lit avec une petite recrudescence de bonne humeur, quand il fit tomber de la poche de son habit une lettre cachetée. Dans son ahurissement en quittant Londres, il n'y avait plus pensé et ne l'avait pas revue depuis, mais il se rappela aussitôt la conduite mystérieuse de Newman Noggs.

« Ah! mon Dieu! dit Nicolas, quelle singulière écriture! »

La lettre était à son adresse, écrite sur un papier dégoûtant, et les caractères en étaient presque illisibles à force d'être tremblés et griffonnés. Il eut bien du mal à se tirer de là, mais pourtant il finit par réussir à lire ce qui suit:

« Mon cher jeune homme,

« Je connais le monde : votre père ne le connaissait pas, c'est ce qui fait que, dans une occasion, il a été bon pour moi, qui ne pouvais pas le lui rendre. Vous, vous ne le connaissez pas non plus, c'est ce qui fait que vous vous êtes décidé à ce voyage.

« Si jamais vous avez besoin d'un toit à Londres (ne vous fâchez pas; il fut un temps où je n'aurais jamais cru en avoir besoin), adressez-vous à l'enseigne de la *Couronne*, Silver-street. Golden-square : on vous dira là où je demeure. C'est au coin de Silver-street et de James-street : il y a à la maison une porte grillée qui donne sur les deux rues : vous pouvez venir la nuit. Autrefois personne ne se serait cru déshonoré de.... mais ne parlons plus de ça. C'est une affaire finie.

« Excusez mes fautes. Je ne sais plus ce que c'est que de porter un habit qui n'est pas rapiécé. J'ai perdu toutes mes anciennes habitudes; mon orthographe peut bien avoir suivi le reste.

« NEWMAN NOGGS. »

« *P. S.* Si vous passez près de Barnard-Castle, vous trouverez de bonne ale à la *Tête-du-roi*. Dites que vous êtes de ma connaissance, et vous n'en serez que mieux traité. Là, par exemple, vous pouvez dire *Monsieur* Noggs, car j'ai été un gentleman dans mon temps ; mais c'est passé. »

Je ne sais pas si c'est une circonstance qui paraîtra digne de remarque à nos lecteurs ; mais, après avoir plié cette lettre et l'avoir mise dans son portefeuille, les yeux de Nicolas Nickleby se mouillèrent de quelque chose qui ressemblait bien à des larmes.

CHAPITRE VIII.

Administration économique de Dotheboys-Hall.

Je défie l'esprit le plus ingénieux d'imaginer un moyen plus sûr de transformer le lit le plus dur en lit de duvet qu'un voyage d'une quarantaine de lieues en diligence par un temps froid. Peut-être même est-ce aussi le meilleur moyen d'embellir les songes. Du moins ceux qui voltigèrent autour de Nicolas sur sa couche rustique, et qui vinrent lui murmurer à l'oreille ces riens vaporeux qui sont le bonheur des rêves, furent de la nature la plus agréable. Il était en train de faire une fortune des plus rapides, quand la faible lueur d'un lumignon presque éteint brilla devant ses yeux : en même temps une voix qu'il n'eut pas de peine à reconnaître pour appartenir bel et bien à M. Squeers, l'avertit qu'il était temps de se lever.

« Il est sept heures passées, Nickleby, dit M. Squeers.

— Sommes-nous déjà au matin? demanda Nicolas en se dressant sur son séant.

— Oh ! pour ça oui, et un matin où il gèle bien fort, répliqua Squeers. Allons ! Nickleby, sur pied, et promptement. »

Nicolas ne demanda pas son reste, et fut sur pied à l'instant : il se mit à s'habiller, à la lumière de la chandelle que M. Squeers avait à la main.

« En voilà un bon tour ! dit le maître de pension, et la pompe qui est gelée !

— Vraiment ! dit Nicolas, qui ne comprenait pas bien l'importance de cette communication

— Certainement, répliqua Squeers. Vous ne pourrez pas vous laver ce matin.

— Ne pas me laver! s'écria Nicolas.

— Non, il n'y a pas à y penser, continua Squeers avec aigreur. Ainsi vous ferez bien de vous frotter à sec, en attendant qu'on puisse casser la glace dans le puits et en tirer un plein baquet d'eau pour la toilette des élèves. Allons! ne restez pas là à me regarder comme une histoire; dépêchez-vous, n'est-ce pas? »

Sans autre explication Nicolas s'habille à la hâte: pendant ce temps-là, Squeers ouvre les volets et souffle la chandelle; on entend alors dans le corridor la voix de son aimable moitié qui demandait à entrer.

« Entrez, m'amour, » dit Squeers.

Mme Squeers entra, toujours avec la même camisole de nuit qui, la veille au soir, faisait valoir sa taille élégante, mais avec un ornement de plus; c'était un chapeau de feutre qui n'en était pas non plus à son premier printemps, et qu'elle portait sans gêne et sans cérémonie par-dessus le bonnet de nuit dont nous l'avons vue coiffée.

« Chienne de cuiller, dit la dame en ouvrant le buffet, je ne peux pourtant pas retrouver la cuiller de l'étude.

— Ne vous inquiétez pas de cela, chère amie, observa Squeers d'un ton doucereux, cela n'a pas d'importance.

— Pas d'importance! répéta vivement Mme Squeers; pas d'importance! c'est bientôt dit. Est-ce que ce n'est pas aujourd'hui jour de soufre?

— C'est vrai, ma chère, reprit Squeers, vraiment je n'y pensais pas, c'est vous qui avez raison.... Voyez-vous, monsieur Nickleby, nous purifions de temps en temps la masse du sang chez les élèves.

— Nous ne purifions rien du tout, dit madame. N'allez pas croire, jeune homme, que nous sommes gens à dépenser de la fleur de soufre à la mélasse, tout bonnement pour leur purifier ce qu'il dit là; car, si vous vous imaginez que c'est comme cela que nous faisons les affaires, vous n'y trouverez pas votre compte; j'aime mieux vous le dire tout franchement.

— Ma chère amie, dit Squeers fronçant le sourcil; hem!

— Oh! je me moque bien de ça, reprit Mme Squeers; si le jeune homme vient pour enseigner ici, il vaut mieux qu'il sache tout de suite que nous ne faisons pas de folie pour les enfants. On leur donne du soufre et de la thériaque, en partie parce que, si on ne les médicamentait pas un peu, ils auraient toujours quelque chose à soigner, ce qui nous donnerait du mal, et surtout parce que cela engourdit leur appétit et que ça revient moins cher que le déjeuner et le dîner. Ainsi cela leur fait du bien, cela ne nous fait pas de mal, et tout est pour le mieux. »

Après avoir donné cette explication, Mme Squeers passa la tête dans le placard, à la recherche de la cuiller, et M. Squeers se mit de la partie. Il en profita pour échanger avec elle quelques paroles à moitié étouffées par la porte du buffet : tout ce que Nicolas put distinguer, c'est que M. Squeers traitait ce qu'elle venait de dire d'imprudence, et que Mme Squeers traitait ce qu'il disait de bêtises.

Toutes ces recherches et ce remue-ménage n'aboutissant à rien, on fait venir Smike, bousculé par Mme Squeers, gourmé par M. Squeers; ces traitements actifs lui ouvrent l'intelligence, et il se permet d'insinuer que Mme Squeers pourrait bien avoir la cuiller dans sa poche, ce qui se trouva exact. Mais, comme Mme Squeers avait commencé par protester qu'elle était bien sûre que ce n'était pas vrai, Smike n'y gagna qu'un soufflet de plus pour lui apprendre à contredire sa maîtresse, avec la promesse d'une bonne volée la première fois qu'il lui arriverait de lui manquer encore de respect.

« Une femme qui vaut son pesant d'or, cette femme-là, monsieur Nickleby, dit Squeers pendant que sa douce amie se retirait en colère, poussant devant elle son souffre-douleur.

— Vraiment oui ! répondit Nicolas.

— Je n'ai jamais vu sa pareille, dit M. Squeers, je n'ai jamais vu sa pareille. Cette femme-là, monsieur Nickleby, est toujours la même, toujours remuante, vive, active, économe comme vous la voyez là. »

Nicolas soupira malgré lui en pensant à l'agréable horizon qui s'ouvrait devant lui; heureusement que Squeers était trop occupé de ses propres réflexions pour remarquer ce soupir.

« Il est tout naturel, quand je suis à Londres, continua M. Squeers, que je la représente comme une mère pour tous ses élèves. Mais c'est plus qu'une mère pour eux, dix fois plus qu'une mère. Elle fait pour eux, monsieur Nickleby, des choses que la moitié des autres mères ne feraient pas pour leurs propres enfants.

— Pour cela, j'en suis bien sûr, » dit Nicolas.

Le fait est que M. Squeers et Mme Squeers s'accordaient tous deux à regarder leurs élèves comme des ennemis naturels. En d'autres termes, toute leur affaire, toute leur occupation, c'était de tirer de chaque enfant tout ce qu'il pouvait rendre; à cet égard, ils agissaient dans un concert parfait. Toute la différence, c'est que, chez Mme Squeers c'était une guerre intrépide et déclarée, tandis que Squeers, même à Dotheboys-Hall, couvrait toutes ses roueries d'une légère couche d'hypocrisie, comme s'il se flattait d'arriver quelque jour à se faire illusion à lui-même, jusqu'à se persuader qu'il était véritablement un bon enfant.

« Mais, allons ! dit Squeers, interrompant le cours des réflexions que son adjoint commençait à faire sur son sujet, allons à l'étude ; donnez-moi un coup de main pour passer mon habit de classe, voulez-vous ? »

Nicolas aida son maître à passer en effet un vieux costume de chasse en futaine qu'il décrocha dans le corridor. Et Squeers, armé d'une canne, le mena à travers la cour, à une porte qui s'ouvrait sur le derrière de la maison.

« C'est ici, dit le maître de pension en le faisant entrer avec lui : voilà notre bazar, Nickleby. »

Le tableau qui se présenta alors à Nicolas offrait une scène si confuse, et tant d'objets à la fois appelèrent son attention et sa curiosité, qu'il commença par regarder, tout ébahi, sans rien démêler. Cependant, petit à petit, il vit que l'étude se composait d'une chambre nue et malpropre, éclairée par deux fenêtres dont un carreau sur dix était de verre, les autres étant recouverts de feuilles de papier arrachées à quelques vieux cahiers. On y voyait une couple de longues tables à pupitre, vieilles et délabrées, avec des coupures de canif, des entailles, des taches d'encre, enfin toutes les traces de désordre imaginables ; deux ou trois bancs, un pupitre détaché pour Squeers, un autre pour son maître auxiliaire. Le plafond, comme celui d'une grange, était supporté par des poutres et des solives apparentes : quant aux murs, ils étaient si tachés, si noircis, qu'il eût fallu bien de l'habileté pour décider s'ils avaient jamais reçu une couche de peinture ou de badigeon.

Mais c'étaient les élèves ! cette jeune noblesse dont avait parlé Ralph. C'est pour le coup que les dernières et faibles lueurs d'espérance qui brillaient encore au cœur de Nicolas de trouver au moins quelque intérêt dans les efforts qu'il était résolu à faire s'effacèrent à la vue de ce sinistre entourage ! Des visages pâles et des yeux hagards, des charpentes maigres et osseuses, des physionomies de vieillards sur des têtes d'enfants, des êtres difformes dont les membres étaient emprisonnés dans des ferrements orthopédiques, des petits garçons rabougris ou d'autres dont les jambes fluettes pouvaient à peine porter le poids de leurs corps voûtés, voilà l'ensemble qui frappa sa vue tout d'abord. Des yeux chassieux, des becs-de-lièvre, des pieds-bots, toutes les difformités et les contorsions physiques qui expliquaient, sans la justifier, l'aversion dénaturée montrée par les parents en délaissant ainsi leurs enfants, ou qui annonçaient que ces pauvres créatures avaient été, dès leur bas âge, les tristes victimes d'une horrible cruauté et d'une négligence coupable. Peut-être quelques-unes de ces figures seraient devenues belles si elles n'avaient pas été altérées par le sentiment incessant d'une souffrance impitoyable. Il ne restait plus que la jeunesse, mais la jeunesse sans la vivacité de ses yeux, la beauté de ses traits; ou plutôt il ne restait plus à l'enfant que sa faiblesse. Il y avait des visages empreints déjà de l'habitude du vice, dont les regards ternes et les yeux plombés rappelaient les voleurs dans les geôles : il y avait encore d'innocentes créatures qui payaient dans leur santé les fautes et l'immoralité de leurs pères, réduites à regretter avec des larmes la nourrice mercenaire de leur enfance, perdus et solitaires dans cette solitude même. Toute sympathie, toute affection tendre séchée dans son germe, tout sentiment jeune et frais étouffé sous le fouet ou éteint par la faim, toutes les passions de haine et de vengeance qui peuvent couver dans une âme ulcérée, étendant chaque jour leur ravage en silence jusqu'au cœur même de la vie. Quel début dans le monde, quel enfer dans l'avenir !

Cependant cette scène, toute pénible qu'elle était, avait encore ses contrastes grotesques qui auraient pu provoquer un sourire chez un observateur moins sensible que Nicolas. Mme Squeers, debout devant un pupitre, trônant au-dessus d'une immense bassine de soufre et de thériaque, administrait tour à tour, à chaque élève, sa part de ce cordial délicieux. Elle se servait pour cela d'une cuiller de bois grossier, fabriquée sans doute à son origine pour quelque tête de géant, et qui élargissait à l'infini la bouche de chaque convive; car ils étaient obligés tous, sous peine de se voir soumis à des corrections corporelles, qui n'étaient pas une plaisanterie, d'avaler d'une bouchée tout le contenu de la cuiller. Dans un autre coin de la salle, ramassés ensemble en un petit groupe, étaient les nouveaux venus de la veille, il y en avait trois avec de grandes culottes de peau, et deux avec des pantalons un peu plus étroits que des caleçons de bain ordinaires. Enfin, pas loin de là siégeait le jeune fils, l'héritier présomptif de M. Squeers, portrait frappant de son père, se débattant entre les mains de Smike, et lui donnant des coups de pied de toutes ses forces, pendant que cet infortuné lui essayait une paire de bottes neuves, qui ressemblaient d'une manière suspecte à celles que portait, dans le voyage, le plus jeune des recrues d'hier; et celui-ci en paraissait inquiet lui-même, à l'air pétrifié dont il regardait ses bottes passer en d'autres pieds. Après cela venait une longue file d'écoliers attendant, avec une physionomie qui annonçait peu d'appétit, qu'on les passât à la thériaque. Une autre bande, qui venait justement de subir cette régalade, faisait des contorsions et des grimaces dont la variété témoignait peu de satisfaction intérieure. L'ensemble présentait une collection d'habillements extraordinaires, dont la bigarrure, mal assortie, aurait fait rire aux larmes, sans le spectacle hideux de la malpropreté, du désordre, de l'air maladif qui régnaient dans tout cela.

« A présent, dit Squeers, donnant sur son pupitre avec sa canne un grand coup qui fit presque sauter les petits garçons hors de leurs bottes, a-t-on fini la médecine?

— C'est fait, dit Mme Squeers, en étouffant le dernier élève dans son empressement, et en lui appliquant, pour le remettre, un coup de la cuiller de bois sur l'os coronal. Allons, Smike, enlevez; dépêchez-vous. »

Smike emporta bien vite la bassine, et Mme Squeers, ayant appelé un petit garçon avec des cheveux crépus pour s'essuyer les mains après, suivit de près Smike dans une espèce de buanderie, où se trouvait une large bouilloire sur un petit feu, avec un nombre considérable de petites écuelles de bois en rang sur une table.

Mme Squeers, aidée de la servante affamée, versa dans ces écuelles une composition de couleur brune, qui ressemblait assez à une infusion de pelotes, moins l'enveloppe et les épingles, et que l'on décorait du nom de potage. Chaque écuelle avait sa petite croûte de pain bis, et quand le pain leur avait fait avaler le potage, ils finissaient de manger le pain trempé dans le potage et le déjeuner était fait. Sur quoi M. Squeers disait les grâces d'une voix solennelle : « Pour ce que nous avons reçu, Seigneur, donnez-nous des sentiments de sincère reconnaissance. » Et il allait déjeuner à son tour.

Nicolas prit aussi une écuellée de potage pour distendre son estomac, comme on dit que font les sauvages qui, par précaution, avalent de la terre, pour éviter d'être incommodés par la faim quand ils n'auront rien à manger. Puis il n'eut garde d'oublier la tartine de pain beurré, l'[illegible]ne des prérogatives de son emploi, et s'assit en attendant l'ouverture de la classe

Il ne pouvait assez s'étonner de voir tous les élèves si tristes et si silencieux. Point de ce bruit ni de ces clameurs qui se font entendre d'ordinaire dans les récréations; point de jeux animés, point de cette gaieté qui part du cœur. Les enfants étaient accroupis et grelottants sur leurs bancs; ils n'avaient pas la force ou le courage de se remuer. Le seul d'entre eux qui montrât quelque disposition au mouvement et au jeu, c'était maître Squeers; mais comme son principal amusement était de marcher sur les pieds de ses camarades avec le talon de ses bottes neuves, sa belle humeur était plus déplaisante qu'agréable.

Une demi-heure après, M. Squeers reparut, et les écoliers reprirent leur place et leurs livres. Ce dernier avantage était le privilége d'un sur huit environ, les autres s'en passaient. Puis quelques minutes de recueillement, pendant lesquelles M. Squeers parut réfléchir profondément, comme un homme qui possédait à fond tout ce qu'il y avait dans les livres, et qui les réciterait par cœur d'un bout à l'autre s'il voulait s'en donner la peine. Enfin il appela la première division.

A cet appel, on vit se ranger avec docilité, en face du pupître du maître, une demi-douzaine de spectres, bons pour servir d'épouvantail aux moineaux, les genoux et les coudes percés; l'un d'eux plaça sous les yeux de son docte instituteur un livre malpropre et déchiré.

« Voici la première division, Nickleby, celle d'orthographe et de philosophie, dit Squeers, faisant signe à Nicolas de se tenir debout auprès de lui. Nous allons en faire une de latin que je vous repasserai. Voyons, maintenant, où est le premier?

— Pardon, monsieur, il est à nettoyer les vitres de la fenêtre du parloir, dit celui qui le remplaçait à la tête de la classe de philosophie.

— C'est juste, répliqua Squeers. Nous employons un système d'enseignement pratique, Nickleby; le système d'éducation rationnelle. N-e-t, *net;* t-o-y, *toy*, NETTOY; e-r, *er*, NETTOYER; verbe actif qui veut dire, rendre net, essuyer. F-e, *fe;* n-ê, *nê*, FENÊ; t-r-e, *tre*, FENÊTRE; qui veut dire une croisée. Quand l'élève a appris cela dans son livre, il va vite appliquer ses connaissances acquises. Absolument le même principe que la pratique des globes et sphères. Où est le second?

— Pardon, monsieur, il est à sarcler le jardin, reprit une petite voix.

— C'est juste, dit Squeers, sans se déconcerter le moins du monde. C'est juste. B-o, *bo;* t-a, *ta*, BOTA; n-i, *ni*, BOTANI; q-u-e, que, BOTANIQUE ; nom substantif qui veut dire connaissance des plantes. Quand il a appris que la botanique est un moyen de connaître les plantes, il va les étudier sur place. Voilà notre système, Nickleby ; qu'est-ce que vous dites de ça ?

— C'est un système fort utile, dans tous les cas, répondit Nickleby.

— Je crois bien, reprit Squeers, sans faire attention à l'équivoque. Numéro trois, qu'est-ce qu'un cheval ?

— Une bête, monsieur, répondit l'enfant.

— C'est cela, dit Squeers. N'est-ce pas, Nickleby ?

— Je ne crois pas qu'il y ait de doute à cet égard, monsieur, répliqua Nickleby.

— Certainement non, dit Squeers : un cheval est un quadrupède, et quadrupède, en latin, veut dire bête, comme le savent tous ceux qui ont appris la grammaire ; ou autrement à quoi servirait d'avoir des grammaires ?

— A rien du tout, dit Nicolas, ne sachant que dire.

— Comme vous savez très-bien cela, reprit Squeers, s'adressant à l'élève ; allez panser mon cheval et étrillez-le bien, ou c'est moi qui vous étrillerai comme il faut. Reste de la classe, allez tirer de l'eau jusqu'à ce qu'on vous dise qu'en voilà assez, car c'est demain jour de lessive, et il faut emplir les chaudières. »

Cela dit, il congédia la première division, l'envoya se livrer à ses applications de philosophie pratique, et regarda Nicolas d'un œil demi-malin, demi-méfiant, en homme qui ne sait trop qu'en dire.

« Voilà notre méthode, Nickleby, dit-il, après une pause.

— Je vois bien, dit Nicolas, haussant les épaules sans qu'on s'en aperçût.

— Elle est très-bonne, la méthode, continua Squeers. A présent, ces quatorze petits garçons, faites-les lire, parce qu'il est temps que vous vous rendiez utile. Il n'y a pas à perdre son temps ici, cela n'irait pas. »

M. Squeers, en effet, était de mauvaise humeur ; il venait de faire la réflexion qu'il était de sa dignité de ne pas être si parlant avec son subalterne, surtout quand son subalterne ne lui parlait pas assez avec éloge de son établissement. Les enfants se rangèrent donc en demi-cercle autour du nouveau maître, et il eut bientôt à entendre leur voix monotone, traînante, hésitante, ressasser ces histoires d'un intérêt tragique, qu'on ne trouve que dans les anciennes croix de Jésus.

La matinée se passa assez péniblement dans cette occupation

intéressante. A une heure, les élèves, dont on avait commencé par épuiser l'appétit avec une bonne pâtée de pommes de terre, s'attablèrent, dans la cuisine, devant un morceau coriace de bœuf salé, dont Nicolas reçut la gracieuse permission d'emporter sa part à son pupitre solitaire, pour y manger en paix. Après cela, il y eut encore une heure de récréation, employée, comme l'autre, à se tenir accroupis et grelottants de froid dans l'étude, jusqu'à ce que la classe commençât.

Après chaque tournée de M. Squeers à Londres, il avait pour habitude, deux fois par an, de réunir tous ses élèves, et de leur adresser une espèce de rapport sur ceux de leurs parents ou amis qu'il avait pu voir, les nouvelles qu'il avait recueillies, les lettres qu'il avait apportées, les mémoires qui avaient été acquittés, les comptes qui étaient restés en arrière, et ainsi de suite. Cette séance solennelle avait toujours lieu dans l'après-midi du jour qui suivait son retour; peut-être était-ce pour enseigner aux enfants à se posséder eux-mêmes et à maîtriser leur impatience pour acquérir de la force d'âme que M. Squeers ne la faisait pas le matin. Peut-être était-ce aussi pour se donner à lui-même le temps d'acquérir un esprit plus ferme et une justice plus inflexible à l'aide de quelques liquides généreux qu'il se permettait d'ordinaire après son premier dîner. Quoi qu'il en soit, les élèves furent donc rappelés, qui du nettoyage des vîtres, qui du jardin, qui de l'écurie, qui de l'étable, et la pension se trouvait réunie en grand conclave, quand M. Squeers, tenant en main une liasse de papiers, et Mme Squeers, tenant en main une paire de houssines, entrèrent dans la chambre. M. Squeers réclama ainsi du silence avec douceur :

« Le premier qui dit un mot sans permission, je l'écorche tout vif. »

Cet avertissement amical produisit tout de suite l'effet désiré, et un silence funèbre régna dans l'assemblée. M. Squeers continua :

« Chers élèves, je suis allé à Londres, et je suis revenu dans le sein de ma famille et au milieu de vous aussi fort et aussi bien portant que jamais. »

Fidèles à la coutume qui permettait l'enthousiasme deux fois par an, les élèves poussèrent trois acclamations à cette nouvelle intéressante. Quelles acclamations! c'étaient plutôt des soupirs grelottants.

« J'ai vu des parents de quelques élèves, continua Squeers, en feuilletant ses notes, et ils sont si enchantés des soins donnés à leurs enfants, qu'ils ne songent pas du tout à les retirer, ce qui est naturellement une chose bien agréable à penser pour tout le monde. »

Quand Squeers fit cette déclaration, trois ou quatre mains se portèrent à trois ou quatre visages, pour se frotter les yeux, mais la plus grande partie de ces jeunes gentlemen ne se connaissant ni père ni mère, ne prirent pas naturellement un grand intérêt à ces renseignements.

« J'ai eu cependant, dit Squeers, prenant un air mécontent, à surmonter quelques désagréments. Le père de Bolder s'est mis en arrière avec moi de cinquante-deux francs cinquante. Où est Bolder?

— Tenez, monsieur, le voici, répondirent vingt voix officieuses. Car les enfants et les hommes faits, cela se vaut.

— Venez ici, Bolder, » dit Squeers.

Un petit garçon maladif, les mains pleines de verrues, sortit de sa place pour aller au pupitre du maître, et leva des yeux suppliants sur la figure de Squeers; la sienne était blanche comme un linge : son cœur battait si fort!

« Bolder, dit Squeers, d'un ton très-lent, car pendant ce temps-là, il cherchait, comme on dit, le défaut de la cuirasse. Bolder, si votre père croit que, parce que... tiens! qu'est-ce que vous avez donc là, monsieur? »

Squeers, en disant cela, considérait la main de l'enfant, en le tenant par la manche de sa veste, et détournant ensuite les yeux avec un sentiment édifiant d'horreur et de dégoût :

« Comment appelez-vous cela, monsieur, dit-il, lui administrant en même temps un coup de canne pour lui faciliter la réponse.

— Je ne peux pas empêcher cela, je vous assure, monsieur, reprit l'enfant en pleurant, ça vient tout seul : je crois bien que c'est cette sale besogne que je fais qui me les donne, enfin ce que je sais bien c'est que ce n'est pas ma faute.

— Bolder, dit Squeers, retroussant ses manches et crachant dans le creux de sa main droite pour mieux empoigner sa canne. Vous êtes un incorrigible petit garnement, et, puisque la dernière râclée ne vous a pas mieux réussi, nous allons en essayer d'une autre. »

A ces mots, sans aucune pitié pour l'enfant qui criait miséricorde, M. Squeers tomba sur lui à grands coups de canne, et ne cessa que lorsqu'il se sentit le bras fatigué.

« Là! dit Squeers, quand il eut fini son exécution, frottez-vous à présent tant que vous voudrez, vous avez de quoi frotter. Ah! voulez-vous vous taire? il ne se taira pas. Smike, mettez-le dehors. »

Le souffre-douleur de Dotheboys-Hall avait appris par une longue expérience à ne pas délibérer au lieu d'obéir: il se dépêcha de flanquer la victime à la porte, et M. Squeers retourna se percher sur son tabouret, avec l'aide de Mme Squeers qui en occupait un autre à ses côtés.

« A présent, voyons, dit Squeers; une lettre pour Cobbey. Levez-vous, Cobbey. »

Cobbey se leva et regarda la lettre fixement, pendant que M. Squeers en prenait tout bas connaissance.

« Ah! dit Squeers, la grand'maman de Cobbey est morte et son oncle Jean s'est mis à boire; voilà toutes les nouvelles que sa sœur lui envoie, avec trente-six sous, qui vont justement servir à payer ce carreau cassé, vous savez. Madame Squeers, ma bonne amie, voulez-vous prendre l'argent? »

La digne ménagère empocha les trente-six sous d'un air affairé, et Squeers passa au suivant avec gravité.

« Graymarsh, dit-il, est celui qui vient après. Graymarsh, levez-vous. »

Graymarsh se lève donc à son tour, et le maître de pension parcourt la lettre, comme pour les autres.

« La tante maternelle de Graymarsh, dit Squeers, qui s'était pénétré du contenu de la lettre, est très-contente d'apprendre qu'il soit si bien portant et si heureux. Elle adresse ses compliments respectueux à Mme Squeers, et la regarde comme un ange sur la terre. Elle regarde aussi M. Squeers comme trop vertueux pour ce monde; elle espère cependant que Dieu voudra bien l'y conserver, pour continuer ses affaires. Elle aurait bien voulu envoyer à Graymarsh la paire de bas qu'il avait demandée, mais elle était à court d'argent et ne pouvait que lui adresser à la place les *Pensées du chrétien*, en lui recommandant de mettre sa confiance dans la sainte Providence. Elle compte surtout qu'il s'étudiera en toute chose à faire plaisir à M. et Mme Squeers, et à les considérer comme ses seuls amis au monde. Qu'il aime aussi le jeune M. Squeers et ne fasse plus aucune difficulté de coucher cinq dans un lit, ce qui serait une conduite peu chrétienne. Ah! dit Squeers, repliant le papier, quelle lettre délicieuse! on ne peut plus touchante vraiment! »

Ce qu'il y avait de plus touchant en effet, c'est que la tante maternelle de Graymarsh était regardée par ses amis les plus intimes comme la véritable mère de l'enfant. Toutefois, sans faire allusion à cet accident (ce qu'il eût trouvé trop immoral devant des élèves), il poursuivit le cours de ses opérations en appelant « Mobbs. » Mobbs se leva et Graymarsh retourna à sa place.

« La belle-mère de Mobbs, dit-il, s'était mise au lit, à la nouvelle qu'il ne voulait pas manger de gras; elle ne l'avait pas quitté depuis. Elle veut savoir, par le prochain courrier, quelles sont ses intentions en se révoltant contre la nourriture, et s'il est vrai qu'il se permette de détourner le nez avec dégoût du bouillon de foie de vache, quand son bon maître l'a sanctifié par le bénédicité. Ce n'est pas de M. Squeers qu'elle tient ces détails affligeants, ce monsieur est si bon qu'il serait bien fâché de semer la zizanie, mais elle l'a su par le journal, et elle a été vexée plus qu'elle ne peut dire. Elle est désolée de le voir mécontent, ce qui est un péché abominable, et elle espère que M. Squeers aura la bonté de le fouetter jusqu'à ce que cela change. Elle-même, elle commence les punitions en mettant un embargo sur les cinq centimes d'argent de poche qu'on lui donnait pour sa semaine, et elle a fait cadeau aux missionnaires du couteau à double lame avec un tire-bouchon qu'elle avait acheté d'abord exprès pour lui.

« Voilà de tristes dispositions, à ce que je vois; dit M. Squeers, après une pause effrayante, pendant laquelle il avait rafraîchi encore une fois du baume de ses lèvres le creux de sa main, cela ne peut pas se passer comme ça; je veux qu'on soit gai et content chez moi. Mobbs, venez. »

Mobbs s'avança lentement vers le pupitre, se frottant les yeux par anticipation, et, quand il fut payé pour pleurer, il se retira par la porte latérale, houspillé comme il faut.

M. Squeers se mit alors à décacheter une collection d'autographes de tout genre. Les unes renfermaient de l'argent, que Mme Squeers prenait pour en avoir soin. D'autres accompagnaient de petits articles de toilette, tels que bonnets, etc. Mme Squeers, en les examinant, les trouvait tous trop grands ou trop petits. Ils n'allaient à personne, excepté au jeune Squeers, qui devait avoir la tête bien faite et les membres bien accommodants, car rien ne pouvait aller aux autres et tout semblait fait à sa mesure; sa tête, en particulier, avait un singulier privilége d'élasticité, car les chapeaux et les bonnets de toutes dimensions le coiffaient également à ravir.

Après la séance, on dépêcha quelques leçons dégoûtantes, et Squeers se retira dans ses foyers, laissant à Nicolas le soin de surveiller les élèves dans l'étude qui était très-froide, et où l'on servit à la nuit tombante un repas de pain et de fromage.

Il y avait un petit poêle dans le coin de la chambre le plus rapproché de la place du maître; c'est là que s'assit Nicolas, si abattu, si humilié par le sentiment de sa position, que, si le mort était venue le visiter en cet instant, il lui aurait peut-être fait bon accueil. Les cruels traitements dont il avait été le témoin involontaire, la conduite grossière et inqualifiable de Squeers, même dans ses meilleurs moments, la malpropreté du lieu, le spectacle présent à ses yeux, les cris qui retentissaient à ses oreilles, tout contribuait à lui donner cette humeur mélancolique. Mais, quand il se rappelait qu'en sa qualité de sous-maître de M. Squeers, quelles que fussent les circonstances qui l'y avaient contraint, il passerait pour être l'aide et le partisan d'un système pour lequel il ne sentait qu'horreur et que dégoût, il se faisait honte à lui-même, et craignait un instant que le souvenir de sa situation présente ne lui permît plus désormais de marcher jamais la tête haute.

Mais, quant à présent, son parti était pris, et il restait fermement décidé à accomplir jusqu'au bout la résolution qu'il avait formée la veille. Il avait écrit à sa mère et à sa sœur pour leur annoncer qu'il était arrivé à bon port; il parlait peu de Dotheboys-Hall, mais le peu qu'il en disait était aussi rassurant que possible. Il espérait, disait-il, en restant où il était, faire un peu de bien, même là. Dans tous les cas, il avait trop besoin de la faveur de son oncle, dans l'intérêt de ceux qui lui étaient chers, pour la compromettre en le disposant mal contre lui.

Cependant il y avait une pensée qui le troublait bien plus que toutes les considérations personnelles relatives à sa propre situation. Ce qui l'occupait surtout, c'était le sort probable qu'on allait faire à sa chère Catherine. Son oncle l'avait bien trompé lui-même, pourquoi ne choisirait-il pas aussi pour elle quelque emploi misérable où sa jeunesse et sa beauté lui seraient plus périlleuses que la laideur et la vieillesse? Pour un homme emprisonné, pieds et poings liés comme lui, c'était une idée à faire frémir. Mais non, il avait tort; sa mère était près d'elle, et puis il comptait aussi sur l'honnête artiste, simple de cœur, il est vrai, mais qui après tout connaissait le monde, puisque c'était le monde qui lui faisait gagner sa vie. Il aimait à croire que c'était pour lui, pour lui seul, que Ralph Nickleby avait conçu de l'antipathie; et, comme il se sentait à présent de trop justes raisons de la lui rendre, il en concevait mieux celle de son oncle, mais il cherchait à se persuader que ce mauvais sentiment se bornait là et ne s'étendait pas plus loin.

Comme il était absorbé dans ces réflexions, il rencontra tout à coup les yeux de Smike tournés vers lui. Le pauvre garçon était là, sur ses genoux, devant le poêle, à ramasser quelque morceau de charbon, égaré dans les cendres, pour le replacer sur le feu.

Il s'était arrêté un moment pour jeter à la dérobée un regard sur Nicolas, et, quand il se vit observé, il se recula comme s'il s'attendait à être battu.

« Vous n'avez pas besoin d'avoir peur de moi, lui dit Nicolas avec douceur. Avez-vous froid?

— N-o-n.

— Vous tremblez, cependant.

— Je n'ai pas froid, répondit Smike vivement. J'y suis fait. »

On voyait, dans ses manières, une telle crainte de déplaire, et cette créature timide semblait si découragée, que Nicolas ne put s'empêcher de s'écrier :

« Pauvre garçon! »

S'il avait frappé le souffre-douleur de la maison, il l'aurait vu se sauver sans se plaindre; mais, à ces mots, il le vit seulement fondre en larmes.

« Mon Dieu! mon Dieu! dit-il en pleurant et en cachant sa figure dans ses mains glacées et calleuses; mon cœur va se briser! c'est sûr! c'est sûr!

— Chut! dit Nicolas lui mettant la main sur l'épaule. Soyez un homme par le courage, comme vous l'êtes déjà presque par les années, et que Dieu vous aide!

— Les années! dit Smike toujours en pleurs. O ciel! ô ciel! Combien j'en ai déjà compté! combien, depuis que j'étais petit garçon, plus jeune que tous ceux qui sont ici! Où sont-ils tous, à présent?

— De qui parlez-vous? demanda Nicolas, qui voulait relever la raison de cette créature, en apparence presque stupide. Voyons, dites-moi!

— Mes amis, répliqua-t-il, mes.... Oh! que j'ai donc souffert!

— Il ne faut jamais perdre l'espérance, dit Nicolas ne sachant que dire.

— Oh! non, non! Il n'y en a pas pour moi! Vous rappelez-vous l'élève qui est mort hier?

— Je n'y étais pas, vous savez, dit Nicolas avec bienveillance. Mais que vouliez-vous me dire?

— Eh bien! répliqua l'autre en se rapprochant de Nickleby, j'étais avec lui la nuit, et, quand tout fut en silence, il ne demanda plus, comme auparavant, que ses amis vinssent s'asseoir à ses côtés, mais il commença à voir autour de son lit des figures qui venaient de chez lui. Il disait (il rêvait sans doute) qu'elles lui souriaient, qu'elles causaient avec lui, et il finit par mourir en soulevant sa tête pour les embrasser. Vous comprenez?

— Oui, oui! répliqua Nicolas.

— Mais moi! quelles sont les figures qui viendront me sourire, à l'article de la mort? »

Smike frissonnait

« Qui viendra causer avec moi, dans ces longues nuits? Elles ne peuvent pas venir de chez moi; elles me feraient peur, car je ne sais seulement pas ce que c'est qu'un chez moi, et je ne les reconnaîtrais pas. Douleur et crainte, crainte et douleur, voilà mon sort, à la vie et à la mort. Non, non, pas d'espérance! »

La cloche du coucher sonna. Smike, en l'entendant, retomba dans son état habituel d'insensibilité et se glissa sans bruit pour n'être point remarqué. Nicolas avait le cœur bien gros lorsque, quelques moments après, il se retira, ou plutôt suivit les élèves entassés dans leur dortoir sale et infect.

CHAPITRE IX.

Mlle Squeers, Mme Squeers, le jeune Squeers et M. Squeers : différents détails et différentes personnes qui n'intéressent pas moins les Squeers que Nicolas Nickleby.

Quand M. Squeers quitta l'étude, vers le soir, il se retira, comme nous l'avons déjà dit, au coin de son feu. Ce n'était pas dans la chambre où Nicolas avait soupé la veille à son arrivée, mais dans une pièce plus petite, sur le derrière, où il trouva madame son épouse, son aimable fils et sa fille accomplie, savourant les délices de leur société réciproque. Mme Squeers, fidèle à son rôle de matrone antique, était occupée activement à ravauder des bas : la jeune demoiselle et le petit gentleman s'occupaient, de leur côté, à accommoder quelque léger différend, moyennant un exercice de pugilat par-dessus la table, qui fut remplacé, à l'approche de leur père vénéré, par un échange silencieux de coups de pied mutuels par-dessous leur ancien champ de bataille.

C'est ici le lieu de présenter au lecteur Mlle Fanny Squeers, alors âgée de vingt-trois ans. S'il est vrai qu'il y ait une grâce et des agréments inséparables de cette heureuse période de la vie, nous devons croire qu'elle possédait ceux-là, plutôt que de supposer qu'elle formait une exception unique à la règle générale.

Elle n'était point aussi grande que sa mère; elle était, au contraire, petite comme son père. Elle avait emprunté à la première une voix aigre et dure; au second, une expression particulière de l'œil droit, qui consistait à n'en avoir pas du tout.

Mlle Squeers avait passé quelques jours chez une amie de son voisinage et venait seulement de rentrer sous le toit paternel. C'est à cette circonstance qu'il faut attribuer qu'elle n'avait pas entendu parler de Nicolas avant que M. Squeers lui-même en fît le sujet de la conversation.

« Eh bien! ma chère, dit-il en approchant sa chaise de sa femme, qu'est-ce que vous pensez de lui, jusqu'à présent?

— De qu'est-ce? répondit-elle; car, suivant une remarque qu'elle aimait à faire elle-même, elle n'était pas grande grammairienne, grâce à Dieu.

— Du jeune homme, — le nouveau maître; — de qui voulez-vous que je parle?

— Ah! ce Knuckleboy, dit Mme Squeers impatientée; je le déteste.

— Et pourquoi le détestez-vous, ma chère? demanda Squeers.

— Qu'est-ce que ça vous fait? répondit Mme Squeers. Si je le déteste, cela suffit, n'est-ce pas?

— Cela suffit pour lui, et mieux que cela, si je ne me trompe; il n'en demanderait pas davantage, s'il le savait. Ma question n'était que de simple curiosité, ma mie.

— Après cela, si vous tenez à le savoir, je vous le dirai bien. Je le déteste, parce que c'est un orgueilleux, un vaniteux, un monsieur qui fait son homme d'importance et qui s'en va le nez en l'air comme un paon. »

Quand Mme Squeers était une fois partie, elle avait un langage d'une énergie singulière. Les épithètes ne lui coûtaient rien, surtout les figures de rhétorique comme le mot paon, par exemple, qu'elle venait d'accoupler au nez de Nickleby par une allusion un peu forcée; mais il ne fallait pas le prendre dans son sens littéral. Il comportait, au contraire, une interprétation très-étendue, qu'elle laissait au choix de ses auditeurs. Souvent même, ces termes figurés, unis dans sa bouche par une alliance monstrueuse, n'avaient entre eux aucun rapport, comme dans cette occasion, par exemple; car un paon qui aurait le nez en l'air serait une curiosité rare, une vraie découverte en ornithologie.

« Mais, dit Squeers, voulant calmer par la douceur cet emportement de son épouse, il est ici à bon marché, ma chère; c'est un jeune homme à très-bon marché.

— Je m'en moque bien! reprit Mme Squeers.

— Cent vingt-cinq francs par an, dit Squeers.

— Qu'est-ce que cela fait? c'est toujours cher si vous n'en avez pas besoin, peut-être.

— Sans doute; mais nous en avons besoin, dit Squeers avec insistance.

— Je ne vois pas que vous en ayez plus besoin que de rien du tout, reprit Mme Squeers. Allez! ne me dites pas cela. Qui vous empêchait de mettre sur vos prospectus et dans vos annonces : Éducation par M. Wackford Squeers et des aides capables, sans avoir d'aides en effet? N'est-ce pas ce que font chaque jour tous les autres maîtres de pension par ici? Tenez, vous m'ennuyez!

— Ah! je vous ennuie! dit Squeers rudement. Alors, écoutez-moi bien, madame Squeers. Pour ce qui est d'avoir un aide, je ferai à ma volonté, s'il vous plaît. Dans les Indes occidentales, on accorde au conducteur des esclaves un subalterne, pour empêcher ses nègres de se sauver, ou pour prévenir une rébellion. Moi aussi, je veux avoir un subalterne pour me rendre le même service avec nos nègres, jusqu'à ce que le petit Wackford soit en état de prendre la pension à son compte.

— Mon papa, est-ce que je dirigerai la pension, quand je serai grand? dit avec empressement le digne héritier des Wackford, qui suspendit, dans l'excès de sa joie, un bon coup de pied sous la table, destiné à sa chère sœur.

— Oui, mon fils, répondit Squeers d'une voix sentimentale.

— Oh! quel bonheur! comme je leur en donnerai aux élèves! s'écria cet enfant intéressant en empoignant la canne de son père. Oh! papa, comme je les ferai piailler à mon tour! »

Ce fut un moment bien flatteur dans la vie de M. Squeers, de voir cet élan d'enthousiasme dans l'âme de son enfant. Il en tira avec orgueil l'horoscope de sa grandeur future; aussi, il lui glissa deux sous dans la main, et, entraîné, comme son estimable épouse, par la force de leurs communs sentiments, il ne put retenir un immense éclat de rire de bonheur. Heureux enfant! c'est par ce lien de douce sympathie qu'il réconcilia leur querelle, rendit à la conversation son entrain, et rétablit l'harmonie générale.

« C'est un vilain fichu singe; voilà tout ce que j'en sais, dit Mme Squeers, qui n'avait pas perdu de vue sa haine contre Nicolas.

— Soit! dit Squeers. Autant qu'il soit fichu ici qu'ailleurs, n'est-ce pas? Sans compter qu'il n'a guère de goût pour le métier.»

— Bon! dit madame Squeers, passe pour cela; c'est quelque chose. J'espère bien que cela lui rabattra son orgueil, ou du moins ce ne sera pas ma faute. »

Or, un pion orgueilleux dans une pension du Yorkshire c'était quelque chose de si extraordinaire et de si imprévu! Un pion par lui-même c'était déjà une nouveauté à Dotheboys-Hall, mais un pion orgueilleux, c'était un être dont l'imagination la plus vagabonde ne se serait pas permis de rêver l'existence; aussi Mlle Squeers, qui d'habitude ne se troublait guère l'esprit de ce qui concernait les classes, s'informa avec beaucoup de curiosité de ce que c'était que ce Knuckleboy, qui se donnait ainsi des airs.

« Nickleby : dit Squeers en épelant le mot d'après un système d'orthographe excentrique qui lui était familier, vous savez que votre mère ne ménage pas plus les noms que le reste; elle les dit toujours tout de travers.

— N'importe, dit Mme Squeers; si je les nomme de travers, mes yeux les voient bien tout droit, et cela me suffit. Je l'ai bien regardé, cette après-dînée, quand vous êtes tombé sur le petit Bolder : il est resté tout le temps aussi sombre qu'un conspirateur, et j'ai vu l'instant où il allait céder à son impatience pour se jeter sur vous. Je l'ai bien vu, et il ne s'en doutait pas.

— Ne t'occupe pas de cela, papa, dit Mlle Squeers au moment où le chef de la famille allait répondre à cette communication de sa femme. Qu'est-ce que c'est que ce Nickleby?

— Baste! dit Mme Squeers, votre père ne s'est-il pas mis follement dans la tête que c'est le fils d'un gentleman assez mal accommodé, qui est mort il y a quelques jours?

— Le fils d'un gentleman!

— Oui; mais moi je n'en crois pas un mot. Ou si c'est réellement le fils d'un gentleman, ce ne peut être en tout cas qu'un fils surnaturel. »

Mme Squeers voulait dire naturel; mais, au reste, elle n'attachait pas grande importance à ces distinctions puériles dans ses méprises journalières, et, comme elle disait elle-même, il n'en sera plus parlé dans cent ans d'ici. Axiome à double fin qu'elle ne manquait pas d'employer aussi pour consoler les élèves quand ils avaient reçu quelque traitement plus dur encore qu'à l'ordinaire.

« Pas le moins du monde, dit Squeers en réponse au jugement téméraire de Mme Squeers Son père a bien épousé, plusieurs années avant la naissance de l'enfant, sa mère qui est encore de ce monde. Quand ce serait, ce ne serait pas notre affaire; nous n'en aurions pas moins fait une bonne acquisition : car s'il veut seulement apprendre aux enfants quelque chose, tout en les surveillant, je n'aurai pas à m'en plaindre, que je sache.

— Je vous répète que je le hais comme la peste, dit Mme Squeers avec véhémence.

— Si vous ne l'aimez pas, ma chère, reprit Squeers, je ne connais personne qui soit plus capable de lui faire voir son déplaisir que vous, et naturellement vous n'aurez pas besoin de vous gêner pour le dissimuler.

— Ce n'est pas mon intention non plus, soyez-en sûr, repartit Mme Squeers.

— C'est votre droit, dit Squeers, et, s'il a une pointe d'orgueil, ce qui pourrait bien être, je ne connais pas dans toute l'Angleterre une femme mieux faite pour vous démoraliser promptement un homme que vous, m'amour. »

Mme Squeers poussa des éclats de rire bruyants en recevant ce compliment flatteur, et s'en reconnut digne, car elle avait, disait-elle, dans son temps, brisé l'orgueil d'un ou deux présomptueux : elle en parlait avec modestie; elle aurait pu en citer bien davantage, sans compter son estimable époux.

Mlle Fanny Squeers faisait soigneusement son profit de toute cette conversation, qui fut longue, jusqu'à ce qu'enfin elle se retira pour se coucher : c'est alors qu'elle questionna, par le menu, la servante affamée, sur l'extérieur et la tenue de Nicolas. A toutes ses questions, la jeune fille répondit avec un tel enthousiasme et tant d'éloges variés sur ses beaux yeux noirs, son sourire si doux, ses jambes si droites (elle insista particulièrement sur cette qualité peu connue à Dotheboys-Hall, où les jambes étaient généralement crochues), que Mlle Squeers ne tarda pas à se dire que le nouveau pion devait être une personne très-remarquable, ou, pour ne rien ôter à ses propres paroles, quelque chose de tout à fait hors ligne, ce qui la décida à en juger par elle-même dès le lendemain.

Pour mieux exécuter ce dessein, la jeune demoiselle épia un moment où sa mère était occupée et son père absent pour venir par hasard dans l'étude se faire tailler une plume, et là, ne rencontrant à la tête de la jeunesse que Nicolas, elle rougit jusque dans le blanc des yeux, et fit tout ce qu'elle put pour tomber dans une grande confusion.

« Je vous demande pardon, dit en tremblant Mlle Squeers;

je croyais que mon père était.... je veux dire qu'il pouvait être.... Mon Dieu, que je suis donc maladroite !

— M. Squeers est sorti, dit Nicolas sans être subjugué le moins du monde par cette apparition inattendue.

— Savez-vous s'il sera longtemps dehors, monsieur? demanda Mlle Squeers avec une timidité charmante.

— Il a dit qu'il reviendrait dans une heure, répondit Nicolas, avec politesse sans doute, mais sans donner le plus léger prétexte à ce qu'on pût le croire frappé au cœur par les charmes de Mlle Squeers.

— Je n'ai jamais rien vu de si contrariant, s'écria la jeune miss. Merci, monsieur!

« Je suis bien fâchée, je vous assure, de vous avoir dérangé. Si je n'avais pas cru que mon père fût ici, je n'aurais jamais, pour rien au monde,..., c'est si désagréable.... cela doit paraître si étrange, murmura Mlle Squeers, rougissant encore, et promenant modestement ses yeux de la plume qu'elle tenait à la main à Nicolas dans sa chaire, et de Nicolas à sa plume.

— Oh ! si c'est là ce qui vous amenait, dit Nicolas, montrant la plume, et souriant, malgré lui, de l'embarras affecté de la fille de son maître de pension, peut-être puis-je le remplacer. »

Mlle Squeers regarda du côté de la porte, comme doutant s'il ne serait pas inconvenant d'avancer plus près vers un étranger tout à fait inconnu; puis, reportant ses yeux autour d'elle sur l'étude, comme se sentant rassurée par la présence de quarante élèves. Et, finalement, elle arriva de côté près de Nicolas, lui remit la plume en mains propres avec le plus séduisant mélange de réserve discrète et d'aimable condescendance.

« Voulez-vous un bec dur ou tendre? demanda Nicolas, en souriant, pour s'empêcher d'éclater de rire.

— Le joli sourire! pensa à voix basse Mlle Squeers.

— Plaît-il, mademoiselle?

— Oh! mon Dieu, rien, monsieur; je pensais dans ce moment à autre chose, je vous le déclare, répondit Mlle Squeers; oh! je le désire aussi tendre que possible, s'il vous plaît. »

Mlle Squeers dit ces mots avec un soupir. Peut-être était-ce pour faire entendre à Nicolas qu'elle avait le cœur tendre et que, si le bec de la plume l'était aussi, les deux feraient la paire.

Muni de ces instructions, Nicolas tailla la plume : mais, quand il la rendit à Mlle Squeers elle la laissa tomber, et, comme il se baissa en même temps qu'elle pour la ramasser, ils se cognèrent la tête l'un contre l'autre, ce qui fit rire aux éclats vingt-cinq élèves pour la première et dernière fois de l'année.

« Je suis un grand maladroit, dit Nicolas en ouvrant la porte pour faciliter la retraite de la demoiselle.

— Point du tout, monsieur, répliqua Mlle Squeers, c'est à moi toute la faute, c'est ma ridicule.... et.... et.... bonjour!

— Au revoir, dit Nicolas. La première fois que je pourrai vous rendre service, je tâcherai de le faire moins gauchement. Prenez garde! En mordant votre plume comme cela, vous allez lui casser le bec.

— En vérité, dit Mlle Squeers, c'est une circonstance si embarrassante que je ne sais pas ce que je.... bien désolée de vous donner tant de peine.

— Pas la moindre, mademoiselle, reprit Nicolas en fermant la porte de l'étude.

— Je n'ai jamais vu de si belles jambes dans tout le cours de ma vie! » disait en s'en allant Mlle Squeers.

La vérité est que Mlle Squeers était désormais amoureuse de Nicolas Nickleby.

Pour expliquer la rapidité avec laquelle cette jeune personne avait conçu une passion pour Nicolas, il peut être nécessaire de savoir que l'amie chez laquelle elle était allée dernièrement était la fille d'un meunier, âgée de dix-huit ans à peine, et qui s'était récemment accordée avec le fils d'un petit commissionnaire en grains, demeurant dans le bourg voisin. Mlle Squeers et la fille du meunier, étant de grandes amies, avaient pris ensemble l'engagement réciproque, il y avait deux ans, conformément à un usage assez ordinaire parmi les jeunes personnes, que la première qui viendrait à s'engager dans les liens du mariage irait immédiatement en déposer la précieuse confidence dans le sein de l'autre avant d'en communiquer rien à âme qui vive, et l'inviter, sans perdre de temps, à être sa demoiselle d'honneur. La fille du meunier avait fidèlement rempli sa promesse; elle n'était pas plutôt engagée qu'elle sortit exprès, à onze heures du soir; car, lorsque le fils du commissionnaire en grains était venu faire sa demande et offrir son cœur et sa main, il était juste dix heures vingt-cinq minutes au coucou de la cuisine: elle arriva donc tout essoufflée dans la chambre de Mlle Squeers, pour lui faire part de l'agréable nouvelle. Vous comprenez que Mlle Squeers ayant cinq ans de plus, et ne comptant plus que par vingt, ce qui est aussi plus désagréable qu'on ne pense, avait, depuis ce temps là, une envie démesurée de lui rendre son compliment en la faisant dépositaire d'un secret pareil. Mais, soit qu'il ne fût pas facile de lui plaire, soit plutôt qu'il ne lui fût pas facile de plaire, elle n'avait pas encore eu l'occasion de satisfaire son envie, vu qu'elle n'avait pas de secret du tout dont elle pût lui faire confidence. La courte entrevue qu'elle venait d'avoir avec Nicolas était donc à peine achevée, que Mlle Squeers prit son chapeau pour aller en toute hâte chez son amie, et, après lui avoir fait jurer ses grands dieux, comme toujours, d'être discrète, elle lui révéla qu'elle était, non pas encore précisément promise, mais sur le point de l'être au fils d'un gentleman de grande famille, qui était venu en qualité de professeur à Dotheboys-Hall, par suite de circonstances les plus singulières et les plus mystérieuses du monde. Remarquez que Mlle Squeers n'était pas fâchée de faire supposer par là qu'elle avait de bonnes raisons de croire que Nicolas, attiré de Londres par la réputation de ses nombreux attraits, était venu à sa recherche pour lui faire la cour et l'épouser.

« N'est-ce pas une chose *extraordinaire?* dit Mlle Squeers appuyant avec une énergie particulière sur l'adjectif.

— Très-extraordinaire, répliqua son amie. Mais qu'est-ce qu'il vous a dit?

— Ne me demande pas ce qu'il m'a dit, ma chère, répondit Mlle Squeers; si tu l'avais seulement vu me regarder et sourire! Enfin, je n'ai jamais été si troublée de ma vie.

— Est-ce qu'il t'a regardée comme ça? demanda la fille du meunier contrefaisant de son mieux une œillade favorite du commissionnaire en grains.

— Tout à fait comme cela.... seulement plus distinguée, répliqua Mlle Squeers.

— Ah! dit l'amie; alors cela veut dire quelque chose, tu peux en être sûre. »

Miss Squeers, qui n'était pas sans avoir quelques doutes sur le sujet, était bien aise de se voir rassurée par une autorité compétente; et, quand elles en furent venues, à force de jaser et de comparer leurs notes, à découvrir un grand nombre de points de ressemblance entre les manières de Nicolas et celles du commissionnaire en grains, Mlle Squeers devint si expansive, qu'elle confia à sa bonne amie une foule de choses que Nicolas n'avait pas dites, mais qui étaient si flatteuses qu'elles ne laissaient plus aucun doute sur ses intentions. Puis elle s'étendit sur le malheur d'avoir un père et une mère fortement prononcés contre son futur, circonstance douloureuse sur laquelle elle insista tout du long; sa bonne amie était bien heureuse, elle dont le père et la mère la voyaient mariée avec tant de plaisir, de manière que la cour qui restait à faire n'était plus qu'une affaire toute simple et tout ordinaire.

« Je voudrais bien le voir! s'écria bonne amie.

— Je te le ferai voir, Tilda : je me regarderais comme la créature la plus ingrate au monde si je te refusais cela. Je crois que maman va s'absenter deux jours pour aller chercher quelques élèves : quand elle partira, je t'inviterai avec John à prendre le thé, et je vous ferai rencontrer ensemble. »

Idée charmante! après laquelle les amies, bien convenues de leurs faits, se séparèrent.

Il se trouva que Mme Squeers, en effet, obligée d'aller à quelque distance chercher trois nouveaux élèves et relancer les parents de deux anciens dont le compte n'était pas encore en parfait équilibre, fixa, cette après-midi même, le jour de son départ au surlendemain. Et le surlendemain Mme Squeers prit la banquette de la diligence, au relai de Greta-Bridge, emportant avec elle un petit paquet dans lequel se trouvaient une bouteille et des sandwiches; elle avait de plus un grand manteau à capuchon blanc pour la nuit: elle se mit en route avec ce bagage.

Dans toutes les occasions de ce genre, Squeers ne manquait pas d'emmener son poney tous les soirs au bourg voisin, prenant quelque affaire pour prétexte, mais s'arrêtant réellement jusqu'à dix ou onze heures dans une taverne qu'il affectionnait beaucoup. Comme la soirée de ces dames n'était pas pour lui un obstacle, et qu'elle lui donnait plutôt le moyen de s'assurer la discrétion de Mlle Squeers, il y donna de bon cœur son plein assentiment, et ne demanda pas mieux que de proposer à Nicolas d'aller prendre un thé dans le parloir, à cinq heures du soir.

C'est pour le coup que Mlle Squeers était dans une agitation extrême à mesure que l'heure approchait; c'est pour le coup qu'elle fit des frais de toilette pour paraître à son avantage, les cheveux (ils étaient un peu bien rouges et coupés à la Titus) frisés à cinq étages jusque tout au haut de la tête, et ramenés avec dextérité jusque sur l'œil suspect. Et encore je ne parle pas de la ceinture bleue qui lui flottait par derrière, ni du tablier brodé, ni des gants longs, ni de l'écharpe de gaze verte en sautoir, ni de toutes les autres séductions, flèches inévitables à l'adresse du cœur de Nicolas. Elle avait à peine complété ces dispositions à son entière satisfaction, quand elle vit arriver son amie avec un paquet de papier gris, plat et triangulaire, contenant divers petits ornements que l'on monta au premier et dont bonne amie se para, sans cesser de parler. Quand

Mlle Squeers eut *fini* de coiffer bonne amie, et que bonne amie eut *fini* de coiffer Mlle Squeers, avec quelques agréments de bon goût en forme de crochets le long du cou, et puis qu'elles se furent donné le dernier coup de peigne réciproque, les voilà qui descendirent en bas, en grande cérémonie, les bras dans les gants longs, prêtes enfin pour recevoir.

« Où est John, Tilda? dit Mlle Squeers.

— Il arrive à l'instant : il n'a pris que le temps d'aller se donner un coup de brosse; il va être ici avant que le thé soit fait.

— Oh! comme mon cœur palpite! dit Mlle Squeers.

— Je sais ce que c'est, repartit bonne amie.

— C'est que je ne suis pas accoutumée à cela, tu le sais, Tilda; et Mlle Squeers portait la main à gauche près de sa ceinture.

— Tu n'en seras que plus heureuse bientôt, ma chère. »

Pendant qu'elles jabotaient, la servante affamée apporta le sucre, les tasses et la théière, et bientôt après on entendit taper à la porte.

« C'est lui! s'écria Mlle Squeers. Oh! Tilda.

— Chut! Hem! ....dis donc d'entrer.

— Entrez, dit Mlle Squeers d'une voix faible.

— Bonsoir, mesdemoiselles, dit le jeune gentleman, qui ne se doutait pas de ses succès. M. Squeers m'a engagé à....

— Oh! certainement, c'est tout naturel, dit Mlle Squeers l'interrompant. Papa ne prendra pas le thé avec nous, mais cela ne vous fait rien, je suppose?» (Cela dit finement.)

Nicolas entrevit quelque chose, mais il détourna froidement la conversation, n'ayant jusque-là aucune raison de prendre intérêt à tout ceci, et passa à la cérémonie de présentation à la fille du meunier, ce qu'il fit avec tant de grâce que la demoiselle en fut ravie d'admiration.

« Nous n'attendons plus qu'un monsieur, » dit Mlle Squeers découvrant la bouilloire pour voir comment le thé se comportait.

C'était bien égal à Nicolas qu'on attendît un monsieur ou qu'on en attendît une douzaine; aussi reçut-il cette communication avec une parfaite indifférence; et, ne se sentant pas en train, n'ayant d'ailleurs aucune raison de faire des frais pour se rendre agréable, il regarda par la fenêtre avec un soupir involontaire.

Le hasard voulut que miss Squeers fût naturellement d'humeur badine, et, en entendant le soupir de Nicolas, elle se mit en tête de lutiner les amoureux sur leur embarras.

« Mais si c'est ma présence qui en est cause, dit-elle, ne faites pas du tout attention à moi, car j'en tiens peut-être autant que vous ; faites, je vous prie, comme si je n'y étais pas.

— Tilda! dit Mlle Squeers rougissant jusqu'au dernier étage de ses cheveux frisés, vous m'impatientez. » Et alors les deux amies se livrèrent à des éclats de rire sur tous les tons, lançant de temps en temps, par-dessus leurs mouchoirs, des œillades à Nicolas, qui passa graduellement d'un étonnement véritable à un éclat de rire invincible, d'abord à la seule idée de sa prétendue passion pour Mlle Squeers, ensuite à la vue de la conduite et des manières un peu lestes des deux demoiselles. Ces deux réflexions amusantes lui parurent si profondément ridicules, qu'en dépit de sa condition misérable, il tomba dans un fou rire à ne pouvoir plus s'arrêter.

« Bah! se dit-il enfin, puisque j'y suis et qu'on paraît s'attendre, je ne sais pourquoi, à ce que je sois aimable, je n'ai que faire de rester là comme un imbécile, autant que je m'accommode au ton de la société. »

Nous sommes fâché de le dire, mais l'enjouement de la jeunesse et sa vivacité naturelle ayant bientôt pris le dessus de ses dispositions mélancoliques, il n'eut pas plutôt adopté ce parti qu'il salua Mlle Squeers et son amie de la façon la plus galante, approcha sa chaise de la table à thé, et commença à se mettre plus à son aise que ne fit jamais peut-être un maître d'étude dans la maison de son patron, depuis qu'il y a des maîtres d'étude au monde.

Les demoiselles remarquèrent avec délices ce changement de manières de la part de M. Nickleby, lorsque le fiancé qu'on attendait arriva, les cheveux encore tout trempés de l'eau de sa cuvette, et portant une chemise blanche dont le col avait dû être fait pour quelque géant de ses ancêtres : c'était, avec son gilet blanc de dimension analogue, le principal ornement de sa toilette.

« Eh bien! John, dit Mlle Matilda Price (c'était le nom de la fille du meunier).

— Eh bien! dit John avec une grimace que son col gigantesque lui-même ne parvint pas à dissimuler.

— Pardon, monsieur Nickleby, interrompit miss Squeers s'empressant de faire les honneurs de chez elle, je vous présente M. John Browdie.

— Votre serviteur, monsieur, » dit John, un grand garçon de plus de six pieds, dont la figure et toute la personne représentaient un ensemble plus que proportionné à sa taille.

« Je suis le vôtre, monsieur, » répliqua Nicolas faisant une épouvantable razzia sur les tartines de pain beurré.

M. Browdie n'était pas un homme de grandes ressources pour la conversation. Il s'en dédommageait en riant un peu plus que les autres; et, quand il eut ainsi salué à sa manière les personnes de sa connaissance, il rit encore tout seul, et finit par se servir quelque chose.

« La vieille bonne femme n'y est pas, est-ce pas? » dit M. Browdie la bouche pleine.

Miss Squeers lui fit signe que non.

M. Browdie ouvrit la bouche toute grande pour rire encore, trouvant sans doute la chose à son goût, et se mit à la besogne contre le pain beurré avec une ardeur redoublée. C'était plaisir de les voir, lui et Nicolas, vider l'assiette devant eux.

« Vous ne seriez pas fâché, je parie, d'avoir comme cela du pain et du beurre tous les soirs, hein, l'ami? » dit M. Browdie, après avoir regardé longtemps et fixement Nicolas, quand l'assiette fut finie.

Nicolas se mordit les lèvres et rougit, sans avoir l'air de faire attention à cette remarque.

« Ma fine! dit M. Browdie, avec un rire bruyant, on n'en met déjà pas trop dans les assiettes. Vous n'aurez bientôt plus que la peau et les os, pour peu que vous restiez ici quelque temps, ho! ho! ho!

— Vous aimez à plaisanter, monsieur, dit Nicolas d'un air de mépris.

— Non, je n'y entends rien, répliqua M. Browdie; mais l'autre maître avant vous.... »

Le souvenir de l'extrême maigreur du dernier maître parut faire à M. Browdie un si immense plaisir qu'il se mit à rire aux larmes, s'essuyant les yeux sur sa manche.

« Je ne sais pas si vos facultés sont assez étendues pour vous permettre de comprendre que vos observations sont offensantes, dit Nicolas dans son emportement; mais, en ce cas, je vous prierai d'avoir la bonté de....

— Si vous ajoutez un mot, John, cria Mlle Price fermant la bouche de son galant, comme il allait interrompre Nickleby; un seul mot, je ne vous le pardonne jamais, et je ne vous parle plus de ma vie.

— C'est bon! c'est bon! ma fille, je n'y tiens pas, dit le commissionnaire en grains, appliquant un bon gros baiser sur les joues de miss Matilda. Continuons, continuons. »

Ce fut alors au tour de Mlle Squeers d'intercéder auprès de Nicela, ce qu'elle fit avec de grands symptômes d'alarme et d'effroi. Grâce à cette double intervention, Browdie et lui échangèrent, à travers la table, une poignée de mains avec beaucoup de gravité; et le cérémonial en fut d'une nature si imposante que miss Squeers en versa des larmes d'émotion.

« Qu'est-ce que tu as, Fanny? dit miss Price.

— Je n'ai rien, Tilda, répondit miss Squeers sanglotant.

— Il n'y a jamais eu de danger, dit miss Price. N'est-ce pas, monsieur Nickleby?

— Pas le moins du monde, reprit Nicolas. C'est absurde.

— C'est bon, lui dit à l'oreille Mlle Price, dites-lui quelque bonne parole et elle va venir vous.... Là! désirez-vous que John et moi nous nous retirions un moment dans la cuisine? nous allons revenir.

— Comment! n'en faites rien, au nom du ciel! reprit Nicolas, alarmé de cette proposition. Et pourquoi faire?

— Alors, lui dit miss Price, hochant la tête de son côté et lui adressant la parole avec un air quelque peu méprisant. Je vois ce que c'est, c'est seulement comme distraction.

— Que voulez-vous dire? dit Nicolas. Je ne suis pas homme du tout à chercher ce genre de distraction, surtout ici; dans tous les cas; je ne puis pas comprendre....

— Ni moi non plus, reprit miss Price; mais ce que je ne comprends que trop, c'est que les hommes ont toujours été, sont et seront toujours des volages.

— Volages! s'écria Nicolas. Vous supposez donc.... mais non, il n'est pas possible que vous croyiez....

— Qui! moi? je ne crois rien du tout, répondit miss Price d'un air résolu. Regardez-la avec sa belle toilette qui lui sied si bien; réellement elle est *presque* jolie. Tenez! vous m'impatientez.

— Mais, ma chère demoiselle, qu'ai-je à faire avec *cette belle toilette qui lui va si bien?* demanda Nicolas.

— Allons! ne m'appelez pas votre chère demoiselle, dit Mlle Price en souriant, car elle était jolie, et aussi légèrement coquette; Nicolas, de son côté, était un jeune homme de bonne mine, et, de plus, elle le considérait déjà comme appartenant à d'autres liens, toutes raisons pour n'être pas fâchée de penser qu'elle avait fait sur lui quelque impression. Ne m'appelez pas votre chère demoiselle, ou Fanny dirait que c'est de ma faute. Voyons, venez, nous allons jouer une partie de cartes. »

Ces derniers mots furent prononcés à haute voix, comme elle s'en allait rejoindre le gros garçon du Yorkshire.

Nicolas ne comprenait rien du tout à cette susdite *impression*. La seule que ces demoiselles eussent faite sur lui, quant à présent, c'est que Mlle Squeers était une jeune fille de figure très-ordinaire, et que Mlle Price, son amie, était assez gentille; mais il n'eut pas le temps de s'en rendre compte, car on avait balayé le devant de la cheminée, on avait mouché la chandelle, il ne s'agissait plus que de jouer une partie.

« Nous ne sommes que quatre, Tilda, dit miss Squeers, regardant Nicolas du coin de l'œil.

— Ainsi, nous ferons bien de faire deux ménages, l'un contre l'autre.

— Qu'en dites-vous, monsieur Nickleby? demanda miss Price.

— De tout mon cœur, répondit Nicolas. » Et en même temps, sans songer à la sottise abominable qu'il faisait à Mlle Squeers, par cet amalgame imprudent, il ne fit qu'un tas des morceaux de prospectus cartonnés de Dotheboys-Hall, qui devaient servir de jetons pour le jeu de Mlle Price et pour le sien.

« Monsieur Browdie, dit Mlle Squeers, près de tomber en attaque de nerfs, voulez-vous faire avec moi une banque contre eux? »

Le gros garçon du Yorkshire ne dit pas non, mais on voyait qu'il était atterré par cette nouvelle impudence du jeune pion, et miss Squeers darda à son amie un œil plein de colère, avec un rire convulsif.

Ce fut à Nicolas à donner, et il amena beau jeu.

« Nous voulons gagner tout, dit-il.

Tilda a déjà commencé; elle a gagné quelque chose à quoi elle ne s'attendait pas, je pense, n est-ce pas, ma chère? dit malicieusement Mlle Squeers.

— Je n'ai que dix-huit points, ma petite, répliqua miss Price, affectant de prendre l'observation dans son sens littéral.

— Je vous trouve bien innocente ce soir, et Mlle Squeers ricana.

— Moi, il me semble qu'il n'y a rien de changé, répliqua miss Price; je faisais justement la réflexion que c'était vous qui aviez l'air contrarié.

— Moi! cria miss Squeers en se mordant les lèvres, avec un frisson de jalousie. Oh! non!

— Ah! tant mieux! reprit miss Price. Tenez! voilà vos cheveux qui se défrisent.

— Ne vous occupez pas de moi, fit Mlle Squeers en riant jaune. Vous feriez mieux de garder votre attention pour votre partner.

— Je vous remercie de la recommandation, dit Nicolas. Certainement elle ferait bien mieux. »

Le gros garçon du Yorkshire aplatit deux ou trois fois son nez avec son poing fermé, comme s'il voulait y tenir sa main toute prête aux évolutions qu'il se proposait de lui faire faire prochainement sur la figure de quelque autre gentleman, et Mlle Squeers remuait sa tête avec des mouvements d'indignation si prononcés qu'à chaque instant l'air, agité par la multitude de boucles dont elle était coiffée, menaçait d'éteindre la chandelle.

« En vérité, je n'ai jamais eu tant de chance de ma vie, s'écria la petite coquette après deux ou trois parties. Il faut que ce soit vous, monsieur Nickleby, qui me portiez bonheur; je voudrais bien vous avoir toujours pour partner.

— Et moi aussi.

— Mais non, car si vous gagnez toujours aux cartes, c'est signe que vous ne seriez pas heureux en femme.

— Ce n'est pas comme cela que je l'entends, répliqua Nicolas, je suis sûr que si j'étais votre partner, je ne serais pas malheureux en femme. »

Il fallait voir miss Squeers remuer la tête, et le commissionnaire en grains s'aplatir le nez pendant le cours de cette conversation. On aurait payé sa place pour assister à ce spectacle; sans compter que miss Price prenait évidemment plaisir à les rendre jaloux, et que Nicolas Nickleby s'amusait pour son compte, sans songer le moins du monde à tourmenter personne.

« Mais il me semble qu'il n'y a à parler que pour nous, dit Nicolas en jetant un regard de bonne humeur autour de la table, pendant qu'il ramassait les cartes pour une nouvelle donne.

— Vous vous en acquittez si bien, dit Mlle Squeers avec un rire forcé, que ce serait grand dommage de vous interrompre, n'est-ce pas, monsieur Browdie? Hé! hé! hé!

— Dame! dit Nicolas, nous ne parlons tout seuls que faute de trouver personne qui veuille bien causer avec nous.

— Nous ne demanderions pas mieux que de causer avec vous, n'est-ce pas, si vous nous disiez quelque chose? dit miss Price.

— Je vous suis bien reconnaissante, Tilda, ma chère amie, repartit Mlle Squeers d'un air plein de majesté.

— Ou bien rien ne vous empêche de vous entretenir tous les deux, si vous ne voulez pas faire la conversation avec nous, dit miss Price en plaisantant sa chère amie. John, pourquoi ne dites-vous rien?

— Que je dise quelque chose? répéta le bon garçon du Yorkshire.

— Certainement, au lieu de rester là morne et silencieux.

— Eh bien! alors, dit John en frappant lourdement la table à poing fermé, voilà ce que je dis : que le diable m'emporte en chair et en os si je reste ici une minute de plus. Venez à la maison avec moi, et, pour ce méchant moutard que je vois là-bas, qu'il prenne garde de se faire casser la tête la première fois qu'il me tombera sous la main.

— Au nom du ciel! qu'est-ce que tout cela veut dire? cria miss Price affectant un profond étonnement.

— Venez à la maison, je vous dis, venez à la maison, » répéta-t-il avec colère. Et miss Squeers se mit à fondre en larmes; sa sensibilité tenait à deux causes, à un dépit épouvantable d'abord, et puis à un désir immodéré de trouver quelqu'un dont elle pût déchirer la face avec ses ongles.

Tout le monde, excepté John, avait bien quelque chose à se reprocher dans cette circonstance. Miss Squeers d'avoir aspiré avec trop d'impétuosité au bonheur de contracter une union matrimoniale; miss Price d'avoir premièrement cédé à un désir peu charitable de punir une amie, pour avoir, sans fondement et sans titre, ambitionné de rivaliser avec elle de dignité; secondement, d'avoir donné à sa propre vanité la satisfaction de recevoir les compliments d'un jeune étourdi; et, troisièmement, de ne pas s'être refusé le plaisir de faire comprendre au commissionnaire en grains le danger qu'il courait à différer la célébration de leurs noces, impatiemment attendues. Nicolas n'était pas non plus sans quelque reproche à se faire. Il avait eu une demi-heure de gaieté irréfléchie, pour échapper à la supposition d'une inclination de sa part en faveur de Mlle Squeers. Ainsi donc la fin répondait aux moyens; et il n'y avait rien que de naturel dans toute cette mésaventure. Car les jeunes personnes chercheront toujours à attraper un mari, et ce sera toujours entre elles comme une course au clocher, ou plutôt à l'autel; et, par conséquent, elles ne manqueront jamais une occasion de faire ressortir, par tous les moyens de séduction, tous leurs avantages; c'est comme cela depuis le commencement du monde; ce sera comme cela jusqu'à la fin.

« Bon! ne voilà-t-il pas maintenant Fanny tout en larmes! s'écria miss Price avec un nouvel étonnement. Qu'est-ce qu'il y a donc?

— Ah! mademoiselle n'en sait rien, certainement non. Au reste, mademoiselle peut s'épargner la peine de le demander, dit Mlle Squeers, prenant tout à coup une expression nouvelle, et faisant à l'instant ce qu'on appelle au théâtre *un changement à vue.*

— Je vous donne ma parole.... s'écria Mlle Price.

— Mon Dieu! qui s'inquiète, madame, si vous donnez ou ne donnez pas votre parole? repartit Mlle Squeers en fureur. (Autre changement de décoration.)

— Vous êtes horriblement polie, madame, dit miss Price.

— C'est un art dont je n'irai pas vous demander des leçons, madame.

— Vous n'avez pas besoin de vous donner la peine de vous enlaidir par la colère, madame; en tout cas, la chose n'est pas du tout nécessaire. »

Miss Squeers, à cette impertinence, devint toute rouge, et remercia Dieu de ne pas lui avoir donné les traits effrontés de certaines figures. Miss Price s'en vengea en disant qu'elle se félicitait de ne pas avoir les sentiments envieux de certaines gens. Mlle Squeers déclara qu'au reste c'était bien fait, et qu'on devrait toujours éviter de faire société avec des gens de la basse classe. C'était aussi l'avis de Mlle Price, qui ajouta qu'il y avait longtemps qu'elle en avait fait la réflexion.

« Tilda! s'écria miss Squeers avec dignité, je vous déteste.

— C'est un prêté rendu, soyez-en sûre, dit Mlle Price en nouant sous son menton les cordons de son chapeau d'une main convulsive. Je ne serai pas plutôt partie, que vous allez pleurer pour me revoir; vous le savez bien, et moi aussi.

— Je me moque de ce que vous dites, chipie!

— Je vous remercie du compliment, répondit la fille du meunier avec une profonde révérence. Je vous souhaite une bonne nuit, madame, et des rêves agréables pour égayer votre sommeil. »

En lui laissant cette bénédiction pour adieu, miss Price évacua la chambre, suivie de son galant gigantesque, qui échangea au départ, avec Nicolas, cette terrible expression d'un sourcil menaçant, à laquelle les seigneurs coupe-jarrets ne manquent jamais entre eux dans les mélodrames, pour s'informer réciproquement qu'ils se retrouveront.

Ils ne furent pas plutôt partis, que Mlle Squeers commença l'accomplissement de la prophétie lancée par son ex-amie en répandant une copieuse abondance de larmes et en proférant sur tous les tons de douloureuses lamentations en termes passablement incohérents. Nicolas resta debout quelques minutes, sans savoir que faire; mais, dans le doute où il était si l'accès finirait par quelque embrassade ou par quelque égratignure, et n'ayant pas beaucoup de goût pour l'une ni pour l'autre terminaison, il s'en alla tout tranquillement, pendant que Mlle Squeers gémissait dans son mouchoir de poche.

« Voilà, se dit Nicolas quand il fut parvenu à tâtons dans le dortoir ténébreux, voilà le fruit de cette facilité maudite avec laquelle je m'accommode de toutes les sociétés où peut me jeter le hasard. Si j'étais resté muet et immobile sur ma chaise, comme j'aurais pu le faire, tout cela ne serait pas arrivé. »

Il prêta l'oreille quelques minutes, mais tout était tranquille.

« J'ai cédé à la tentation disait-il, de me soustraire un moment à la vue de cette horrible baraque ou à la présence de son vil propriétaire, et voilà que j'ai mis ces gens-là à couteaux tirés, en me faisant deux ennemis de plus, quand Dieu sait si je n'en avais pas déjà trop! A la bonne heure, que ce soit une juste punition d'avoir un moment oublié où je suis. »

A ces mots, il se glissa au milieu de cette foule d'enfants qui dormaient de bon cœur, et grimpa dans son pauvre lit.

CHAPITRE X.

Comment M. Ralph Nickleby pourvut aux besoins de sa nièce et de sa belle-sœur.

Le surlendemain du départ de Nicolas pour le Yorkshire, Catherine Nickleby était assise dans un vieux fauteuil râpé, perché sur un trône couvert de poussière, dans la chambre de miss la Creevy : elle donnait à cette demoiselle une séance pour le portrait convenu. Afin de le mieux réussir, miss la Creevy avait fait détacher de la porte et monter dans son appartement le cadre de miniatures, pour avoir sous les yeux la nuance dont elle voulait embellir le teint de miss Nickleby : c'était un chair de saumon vif, qu'elle avait inventé pour le portrait d'un jeune officier du cadre, et ce chair de saumon vif était considéré par les amis particuliers et les principaux protecteurs de miss la Creevy, comme une véritable découverte dans son art, et ils ne se trompaient pas.

« Je crois que je viens de l'attraper, dit miss la Creevy. C'est bien là la nuance! Ce sera le plus joli portrait que j'aie jamais fait, certainement.

— A coup sûr, dit Catherine en souriant, c'est bien à votre génie tout seul que vous pourrez en faire honneur.

— Mais non, mais non; je ne vous accorde pas cela, ma chère, répliqua miss la Creevy. Le sujet est très-joli par lui-même, un très-joli sujet, assurément. — Je ne veux pas dire que le faire de l'artiste n'y soit pour rien....

— Pour beaucoup, sans aucun doute.

— A la bonne heure, ma chère, dit miss la Creevy. En général, vous ne vous trompez pas; mais, dans ce cas particulier, la nature a fait plus de la moitié des frais. Oh! que l'art est difficile!

— Qu'il doit être difficile, en effet! dit Catherine, charmée de flatter ainsi la passion de sa bonne petite amie.

— Vous ne sauriez vous en faire une idée, reprit miss la Creevy. Ce sont des yeux qu'il faut mettre en lumière, à tout prix; c'est un nez qu'il faut dissimuler de toutes ses forces; c'est une tête qu'il faut développer; ce sont des dents à ôter; vous ne pouvez vous figurer tout le mal qu'il faut se donner pour faire une petite miniature.

— Encore, si les honoraires vous payaient richement de vos peines! dit Catherine.

— Oh! il s'en faut bien, vraiment, répondit miss la Creevy. Et encore, les gens sont si difficiles et si exigeants que, neuf fois sur dix, il n'y a pas de plaisir à les peindre. Tantôt ils viennent vous dire: « Oh! miss la Creevy, pourquoi donc m'avoir fait l'air si sérieux? » ou bien: « Ah! miss la Creevy, pourquoi donc m'avoir fait l'air si souriant? » Ils ne savent pas que c'est l'essence même d'un bon portrait, que l'air sérieux ou riant; autrement, il n'y a plus de portrait.

— Ah! vraiment, dit Catherine en riant.

— Certainement, ma chère, parce que les sujets qui posent sont toujours l'un ou l'autre. Vous n'avez qu'à voir à l'Académie royale. Tous ces beaux portraits bien luisants de gentlemen en gilets de velours noir, avec les poings demi-fermés, qui ressortent sur une table ronde ou sur une console de marbre; ils sont serieux, voyez-vous. Et toutes ces dames qui badinent avec leurs petites ombrelles, ou avec leurs petits chiens, ou avec leurs petits enfants (la variété des objets n'y fait rien, le principe reste le même), elles sont toutes riantes. Le fait est (ici miss la Creevy se penche à l'oreille de son modèle en baissant le ton de sa voix comme pour lui confier un secret), le fait est qu'il n'y a que deux genres pour les portraits: le sérieux et le riant. Nous réservons toujours d'habitude le sérieux pour les personnages publics (excepté quelquefois les acteurs), et le riant pour des personnes qui n'ont rien d'officiel, les dames et les messieurs, par exemple, qui ne tiennent pas autant à se donner un air capable. »

Catherine paraissait s'amuser beaucoup de ces distinctions savantes, et miss la Creevy continuait de peindre tout en causant avec un air de satisfaction inaltérable.

« Vous avez donc peint un bien grand nombre d'officiers! dit Catherine, profitant d'un moment où miss la Creevy s'arrêta pour respirer, et jetant les yeux autour de l'atelier.

— Un grand nombre de quoi? mon enfant, demanda miss la Creevy, levant les yeux de son ouvrage. Ce sont des portraits de fantaisie, voyez-vous. Ce ne sont pas de vrais militaires, vous comprenez.

— Non?

— Bénédiction du ciel! comment voudriez-vous, mon enfant? Ce sont seulement des commis ou autres, qui louent un uniforme pour se faire peindre en militaires, et qui le font porter ici dans une valise. Il y a même des artistes qui tiennent à la disposition de leurs clients un uniforme, à raison de neuf francs cinquante de location, y compris le vermillon; mais ce n'est pas moi qui ferais cela; je ne regarde pas cela comme un profit légitime. »

En disant cela, elle se redressa comme une femme heureuse et fière de ne pas s'abaisser jusqu'à ce genre de séduction pour attraper des pratiques; après quoi, elle ne s'en remit qu'avec plus d'application à son chevalet : seulement, de temps en temps, elle relevait la tête pour regarder avec une satisfaction inexprimable l'effet de quelque coup de pinceau qu'elle venait de donner, ou bien elle s'interrompait un instant pour expliquer à miss Nickleby qu'elle allait passer à quelque détail nouveau du visage.

« Ce n'est pas, lui disait-elle naïvement, pour que vous appréciez les traits que je vais peindre, ma chère; mais, voyez-vous, nous avons l'habitude d'avertir nos sujets des diverses parties du portrait que nous allons faire, afin que, s'il y a quelque expression particulière qu'ils désirent qu'on leur donne, ils puissent nous prévenir à temps, vous comprenez? »

Ici, un long silence d'une grande minute et demie, après quoi miss la Creevy reprit :

« Quand est-ce que vous comptez revoir votre oncle?

— Je n'en sais en vérité rien; j'avais compté le voir plus tôt, répondit Catherine. Cela ne peut pas tarder, j'espère, car il n'y a rien de pis que cet état d'incertitude.

— C'est un homme qui a de l'argent, n'est-ce pas ? demanda miss la Creevy.

— Il est très-riche, à ce que j'ai entendu dire ; je n'en sais rien précisément, mais je le crois riche.

— Oh ! vous pouvez en être sûre; il n'aurait pas l'air si désagréable sans cela, remarqua miss la Creevy, qui était un drôle de petit mélange de finesse et de simplicité. Règle générale, quand un homme a l'air d'un ours, c'est qu'il a une jolie petite fortune.

— Ses manières sont un peu rudes, dit Catherine.

— Rudes ! cria miss la Creevy; dites donc qu'un porc-épic est un édredon en comparaison : je n'ai jamais vu de ma vie un vieux loup-garou de sauvage pareil.

— C'est seulement sa manière, je crois, observa Catherine. Il a eu des désagréments dans sa jeunesse, à ce qu'il me semble avoir entendu dire, ou son caractère a été aigri par quelque malheur. Je serais bien fâchée d'en penser du mal avant d'être sûre qu'il le mérite.

— C'est bien, c'est très-bien, et je vous approuve, dit l'artiste, et à Dieu ne plaise que je vous donne ce chagrin ! Mais enfin il pourrait bien, sans seulement s'en apercevoir, vous faire à vous et à votre mère quelque petite pension qui vous mettrait toutes les deux à votre aise, jusqu'à votre mariage, et qui serait ensuite pour elle une petite fortune. Qu'est-ce que ce serait pour lui, par exemple, qu'un rouleau de cent louis par an ?

— Je ne sais pas ce que ce serait pour lui, dit Catherine avec énergie, mais, pour moi, j'aimerais mieux mourir que de l'accepter.

— Voyez-vous ! cria miss la Creevy.

— L'idée de dépendre de lui, dit Catherine, empoisonnerait d'amertume tout le reste de ma vie. J'éprouverais, je crois, moins d'humiliation à demander mon pain.

— Bon ! s'écria miss la Creevy. Voilà donc ce parent dont vous ne voulez pas souffrir qu'une personne indifférente dise du mal devant vous ; vous m'avouerez, ma chère, que ce langage doit sembler assez drôle.

— Je le confesse, dit Catherine d'un ton plus contenu ; je le confesse. Je... je... voulais seulement dire que, sous l'influence des souvenirs d'un temps plus heureux qui n'est plus, je ne voudrais pas, pour tout au monde, me résigner à vivre aux dépens de la générosité de personne : pas plus de lui que d'un autre. »

Miss la Creevy regarda Catherine d'un air narquois, comme

si elle n'était pas bien convaincue que ce ne fût pas Ralph lui-même qui fût l'objet de sa répugnance; mais, en voyant l'embarras de sa jeune amie, elle s'abstint de toute observation.

« Tout ce que je lui demande, continua Catherine, qui ne pouvait retenir ses larmes, c'est qu'il veuille bien se départir assez de ses habitudes en ma faveur pour me mettre en état, à l'aide d'une recommandation, seulement d'une recommandation, de gagner mon pain à la lettre et de rester avec ma mère. Si nous devons jamais goûter encore quelque bonheur, cela dépendra du succès de mon bien-aimé frère; mais que mon oncle fasse seulement cela pour moi, et que Nicolas nous dise qu'il est heureux et content, je ne lui en demanderai pas davantage. »

Comme elle cessait de parler, on entendit un bruit léger derrière le paravent qui la séparait de la porte, et quelqu'un cogna contre le lambris.

« Vous pouvez entrer! » cria miss la Creevy.

Le visiteur ne se le fit pas dire deux fois, et, s'avançant à l'instant, présenta à la vue de ces dames la forme et les traits de M. Ralph Nickleby en personne, ni plus ni moins.

« Votre serviteur, mesdames, dit Ralph les regardant l'une après l'autre d'un air qui n'était pas tendre. Vous parliez si haut tout à l'heure, que j'ai eu de la peine à me faire entendre. »

Quand le digne monsieur avait quelque chose sur le cœur de pire encore qu'à l'ordinaire, son tic habituel était de tenir un instant ses yeux presque cachés sous leurs sourcils épais et saillants, puis de les développer avec toute leur vivacité perçante. C'est ce qu'il fit en ce moment; aussi, en le voyant chercher à comprimer le sourire qui écartait malgré lui ses lèvres minces et serrées, et qui ridait le coin de sa bouche en plis malicieux, elles sentirent toutes deux que, s'il n'avait pas entendu toute leur conversation, il en avait au moins entendu déjà trop.

« Comme j'allais monter plus haut, j'ai eu l'idée de commencer par entrer ici où j'étais presque sûr de vous trouver, dit Ralph en s'adressant à sa nièce et regardant le portrait d'un air dédaigneux.

« Est-ce là le portrait de ma nièce, madame?

— Oui, monsieur Nickleby, dit miss la Creevy d'un petit air éveillé, et même je vous dirai, entre nous, que ce sera un fort joli portrait, quoique ce ne soit pas à moi à me faire des compliments.

— Ne vous dérangez pas pour me le faire voir, madame, s'empressa de dire Ralph en se reculant. Je n'entends rien aux portraits. Est-il bientôt fini?

— Mais oui, répondit miss la Creevy portant à la bouche le bout de son pinceau, pour mieux se donner l'attitude de la réflexion. Avec deux séances encore....

— En ce cas, qu'elle vous les donne tout de suite, madame, dit Ralph. Dès demain, elle n'aura plus de temps à perdre à des enfantillages. Le travail ! madame ; le travail ! il faut que tout le monde travaille. Avez-vous loué votre appartement, madame?

— Jusqu'à présent, monsieur, je n'ai pas mis d'écriteau.

— Il faut le mettre à l'instant, madame. Une fois la semaine finie, elles n'auront plus besoin d'y demeurer, ou, si elles y restent, elles n'auront pas de quoi le payer. Maintenant, ma chère, si vous êtes prête, nous n'allons pas perdre de temps. »

M. Ralph Nickleby, avec un faux air de bonté qui lui allait encore plus mal que sa brusquerie habituelle, fit signe à la jeune demoiselle de passer devant lui, puis, s'inclinant gravement pour saluer miss la Creevy, il ferma la porte et monta l'escalier derrière sa nièce; là, Mme Nickleby le reçut avec une foule de cérémonies respectueuses. Mais il y coupa court sans façon en lui faisant signe de la main qu'il n'en avait que faire, et, dans son impatience, il expliqua tout de suite le but de sa visite.

« J'ai trouvé une situation pour votre fille, madame.

— Merci ! répliqua Mme Nickleby ; et, maintenant, permettez-moi de vous dire que je n'attendais pas moins de vous. C'est ce que je disais à Catherine, ce matin même à déjeuner : soyez bien sûre, ma fille, lui disais-je, qu'après avoir mis tant d'empressement à pourvoir Nicolas, il n'aura pas de cesse qu'il n'en ait fait autant pour vous. Voilà exactement ce que je lui disais, autant que je puis me le rappeler. Catherine, ma chère, pourquoi donc ne remerciez-vous pas votre...?

— Laissez-moi continuer, madame, je vous prie, dit Ralph interrompant sa belle-sœur dans le débordement de ses paroles.

— Catherine, ma fille, laissez donc continuer votre oncle, dit Mme Nickleby.

— Je ne demande pas mieux, maman, répondit Catherine.

— Eh bien ! alors, ma fille, si vous ne demandez pas mieux, vous devriez laisser votre oncle dire ce qu'il a à dire, sans l'interrompre, reprit Mme Nickleby avec force mouvements de tête et force signes de contrariété. Le temps de votre oncle est si précieux, ma chère, que, malgré votre vif désir (désir bien naturel et qui ne peut manquer d'être ressenti par tous parents attachés à leur devoir de famille qui ont aussi peu vu leur oncle que vous), malgré votre vif désir donc de prolonger le plaisir de le garder plus longtemps avec nous, cependant nous ne devons pas être égoïstes, mais bien considérer au contraire la nature importante de ses occupations dans la Cité.

— Je vous suis bien obligé, madame, dit Ralph avec un ricanement imperceptible. Le défaut d'habitude des affaires dans votre famille explique apparemment tout ce luxe de paroles inutiles avant de rien conclure.

— J'ai peur que vous n'ayez raison, répondit Mme Nickleby avec un soupir. Votre pauvre frère !...

— Mon pauvre frère, madame, reprit Ralph en l'interrompan avec aigreur, n'avait pas idée de ce que c'est qu'une affaire, ou, pour mieux dire, il ne savait même pas ce que cela veut dire.

— J'en ai bien peur, dit Mme Nickleby portant à ses yeux son mouchoir. Je ne sais pas, sans moi, ce qu'il aurait fait. »

Nous sommes, à vrai dire, d'étranges créatures Le misérable appât que Ralph, dès la première entrevue, avait jeté à sa belle-sœur avec tant d'habileté, était encore là pendillant au bout de l'hameçon aux yeux de la pauvre femme. Chaque fois qu'elle se rappelait, dans les vingt-quatre heures de la journée, quelque gêne, quelque privation occasionnée par son changement de fortune, aussitôt la vision douloureuse de ses vingt-cinq mille francs de dot venait assaillir son esprit, si bien qu'elle avait fini par se persuader que, de tous les créanciers de feu son mari, il n'y en avait pas de plus maltraité ni de plus à plaindre qu'elle. Et pourtant, elle l'avait aimé tendrement pendant bien des années, et elle n'était pas plus égoïste que le commun des hommes, tant il est vrai qu'une pauvreté subite rend l'esprit irritable. Qu'on lui eût donné seulement une petite rente, et ses pensées auraient repris sur-le-champ leur train accoutumé.

« Les regrets ne servent de rien, madame, dit Ralph; de toutes les peines perdues, la plus stérile, c'est d'envoyer une larme courir après un jour qui n'est plus.

— C'est bien vrai, dit Mme Nickleby en sanglotant, c'est bien vrai.

— Puisque vous ressentez si durement, madame, dans votre personne et dans votre bourse, les conséquences de la négligence dans les affaires, dit Ralph, sans doute vous voudrez pénétrer vos enfants de la nécessité d'y faire plus d'attention de bonne heure.

— Comment ne le ferais-je pas ? reprit Mme Nickleby. Une triste expérience, vous le savez, mon beau-frère.... Catherine, ma chère, n'oubliez pas de le dire à Nicolas dans votre prochaine lettre, ou de me le rappeler si je lui écris. »

Ralph fit une pause de quelques moments, puis, se sentant

désormais sûr de la mère, dans le cas où la fille ferait des objections à ce qu'il venait proposer, il continua ainsi :

« Pour en finir, madame, la situation que j'ai fait mon possible pour procurer à Catherine, est chez une marchande de modes, couturière en robes.

— Une marchande de modes ! cria Mme Nickleby.

— Une marchande de modes, couturière en robes, madame, répliqua Ralph. Je n'ai pas besoin de vous rappeler que les marchandes de modes à Londres, qui sont rompues à la routine de tous les besoins et de toutes les fantaisies de la société, font de grandes fortunes, entretiennent des équipages et finissent par devenir des personnages opulents. »

A ce mot de marchande de modes, couturière en robes, l'esprit de Mme Nickleby s'était révolté, en se représentant involontairement certains paniers d'osier doublés de toile cirée noire qu'elle se rappelait avoir vus trotter deçà et delà dans les rues ; mais à mesure que Ralph avançait, les petits paniers disparaissaient pour faire place à de grands hôtels du beau quartier, des voitures bourgeoises bien reluisantes, et un livre de banque bien rebondi : toutes images qui se succédèrent avec une telle rapidité, que Ralph avait à peine fini de parler, qu'elle agitait la tête avec vivacité, en signe de grande satisfaction, et répétait à chacune de ses paroles : « C'est bien vrai. »

« C'est bien vrai, Catherine, ma chère, ce que dit là votre oncle; la première fois que votre pauvre papa et moi nous allâmes à la ville après notre mariage, je me souviens que la demoiselle qui m'apporta à la maison un chapeau de paille à la villageoise, avec des rubans verts et blancs et une doublure de marceline verte, arriva dans sa voiture au grand galop jusqu'à la porte ; c'est-à-dire, je ne suis pas bien certaine que ce fût sa propre voiture ; c'était peut-être un fiacre, mais ce que je me rappelle bien, c'est que le cheval tomba roide mort en retournant, car même votre pauvre papa me dit que la bête n'avait pas mangé d'avoine depuis quinze jours. »

Cette anecdote, si propre à faire briller l'opulence des marchandes de modes, ne parut pas avoir un grand succès, car la jeune fille tenait la tête penchée pendant la narration de sa mère, et Ralph manifestait des symptômes significatifs de son extrême impatience.

« Le nom de la dame, dit-il, est Mantalini, Mme Mantalini ; je la connais. Elle demeure près de Cavendish-square. Si votre fille est disposée à essayer de cette place, je vais l'y mener tout de suite.

— Est-ce que vous n'avez rien à dire à votre oncle, ma chère fille? demanda Mme Nickleby.

— Oh! bien des choses, au contraire, mais pas pour le moment. J'aime mieux lui parler quand nous serons seuls. Je ne veux pas lui faire perdre son temps à lui adresser mes remercîments, je lui dirai en chemin ce que j'ai à lui dire.»

A ces mots, Catherine s'éclipsa pour aller cacher les traces de l'émotion qui faisait couler des pleurs le long de ses joues, et pour se préparer à sortir, pendant que Mme Nickleby amusait son beau-frère en lui faisant, toujours plourante, la description détaillée des dimensions d'un piano-secrétaire en bois de rose qu'ils avaient possédé au temps de leur splendeur, ou encore des huit fauteuils de leur salon, à pieds tournés, à belles housses de perse verte, assorties aux rideaux, et qui avaient coûté soixante-huit francs soixante-quinze centimes la pièce : était-ce malheureux! ils s'étaient vendus pour rien.

Ces souvenirs intéressants furent arrêtés tout court par le retour de Catherine, qui venait de s'habiller pour sortir, et Ralph, qui n'avait fait que s'agiter et souffrir le martyre pendant toute son absence, ne voulant point perdre de temps, quitta sa belle-sœur sans cérémonie et descendit dans la rue.

« Maintenant, dit-il, donnant le bras à Catherine, marchez aussi vite que vous pouvez, et vous allez voir le chemin que vous aurez à faire tous les jours pour aller à vos affaires. En même temps il se mit à conduire, d'un bon pas, sa nièce dans la direction de Cavendish-square.

— Je vous suis très-obligée, mon oncle, dit la jeune fille après qu'ils eurent fait à la hâte un bout de chemin en silence, très-obligée.

— Je suis bien aise de vous entendre parler comme cela, dit Ralph. J'espère que vous remplirez votre devoir.

— Je ferai mon possible pour que vous soyez content, mon oncle, répliqua-t-elle. Certainement je....

— Allons, ne commencez pas à pleurer, dit Ralph en grognant, il n'y a rien que je déteste comme de voir pleurer.

— C'est vrai, mon oncle, c'est très-ridicule à moi, je le sais

—En effet, reprit Ralph l'interrompant, très-ridicule et très-déplacé. Que cela ne recommence plus!»

Peut-être n'était-ce pas là le meilleur moyen de sécher les larmes d'une femme jeune et sensible, prête à paraître pour la première fois sur un théâtre tout à fait nouveau pour elle dans la vie, au milieu d'étrangers froids et indifférents. Pourtant, je dois dire qu'il réussit à l'instant. Catherine rougit profondément; sa respiration fut précipitée pendant quelques instants, puis elle se mit à marcher d'un pas plus ferme et plus résolu. C'était un contraste curieux à voir, que celui d'une jeune provinciale timide reculant à chaque pas devant la foule qui se pressait dans les rues en tout sens, pour laisser passer les plus pressés et se pendant au bras de Ralph, comme si elle craignait de le perdre dans le flot des passants, et de cet homme d'affaires aux traits durs et sombres, qui allait tout droit son chemin, poussant les autres du coude, échangeant de temps en temps, sur son passage, un salut rapide avec quelques connaissances qui se retournaient pour regarder, avec une expression de singulière surprise, sa jolie compagne, et semblaient ne rien comprendre à cette association si mal assortie. Mais quel contraste bien plus étrange encore pour celui qui aurait pu lire au fond de ces cœurs qui battaient côte à côte, mettre à nu la charmante innocence de l'un, l'odieuse malice de l'autre, planer sur les pensées pures et simples de la jeune fille à l'âme tendre, et reconnaître avec étonnement qu'au milieu des desseins rusés et des calculs intéressés du vieillard dont elle tenait le bras, il était impossible de démêler un mot ou un signe qui révélât la pensée de la mort ou de la tombe! Et cependant c'était la vérité. Spectacle plus étrange encore, quoiqu'il soit tous les jours sous nos yeux; le cœur jeune et brûlant palpitait de mille craintes, de mille inquiétudes, tandis que celui du vieux roué corrompu par le monde, pétrifié dans sa cellule, n'avait que les battements réguliers de quelque habile mécanique, sans se laisser déranger dans l'exactitude de ses fonctions par un seul sursaut d'espérance ou de crainte, d'inquiétude ou d'amour pour âme qui vive.

« Mon oncle, dit Catherine, quand elle pensa qu'ils devaient approcher de leur destination, il faut que je vous fasse une question : demeurerai-je chez nous?

— Chez nous! répondit Ralph, où est-ce ça?

— Je veux dire chez ma mère, la pauvre veuve, dit Catherine avec énergie.

— C'est ici qu'à vrai dire vous demeurerez, répliqua Ralph, car c'est ici que vous prendrez vos repas et que vous resterez du matin jusqu'au soir; peut-être même, par occasion, jusqu'au lendemain matin.

— Mais le soir, mon oncle? je voulais dire que je ne pouvais pas la laisser seule : il faut bien qu'il me reste un endroit que je puisse appeler un chez nous. Naturellement il sera où elle est vous sentez; rien n'empêche qu'il ne soit très-modeste.

— Ah! rien n empêche! dit Ralph, dont l'impatience, provoquée par cette observation, lui fit précipiter le pas. Vous voulez dire, qu'il faut bien qu'il soit très-modeste. Rien n'empêche! Je crois que cette petite est folle.

— Mon Dieu! dit Catherine, c'est un mot qui m'est échappé sans y faire attention.

— Je l'espère, dit Ralph.

— Mais ma question, mon oncle, vous n'y avez pas répondu.

— Eh bien; je me suis occupé déjà de quelque chose comme cela, dit Ralph, et, quoique je ne sois pas précisément de cet avis, cependant j'ai cherché à satisfaire vos scrupules. Je n'ai parlé de vous que comme d'une ouvrière externe: ainsi vous pouvez aller retrouver tous les soirs ce chez nous, dont vous dites que rien n'empêche qu'il ne soit très-modeste. »

C'était déjà quelque chose pour Catherine. Elle se confondit en remercîments de l'attention de son oncle. Ralph les reçut comme un homme qui sent qu'il les a bien mérités, et ils marchèrent sans dire un mot jusqu'à la porte de la couturière. On voyait s'étaler sur une très-grande plaque le nom et le commerce de Mme Mantalini, et l'on y arrivait par un escalier de toute beauté. Il y avait bien une boutique dans la maison, mais elle était louée à un commissionnaire en essence de roses. Quant à Mme Mantalini, ses magasins étaient au premier étage, comme le faisait assez voir aux gens comme il faut de Londres ou de province, derrière ses fenêtres garnies de magnifiques rideaux, l'exposition artistique de deux ou trois chapeaux élégants dans le style le plus nouveau et de quelques costumes somptueux du goût le plus irréprochable.

Un valet, en livrée, vint ouvrir la porte, et, sur la demande de M. Ralph, il les introduisit, par une antichambre de belle apparence et un palier spacieux, dans le salon de réception, composé de deux vastes pièces où se montrait en étalage un choix infini de robes et d'étoffes superbes. Il y en avait d'arrangées avec goût sur des supports; d'autres étaient étendues avec une négligence apparente sur des sofas; d'autres encore, jetées sur le tapis ou bien suspendues à la glace des psychés, ou enfin se confondant de quelque autre manière avec l'ameublement riche et varié qu'on avait multiplié avec profusion.

C'est là qu'ils attendirent assez longtemps pour lasser la patience de M. Ralph, qui ne paraissait pas regarder avec beaucoup d'intérêt toute cette friperie éblouissante et qui allait finir par sonner quelqu'un, lorsque tout à coup un gentleman, entr'ouvrant la porte, passa la tête et la retira avec la même vivacité en voyant du monde.

« Ici donc, holà! cria Ralph : qui est-ce qui est là? » A ce son de voix, qui lui était bien connu, la tête reparut, et la bouche de cette tête faisant voir une longue rangée de dents d'une grande blancheur, prononça sur un ton doucereux ces mots : « Diavolo! Tiens! Nickleby! » Après cette première explosion de ces sentiments, le gentleman s'avança et vint donner à Ralph une poignée de main avec beaucoup d'empressement. Il portait une robe de chambre splendide, un gilet et un pantalon à la hussarde du même dessin; un mouchoir de soie lilas, des pantoufles d'un vert éclatant, et une chaîne de montre assez longue pour faire le tour de sa taille. Son costume se complétait d'une paire de favoris et de moustaches teints en noir et frisés avec élégance.

« Sapristi! j'espère que ce n'est pas à moi que s'adresse votre visite, dit le gentleman en donnant une tape sur l'épaule de Ralph.

— Non, pas encore, dit l'autre d'un air sarcastique.

— Ah! ah! sapristi! Et le gentleman, en tournant sur ses talons pour rire avec plus de grâce, se trouva face à face avec Catherine Nickleby, qui était là près de son oncle.

— Ma nièce, dit Ralph.

— Ah! oui, je me rappelle, dit le gentleman se donnant sur le nez une chiquenaude, comme pour se punir de son défaut de mémoire. Sapristi! je me rappelle l'objet de votre visite. Venez par ici, Nickleby; et vous, ma belle demoiselle, voulez-vous me suivre? Elles me suivent toutes, Nickleby. Ah! ah! ah! elles n'y manquent jamais, sapristi! »

Tout en donnant ainsi carrière à son imagination folâtre, le gentleman les conduisit à un petit salon particulier au second étage. Il n'était guère moins richement meublé que l'autre; seulement la présence d'une cafetière d'argent, d'une coquille d'œuf et d'une tasse de porcelaine presque vide, semblait annoncer que le gentleman venait d'y faire son déjeuner.

« Asseyez-vous, ma chère, dit-il à miss Nickleby en la déconcertant tout d'abord par la hardiesse de son regard, puis après par une grimace de satisfaction peu rassurante. Pour arriver à ce maudit étage, il faut se mettre tout hors d'haleine. C'est comme un infernal vestibule du firmament. J'ai peur d'être obligé de déménager, Nickleby.

— Je l'espère bien, répliqua Ralph le regardant d'un air presque menaçant.

— Quel diable d'original vous faites, Nickleby, dit le gentleman; la plus diabolique de bonne tête, le plus singulier mélange de vieille monnaie d'or et d'argent que j'aie jamais vu de ma vie, sapristi! »

Après avoir adressé ces compliments à Ralph, le gentleman sonna, toujours les yeux fixés sur Mlle Nickleby, jusqu'à ce qu'il eût donné au domestique qui se présenta l'ordre de demander sa maîtresse sur-le-champ; après quoi il recommença ses exclamations jusqu'à l'apparition de Mme Mantalini.

La couturière était une femme de figure égrillarde, richement vêtue, d'assez bonne mine, mais beaucoup plus âgée que le monsieur au pantalon à la hussarde. Il n'y avait pas plus de six mois qu'elle l'avait épousé. Le nom de son mari était dans l'origine Mantle; mais, par une transition facile, il s'était changé bientôt en celui de Mantalini, la dame ayant observé avec beaucoup de justesse qu'un nom anglais lui ferait un tort sérieux dans son commerce. Il n'avait apporté à sa femme en mariage que sa paire de favoris, capital précieux sur lequel il avait vécu jusque-là assez agréablement pendant nombre d'années. Il venait de s'enrichir, après de longues et patientes expériences, d'une paire de moustaches qui promettait de lui assurer une sorte d'indépendance. Jusqu'à présent, la seule part qu'il prît dans les travaux de la maison s'était bornée à dépenser l'argent que gagnait sa femme, et, de temps en temps, quand on était à court, à monter en voiture pour aller faire escompter, chez M. Ralph Nickleby, moyennant finance, les billets des pratiques.

« Ah çà, mon cœur, dit M. Mantalini, qui diable vous a donc tenue si longtemps?

— Je ne savais pas même que M. Nickleby fût ici, mon cher, lui répondit madame.

— Alors, idole de mon âme, il faut que ce valet soit un diable d'infernal animal.

— Mon cher, répondit madame, c'est tout à fait votre faute.

— Ma faute? joie de mon cœur!

— Certainement, fit-elle, mon très-cher; vous savez bien que vous n'en tirerez jamais rien avant de lui avoir administré quelque bonne correction.

— Une correction? délices de mon âme!

— Je crois bien! et soyez sûr qu'il a besoin qu'on lui parle un peu ferme, dit madame en faisant la moue.

— Allons, ne vous tourmentez pas; on lui flanquera des coups de cravache jusqu'à ce qu'il crie comme un damné. »

Sur cette promesse, M. Mantalini embrassa Mme Mantalini; et, pour finir cette comédie, Mme Mantalini tira d'une manière aimable les oreilles de M. Mantalini, après quoi on passa à l'affaire en question.

« Maintenant, madame, dit Ralph, qui n'avait pas cessé de regarder cette scène avec une expression de mépris peu commune, voici ma nièce.

— Ah! c'est elle, monsieur Nickleby, répliqua Mme Mantalini toisant Catherine des pieds à la tête et de la tête aux pieds. Parlez-vous français, ma petite?

— Oui, madame, répondit Catherine sans oser lever les yeux, car elle sentait que ceux de son impudent admirateur devaient être fixés sur elle.

— Comme une damnée de Française? » demanda le mari.

Miss Nickleby ne fit pas d'autre réponse à cette question que de tourner le dos au questionneur, comme pour se disposer à répondre à Mme Mantalini si elle avait quelque chose à lui demander.

Nous avons vingt jeunes dames constamment employées dans l'établissement, dit la maîtresse couturière.

— Vraiment, madame! reprit Catherine avec timidité.

— Oui, et il y en a qui sont diablement jolies encore, dit le patron.

— Mantalini! s'écria sa femme d'un air imposant.

— Femme adorable! dit Mantalini.

— Mantalini! voulez-vous me briser le cœur?

— Dieu m'en garde! je ne le ferais pas pour vingt mille hémisphères peuplés de.... de.... petites danseuses de l'Opéra, répondit Mantalini qui se sentait en verve.

— Eh bien, c'est pourtant ce que vous ferez, si vous continuez de parler comme vous faites, dit sa femme. Qu'est-ce que vous voulez que M. Nickleby pense de vous en vous entendant?

— Oh! rien, madame, rien, répliqua Ralph. Je connais son aimable caractère et le vôtre; ce sont de simples petites saillies qui ne font que donner un peu plus de piquant à votre vie journalière; des querelles d'amoureux dont la douceur ajoute encore à ces joies domestiques, qui promettent de durer si longtemps. Voilà tout. »

Si l'on pouvait supposer qu'une porte de fer en colère contre ses gonds prît la ferme résolution de peser sur eux de tout son poids en s'ouvrant avec une lenteur obstinée pour les réduire en poudre dans cette lutte, la plainte des gonds opprimés ne rendrait pas un son plus désagréable que la voix amère et rude dont Ralph prononça ce compliment ironique. M. Mantalini lui-même en sentit l'influence, et se retournant tout effrayé, s'écria : « Quel diable d'abominable croassement !

— Vous ne ferez pas attention, s'il vous plaît, aux plaisanteries de M. Mantalini, dit la dame en s'adressant à Mlle Nickleby.

— Je n'y fais pas attention du tout, madame, dit Catherine avec calme et mépris.

— M. Mantalini n'a pas du tout affaire aux jeunes dames de l'établissement, continua-t-elle en lançant un regard à son mari. S'il en a vu quelques-unes, ce ne peut être qu'en les rencontrant dans la rue, quand elles viennent travailler ou qu'elles s'en retournent chez elles, mais jamais ici. Il n'est même jamais au magasin : je ne veux pas de cela. Combien d'heures avez-vous l'habitude de travailler par jour?

— Je n'ai jamais eu l'habitude de travailler régulièrement, madame, reprit Catherine baissant la voix.

— Elle n'en travaillera que mieux maintenant, dit Ralph qui n'était pas fâché de placer ce mot, de peur que l'aveu de sa nièce ne vînt à nuire aux négociations.

— Je l'espère, continua Mme Mantalini. Voici nos heures : de neuf à neuf, et même plus quand nous sommes pressées de besogne ; mais alors je paye un supplément en sus. »

Catherine s'inclina pour faire comprendre qu'elle avait entendu les conditions et qu'elles lui convenaient.

« Quant à vos repas, c'est-à-dire le dîner et le thé, vous les prendrez ici. Vos gages pourront monter de 6 francs 25 à 8 francs 75 par semaine; mais je ne puis pas encore les fixer d'une manière certaine, avant d'avoir vu ce que vous savez faire. »

Catherine répondit encore par un signe de tête.

« Si vous êtes prête à venir, dit Mme Mantalini, vous ferez bien de commencer lundi matin à neuf heures précises ; et Mlle Knag, ma première demoiselle, recevra mes instructions pour vous essayer d'abord à quelque ouvrage facile. Avez-vous encore quelque chose à me demander, monsieur Nickleby ?

— Plus rien, madame, dit Ralph en se levant.

— Alors, je crois que voilà tout. »

Après cette conclusion naturelle, Mme Mantalini regarda du côté de la porte, comme une personne qui voudrait bien s'en aller, mais qui ne se souciait pas de laisser à M. Mantalini le soin de faire seul les honneurs de sa maison, en conduisant les visiteurs jusqu'au bas de l'escalier. Ralph la tira d'inquiétude en prenant son congé sans délai, pendant que Mme Mantalini lui faisait une foule de reproches gracieux de ne pas venir les voir, et que M. Mantalini maudissait avec force jurons la hauteur des escaliers, en les reconduisant, dans l'espérance qu'en entendant ces anathèmes, Catherine aurait au moins la curiosité de retourner la tête. Mais c'était un espoir qu'il n'eut pas le bonheur de voir réaliser.

« Voilà ! dit Ralph, quand ils furent dans la rue, maintenant vous êtes pourvue. »

Catherine allait l'en remercier encore quand il l'arrêta en lui disant : « J'avais eu quelque idée de placer aussi votre mère à la campagne dans un joli pays (il avait droit de présentation dans une maison de charité sur les confins de Cornouailles; et il n'était pas rare qu'il pût y disposer de quelques places vacantes), mais, en voyant votre désir de rester ensemble, je me suis décidé à prendre un autre parti pour elle. Elle a un peu d'argent ?

— Oh ! bien peu, répondit Catherine.

— Peu va loin, dit Ralph, quand on sait le ménager. Elle va voir combien de temps elle pourra le faire durer, ne payant pas de loyer. Vous quittez votre logement samedi ?

— C'est vous qui nous l'avez dit, mon oncle.

— Oui, j'ai une maison qui m'appartient et qui n'est pas occupée pour le moment. Je peux vous y mettre jusqu'à ce qu'elle se loue, et après, si rien n'empêche, peut-être en aurai-je une autre, c'est là qu'il vous faudra demeurer.

— Est-ce loin d'ici, monsieur ? demanda Catherine.

— Assez loin, dit Ralph, c'est à l'autre bout de la ville, à East-end, mais je vous enverrai mon commis samedi à cinq heures du matin pour vous y conduire. Au revoir, vous savez votre chemin ? toujours tout droit. » Il serra froidement la main de sa nièce, la quitta au haut de Regent-street et descendit par une rue de traverse pour aller gagner de l'argent. Catherine s'en revint tristement à leur appartement du Strand.

CHAPITRE XI.

Newman Noggs installe Mme et Mlle Nickleby dans leur nouveau domicile de la Cité.

Pendant que miss Nickleby s'en retournait chez elle, ses réflexions étaient naturellement tristes. La journée n'avait pas commencé pour elle de manière à lui donner des idées couleur de rose. La conduite de son oncle n'était pas de nature à dissiper les craintes ou les doutes qu'elle avait pu concevoir dès le début, et le premier aperçu qu'elle avait pu prendre de l'établissement Mantalini n'avait rien de bien encourageant. C'était donc avec de sombres pressentiments et des déceptions cruelles qu'elle envisageait, le cœur serré, la nouvelle carrière qui s'ouvrait devant elle.

S'il avait été au pouvoir de sa mère de faire entrer dans son esprit des dispositions plus heureuses et d'alléger sa peine, la pauvre femme n'y épargna pas ses soins ni l'abondance de ses consolations verbeuses. Pendant le temps que Catherine avait été absente, la bonne dame s'était remis en mémoire deux cas authentiques de marchandes de modes qui s'étaient trouvées, à la fin, propriétaires d'une belle fortune. Qu'elles l'eussent acquise uniquement dans leur commerce, ou qu'elles eussent commencé avec un capital suffisant pour les lancer dans les affaires, ou qu'elles eussent eu l'heureuse chance de faire des mariages avantageux, voilà ce qu'elle ne pouvait se rappeler au juste. Néanmoins, comme elle en faisait la remarque judicieuse, il était impossible qu'il ne se trouvât pas *quelque* jeune personne de cette profession qui eût fait de bonnes affaires en commençant avec rien : et, une fois cet exemple admis, pourquoi Catherine ne ferait-elle pas de même ? Miss la Creevy, qui était devenue comme un membre du conseil de famille, hasardait bien, par insinuation, quelques doutes sur les chances probables pour Mlle Nickleby d'arriver à cet heureux résultat dans tout le cours d'une vie ordinaire : mais la bonne dame, qui avait réponse à tout, la rassurait en lui confiant qu'elle avait là-dessus un pressentiment sûr, une espèce de seconde vue ; c'était un genre d'argument qui n'était pas nouveau chez elle : c'est celui avec lequel elle terrassait tous les raisonnements de feu

M. Nickleby, et nous devons dire qu'elle avait tort plus de quatre-vingt-dix-neuf fois sur cent.

« Et puis, disait miss la Creevy, j'ai peur que ce ne soit une occupation pernicieuse à la santé. Je me rappelle bien trois jeunes modistes qui sont venues se faire peindre chez moi quand je commençais mon état : elles étaient toutes les trois pâles et maladives.

— Oh ! ce n'est pas du tout une règle générale, observa Mme Nickleby, car moi je me rappelle, aussi bien que si c'était hier, en avoir employé une, qui m'était particulièrement recommandée, pour me faire un manteau écarlate : c'était alors la grande mode; eh bien ! c'était une grosse rougeaude, une vraie rougeaude, certainement.

— Peut-être qu'elle buvait, insinua miss la Creevy.

— Je ne sais pas le motif, répliqua Mme Nickleby, mais je sais qu'elle avait la figure très-rouge; vous voyez donc bien que votre raisonnement ne vaut rien. »

Telle était la force de tous les arguments qu'elle rétorquait aux objections qu'on pouvait trouver à faire au parti pris le matin. Heureuse Mme Nickleby ! Il suffisait qu'un projet fût nouveau pour trouver à l'instant dans son esprit bon accueil, et pour y prendre des couleurs séduisantes comme les hochets dorés dont on amuse les enfants.

La question ainsi vidée, Catherine fit part du désir exprimé par son oncle de les transférer dans sa maison vacante, proposition à laquelle Mme Nickleby acquiesça avec la même facilité : elle pensait même avec plaisir à l'agrément qu'elle aurait le soir, quand il ferait beau, d'aller, en se promenant, chercher sa fille à West-end pour la ramener à la maison. Elle n'oubliait qu'une chose dans ses plans, c'est que les belles soirées sont rares, et que le mauvais temps est l'état naturel de Londres.

« Je suis désolée, je vous assure; je suis désolée de l'idée que nous allons vous quitter, madame, dit Catherine à miss la Creevy dont la sympathie avait fait sur elle une profonde impression.

— Vous ne me mettrez pas pour cela à la porte de chez vous, reprit miss la Creevy avec autant de bonne humeur apparente qu'elle pouvait en mettre dans cette séparation. J'irai vous voir très-souvent; j'irai savoir de vos nouvelles; et, quand il n'y aurait pas dans toute la ville ou dans tout l'univers un autre cœur pour s'intéresser à votre bonheur, sachez bien qu'il y aura toujours une petite ermite du Strand qui priera pour vous soir et matin. »

Là-dessus, l'excellente femme, après une foule de petites mines extraordinaires qui lui auraient valu une fortune si elle avait su les reproduire avec fidélité sur l'ivoire ou sur la toile, alla s'asseoir dans un coin pour y pleurer à cœur joie.

Mais ni pleurs, ni consolations, ni espoir, ni crainte n'empêchèrent le fatal samedi d'arriver, et avec lui Newman Noggs. Exact au rendez-vous, il était là, à heure dite, après avoir fait la course clopin clopant, et l'on sentit, par le trou de la serrure, comme pour annoncer sa présence, un parfum de genièvre, au moment précis où toutes les horloges du voisinage qui marchaient de bon accord sonnaient ensemble cinq heures du soir Newman attendit les cinq coups, et frappa à la porte.

« De la part de M. Ralph Nickleby, dit-il quand il eut monté l'escalier, faisant sa commission aussi brièvement que possible.

— Nous sommes prêtes à l'instant, dit Catherine. Nous n'avons pas grand'chose à emporter; cependant j'ai peur que nous ne soyons obligées de prendre une voiture.

— Je vais en chercher une.

— Certainement non, dit Mme Nickleby; je ne souffrirai pas que vous preniez cette peine.

— Si fait, dit Newman.

— Je ne veux pas seulement que vous y songiez, reprit Mme Nickleby.

— Vous ne pouvez pas m'empêcher d'y songer, dit Newman.

— Vous croyez?

— Non, vous ne le pouvez pas. J'y ai déjà songé en venant, et, si je n'en ai pas amené, c'est que j'ai songé aussi que vous ne seriez pas encore prêtes. Je songe à bien des choses, allez. On ne peut pas empêcher cela.

— Ah! bon! Je vous comprends, monsieur Noggs, dit Mme Nickleby: nos pensées sont libres, naturellement. Chacun peut songer à ce qu'il veut; c'est bien clair.

— Cela ne serait pas si on laissait faire certaines gens, marmotta Newman.

— Certainement, cela ne serait plus, monsieur Noggs, et vous dites là une grande vérité, répliqua Mme Nickleby. A coup sûr, il y a des gens qui.... Comment va votre maître? »

Newman lança du côté de Catherine un regard qui disait bien des choses, et répondit, en appuyant d'un ton expressif sur le dernier mot de sa phrase, que M. Ralph Nickleby se portait bien, et leur présentait ses *amitiés*.

« Nous lui sommes bien reconnaissantes, dit Mme Nickleby.

— Très-reconnaissantes? reprit Newman ; je le lui dirai. »

Il n'était pas facile de ne pas reconnaître Newman Noggs, pour peu qu'on l'eût vu une fois ; aussi Catherine, attirée par la singularité de ses manières, tempérées toutefois aujourd'hui par quelque chose de doux et même de délicat, malgré la brusquerie de son langage, ne l'eut pas plutôt examiné de près, qu'elle se souvint d'avoir saisi quelque jour, au passage, un reflet de cette étrange figure.

« Excusez ma curiosité, dit-elle : mais n'est-ce pas vous que j'ai vu dans la cour des diligences, le jour où mon frère est parti pour le Yorkshire ? »

Newman tint ses yeux fixés sur Mme Nickleby, et, sans rougir le moins du monde, dit : « Non.

— Non ! s'écria Catherine, j'en aurais mis ma main au feu.

— Vous auriez eu tort, répliqua Newman ; voilà la première fois que je sors depuis trois semaines ; j'ai eu la goutte. »

Newman était si loin, si loin de présenter les apparences d'un sujet goutteux, que Catherine ne put s'empêcher d'en faire intérieurement la remarque. Mais Mme Nickleby coupa court à ses réflexions, en insistant pour qu'on fermât la porte de peur que M. Noggs ne prît un rhume, et en s'obstinant après à envoyer chercher un fiacre par la domestique, de peur que M. Noggs en se fatiguant ne prît une autre attaque de son mal : deux conditions auxquelles Newman se vit obligé de souscrire. Enfin, le fiacre arrive, et, après bien des tristes adieux, bien des allées et venues de miss la Creevy, qui, plus d'une fois, en traversant le trottoir, exposa l'économie de son turban jaune à des chocs violents contre des passants mal appris, il prit sa course. Ce n'est pas du turban que je parle, c'est du fiacre, avec les deux dames et leurs paquets à l'intérieur, Newman sur le siége près du cocher, en dépit de toute l'insistance de Mme Nickleby, qui lui prophétisa que ce serait sa mort.

Les voilà donc qui s'enfoncent dans la Cité, descendant vers la rivière, puis, après une course longue et lente, car à cette heure les rues étaient encombrées de véhicules de tout genre, ils finirent par s'arrêter devant une grande vieille maison sombre dans la rue de la Tamise. La porte et les fenêtres avaient été tant de fois éclaboussées par la boue, qu'à la voir si sale on pouvait la croire inhabitée depuis bien des années.

Pour ouvrir la porte de cette résidence déserte, Newman prit une clef dans son chapeau : c'était là, par parenthèse, qu'il mettait tout ce qu'il avait, à raison du mauvais état de ses poches, et, s'il n'y mettait pas aussi son argent, c'est qu'il n'avait pas d'argent du tout. Après cela, ayant aidé à décharger le fiacre, il conduisit ces dames dans l'intérieur de leur nouvelle demeure.

Qu'elle était vieille! qu'elle était triste! qu'elle était noire! Comme les appartements en étaient silencieux et sombres, dans ce quartier autrefois si plein de vie et de mouvement! Sur le derrière était un quai de débarquement au bord de la Tamise; une niche à chien sans locataire, quelques os d'animaux; des fragments de cercles de fer, des douves de vieux tonneaux étaient épars de tous côtés; mais la vie s'était retirée de cet ancien théâtre d'activité. Ce n'était plus que l'image d'une ruine froide et muette.

« Cette maison, dit Catherine, attriste et glace. On dirait un arbre flétri par quelque mauvais vent. En vérité, si j'étais superstitieuse, j'aurais presque envie de croire qu'il y a eu là quelque crime abominable commis entre ces quatre murailles, et que depuis la place a été frappée de malédiction. Dieu! que c'est déplaisant et sombre!

— Au nom du ciel, ma chère, répliqua Mme Nickleby, ne dites donc pas de ces choses-là; vous allez me faire mourir de frayeur.

— Ce n'est rien, dit Catherine avec un sourire forcé; c'est seulement ma folle imagination.

— Eh bien alors, ma chère, faites-moi le plaisir de garder votre folle imagination pour vous et de ne pas réveiller la mienne pour lui tenir compagnie. Est-ce que vous n'auriez pas dû penser à tout cela auparavant? Vous êtes si négligente! nous aurions demandé à miss la Creevy de venir nous tenir compagnie; ou nous aurions emprunté un chien, ou mille choses. Mais vous n'en faites jamais d'autres, tout juste comme votre pauvre cher père. Si je n'avais pas pensé à tout.... » C'était l'exorde ordinaire de Mme Nickleby quand elle allait commencer une lamentation générale, composée d'une douzaine de phrases mal enchevêtrées et qui ne s'adressaient à personne en particulier, mais dans lesquelles elle s'embarquait à perte d'haleine, comme elle n'y manqua pas dans cette occasion.

Newman, sans avoir l'air d'entendre ces observations, fit à ces dames les honneurs de deux chambres, au premier étage, qu'on avait eu l'attention de chercher à rendre habitables. Dans l'une étaient quelques chaises, une table, un vieux tapis de cheminée. Le feu était tout apprêté dans la grille. L'autre chambre contenait un vieux bois de lit à tenture, et quelques menus articles d'ameublement essentiels.

« Voyez, ma chère, dit Mme Nickleby, s'efforçant d'être contente ; votre oncle n'a-t-il pas pensé à tout, pourvu à tout ? car nous n'aurions eu pour nous coucher que le lit que nous avons acheté hier, s'il n'avait pas eu soin de nous tenir celui-là prêt.

— C'est très-aimable assurément, » repartit Catherine, en promenant ses regards tout autour d'elle.

Newman Noggs ne leur dit pas que c'était lui qui avait dépisté les vieux meubles qu'ils voyaient, dans la cave ou dans le grenier ; que c'était lui encore qui leur avait mis là-bas sur la planche deux sous de lait pour leur thé ; qui leur avait rempli d'eau la bouilloire rouillée et l'avait dressée sur la plaque de la cheminée ; que c'était lui qui avait ramassé des copeaux sur le quai et demandé aux voisins quelques morceaux de charbon de terre ; mais l'idée que c'était à Ralph Nickleby qu'on en faisait honneur irrita si fort son imagination nerveuse, qu'il ne put s'empêcher de faire craquer tous ses dix doigts l'un après l'autre. Mme Nickleby fut d'abord un peu effrayée de cet exercice, mais, supposant que c'était un reste de sa goutte, elle ne poussa pas plus loin ses réflexions.

« Nous n'avons pas besoin de vous retenir plus longtemps, je pense, dit Catherine.

— Je n'ai plus affaire ici ? demanda Newman.

— Non, je vous remercie, répondit miss Nickleby.

— M. Noggs, ma chère, ne serait peut-être pas fâché de boire un coup à notre santé ? » dit Mme Nickleby, fouillant dans son ridicule pour y chercher quelque petite pièce de monnaie.

— J'ai peur, dit Catherine avec hésitation (car elle avait remarqué un mouvement de répugnance dans la figure de Newman), j'ai peur qu'une pareille offre ne lui fasse de la peine. »

Newman Noggs, saluant là-dessus la demoiselle d'un air qui sentait plus le gentleman qu'on ne l'eût pensé, à voir son extérieur misérable, mit sa main sur son cœur : et, s'arrêtant un moment, de l'air d'un homme qui voudrait bien dire quelque chose, mais qui ne sait que dire, il sortit de la chambre. Lorsque les échos discordants de la lourde porte d'en bas, en retombant sur son loquet, retentirent tristement dans cette masure, Catherine se sentit presque la tentation de le rappeler pour le prier de rester quelques minutes encore. Mais elle fut elle-même honteuse de sa peur, et Newman Noggs reprit sa route pour retourner chez lui.

CHAPITRE XII.

Où le lecteur sera mis à même de voir se développer l'amour de miss Fanny Squeers et de s'assurer s'il suivit un cours paisible ou non.

Par une circonstance heureuse pour Mlle Fanny Squeers, son respectable papa était tellement *en train*, comme on dit, quand il revint chez lui, dans la nuit de la petite partie de thé, qu'il ne remarqua pas les signes nombreux de trouble et de colère qu'elle portait écrits sur son visage. Cependant, comme il devenait toujours violent et querelleur après boire, il aurait peut-être fini par lui faire un mauvais parti à propos de rien, si la demoiselle n'avait pas eu la précaution, bien honorable pour son esprit de prévoyance, de garder près d'elle un petit élève de la pension, pour essuyer les premiers assauts de la mauvaise humeur du bon M. Squeers. En effet, quand il se fut satisfait par une grande variété de soufflets et de coups de pied, il devint assez calme pour se laisser persuader d'aller se coucher, ce qu'il fit sans quitter ses bottes, et son parapluie sous son bras

La servante suivit Mlle Squeers dans sa chambre, selon son usage, pour lui mettre ses papillotes, lui rendre une foule de petits services pour sa toilette, et surtout pour lui administrer toutes les flatteries que pouvait lui suggérer la circonstance, car miss Squeers était si paresseuse et avec cela si vaine et si frivole, qu'elle aurait bien pu faire une grande dame ; et, si elle ne l'était pas, ce n'était pas sa faute, c'était celle des distinctions arbitraires qui règlent les rangs et les situations dans la société.

« Oh ! mademoiselle, dit la femme de chambre, comme vos cheveux frisent bien ce soir ; c'est si joli ; je vous assure que c'est grand dommage de les défriser avec la brosse.

— Taisez-vous, » répliqua miss Squeers. Elle était en rage.

L'expérience acquise à ses dépens empêcha la petite servante de se montrer surprise à cet éclat de mauvaise humeur de la part de Mlle Squeers. Comme elle avait à moitié deviné ce qui venait de se passer dans le cours de la soirée, elle changea de tactique et fit comme les vaisseaux qui louvoient par le mauvais temps.

« C'est égal, mademoiselle, quand vous devriez me tuer, je ne puis pas m'empêcher de dire que je n'ai jamais vu personne avoir l'air aussi commun que Mlle Price ce soir. »

Encore un soupir de Mlle Squeers, qui cependant ne montra plus de répugnance à écouter ce genre de conversation.

« Je sais bien que c'est très-mal à moi de parler comme cela, mademoiselle, continua l'autre charmée de l'impression qu'elle avait faite; puisque miss Price est une de vos amies, de vos bonnes amies, mais elle s'habille si drôlement, elle fait tant de mines pour se faire remarquer, que.... Ah! mon Dieu! si les gens pouvaient seulement se voir!

— Que voulez-vous dire, Phib? dit Mlle Squeers se regardant dans son miroir où elle vit, comme nous le faisons tous les jours, non pas sa personne naturelle, mais la réflexion de quelque joli portrait qu'elle avait dans la tête. Vous êtes bien en veine, ce soir.

— En veine, mademoiselle! un matou apprendrait à parler français rien qu'à voir comment elle remue la tête, répliqua la femme de chambre.

— C'est vrai qu'elle remue bien la tête, dit Mlle Squeers d'un air distrait.

— Et si glorieuse, et avec tout cela si laide! poursuivit la servante.

— Pauvre Tilda! dit en soupirant Mlle Squeers d'un ton de compassion.

— Et tous les frais qu'elle fait pour qu'on l'admire!

— Oh! par exemple, c'est tout à fait indélicat. — Phib! dit Mlle Squeers, je vous défends de parler ainsi de Tilda; malheureusement ses parents appartiennent à la basse classe, et, si elle n'est pas mieux, ce n'est pas sa faute, c'est celle de son éducation.

— Ah! c'est égal, mademoiselle, dit Phébé, dont Phib n'était qu'un diminutif de protection, vous savez que, si elle voulait seulement prendre modèle sur quelqu'un, ou même reconnaître seulement ses torts et les corriger par votre exemple, quelle gentille petite femme cela ferait plus tard!

— Phib! reprit Mlle Squeers avec mollesse, ma modestie se refuse à entendre ces comparaisons qui représentent Tilda comme une personne grossière et mal élevée, ce serait une trahison de ma part d'y prêter l'oreille. Vous me ferez donc plaisir de ne plus en parler, Phib, quoique je doive à la vérité de dire que si Tilda Price voulait choisir quelques bons modèles.... je ne dis pas moi.

— Oh ! si, vous, mademoiselle, dit Phib.

— Eh bien ! moi, si vous le voulez absolument, elle deviendrait certainement tout autre.

— Il y en a bien d'autres qui sont de notre avis, si je ne me trompe, dit la servante d'un air mystérieux.

— Que voulez-vous dire? demanda miss Squeers.

— Oh ! ce n'est rien, mademoiselle ; seulement je sais ce que je sais. Voilà tout.

— Phib ! dit Mlle Squeers avec une expression théâtrale, j'exige que vous vous expliquiez ; quel est ce mystère ténébreux ? Parlez.

— Dame ! si vous voulez absolument le savoir, mademoiselle, voilà ce que c'est : M. John Browdie pense là-dessus comme vous, et, s'il n'était pas trop avancé pour reculer honnêtement, il voudrait bien quitter Mlle Price pour Mlle Squeers.

— Dieu du ciel ! s'écria miss Squeers joignant les mains avec une grande dignité; qu'est-ce que c'est que cela?

— La vérité, madame, la pure vérité ! répliqua l'adroite soubrette.

— Quelle position ! dit Mlle Squeers ; me voir sur le point de détruire, sans le savoir, la paix et le bonheur de ma chère Tilda ! Pourquoi faut-il que les hommes deviennent épris de moi que je le veuille ou non, et me fassent ainsi le sacrifice du premier objet de leur choix !

— Mais, mademoiselle, ce n'est pas leur faute, reprit Phib, la raison en est toute simple. (A coup sûr Mlle Squeers n'était pas la raison même; mais, pour simple, elle l'était.)

— Ne m'en parlez plus jamais, répliqua Mlle Squeers, jamais ! entendez-vous. Tilda a des défauts, beaucoup de défauts, mais je souhaite son bonheur, et, avant tout, je souhaite qu'elle se marie, car je regarde comme très-désirable, fort désirable, par la nature même de ses faiblesses, qu'elle puisse se marier aussitôt que possible; Phib, qu'elle garde M. Browdie ; je ne puis que le plaindre, lui, le pauvre garçon; mais pour Tilda, elle a toute mon affection; j'espère seulement qu'elle finira par faire une meilleure femme de ménage que je ne pense »

Après ces épanchements, miss Squeers alla se coucher.

Dépit ! c'est un mot bien court; mais quel étrange pêle-mêle de sentiments, quelle complication d'idées discordantes ce petit mot renferme en soi ! Il en dit plus que tous les polysyllabes de la langue. Miss Squeers savait bien, dans le fond de son cœur, que toutes les paroles de la misérable servante n'étaient que flatteries grossières. Elle n'en était pas la dupe, et cependant la seule occasion qu'elle eut là de donner carrière à son ressentiment contre l'offense de miss Price, et d'affecter de la compassion pour ses faiblesses et ses fautes mêmes, en présence seulement d'une méprisable domestique, fut pour sa mauvaise humeur un sujet de soulagement aussi véritable que si tous ces mensonges avaient été paroles d'évangile.

Bien mieux : telle est la force extraordinaire de nos moyens de persuasion, quand nous les exerçons sur nous-mêmes, que miss Squeers, après ce refus généreux de la main de John Browdie, se sentit grande et magnanime, et qu'elle abaissa sur sa rivale un regard protecteur, du haut d'une conscience calme et tranquille, dont l'effet immédiat fut d'adoucir son ressentiment.

Grâce à cet heureux changement, elle était bien préparée pour une réconciliation, lorsque, le lendemain, on frappa un coup à la porte de la maison, et qu'on vint lui annoncer que la fille du meunier était en bas. Mlle Squeers descendit alors avec des sentiments de charité chrétienne qui faisaient plaisir à voir.

« Eh bien, Fanny, dit la fille du meunier, je suis venue te voir, quoique nous ayons eu quelques mots hier au soir.

— Je suis fâchée pour vous, Tilda, répliqua Mlle Squeers, de vos sentiments odieux; mais, moi, je ne vous en veux pas, je suis au-dessus de cela.

— Allons, Fanny, dit miss Price, pas de mauvaise humeur, je suis venue te dire quelque chose qui te fera plaisir.

— Qu'est-ce que cela peut être? Tilda, demanda Mlle Squeers pinçant les lèvres et prenant un air aussi impassible que s'il n'y avait rien au monde sur la terre, dans l'air, l'eau ou le feu, qui pût lui procurer le plus léger sentiment de satisfaction.

— Voici : continua miss Price. Après t'avoir quittée hier au soir, John et moi nous avons eu une querelle affreuse.

— Ce n'est sans doute pas là ce qui me fait plaisir, dit miss Squeers, laissant pourtant paraître un sourire.

— Grand Dieu! il faudrait que je fusse aussi méchante que toi pour le supposer, reprit son amie; non, ce n'est pas cela.

— Ah! dit Mlle Squeers retombant dans ses airs de mélancolie. En ce cas, continuez.

— Après un tas de reproches, de protestations, de serments de ne plus jamais nous revoir, continua miss Price, nous nous sommes arrangés, et c'est ce matin que John est allé nous faire enregistrer. La première publication de nos bans aura lieu dimanche prochain. Ainsi nous serons mariés dans trois semaines et je viens te dire de tenir ta robe prête. »

Cette nouvelle avait du bon et du mauvais, du miel et du vinaigre : le vinaigre, c'était la perspective d'un mariage si prochain pour son amie; mais le miel, c'était l'assurance qu'apparemment elle ne conservait aucun dessein sérieux sur Nicolas. Somme toute, le sucré l'emportait tellement sur l'amer que miss Squeers déclara qu'elle allait apprêter sa robe et qu'elle espérait bien que Tilda serait heureuse, sans en avoir la certitude et sans vouloir lui donner trop de confiance; car les hommes étaient des créatures bien étranges; et il y avait bien des femmes mariées si misérables, qu'elles voudraient encore de tout leur cœur être filles. Miss Squeers ajouta bien d'autres doléances également propres à consoler son amie et à la mettre en gaieté.

« A présent, Fanny, dit miss Tilda, je veux avoir un petit bout de conversation avec vous sur le jeune M. Nickleby.

— Il ne m'est de rien, s'écria Mlle Squeers en l'interrompant et prête à se trouver mal, je le méprise trop!

— Oh! non, tu ne le penses pas, j'en suis sûre, répliqua son amie. Eh quoi, Fanny, est-ce que tu ne l'aimes plus? »

Sans faire de réponse directe, miss Squeers fondit tout à coup en un torrent de larmes de dépit, s'écriant avec douleur qu'elle était bien malheureuse, abandonnée, trahie, proscrite.

« Oui, je hais tout le monde, dit-elle, et je voudrais que tout le monde fût mort. Oui, je le voudrais.

— Dieu! Dieu! dit miss Price tout attendrie de la voir tomber dans cet état de misanthropie; tu ne parles pas sérieusement.

— Certainement si, répondit miss Squeers, faisant des nœuds bien serrés tout le long de son mouchoir de poche et grinçant des dents; si fait, et je voudrais être morte avec tout le monde. Voilà!

— Oh! vous ne serez plus la même dans cinq minutes; il vaudrait bien mieux lui rendre tes bonnes grâces plutôt que de te causer du chagrin à toi-même en continuant de faire ce que tu fais. Ne serait-il pas bien plus agréable de te l'attacher pour te tenir compagnie et te faire un doigt de cour? c'est si amusant.

— Je ne sais comment faire, dit miss Squeers en sanglotant. O Tilda! comment est-il possible que tu te sois conduite d'une manière aussi odieuse et aussi déshonorante! On me l'aurait dit, que je n'aurais jamais voulu le croire.

— Ah! bien, s'écria miss Price avec un éclat de rire, ne dirait-on pas que j'ai assassiné quelqu'un, pour le moins!

— Ma foi, c'est tout comme, dit miss Squeers avec une extrême vivacité.

— Et tout cela parce que j'ai le malheur d'avoir assez bonne mine pour m'attirer les civilités des gens; que voulez-vous, ma chère, on ne se fait pas; et si ma figure est agréable, ce n'est pas ma faute, pas plus que celle des gens qui en ont une déplaisante.

—Taisez-vous, méchante, dit miss Squeers d'une voix criarde et perçante; vous nous ferez battre, Tilda, et après cela j'en serai fâchée. »

Il est inutile de dire que, pendant cette causerie animée, chacune des deux demoiselles mettait naturellement le ton de la conversation au diapason de ses sentiments intérieurs, et que par conséquent, elle dégénéra bientôt en une sorte d'altercation qui, petit à petit, prit les proportions d'une véritable querelle et menaçait de tourner à la violence, quand les deux rivales, ruisselant de larmes, s'écrièrent, comme d'un commun accord, que jamais elles n'avaient entendu parler de chose pareille. Cette exclamation les sauva, car elle amena une récrimination qui amena une explication. Enfin, pour le bouquet, les voilà qui tombèrent dans les bras l'une de l'autre pour se jurer une amitié éternelle. C'était, à ma connaissance, la cinquante-deuxième représentation de cette cérémonie touchante en un an.

Maintenant qu'elles se trouvaient une fois de plus dans les termes de la plus parfaite amitié, la conversation se tourna naturellement sur le nombre et la nature des objets de toilette indispensables à miss Price pour faire son entrée dans la sainte profession du mariage. Aussi Mlle Squeers profita-t-elle de l'occasion pour troubler l'esprit de sa jeune amie en lui démontrant clair comme le jour qu'elle ne pouvait se passer décemment de ceci, de cela, c'est-à-dire d'une foule de jolies choses, toutes plus nécessaires les unes que les autres, qu'elle savait bien que les moyens de miss Price ne lui permettaient pas de se procurer. Puis, par une transition facile, elle amena sur le tapis la description de sa garde-robe, dont elle n'eut garde d'oublier toutes les magnificences, et finit par emmener en haut son amie pour en faire une inspection plus détaillée. On déploya donc tous les trésors de deux commodes et d'une armoire, et l'on en essaya tous les menus ornements; mais le temps passe si vite, et miss Price était si pressée de retourner chez elle! il fallut s'arracher au spectacle ravissant des belles robes, et surtout d'une écharpe lilas toute neuve qui l'avait pétrifiée d'admiration. Miss Squeers, mise en belle humeur, promit d'accompagner son amie une partie du chemin pour avoir plus longtemps le plaisir de sa société, et elles partirent ensemble. Pendant tout ce temps, miss Squeers ne tarit pas sur le mérite de son père et sur son revenu qu'elle exagéra quelque peu, en ajoutant un zéro à la droite du dernier chiffre, pour donner à miss Price une faible idée de la vaste importance et de la supériorité de sa famille.

C'était justement l'heure où la règle de la pension mettait un court intervalle de récréation, chaque jour, entre l'exercice que M. Squeers, d'humeur plaisante, qualifiait du titre de dîner des élèves, et leur rentrée à l'étude où ils poursuivaient avec tant de profit le cours des connaissances utiles enseignées dans l'établissement. Nickleby ne manquait jamais de profiter de cette heure de liberté pour faire au dehors sa promenade mélancolique et méditer, en trottant au hasard à travers le village, sur toutes les misères de sa condition.

Miss Squeers connaissait à merveille cette coïncidence heureuse, mais peut-être qu'elle l'avait oubliée, car elle n'eut pas plutôt aperçu le jeune gentleman marchant à leur rencontre, qu'elle manifesta une foule de symptômes de surprise et de consternation; elle prévint même son amie qu'elle allait se trouver mal.

« Voulez-vous que nous retournions sur nos pas, ou que nous entrions vite dans quelque cottage? demanda miss Price; il ne nous a pas vues.

— Non, Tilda, répondit Mlle Squeers; mon devoir est d'aller jusqu'au bout; je ferai mon devoir. »

En prononçant ces belles paroles, miss Squeers avait pris le ton d'une personne qui s'est arrêtée à une décision magnanime, et, deux ou trois fois, obligée de reprendre sa respiration parce qu'elle étouffait, elle fit assez voir l'état de son cœur violemment oppressé. Son amie ne se permit aucune observation, et elles allèrent droit au-devant de Nicolas qui, marchant les yeux baissés, ne les vit pas même approcher avant qu'elles lui barrassent presque le chemin. Autrement il est probable qu'il se fût détourné lui-même.

« Bonjour, dit-il en passant, et il s'inclina.

— Le voilà qui s'en va, murmura miss Squeers. Tilda, je vais étouffer, c'est sûr.

— Monsieur Nickleby! venez vite, bien vite, cria miss Price, affectant de craindre l'effet de cette menace d'étouffement, mais, il faut le dire, entraînée plutôt par un désir malicieux d'entendre ce que Nicolas allait dire : venez vite, monsieur Nickleby. »

M. Nickleby vint en effet, retournant sur ses pas, et demanda, avec les signes de la plus grande confusion, si c'était que ces dames eussent quelque commission à lui donner.

« Nous n'avons pas le temps de causer, répondit miss Price

tout en émoi ; soutenez-la seulement de l'autre côté. Comment te sens-tu, ma chère ?

— Mieux, dit Mlle Squeers avec un grand soupir et reposant doucement sur l'épaule de M. Nickleby un chapeau de castor marron avec un voile vert ; quelle sotte défaillance qui m'a prise !

— Pas si sotte, ma chère, dit miss Price, l'œil étincelant de malice en voyant l'embarras de Nicolas ; tu aurais bien tort d'en être honteuse ! C'est à ceux qui sont trop orgueilleux pour revenir tout bonnement à en être honteux.

— Il paraît que c'est un parti pris chez vous, dit Nicolas en souriant, de me mettre cela sur le dos, malgré mes protestations d'hier au soir que ce n'était point du tout ma faute.

— Tu le vois, ma chère ; il dit que ce n'était pas sa faute, reprit avec malice Mlle Price. Peut-être aussi auras-tu été trop jalouse ou trop vive avec lui ? Il dit que ce n'était pas sa faute ; tu l'as bien entendu. Je pense que l'excuse est suffisante.

— Vous ne voulez donc pas me comprendre ? dit Nicolas. Voyons, finirons-nous cette mauvaise plaisanterie ? car enfin, je n'ai ni le goût ni le loisir de vous prêter à rire pour votre amusement.

— Que voulez-vous dire ? demanda miss Price, simulant un profond étonnement.

— Ne lui fais pas de question, cria Mlle Squeers, je lui pardonne.

— Diantre ! dit Nicolas, sentant le castor marron se reposer de nouveau sur son épaule, où il se trouvait bien apparemment, cela devient plus sérieux que je ne croyais. Permettez. Voulez-vous avoir la bonté de m'entendre ? »

Là-dessus il releva le castor marron et, surprenant, avec un étonnement véritable, un regard de tendre reproche à son adresse, il fit quelques pas en arrière pour se mettre à distance du précieux fardeau, et continua ainsi :

« Je suis désolé, vraiment et sincèrement désolé d'avoir été l'occasion d'une scène entre vous, hier au soir. Vous ne sauriez croire combien je me reproche amèrement d'avoir eu le malheur d'occasionner votre querelle ; mais je vous assure que c'est sans aucune intention et par pure étourderie.

— Eh bien ! est-ce là tout ce que vous avez à dire ? s'écria miss Price, voyant que Nicolas s'en tenait là.

— Non, j'ai peur d'être obligé en conscience de m'expliquer plus clairement, bégaya Nicolas avec un demi-sourire, et regardant en face Mlle Squeers, mais.... en vérité, je ne sais comment aborder une supposition pareille, sans avoir l'air d'être assez fat pour y croire. Cependant voulez-vous me permettre de demander si mademoiselle suppose que j'ai conçu.... en un mot si elle pense que je suis devenu amoureux d'elle?

— Délicieux embarras! se disait en elle-même Mlle Squeers. Enfin! je l'ai amené à une déclaration, réponds pour moi, ma chère, dit-elle à l'oreille de son amie.

— Si elle le croit? répondit miss Price, certainement qu'elle le croit.

— Elle le croit! s'écria Nicolas, d'une énergie qu'avec un peu de bonne volonté on pouvait prendre pour une exclamation de bonheur.

— Eh! certainement, riposta miss Price.

— Si M. Nickleby a pu en douter jusqu'à présent; Tilda, dit Mlle Squeers de l'accent le plus tendre, et la rougeur au front, il peut être rassuré, ses sentiments sont payés de re....

— Arrêtez, cria Nicolas en l'interrompant avec vivacité. Veuillez m'entendre. C'est l'illusion la plus grossière et la plus étrange, c'est la méprise la plus complète et la plus singulière, que jamais personne ait pu commettre ou concevoir. J'ai à peine vu mademoiselle une douzaine de fois, mais je l'aurais vue soixante, ou je pourrais la voir encore soixante mille fois, que ce serait et que ce sera toujours exactement la même chose. Je n'ai qu'une pensée, je ne nourris qu'une espérance, je n'ambitionne qu'un but, et je ne le dis pas pour offenser mademoiselle, mais pour lui expliquer mes véritables sentiments; cette pensée, cette espérance, ce but cher à mon cœur, c'est de me voir un jour à même de tourner le dos à cette maudite baraque, de ne plus y mettre les pieds, de l'oublier enfin si je puis, à moins que ce ne soit pour y penser avec un profond dégoût. »

Après cette déclaration bien franche et bien explicite, faite avec toute la véhémence que pouvaient lui inspirer son indignation et sa colère, Nicolas se retira sans demander son reste.

Oui, mais la pauvre Mlle Squeers! Qui pourrait décrire sa fureur, sa rage, son dépit, le tourbillon d'amères et brûlantes pensées qui se succédèrent dans son esprit? Refusée! et par qui! par un pion, venu, sur réclame de journaux, pour gagner un salaire de 125 francs par an, payables Dieu sait quand! trop heureux de partager le logement et la nourriture des élèves mêmes. Et devant qui? devant une méchante petite fille de meunier, qui allait, à peine âgée de dix-huit ans, se marier dans trois semaines à un homme amoureux fou, à genoux devant elle. Oh! elle aurait volontiers crevé de dépit à l'idée d'une pareille humiliation.

Cependant, au milieu de ces mortifications, une consolation lui reste : maintenant qu'il est clair qu'elle a le droit de haïr et de détester Nicolas à cœur joie, digne fille de la noble maison des Squeers, elle va pouvoir tous les jours, à chaque heure du jour, humilier l'orgueil de cet homme, et lui infliger quelque vengeance par ces petites insultes, ces privations répétées, auxquelles ne pourrait résister la créature la plus insensible, mais plus insupportables encore pour un vaniteux comme Nicolas. Une fois ce plan bien arrêté dans son esprit, elle se tira du mieux qu'elle put de cette entrevue malencontreuse sous les yeux de son amie, en déclarant que décidément l'originalité et le caractère emporté de M. Nicolas lui faisaient craindre d'être obligée de renoncer à lui, et là-dessus elle la quitta.

Il faut dire aussi que miss Squeers, quand elle avait gratifié Nicolas de son affection, ou de ce qu'à défaut d'affection elle pouvait lui donner de mieux dans ce genre, n'avait jamais un moment supposé la possibilité de le trouver là-dessus d'une autre opinion que la sienne. Miss Squeers partait de ce principe : premièrement qu'elle était belle et attrayante; puis que son père était le maître de Nicolas, Nicolas le serviteur de son père; que M. Squeers avait de l'argent devant lui, que Nicolas n'avait pas un sou : comment ne pas croire, après des arguments si concluants, que le jeune homme ne se sentirait pas honoré de la préférence! Elle n'avait pas manqué non plus de supputer tous les avantages qu'il trouverait dans son amitié, pour rendre sa situation dans la maison plus agréable, tous les inconvénients au contraire qu'il y aurait pour lui à en faire son ennemie. Et en effet, il y a bien des jeunes gens moins scrupuleux que Nicolas qui auraient encouragé ses chimères extravagantes, ne fût-ce que par la considération de ces raisons palpables et très-évidentes. Et cependant lui, Nickleby, il n'avait pas craint de faire tout le contraire, il avait défié la rage de Mlle Squeers!

« C'est bon! il verra, dit la jeune demoiselle furieuse, quand elle eut regagné sa chambre, et soulagé son cœur par quelques bons soufflets administrés à Phœbé. Il verra si je ne lui détache pas un peu bien ma chère mère, quand elle va revenir! »

En vérité Mme Squeers était déjà assez mal disposée envers lui pour que miss Fanny pût se dispenser de l'exciter encore, cependant elle tint parole. Et le pauvre Nicolas, déjà mal nourri, logé d'une manière indécente, condamné à voir autour de lui le spectacle continuel d'une avarice sale et sordide, se vit dès lors, par-dessus le marché, en butte à tous les indignes traitements que peut suggérer une noire malice, ou la plus rapace cupidité.

Encore si on se fût borné là! Mais on avait inventé un système de vexation bien plus machiavélique qui lui navrait le cœur et le mettait presque hors de lui, tant il était injuste et barbare.

Cette malheureuse créature, Smike, depuis le soir où Nicolas lui avait parlé avec bonté dans la classe, l'avait suivi partout, incessamment occupé des moyens de lui rendre quelque petit service. Il allait au-devant de tous ses besoins pour les satisfaire avec tout le zèle dont son humble intelligence le rendait capable, et se trouvait heureux rien que d'être près de lui. On le voyait assis à côté de lui des heures entières, les yeux patiemment fixés sur sa figure. Un mot de M. Nickleby suffisait pour illuminer son visage altéré par le chagrin, et pour y jeter en passant comme un reflet de bonheur. Il n'était plus le même, maintenant qu'il avait un but. Car il en avait un désormais : c'était de rendre de l'attachement à la seule personne qui, pour lui être tout à fait étrangère, ne l'en avait pas moins traité sinon comme un ami, au moins comme une créature humaine.

C'était sur ce malheureux que se vengeaient toute la rancune et la mauvaise humeur de chaque instant qui n'osaient s'épancher sur Nicolas. La peine et le travail n'étaient rien pour lui, il en avait si bien contracté l'habitude. Des soufflets donnés sans aucune apparence de raison, il les aurait encore soufferts comme une condition de son rôle misérable, car il avait appris à s'y faire aussi par un long et rude apprentissage. Mais, sitôt qu'on se fut aperçu qu'il s'attachait à Nicolas, c'étaient tous les jours, et le soir et le matin et à midi, des soufflets et des claques, des claques et des soufflets qu'on lui donnait pour tout potage. Squeers était jaloux de l'influence qu'avait gagnée son sous-maître en si peu de temps : quant à sa famille, elle le haïssait. Smike payait donc pour deux. Nicolas le voyait bien et grinçait des dents chaque fois qu'il était témoin de ces vengeances lâches et barbares.

Il venait de faire un plan de leçons régulières à donner aux enfants; et, un soir qu'il se promenait de long en large dans l'affreuse salle d'étude, son cœur se soulevait à l'odieuse pensée que sa protection et sa bienveillance n'avaient fait qu'accroître la misère de l'être misérable dont l'isolement absolu avait d'abord éveillé sa pitié, lorsque ses pas s'arrêtèrent machinalement dans un coin obscur où était assis le triste objet de ses réflexions.

Le pauvre malheureux se pâmait sur un livre en lambeaux, la

figure encore tout humide des traces de ses larmes récentes. Il faisait de vains efforts pour obtenir un résultat qu'un enfant de neuf ans, de moyens ordinaires, n'aurait pas eu de peine à obtenir mieux que lui. Mais lui, avec le trouble et la confusion que la brutalité de son tyran avait jetés dans sa cervelle de dix-neuf ans, tout était pour lui lettres closes, mystère et désespoir. Pourtant il restait assis dans son coin avec patience à répéter sans fin la page indiquée, non qu'il fût stimulé par un sentiment d'ambition enfantine, car il était le plastron et le pâtira, même des êtres grossiers dont il était entouré; mais il se sentait inspiré par l'unique et vif désir de faire plaisir au seul ami qu'il eût au monde.

Nicolas lui mit la main sur l'épaule.

« Je ne peux pas y réussir, dit la malheureuse créature, levant la tête, avec un amer désappointement peint dans tous les traits de son visage; non, je ne peux pas.

— Pourquoi l'essayez-vous? » répliqua Nicolas.

Le pauvre garçon branla la tête, et fermant son livre avec un soupir, porta autour de lui un regard vague et reposa sa tête sur son bras : il pleurait.

« Au nom du ciel, dit Nicolas d'une voix émue, ne pleurez pas, je ne peux pas souffrir de vous voir en cet état.

— Aussi, on me traite plus durement que jamais, dit Smike en sanglotant.

— Je le sais bien, reprit Nicolas, cela est vrai.

— Si ce n'était pas vous, dit la victime de Squeers, je serais déjà mort : on me tuerait, oui, on me tuerait; je suis sûr qu'on le ferait.

— Vous ne serez pas si maltraité, reprit Nicolas, remuant la tête d'un air triste, quand je serai parti.

— Parti! cria l'autre, en le regardant attentivement en face.

— Allons, soyez calme. Oui, parti.

— Est-ce que vous partez? demanda Smike, avec vivacité et à voix basse.

— Je n'en sais rien, répliqua Nicolas : je me parlais à moi-même sans trop songer que vous étiez là.

— Dites-moi, insista Smike d'un ton suppliant : oui, dites-moi, est-ce que vous partirez, dites?

— J'y serai bien contraint à la fin; mais bah! j'ai le monde devant moi, après tout.

— Le monde, demanda Smike, dites-moi : le monde est-il aussi mauvais et aussi triste que cette prison?

— Dieu merci! non, répondit Nicolas suivant le cours de

ses propres pensées; ses peines les plus rudes, ses travaux les plus pénibles seraient encore le bonheur en comparaison.

— Et irai-je vous y retrouver? demanda Smike avec une volubilité de paroles et une vivacité de transports qui ne lui étaient pas ordinaires.

— Oui, répondit Nicolas qui voulait calmer son agitation.

— Non, non, laissez-moi, dit l'autre, en lui serrant la main. Irai-je vous retrouver, dites? oh! répétez-moi que oui, que je serai sûr de vous retrouver.

— Certainement, répliqua Nicolas avec le même sentiment d'humanité, et je vous viendrai en aide; et je vous secourrai, et je ne serai pas pour vous une source de chagrins nouveaux comme je l'ai été ici. »

Alors, l'infortuné, dans son délire, prit les deux mains du jeune homme, les pressa dans les siennes, les serra contre sa poitrine, pendant que sa voix éclatait en une foule de sons inarticulés tout à fait inintelligibles. Mais, en voyant entrer Squeers, dans ce moment, il se recula bien vite au fond de son vieux coin.

CHAPITRE XIII.

Où Nicolas varie la monotonie du séjour de Dotheboys-Hall par un acte de vigueur remarquable dont les conséquences ne sont pas sans importance.

L'aube froide et obscure d'une matinée de janvier commençait à éclairer furtivement les fenêtres du dortoir commun, lorsque Nicolas, la tête appuyée sur son bras, se mit à plonger ses regards à travers toutes les formes étranges dont il était entouré, comme s'il était à la recherche de quelque objet particulier.

Il fallait de bons yeux pour démêler, dans cette masse confuse d'enfants endormis, les traits de chacun d'eux. En effet, ils étaient couchés par groupes serrés : et, pour se réchauffer, chaque nichée s'était couverte de ses vêtements rapiécés ou en guenilles, sous lesquels on ne pouvait guère distinguer que le profil anguleux de quelque figure pâle, plus pâle encore par la sombre lueur que répandait sur elle le jour naissant. Çà et là, on voyait sortir des draps un bras osseux, dont la maigreur, mise à découvert, affrontait pleinement les regards dans sa hideuse nudité. Il y avait des enfants qui, étendus sur le dos, le visage en l'air, les mains crispées, éclairés par un jour de plomb, ressemblaient plutôt à des cadavres qu'à des créatures vivantes. Il y en avait d'autres qui étaient ramassés en une foule de postures fantastiques et bizarres, et l'on voyait bien qu'elles étaient moins le résultat des caprices du sommeil que des efforts pénibles qu'ils avaient faits avant de s'endormir, pour se roidir contre la douleur. Quelques autres, le petit nombre, et les plus jeunes, dormaient d'un sommeil paisible, et le sourire sur les lèvres; sans doute ils se croyaient chez eux dans leurs songes. Mais on entendait près d'eux des soupirs pesants et profonds qui venaient rompre le silence général, et qui annonçaient que quelqu'un parmi eux venait de s'éveiller pour recommencer une nouvelle journée de misère. Et, à mesure que les rayons du matin chassaient les ténèbres de la nuit, les sourires s'enfuirent aussi avec l'ombre heureuse qui les avait fait naître.

Les songes sont comme les esprits légers des poëmes et des légendes. Ils prennent leurs ébats sur la terre pendant les heures de la nuit, et puis ils fondent et disparaissent au premier rayon du soleil, pour faire place aux soucis rongeurs et à la triste réalité, qui continuent pendant le jour leur pèlerinage à travers le monde.

Nicolas regardait les enfants endormis, d'abord avec l'air d'un homme qui, pour être familiarisé avec la scène présente à ses yeux, n'en a pas conservé moins vive l'impression douloureuse qu'il en ressent, puis, après, il semblait chercher avec un soin plus inquiet quelque objet qui se dérobait à sa vue et qu'il ne rencontrait pas à sa place accoutumée. C'était là le soin dont il était encore occupé, à moitié sorti de son lit, dans l'ardeur de sa recherche, lorsque l'on entendit la voix de Squeers retentir au bas de l'escalier.

« Eh bien! n'allez-vous pas dormir toute la journée? allons, debout!

— Chiens de paresseux! » ajouta Mme Squeers comme pour arrondir la phrase, et, en même temps, on entendait un son criard assez semblable au cri d'une scie ou d'un lacet qui passe dans les œillets d'un corset.

« Nous allons descendre tout de suite, monsieur, répliqua Nicolas.

— Descendre tout de suite! dit Squeers. Vous ferez, parbleu! bien de descendre tout de suite, ou je vais en descendre moi-même quelque-uns en moins de temps que cela : où est ce drôle de Smike ? »

Nicolas jeta un regard rapide autour de lui sans répondre.

« Smike, criait à tue-tête M. Squeers.

— Smike ! est-ce que vous voulez encore vous faire casser la tête ? » demanda son aimable épouse, mettant sa voix à l'unisson avec celle de son mari.

Pas de réponse encore ; seulement Nicolas ouvrait de grands yeux, ainsi que la plupart des enfants qui venaient de se lever.

« Que le diable confonde le coquin ! murmura Squeers en exerçant sa canne avec impatience contre la rampe de l'escalier. Nickleby !

— Eh bien, monsieur ?

— Envoyez-moi ce drôle, vous ne m'entendez donc pas ?

— Il n'est pas ici, monsieur, répliqua Nicolas.

— Pas de mensonges : je sais qu'il y est.

— Il n'y est pas, riposta Nicolas avec colère.

— Nous allons bientôt voir cela, dit M. Squeers, en montant avec précipitation. Je saurai bien le trouver, je vous en réponds. »

Sur cette assurance, M. Squeers tomba comme une bombe dans le dortoir, et, brandissant sa canne dans les airs, toute prête à s'abaisser sur quelque victime, il la plongea dans le coin obscur où le corps chétif du pauvre souffre-douleur s'étendait tous les soirs, mais la canne retomba sur le carreau sans faire de mal à personne : les oiseaux étaient dénichés.

« Qu'est-ce que cela veut dire ? dit Squeers se retournant pâle comme un mort, où l'avez-vous caché ?

— Je ne l'ai seulement pas vu depuis hier au soir, répondit Nicolas.

— C'est bon, dit Squeers, évidemment mal à son aise, malgré ses efforts pour dissimuler son inquiétude. Ce n'est pas comme cela que vous lui rendrez service. Où est-il ?

— Au fond de la mare, je suppose, reprit Nicolas à voix basse, les yeux fixés en plein sur la face du maître.

— Sacré nom !... Qu'est-ce que vous entendez par là ? » s'écria Squeers dans un grand trouble ; puis, sans attendre de réponse, il demanda aux enfants s'il y en avait parmi eux qui pût donner quelque renseignement sur la disparition de leur camarade.

Au milieu d'un bourdonnement général qui signifiait : « je n'en sais rien, » on entendit une voix perçante qui cria plus franchement que les autres :

« Pardon, monsieur, je crois que Smike s'est sauvé, monsieur.

— Oh! dit Squeers promenant ses yeux sur les élèves assemblés. Qui a dit cela?

— C'est Tomkins, monsieur, » répondirent toutes les voix. M. Squeers fit le plongeon dans cette foule, et, du premier coup, ramena un tout petit garçon, encore orné de sa chemise et de son bonnet de nuit, dont la physionomie, pendant cet enlèvement rapide, trahissait une grande perplexité : car il se demanda si c'était pour le punir ou pour le récompenser de sa réponse candide que M. Squeers venait de le prendre. Il fut bientôt fixé sur ce point.

« C'est vous, monsieur, qui pensez que Smike s'est sauvé? demanda Squeers.

— Oui, monsieur, s'il vous plaît, répondit le petit garçon.

— Et quelles raisons, monsieur, dit Squeers saisissant tout à coup le petit garçon par les bras, et soulevant avec beaucoup de dextérité sa chemise par derrière; quelles raisons avez-vous de supposer qu'un de vos camarades chercherait à se sauver de cet établissement? hein, monsieur? »

L'enfant, en guise de réponse, poussa un cri plaintif, pendant que M. Squeers, se plaçant dans l'attitude la plus favorable pour ne rien perdre de ses forces dans cette exécution, se mit à fouetter le petit drôle jusqu'à ce qu'enfin, à force de se tortiller, il lui échappa des mains, et, grâce à la clémence de son bourreau, roula, sans être poursuivi, tout le long de l'escalier.

« Là! dit Squeers; maintenant, s'il y a quelque autre élève qui pense que Smike s'est sauvé, je ne demande pas mieux que d'avoir avec lui un petit bout de conversation. »

Naturellement, il y eut un profond silence, pendant lequel Nicolas laissait percer sur sa figure le plus profond dégoût.

« Eh bien! Nickleby, dit Squeers lui jetant une œillade malicieuse; et vous, vous croyez qu'il s'est sauvé? je suppose.

— Je crois que c'est extrêmement probable, répondit Nicolas tout tranquillement.

— Ah! vous croyez, vous croyez, dit Squeers en ricanant. Peut-être même que vous ne faites pas que de le croire.

— Pour ce qui est de le savoir, je n'en sais rien.

— Il ne vous a pas dit où il allait, je suppose, n'est-ce pas? poursuivit Squeers ricanant toujours.

— Non, et j'en suis bien aise, car alors c'eût été mon devoir de vous en prévenir immédiatement.

— Ce qui vous aurait diablement coûté, reprit Squeers d'un air insultant.

— C'est vrai ; vous interprétez mes sentiments avec une grande fidélité. »

Mme Squeers avait écouté toute cette conversation du bas de l'escalier ; mais enfin, à bout de patience, elle passa à la hâte sa camisole de nuit, et perça jusque sur le théâtre où trônait son mari.

« Qu'est-ce que c'est donc que tout ce train-là ? dit-elle, pendant que les élèves se rejetaient en arrière à droite et à gauche pour lui épargner la peine de se faire un passage à l'aide de ses bras robustes. Qu'est-ce que vous avez donc à bavarder avec lui, mon petit Squeers ?

— Dame ! ma chère, dit Squeers, le fait est que Smike est perdu.

— C'est bon, je connais cela, dit la dame, et je ne m'en étonne pas. Quand vous prenez un tas de pions orgueilleux qui ameutent tous ces petits chiens-là...., que voulez-vous faire ? A présent, jeune homme, faites-moi l'amitié de tirer vos guêtres, et promptement, et de vous dépêcher, et de vous en aller à l'étude, et d'emmener les élèves, et de ne pas en bouger sans permission, ou bien vous et moi nous pourrions avoir une petite discussion où vous laisseriez une partie de vos agréments, bel idolâtre, et je vous en réponds.

— Ah ! vraiment ? dit Nicolas.

— Oui, vraiment ; et puis vraiment encore, méchant singe, dit la dame en fureur ; et vous ne resteriez pas une heure de plus dans la maison si j'étais ma maîtresse.

— Ni moi non plus si j'étais mon maître. Allons, messieurs.

— Allons, messieurs, dit Mme Squeers, en singeant de son mieux la voix et le ton du maître, suivez votre chef, messieurs, et prenez modèle sur Smike, si vous l'osez ; regardez bien ce qu'il va gagner à cela, quand on le ramènera, et n'oubliez pas, je vous le répète, que vous ferez bien de ne pas vous exposer à pis, en ouvrant seulement la bouche pour parler de lui.

— Que je l'attrape, dit Squeers, et il sera bien heureux si je ne l'écorche pas tout vif ; rappelez-vous bien cela, tous.

— Si vous le rattrapez, reprit Mme Squeers d'un air de mépris ; c'est bon ! et comment feriez-vous pour ne pas le rattraper, si vous vous y prenez bien ? Allons, décampez, vous autres. »

A ces mots, Mme Squeers congédia les élèves, et, après un léger trouble dans les rangs causé par l'empressement de la queue, qui ne demandait qu'à dételer plus vite que la tête, le dortoir étant évacué, elle se trouva en tête-à-tête avec son époux.

« Il n'est pas ici, dit Mme Squeers; l'écurie et l'étable sont fermées à clef, il ne peut donc pas y être; il n'est pas non plus en bas, car la fille l'a cherché partout. Il faut qu'il soit allé du côté d'York, et encore par la grande route.

— Pourquoi cela? demanda Squeers.

— Faut-il que vous soyez stupide, dit Mme Squeers courroucée; il n'avait pas d'argent, n'est-ce pas?

— Il n'a jamais su de sa vie ce que c'était que d'avoir un sou, répliqua Squeers.

— Assurément, reprit sa dame; et, de plus, je puis vous répondre qu'il n'a rien emporté pour manger en route. Ha! ha! ha!...

— Ha! ha! ha!... fit Squeers riant à l'unisson.

— Eh bien! alors, dit Mme Squeers, il faut donc bien qu'il demande l'aumône en chemin, ce qu'il ne peut faire que sur la grande route.

— C'est vrai, s'écria Squeers battant des mains.

— Certainement que c'est vrai, mais ce n'est pas vous qui y auriez jamais pensé sans moi, reprit sa femme; maintenant, vous n'avez qu'à prendre la carriole; moi, j'emprunterai celle de Swallows; nous irons chacun de notre côté : nous tiendrons les yeux bien ouverts, nous nous informerons le long du chemin, et nous aurions bien du malheur si l'un de nous ne mettait pas la main dessus. »

Le plan de la vénérable Mme Squeers fut adopté et mis à exécution sans délai. Après un déjeuner fait à la hâte et quelques informations prises dans le village, dont le résultat fut de les convaincre qu'ils étaient bien sur la trace, Squeers partit dans sa carriole, bien décidé à découvrir et à punir sa victime. Presque aussitôt Mme Squeers, encadrée dans son capuchon blanc et cuirassée d'une infinité de châles et de mouchoirs bien serrés autour d'elle, s'élança dans une autre direction, trônant au haut d'une autre carriole.

Elle s'était munie d'une trique de taille raisonnable, de quelques bouts de grosse corde, et s'était donné pour garde du corps un grand et robuste manœuvre. Tout avait donc été prévu et exécuté pour assurer le but de l'expédition, la prise du fugitif. Une fois au pouvoir de l'ennemi, il ne pouvait échapper.

Nicolas restait à la maison dans une grande agitation d'esprit; il savait bien que, quelle que fût l'issue de l'évasion de Smike, il n'en pouvait toujours résulter que des conséquences pénibles et déplorables; la mort, suite nécessaire des privations, de la faim, du froid, ne pouvait manquer d'atteindre à la longue, dans sa fuite errante, un être si malheureux et si borné, seul, sans amis, à travers un pays qui lui était tout à fait inconnu. Il est vrai que la mort valait bien pour lui le sort qui l'attendait au retour, sous la tyrannie impitoyable du maître de pension de Dotheboys-Hall. Mais ce qui lui brisait le cœur, en pensant aux souffrances que Smike aurait à subir, c'est qu'en fuyant sa prison, sans doute il avait compté sur la sympathie et la pitié de son jeune protecteur. Il était donc abattu, dans une anxiété inexprimable, rêvant une foule de chimères, lorsque le lendemain soir il vit entrer Squeers seul et humilié du mauvais succès de ses recherches.

« Pas de nouvelles du vagabond, » dit-il.

Et l'on voyait dans sa démarche que, fidèle à son vieux principe, il avait dû bien des fois, pendant son voyage, descendre pour se dégourdir les jambes.

« Il faudra que je me console sur quelque autre gibier, Nickleby, si Mme Squeers n'est pas plus heureuse dans sa chasse; je vous en avertis.

— Je regrette, monsieur, dit Nicolas, qu'il ne soit pas en mon pouvoir de vous offrir les consolations dont vous parlez. Cela m'est bien égal.

— Ah! cela vous est égal! dit Squeers d'un ton menaçant; nous verrons.

— Eh bien! nous verrons.

— Voilà mon poney qui s'est couronné et que j'ai été obligé de remplacer, pour revenir, par un cheval de louage. J'en ai pour dix-neuf francs soixante-quinze, sans compter les autres frais. Qui est-ce qui me les payera? qu'en dites-vous? »

Nicolas haussa les épaules et garda le silence.

« Il faudra bien que quelqu'un me les paye, continua Squeers qui avait quitté son ton habituel et ses manières cauteleuses pour prendre ouvertement des airs de bravache. Il ne s'agit pas ici, monsieur le caniche, de faire le beau en remuant la queue; à cette niche, et bien vite, car voilà l'heure d'aller se coucher. Allons! qu'on détale. »

Nicolas se mordit les lèvres et serra les poings par un mouvement involontaire, car les doigts lui démangeaient, et il aurait sur-le-champ fait expier à M. Squeers cette insulte. Mais il se rappela que cet homme était ivre, et que ce ne serait qu'une scène de tapage indigne de lui. Il se contenta donc de lancer un regard de mépris à ce petit tyranneau et se mit à monter au dortoir majestueusement; non, cependant, sans être piqué au vif de voir que Mlle Squeers, le jeune maître Squeers et la servante elle-même, placés dans un petit coin propice, paraissaient faire leur bonheur de cette scène délicieuse. Il entendait les deux premiers faire à l'envi une foule de remarques édifiantes sur les parvenus présomptueux, et se livrer ensuite à une immense variété d'éclats de rire, dont la plus misérable de toutes les servantes prenait aussi sa part. Navré de toutes ces pensées, Nicolas alla se cacher sous ses couvertures, fermement résolu à régler ses comptes avec M. Squeers plus tôt peut-être que l'autre ne l'avait espéré. Quand le jour reparut, Nicolas était à peine éveillé, qu'il entendit le bruit des roues d'une carriole qui s'approchait de la maison; elle s'arrêta. La voix de Mme Squeers retentit. Dans l'ivresse de son triomphe, elle ordonnait de préparer un petit verre pour quelqu'un, preuve évidente qu'il était arrivé quelque chose d'extraordinaire. Nicolas n'avait pas le courage de regarder par la fenêtre. Cependant, il finit par s'y résoudre, et le premier objet qui frappa sa vue ce fut le malheureux Smike, tellement couvert d'éclaboussures, tellement trempé par la pluie, si hagard, si abattu, si découragé, que, s'il ne l'avait pas reconnu à ses vêtements, véritable épouvantail contre les moineaux, il aurait pu douter de son identité.

« Qu'on l'enlève, dit Squeers après avoir littéralement régalé ses yeux en silence de la confusion du coupable. Qu'on me l'apporte! qu'on me l'apporte!

— Prenez garde, cria Mme Squeers pendant que son mari venait l'aider à descendre. Nous lui avons lié les jambes sous le tablier de la carriole, et nous l'avons attaché bien serré, par derrière, pour l'empêcher de nous fausser encore compagnie. »

Squeers, de ses mains tremblantes de joie, se mit à délier la corde; quant à Smike, on le porta plus mort que vif dans l'intérieur de la maison, où on l'enferma soigneusement dans une cave, en attendant que M. Squeers choisît son temps pour lui travailler les côtes en présence de la pension réunie.

A la première vue, il pourrait paraître surprenant à quelques personnes que M. et Mme Squeers se fussent donné tant de peine pour reconquérir ainsi un embarras de plus, car ils ne cessaient de s'en plaindre à tout bout de champ; mais on sera moins étonné si l'on veut bien réfléchir que Smike leur faisait, à lui seul, un service qui n'aurait pas coûté à l'établissement moins de douze ou quinze francs par semaine, s'ils ne l'avaient pas eu.

Et puis, d'ailleurs, c'était un principe politique dont on ne se départait pas à Dotheboys-Hall, qu'il fallait toujours faire un exemple sévère sur tous les fugitifs; sans quoi, n'étant plus retenus par la crainte, tous les petits garçons qui pouvaient avoir des jambes et qui savaient en faire usage ne seraient pas restés longtemps à l'école par pur amour du bien-être dont ils y jouissaient. La nouvelle que Smike avait été repris et ramené en triomphe se répandit de proche en proche comme le feu grégeois dans toute cette petite population affamée, et ils restèrent là sur le qui-vive toute la matinée, regardant sur la pointe du pied si la représentation n'allait pas commencer. Cependant, ils devaient rester sur la pointe du pied jusqu'au milieu du jour; car Squeers avait voulu dîner pour prendre des forces, et se donner du cœur par des libations fréquentes. Quand il se sentit en état, on le vit apparaître accompagné de son aimable épouse, le visage animé, l'œil expressif, le bras armé d'un terrible instrument de flagellation, fort, souple, goudronné, enfin un fouet tout neuf acheté le matin même tout exprès pour l'exécution.

« Tous les élèves sont-ils ici? » demanda Squeers d'une voix de tonnerre.

Tous les élèves y étaient bien, mais pas un n'osait répondre. Squeers promena ses yeux dans tous les rangs pour s'en assurer lui-même, et, en rencontrant ses regards, tous les yeux se baissèrent, toutes les têtes se courbèrent.

« Que chacun reste en place, dit Squeers frappant sur son pupitre, comme c'était son usage favori, et contemplant avec une joie sombre le tressaillement universel qui ne manquait jamais de s'en suivre.. Nickleby, à votre pupitre, monsieur! »

Plus d'un témoin de cette scène put observer dans les traits du jeune maître une expression étrange qui ne lui était pas ordinaire. Cependant il alla s'asseoir à sa place sans desserrer les lèvres. Squeers, jetant un coup d'œil triomphal à son subalterne et un regard de despotisme universel sur les petits enfants, sortit un moment de l'étude pour y rentrer bientôt, traînant Smike qu'il tenait au collet; je me trompe, ce n'était pas un collet, ce n'était qu'un lambeau de sa veste, voisin de l'endroit où devait se trouver le collet, du temps qu'elle pouvait se flatter d'avoir encore cet ornement élégant.

Partout ailleurs, l'apparition d'un malheureux, harassé, désespéré, comme l'était Smike, eût été accueillie, du moins, par un murmure de compassion et de colère. Le seul effet qu'il produisit ici, c'est que les spectateurs inquiets s'agitaient sur leurs bancs, n'osant pas la plupart, ou c'étaient seulement les plus hardis, se jeter les uns aux autres un regard furtif d'indignation et de pitié.

Heureusement, ces regards échappèrent à Squeers, dont toute l'attention était concentrée sur le pauvre Smike, quand il lui demanda selon sa coutume invariable, en pareil cas, s'il avait quelque chose à dire pour sa défense.

« Rien, je suppose, » ajouta-t-il, grimaçant un rire diabolique.

Smike porta les yeux autour de lui, et les reposa un moment sur Nicolas, comme s'il s'attendait à le voir intercéder pour lui; mais Nicolas ne bougeait pas les siens de son pupitre.

« Avez-vous quelque chose à dire? demanda Squeers de nouveau, faisant faire à son bras droit trois ou quatre évolutions préparatoires, seulement pour essayer la force et la souplesse de ses moyens. Madame Squeers, ma bonne amie, prenez garde, retirez-vous un peu, c'est à peine si j'ai assez de place.

— Grâce, monsieur, cria Smike.

— Oh! voilà tout? rien de plus? dit Squeers; eh bien oui, je vais vous faire grâce de la vie, j'arrêterai mon bras avant que vous soyez tout à fait mort.

— Ha! ha! ha! et Mme Squeers se mit à rire: en voilà une bonne farce.

— J'y ai été poussé, dit Smike d'une voix défaillante et jetant de nouveau un regard suppliant autour de lui.

— Poussé! ah! vous y avez été poussé, dit Squeers; alors ce n'était pas votre faute, c'était la mienne, je suppose, — hein!

— Un méchant ingrat, un petit cochon, un chien d'animal, une brute obstinée, s'écria Mme Squeers en fourrant sous son bras la tête de Smike pour lui administrer à chaque épithète une taloche. Qu'est-ce qu'il veut dire par là?

— Laisse-le un moment, ma chère, répliqua Squeers, nous allons tirer cela au clair. »

Mme Squeers, que l'ardeur de ses vengeances avait mise hors d'haleine, lâcha Smike que Squeers saisit dans ses griffes. Déjà il l'avait frappé d'un coup terrible, et sa victime tressaillant sous le fouet poussait un cri de douleur: déjà il relevait le bras, brandissant son arme pour frapper un coup plus vigoureux encore, lorsque tout à coup Nicolas Nickleby saute de sa place, et d'une voix qui fait trembler les solives lui crie: « Arrêtez!

— Qui est-ce qui a crié: Arrêtez! dit Squeers jetant autour de lui des yeux égarés par la colère.

— Moi, dit Nicolas en s'avançant vers lui: que tout cela finisse.

— Que tout cela finisse! dit Squeers avec un cri de rage.

— Oui, » dit Nicolas d'une voix de tonnerre.

Dans une profonde stupeur d'une pareille hardiesse, Squeers lâcha Smike et, reculant d'un pas ou deux, fixa sur Nicolas un regard véritablement effrayant.

« Je l'ai dit, répéta Nicolas sans se laisser émouvoir, et cela finira. J'y mettrai ordre. »

Squeers prolongeait sur lui son regard terrible : les yeux lui sortaient de la tête : tout cela sans pouvoir dire un mot, car l'étonnement l'avait rendu muet.

« Vous n'avez eu aucun égard à mon intervention pacifique en faveur de ce pauvre garçon, dit Nicolas ; vous n'avez pas même répondu à la lettre dans laquelle je vous demandais son pardon et vous promettais qu'il resterait tranquille désormais sous ma responsabilité. Si donc j'interviens ici publiquement, vous ne pouvez m'en faire un reproche, prenez-vous en à vous-même, et non à moi.

— Voulez-vous vous rasseoir, va nu-pieds, cria Squeers hors de lui et ressaisissant Smike avec une rage nouvelle.

— Misérable, repartit Nicolas d'un air farouche, si vous le touchez, gare à vous! je ne suis pas là pour vous laisser faire: le sang me bout dans les veines, et je me sens la force de terrasser dix hommes comme vous : prenez-y garde, au nom du ciel, car si vous me poussez à bout, je ne vous manquerai pas.

— Retirez-vous! cria Squeers brandissant son arme.

— J'ai un long arriéré à solder, dit Nicolas rouge de colère, et mon indignation de toutes les insultes que j'ai souffertes s'accroît des lâches cruautés que vous exercez sur des enfants sans défense dans cette caverne abominable ; prenez-y garde, car si vous me mettez hors de moi, c'est sur votre tête qu'en retomberont de tout leur poids les funestes conséquences. »

Il n'avait pas fini, que Squeers, dans un transport de rage violent, poussant un cri semblable au hurlement d'une bête sauvage, lui cracha à la figure, et, levant son instrument de torture, lui en donna à travers la face un coup, qui lui laissa immédiatement une empreinte livide dans la chair.

Égaré par la douleur et concentrant en ce moment dans un même sentiment sa rage, son mépris et son indignation, Nicolas se jette sur lui, lui arrache le fouet, le prend d'une main à la gorge, et de l'autre il corrige le gredin jusqu'à ce qu'il demande quartier.

Les enfants, à l'exception de maître Squeers, qui, venant en aide à son père, harcelait l'ennemi sur les derrières, ne remuaient ni pieds ni mains. Mais Mme Squeers l'aidait à sa manière en poussant des cris de Mélusine, en se pendant aux pans d'habit de son époux pour essayer de l'arracher à son adversaire exaspéré, pendant que Mlle Squeers, qui avait regardé par le trou de la serrure, dans l'espérance de voir un autre dénoûment, se précipita dans l'étude dès la première attaque, faisant pleuvoir les encriers sur la tête de son prétendant prétendu, et battant de ses petites mains Nicolas à cœur joie, s'animant à chaque nouvel assaut par le souvenir de son amour dédaigné, et communiquant par ses pensées furibondes une force qui n'était point méprisable aux bras héréditaires qu'elle tenait de sa mère, et ce n'est pas peu dire.

Nicolas, dans le feu de l'action, ne ressentait pas plus les coups de miss Fanny que si elle l'avait caressé avec des plumes d'autruche, mais à la fin, fatigué de ce bruit et de ce désordre, et sentant que son bras allait se lasser, il ramassa pour en finir tout le reste de sa force dans une demi-douzaine de gourmades bien appliquées, et puis lança loin de lui Squeers de toutes ses forces. La violence du coup fit faire la culbute à Mme Squeers par-dessus un banc contre lequel Squeers alla se frapper la tête et s'étendit tout de son long, étourdi et sans mouvement.

Après cet heureux succès, après s'être assuré avec satisfaction que Squeers n'était pas mort, comme il en avait eu d'abord quelque appréhension désagréable, mais, seulement étourdi, Nicolas laissa à la famille le soin de le remettre sur pied, et se retira pour réfléchir sur le meilleur parti qu'il avait à prendre. En quittant l'étude, il chercha d'un œil inquiet Smike, mais il était devenu invisible.

Après quelques moments de réflexion, il se fit un petit paquet de hardes qu'il mit dans une valise, et s'en alla par la grande porte, marchant fièrement sans rencontrer d'obstacles; il se trouva sur le pavé de la route de Greta Bridge.

Quand il eut repris assez de sang-froid pour envisager sérieusement sa nouvelle situation, il ne la vit pas sous un jour bien flatteur : il avait pourtant bien dans sa poche une pièce de cinq francs et quelque menue monnaie. Il était à peu près à quatre-vingt-cinq lieues de Londres, où cependant il était résolu à porter ses pas pour s'assurer entre autres choses de la fidélité des détails que M. Squeers ne manquerait pas de transmettre à son excellent oncle sur les événements du jour

Il en était justement arrivé à la conclusion facile que malheureusement la chose n'était pas possible, lorsqu'en levant les yeux il vit venir à lui un cavalier dans lequel, à son grand regret, il reconnut de plus près M. John Browdie, le brave commissionnaire en grains, avec son sarreau de grosse toile et ses longues guêtres de cuir, pressant le pas de son animal à l'aide d'une bonne houssine de frêne qui paraissait toute fraîche coupée sur quelque jeune sujet.

« Je ne suis pas d'humeur, se disait Nicolas, à recommencer le vacarme. En voilà déjà bien assez, et cependant je ne peux pas me dispenser d'avoir une explication avec cet honnête niaud; qui sait? peut-être même de recevoir quelques bons coups de la cravache que je lui vois en main. »

Au fait, il y avait bien quelque raison de croire que ce serait une suite inévitable de leur rencontre; car John Browdie n'eut pas plutôt aperçu Nicolas, qu'il tourna la bride de son cheval du côté de la contre-allée des piétons, et se mit à attendre son passage; et même, quand il se vit en face de lui, il lui lança un regard qui n'était pas tendre, entre les deux oreilles de son cheval.

« Votre serviteur, mon jeune monsieur, dit John.

— Et moi le vôtre, dit Nicolas.

— Eh bien! nous nous retrouvons donc à la fin. Et John faisait sonner l'étrier sous un coup assez gaillard de sa houssine de frêne.

— Oui, répondit Nicolas. Tenez, dit-il d'un air franc et ouvert, après un moment d'hésitation, nous ne nous sommes pas quittés très-bien la dernière fois que nous nous sommes vus; c'est ma faute, à ce que je puis croire, quoique je n'eusse pas l'intention de vous faire de peine et que je ne m'en doutasse même pas; j'en ai eu bien du regret après. Voyons, voulez-vous nous donner une poignée de main?

— Une poignée de main! s'écria le brave garçon du Yorkshire; ah! bien sûr. » Et en même temps il se pencha sur sa selle, et secoua cordialement la main de Nicolas.

« Mais qu'est-ce que vous avez donc à la figure, hein? On dirait qu'elle est toute meurtrie.

— C'est un coup de fouet, dit Nicolas en rougissant, oui, un coup en plein visage; mais celui qui l'a donné n'en a pas été le bon marchand, quoique je lui en aie bien payé les intérêts.

— Pas possible! s'écria John Browdie; eh bien, c'est bien fait; j'aime cela, moi.

— Le fait est, dit Nicolas un peu embarrassé de cet aveu, le fait est que j'ai été frappé.

— Voyez-vous cela! reprit John Browdie d'un air de compassion, car il avait la force et la taille d'un géant, et, selon toute apparence, Nicolas ne lui semblait qu'un nain; est-ce Dieu possible ?

— Oui, je l'ai été, répondit Nicolas, par ce drôle de Squeers; aussi, je l'ai rossé solidement, et c'est ce qui fait que je m'en vais.

— Bah! cria John Browdie dans une espèce d'extase et d'une voix si retentissante que son cheval en fit un soubresaut terrible : vous avez battu le maître d'école! oh! oh! oh! battu le maître d'école! en voilà du nouveau; encore une poignée de main, l'ami; battu le maître d'école! par ma fine, je ne vous en aime que mieux. »

John Browdie était si heureux qu'il en riait encore et toujours; et ses éclats étaient si bruyants que les échos d'alentour renvoyaient des concerts joyeux; et, pendant tout cela, il ne lâchait pas la main de Nicolas qu'il secouait de tout son cœur. Enfin, quand cet accès de fou rire fut passé, il s'informa de ce qu'il allait faire, et sur sa réponse qu'il allait droit à Londres, il branla la tête en signe de doute et lui demanda s'il savait ce que prenaient les diligences pour le voyage.

« Non, dit Nicolas, je n'en sais rien, mais cela n'a pas grande importance pour moi; j'ai l'intention d'aller à pied.

— Aller à pied à Londres! cria John stupéfait.

— Tout du long encore, reprit Nicolas; mais voilà déjà quelques pas que je perds à causer avec vous, ainsi au revoir.

— Oh! que non, répliqua l'honnête villageois contenant l'impatience de son cheval. Dites donc, encore un mot. Combien avez-vous d'argent ?

— Pas beaucoup, dit Nicolas en rougissant, mais je saurai en faire assez. Qui langue a terre a. »

John Browdie, sans faire aucune observation, mit la main à la poche; il en tira une vieille bourse de cuir qui n'était pas élégante mais bien arrondie; et il insista pour que Nicolas lui permît de lui prêter ce dont il avait besoin pour le moment.

« Allons, pas de fausse honte, prends tout ce qu'il te faut pour retourner chez toi. Je sais bien que tu me le rendras quelque jour. »

Nicolas céda, mais il ne voulut absolument lui emprunter qu'un louis, et il fallut que John Browdie en passât par là, malgré toutes ses instances pour lui faire accepter davantage. « Car, disait-il en vrai naturel d'un pays renommé pour sa prudence, si tu ne dépenses pas tout, tu pourras toujours trouver une occasion de me le renvoyer franc de port.

« Prends toujours mon bâton pour t'aider dans ta marche,

ajouta-t-il en lui mettant sa houssine dans la main, qu'il secoua encore une fois avant le départ. Allons, bon courage et bonne chance! Battu le maître d'école! voilà bien le meilleur conte que j'aie encore entendu conter depuis vingt ans. » A ces mots, par une délicatesse qu'on n'aurait pas attendue d'une éducation si imparfaite, il recommença à dessein une longue suite d'éclats de rire en partant, pour éviter d'entendre les remercîments que lui prodiguait Nicolas; puis il piqua des deux et prit un bon petit galop, se retournant de temps en temps vers Nicolas qui était resté là à le regarder, et l'encourageant gaiement de la main à continuer son chemin.

Nicolas ne quitta pas des yeux le cheval ni le cavalier, jusqu'à ce qu'ils eurent disparu au détour d'une colline lointaine, et puis il se remit en marche.

Il n'alla pas bien loin ce soir-là, car le jour commençait à baisser, et une neige épaisse qui venait de tomber avait rendu la marche difficile et le chemin douteux : on pouvait s'égarer aisément, à moins d'être un piéton consommé. Il passa la nuit dans une chaumière où les voyageurs de la classe la plus modeste trouvaient des lits à bon marché. Le lendemain il se leva de bonne heure, et le soir il arriva à Boroughbridge. Pendant qu'il traversait le bourg, pour trouver à loger la nuit sans grands frais, il aperçut une grange vide à une centaine de pas de la route; il s'y blottit chaudement dans un coin, étendit ses membres fatigués sur la paille, et ne tarda pas à s'endormir.

Le lendemain matin à son réveil, comme il repassait dans son esprit ses songes de la nuit, qui tous se ressentaient de son séjour à Dotheboys-Hall, il se mit sur son séant, se frotta les yeux, et les fixa avec une émotion croissante sur un objet immobile qui semblait planté quelques pas devant lui.

« C'est étrange, s'écria Nicolas; serait-ce donc par hasard quelque ombre fugitive des visions qui viennent d'agiter mon sommeil? Car ce ne peut être une réalité, et cependant je... oui, je suis bien éveillé. Smike! »

L'ombre bougea, se leva, chancela, et tomba à deux genoux devant lui. C'était bien Smike.

« Pourquoi vous prosternez-vous à mes pieds? dit Nicolas en se hâtant de le relever.

— Pour aller avec vous, partout, partout, jusqu'au bout du monde, jusqu'à la tombe du cimetière, répondit Smike se cramponnant après sa main. Laissez-moi vous suivre, oh! laissez-moi. Soyez mon refuge, mon bon ami, car je n'en ai pas d'autre; emmenez-moi avec vous, je vous en supplie.

— Vous avez là, lui dit Nicolas avec douceur, un ami qui ne peut pas vous être d'un grand secours. Et comment vous trouvez-vous ici? »

Il paraît qu'il l'avait suivi, sans le perdre de vue, tout le long du chemin. Il avait épié son sommeil pour être debout aussitôt que lui; il s'était arrêté à chaque halte que Nicolas avait faite pour prendre quelque repos, toujours sans se montrer, tant il avait peur d'être renvoyé. Même alors, son intention n'était pas de se montrer encore, mais Nicolas s'était éveillé plus tôt qu'il ne l'avait espéré, et il n'avait pas eu le temps de se cacher à ses yeux.

« Pauvre garçon, dit Nicolas, votre triste sort ne vous permet guère d'espérer un autre ami, et celui que vous avez est pauvre et sans ressource comme vous.

— Me permettez-vous, dites, me permettez-vous d'aller avec vous? demanda Smike d'une voix timide. Vous aurez en moi un serviteur fidèle et laborieux, je vous le promets. Je n'ai pas besoin d'habits, ajouta la pauvre créature en rajustant de son mieux ses haillons : ceux-ci peuvent aller encore. Je n'ai besoin que d'une chose, c'est d'être près de vous.

— Eh bien! restez-y, s'écria Nicolas; et que ce monde soit pour vous ce qu'il sera pour moi, jusqu'au jour où nous le quitterons l'un et l'autre pour un monde meilleur. Venez. »

En disant ces mots, il chargea sa valise sur ses épaules, et, prenant son bâton d'une main, tendit l'autre à son protégé ravi de bonheur; puis ils sortirent de la vieille grange ensemble.

CHAPITRE XIV.

Où malheureusement il n'est question que de petites gens, et qui, par conséquent, ne peut avoir qu'un intérêt médiocre et vulgaire.

Il y a, dans le quartier de Londres où se trouve situé Golden-square, une rue abandonnée, déserte, déchue, bordée de deux rangées irrégulières de grandes maisons de maigre apparence qui ne semblent guère occupées, depuis quelques années, qu'à se dévisager les unes les autres. Les cheminées elles-mêmes ont pris un air triste et mélancolique à force de n'avoir rien de mieux à faire que de regarder les cheminées qui leur font face. Leurs faîtes sont délabrés, crevassés, noircis par la fumée. Çà et là on en voit une file plus haute que les autres, s'inclinant de tout son poids sur un côté et penchant sur le toit ses ruines menaçantes, comme prête à tirer vengeance de l'abandon où on la laisse depuis un demi-siècle, en écrasant dans sa chute les locataires des greniers au-dessous.

Des volailles qui vont à la picorée dans les ruisseaux, balançant leur corps de droite à gauche avec une démarche qu'on ne trouve que chez les volailles citadines, et que les coqs ou les poules de la campagne auraient bien de la peine à comprendre, n'en sont que mieux en harmonie avec les habitations caduques de leurs propriétaires. Vous les voyez avec leur plumage poudreux et bourru, leur air endormi, leur marche tremblotante, lâchées le matin par leurs maîtres, comme un grand nombre d'enfants du voisinage, pour gagner leur vie dans les rues, où elles sautillent de pavé en pavé, ardentes à la recherche de quelques comestibles enterrés dans la boue. C'est à peine si on les entend chanter jamais. La seule à laquelle on puisse soupçonner quelque chose comme une voix, c'est un vieux bantam du boulanger d'à côté, encore est-il devenu enroué pour avoir été trop mal nourri et mal logé dans sa dernière place.

À en juger par la hauteur des maisons, elles ont dû être dans le temps occupées par des personnes d'une condition plus heureuse que les habitants d'aujourd'hui ; mais à présent elles sont louées à la semaine, par chambre ou par étage, et il y a, à chaque porte, presque autant de plaques et de cordons de sonnette qu'il y a de pièces à l'intérieur : les fenêtres sont, pour la même raison, d'aspect très-varié, ornées de tous les échantillons de châssis et de rideaux qu'on peut trouver dans Londres, pendant que tous les corridors sont encombrés et presque impraticables, grâce à la collection la plus bigarrée d'enfants et de pots à bière, depuis le petit enfant de lait et la demi-pinte, jusqu'à la jeune fille déjà grandelette et la cruche d'une demi-velte.

Dans le parloir d'une de ces maisons, peut-être un peu plus sale que toutes celles du voisinage, véritable bazar de cordons de sonnette, d'enfants et de pots à bière, gratifiée plus que toute autre du parfum tout frais de la fumée épaisse et noire qu'une grande brasserie vomit jour et nuit près de là, on voyait un écriteau suspendu annonçant qu'il y avait encore une chambre à louer, sans s'expliquer sur l'étage où elle était vacante. Et de fait, en regardant de la rue toutes les décorations extérieures que les divers locataires exposaient aux yeux des passants, sur le devant de la maison, depuis le linge de lessive étendu à la fenêtre de la cuisine, jusqu'aux pots à fleurs rangés le long du parapet, j'eusse défié le plus habile calculateur des petits garçons de l'école voisine de me dire où se trouvait la place inoccupée.

L'escalier commun de cette masure n'avait point de tapis sur le carreau, et, si quelque curieux avait eu la fantaisie de le grimper jusqu'en haut, il aurait trouvé tont du long des signes assurés de la pauvreté progressive des locataires, sans avoir besoin d'entrer chez eux. Ceux du premier, par exemple, qui regorgeaient apparemment de mobilier, avaient mis en dehors, sur le palier, une vieille table d'acajou; oui, de l'acajou véritable. On ne la rentrait que par occasion, quand on en avait besoin. Au second, le mobilier supplémentaire ne se composait guère que d'une couple de vieilles chaises en bois blanc, dont l'une, destinée à la chambre de derrière, était boiteuse et sans fond. L'étage au-dessus était moins richement pourvu : il n'y avait guère qu'un cuvier vermoulu; et les articles les plus précieux exposés sur le carré des galetas se composaient de deux cruchons estropiés et de quelques bouteilles de cirage en morceaux. C'est ici, sur ce palier même, que l'homme à figure anguleuse, aux traits fortement prononcés, vieux et râpé, s'arrêta pour ouvrir la porte de la mansarde sur le devant, dans laquelle il pénétra d'un air qui annonçait qu'il en était le légitime locataire. mais non sans s'être donné auparavant bien du mal pour faire tourner sa clef rebelle dans les gardes rouillées de sa serrure. Ce monsieur portait une perruque à cheveux courts, grossiers et roux. Il l'ôta en même temps que son chapeau, et, les accrochant ensemble à un clou, les remplaça sur sa tête par un bonnet de coton sale; puis il rôda à tâtons dans l'obscurité, jusqu'à ce qu'il eut trouvé un bout de chandelle. frappa à la cloison qui séparait les deux greniers, et demanda à haute voix si M. Noggs avait de la lumière.

La réponse, qui ne se fit pas attendre, apporta des sons à demi étouffés entre la latte et le plâtre. On eût dit que le voisin parlait du fond d'une cruche ou de quelque autre vase à boire. Quoi qu'il en soit, c'était bien la voix de M. Newman qui répondait d'une manière affirmative à la question.

« Quel vilain temps, monsieur Noggs! dit l'homme au bonnet de coton, ouvrant la porte pour allumer sa chandelle.

— Est-ce qu'il pleut? demanda Newman.

— S'il pleut! répondit l'autre de mauvaise humeur, je suis trempé.

— Avec cela que vous et moi nous n'avons pas de mal à être

trempés, monsieur Crowl, dit Newman en passant sa main sur la trame de son habit usé jusqu'à la corde.

— Eh bien, après? cela n'en est pas plus agréable,» répliqua M. Crowl toujours aussi maussade; puis, poussant un petit cri plaintif, ce personnage, dont la physionomie dure semblait réunir tous les traits de l'égoïsme, se mit à attiser, pour le faire flamber, le feu économique éparpillé sur la grille, et, vidant le verre que Noggs venait de lui passer, il lui demanda où il mettait son charbon de terre.

Newman lui montra du doigt le fond d'un placard; et M. Crowl prenant la pelle la plongea dans le petit magasin de Noggs, qu'il épuisa presque d'un coup; mais Noggs, d'un grand sang-froid et sans dire un mot, vint en reprendre la moitié qu'il remit au tas.

« Seriez-vous, par hasard, devenu ménager sur vos vieux jours? » dit Crowl.

Newman se contenta de montrer le verre vidé par son voisin comme une réfutation suffisante de l'accusation portée contre lui, et il dit en deux mots qu'il allait descendre souper.

« Chez les Kenwigs? » demanda Crowl.

Signe de tête affirmatif de Newman.

« Voyez un peu, dit Crowl, et moi qui, pour vous avoir entendu dire que vous n'y iriez pas, ai refusé d'aller aussi chez les Kenwigs, préférant passer ma soirée avec vous.

— On m'a forcé d'y aller, dit Noggs, ils ont absolument voulu m'avoir.

— A la bonne heure! mais moi, qu'est-ce que je vais faire? dit avec insistance l'égoïste qui ne songeait jamais qu'à lui. C'est à vous la faute : eh bien! voulez-vous que je vous dise? je vais m'asseoir au coin de votre feu jusqu'à votre retour. »

Newman jeta un regard de désespoir sur sa petite provision de charbon; mais il n'eut pas le courage de dire non, ce mot qu'il n'avait jamais su dire à propos dans tout le cours de sa vie, ni aux autres, ni à lui-même, et consentit à la proposition. M. Crowl s'occupa sans délai de se mettre bien à son aise, en se donnant tout le confort qu'il pouvait prendre aux dépens du pauvre Noggs.

Les locataires auxquels Crowl avait fait allusion, en les désignant sous le nom de Kenwigs, étaient la femme et les rejetons d'un M. Kenwigs, tourneur en ivoire, qui jouissait d'une certaine considération dans la maison, car il occupait à lui seul tout le premier, composé de deux chambres. D'ailleurs, Mme Kenwigs était tout à fait une dame comme il faut et d'une famille très-distinguée, car elle avait un oncle receveur des taxes de la compagnie de distribution des eaux; et puis ce n'était pas tout : les deux filles aînées de Mme Kenwigs allaient deux fois la semaine à une classe de danse non loin de là, avec leurs cheveux blond-filasse, ornés de nœuds de ruban bleu, retombant sur leur dos en queues abondantes, et leurs petits pantalons blancs garnis de dentelles à la cheville. Voilà les raisons, sans compter qu'il y en avait bien d'autres trop longues à énumérer, qui faisaient considérer Mme Kenwigs comme une personne dont la connaissance n'était pas à dédaigner, et qui la désignaient naturellement aux caquets continuels de toutes les commères du quartier à plus de vingt pas de chez elle.

C'était le jour anniversaire du jour trois fois heureux où l'église anglicane, en sa qualité de religion de l'État, avait assuré à M. Kenwigs la possession légitime de Mme Kenwigs; aussi, pour en fêter le souvenir reconnaissant, Mme Kenwigs avait invité un petit nombre d'amis d'élite à venir faire une partie de cartes et souper au premier. Elle avait même mis une robe neuve pour les recevoir, et cette robe, de couleur éclatante et d'une forme toute moderne, eut un succès si complet, que M. Kenwigs déclara que ses huit ans de mariage et ses cinq enfants lui semblaient un songe, et qu'il trouvait Mme Kenwigs plus jeune, plus fraîche et plus jolie que le premier dimanche qu'il avait passé à lui faire sa cour.

Toute cette beauté de Mme Kenwigs, quand elle était habillée et la noblesse de ses manières, qui aurait même pu faire croire qu'elle avait au moins une cuisinière et une femme de chambre, sans avoir rien à faire chez elle que de donner des ordres, ne l'empêchaient pas de se donner un mal terrible dans son ménage : beaucoup trop assurément pour une constitution si délicate et si distinguée, si elle n'avait pas eu l'orgueil de passer pour une bonne ménagère. Pourtant, dans cette circonstance, elle avait fini par réussir à tout ranger comme il faut; rien n'y manquait, tout était prêt, et la fortune semblait lui sourire à l'idée que M. le receveur lui-même avait promis de venir.

La société était admirablement composée. Il y avait d'abord M. et Mme Kenwigs avec quatre rejetons des Kenwigs assis à table pour souper. Premièrement, c'était bien juste qu'ils eussent une petite régalade dans un si grand jour; secondement, ils ne pouvaient pas décemment se coucher là, en présence de la compagnie. Après cela, il y avait une demoiselle qui avait fait la robe de Mme Kenwigs, et qui (c'était la chose du monde la plus commode), demeurant au second sur le derrière, avait cédé pour cette nuit son lit au petit nourrisson de Mme Kenwigs et mis près de lui une jeune bonne pour le surveiller. Avec cela, pour faire pendant à la demoiselle, il y avait un jeune homme qui avait connu M. Kenwigs quand il était garçon, et pour lequel les dames montraient beaucoup d'estime, parce qu'il passait pour un libertin. Il y avait encore un couple nouvellement marié dont M. et Mme Kenwigs avaient fait la connaissance du temps qu'ils se faisaient la cour; puis une sœur de Mme Kenwigs, tout à fait une beauté; puis un second jeune homme auquel on supposait des intentions honorables sur cette demoiselle. M. Noggs était de la partie, comme un homme dont on pouvait se faire honneur, vu qu'il avait été autrefois un gentleman. Ce n'était pas tout : il y avait encore une dame âgée du rez-de-chaussée sur le derrière et une dame plus jeune qui, après le receveur, était l'héroïne de la fête. C'était, en effet, la fille d'un pompier de théâtre, figurante dans les pantomimes. Jamais on n'avait vu de si belles dispositions pour la scène. Elle chantait, elle déclamait, que les larmes en venaient aux yeux de Mme Kenwigs. Cependant, comme tout n'est pas roses dans ce monde, le plaisir de recevoir une jolie société fut un peu troublé par le mauvais goût de la dame du rez-de-chaussée sur le derrière qui, malgré son énorme embonpoint et ses soixante années au moins, s'avisa de venir avec une robe décolletée de mousseline claire et des petits gants de peau de chevreau qui laissaient ses bras nus s'étaler dans tout leur lustre, ce qui exaspéra Mme Kenwigs, au point que cette dame donna sa parole au reste de la compagnie, que, si elle n'avait pas eu besoin de faire cuire le souper au rez-de-chaussée où il était au feu en ce moment, elle aurait certainement prié sa voisine de se retirer.

« Ma chère, dit M. Kenwigs, il me semble que nous ferions bien de commencer une partie de cartes?

— Kenwigs, mon ami, reprit sa femme, vraiment je ne vous comprends pas; eh quoi ! voudriez-vous commencer sans attendre mon oncle?

— Tiens! dit Kenwigs, c'est vrai, j'oubliais le receveur. Oh! non ; cela n'irait pas bien.

— Il est si susceptible, dit Mme Kenwigs en se tournant vers l'autre dame mariée, que, si nous commencions sans lui, je serais sûre d'être rayée pour toujours de son testament.

— Pas possible! s'écria la dame mariée.

— Vous ne pouvez vous imaginer comme il est, reprit Mme Kenwigs; et pourtant, au demeurant, le meilleur homme du monde.

— Le meilleur cœur de la terre, dit Kenwigs.

— Je crois bien, le cœur lui saigne toutes les fois qu'il est obligé de supprimer l'eau aux gens quand ils ne payent pas la taxe, observa le célibataire qui voulait rire.

— Georges, dit M. Kenwigs d'un ton solennel, pas de ça, s'il vous plaît.

— C'était pure plaisanterie, dit l'ami tout confus.

—Georges, reprit M. Kenwigs, les plaisanteries sont une bonne chose, une très-bonne chose; mais quand ces plaisanteries se font aux dépens des sentiments de Mme Kenwigs, je m'y oppose carrément. Un homme qui a un caractère public doit s'attendre à être tourné en ridicule: ce n'est pas sa faute, c'est celle de sa position élevée. L'oncle de Mme Kenwigs est un homme public, et il le sait, et il est résigné à en subir les conséquences. Mais mettons Mme Kenwigs hors de la question, quoique la chose soit difficile dans une circonstance comme celle-ci; moi, j'ai l'honneur d'être allié au percepteur par mariage, et je ne dois pas souffrir de pareilles observations dans ma.... il allait dire dans ma maison, mais il se reprit pour arrondir sa phrase: dans mes appartements. »

M. Kenwigs venait de protester par ces remontrances au nom des sentiments honorables de Mme Kenwigs et de laisser empreinte, à dessein, dans l'esprit de la compagnie, une profonde révérence pour la dignité du percepteur, quand on entendit sonner

« C'est lui, murmura à voix basse M. Kenwigs dans un état de grande agitation; Morleena, ma chère, courez vite au-devant de votre oncle, vous le ferez entrer, et, aussitôt que la porte sera ouverte, vous lui sauterez au cou pour l'embrasser. Hem! nous autres, ayons l'air de causer. »

La compagnie, se conformant aux instructions de M. Kenwigs, se mit à parler très-haut, pour se donner l'air d'être à son aise et de n'éprouver aucun embarras; et à peine avaient-ils commencé à jouer ainsi leur rôle, qu'un vieux monsieur de basse taille, en habit gris-souris et en guêtres, avec une figure que l'on aurait dite, quoiqu'il n'en fût rien, sculptée en bois de gaïac, fut introduit gaiement par Mlle Morleena Kenwigs, dont le nom de baptême, d'un usage peu commun, a besoin d'être ici expliqué. Il était de l'invention et de la composition de Mme Kenwigs, qui, la veille de sa première couche, l'avait expressément destiné à distinguer son premier-né, si c'était une fille.

« Oh! mon oncle, que je suis contente de vous voir! dit Mme Kenwigs en embrassant tendrement le percepteur sur les deux joues; que je suis donc contente!

— Recevez tous mes compliments, ma chère, pour cet heureux anniversaire, » réplique le percepteur pour lui rendre son bon accueil.

Et voyez quelle scène intéressante. Voici un percepteur des taxes pour la distribution des eaux, sans registre, sans plume ni encre ; il ne frappe pas ses deux coups au marteau de la porte, il ne porte pas avec lui la crainte habituelle qu'inspire sa visite ; non, il embrasse au contraire une femme agréable, laissant de côté les taxes, les sommations, le procès-verbal de ses visites précédentes, l'avis qu'il ne reviendra plus pour recevoir les deux termes échus ; spectacle charmant de voir toute la compagnie n'avoir des yeux que pour lui, absorbée dans la contemplation de sa personne, exprimer par une foule de signes, de la tête et de l'œil, leur satisfaction de trouver tant d'aménité dans un percepteur de taxes.

« Où voulez-vous vous asseoir, mon oncle? dit Mme Kenwigs toute rayonnante de l'orgueil quasi filial que lui causait l'apparition d'un parent si distingué.

— Où vous voudrez, ma chère, dit le percepteur, vous savez que je ne suis pas difficile. »

Pas difficile ! quel excellent percepteur ! en vérité, ç'aurait été un auteur, un de ces auteurs qui ne se méconnaissent pas, qu'il n'aurait pas été plus humble

« Monsieur Lillyvick, dit Kenwigs en s'adressant au percepteur, voici quelques amis qui désirent vivement l'honneur de....

— Je vous remercie.

— M. et Mme Cutter, monsieur Lillyvick.

— Très-honoré de faire votre connaissance, dit M. Cutter, j'ai entendu très-souvent parler de vous, » et ce n'était pas une vaine formule de politesse, car M. Cutter ayant habité sur la paroisse de M. Lillyvick, n'en avait entendu parler que trop souvent ; il se serait bien passé de son exactitude vraiment extraordinaire à se présenter aux époques d'échéance.

« Voici M. Georges, que vous connaissez déjà, je crois, monsieur Lillyvick, dit Kenwigs ; la dame du rez-de-chaussée, monsieur Lillyvick ; M. Snewkes, monsieur Lillyvick ; Mlle Green, monsieur Lillyvick ; monsieur Lillyvick, Mlle Petowker, du théâtre royal de Drury-Lane. Je suis charmé de faire faire connaissance à deux personnages publics. Madame Kenwigs, ma chère, voulez-vous répartir les jetons? »

Mme Kenwigs, avec l'aide de Newman Noggs, qui échappa à la présentation officielle, sur sa demande (car on crut devoir cette condescendance à ses attentions obligeantes pour les enfants et à ses petits soins de tous les instants, de le désigner seulement tout bas sous le nom de gentleman ruiné) prépara le jeu. Et presque tous les autres prirent leurs places pour faire une partie de lansquenet, pendant que Newman, Mme Kenwigs et miss Petowker, du théâtre royal de Drury-Lane, s'occupèrent de servir le souper sur la table.

Tandis que les dames étaient ainsi affairées de leur côté, M. Lillyvick ne perdait pas non plus son temps; il suivait avec intérêt toutes les péripéties du jeu, et, comme tout est de bonne pêche pour le filet d'un percepteur de distribution des eaux, le bon vieux gentleman ne se faisait aucun scrupule de s'approprier le bien de ses voisins, profitant de leurs distractions, leur souriant pendant tout le temps d'un air de bonne humeur, et adressant la parole d'une manière si gracieuse aux propriétaires des jetons qu'il trouvait à sa convenance, qu'ils étaient comme les autres charmés de son amabilité, et se disaient au fond du cœur qu'en vérité il mériterait d'être au moins chancelier de l'Échiquier.

Après s'être donné bien du tourment, après avoir été obligé d'administrer plus d'une fois de bonnes tapes sur la tête aux enfants Kenwigs, dont on finit même par renvoyer, sans autre forme de procès, deux des plus récalcitrants, la nappe fut mise avec beaucoup d'élégance, et une paire de volailles au gros sel, un beau rôti de porc, une tourte aux pommes, des pommes de terre et des choux verts furent servis sur la table. Cette vue mit de si belle humeur le digne M. Lillyvick, qu'il donna immédiatement l'essor à une foule de traits d'esprit, et ne laissa plus un jeton autour de lui, à la satisfaction indicible de tous ses admirateurs, charmés de son caractère enjoué.

Le souper se passa vite et bien; il n'y eut d'autre désagrément que celui d'entendre demander à chaque instant des couteaux et des fourchettes propres. La pauvre Mme Kenwigs regretta plus d'une fois que la société n'eût pas adopté chez elle un usage bien commode, érigé en principe dans les pensions, celui d'exiger que chaque convive apportât son couteau, sa fourchette et sa cuiller. On conçoit que ce serait en effet une chose bien agréable dans bien des maisons, et nulle part plus que dans la maison des Kenwigs, où l'argenterie n'était pas très-abondante. Mais c'eût été bien plus commode encore si chacun eût au moins gardé son couvert, au lieu de le changer à tout moment par une délicatesse de propreté bien inutile.

Quand tout le monde eut tout mangé, on desservit, avec une précipitation effrayante et au milieu d'un tapage à ne pas se reconnaître : puis les liqueurs spiritueuses auxquelles Newman Noggs faisait des yeux pétillants furent rangées avec ordre, flanquées de carafes d'eau froide et d'eau chaude, et la société s'apprêta à les déguster bientôt. M. Lillyvick s'était posté au coin du feu, dans un grand fauteuil, et les quatre petites Kenwigs étaient placées sur une petite banquette, devant la compagnie, à laquelle elles présentaient leurs tresses de cheveux blond-filasse par derrière, la face tournée vers la cheminée. Elles n'y furent pas plutôt assises, que miss Kenwigs, vaincue par sa sensibilité maternelle, laissa tomber sa tête [illegible] l'épaule gauche de M. Kenwigs en versant un ruisseau [illegible] armes. « Elles sont si belles ! dit Mme Kenwigs sanglotant.

— Oh ! bien sûr, dirent toutes les dames, qu'elles sont si belles.... certainement, il est bien naturel que vous en ressentiez de l'orgueil, mais contenez-vous, maîtrisez-vous.

— Je ne peux pas.... m'en empêcher, je pleure malgré moi. » Les sanglots de Mme Kenwigs redoublaient. « Oh ! elles sont trop belles, elles ne vivront pas ; elles sont trop belles ! »

En s'entendant condamner par ce pressentiment alarmant de leur mère à une mort précoce, à la fleur de leur âge, les quatre petites filles poussèrent un cri affreux, et toutes ensemble glissant leur tête dans le giron maternel, elles ne cessèrent de crier en agitant leur huit queues blond-filasse Mme Kenwigs, pendant ce temps-là, les pressait alternativement contre son cœur, avec des gestes désespérés et des poses douloureuses, dont miss Petowker aurait pu profiter pour les imiter à la première pantomime de Drury-Lane. Enfin, la tendre mère voulut bien céder aux consolations de la société pour reprendre un état plus calme, et les petites Kenwigs, remises aussi de leur frayeur, furent distribuées dans les rangs de la société, pour éviter que Mme Kenwigs, en les voyant groupées, fût encore attendrie par l'état de leur beauté combinée. Après cette sage précaution, les messieurs et les dames prophétisèrent tout d'une voix : « que ces charmants enfants vivraient de longues, longues années, et que Mme Kenwigs se désolait mal à propos ; » et je suis obligé de convenir qu'ils avaient raison, car les petites filles ne justifiaient pas du tout ces craintes par leur amabilité.

« Aujourd'hui huit ans ! dit M. Kenwigs après un moment de silence. Est-ce possible ? ah ! »

Tous les assistants répétèrent en chœur : « Ah ! » d'abord, et puis ensuite : « Est-ce possible ? »

« J'étais plus jeune qu'aujourd'hui, dit en minaudant Mme Kenwigs.

— Non ! dit le percepteur.

— Certainement non, ajouta l'assemblée.

— Je crois voir encore ma nièce, dit M. Lillyvick promenant sur son auditoire des yeux pleins de gravité, ce jour-là même, dans l'après-dînée, faire à sa mère l'aveu de son inclination pour Kenwigs. « Ma mère, dit-elle, je l'aime ! »

— Je l'adore, mon oncle, interrompit Mme Kenwigs.

— Je l'aime, ma chère, reprit le percepteur avec assurance.

— Peut-être est-ce vous qui avez raison, mon oncle, reprit-elle avec soumission. Je croyais avoir dit : « Je l'adore. »

— Je l'aime, ma chère, riposta M. Lillyvick. « Ma mère, dit-elle, je l'aime ! — Qu'ai-je entendu ? » s'écria sa mère, et à l'instant elle tomba dans des convulsions effrayantes.

Explosion d'étonnement général de la part de toute la société.

« Dans des convulsions effrayantes, continua M. Lillyvick en leur jetant un regard imposant. Kenwigs ne m'en voudra pas de dire devant nos amis que ses vues rencontrèrent une opposition vive, fondée sur ce qu'il n'était pas de notre classe et ferait tache dans la famille. Vous vous le rappelez bien, Kenwigs ?

— Certainement, répondit l'autre, flatté d'entendre rappeler une circonstance qui mettait dans tout son jour l'éclat de la famille dans laquelle il avait eu l'honneur d'être admis.

— Pour ma part, dit M. Lillyvick, à tort ou à raison, je ne sais, mais j'étais de ce sentiment. »

Un murmure approbateur de l'assemblée prouva que l'assemblée regardait cette opposition de la part d'un homme si haut placé que lui, comme toute naturelle, comme honorable même.

« Plus tard, continua M. Lillyvick, je suis revenu. Une fois qu'ils ont été mariés et qu'il n'y avait plus rien à y faire, j'ai été des premiers à dire qu'il fallait voir Kenwigs. La famille l'a donc vu, sur mon avis, et je dois dire, je suis fier de dire, que j'ai toujours trouvé en lui un homme honnête, de bonne conduite, d'un caractère franc, un garçon estimable. Kenwigs, une poignée de main.

— Très-sensible à cet honneur, monsieur.

— Et moi aussi, Kenwigs.

— L'heureuse vie, monsieur, que j'ai menée avec votre nièce ! dit Kenwigs.

— C'eût été votre faute, monsieur, si vous n'aviez pas été heureux, observa M. Lillyvick.

— Morleena Kenwigs, s'écria sa mère ne pouvant plus résister à son émotion, embrassez votre cher oncle. »

La jeune demoiselle obéit avec docilité, et l'on hissa successivement les trois autres petites filles jusqu'aux joues du percepteur des taxes, pour répéter la même cérémonie; elles n'en furent pas quittes à si bon compte, la majorité de la société se croyant obligée d'en faire autant.

« Chère madame Kenwigs, dit Mlle Petowker, pendant que M. Kenwigs fait le punch que l'on doit boire à votre anniversaire, faites donc danser à Morleena ce pas.... vous savez.... devant M. Lillyvick.

— Non, non, ma chère, répliqua Mme Kenwigs, cela ne servirait qu'à ennuyer mon oncle.

— Comment pouvez-vous le croire, dit miss Petowker? N'est-ce pas, monsieur, que cela vous fera au contraire beaucoup de plaisir?

— Certainement, répondit le percepteur des taxes, lorgnant du coin de l'œil le punch bientôt prêt à boire.

— Eh bien, alors, je vais vous dire une chose, dit Mme Kenwigs : je veux bien que Morleena exécute son pas, mais c'est à la condition que mon oncle obtiendra de miss Petowker qu'elle nous déclame après *l'enterrement de la buveuse de sang.* »

C'est alors qu'eurent lieu des bravos, des battements de main, des trépignements de pieds, pour faire accueil à cette proposition. Celle qui en était l'objet inclina gentiment la tête à plusieurs reprises pour remercier l'assemblée de ses dispositions bienveillantes. Puis, d'un ton de reproche, elle dit à son amie :

« Vous savez que je n'aime pas à exercer mon art dans les réunions particulières.

— Oh! à la bonne heure; mais ici, dit Mme Kenwigs, nous sommes tous si intimes et si sans façon, que vous pourriez vous croire tout à fait chez vous. D'ailleurs l'occasion....

— Je ne puis résister à cette dernière raison, se hâta de répliquer miss Petowker; je serai charmée de vous faire plaisir dans la mesure de mes faibles moyens. »

Cela se trouvait prévu dans le petit *programme* des amusements de la soirée que Mme Kenwigs et miss Petowker avaient arrangé ensemble. Il avait même été convenu qu'elles se feraient réciproquement une espèce de petite violence pour faire paraître la chose plus naturelle. La compagnie étant donc toute prête, miss Petowker fredonna l'air dont Morleena dansa la figure. Il est bon de dire qu'on n'avait pas oublié de frotter la semelle de la petite danseuse avec du blanc d'Espagne, tout comme si elle allait sauter sur la corde roide. Du reste, le pas fut trouvé magnifique, et en effet, il comprenait force accompagnements de mouvements des bras. Bref, il fut applaudi avec enthousiasme.

« Si j'étais assez heureuse pour avoir un.... un enfant, dit miss Petowker en rougissant, ou plutôt un génie comme celui-là, je n'en ferais ni une ni deux, je la mettrais immédiatement à l'Opéra. »

Mme Kenwigs soupira, et jeta un coup d'œil à M. Kenwigs qui remarqua, en secouant la tête, qu'il n'était pas du tout décidé à cela.

« Kenwigs a peur, dit son épouse.

— De quoi? demanda miss Petowker; il ne craint sans doute pas qu'elle échoue?

— Eh non! répliqua Mme Kenwigs, mais supposez qu'elle continue en grandissant d'être aussi bien que nous la voyons aujourd'hui; vous savez.... les jeunes ducs et les jeunes marquis....

— Réflexion très-juste, dit le percepteur des taxes.

— Pourtant, insista miss Petowker, elle pourrait par un sentiment d'honneur.... vous savez.

— Oh! nous pourrions compter là-dessus, observa Mme Kenwigs, toujours en consultant des yeux son mari.

— Tout ce que je puis dire, continua miss Potowker d'un air modeste, je ne prétends pas que ce soit la règle assurément, mais moi je n'ai jamais eu à me plaindre d'aucun désagrément, ni d'aucun danger de ce genre. »

M. Kenwigs, trop galant pour la contredire, lui certifia que cette déclaration suffisait pour le rassurer et qu'il prendrait la question en sérieuse considération. Voilà donc un point résolu, il ne restait plus qu'à prier miss Petowker de commencer *l'enterrement de la buveuse de sang*. Pour ce faire, la demoiselle laissa d'abord retomber son chignon sur ses épaules, puis elle alla se mettre en position tout à fait à l'autre bout de la chambre, après avoir mis dans un coin le célibataire à son poste pour se précipiter juste au moment ou elle disait : *J'expire dans la mort*, et pour la recevoir dans ses bras, au milieu des transports de sa rage expirante. Enfin elle joua son rôle avec un entrain extraordinaire : si bien que les petites Kenwigs, frappées de terreur, furent au moment de tomber en attaque de nerfs. Tout le monde en était encore en extase, et Newman qui, par parenthèse, ne s'était pas vu depuis longtemps aussi sobre à pareille heure, attendait le moment de placer un mot pour annoncer que le punch était prêt, quand on entendit frapper précipitamment à la porte, ce qui arracha à Mme Kenwigs un cri perçant, car elle eut immédiatement l'idée que son nouveau-né venait de tomber du lit.

« Qui est là? demanda M. Kenwigs contrarié de cet incident.

— N'ayez pas peur, ce n'est que moi, dit Crowl en passant par la porte entr'ouverte sa tête et son bonnet de coton. Le petit va à merveille, car je viens d'y jeter un coup d'œil en passant devant la chambre. Il dort comme un bienheureux, ainsi que la bonne, et quant à la chandelle, elle ne pourrait mettre le feu au rideau du berceau que s'il y avait un courant d'air. C'est M. Noggs que l'on demande.

— Moi! cria Newman abasourdi.

— Dame! c'est une drôle d'heure, n'est-ce pas? reprit Crowl qui ne s'était pas vu du tout avec plaisir dépossédé de son coin du feu, mais ce sont aussi de drôles de gens, trempés jusqu'aux os et crottés jusqu'aux oreilles. Voulez-vous que je leur dise de s'en aller?

— Non, dit Newman en se levant. Ces gens, combien sont-ils?

— Deux, répondit Crowl.

— Ils me demandent?... par mon nom?

— Par votre nom, répliqua Crowl : M. Newman Noggs tout du long. »

Newman réfléchit quelques secondes, puis il se hâta de sortir, marmottant entre ses dents qu'il allait revenir tout de suite. Il tint parole, car, en moins de rien, on le vit se précipiter dans la chambre, saisir, sans dire un mot d'excuse ou d'explication, une chandelle allumée et une chope de punch chaud qu'il prit sur la table, puis repartir en courant comme un fou.

« Que diable est-ce qu'il a? s'écria Crowl en ouvrant la porte; attention! Est-ce qu'il y aurait du bruit là-haut? »

Les invités de M. Kenwigs se levèrent de leurs places dans une grande confusion, et, se regardant les uns les autres avec des signes d'inquiétude et de crainte, ils tendirent le cou en avant pour écouter avec attention.

CHAPITRE XV.

Où le lecteur sera mis au fait de la cause originelle de l'interruption décrite dans le chapitre précédent, aussi bien que de quelques autres particularités qu'il lui est nécessaire de connaître.

Newman Noggs grimpa l'escalier à la course, tenant en main le breuvage fumant qu'il avait dérobé avec si peu de cérémonie sur la table de M. Kenwigs et presque arraché des mains du percepteur des taxes qui justement, lors de cet enlèvement inattendu, couvait des yeux le liquide contenu dans la chope avec des signes de jouissance anticipée qui animaient sa figure d'un vif sentiment de plaisir. Il porta droit son butin dans son grenier sur le derrière, où il trouva, les pieds en sang et presque sans chaussures, trempés, crottés, harassés, défigurés par les suites d'un voyage fatigant, Nicolas et Smike, tous deux exténués à la lettre par la fatigue inaccoutumée d'une marche longue et pénible.

Le premier soin de Newman fut de forcer Nicolas par de tendres instances à avaler d'un trait la moitié du punch tout bouillant encore ou peu s'en faut. Il passa ensuite à Smike, pour lui verser le reste dans le gosier; mais Smike qui, de sa vie vivante, n'avait jamais rien pris de plus fort que les boissons apéritives de Mme Squeers, faisait, en absorbant le liquide, une foule de manifestations de surprise et de bonheur, toutes plus drôles les unes que les autres, et, quand ce fut fini, il leva les yeux en l'air avec une expression des plus sentimentales.

« Vous êtes trempé, dit Newman, en passant rapidement ses mains sur l'habit que venait de quitter Nicolas : et moi, moi, je n'ai pas seulement de quoi vous changer, ajouta-t-il en portant tristement ses yeux sur les vêtements mesquins dont il était couvert.

— J'ai dans mon paquet, répliqua Nicolas, d'autres habits qui sont secs ou au moins des effets qui vont pouvoir me servir; mais, si vous me regardez ainsi d'un air piteux, vous me ferez regretter plus encore de me voir forcé pour cette nuit à venir abuser de vos faibles ressources pour vous demander votre assistance et un abri. »

Nicolas avait beau faire, Newman n'en paraissait pas moins

ému de pitié; seulement, quand son jeune ami lui saisit cordialement la main et l'assura que rien au monde n'aurait pu le déterminer, même à lui faire connaître son arrivée à Londres, s'il n'avait pas eu une confiance secrète dans la sincérité de ses offres de service et dans la bienveillance de ses sentiments à son égard, le visage de M. Noggs reprit sa sérénité et il continua de faire tous les préparatifs qui étaient en son pouvoir, pour restaurer ses hôtes, avec une extrême vivacité.

Ces préparatifs étaient bien simples, car les moyens de Newman ne répondaient pas à sa bonne volonté : bien loin de là, et pourtant, tout modiques qu'ils pouvaient être, il y suppléait au moins par son activité et son empressement. Heureusement, Nicolas avait si bien administré en route son petit pécule, qu'il lui en restait quelque peu, et, grâce à son économie, il vit bientôt paraître sur la table du pain et du fromage pour son souper avec un morceau de bœuf froid acheté dans la cuisine bourgeoise qui faisait face à la maison : le tout flanqué d'une bouteille d'eau-de-vie et d'un pot de porter. C'était assez, en tout cas, pour rassurer leur estomac contre la crainte de mourir de faim ou de soif. Newman ne perdit pas beaucoup de temps à dresser pour ses hôtes la seule couche qu'il pût leur préparer pour la nuit ; seulement il insista avant tout pour que Nicolas changeât de vêtements et que Smike acceptât son unique habit, dont ils ne purent l'empêcher de se dépouiller pour l'en revêtir. Les voyageurs dès lors se mirent en devoir d'expédier leur frugal repas avec plus de satisfaction que Nicolas n'en avait peut-être eu jamais devant une table mieux servie.

Après cela, ils s'approchèrent du feu que Newman Noggs avait attisé de son mieux, après la razzia que Crowl avait faite sur son magasin de combustible ; et Nicolas, jusqu'alors arrêté par les sollicitations de son ami, impatient de le voir commencer par prendre du repos après son voyage, se mit à le presser vivement de questions sur sa mère et sur ses sœurs.

« Bien, répondit Newman avec sa taciturnité ordinaire : bien, toutes les deux.

— Elles demeurent toujours dans la Cité?

— Oui.

— Et ma sœur, elle n'a pas changé d'occupation depuis qu'elle m'a écrit qu'elle pensait pouvoir prendre goût à la sienne? »

Newman ouvrit ses yeux un peu plus grands encore qu'à l'ordinaire, mais il ne répondit qu'en ouvrant la bouche et en remuant la tête, ce que ses amis avaient le droit d'interpréter par oui ou par non.

Cependant, dans cette circonstance, comme le signe de tête était vertical et non pas horizontal, Nicolas supposa que la réponse était favorable.

« Maintenant, écoutez-moi, dit Nicolas mettant la main sur l'épaule de Newman. Avant d'essayer de les voir, j'ai cru convenable de venir à vous. Je craignais, en cédant à mon vif désir de les retrouver, d'avoir à me reprocher, pour ma satisfaction personnelle, de leur faire un tort qu'il ne serait pas en mon pouvoir de réparer. Quelles nouvelles mon oncle a-t-il reçues du Yorkshire? »

Newman ouvrit et ferma la bouche plusieurs fois, comme un homme qui fait tout ce qu'il peut pour parler, mais qui ne peut pas y réussir, et finalement fit une grimace en fixant sur Nicolas des yeux immobiles de stupeur.

« Quelles nouvelles? reprit vivement Nicolas, dont le front s'était couvert de rougeur. Vous le voyez, je suis prêt à écouter même les inventions de la plus noire malice; pourquoi chercher à me le cacher? il faut toujours bien que je le sache, un jour ou l'autre; à quoi vous avancerait de perdre, dans ces débats, quelques minutes dont la moitié suffirait pour me mettre au courant de tout ce qui s'est passé? Dites-le-moi tout de suite, je vous prie.

— Demain matin, dit Newman; vous le saurez demain matin.

— Que gagnerons-nous à ces délais? insista Nicolas.

— Que vous en dormirez mieux, répondit Newman.

— J'en dormirai plus mal au contraire, répondit Nicolas impatienté. Dormir! malgré l'épuisement de mes forces et le grand besoin de repos que je ressens, je ne puis espérer de fermer l'œil de la nuit, tant que vous ne m'aurez pas dit tout.

— Et si je vous disais tout? dit Newman avec hésitation.

— Eh bien! au pis-aller, vous pourriez exciter mon indignation ou blesser mon orgueil, répondit Nicolas; mais au moins vous ne troublerez pas mon repos; car, s'il fallait recommencer, je ne ferais pas autre chose que ce que j'ai fait, et quelles que soient les conséquences qui doivent en résulter pour moi, je ne regretterai jamais ce que j'ai fait; non, jamais, dussé-je être réduit par là à mourir de faim ou à mendier mon pain. Qu'est-ce qu'un peu de pauvreté ou de souffrance en balance avec la plus basse et la plus cruelle lâcheté! soyez-en sûr, si j'étais resté là spectateur paisible, témoin passif d'une semblable injustice, je m'en voudrais à moi-même et je croirais en effet avoir mérité le mépris de tout le monde. Quel abominable gredin! »

Après cette gracieuse allusion à la mémoire de M. Squeers, Nicolas réprima ses transports de colère, et, faisant à Newman un récit fidèle de ce qui s'était passé à Dotheboys-Hall, il le supplia de ne pas se faire prier davantage pour ne rien lui cacher. Vaincu par ses prières, M. Noggs tira d'une vieille malle une feuille de papier griffonnée, à ce qu'il semblait, en toute hâte, et, tout en témoignant par ses gestes de sa répugnance à le satisfaire sur ce point, il s'exécuta à peu près en ces termes.

« Mon cher jeune homme, il ne faut pas ainsi vous livrer à... cela ne peut pas aller, vous comprenez, pour vous faire une situation dans le monde, si vous allez prendre le parti de tous ceux qui sont victimes de quelques mauvais traitements. Sapristi! je suis tout fier de vous entendre me raconter cela; du diable si je n'aurais pas voulu en faire autant moi-même! »

Newman, infidèle à ses habitudes pacifiques, s'oublia jusqu'à donner en même temps un violent coup de poing sur la table, comme si, dans la chaleur de ses sentiments, il l'eût prise mal à propos pour la poitrine ou pour les côtés de M. Wackford Squeers. Après une adhésion si frappante à la conduite de Nicolas, il ne pouvait plus songer à lui faire des remontrances pour mieux se conduire dans le monde, comme il en avait eu l'intention d'abord, et il arriva droit au but.

« Avant-hier, dit Newman, voici la lettre qu'a reçue votre oncle. J'en ai pris copie à la hâte en son absence. Voulez-vous que je vous la lise?

— S'il vous plaît, » reprit Nicolas. En conséquence, Newman Noggs lut ce qui suit :

Dotheboys-Hall, jeudi matin.

« Monsieur,

« Papa me prie de vous écrire, regardant comme douteux qu'il puisse jamais recouvrir l'usage de ses jambes, ce qui fait qu'il ne peut mettre la main à la plume.

« Nous sommes tout sans dessus dessous. Papa a sur la figure un masque de plaids bleues et vertes sans conter qu'il y a deux bans qui sont taints de son cent. Il a falu le faire transporter dans la quisine où il est encore couché. Vous pouvez juger par là qu'il a été bien bât.

« Quand votre neveu que vous aviez recommandé comme maître d'étude a eu fait çà à papa, et sauté sur lui, trépignan son corps avec ses pieds et un langage que je me garderai bien de rapporter pour ne pas sallir ma plume, il a frappé mamman avec une violence abominable, l'a flanqué par terre et lui a enfoncé son peigne d'écailles plusieurs pouces dans la tête. Un peu plus, et il aurait pénétré dans le crâne. Nous avons un certificat de médecin attestant que, si c'était arrivé par malheur, le peigne d'écaille aurait fait une lézion au cerveau.

« Moi et mon frère avons été ensuite la victime de sa furie, et nous en avons tant souffert, qu'on peut conjecturer que nous avons quelque mal en dedans, d'autant plus qu'il n'y a pas de marques extérieures. Je ne fais que geter les hauts cris tout le temps que je vous écris, ainsi que mon frère, ce qui m'empêche de faire attention, aussi j'espère que vous excuserez mes fautes.

« Le monstre, après avoir rassassié sa soif de sang, s'est sauvé avec un mauvais sujet fini qu'il avait excité à la révolte, et une bague de grenat appartenant à maman. Comme les constables n'ont pu mettre la main sur lui, on suppose qu'il sera monté dans quelque diligence. Papa vous prie, si vous le revoyez, de faire renvoyer la bague; quant à ce voleur assassin, on peut le laisser aller, parce que, si on le poursuivait en justice, il en serait quitte pour la déportation, tandis qu'en le laissant faire on est sûr de le voir pendu avant peu, ce qui nous épargnera tout embarras et sera d'ailleurs beaucoup plus satisfaisant. Dans l'espérance d'une réponse, à votre commodité,

« Je me dis

« Votre très-humble servante,

« FANNY SQUEERS.

« *P. S.* Sa sottise me fait pitié, et je le méprise. »

Un profond silence succéda à la lecture de cette belle épître; pendant ce temps-là Newman Noggs, en repliant la lettre, considérait avec une sorte de compassion grotesque le mauvais sujet fini en question. Pour lui pauvre Smike, qui ne comprenait dans tout cela qu'une chose, à savoir qu'il avait été malheureusement la cause de la mésaventure de Nicolas et des calomnies dont il était victime, il était là sur sa chaise, muet et découragé, l'air accablé et le cœur brisé.

« Monsieur Noggs, dit Nicolas après quelques moments de réflexion, il faut que je sorte à l'instant.

— Sortir! cria Newman.

— Oui; il faut que j'aille à Golden-square. Ceux qui me connaissent ne croiront pas un mot de la bague, mais il pourrait entrer dans les vues de M. Nickleby ou convenir à sa haine de paraître y croire; je dois, non pas à lui, mais à moi-même, de montrer la vérité dans tout son jour, et d'ailleurs j'ai besoin de lui servir tout chauds deux ou trois mots d'explication que j'ai à échanger avec lui.

— Attendez, dit Newman.

— Je ne veux pas attendre, continua Nicolas avec résolution, et il prenait la porte pour sortir.

— Écoutez que je vous dise, reprend Newman en se plantant devant son impétueux ami, il n'y est pas; il est absent de Londres, il ne reviendra pas avant trois jours : et je sais qu'il ne répondra à cette lettre qu'après son retour.

— En êtes-vous bien sûr? demanda Nicolas dans un état d'irritation croissante et parcourant à grandes enjambées l'espace étroit de la cellule.

— Bien sûr, répondit Newman. Il a eu à peine le temps de la lire quand on est venu le chercher. Et personne autre que lui et nous n'en connaît le contenu.

— Mais êtes-vous certain de ce que vous dites là? demanda Nicolas avec précipitation. Personne? pas même ma mère ou ma sœur? Si je croyais qu'elles en eussent.... Il faut décidément que j'y aille, il faut que je les voie. Quel est le chemin? Où est-ce?

— Allons, suivez mon conseil, dit Newman qui parlait alors avec la même vivacité qu'un autre, n'essayez de voir qui que ce soit, pas même votre sœur et votre mère, avant qu'il soit revenu chez lui. Je connais mon homme. N'ayez pas l'air d'avoir communiqué avec personne. A son retour, allez droit à lui, et parlez-lui aussi hardiment que vous voudrez. Il sait bien ce qui en est : il est assez malin pour deviner toute la vérité; vous pouvez vous en fier à lui.

— Vous avez de l'amitié pour moi et vous le connaissez mieux que personne, reprit Nicolas après un moment de réflexion. Eh bien! soit! »

Newman qui, pendant cette conversation, était resté debout, le dos appuyé contre la porte, tout prêt à employer même la force, si c'était nécessaire, pour empêcher Nicolas de sortir, reprit sa chaise avec satisfaction. Puis entendant bouillir l'eau dans la cafetière, il apprêta un bon verre de grog pour Nicolas, et en remplit un pot fêlé pour Smike et pour lui : ils le burent en communauté dans la meilleure harmonie, pendant que Nicolas, le coude appuyé sur la table, la tête appuyée sur sa main, restait plongé dans une méditation profonde.

Cependant, au premier étage, la société, après avoir écouté avec attention, sans entendre aucun bruit qui pût servir de prétexte à leur curiosité pour monter chez M. Noggs, rentra dans la chambre des Kenwigs et se consola par une foule de conjectures hasardées sur la cause de cette disparition subite du gentleman ruiné et de son absence prolongée.

« Voulez-vous que je vous dise? commença Mme Kenwigs, si c'était un exprès qu'on lui eût dépêché pour lui annoncer qu'il est rentré dans son bien!

— Au fait! dit M. Kenwigs, ce ne serait pas impossible. En ce cas, nous ferions peut-être bien de lui envoyer demander s'il ne voudrait pas encore un peu de punch.

— Kenwigs, dit M. Lillyvick à haute voix, vous m'étonnez.

— Comment cela, monsieur? demanda M. Kenwigs avec une déférence marquée pour le percepteur des taxes.

— En faisant de pareilles propositions, répondit M. Lillyvick en colère. Il a déjà eu du punch, n'est-ce pas? Je trouve la manière dont ce punch a été intercepté, si vous voulez bien le permettre, très-irrespectueuse pour la société, scandaleuse, parfaitement scandaleuse. Il se peut que ce soit l'usage dans cette maison de permettre de pareilles libertés, mais c'est un genre de conduite que je n'ai jamais vu mettre en pratique ailleurs. C'est ce qui fait que je m'en étonne, Kenwigs. Un gentleman a devant lui un verre de punch qu'il va pour porter à ses lèvres, quand un autre gentleman vient vous empoigner ce verre de punch sans dire seulement un : *permettez*, ou *avec votre permission*, et disparaît avec ce verre de punch Ce sont peut-être là des manières honnêtes, à la bonne heure, mais je ne les comprends pas, voilà tout. Je dirai même plus, c'est que je ne me soucie pas de les comprendre jamais. Mon habitude, Kenwigs, est toujours dire ce que je pense, et voilà ce que je pense : et, si cela ne vous plaît pas, j'ai déjà passé l'heure ordinaire où je vais me coucher, et je m'en retourne à la maison sans plus de retard. »

En voilà un événement domestique! Le percepteur, avant de faire ce grand éclat, était resté à couver sa colère pendant quelques minutes dans le sentiment de sa dignité blessée. Quoi! on l'avait blessé, lui, le héros de la famille, le parent riche, l'oncle célibataire, qui pouvait faire de Morleena une héritière, et du nouveau-né même un légataire. Dieu du ciel! comment tout cela allait-il finir?

« Je suis très-fâché, monsieur, dit M. Kenwigs d'un air humble.

— Eh! monsieur, si vous en êtes très-fâché, riposta M. Lillyvick avec beaucoup d'aigreur, alors vous auriez dû l'empêcher. »

La compagnie se sentit toute paralysée par cet orage domestique. Le rez-de-chaussée resta la bouche toute grande ouverte, les yeux fixés sur le percepteur dans une vague stupeur. Les autres convives ne furent guère moins abasourdis par la sortie du haut personnage. M. Kenwigs, qui n'était pas très-adroit pour une circonstance si délicate, ne fit qu'attiser la flamme en essayant de l'éteindre.

« J'étais loin de penser assurément, monsieur, dit-il, j'étais loin de supposer qu'un misérable verre de punch vous mettrait ainsi hors de vous.

— Hors de moi ! Que diable voulez-vous dire avec cette nouvelle impertinence, monsieur Kenwigs? dit le percepteur. Morleena, mon enfant, donne-moi mon chapeau.

— Oh ! vous n'allez pas vous en aller, monsieur Lillyvick, » lui dit miss Petowker en cherchant à l'arrêter par son plus séduisant sourire.

Et pourtant M. Lillyvick, insensible aux charmes de la sirène, criait toujours d'un cœur endurci : « Morleena ! mon chapeau. »

A la quatrième sommation, Mme Kenwigs tomba à la renverse dans sa chaise, avec un cri capable d'attendrir un cœur de rocher, à plus forte raison un cœur de percepteur, pendant que les quatre petites filles (auxquelles on venait de faire la leçon) tenaient étroitement embrassée la culotte courte de leur oncle et le priaient, dans un anglais assez incorrect, de rester avec elles.

« Et pourquoi rester, mes chères petites? dit M. Lillyvick; vous voyez bien qu'on n'a pas besoin de moi ici.

— Oh ! ne dites pas de ces choses-là, mon oncle, c'est cruel, disait en sanglotant Mme Kenwigs ; vous voulez donc me faire mourir?

— Je ne serais pas étonné qu'il y eût des gens qui me prêtassent cette intention, répliqua M. Lillyvick jetant un regard de colère sur Kenwigs : hors de moi !

— Oh ! je ne peux pas supporter de le voir regarder ainsi mon mari, cria Mme Kenwigs; c'est une chose si terrible dans les familles. Oh !

— Monsieur Lillyvick, dit Kenwigs, je pense qu'à la considération de votre nièce, vous ne vous refuserez pas à une réconciliation. »

Les traits du percepteur se radoucirent, en voyant toute la société joindre ses instances à celles de son neveu. Il se laissa reprendre son chapeau et consentit à tendre la main.

« N'en parlons plus, Kenwigs, dit M. Lillyvick ; laissez-moi seulement vous dire, pour vous montrer comme j'étais hors de moi, que, si j'étais parti tout à l'heure, avant notre explication, cela n'aurait en rien changé mes dispositions en ce qui concerne les deux ou trois louis que je laisserai à vos enfants le jour de ma mort.

— Morleena Kenwigs, s'écria la nièce, dans un transport de reconnaissance, tombez aux genoux de votre cher oncle, demandez-lui de vous aimer toujours, toute sa vie; car ce n'est pas un homme, c'est un ange, je l'ai toujours dit. »

Miss Morleena, docile à l'ordre de sa mère, s'approcha de se pour faire son hommage de vassale fidèle; mais M. Lillyvick la releva pour l'embrasser tendrement, et alors Mme Kenwigs se précipita de son côté pour embrasser le percepteur; et toute la compagnie, témoin de la magnanimité de M. Lillyvick, ne put contenir un murmure d'approbation générale.

C'est pour le coup que le digne gentleman redevint bien plus encore l'âme et la vie de la société. C'est pour le coup qu'il reconquit avec tous les honneurs de la guerre son vieux rôle de lion, après s'être vu déposséder pour un moment de cette distinction flatteuse par la préoccupation passagère de tous les esprits. Les lions à quatre pattes ne sont féroces, dit-on, que quand ils ont faim; les lions à deux pieds sont de même. Il est rare que leur mauvaise humeur se prolonge lorsqu'on sait apaiser leur appétit vorace d'honneurs et de considération. M. Lillyvick n'avait jamais été si grand, il venait de montrer son pouvoir. Il avait dit un mot de sa fortune et de son futur testament. Il s'était fait un grand honneur par son désintéressement et sa vertu, et, par-dessus tout, il y gagna finalement une chope de punch bien plus grande que celle avec laquelle ce traître de Newman Noggs avait disparu.

« Un mot encore; pardon de venir vous déranger, dit Crowl qui se montra à la porte dans cet heureux moment. Mais c'est une drôle de chose, n'est-ce pas? quand on pense que Noggs demeure dans cette maison depuis plus de cinq ans et que jamais, pendant ce temps-là, personne, même des plus vieux locataires, ne peut se vanter de lui avoir vu venir un visiteur.

— Certainement, monsieur, dit le percepteur, c'est une heure bien indue pour déranger un homme en société, et la conduite de M. Noggs est au moins mystérieuse pour ne pas dire pis.

— Vous avez bien raison, répliqua Crowl; mais voilà bien autre chose. C'est que je pense que ces deux génies qui viennent de faire leur apparition sont des échappés de quelque part.

— Qu'est-ce qui vous fait faire cette conjecture, monsieur? demanda le percepteur qui, par un accord secret, semblait être l'orateur délégué, l'interprète officiel de la compagnie. Vous ne voulez pas dire, je suppose, que ce sont des gens qui se sont sauvés pour échapper au payement des droits et des taxes? »

M. Crowl, avec un air passablement méprisant, allait entamer une sortie générale contre le payement de toute espèce de droits et de taxes, lorsqu'il en fut empêché à temps par un mot de M. Kenwigs qui lui fut dit à l'oreille et quelques signes répressifs de Mme Kenwigs qui l'arrêtèrent tout court heureusement.

« Le fait est, dit Crowl, qui avait écouté à la porte de Newman de toutes les forces de sa curiosité, le fait est qu'ils ont causé si haut, que je ne pouvais pas m'entendre dans ma chambre. J'ai donc bien été obligé d'attraper, malgré moi, un mot par-ci, un mot par-là, et certainement tout ce que j'ai entendu m'a confirmé dans l'idée qu'ils viennent de décamper de quelque part. Je ne voudrais pas alarmer Mme Kenwigs, mais enfin, si c'était de quelque prison ou de quelque hôpital et qu'ils eussent emporté avec eux la fièvre typhoïde ou quelque autre maladie aussi agréable qui pourrait se communiquer aux enfants! »

Cette supposition fit un tel effet sur Mme Kenwigs, qu'il fallut tous les tendres soins de miss Petowker du théâtre royal de Drury-Lane pour lui rendre un peu de calme apparent. M. Kenwigs fut aussi bien admirable dans son empressement. C'est lui qui tint sous le nez de sa dame un gros flacon de senteur, tant qu'enfin les larmes qui coulèrent le long des joues de la tendre mère pouvaient être indifféremment attribuées aux effets de sa sensibilité ou des sels volatils.

Bien entendu que les dames, toutes et chacune, ne manquèrent pas, selon l'usage, d'exprimer vivement leur sympathie, récitant en chœur des consolations et des condoléances banales comme : « pauvre chère amie, » ou encore : « je serais tout à fait comme elle si j'étais à sa place, » ou bien : « ah! mes amis, quelle épreuve, » et puis, « il n'y a qu'une mère qui puisse comprendre le cœur d'une mère. »

Au milieu de tous ces refrains, ce qu'il y eut de plus clair aux yeux de toute la société, c'était l'imminence du danger. Aussi M. Kenwigs était-il sur le point de monter chez M. Noggs pour lui demander une explication. Il avait même déjà, pour se préparer, avalé au préalable un verre de punch avec une fermeté de résolution inflexible, quand l'attention de toute la société fut envahie par une émotion nouvelle bien plus terrible encore.

Qu'on se figure une succession soudaine et rapide des cris les plus aigus et les plus perçants, partant d'un étage supérieur et, selon toute apparence, du second sur le derrière où le petit nouveau-né des Kenwigs était en ce moment enchâssé dans un étroit cabinet. Au premier bruit, Mme Kenwigs convaincue qu'un chat sauvage était allé y sucer l'âme et le souffle de l'enfant, pendant que la petite bonne était endormie, s'élança vers la porte en se tordant les mains, en poussant d'affreux gémissements ; jugez de la consternation et de la confusion de toute la compagnie.

« Monsieur Kenwigs, allez voir ce que c'est : dépêchez-vous, cria la sœur, s'attachant à Mme Kenwigs pour l'arrêter de force dans ses élans de tendresse maternelle ; mais ma chère, ne vous démenez pas si fort, ou je serai obligée de vous lâcher.

— Mon bébé! mon chéri, chéri, chéri, chéri bébé, cria Mme Kenwigs en montant toujours d'une note à chaque *chéri*, mon doux trésor, mon innocent petit Lillyvick, laissez-moi aller le voir, laissez-moi.... al-al-al-aller. »

Pendant l'éjaculation de ces cris frénétiques, joints aux pleurs et aux lamentations des quatre petites filles, M. Kenwigs monta quatre à quatre l'e alier. Au moment où il arrivait à la porte de la chambre d'où partait tout le bruit, il se trouva en face de Nicolas qui portait l'enfant dans ses bras et sortait avec une telle violence, qu'il fit dégringoler six marches au père infortuné jusqu'au palier voisin, où M. Kenwigs se remit sur ses pieds sans avoir eu seulement le temps d'ouvrir la bouche pour demander ce qu'il y avait.

« Rassurez-vous, cria Nicolas déjà descendu, le voici : il n'y a plus rien, c'est fini, allons, remettez-vous, il n'y a pas eu de mal. « Et, en même temps qu'il tirait tout le monde d'inquiétude par ses paroles, il rendait à Mme Kenwigs l'enfant que, dans sa précipitation, il avait emporté sens dessus dessous. Puis il courut assister M. Kenwigs qui se frottait la tête de toutes ses forces et n'était pas encore bien remis de sa chute.

Rassurée par cette heureuse nouvelle, la compagnie commença à se remettre aussi de sa frayeur, qui avait produit sur quelques-uns d'entre eux les plus singuliers effets et donné lieu à des méprises étranges. Ainsi l'ami célibataire avait pendant longtemps tenu dans ses bras la sœur de Mme Kenwigs, croyant sans doute soutenir Mme Kenwigs elle-même, et on avait vu, mais bien vu, M. Lillyvick lui-même dans un tel trouble d'esprit qu'il avait embrassé miss Petowker à plusieurs reprises derrière la porte, avec autant de calme que s'il ne se doutait pas de l'accident.

« Ce n'est rien du tout, dit Nicolas, revenant à Mme Kenwigs. La petite fille qui était là pour veiller l'enfant, fatiguée.

je suppose, sera tombée de sommeil et s'est brûlé les cheveux à la chandelle.

— O méchante petite gaupe ! cria Mme Kenwigs, menaçant énergiquement du bout de l'index la petite malheureuse qui pouvait bien avoir treize ans, et qui la regardait avec sa tête roussie comme un canard que l'on vient de flamber, et la figure tout effrayée.

— J'ai entendu les cris de la petite, continua Nicolas, je suis descendu assez vite pour empêcher le feu de brûler autre chose que ses cheveux, mais, pour l'enfant, vous pouvez être sûre qu'il n'a rien, car c'est moi-même qui l'ai retiré du lit et qui vous l'ai apporté pour vous faire voir qu'il n'a pas de mal. »

Après cette courte explication, l'enfant qui, en sa qualité de filleul du percepteur des taxes, répondait au nom de Lillyvick Kenwigs, manqua d'être réellement suffoqué cette fois par les caresses des invités. Sa mère elle-même le serra si tendrement contre son cœur qu'il en poussait des cris affreux. Cependant, par une transition naturelle, l'attention générale fut ramenée vers la petite fille qui avait eu l'audace de se roussir les cheveux, et qui, après avoir reçu des mains de celles de ces dames qui étaient les plus énergiques, des claques et quelques bourrades, obtint la grâce d'être renvoyée chez elle gratis; car les dix-huit sous qu'elle avait si mal gagnés firent retour à la famille Kenwigs.

« Et vous, monsieur, dit Mme Kenwigs en s'adressant à l'ange sauveur du jeune Lillyvick, quels termes dois-je employer pour vous remercier, monsieur? vraiment je ne sais que vous dire.

— Je n'ai pas besoin que vous me disiez quelque chose, répliqua Nicolas, je n'ai certainement rien fait qui me donne des titres à des remercîments éloquents.

— Ah, monsieur ! sans vous, dit miss Petowker avec un gracieux sourire, le petit Lillyvick était brûlé vif.

— Ce n'est pas vraisemblable, je vous assure, répliqua Nicolas; il y avait tant de monde ici pour lui porter secours qu'on l'aurait certainement sauvé, avant qu'il y eut de danger réel.

— Cela n'empêche pas, monsieur, que nous allons boire à votre santé, s'il vous plaît, dit M. Kenwigs, en lui faisant signe de s'approcher de la table.

— En mon absence tant que vous voudrez, répondit Nicolas en riant; pour moi, j'ai fait un voyage si fatiguant aujourd'hui, que je tiendrais fort mal ma place ici : je serais un vrai trouble-fête, au lieu de m'associer à vos plaisirs, dans la supposition ou je resterais éveillé, ce qui me paraît très-douteux. Je vais donc, si vous le permettez, retourner auprès de mon ami M. Noggs, qui est remonté chez lui quand il a vu qu'il n'y avait rien de grave. Bonsoir, bonne nuit. »

Après avoir ainsi présenté ses excuses de ne pouvoir prendre sa part des plaisirs de la soirée, Nicolas fut bien payé de sa peine par les adieux les plus gracieux de Mme Kenwigs et des autres dames, et il se retira sans se douter de l'impression extraordinaire qu'il avait faite sur toute la société.

« Quel délicieux jeune homme! s'écria Mme Kenwigs.

— Extrêmement distingué, en vérité, reprit M. Kenwigs, ne pensez-vous pas comme moi, monsieur Lillyvick?

— Si, dit le percepteur tout en haussant les épaules d'un air équivoque.

— Il est distingué, très-distingué; au moins il en a l'air.

— J'espère, mon oncle, que vous n'avez rien à dire contre lui? demanda Mme Kenwigs.

— Non, ma chère, répondit le percepteur, non : je ne doute pas qu'il ne devienne quelque chose. Au reste, n'importe, laissez-moi vous exprimer mes tendres compliments, ma chère, et mes souhaits de longue vie pour l'enfant.

— Qui porte votre nom, dit Mme Kenwigs avec un doux sourire.

— Et j'espère qu'il le portera dignement, observa M. Kenwigs, qui voulait rentrer tout à fait en grâce avec le percepteur. C'est un filleul qui, j'en suis sûr, ne fera jamais rougir son parrain, et qui, plus tard, marchera de pair avec les Lillywick dont il porte le nom. J'avoue, et c'est aussi le sentiment de Mme Kenwigs, qui n'est pas moins sensible que moi à cet avantage, que je considère le bonheur qu'il a eu de s'appeler Lillywick comme une des plus grandes bénédictions et un des plus grands honneurs de mon existence.

— La plus grande bénédiction, Kenwigs, murmura sa dame.

— La plus grande bénédiction, dit M. Kenwigs se reprenant, une bénédiction que je ferai tout, j'espère, pour mériter un de ces jours. »

C'était un coup de haute politique de la part de Kenwigs de rattacher ainsi à M. Lillyvick, comme à la source de toutes les grâces, l'importance future du bébé. Le bon gentleman fut sensible à la délicatesse habile de ce procédé, et proposa tout de suite une santé pour le gentleman anonyme qui venait de donner ce soir même un si bel exemple de sang-froid et de vivacité et qui, « je ne crains pas de le dire, observa M. Lillyvick croyant faire une grande concession, me paraît avoir une mine heureuse et dont j'espère que le caractère ne démentira pas les bonnes manières.

— C'est vrai, dit Mme Kenwigs, qu'il est tout à fait agréable de figure et de tournure.

— Certainement, ajouta miss Petowker, il a dans tout son air quelque chose de.... mon Dieu! mon Dieu! voilà que j'ai oublié le mot.

— Quel mot? demanda M. Lillyvick.

— Ah! mon Dieu! faut-il que je sois stupide, répliqua miss Petowker cherchant dans sa tête : comment donc appelez-vous cela, vous savez bien, quand les jeunes lords vont casser la nuit les marteaux des portes, battre le guet, prendre des voitures au compte de gens qui ne s'en doutent pas. et bien autre chose encore.

— Aristocratique? dit le percepteur.

— C'est cela : aristocratique, continua miss Petowker. Il a quelque chose d'aristocratique, n'est-ce pas? »

Les messieurs ne dirent mot et se contentèrent de se regarder les uns les autres en souriant. Ils avaient seulement l'air de dire. « Dame! il ne faut pas disputer des goûts. » Mais quant aux dames, elles décidèrent à l'unanimité que Nicolas avait un air aristocratique, et, comme personne n'eut la fantaisie de lui contester ce titre, il le garda victorieusement.

Cependant le punch était bu et les petites Kenwigs qui, depuis quelque temps, ne pouvaient plus tenir l'œil ouvert qu'en y fourrant leurs doigts, devinrent grognons et demandèrent avec instance à aller au lit. Le percepteur donna le signal de la retraite en tirant sa montre, et en révélant à la compagnie qu'il était près de deux heures du matin. Sur quoi les uns firent des holà de surprise, les autres dirent que c'était affreux de se coucher si tard. Chapeaux d'homme et chapeaux de femme furent tirés à tâtons de dessous les tables et finirent par retrouver leurs propriétaires. Après cela vinrent force poignées de main, force assurances que jamais on n'avait passé une si délicieuse soirée, qu'on ne pouvait croire qu'il fût si tard; qu'on s'attendait qu'il était tout au plus dix heures et demie; qu'on voudrait bien que M. et Mme Kenwigs donnassent comme cela une fête d'anniversaire de mariage toutes les semaines; qu'on ne savait pas les recettes secrètes de Mme Kenwigs pour faire si bien les honneurs de sa maison; et ainsi de suite. Tous compliments flatteurs que M. et Mme Kenwigs reconnurent en remerciant, à tour de rôle, les messieurs et les dames de leur avoir procuré l'honneur de leur société et en souhaitant qu'ils eussent pris seulement la moitié du plaisir qu'ils voulaient bien leur exprimer.

Quant à Nicolas, qui ne se doutait guère de la sensation qu'il avait faite, il y a longtemps qu'il s'était endormi, laissant M. Newman Noggs et Smike aux prises avec la bouteille d'eau-de-vie, et ils s'en tirèrent avec tant de succès, que Newman se demandait avec un égal embarras, à la fin de la soirée, s'il n'était pas un peu en train lui-même, et s'il avait jamais vu un gentleman aussi lourdement, aussi profondément, aussi complétement plongé dans l'ivresse que sa nouvelle connaissance.

CHAPITRE XVI.

Nicolas cherche à se placer dans un nouvel emploi, et, comme il n'y réussit pas, il entre en qualité de professeur particulier dans une famille.

Le lendemain matin, Nicolas n'eut rien de plus pressé que de chercher quelque place où il pût, en attendant des jours meilleurs, gagner au moins sa vie sans se mettre aux crocs de son hôte : il ne voulait point abuser du dévouement du pauvre Noggs, qui aurait volontiers couché sur l'escalier pour céder son lit à son jeune ami.

Informations prises, il se trouva que l'appartement vacant, dont l'écriteau pendillait à la fenêtre du parloir, se composait, en tout et pour tout, d'une petite chambre au second sur le derrière, sous les plombs, avec la vue d'un paysage de tuiles et de tuyaux de cheminées couleur de suie. C'est le locataire du parloir qui était chargé de la louer à la semaine à des conditions raisonnables. Le propriétaire lui avait donné pouvoir pour la location des appartements vacants, et pour veiller à ce que les autres locataires ne missent pas la clef sur la porte sans payer. En retour de son exactitude à remplir ces conditions, il était logé pour rien, précaution sage pour éviter qu'il n'eût quelque jour la tentation lui-même de déménager sans tambour ni trompette.

Nicolas s'accommoda de cette chambre, et, ayant loué de même quelques menus meubles à un brocanteur du voisinage, en payant une semaine d'avance, sur le produit de la vente de quelques habits de rechange dont il fit de l'argent, il se mit sur sa chaise à ruminer des projets pour son avenir, dont l'horizon n'était guère plus clair ni plus étendu que celui de sa fenêtre. Mais comme il ne gagnait rien à faire avec eux plus ample connaissance, et que la familiarité finit, comme on dit, par engendrer le mépris, il prit le parti de leur donner un congé définitif en faisant une bonne promenade. Il prit donc son chapeau, laissant le pauvre Smike faire des rangements à l'infini dans sa chambre avec autant de délices que s'il eût décoré un palais somptueux, puis alla courir les rues et se mêler à la foule qui les encombre.

Quoique ce soit une pensée bien faite pour rabattre chez un homme la confiance qu'il peut avoir dans son importance personnelle que de sentir son individu perdu au milieu d'une foule tout occupée de ses affaires, sans faire aucune attention à lui, il n'en reste pas moins dominé, malgré cela, par le sentiment toujours présent de l'importance et de l'exigence pressante de ses intérêts. Nicolas avait beau marcher au pas de course, il était poursuivi d'une seule pensée, il n'avait qu'une idée dans la tête, le soin de ses propres affaires, et, s'il cherchait à lui donner le change en songeant à la situation et aux nécessités des gens qui le coudoyaient en passant, il se surprenait presque aussitôt à comparer leur condition et la sienne, et à retomber dans l'éternel sujet de ses préoccupations.

Absorbé dans ces réflexions, il cheminait le long d'un des courants les plus fréquentés de la population de Londres, lorsqu'il leva les yeux par hasard sur un tableau bleu de ciel où se lisait en lettres d'or : « Bureau général de placement pour tous emplois et conditions de toute espèce. S'adresser ici. » C'était une boutique sur la rue avec imposte en toile métallique à la fenêtre, la porte dans le corridor, et, tout du long des vitres, une riche et séduisante collection d'écriteaux à la main promettant des places vacantes de tous les degrés, depuis celle de secrétaire jusqu'à celle de saute-ruisseau.

Nicolas, par un mouvement instinctif, fit une halte devant ce temple de la déesse Promesse et parcourut des yeux les annonces en caractères majuscules où toutes les carrières de la vie s'étalaient avec profusion. Quand il eut satisfait sa curiosité, il se remit en route, puis il revint sur ses pas, puis reprit sa course. A la fin, après s'être plusieurs fois arrêté irrésolu devant la porte du bureau général de placement, il prit bravement son parti et entra.

Il se trouva dans une petite pièce dont le carreau était recouvert d'une toile cirée. Dans un coin s'élevait un bureau séparé du public par un grillage : à ce bureau siégeait un jeune homme décharné avec des yeux égrillards et un menton de galoche. C'était à lui qu'étaient dus les écriteaux en majuscules qui interceptaient le jour de la fenêtre. Il avait tout ouvert devant lui un grand registre ; les doigts de sa main droite étaient passés dans les feuillets ; il tenait les yeux fixés sur une dame d'un riche embonpoint, coiffée d'une cornette, et dans laquelle il était facile de reconnaître la propriétaire de l'établissement : elle prenait un petit air de feu pendant que son secrétaire était dans l'attitude d'un homme qui n'attend plus que ses instructions pour chercher quelques renseignements contenus dans le volume garni de fermoirs rouillés.

Comme, parmi les annonces affichées dans la rue, il y en avait une qui faisait connaître au public que, de dix heures à quatre, on était toujours sûr de trouver là des servantes pour tout faire, prêtes à entrer en place, Nicolas vit bien tout de suite qu'une demi-douzaine de robustes jeunes filles, toutes ornées de leurs socques et de leur parapluie, et assises en rang dans un coin, sur une banquette, montaient leur faction dans ce but, d'autant plus que les pauvres femmes avaient l'air passablement ennuyé d'attendre en vain. Il n'était pas aussi sûr de la condition et des intentions de deux demoiselles assez éveillées qui faisaient auprès du feu la conversation avec la propriétaire, mais il ne fut pas longtemps dans le doute; car, après qu'il se fut assis dans un coin, annonçant le désir d'attendre son tour, la dame grosse et grasse reprit le dialogue qu'il avait interrompu par son entrée dans la salle.

« Cuisinière, Tom, dit-elle sans se déranger et continuant de prendre un petit air de feu en relevant sa robe.

— Cuisinière, dit Tom feuilletant quelques pages du registre; j'y suis.

— Lisez-nous une ou deux bonnes places, dit la grosse dame.

— Choisissez-en où il n'y ait pas grand'chose à faire, s'il vous plaît, jeune homme, demanda une petite femme d'assez bonne tournure, en bottines écossaises, qui paraissait être intéressée à la chose.

— Mme Marker, dit Tom lisant dans son registre, place Russell, Russell-square; gages 450 fr., le thé et le sucre. Deux maîtres; on reçoit peu de monde. Il y a quatre domestiques : pas d'hommes. On ne laisse pas entrer les pays.

— Ah ! ciel ! dit la petite cliente qui avait bien envie de rire, ça ne peut pas me convenir. Une autre, s'il vous plaît, jeune homme.

— Mme Wrymug, place Pleasant, Finsbury; gages 300 fr., ni thé ni sucre. Une famille rigide.

— Ah! vous pouvez vous épargner la peine de continuer, interrompit la demoiselle.

— Trois valets de pied rigides aussi, lut Tom en appuyant sur ce détail.

— Trois? dites-vous? demanda la cliente avec intérêt.

— Trois valets de pied rigides. Cuisinière, femme de chambre, bonne d'enfants. Les femmes doivent suivre les exercices de la petite congrégation de Bethel trois fois tous les dimanches, avec un valet de pied rigide. Si la cuisinière est plus rigide que le valet de chambre, on demande qu'elle forme le valet de chambre. Si le valet de chambre est plus rigide que la cuisinière, il devra lui rendre le même service.

— Je vais prendre l'adresse de cette place, dit la postulante, il ne serait pas impossible que ce fût mon affaire.

— En voici une autre, observa Tom tournant la page : Famille de M. Gallanbile, membre du parlement. 375 fr., thé et sucre; on permet à la cuisinière de recevoir des cousins s'ils sont religieux. — *N. B.* Dîner froid à la cuisine le dimanche, M. Gallanbile étant fidèle observateur de la loi du dimanche. On ne fait pas un seul plat chaud ce jour-là, excepté le dîner de M. et Mme Gallanbile, qui a obtenu dispense, à titre d'urgence et de piété. M. Gallanbile dîne tard exprès le saint jour du repos, pour empêcher la cuisinière de faire un péché en faisant ce jour-là sa toilette.

— J'ai idée que celle-là ne m'irait pas aussi bien que l'autre, dit la demoiselle après avoir échangé quelques mots à voix basse avec sa camarade; je vais prendre l'autre adresse, s'il vous plaît, jeune homme. J'en serai quitte pour revenir si ça ne s'arrange pas. »

Tom écrivit l'adresse qu'on lui avait demandée, et la bonne élégante se retira en compagnie de sa camarade, après avoir eu soin, toutefois, de payer à la grosse dame ses petits honoraires.

Au moment où Nicolas ouvrait la bouche pour demander au jeune homme de chercher la lettre S, et de lui énumérer toutes les places de secrétaire encore disponibles, il vit entrer dans le bureau une solliciteuse nouvelle dont l'extérieur lui inspira à la fois de l'étonnement et de l'intérêt : il se retira immédiatement de côté pour lui céder son tour.

C'était une demoiselle qui pouvait avoir dix-huit ans, d'une taille mince et délicate, mais faite à ravir; elle s'avança timidement vers le bureau, et s'informa tout bas d'une place de gouvernante ou de dame de compagnie. Pour mieux s'expliquer, elle fut obligée de soulever son voile un moment, et ce fut assez pour laisser voir un visage d'une beauté peu commune, quoique obscurci par quelques nuages de tristesse, circonstance plus surprenante encore à raison de sa jeunesse. On lui donna une des adresses inscrites sur le registre, et elle s'esquiva sur la pointe du pied après la cérémonie d'usage à la grosse dame.

Elle était vêtue proprement, mais très-simplement : si simplement que, si quelque jeune fille moins gracieuse eût porté son costume, il y aurait perdu beaucoup et peut-être aurait semblé mesquin et misérable. Sa domestique, car elle en avait une avec elle, était une grosse rougeaude, assez malpropre, des yeux à fleur de tête, des bras marbrés et rugueux mal cachés sous un châle qui avait l'air d'avoir traîné dans la crotte, la figure mal lavée, encore tatouée de charbon et de mine de plomb : c'était, à ne pouvoir s'y méprendre, une servante de l'espèce des bonnes à tout faire qui étaient là rangées sur le banc, et qui avaient échangé avec elle des grimaces et des œillades qui font partie sans doute des signes cabalistiques de la franc-maçonnerie de l'état.

Elle suivit sa maîtresse, qui avait déjà disparu avant que Nicolas fût remis des premiers effets de sa surprise et de son admiration. Je ne voudrais pas parier qu'il ne se fût pas mis à les suivre, s'il n'avait pas été retenu par la curiosité d'entendre le dialogue suivant entre la grosse dame et le teneur de livres :

« Quand revient-elle, Tom ? demanda la grosse dame.

— Demain matin, répondit Tom en taillant sa plume.

— Où l'avez-vous adressée ?

— Chez Mme Clark.

— Elle aura là une jolie petite place, si elle y va, » observa la grosse dame en prenant une prise dans sa tabatière d'étain.

Tom, pour toute réponse, souleva sa joue avec sa langue, et, tournant le bout de sa plume du côté de Nicolas, il fit ressouvenir la grosse dame qu'elle avait à lui adresser sa question ordinaire.

« Et vous, monsieur, qu'est-ce que nous pouvons faire pour vous ? »

Nicolas répondit en peu de mots qu'il désirerait savoir si on ne pouvait pas lui procurer un poste de secrétaire ou de copiste chez un gentleman.

« Rien qu'un? répondit la bourgeoise. Une douzaine, si vous voulez. En avez-vous, Tom?

— Je crois que oui, » répondit le scribe.

Et en même temps il clignait de l'œil du côté de Nicolas, avec une familiarité qu'il supposait sans doute très-flatteuse pour celui qu'il honorait de ses avances, mais qui n'excita chez Nicolas qu'ingratitude et dégoût.

Après avoir consulté le livre, on découvrit que la douzaine de secrétariats vacants se réduisaient à un, chez M. Gregsbury, l'illustre membre du Parlement, demeurant cité Manchester, à Westminster; il voulait un jeune homme pour mettre en ordre ses papiers et sa correspondance : Nicolas était justement l'affaire de M. Gregsbury.

« Je ne connais pas bien les honoraires, parce qu'il préfère s'arranger directement avec la personne, dit la grosse dame; mais je suppose qu'ils ne doivent pas être mauvais, puisque c'est un membre du Parlement. »

Avec son peu d'expérience du monde, Nicolas ne comprit pas bien la force de ce raisonnement, et ne trouva pas la conclusion tout à fait rigoureuse, mais, sans vouloir se donner la peine d'élever là-dessus une discussion, il prit l'adresse et se décida à aller trouver M. Gregsbury, sans délai.

« Je ne sais pas le numéro, dit Tom, mais la cité Manchester n'est pas bien grande. Au pis aller, vous n'en aurez pas pour longtemps à frapper à droite et à gauche à toutes les portes jusqu'à ce que vous l'ayez trouvé. Dites donc! quel joli brin de fille, hein?

— Quelle fille? demanda Nicolas d'un air sérieux.

— Bon! bon! nous savons bien. Une jolie fille, hein? lui dit Tom à l'oreille, fermant un œil et retroussant en l'air la pointe de son menton. Vous ne l'avez donc pas vue, hein? Vous voudriez bien être à ma place pour la recevoir demain matin. »

Nicolas regarda le hideux commis, comme s'il avait eu un moment l'intention de lui frotter les oreilles avec son registre, pour lui apprendre à se montrer ainsi l'admirateur de la demoiselle; mais il se retint et se contenta de prendre un air hautain et de sortir à grands pas du bureau. Il oubliait, dans son indignation, les lois de l'ancienne chevalerie, qui faisaient à tout bon chevalier un devoir impérieux d'entendre l'éloge de la dame de leurs pensées, et lui imposaient même l'obligation d'aller errer dans tout l'univers, cassant la tête à tous les personnages positifs et prosaïques qui refusaient d'élever jusqu'au ciel des demoiselles qu'ils n'avaient jamais eu le bonheur de voir et dont ils n'avaient jamais entendu parler. Voyez un peu la belle excuse pour refuser son enthousiasme !

Nicolas, distrait de ses propres malheurs par la pensée de ceux dont la jolie fille qu'il avait vue paraissait être victime, après bien des tours et des retours, après avoir souvent demandé et perdu son chemin, finit par arriver devant l'endroit où on l'avait adressé.

Dans l'enceinte de la vieille cité de Westminster, environ à quelques centaines de pas de son antique sanctuaire, est un quartier étroit et sale, résidence aujourd'hui des membres les moins importants du Parlement. Il ne se compose que d'une rue, formée de deux rangées de tristes maisons louées en garni, dont toutes les fenêtres, pendant les vacances législatives, fournissent leur tribut à cette collection mélancolique d'écriteaux uniformes qui remplaçant de leur mieux leurs anciens locataires, membres de l'opposition ou partisans du gouvernement, pendant la session qui vient d'aller retrouver ses ancêtres, semblent dire comme eux : « A louer ! à louer ! »

Mais quand la saison des affaires est revenue, on ne voit plus d'écriteaux, et les maisons regorgent de législateurs. Législateurs en bas, législateurs en haut, législateurs au premier, au second, au troisième étage, et jusque dans les galetas ; pas un petit cabinet qui n'ait un fumet de députation et de délégué. Dans les temps humides, tout le quartier est englouti dans des nuages de vapeurs qui s'exhalent des actes du Parlement et des pétitions revêches qui moisissent dans les cartons. Les courriers de la poste risquent de se trouver mal quand ils pénètrent dans ces brouillards infects, et l'on voit errer çà et là des figures piteuses, avides de profiter des franchises de la correspondance officielle, comme les âmes en peine qui erraient sur les rivages du Styx pour obtenir gratis le passage au sombre bord.

C'est là ce qu'on appelle la cité Manchester ; c'est là qu'à toutes les heures de la nuit on entend tourner dans leurs serrures respectives le passe-partout de messieurs du Parlement, quand ils rentrent de leurs clubs ou de leurs autres lieux de plaisir. Parfois aussi, quand une bouffée de vent balaye les eaux qui baignent le pied de ces murs et concentre le son dans cette longue enfilade, il fait retentir la voix grêle et perçante de quelque jeune orateur qui répète son rôle pour la séance du lendemain. C'est là que, tout le long du jour, des orgues de barbarie tournent leurs meules et que toutes les petites boîtes à musique, inventées pour les artistes ambulants, font entendre leur clapotage. Manchester ressemble assez bien à ces engins pour prendre les anguilles qui n'ont d'autre issue que leur bouche en forme d'entonnoir, ou à ces bouteilles de matelot, au goulot court et étroit; et, à cet égard, on pourrait y voir l'image fidèle de la destinée réservée à quelques-uns de ses infortunés habitants qui, après s'être tortillés dans le Parlement en toutes sortes de contorsions et d'efforts violents, trouvent, au bout du compte, qu'ils se sont enfoncés dans un cul-de-sac qui ne mène à rien, absolument comme cité Manchester qui n'aboutit qu'à elle-même; trop heureux, quand ils peuvent en sortir sans autre encombre que de se retrouver aussi incapables, aussi gênés, aussi obscurs qu'ils y étaient entrés.

Nicolas pénétra donc dans cité Manchester avec l'adresse du grand monsieur Gregsbury. En voyant un flot d'individus se précipiter dans une maison voisine de chétive apparence, il attendit qu'ils se fussent écoulés; puis, se présentant au domestique qui gardait la porte, il prit la liberté de lui demander s'il savait où demeurait M. Gregsbury? Le domestique était un garçon dont la pâleur et l'extérieur misérable pouvaient faire croire que, depuis son bas âge, il n'avait jamais couché que dans le sous-sol, et ce n'était que trop vrai.

« M. Gregsbury? dit-il. C'est ici que demeure M. Gregsbury. C'est bon; vous pouvez entrer. »

Nicolas ne se le fit pas dire deux fois; et il ne fut pas plutôt entré, que le garçon ferma la porte et disparut.

La réception était assez singulière; mais ce qu'il y avait de plus embarrassant, c'est que, tout le long du corridor et tout le long de l'étroit escalier qui masquait la fenêtre, et rendait plus sombre encore l'entrée obscure de la maison, était une masse confuse de personnages dont les figures annonçaient une mission importante. Ils avaient l'air d'attendre, avec une impatience silencieuse, quelque événement intéressant. De temps en temps, l'un d'eux parlait à l'oreille de son voisin; ou bien un petit groupe se réunissait pour se parler ensemble à l'oreille; ou bien ces parleurs mystérieux se faisaient l'un à l'autre des signes de tête résolus, ou la secouaient d'un air déterminé, comme s'ils étaient décidés à faire quelque scène et à ne pas se laisser ébranler, quoi qu'il pût arriver.

Quelques minutes s'écoulèrent sans que rien pût expliquer cette énigme; et déjà Nicolas, qui se trouvait mal à son aise dans cette situation équivoque, allait prendre quelque information près de son voisin, lorsqu'un mouvement subit se manifesta au haut de l'escalier, et l'on entendit une voix crier :

« Allons! messieurs, ayez la bonté de monter. »

Au lieu de monter, les gentlemen de l'escalier se mirent à descendre avec une grande rapidité, et pressèrent avec une politesse extraordinaire les gentlemen du corridor de marcher les premiers. Les gentlemen du corridor, qui n'étaient pas moins polis, ne voulaient pas du tout accepter cet honneur. Mais ils y furent bien obligés malgré eux, lorsque les autres gentlemen, qui faisaient la presse devant eux, en poussèrent une demi-douzaine, parmi lesquels était Nicolas, et les forcèrent par derrière, non-seulement à monter l'escalier, mais à entrer dans le salon même de M. Gregsbury, où ils furent jetés pêle-mêle dans une confusion indécente, et sans aucun moyen de battre en retraite, car la foule qui les suivait avait déjà rempli la pièce.

« Messieurs, dit M. Gregsbury, soyez les bienvenus; je suis charmé de vous voir. »

Pour un homme charmé de voir la nombreuse société qui lui rendait visite, M. Gregsbury avait l'air aussi contrarié que possible. Mais peut-être n'était-ce qu'un effet de sa gravité parlementaire et la suite de l'habitude, que les hommes d'État comme lui sont obligés de prendre, de dissimuler leurs sentiments. C'était un homme épais, replet, à grosse tête, à voix forte, empesé dans ses manières, avec une grande facilité pour dire des choses qui ne voulaient rien dire; bref, tout ce qu'il faut pour faire un bon membre du Parlement, sans aucun doute.

« Eh bien, messieurs, dit M. Gregsbury jetant à ses pieds dans un panier d'osier un tas de papiers et se renversant dans son fauteuil, les coudes appuyés et les bras relevés, vous n'êtes pas contents de ma conduite, à ce que je vois dans les journaux?

— Non, monsieur Gregsbury, dit un vieux monsieur frais et dodu qui perça la foule d'un air déterminé et vint se placer devant lui.

— Quoi! mes yeux me trompent-ils? dit M. Gregsbury regardant l'orateur; est-ce bien mon vieil ami Pugstyles que je vois?

— C'est bien moi, moi-même, répondit le vieux monsieur frais et dodu.

— Donnez-moi la main, mon honorable ami, dit M. Gregsbury; Pugstyles, mon cher ami, je suis bien désolé de vous voir ici.

— Et moi bien désolé d'y être, monsieur, dit M. Pugstyles; mais c'est votre conduite, monsieur Gregsbury, qui a rendu cette démarche absolument nécessaire de la part de vos commettants

— Ma conduite, Pugstyles, dit M. Gregsbury promenant ses regards sur la députation avec autant de grâce que de magnanimité, ma conduite a été, comme elle le sera toujours, dirigée par un respect sincère des intérêts vrais et réels de ce grand et fortuné pays. Que je regarde chez nous ou à l'étranger; que je considère les paisibles et industrieuses communes de notre royaume insulaire, ses rivières sillonnées par des bateaux à vapeur, ses chemins de fer couverts de locomotives, ses rues qui fourmillent de voitures publiques, son firmament de ballons d'une grandeur et d'une puissance inconnue dans l'histoire des aéronautes du monde entier; en un mot, que je concentre mes regards sur ma patrie, ou que, les étendant plus loin, je contemple l'horizon sans bornes des conquêtes et des établissements dus à la patience britannique, qui se déroulent devant moi, je ne puis m'empêcher, dans mon admiration, de joindre les mains avec extase, de lever les yeux vers la voûte céleste au-dessus de ma tête et de m'écrier : Je te rends grâces, ô ciel, d'être un enfant de la Grande-Bretagne. »

Il fut un temps où cet élan d'enthousiasme aurait trouvé un écho dans tous les cœurs de ses électeurs; mais, pour le moment, la députation l'accueillit par un air de froideur glaciale. On semblait généralement croire que cette explication de la conduite politique de M. Gregsbury péchait au moins par le défaut de détails. Il y eut même un gentleman au fond de la salle qui ne se fit pas scrupule d'observer à haute voix qu'à son avis, cette justification sentait un peu la blague.

« Voilà un mot, la blague, dit M. Gregsbury, dont je ne connais pas la signification. Si l'on veut dire par là que je suis un peu trop ardent, peut-être même hyperbolique, dans mon admiration pour mon pays natal; j'accepte ce reproche, je puis l'avoir mérité. Oui, je suis fier de ce pays de bonheur et de liberté : mon œil brille, ma poitrine se dilate, mon cœur se gonfle, mon sein s'enflamme, mon être entier se transforme toutes les fois que je songe à sa grandeur et à sa gloire.

— Nous voudrions, monsieur, reprit M. Pugstyles plus calme, vous adresser seulement quelques questions.

—Volontiers, mes amis. Mon temps est à vous et à mon pays, » dit M. Gregsbury.

Après cette permission, M. Pugstyles mit ses lunettes et tira de sa poche un morceau de papier sur lequel se trouvait écrit le programme de la séance. Presque tous les autres membres de la députation mirent aussi la main à la poche pour en tirer leur papier, sans doute dans l'intention de suivre et, au besoin, de rectifier la lecture que M. Pugstyles allait faire des questions convenues. Cela fait, M. Pugstyles entra en matière.

« Question 1re : On demande si vous n'avez pas, monsieur, pris, avant votre élection, l'engagement volontaire que, dans le cas où vous seriez envoyé à la Chambre, vous aboliriez immédiatement l'habitude de tousser et de grogner dans les séances des Communes, et si, au contraire, vous n'avez pas souffert que l'on toussât et que l'on grognât contre votre premier discours, dès le début même de la session, et s'il est vrai que, depuis lors, vous n'avez pas fait le moindre effort pour obtenir une réforme à ce sujet; si vous ne vous étiez pas aussi engagé à frapper le gouvernement de stupeur et à le mettre dans ses petits souliers. On demande si vous l'avez frappé de stupeur et si vous l'avez mis dans ses petits souliers, oui ou non?

— Voulez-vous passer à la seconde, mon cher Pugstyles? dit M. Gregsbury.

— Avez-vous, monsieur, quelque explication à donner sur ce point? demanda M. Pugstyles.

— Certainement non, » répondit M. Gregsbury.

Les membres de la députation se regardèrent les uns les autres, puis regardèrent M. Gregsbury avec des yeux pleins de courroux. Le cher Pugstyles, après avoir lui-même longtemps fixé les siens sur M. Gregsbury par-dessus ses lunettes, reprit sa liste de questions.

« Question 2e : Si vous n'avez pas aussi, monsieur, pris également un engagement volontaire de soutenir votre collègue en toute occasion, et si vous ne l'avez pas, au contraire, avant-hier soir, abandonné, pour voter contre lui, parce que la femme de l'un des chefs du parti contraire avait invité Mme Gregsbury à ses soirées?

— Continuez, dit M. Gregsbury.

— Vous n'avez rien non plus à répondre à cela, monsieur? demanda l'orateur.

— Pas la moindre chose, » répondit M. Gregsbury.

La députation, qui ne l'avait jamais vu que dans les assemblées préparatoires ou le jour de l'élection, fut stupéfiée de sa froideur. Elle ne le reconnaissait plus. Quoi! c'était cet homme tout sucre et tout miel dans les élections, qu'elle voyait aujourd'hui tout fiel et tout vinaigre. Ah! comme les temps changent les hommes!

« Question 3e et dernière, dit M. Pugstyles, en appuyant sur ces mots : Si vous n'avez pas déclaré, monsieur, sur les Hustings, votre ferme et inflexible résolution de vous opposer à tout ce que l'on viendrait à proposer; de diviser la Chambre sur toutes les questions; de faire des motions d'ajournement à tout propos; d'avoir tous les jours un amendement au procès-verbal; en un mot, pour conserver vos propres expressions dont nous avons gardé la mémoire, de faire le diable, en tout et pour tout. »

En terminant ce réquisitoire détaillé, M. Pugstyles plia sa note et la remit dans sa poche, comme firent aussi tous ses amis à son exemple.

M. Gregsbury se mit à réfléchir, se moucha, s'enfonça davantage encore dans son fauteuil, puis se rapprocha de la table, y posa ses coudes, fit un triangle composé de ses deux pouces et de ses deux index, et se tapant gentiment le nez avec le sommet du triangle, répondit (il ne put s'empêcher de rire) : « Je nie tout. »

A cette réponse inattendue, un murmure d'horreur s'éleva du sein de la députation, et le même gentleman qui avait exprimé des doutes sur le caractère blaguiforme de l'exorde de M. Gregsbury, fidèle à ses habitudes monosyllabiques, prononça cette fois en grognant le mot de démission. Démission! mot terrible qui fut aussi grommelé par ses voisins et finit par devenir comme le mot d'ordre général de l'assemblée, en proie à une grande agitation.

« Je suis aussi chargé, monsieur, dit M. Pugstyles, avec une révérence cérémonieuse, de vous exprimer notre espérance que, sur la demande d'une majorité considérable de vos commettants, vous ne ferez aucune difficulté de donner votre démission, en faveur de quelques candidats qu'ils jugent plus dignes de leur espérance. »

Pour toute réponse, M. Gregsbury se mit à lire la réplique suivante, qu'il avait à l'avance composée sous forme de lettre, et dont il y avait déjà un grand nombre de copies toutes prêtes pour être envoyées aux journaux :

« Mon cher Pugstyles,

« Après la prospérité de notre île bien-aimée, ce pays de bonheur et de liberté dont les facultés et les ressources sont, dans ma conviction, sans limites, il n'y a rien qui me soit plus cher que cette noble indépendance, le plus fier privilége d'un cœur vraiment anglais, et mon plus vif désir est de le léguer à mes enfants sans honte et sans tache. Ce n'est donc point par des motifs personnels, mais par de hautes et respectables considérations constitutionnelles, que je n'essayerai pas de vous expliquer, parce qu'elles ne sont réellement pas à la portée de personnes qui n'ont pas été à même, comme moi, d'étudier à fond les secrets mystérieux de la politique, que je préfère garder mon siége au Parlement, comme j'ai bien l'intention de le faire.

« Voulez-vous bien être assez bon pour présenter mes compliments au corps électoral, et lui communiquer ma résolution?

« Je suis avec une grande estime,

« Mon cher Pugstyles, etc., etc. »

« C'est donc à dire que vous êtes décidé à ne pas donner votre démission? » demanda l'orateur.

M. Gregsbury sourit et branla la tête pour confirmer son refus.

« Alors, bonjour, monsieur, dit Pugstyles avec colère.

— Que Dieu vous conduise! » dit M. Gregsbury. Et la députation, tout en grondant et en grognant, se mit à décamper, aussi vite qu'elle put, le long de l'escalier étroit qui retardait sa marche.

Quand ils furent tous partis jusqu'au dernier, M. Gregsbury se frotta les mains et poussa de grands éclats de rire, comme fait un farceur qui croit avoir à se réjouir de quelque bon mot, ou de quelque bon tour dont il s'est fait honneur. Dans l'enivrement de son amour-propre satisfait, il n'avait pas encore remarqué Nicolas caché dans l'ombre des rideaux de la fenêtre, lorsque ce jeune homme, craignant de surprendre, sans le vouloir, quelque soliloque qui n'était point destiné à la publicité, toussa deux ou trois fois pour attirer l'attention du membre du Parlement.

« Qui est-ce qui est donc là? » dit M. Gregsbury avec vivacité.

Nicolas s'avança et lui fit un salut.

« Que faites-vous ici, monsieur? venez-vous espionner ma vie privée? jouer le rôle de dénonciateur domestique? Vous avez entendu ma réponse, monsieur, faites-moi le plaisir de suivre la députation.

— C'est ce que j'aurais déjà fait si j'en étais, mais je n'en suis pas, dit Nicolas.

— Alors, comment vous trouvez-vous ici, monsieur? demanda d'abord tout naturellement M. Gregsbury *M. D. P.*[1]; et d'où diable venez-vous, monsieur? fut sa seconde question.

— On m'a donné cette adresse au bureau général de placement, monsieur, dit Nicolas, et je venais m'offrir à vous pour secrétaire, sachant que vous en demandez un.

1 Membre du Parlement.

— Et vous n'êtes pas venu pour autre chose, je suppose ? » dit M. Gregsbury qui le toisa avec un air de doute.

Nicolas répondit que c'était le seul but de sa visite.

« Vous n'avez rien de commun avec ces gredins de journaux, n'est-ce pas? dit M. Gregsbury, et vous ne vous êtes pas glissé ici pour écouter ce qu'on y allait dire et pour l'imprimer après ?

— Mon Dieu, répondit Nicolas avec politesse, mais avec assurance, j'ai le regret de me voir obligé d'avouer que je n'ai de relation aucune avec personne pour le moment.

— Oh! dit M. Gregsbury, comment donc êtes-vous monté jusqu'ici? » Nicolas lui raconta comment il avait été emporté par le courant de la députation.

« Si c'est comme cela, dit M. Gregsbury, asseyez-vous. »

Nicolas prit une chaise et M. Gregsbury, avant de lui en demander plus long, resta quelque temps à le considérer, pour s'assurer sans doute que son extérieur ne laissait pas à désirer. A la fin il se décida à lui dire : « Vous voulez être secrétaire chez moi?

— Je désirerais, monsieur, m'attacher à vous en cette qualité.

— Bien, dit M. Gregsbury, que savez-vous faire ?

— Je suppose, répondit Nicolas en souriant, que je sais faire ce qu'ont l'habitude de faire les autres secrétaires.

— Eh bien, qu'est-ce qu'ils ont à faire? demanda M. Gregsbury.

— Ce qu'ils ont à faire? répondit Nicolas.

— Oui, ce qu'ils ont à faire? » reprit le membre du Parlement qui le regardait d'un air narquois, la tête penchée sur son épaule.

— Les fonctions de secrétaire sont assez difficiles à définir, ce me semble, dit Nicolas réfléchissant; elles comprennent, je présume, la correspondance.

— Bien !

— La mise en ordre des papiers et documents ?

— Très-bien.

— Au besoin l'écriture sous votre dictée, et peut-être, monsieur, dit Nicolas avec un demi-sourire, la copie de votre discours du jour pour quelque feuille publique, lorsque vous en avez fait un d'une importance particulière.

— Certainement, répondit M. Gregsbury. Et puis après ?

— J'avoue, dit Nicolas après quelques moments de réflexion, que je ne trouve plus dans ma mémoire d'autres attributions pour un secrétaire, si ce n'est l'obligation générale de se rendre aussi utile et aussi agréable qu'il peut l'être à son patron, sans sacrifier sa propre dignité, et sans dépasser la limite des devoirs que son titre même semble ordinairement impliquer. »

M. Gregsbury regarda fixement Nicolas pendant quelque temps, puis jetant autour de la chambre un regard circonspect, il lui dit d'une voix contenue :

« C'est tout à fait cela, monsieur.... comment vous appelez-vous ?

— Nickleby.

— C'est tout à fait cela, monsieur Nickleby, et parfaitement énoncé, au moins pour les devoirs que vous avez définis ; mais il en est d'autres encore. Il en est, monsieur Nickleby, que le secrétaire d'un personnage parlementaire ne doit jamais perdre de vue. Il faudra me mâcher la besogne.

— Pardon, monsieur, dit Nicolas ne comprenant pas précisément la chose.

— Me mâcher la besogne, monsieur, répéta M. Gregsbury.

— Voulez-vous bien m'excuser, monsieur, si je vous demande ce que vous entendez par là ? dit Nicolas.

— Ce que j'entends, monsieur, est parfaitement clair, répondit M. Gregsbury avec un air solennel. Mon secrétaire doit posséder la politique étrangère de tous les États, en suivre les reflets dans les journaux : parcourir des yeux tous les comptes rendus des réunions publiques, tous les premiers-Paris, et les procès-verbaux des diverses sociétés : prendre, chemin faisant, des notes sur les points qui lui paraissent propres à donner de l'intérêt à une petite tirade qui serait prononcée à propos d'une pétition déposée sur le bureau, ou de quelque incident pareil. Vous comprenez ?

— Je le crois, monsieur, répondit Nicolas.

— Et puis, dit M. Gregsbury, il devrait aussi jour par jour prendre connaissance des accidents de la veille dans les journaux du matin : lire, par exemple, les *disparitions mystérieuses*, ou *suicide supposé d'un enfant employé dans les poteries*, ou quelque autre aventure de ce genre, sur laquelle je puisse fonder une question adressée de ma place au ministre de l'intérieur. Puis, il copierait la question, avec quelques mots de la réponse du ministre ; on y trouverait l'occasion naturelle de m'adresser un petit compliment sur mon esprit d'indépendance et le bon sens de mes observations. Puis on enverrait le tout franc de port à la feuille locale, avec une douzaine de lignes en tête, pour rappeler que je suis toujours à mon poste, toujours prêt à faire face, sans reculer d'une semelle, aux devoirs de la responsabilité la plus délicate, et ainsi de suite. Vous entendez? »

Nicolas s'inclina par forme de réponse.

« De plus, continua M. Gregsbury, je lui demanderais, de temps en temps, de lire quelques-uns des tableaux qui accompagnent les rapports officiels et d'en extraire quelques résultats généraux, de manière à me mettre à même de me tirer avec honneur, par exemple, des questions sur l'emploi des bois de charpente, sur les finances, etc. J'aimerais assez qu'il me fournît quelques bons petits arguments sur les effets désastreux du payement en numéraire, et sur les cours métalliques qu'on éclaircirait çà et là par quelques excursions sur l'exportation des métaux et aussi des billets de banque, sur toutes ces choses enfin dont il suffit de parler avec une certaine facilité parce que personne ne les comprend. Saisissez-vous bien?

— Je crois comprendre, dit Nicolas.

— En ce qui concerne les questions qui ne sont pas politiques, continua M. Gregsbury avec chaleur, et dont on ne peut pas demander à un homme de s'occuper d'une manière assez sérieuse, pour vouloir donner aux classes inférieures autant de bien-être qu'à nous-mêmes, car autrement que deviendraient nos priviléges? je voudrais que mon secrétaire me fît une petite collection de discours de parade, d'un caractère patriotique. Par exemple, si l'on avait la malheureuse idée de proposer un bill pour assurer le droit de propriété d'un tas de pauvres diables comme les auteurs, j'aimerais assez à défendre cette thèse : que pour ma part, je ne consentirai jamais à élever une barrière insurmontable à la diffusion de la littérature dans le peuple. Vous comprenez? que les créations matérielles n'étant que des spéculations d'un intérêt purement industriel, peuvent être considérées comme la propriété d'un homme ou d'une famille, mais que les créations intellectuelles, étant d'inspiration divine, appartiennent véritablement au peuple en général; et même, si je me sentais ce jour-là d'humeur badine, je ne craindrais pas d'entremêler tout cela de quelques plaisanteries sur la postérité : de dire que des hommes qui ont écrit pour la postérité doivent être satisfaits d'obtenir comme récompense l'approbation de la postérité; cela ne prendrait peut-être pas mal à la Chambre, et, dans tous les cas, ne me ferait aucun tort car il n'y a pas à craindre que la postérité s'inquiète ni de moi ni de mes plaisanteries. Vous voyez?

— Je vois bien, monsieur, répliqua Nicolas

— Surtout, en pareil cas, vous ne devez jamais oublier, là où nos intérêts ne peuvent pas en souffrir, de parler souvent du peuple, parce que c'est d'un merveilleux effet à l'époque des élections. Ce n'est pas comme les auteurs, dont vous pouvez rire tout à votre aise, vu que la plupart d'entre eux vivent en garni et par conséquent n'ont pas le droit de voter. Voilà donc un aperçu rapide des points principaux qui intéressent vos fonctions, excepté que vous auriez à rester tous les soirs dans les couloirs de la Chambre, dans le cas où j'aurais oublié quelque chose et où il faudrait me remonter à nouveau. Vous feriez bien encore, pendant les grands débats de la Chambre, d'aller de temps en temps vous asseoir sur les premiers bancs des tribunes pour dire à vos voisins : Voyez-vous ce gentleman qui porte sa main droite à la figure et qui embrasse de la gauche le pilier en face de nous? C'est M. Gregsbury, le célèbre M. Gregsbury. Il ne vous en coûterait pas davantage d'y joindre quelque petit éloge d'après l'inspiration du moment. Pour salaire, ajouta M. Gregsbury tournant bride avec une grande rapidité, car il était presque hors d'haleine; pour salaire, je peux vous le dire tout de suite en nombre rond pour éviter tout mécompte. Quoique ce soit plus que je n'ai l'habitude de donner, ce sera dix-huit francs soixante-quinze centimes par semaine, en tout. Voilà! »

Après cette offre magnifique, M. Gregsbury se rejeta de nouveau en arrière dans son fauteuil, comme un homme qui se reproche de faire des folies, mais qui n'en est pas moins décidé à ne point revenir sur ses libéralités excessives.

« Dix-huit francs soixante-quinze centimes par semaine. Ce n'est pas beaucoup, dit Nicolas timidement.

—Pas beaucoup! dix-huit francs soixante-quinze par semaine? pas beaucoup, jeune homme? cria M. Gregsbury. Dix-huit francs soixante-quinze par....

— Je serais fâché que vous pussiez croire, reprit Nicolas, que je veux marchander votre prix, car je vous avouerai sans honte que, si modique qu'il puisse être en lui-même, c'est encore beaucoup pour moi. Mais, les devoirs et la responsabilité des fonctions sont tellement hors de proportion avec le traitement, et ils me paraissent si laborieux, que je crains de m'y dévouer.

—Est-ce un refus, monsieur? demanda M. Gregsbury portant la main au cordon de sonnette.

—J'ai peur, monsieur, quelle que soit ma bonne volonté, que ce ne soit au-dessus de mes forces, répondit Nicolas.

— Mieux vaudrait dire tout de suite que vous n'acceptez pas

l'emploi, et que vous regardez dix-huit francs soixante-quinze par semaine comme trop peu de chose, dit M. Gregsbury tirant le cordon de la sonnette. Refusez-vous, monsieur?

— Je n'ai pas d'autre alternative, dit Nicolas.

— Mathieu, la porte, dit M. Gregsbury au garçon qui venait de répondre au coup de sonnette.

— Je suis fâché de vous avoir dérangé inutilement, monsieur, dit Nicolas.

— Et moi aussi, reprit M. Gregsbury, en lui tournant le dos Mathieu, la porte.

— Bonjour, monsieur.

— Mathieu, la porte, » cria M. Gregsbury.

Le garçon fit signe à Nicolas, et, passant devant lui sans façon pour descendre l'escalier, lui ouvrit la porte et le mit dans la rue.

Nicolas triste et pensif reprit le chemin de la maison.

Smike avait composé un petit repas des restes du souper de la veille, et attendait son retour avec impatience. Les incidents de la matinée n'avaient pas stimulé l'appétit de Nicolas. Il ne fit pas honneur au dîner. Il était là assis dans l'attitude de la réflexion, ayant devant lui, encore intacte, son assiette que son pauvre camarade ne cessait de remplir des morceaux qu'il croyait les plus délicats, lorsque Newman Noggs entra dans la chambre.

« De retour? demanda Noggs.

— Oui, répondit Nicolas, et je suis sur les dents : mais ce qu'il y a de pis, c'est que j'aurais aussi bien fait de rester à la maison.

— On ne peut pas espérer de faire grand'chose dans une matinée, dit Newman.

— C'est possible, mais je suis un peu vif et je m'attendais à mieux ; mon désappointement n'en est que plus grand. »

Là-dessus Nicolas fit à Newman le récit de ses aventures.

« Si je pouvais seulement, dit Nicolas, me procurer quelque chose, la moindre chose avant le retour de Ralph Nickleby, afin d'avoir le plaisir de lui parler en face, je me sentirais plus à l'aise. Dieu sait si je regarde le travail comme un déshonneur, bien au contraire, ce qui m'ennuie, c'est de me voir flâner là, à ne rien faire, comme un animal inutile.

— Je ne sais pas, dit Newman..., c'est si peu de chose. Cependant cela payerait le loyer et quelque chose de plus. Mais vous n'aimeriez pas cela.... Non, on ne peut pas vous proposer de l'entreprendre. Non. Décidément non.

— Qu'est-ce qu'on ne pourrait pas me proposer d'entreprendre? demanda Nicolas en relevant la tête; montrez-moi dans ce vaste désert de Londres quelque moyen honnête de gagner seulement le loyer de ce misérable réduit, et vous verrez si je recule. Que puis-je craindre? Ah! croyez-moi, mon ami, j'ai passé par de trop rudes épreuves pour faire l'orgueilleux ou le délicat; je n'en excepte, ajouta-t-il à la hâte après un court silence, je n'en excepte que cette délicatesse qui constitue l'honnêteté, et l'orgueil qui se fonde sur l'estime de soi-même. Du reste, je ne vois pas grande différence entre le malheur de servir d'auxiliaire à un pédant brutal, ou d'avaler des couleuvres au service d'un parvenu bas et insolent, fût-il ou non membre du Parlement.

— Je ne sais vraiment pas si je dois ou non vous parler de ce que j'ai entendu dire ce matin, dit Newman.

— Cela a-t-il quelque rapport à ce que vous me disiez tout à l'heure? demanda Nicolas.

— Oui.

— Alors, au nom du ciel! mon bon ami, dites-le-moi. Je vous en prie en grâce. Songez à mon état déplorable, et, puisque je vous promets de ne pas faire un pas sans vous demander conseil, au moins venez en aide à mon embarras. »

Sensible à cette prière, Newman se mit à balbutier une infinité de phrases incompréhensibles, embarrassées les unes dans les autres, dont la conclusion fut que Mme Kenwigs l'avait sondé longuement, le matin même, sur la vie passée, les aventures, la généalogie de Nicolas; que Newman avait esquivé longtemps toutes ces questions, mais qu'à la fin, mis au pied du mur par ses instances, il était allé jusqu'à représenter Nicolas comme un professeur de grand mérite, victime d'accidents malheureux qu'il ne lui était pas possible de révéler et qui portait le nom de Johnson. Mme Kenwigs, cédant ou à un sentiment de reconnaissance, ou à l'ambition, ou à l'orgueil maternel, ou à la tendresse de son cœur de mère, ou à ces quatre motifs puissants réunis ensemble, avait conféré secrètement avec M. Kenwigs, et, à la suite de cette conférence, elle avait fini par proposer que M. Johnson enseignât aux quatre demoiselles Kenwigs à parler français, comme des parisiennes pur sang, moyennant six francs vingt-cinq centimes par semaine, payables en monnaie courante du royaume. C'était donc à raison de vingt-cinq sous par tête. Il y avait un excédant d'un franc vingt-cinq centimes dont on ne parlait pas, en attendant que le nouveau-né pût en profiter en prenant lui-même une leçon de grammaire.

Et ce ne sera pas long, ou je serais bien trompée, avait»

ajouté Mlle Kenwigs en faisant cette proposition ; car, en vérité, monsieur Noggs, il n'y a pas au monde d'enfant qui soit né avec des dispositions plus heureuses.

— Voilà ! dit Newman : c'est là tout. Ce n'est pas digne de vous, je le sais ; mais je pensais que vous voudriez peut-être....

— Peut-être ! s'écria Nicolas avec une grande vivacité ; dites certainement : j'accepte tout de suite. Allez, mon ami, l'annoncer sans délai à cette digne mère, et dites-lui que je suis prêt à commencer aussitôt qu'elle voudra. »

Newman descendit l'escalier quatre à quatre, tout rayonnant de joie, pour informer Mme Kenwigs que son ami acceptait ses offres ; puis il revint aussi vite rapporter la nouvelle qu'on désirait le voir au premier étage aussitôt qu'il pourrait ; que Mme Kenwigs venait à l'instant même d'envoyer acheter une grammaire française d'occasion, avec dialogues, qu'elle visait depuis longtemps dans la boîte à douze sous du bouquiniste du coin, et que la famille, dans son enivrement de voir ajouter encore ce surcroît de considération à ses autres titres de distinction, serait bien aise que l'on commençât immédiatement la leçon d'installation.

On nous dira peut-être que Nicolas n'était pas fier, comme on le dit en pareil cas dans le monde : cela est vrai. S'il s'agissait d'un affront s'adressant à lui-même, il s'y montrait sensible ; si c'était un autre qui en fût victime, il intervenait pour le venger avec autant d'audace ou de courage que jamais chevalier qui mit la lance en arrêt. Mais, quant à cet excès de froideur hautaine et d'égoïsme magnanime, signes invariables auxquels se reconnaît un caractère fier, selon le monde, il en était complétement dépourvu. Il est vrai que, pour notre part, nous serions plutôt disposé à regarder ces caractères comme un embarras dans les familles qui ont besoin d'aide ; cela tient peut-être à ce que nous avons eu l'occasion de rencontrer sur notre chemin de ces caractères dont la fierté consiste surtout à rejeter avec mépris toute occupation indigne d'eux, à cultiver avec soin leurs moustaches et à se donner des airs féroces. Je veux bien convenir que les moustaches et les airs féroces sont de bonnes choses en elles-mêmes, des titres très-recommandables ; mais, pourtant j'aimerais mieux qu'ils fussent nourris aux frais de leurs propriétaires, au lieu de se pendre aux crocs de ces gens méprisables dont on dit qu'ils ne sont pas fiers.

Nicolas était donc de ces derniers, et ce n'était pas un jeune homme fier, dans le sens vulgaire du mot : il regardait comme plus déshonorant pour lui d'emprunter pour ses besoins quelque chose aux modiques ressources de Newman Noggs, que d'apprendre le français aux petites Kenwigs, à raison de vingt-cinq francs par mois. Aussi accepta-t-il, comme nous l'avons dit, avec empressement, l'offre qu'on lui faisait, et se hâta-t-il de se présenter aussitôt au premier étage.

Là, il fut reçu par Mme Kenwigs avec une grâce toute charmante, qui manquait peut-être de naturel, et qui trahissait trop l'intention de se montrer pour lui une protectrice pleine de bienveillance. Il y trouva aussi M. Lillyvick et miss Petowker; les quatre demoiselles Kenwigs étaient sur leur banquette de réception, et le nouveau-né dans un chariot ambulant qu'il poussait devant lui, s'amusant à jouer avec un petit dada sans tête, lequel dada se composait d'un cylindre en bois assez semblable à un navet, porté sur quatre chevilles crochues, et peint de la couleur indécise d'un pain à cacheter rouge trempé dans l'encre de la petite vertu.

« Comment vous portez-vous, monsieur Johnson? dit M. Kenwigs. Mon oncle, monsieur Johnson.

— Comment vous portez-vous, monsieur? dit M. Lillyvick d'un ton brusque; car, maintenant qu'il savait la nouvelle qualité de Nicolas, il se repentait sans doute de s'être compromis en faisant la veille au soir à Nicolas plus de politesses qu'un percepteur de taxes n'en doit à un professeur.

— Voici M. Johnson engagé chez nous, mon oncle, comme maître particulier des enfants, dit Mme Kenwigs.

— Oui, vous venez de me le dire, répliqua M. Lillyvick.

— Mais j'espère, dit Mme Kenwigs en se redressant, qu'elles n'en seront pas pour cela plus fières; qu'elles n'y verront qu'une raison de plus de bénir leur heureuse étoile qui les a fait naître dans une classe supérieure aux enfants du commun; entendez-vous, Morleena?

— Oui, maman.

— Et quand vous sortirez, dans la rue ou ailleurs, vous ferez bien de ne pas vous en aller vanter aux autres enfants; ou, si vous en parlez, vous pourrez dire seulement: Nous avons pris un maître particulier pour nous instruire à la maison, mais nous n'en sommes pas plus fières pour cela, parce que maman dit que c'est un péché. Entendez-vous, Morleena?

— Oui, maman.

— Alors n'oubliez pas mes recommandations et faites ce que je vous dis. Mon oncle, voulez-vous que M. Johnson commence?

— Si M. Johnson est prêt à commencer, ma chère, moi, je suis prêt à l'écouter, dit le percepteur prenant l'air d'un critique profond, consommé.

— Comment trouvez-vous le français, monsieur?

— Qu'entendez-vous par là, monsieur? demanda Nicolas.

— Trouvez-vous, monsieur, que ce soit une bonne langue, une jolie langue, une langue raisonnable?

— Pour être une jolie langue, je n'en fais aucun doute, répliqua Nicolas; et pour être une langue raisonnable, je le présume, car elle a des mots pour désigner toutes choses, et des ressources de conversation élégantes sur toutes les matières.

— Je ne sais pas trop, dit M. Lillyvick d'un air capable; trouvez-vous aussi que ce soit une langue gaie?

— Oui, reprit Nicolas, et très-gaie assurément.

— En ce cas, il faut qu'elle ait bien changé, dit le percepteur, car elle ne l'était guère de mon temps.

— Est-ce qu'elle était triste de votre temps? demanda Nicolas qui avait peine à réprimer un sourire.

— Très-triste, dit M. Lillyvick avec un mouvement d'humeur; je parle du temps de la dernière guerre. Je veux bien que ce soit une langue gaie, je serais bien fâché de contrarier personne; tout ce que je puis dire, c'est que j'ai entendu souvent les prisonniers français, et ceux-là étaient nés en France et devaient savoir leur langue, parler ensemble d'un air si triste que cela faisait peine à voir. Pour cela, je l'ai vu plus de cinquante fois, monsieur, plus de cinquante fois.... »

M. Lillyvick s'enflammait tellement, que Mme Kenwigs crut sage de faire signe à Nicolas de ne rien dire; et il fallut toutes les petites cajoleries mises en usage avec le bon vieux gentleman par miss Petowker pour qu'il se résignât à sortir de son silence boudeur, en disant : « Comment dit-on *water* en français, monsieur?

— De l'eau, répliqua Nicolas.

— Ah! dit M. Lillyvick en hochant tristement la tête; je m'en doutais : de lo, L O; ah bien! voilà une langue dont je n'ai pas grande idée, pas grande idée.

— Je suppose, mon oncle, que les enfants peuvent commencer, n'est-ce pas? dit Mme Kenwigs.

— Oh! certainement, vous pouvez les faire commencer, ma chère, repartit le percepteur d'un air mécontent; ce n'est pas moi qui les en empêcherai. »

Profitant de la permission, les quatre demoiselles Kenwigs s'assirent en rang avec toutes leurs queues rangées aussi en bataille du même côté, Morleena en tête, pendant que Nicolas prit le livre et donna pour commencer quelques explications préliminaires. Miss Petowker et Mme Kenwigs ouvraient leurs oreilles toutes grandes dans une admiration silencieuse, interrompue seulement à voix basse par la mère, qui assurait à sa belle amie que Morleena ne tarderait pas à savoir tout cela par cœur. Quant à M. Lillyvick, il contemplait le groupe d'un air maussade, quoique d'un œil attentif, car il épiait une occasion de recommencer quelque attaque nouvelle contre la langue qui n'avait pas ses sympathies.

CHAPITRE XVII.

Suite des mésaventures de Mlle Nickleby.

Catherine Nickleby avait le cœur bien gros, et de tristes pressentiments venaient l'assaillir sans qu'elle pût les vaincre, le matin du jour convenu pour son entrée chez Mme Mantalini. Les horloges de la cité sonnaient juste huit heures moins un quart lorsqu'elle sortit de chez elle pour traverser seule ces rues animées et bruyantes et pour gagner le quartier de West-End, à l'autre bout de Londres.

C'est l'heure matinale où l'on voit un grand nombre de jeunes filles maladives dont la vie de ver à soie se passe à produire, à force de patience et de travail, les riches tissus destinés à couvrir les belles indolentes, les reines de la mode et du luxe, aller à travers les rues retrouver le théâtre obligé de leurs occupations journalières, heureuses d'attraper à la volée, dans leur marche précipitée, la seule bouffée d'air salubre, le seul rayon de soleil qui égayent leur monotone existence pendant les mortelles heures de leur longue journée. A mesure qu'elle approchait du quartier élégant de Londres, Catherine en vit passer beaucoup auprès d'elle, de ces jeunes filles qui couraient comme elle reprendre leur ouvrage pénible; et leurs visages flétris, leur démarche énervée ne lui disaient que trop que ses pressentiments n'étaient pas mal fondés.

Elle arriva chez Mme Mantalini quelques minutes avant l'heure indiquée, et, après avoir fait quelques pas, en long et en large, dans l'espoir de rencontrer quelque autre femme qui lui épargnerait l'embarras de donner des explications au domestique, elle frappa un coup timide à la porte. La porte fut ouverte par le valet de chambre qui n'avait pris que le temps d'endosser, en montant l'escalier, sa veste bariolée de grandes raies, et qui, en la recevant, rattachait son tablier.

« Mme Mantalini est-elle ici ? demanda Catherine intimidée.

— Il est rare qu'elle soit sortie à cette heure-ci, mademoiselle, répondit l'homme d'un ton qui rendait son *mademoiselle* plus offensant peut-être que s'il s'était méconnu jusqu'à l'appeler ma chère.

— Puis-je la voir ? demanda Catherine.

— Eh ! mon Dieu non, répliqua le valet tenant toujours la porte et faisant à la visiteuse l'honneur de la regarder fixement avec un ricanement secret.

— Cependant elle m'avait donné rendez-vous, dit Catherine ; je viens pour.... pour.... travailler chez elle.

— Oh ! alors, vous auriez dû tirer la sonnette de l'atelier, dit le valet de chambre mettant la main sur la poignée d'une sonnette de la porte particulière. Voyons pourtant, j'allais oublier : Mademoiselle Nickleby, n'est-ce pas ?

— Elle-même, répondit Catherine.

— En ce cas, veuillez monter en haut de l'escalier, Mme Mantalini désire vous voir ; par ici. Prenez garde de marcher sur toutes ces affaires qui sont par terre. »

En lui donnant ce conseil, il parlait dans l'intérêt d'un amas hétérogène de plateaux de pâtissier, de lampes, de cabarets garnis de verres, de banquettes à rout, épars çà et là dans la salle, restes confus d'une soirée de la veille. Il lui montra donc le chemin avec précaution pour monter au second étage, et introduisit Catherine dans une chambre de derrière, communiquant, par une porte à double battant, avec l'appartement où elle avait vu pour la première fois la maîtresse de l'établissement.

« Si vous voulez attendre ici une minute, dit-il, je vais vous annoncer tout de suite. »

Il fit cette promesse de l'air le plus affable, puis il se retira, laissant Catherine toute seule. Il n'y avait pas beaucoup de quoi se distraire dans cette pièce. Elle avait seulement pour principale décoration un portrait en buste demi-nature de M. Mantalini, que l'artiste avait représenté se grattant la tête sans cérémonie, et profitant de cette occasion pour montrer, à son avantage, un brillant qu'il avait reçu de Mme Mantalini, avant son mariage. Cependant on était récréé par le bruit d'un dialogue dans la chambre voisine, et, comme la conversation se faisait à haute voix et que la cloison était mince, Catherine put, sans indiscrétion, reconnaître aisément la voix de M. et de Mme Mantalini.

« Il faut, ma chère, que vous soyez affreusement, horriblement, diablement jalouse, et cela vous rendra très-misérable, horriblement misérable, diablement misérable. »

Après quoi on entendit M. Mantalini humer son café chaud.

« Oh! oui, je le suis, misérable, reprenait Mme Mantalini d'un ton boudeur.

— C'est que vous êtes aussi la plus indigne, la plus ingrate, la plus méchante petite fée, dit M. Mantalini.

— Non, non, je ne le suis pas assez, disait madame avec un sanglot.

— Ne vous faites pas de mauvais sang, ajoutait M. Mantalini en cassant son œuf à la coque; avec une diablesse de jolie petite figure comme cela on ne peut pas se faire de mauvais sang qu'on ne gâte tout ce qu'elle a d'amabilité et de grâce pour en faire un diable de lutin triste et maussade comme un effroyable petit magot.

— Ce n'est toujours pas comme cela qu'on pourra me ramener, répliqua madame d'un air de mauvaise humeur.

— On la ramènera comme elle voudra; on ne la ramènera même pas du tout si elle l'aime mieux comme cela, repartit M. Mantalini toujours en humant sa cuiller.

— Tout cela est facile à dire.

— Pas si facile, quand on a la bouche pleine d'un diable d'œuf dont on répand le jaune sur son gilet, reprit M. Mantalini. Sapristi! ces diables de jaunes d'œuf, cela ne peut aller qu'avec un gilet jaune.

— Cela n'empêche pas que pendant toute la soirée vous n'avez fait que causer avec elle, dit Mme Mantalini qui désirait évidemment revenir à ses moutons.

— Non, non, ma toute belle.

— Oh! que si; je vous ai bien vu, j'ai eu l'œil sur vous toute la soirée.

— Quoi! ce charmant petit séducteur d'œil, il est resté fixé sur moi tout ce temps-là, s'écria Mantalini dans une sorte d'extase de ravissement indolent. Ah! chien!

— Et je vous répète, reprit madame, que vous ne devez valser qu'avec votre femme, et je prendrai du poison plutôt que de souffrir tout cela.

— Oh que non! qu'elle ne prendra pas de poison; elle craindrait d'éprouver des souffrances trop horribles, n'est-ce pas, dit Mantalini, dont la voix moins bruyante annonçait qu'il s'était dérangé de sa place, et qu'il avait pris position plus près de sa femme. Elle ne prendra pas de poison, pour se punir de s'être mariée avec un homme qui pouvait épouser deux comtesses et une douairière.

— Deux comtesses? interrompit madame, vous ne m'avez jamais dit qu'une.

— Deux, cria Mantalini, deux diablesses de femmes charmantes, deux vraies comtesses, deux fortunes magnifiques, sapristi!

— Eh bien, pourquoi ne l'avez-vous pas fait? demanda madame d'un air badin.

— Pourquoi je ne l'ai pas fait? répondit son époux. Est-ce que je n'avais pas vu, à une matinée musicale, le plus méchant petit diable d'enchanteur du monde, et maintenant que ce petit enchanteur c'est ma femme, toutes les comtesses et les douairières de la Grande-Bretagne peuvent aller se.. .»

M. Mantalini ne finit pas sa phrase, ou plutôt il la finit par un baiser retentissant qu'il donna à Mme Mantalini, et que Mme Mantalini lui rendit avec zèle. Après quoi, le reste du déjeuner ne fut plus interrompu que par des exercices du même genre.

Enfin tout passe, et, quand M. Mantalini en eut assez de ses caresses, « Ah çà, dit-il, précieux joyau de mon existence, parlons un peu de nos affaires; qu'est-ce que nous avons d'argent comptant?

— Pas grand'chose assurément, répondit madame.

— Eh bien! il en faut un peu plus : il faut faire escompter quelque chose au vieux Nickleby, pour ne pas rester en route, sapristi!

— Qu'avez-vous besoin d'en avoir davantage pour le moment? dit madame d'un air câlin.

— Mais vous ne savez donc pas, âme de ma vie, qu'il y a en vente chez Scrubb un cheval que ce serait péché de laisser aller? Je me le reprocherais comme un crime, ô bonheur de mes sens, car il est vraiment pour rien.

— Pour rien? s'écria madame, voilà ce qu'il nous faut.

— Vraiment pour rien, continua Mantalini; on le donnera pour cent guinées. Quelle crinière! quelle encolure! quelles jambes! quelle queue! Ah! tout cela est diablement beau; quel plaisir de le monter dans Hyde-Park au nez des comtesses que j'ai refusées! comme elles rageront dans leurs calèches! cette vieille diablesse de douairière en mourra de dépit; les deux autres se diront : Hélas! il est marié, il s'est sacrifié! diable de contrariété! tout est dit. Elles se détesteront diablement l'une l'autre, sans compter qu'elles voudraient bien vous voir morte et enterrée. Ha ! ha! sapristi! »

Tout le bon sens de Mme Mantalini, qui n'en avait guère, ne put résister à ce brillant tableau de son glorieux triomphe. On entendit un petit cliquetis des clefs qu'elle portait avec elle, puis elle dit qu'elle allait voir ce qu'elle avait en caisse, elle se leva dans cette intention, ouvrit la porte et entra dans la chambre où Catherine était assise.

« Ah! par exemple, ma chère enfant, s'écria Mme Mantalini reculant de surprise, comment êtes-vous là?

— Une chère enfant? cria Mantalini se précipitant sur ses pas, comment est-elle venue? eh! oh! sapristi! comment vous portez-vous?

— Voici déjà du temps que j'attends ici, madame, dit Catherine répondant à Mme Mantalini; il faut que le domestique ait oublié, je suppose, de vous en prévenir.

— En vérité, dit Mme Mantalini s'adressant à son mari, il faut que vous avisiez à cela. Cet homme est insupportable: il oublie tout.

— Laissez faire, je veux lui arracher son diable de nez de la figure, pour lui apprendre à laisser une si jolie créature se morfondre ici toute seule, dit l'époux.

— Mantalini! cria madame, vous vous oubliez.

— Au moins vous, ma chère, je ne vous oublie pas, je ne vous oublierai jamais, jamais, jamais, dit-il, pendant qu'il embrassait la main de sa femme, tout en faisant par derrière une grimace à l'adresse de Mlle Nickleby qui lui tourna le dos. »

Sensible à ce compliment flatteur, la reine des modes prit dans son bureau quelques billets qu'elle passa à M. Mantalini charmé de les recevoir de sa main. Elle pria ensuite Catherine de la suivre, et, après plusieurs tentatives inutiles de M. Mantalini pour attirer l'attention de Mlle Nickleby, elles sortirent ensemble, laissant là ce beau monsieur étendu tout de son long sur le sofa, les pieds en l'air et un journal à la main.

Mme Mantalini conduisit Catherine à l'étage inférieur; puis, traversant un corridor, elle entra dans une grande pièce sur le derrière, où l'on voyait un assortiment nombreux de jeunes femmes occupées à coudre, à couper, à tailler, à ajuster, à une foule de détails enfin qui ne sont guère connus que des vrais amateurs de l'art des modes et de la couture. C'était une chambre où l'on étouffait, sans autre jour que celui d'un châssis vitré sur les toits, une chambre enfin aussi triste et aussi retirée qu'on peut le désirer pour un atelier.

Mme Mantalini appela à haute voix Mlle Knag. A ce nom, une femme de petite taille, vive et pimpante, se présenta aussitôt, pendant que les demoiselles du magasin suspendaient un moment leurs opérations pour se murmurer l'une à l'autre à l'oreille quelques observations critiques sur la robe de Mlle Nickleby, sur son teint, sur ses traits, sur toute sa personne. La meilleure société d'un des grands bals du monde n'aurait vraiment pas fait mieux.

« Tenez, mademoiselle Knag, dit Mme Mantalini, voici la jeune personne dont je vous ai parlé. »

Mlle Knag adressa à Mme Mantalini un sourire respectueux qu'elle transforma avec une grande habileté en un sourire de gracieuse protection pour Catherine, disant que certainement, quoiqu'on fût obligé de se donner bien du mal après de jeunes filles toutes novices dans les affaires, cependant, persuadée que mademoiselle ferait tout son possible pour répondre à ses soins, elle se sentait déjà disposée à l'accueillir avec intérêt.

« Pour le moment, je crois dans tous les cas, dit Mme Mantalini, que vous ferez bien de garder Mlle Nickleby avec vous dans le magasin, pour vous aider à essayer les robes. D'un côté, elle ne serait pas encore en état de nous être utile à autre chose, et de l'autre, son extérieur sera...

— Tout à fait assorti avec le mien, madame Mantalini, interrompit Mlle Knag; tout à fait assorti : et j'étais bien sûre que vous ne seriez pas longtemps à en faire la remarque; vous avez tant de tact pour tout cela, qu'en vérité, comme je le dis tous les jours à ces demoiselles, je ne sais pas où, quand ni comment vous pouvez avoir appris tout ce que vous savez. Mlle Nickleby et moi, nous sommes tout à fait pareilles, madame Mantalini, seulement je suis un peu plus brune que miss Nickleby, et.... je crois que j'ai le pied un peu plus petit. Mlle Nickleby, j'espère, ne m'en voudra pas de cette remarque, quand elle saura que notre famille a toujours été renommée pour ses petits pieds, depuis.... hem!... qu'il y a des pieds dans notre famille. J'avais autrefois un oncle, madame Mantalini, qui vivait à Cheltenham et qui avait un excellent magasin de marchand de tabac. Hem! il avait de si petits pieds qu'on aurait dit de ces bouts de pied qu'on met ordinairement au bas des jambes de bois.... les pieds les plus symétriques, madame Mantalini, qu'on puisse voir.

— Je m'imagine, mademoiselle, reprit Mme Mantalini, que cela devait ressembler beaucoup à des pieds bots

— Ah bon! je vous reconnais bien là, reprit Mlle Knag. Ah! ah! ah! des pieds bots; excellent! c'est ce que je dis toujours à ces demoiselles. La vérité est que, de toutes les personnes d'une humeur enjouée que j'ai pu connaître (tant pis pour celles qui s'en formaliseraient), Mme Mantalini, comme je le dis toujours à ces demoiselles, est certainement la plus remarquable; et cependant, je puis me flatter d'en avoir entendu bien d'autres; car, du vivant de mon cher père, c'était moi qui tenais sa maison, mademoiselle Nickleby. Nous avions toutes les semaines à souper deux ou trois jeunes gens des plus connus par leur esprit; mais celui de Mme Mantalini est si gai, si piquant, et si bienveillant en même temps (comme je le disais encore ce matin à Mlle Simmonds) que je suis encore à me demander où, quand et comment elle a pu apprendre tout cela. »

Ici Mlle Knag fit une pause pour reprendre sa respiration, et nous en profiterons pour observer, non pas qu'elle était merveilleusement bavarde, et merveilleusement obséquieuse envers Mme Mantalini; ce sont des choses qui ressortent assez d'elles-mêmes et qui n'ont pas besoin de commentaires; mais nous devons dire qu'elle avait l'habitude d'introduire à chaque instant dans son flux de paroles un hem! perçant, clair, bruyant, dont ses connaissances interprétaient la signification et la portée de plusieurs manières différentes. Les uns disaient que tout n'était pas de bon aloi, dans les exagérations de Mlle Knag, et qu'elle avait recours à ce monosyllabe, comme l'ouvrier du timbre, à la Monnaie, toutes les fois que son cerveau avait à faire descendre son balancier pour frapper quelque fausse pièce nouvelle qu'elle voulait mettre en circulation. D'autres prétendaient que c'était quand elle cherchait un mot, qu'elle mêlait cette interjection à son discours, pour se donner du temps et pour garder la place, de peur qu'un étranger, la trouvant vacante, ne se substituât dans la conversation. Il est encore bon d'observer que Mlle Knag visait toujours à la jeunesse, quoiqu'elle eût, depuis des années, bien dépassé ce but; puis aussi, que son esprit inconstant et léger la rangeait dans la classe de ces personnes dont on dit communément qu'on peut s'y fier tant qu'on les a sous la main, mais qu'il n'y faut plus compter sitôt qu'on les quitte d'un moment.

« Vous aurez soin de faire connaître les heures à Mlle Nickleby, et ainsi de suite, dit Mme Mantalini : je n'ai plus qu'à vous la laisser; vous vous rappellerez bien mes instructions, mademoiselle Knag. »

Mlle Knag répondit, comme de raison : qu'il était moralement impossible qu'elle oubliât les instructions de Mme Mantalini qui, donnant le bonjour à toutes ces demoiselles ensemble, disparut bientôt.

« Quelle charmante personne, n'est-ce pas, mademoiselle Nickleby ? dit Mlle Knag en se frottant les mains.

— Je l'ai si peu vue, dit Catherine, que je ne puis pas encore me flatter de la connaître.

— Et M. Mantalini, l'avez-vous vu ? demanda Mlle Knag.

— Oui, je l'ai vu deux fois.

— C'est lui, n'est-ce pas, qui est un homme charmant ?

— J'avoue que ce n'est pas du tout l'effet qu'il m'a fait, répondit Catherine.

— Comment, vraiment ? s'écria Mlle Knag levant les mains dans sa surprise ; est-il Dieu possible ! où donc avez-vous les yeux ? Il est si bel homme, si grand, de si belles moustaches, un teint si éblouissant ! et des dents, et des cheveux ! et... Hem ! ah ! par exemple, je vous assure que vous m'étonnez.

— Je ne demande pas mieux que de croire que je n'ai pas le sens commun, reprit Catherine, en défaisant son chapeau ; mais, comme mon opinion n'a pas grande importance, ni pour lui, ni pour d'autres, je n'ai pas à m'en repentir, après tout, et je serais bien étonnée si je changeais de manière de voir de longtemps.

— Mais enfin, c'est un très-bel homme, vous ne pouvez pas dire le contraire, dit une des demoiselles.

— Mon Dieu, quand je dirais le contraire, il n'en serait ni plus ni moins, répondit Catherine.

— Et ses cheveux sont magnifiques, n'est-ce pas ? poursuivit l'autre.

— Je ne dis pas ; car je ne les ai jamais vus.

— Jamais vus ? interrompit Mlle Knag ; ah bien ! si c'est là tout ce que vous connaissez de lui, comment pouvez-vous vous faire une opinion sur un monsieur ; avant d'avoir pu l'apprécier dans son ensemble ? »

Il y avait quelque chose de si mondain, même pour une jeune fille qui ne connaissait guère du monde que la campagne où elle avait été élevée, dans ces principes de la vieille modiste, que Catherine empressée, pour une foule de raisons, de passer à un autre sujet de conversation, n'ajouta pas un mot, laissant Mlle Knag maîtresse du champ de bataille.

Après un court silence, pendant lequel toutes les demoiselles soumirent à un examen plus détaillé la personne de Catherine, et se communiquèrent le résultat de leurs observations, une d'elles offrit de la débarrasser de son châle, et, en l'aidant à le défaire, lui demanda si elle ne trouvait pas que le noir était bien désagréable.

« Oh ! sans doute, répondit Catherine avec un soupir amer.

— C'est si chaud et si salissant, » continua celle-ci, en tirant sa robe pour l'ajuster par devant.

C'est si chaud ! Ah ! Catherine aurait pu dire que quelquefois, au contraire, il n'y a pas de costume plus froid que le deuil ; qu'il n'est pas froid seulement au cœur de celui qui le porte, mais que son influence s'étend jusque sur les amis les plus chauds : qu'il glace la source de leur bonne volonté et de leur bienveillance prétendue ; qu'il gèle dans leurs germes ces promesses fleuries dont ils étaient prodigues, et ne laisse plus rien sur la branche qu'un bouton flétri et gâté dans le cœur. Combien il y a peu de gens qui aient perdu un parent ou un ami, leur seule ressource dans ce monde, sans avoir cruellement ressenti cette influence glaciale de leurs habits noirs ! Elle, la pauvre Catherine, elle l'avait ressentie cruellement, elle la ressentait encore dans ce moment, et c'est ce qui fit couler ses larmes malgré elle.

« Je suis bien fâchée de vous avoir fait de la peine sans le vouloir, lui dit sa compagne. Je n'y ai pas pensé du tout. Vous avez perdu quelque proche parent ?

— Mon père, répondit Catherine.

— Quel parent, miss Simmonds ? demanda Mlle Knag à haute voix.

— Son père, répliqua l'autre doucement.

— Son père ! ah ! dit Mlle Knag, toujours d'une voix aussi éclatante ; ah ! a-t-il été longtemps malade, mademoiselle Simmonds ?

— Chut ! je n'en sais rien, répondit la jeune fille.

— Non, dit Catherine en se retournant ; notre malheur a été subit ; sans cela j'aurais peut-être été mieux préparée à supporter la triste position où nous sommes. »

Selon une coutume invariable dans le magasin de Mme Mantalini, Catherine, en sa qualité de nouvelle venue, avait excité une grande curiosité ; on voulait savoir qui elle était, ce qu'elle était, ce qui l'intéressait. Cependant, quoique son extérieur et son émotion eussent dû naturellement ajouter encore à ce sentiment de curiosité, il suffit à ses compagnes de voir que leurs questions lui faisaient de la peine, pour leur imposer plus de réserve ; et Mlle Knag, désespérant pour le moment d'obtenir d'elle de plus amples renseignements, se vit, à son grand regret, contrainte elle-même à commander le silence, en ordonnant à ces demoiselles de continuer leur ouvrage.

Elles se remirent donc à travailler en silence jusqu'à une heure et demie ; alors on leur servit, dans la cuisine, un gigot de mouton cuit au four, avec des pommes de terre pour second plat. Quand le dîner fut fini, et que les demoiselles eurent pris en outre, comme récréation, le temps de se laver les mains, on se remit encore à l'ouvrage, encore en silence, jusqu'à l'heure où le roulement des voitures dans les rues et le bruit des doubles coups frappés aux portes avec le marteau annoncèrent que les membres plus heureux de la société allaient commencer à leur tour le travail de leur journée.

Un de ces doubles coups frappés à la porte de Mme Mantalini annonçait l'équipage d'une grande dame, ou plutôt d'une dame riche, car il ne faut pas confondre la richesse et la grandeur. Elle venait avec sa fille essayer un costume de cour depuis longtemps commencé. Catherine fut déléguée pour habiller ces dames, sous la direction de Mlle Knag et, comme de raison, d'après les ordres de Mme Mantalini. Le rôle de Catherine dans cette cérémonie n'était pas très-éclatant, vu que ses fonctions se bornaient à tenir chacune des pièces d'habillement toutes prêtes à Mlle Knag pour les essayer. De temps en temps cependant on lui permettait de nouer un cordon ou d'accrocher une agrafe. A raison même de l'humilité de son ministère, elle pouvait se croire à l'abri de tout traitement malhonnête et de tout témoignage de mauvaise humeur : mais il se trouva que la dame et sa fille étaient mal disposées ce jour-là, et la pauvre enfant fut la victime de leurs rebuffades. « Comme cette demoiselle est maladroite, comme ses mains sont froides, comme elles sont laides, comme elles sont rudes ! elle ne sait rien faire. Je m'étonne que Mme Mantalini garde des gens comme cela chez elle. Nous espérons bien que la première fois on ne la chargera plus de nous habiller, » et ainsi de suite.

Un détail si ordinaire ne mériterait guère de trouver ici sa place, n'était l'effet qu'il produisit. Catherine, après leur départ, versa tant de larmes amères et, pour la première fois, se trouva si humiliée de son métier ! Elle avait préparé son âme à tous les caprices de ses supérieurs, à toutes les exigences d'un travail pénible, c'est vrai ; mais elle ne se trouvait point jusque-là déshonorée de travailler pour gagner son pain. Il lui manquait encore de se voir ainsi blessée par l'insolence et l'orgueil. Avec un peu de philosophie, elle se fût dit que le déshon neur était tout entier pour ceux qui s'avilissaient jusqu'à se faire les esclaves soumis de leurs passions et de leurs caprices, mais elle était encore trop jeune pour accepter de pareilles consolations, et elle se sentait blessée dans ses idées d'honnêteté. Serait-il vrai que, si les gens du commun s'élèvent quelquefois, comme on s'en plaint, au-dessus de leur position, cela vient souvent de ce que les gens *comme il faut* s'abaissent au-dessous de la leur?

Le temps se passa à des scènes ou à des travaux du même genre jusqu'à neuf heures du soir. C'est l'heure où Catherine, harassée et découragée de tous les événements de sa journée, quitta volontiers sa prison de travail pour aller rejoindre sa mère au coin de la rue et retourner avec elle au logis, d'autant plus triste qu'il lui fallut dissimuler ses véritables sentiments, bien plus, feindre de partager toutes les heureuses visions de sa compagne de voyage.

« Quel bonheur, Catherine! disait Mme Nickleby, je n'ai fait qu'y penser toute la journée. Quelle chose délicieuse ce serait pour Mme Mantalini de vous prendre pour son associée! Et ce serait tout naturel, vous comprenez. Sans aller plus loin, votre pauvre papa n'avait-il pas un cousin dont la belle-sœur, une demoiselle Browndock, devint l'associée d'une maîtresse de pension de Hammer-Smith et fit fortune en un rien de temps? A propos de cela, je ne me rappelle pas bien si cette demoiselle Browndock n'était pas la même qui a gagné à la loterie le lot de deux cent cinquante mille francs, mais je crois bien que c'est elle. Oui, maintenant que j'y pense, c'est bien elle, j'en suis sûre. Mantalini et Nickleby, comme cela sonnerait bien à l'oreille! Et pour peu que Nicolas eût aussi de la chance, on pourrait voir le docteur Nickleby, principal du collége de Westminster, demeurer dans la même rue.

— Ce cher Nicolas! s'écria Catherine, tirant de son sac la lettre que son frère lui avait écrite de Dotheboys-Hall. Ah! maman, au milieu de tous nos malheurs, je suis bien heureuse de savoir qu'il se porte bien, et de lui voir l'esprit si gai et si satisfait dans ses lettres. Quand je pense à la triste situation qui peut nous attendre, je me console en me disant que lui au moins il est heureux et content. »

Pauvre Catherine! elle ne se doutait guère combien cette consolation était peu solide, et du peu de temps qu'elle avait encore à garder une telle illusion.

CHAPITRE XVIII.

Mlle Knag, après avoir raffolé de Catherine Nickleby, pendant trois jours entiers, lui voue décidément une haine éternelle. Raisons qui déterminent Mlle Knag à prendre cette résolution.

Il ne suffit pas, pour inspirer la pitié, qu'une vie soit pleine de tourments, de fatigues et de souffrances. C'est assez pour ceux qui la subissent; mais ce n'est pas assez pour exciter l'émotion et l'intérêt de ces personnes qui, sans manquer précisément de sensibilité, savent ménager leur compassion, et ne l'accordent qu'à bonne enseigne. Il leur faut de puissants stimulants; il faut souvent à ces disciples d'une religion de charité presque autant d'excitation pour l'exercice de leur vocation qu'il en faut aux disciples de la doctrine d'Épicure pour renouveler leur goût blasé par le plaisir. De là vient cette sympathie maladive, cette compassion nerveuse que l'on dépense chaque jour à des objets que l'on va chercher bien loin, lorsque l'on n'a constamment à sa porte et sous ses yeux que trop d'occasions d'exercer les mêmes vertus sans qu'il en coûtât rien à la santé. Bref, il faut du romanesque à la charité comme au nouvelliste ou au dramaturge. Donnez-moi un filou en blouse, il n'y a personne, parmi les gens bien élevés, qui voulût faire la moindre attention à ce personnage vulgaire. Mais mettez-lui sur le dos une veste de velours vert, sur la tête un chapeau conique : changez aussi le théâtre de son industrie. Transportez-le de la foule d'un carrefour sur une route dans les montagnes, et vous pourrez vous flatter d'en avoir fait l'âme et la source de l'intérêt le plus poétique. Il en est de même de cette grande vertu cardinale, la plus grande de toutes, celle qui, bien exercée, bien cultivée, facilite, que dis-je? comprend toutes les autres. Il lui faut aussi son roman, et moins il y a dans ce roman de vie réelle, de travail, de luttes, de peines journalières, mieux il vaut.

La vie à laquelle la pauvre Catherine Nickleby avait été réduite par le cours des circonstances développées dans ce récit était une vie douloureuse, mais, comme nous aurions peur que les détails d'une existence triste, insalubre, renfermée, fatigante, ne parussent pas présenter assez d'intérêt à la masse des personnes charitables et sympathiques, nous aimons mieux mettre en scène Mlle Nickleby elle-même, que de risquer de refroidir leur pitié dès le début, par une description minutieuse et prolongée de l'établissement où trônait Mme Mantalini

« Eh bien ! vraiment, madame Mantalini, dit Mlle Knag au moment où Catherine retournait tristement chez elle, le soir même de ses débuts, cette Mlle Nickleby est une jeune personne très-bien; une jeune personne très-bien, certainement. Hem ! Je vous donne ma parole, madame Mantalini, que cela fait vraiment un honneur extraordinaire à votre discernement, d'avoir trouvé une si excellente, si bien élevée....si.... hem ! si modeste jeune personne, pour m'aider à essayer les robes. J'en ai déjà vu beaucoup de ces jeunes personnes, qui ne manquaient jamais l'occasion de faire parade, devant leurs supérieures, de leur.... Ah ! mon Dieu ! je leur pardonne. Mais d'ailleurs, madame Mantalini, vous faites bien tout ce que vous faites, et c'est ce que je dis souvent à ces demoiselles : Comment expliquer que madame fasse toujours tout bien, quand il y a des gens qui font presque tout mal ? C'est là vraiment pour moi un mystère.

— Mais, à l'exception d'une excellente pratique qu'elle a mise de mauvaise humeur, dit Mme Mantalini, Mlle Nickleby n'a rien fait que je sache de bien remarquable aujourd'hui.

— Oh ! sans contredit, répliqua Mlle Knag; mais songez aussi, madame, qu'il faut faire la part de son inexpérience.

— Et de sa jeunesse, dit finement Mme Mantalini.

— Oh ! je ne l'excuse pas par là, madame Mantalini, reprit Mlle Knag rougissant jusque dans le blanc des yeux, parce que, si la jeunesse était une excuse, vous n'auriez pas....

— Une aussi excellente première demoiselle que vous, je suppose.

— Ah ! vraiment, madame Mantalini, je n'ai jamais vu personne comme vous, repartit miss Knag de l'air le plus satisfait : la vérité est que vous devinez ce qu'on va dire avant que les mots soient seulement venus sur les lèvres. Ah ! c'est délicieux. Ah ! ah ! ah !

— Eh bien, moi, observa Mme Mantalini jetant sur sa première demoiselle un regard tout à fait insignifiant, pendant qu'elle riait à cœur joie dans sa manche, je regarde Mlle Nickleby comme la petite fille la plus gauche que j'aie jamais vue de ma vie.

— La pauvre enfant ! dit Mlle Knag, ce n'est pas sa faute, sans cela on pourrait espérer de l'en corriger; c'est un malheur pour elle, madame Mantalini, et, comme disait à l'acheteur le maquignon qui voulait vendre son cheval aveugle, la pauvre bête n'en est que plus intéressante.

— Son oncle m'avait dit, remarqua Mme Mantalini, qu'on la trouvait jolie; moi, je trouve que c'est une des petites filles les plus ordinaires que j'aie rencontrées.

— Ordinaire! s'écria Mlle Knag (le visage rayonnant de joie), et gauche par-dessus le marché. Eh bien, tout ce que je puis dire, madame Mantalini, c'est que je l'aime tout à fait, la pauvre fille! et quand elle serait deux fois plus ordinaire et deux fois plus gauche qu'elle n'est, je n'en serais que plus sincèrement son amie, sur ma parole. »

Le fait est que Mlle Knag avait conçu un commencement d'affection pour Catherine Nickleby, dès le moment même où elle avait vu son échec auprès de la grande dame du matin, et le petit bout de conversation qu'elle venait d'avoir avec Mme Mantalini avait encore augmenté d'une manière étonnante ses bonnes dispositions pour elle. Or, la chose est d'autant plus digne de remarque, que le premier coup d'œil qu'elle avait donné à la figure et à la tournure de la jeune fille lui avait laissé un certain pressentiment qu'elles ne s'accorderaient jamais.

« Mais à présent, dit Mlle Knag en se regardant de près dans la glace, je l'aime, oui, véritablement je l'aime, je le déclare hautement. »

Telle était la nature de cet attachement, de ce dévouement désintéressé; il était tellement au-dessus des petites faiblesses de la flatterie ou des illusions, que l'excellente Mlle Knag, dès le lendemain, avoua sans artifice à Catherine qu'elle voyait bien qu'elle ne réussirait jamais dans l'état; mais qu'elle n'avait que faire de s'en tourmenter le moins du monde, parce qu'elle, Mlle Knag, ferait de son côté tout ce qu'elle pourrait pour ne pas la mettre en évidence, et que, par conséquent, elle n'aurait rien autre chose à faire, que de se tenir parfaitement tranquille devant le monde, évitant soigneusement tout ce qui pourrait attirer sur elle l'attention. Ce dernier conseil répondait si bien aux sentiments intimes et aux vœux les plus chers de la timide jeune fille, qu'elle promit aisément d'obéir en tout point aux recommandations de l'excellente vieille fille, sans examiner les motifs qui les lui dictaient, sans même y réfléchir un moment.

« Ma parole d'honneur, ma chère amie, je prends à vous un vif intérêt, un intérêt de sœur, de sœur véritable; je n'ai jamais éprouvé un sentiment si étrange. »

Et, en effet, ce qu'il y avait de plus étrange dans ce sentiment, c'était qu'il ressemblât à celui d'une sœur, et non pas à celui d'une grand'tante ou d'une grand'mère, ce qui eût été beaucoup plus naturel, vu la différence de leurs âges respectifs; mais comme Mlle Knag avait toujours une mise jeune, elle avait peut-être aussi des sentiments jeunes comme sa mise.

« Bon Dieu! dit Mlle Knag à Catherine en l'embrassant, au moment du départ, le second jour de son apprentissage, combien vous avez fait de gaucheries toute la journée, ma chère!

— J'ai bien peur que vos avertissements obligeants et sincères n'aient d'autre effet que de me faire reconnaître plus péniblement mes défauts, sans réussir à les corriger, répondit Catherine avec un sourire.

— Non, non, je suis sûre que non, répliqua Mlle Knag, de meilleure humeur que jamais; mais il est bon que vous les connaissiez tout de suite, pour continuer votre petit train avec plus de tranquillité et de courage. Par où allez-vous, mon amour?

— Je vais à la Cité.

— La Cité! s'écria Mlle Knag se regardant d'un œil très-favorable dans la glace, en nouant les rubans de son chapeau. Dieu du ciel! est-ce que vraiment vous demeurez dans la Cité?

— Eh! quoi, demanda Catherine, serait-ce la première fois que vous auriez entendu dire qu'il y demeure quelqu'un?

— Je n'aurais jamais cru, en effet, qu'une jeune femme pût y demeurer trois jours de suite, au plus, répondit Mlle Knag.

— Mais, les personnes gênées, ou plutôt pauvres, dit Catherine en se reprenant à la hâte, car elle avait peur de ne pas employer des termes assez humbles pour sa position, il faut bien qu'elles demeurent où elles peuvent.

— Ah! certainement, il le faut bien; c'est trop juste, reprit Mlle Knag avec un demi-sourire que généralement dans la société on regarde comme un tribut suffisant de pitié payé au malheur, surtout si on sait l'accompagner de deux ou trois charitables petits signes de tête; c'est ce que je répète souvent à mon frère, quand nos domestiques s'en vont à l'hôpital, l'un après l'autre, et qu'il attribue leurs maladies à l'humidité de la cuisine où ils couchent. Ces gens-là, lui dis-je, sont trop heureux de coucher quelque part. Dieu proportionne nos épaules aux fardeaux qu'elles ont à porter; c'est une idée bien consolante de penser à cela, n'est-ce pas?

— Très-consolante, répondit Catherine.

— Je vais faire une partie de la route avec vous, ma chère, dit miss Knag, car vous passez tout près de chez nous; et comme notre dernière domestique est allée à l'hôpital, il y a un mois, avec le feu Saint-Antoine au visage, je serai charmée que vous me teniez compagnie. »

Catherine se serait volontiers privée de l'avantage flatteur d'une pareille société ; mais miss Knag, sans attendre sa réponse, après avoir ajusté son chapeau à son entière satisfaction, lui prit le bras d'un air qui témoignait de l'honneur qu'elle était sûre de lui faire ; et elles étaient déjà dans la rue, que miss Nickleby n'avait pu ouvrir encore la bouche.

« Je crains, dit-elle avec hésitation, que maman, que ma mère, veux-je dire, ne soit là à m'attendre.

— Vous n'avez que faire, ma chère, dit Mlle Knag avec un sourire de supériorité bienveillante, de vous excuser d'emmener avec nous votre mère ; je suppose que la vieille dame est une honnête personne, et je serai très.... hem.... très-aise de faire connaissance avec elle. »

Comme la pauvre Mme Nickleby était pendant ce temps-là à se geler les pieds et le reste au coin de la rue, Catherine n'eut pas d'autre alternative que de lui faire faire la connaissance de Mlle Knag, qui, singeant les airs de la dernière pratique descendue de son équipage, reçut la présentation avec une condescendance pleine de politesse. Elles partirent donc toutes les trois en se donnant le bras : Mlle Knag au milieu, occupant la place d'honneur avec une aisance tout aimable.

« Il m'a pris un tel caprice pour votre fille, madame Nickleby, que vous ne sauriez le croire, dit Mlle Knag après avoir fait quelques pas dans un silence majestueux.

— Je suis heureuse de vous l'entendre dire, répondit Mme Nickleby, quoique, en vérité, cela ne me surprenne pas de voir Catherine se faire aimer même des personnes qui lui sont étrangères.

— Hem ! cria miss Knag.

— Vous l'aimerez bien plus encore quand vous saurez ce qu'elle vaut, dit Mme Nickleby ; c'est un grand bonheur pour moi, au milieu de toutes mes infortunes, d'avoir une enfant qui ne sait ce que c'est que l'orgueil et la vanité, après une éducation qui pourrait lui servir d'excuse s'il en était autrement. Vous ne savez pas, mademoiselle Knag, ce que c'est que de perdre un époux. »

Comment Mlle Knag aurait-elle su ce que c'est que de perdre un époux ? elle ne savait pas même ce que c'était que d'en attraper un. Aussi répondit-elle avec quelque précipitation : « Bien sûr que je n'en sais rien ! » et ces paroles étaient prononcées d'un air qui voulait dire : « Je voudrais bien voir que j'eusse fait la sottise d'épouser quelqu'un ! Fi donc ! fi donc ! pas si bête.

— J'espère que Catherine aura déjà fait quelques progrès, quoiqu'il y ait bien peu de temps, ajouta Mme Nickleby toute fière de sa fille.

— Oh! naturellement! dit miss Knag.

— Elle en fera bien d'autres, continua la bonne mère.

— Pour cela, je vous le garantis, répliqua miss Knag serrant le bras de Catherine pour lui faire goûter le charme de cette amère plaisanterie.

— Elle a toujours eu des dispositions, dit la pauvre dame Nickleby s'animant de plus en plus, toujours, dès le berceau. Je me rappelle qu'à l'âge de deux ans et demi tout au plus, un monsieur qui venait souvent nous voir à la maison, M. Watkins, vous savez, Catherine, pour qui votre pauvre papa avait donné caution, et qui, plus tard, après sa banqueroute, se sauva aux États-Unis, d'où il nous envoya des raquettes pour marcher dans la neige, avec une lettre si tendre que votre pauvre cher père en a pleuré au moins huit jours. Vous rappelez-vous la lettre? Il y disait qu'il était bien contrarié de ne pouvoir rembourser les douze cent cinquante francs qui nous étaient dus; mais qu'il avait placé tous ses capitaux à intérêt, et que le soin de refaire sa fortune occupait tout son temps; mais qu'il n'avait pas oublié que vous étiez sa filleule et qu'il nous demandait en grâce de vous acheter un hochet de corail monté en argent, que nous ajouterions à son vieux compte. Comment! ma chère, êtes-vous sotte de ne pas vous le rappeler! Et qu'il parlait avec un souvenir si reconnaissant du vieux porto, dont il avait l'habitude de boire une bouteille et demie chaque fois qu'il venait nous voir. Vous ne pouvez l'avoir oublié, Catherine?

— Non, maman, non; mais que disiez-vous de lui?

— Eh bien, ce M. Watkins, ma chère, dit Mme Nickleby d'une voix traînante, comme si elle faisait un effort de mémoire prodigieux pour se rappeler quelque fait de la plus haute importance, ce M. Watkins, n'allez pas croire, mademoiselle Knag, que ce fût un parent du Watkins qui tenait le cabaret du *Vieil-Ours* dans notre village; à propos, je ne me rappelle pas bien si c'était à l'enseigne du *Vieil-Ours* ou de *George IV*, mais c'était l'un des deux, et, d'ailleurs, cela revient au même; ce M. Watkins donc disait, quand vous n'aviez pas plus de deux ans et demi, que vous étiez l'enfant la plus étonnante qu'il eût jamais vue. Oui, mademoiselle Knag, il le disait, et cependant il n'aimait pas du tout les enfants, et n'avait pas le plus léger motif de la flatter; et ce qui me remémore avec tant de précision ses paroles, c'est que je me rappelle, comme si j'y étais, que deux minutes après il emprunta cinq cents francs à votre pauvre cher père. »

Après avoir cité cet éclatant témoignage et surtout si désintéressé de M. Watkins en faveur de sa fille, Mme Nickleby s'arrêta pour reprendre haleine. Mais Mlle Knag, voyant que l'on mettait sur le tapis la grandeur relative des familles, saisit, sans perdre de temps, la balle au bond, pour se faire valoir à son tour.

«Ne me parlez pas de prêter de l'argent, madame Nickleby, dit miss Knag, ou vous me rendrez folle, tout à fait folle; maman.... hem! était la plus aimable et la plus belle créature avec le.... hem! le nez le plus saisissant et le plus distingué qui ait jamais orné figure humaine, si je ne me trompe, madame Nickleby (ici miss Knag par un mouvement sympathique se frottait le nez elle-même); la femme la plus délicieuse, la plus habile qu'on ait jamais vue peut-être, mais chacun a ses faiblesses; la sienne était de prêter de l'argent, et elle l'a portée si loin qu'elle a prêté.... hem! hem! oh! des milliers de guinées, toute notre petite fortune, madame Nickleby; et, ce qu'il y a de pis, c'est que nous vivrions jusqu'à.... jusqu'à la fin du monde, que nous ne les rattraperions jamais, j'en ai peur.»

Après ce bel effort d'invention, miss Knag, sans s'interrompre, tomba dans une foule d'autres réminiscences aussi vraies qu'intéressantes, dont Mme Nickleby essaya, mais en vain, d'arrêter le débordement. Voyant pourtant qu'elle n'y réussissait pas, elle finit par louvoyer et par chercher dans ses propres souvenirs un autre courant où elle pût faire voile à son tour. C'est ainsi que ces deux dames marchèrent de conserve, causant ensemble le long du chemin dans un parfait contentement. Toute la différence qu'il y avait entre elles, c'est que Mlle Knag avait dans Catherine, à laquelle elle s'adressait à haute voix, un auditoire obligé, tandis que Mme Nickleby était réduite à se contenter de parler dans le désert sans s'inquiéter s'il y avait ou non des oreilles ouvertes au bruit monotone de son babil incessant.

Après avoir ainsi continué leur route d'une manière amicale, elles arrivèrent enfin chez le frère de Mlle Knag, qui tenait une boutique de papiers de fantaisie et un petit cabinet de lecture dans une rue de traverse aux environs de Tottenham-Court-Road. Il louait au jour, à la semaine, au mois, à l'année, les vieux romans, les plus nouveaux qu'il pût avoir, dont on voyait pendre à sa porte les titres énoncés en caractères écrits à la main sur une feuille de carton. Miss Knag en était juste au moment où elle racontait le refus qu'elle avait fait de la vingt-deuxième demande en mariage, dont elle avait été l'objet de la part d'un gentleman extrêmement riche. Elle en resta là pour les inviter à venir souper en famille, et l'offre fut acceptée.

« Ne vous sauvez pas, Mortimer, dit miss Knag en entrant dans la boutique ; ce n'est rien, c'est seulement une de nos demoiselles avec sa mère : Mme et Mlle Nickleby.

— Oh ! vraiment, dit M. Mortimer Knag; ah ! »

Après s'être risqué à prononcer ces interjections d'un air profond et pensif, M. Knag moucha majestueusement deux chandelles de suif sur son comptoir, deux autres dans la montre, et tira de la poche de son gilet sa tabatière; il y puisa du tabac qu'il se souffla dans le nez. Il y avait quelque chose de très-imposant dans l'air mystérieux qui présidait à tous ces détails, et, comme M. Knag était un grand maigre à traits prononcés, portant lunettes, et beaucoup moins riche en cheveux qu'un monsieur de quarante ans ou à peu près peut ordinairement se flatter de l'être, Mme Nickleby dit tout bas à sa fille que ce devait être un homme de lettres.

« Dix heures passées ! dit M. Knag en consultant sa montre, Thomas, fermez le magasin. » Thomas était un garçon à peu près de la taille du volet qu'il emportait et le magasin pouvait bien avoir la contenance de trois fiacres.

« Ah ! dit M. Knag poussant encore ses interjections accompagnées d'un profond soupir, tout en rendant à la planche fidèle le livre qu'il venait de lire. Bon ! je crois que le souper est prêt, ma sœur. »

Encore un soupir de M. Knag pour prendre sur le comptoir les chandelles de suif et précéder les dames, d'un pas funèbre, dans une petite salle sur le derrière où une femme de ménage employée, pendant l'absence de la domestique malade, moyennant trente-six sous par jour à retenir sur les gages de l'autre, était en train de servir le souper.

« Madame Blockson, dit Mlle Knag d'un ton de reproche, ne vous ai-je pas déjà défendu cent fois de venir dans la chambre avec votre chapeau sur la tête ?

— Je ne peux m'en empêcher, mademoiselle Knag, dit la femme de ménage qui prenait feu pour rien. Il y avait tant à nettoyer dans cette maison ! et d'ailleurs, si cela ne vous convient pas, donnez-vous la peine d'en chercher une autre : je ne suis pas déjà si bien payée de mes peines, et c'est la vérité, quand on devrait me couper par morceaux.

— Point d'observations, s'il vous plaît, reprit Mlle Knag en appuyant avec énergie sur le verbe impersonnel. Y a-t-il du feu en bas pour avoir tout de suite de l'eau chaude ?

— Non, il n'y en a pas du tout, mademoiselle Knag, répondit la vice-gouvernante, j'aime mieux vous le dire que de vous mentir.

— Eh bien, pourquoi n'y en a-t-il pas?

— Parce qu'il ne reste pas de charbon; si je pouvais en faire, du charbon, j'en ferais, mais, comme je ne puis pas, je n'en fais pas, je vous le dis franchement, mademoiselle.

— Voulez-vous bien vous taire, femelle? dit M. Mortimer Knag, faisant une sortie violente.

—Permettez, monsieur Knag, repartit la femme de ménage en se retournant avec colère; je ne demande pas mieux que de ne pas dire un mot dans cette maison, si ce n'est pour répondre quand on me parle; et, quant à ce qui est d'être une femelle, je vous drais bien savoir ce que vous pourriez être vous-même.

— Un! vil misérable, s'écria M. Knag, en se frappant le front; un vil misérable.

— A la bonne heure, dit Mme Blockson, je suis bien aise de voir que vous ne vous donnez pas un faux nom; mais, comme j'ai eu deux jumeaux, il y a eu sept semaines avant-hier, et que mon petit Charles en tombant dans le sous-sol s'est démanché le coude lundi dernier, je vous serai bien obligée de m'envoyer demain matin, avant dix heures, à la mairie, les onze francs vingt-cinq centimes que vous me devez pour ma semaine. »

Après ces paroles d'adieu, la bonne femme sortit de la chambre avec une grande aisance de manières, laissant la porte toute grande ouverte, pendant que M. Knag au même moment se précipitait dans le magasin pour y gémir à son aise.

« Qu'est-ce qu'il a donc, ce monsieur? demanda Mme Nickleby grandement alarmée de l'entendre exprimer ainsi son chagrin.

— Serait-il malade? demanda Catherine réellement inquiète.

— Chut, chut, répondit Mlle Knag. C'est une histoire si mélancolique! figurez-vous qu'il était autrefois amoureusement épris de.... hem!... de Mme Mantalini.

— Dieu du ciel! s'écria Mme Nickleby.

— Oui, continua miss Knag; il reçut même d'elle de tels encouragements, qu'il put espérer avec confiance qu'elle serait sa femme. Voyez-vous, madame Nickleby, c'est un cœur très-romanesque.... hem; d'ailleurs c'est comme cela dans toute notre famille: jugez quel coup terrible ce fut pour lui, quand il dut renoncer à cet espoir. C'est un homme d'un esprit merveilleux, l'esprit le plus extraordinaire, il lit.... hem.... il lit tous les romans qui paraissent, je veux dire tous les romans.... hem.... un peu à la mode, comme vous pensez: le fait est qu'il a trouvé dans ces lectures tant d'applications à faire à ses propres malheurs, et qu'il s'est trouvé lui-même tant de points de comparaison avec les héros de ses livres (car il sent naturellement sa supériorité, comme tout le monde), qu'il s'est mis à mépriser tout; enfin il est devenu un grand génie et je parie qu'au moment même où je parle, il est encore en train de composer un ouvrage.

— Encore un ouvrage? répéta Catherine, profitant d'un moment d'interruption pour placer un mot.

— Oui, dit miss Knag secouant la tête d'un air triomphant comme un cheval de parade, encore un livre en trois volumes in-12. Vous comprenez que c'est un grand avantage pour lui, dans toutes les petites descriptions élégantes, de pouvoir mettre à contribution mon.... hem!... mon expérience, car naturellement, parmi les auteurs qui écrivent sur de pareils sujets, il en est peu qui aient eu autant d'occasions d'observer que moi. Il est donc tellement absorbé dans la peinture de la vie du grand monde, que la moindre allusion à de menues affaires de commerce ou de ménage suffit pour le bouleverser : c'est ce qui vient de lui arriver avec cette femme; mais après tout, comme je le lui répète souvent, c'est une chose heureuse pour lui que ces désappointements; car, s'il n'en avait pas éprouvé, comment aurait-il pu écrire de si belles choses sur les espoirs déçus et ainsi de suite? Pour moi, je suis persuadée que si les choses avaient tourné autrement, son génie n'aurait jamais pris son essor. »

Qui peut dire jusqu'où serait allée l'expansion communicative de Mlle Knag dans des circonstances plus favorables? mais, comme l'intéressante victime de Mme Mantalini pouvait l'entendre, et que d'ailleurs le feu n'allait pas, elle se crut obligée de ne pas pousser plus loin ses confidences. A en juger par les apparences et par le temps que l'eau mit à bouillir, la domestique, domiciliée pour le moment à l'hôpital, n'avait dû guère connaître d'autre feu que celui de Saint-Antoine. Cependant, avec beaucoup d'eau et un peu de brandy, on réussit à la fin à composer une espèce de grog pour porter le dernier coup aux invitées, déjà bien régalées d'un gigot de mouton froid, de pain et de fromage. Après quoi elles prirent congé de leurs hôtes. Catherine, tout le long du chemin, ne pouvait se lasser de s'amuser en se rappelant l'état de profonde réflexion dans lequel son dernier coup d'œil avait trouvé M. Mortimer Knag plongé au fond de sa boutique. Pendant ce temps-là, Mme Nickleby débattait en elle-même lequel vaudrait mieux définitivement, de mettre le magasin de couture sous la raison commerciale Mantalini, Knag et Nickleby, ou Mantalini, Nickleby et Knag.

L'amitié de miss Knag pour Catherine se soutint à ce paroxysme trois grands jours; toutes les demoiselles de Mme Mantalini étaient stupéfaites de cette constance qu'elles ne lui avaient jamais connue; malheureusement, au quatrième, voici le coup aussi violent que soudain qui vint gâter tout :

Le hasard voulut qu'un vieux lord de grande famille, sur le point d'épouser une jeune demoiselle qui n'avait pas de nom de famille, l'emmena, elle et sa sœur, pour essayer deux chapeaux de noce commandés la veille. Mme Mantalini les ayant annoncées dans le magasin au moyen du porte-voix qui communiquait avec l'atelier, Mlle Knag, à cette voix perçante, se hâta d'escalader le premier avec un chapeau dans chaque main, et se présenta au salon dans un état de palpitation plein de charmes, destiné sans doute à mieux faire éclater son dévouement et son zèle Elle n'eut pas plutôt posé les chapeaux sur la tête de ces dames, que Mme Mantalini et elle tombèrent dans des convulsions d'admiration extraordinaire.

« Quelle élégance! quelle distinction! dit Mme Mantalini.

— Je n'ai rien vu de ma vie d'aussi exquis, » dit Mlle Knag.

Pendant ce temps-là le vieux lord, un très-vieux lord, ne disait mot, mais il marmottait entre ses dents, il ricanait entre ses lèvres, dans un état de satisfaction et d'extase, où se confondaient à la fois le plaisir de voir essayer les chapeaux et celui d'avoir eu le bonheur d'obtenir la main d'une si belle personne. Elle, de son côté, jeune demoiselle aux allures un peu vives, en voyant le vieux lord dans ce ravissement, le poursuivait de temps en temps derrière une psyché où elle ne se gênait pas pour l'embrasser, pendant que Mme Mantalini et l'autre demoiselle avaient la discrétion de regarder d'un autre côté.

Mais, pendant un de ces intermèdes, Mlle Knag, en pointe de curiosité, passa par hasard derrière la psyché, et se trouva nez à nez avec la demoiselle en question, juste au moment où elle embrassait le vieux lord. Sur quoi, la demoiselle, devenant maussade, lui murmura quelque chose comme : « vieille bête, grande insolente; » et, finalement, lança à Mlle Knag un regard de colère accompagné d'un sourire de mépris.

« Madame Mantalini, dit-elle.

—Madame?

—Faites-moi donc le plaisir d'appeler cette jeune personne que nous avons vue hier.

—Oh oui! je vous en prie aussi, dit la sœur.

— Il n'y a rien, madame Mantalini, dit la future du lord, en s'étendant languissamment sur le sofa, que je déteste plus au monde que d'être servie par des horreurs et par de vieilles laiderons. Envoyez-moi toujours, je vous prie, cette jeune fille chaque fois que je viendrai.

— Oh ! j'en suis, pour la jolie fille, dit le vieux lord, la belle et charmante jeune fille, s'il vous plaît.

— On ne parle que d'elle, dit la fiancée avec le même sans-façon ; et milord, en sa qualité de grand amateur de la beauté, ne peut se dispenser de la voir.

— Il est vrai que tout le monde en fait cas, répliqua Mme Mantalini.

— Mademoiselle Knag, envoyez-nous miss Nickleby. Vous n'aurez que faire de remonter.

— Pardon, madame Mantalini, je n'ai pas bien entendu la fin, demanda Mlle Knag d'une voix tremblante.

— Vous n'aurez que faire de remonter, » répéta la maîtresse avec aigreur.

Miss Knag disparut sans demander son reste ; et l'on vit bientôt arriver à sa place Catherine, qui ôta les chapeaux neufs pour remettre les vieux, rougissant jusqu'au blanc des yeux de voir comme le vieux lord et les deux jeunes dames ne cessaient pendant tout le temps de la dévisager.

« Comment ! enfant, vous voilà toute rouge pour cela, dit la prétendue du vieux lord.

—Excusez-la, madame, dit avec un sourire gracieux Mme Mantalini ; dans une semaine ou deux elle sera moins empruntée.

— J'ai bien peur, continua la demoiselle, que ce ne soit, milord, quelqu'une de vos œillades assassines qui l'ait mise dans cet état.

— Du tout, du tout, répondit-il, du tout, du tout ; à présent que je vais me marier, je vais faire vie nouvelle, ha ! ha ! ha ! vie nouvelle, ha ! ha ! ha ! »

Le vieux gentleman avait lieu de se féliciter de ce qu'il allait faire vie nouvelle, car il était bien évident qu'il en avait besoin pour remplacer sa vieille vie qui ne pouvait plus durer longtemps. Rien que l'effort qu'il fit pour ricaner ses ha ! ha ! ha ! lui valut une quinte qui pensa le suffoquer. Il en eut pour cinq minutes avant de pouvoir reprendre sa respiration, pour faire la remarque que la petite demoiselle était trop jolie pour être modiste.

« J'espère, dit Mme Mantalini de son plus joli sourire, que

vous ne regardez pas les agréments de la figure comme de trop dans notre commerce?

— Bien loin de là, répliqua le vieux lord, ou il y a longtemps que vous auriez quitté les affaires.

— Voulez-vous vous taire, petit séducteur, dit sa future, en portant des bottes à Sa Seigneurie avec le bout de son ombrelle; n'êtes-vous pas honteux? »

Cette question folâtre fut accompagnée de quelques bottes nouvelles contre lesquelles le vieux lord se défendit en lui prenant l'ombrelle qu'elle voulut reprendre, mais sans succès, jusqu'à ce que l'autre demoiselle vint à son secours, avec une foule d'autres petites gentillesses véritablement intéressantes.

« Madame Mantalini, dit-elle enfin, vous ferez faire tous les petits changements dont nous sommes convenus, n'est-ce pas? Et vous, mauvais sujet, passez devant, je le veux positivement. Je ne vous laisserai pas seulement une demi-seconde derrière moi avec cette jolie fille. Oh! je vous connais bien. Jeanne, ma chère, faites-le passer devant, c'est le seul moyen de nous assurer de lui. »

Le vieux lord, évidemment enchanté de ce soupçon flatteur, gratifia Catherine, en passant, de l'œillade la plus bouffonne; mais sa scélératesse lui valut encore un autre coup d'ombrelle. Puis il descendit l'escalier d'un pas chancelant jusqu'à la porte, où le petit coquin fut hissé, à force de bras, dans sa voiture par deux laquais des plus robustes.

« Peuh! dit Mme Mantalini; si j'étais à sa place, je ne pourrais jamais monter dans ma voiture sans penser que je monte dans mon corbillard. Allons, ma chère, emportez tout cela, em portez. »

Catherine, qui était restée, pendant toute cette scène, les yeux modestement fixés sur le parquet, fut si charmée d'avoir la permission de se retirer, qu'elle descendit, légère et joyeuse, l'escalier de Mme Mantalini, pour rentrer sous la férule de Mlle Knag.

Mais, bon Dieu! quel changement s'était opéré pendant cette courte absence dans le petit royaume de l'atelier! Mlle Knag ne trônait plus à sa place, sur ce siége accoutumé où elle gardait toute la dignité et les grands airs d'une dame appelée à l'honneur de représenter Mme Mantalini. La digne demoiselle était en ce moment assise sur une grande boîte à chapeaux, le visage baigné de larmes, avec trois ou quatre de ses demoiselles empressées auprès d'elle : l'une tenant à la main de la corne de cerf, l'autre lui faisant respirer du vinaigre des quatre voleurs; d'autres encore lui présentant toutes sortes de sels salutaires, dont la vue témoignait assez, sans parler de sa coiffure en désordre et de son tour de tête défrisé, qu'elle venait d'avoir une pâmoison terrible.

« Ciel ! dit Catherine se précipitant vers elle ; qu'est-ce qu'il y a ? »

Il n'en fallut pas davantage pour procurer à Mlle Knag les symptômes d'une violente rechute : et les demoiselles, de lancer à Catherine des yeux courroucés, toujours à grand renfort de vinaigre et de corne de cerf pour la pauvre évanouie ; et l'on entendait de tous côtés : « Oh ! que c'est affreux !

— Qu'est-ce qui est affreux ? demanda Catherine ; qu'y a-t-il ? dites-moi, qu'est-il arrivé ?

— Ce qui est arrivé ! s'écria Mlle Knag se dressant toute roide comme une barre de fer, à la grande épouvante de ces demoiselles consternées ; ce qui est arrivé ! fi de vous, sale petite créature.

— Dieu du ciel ! s'écria Catherine, presque paralysée par la violence avec laquelle le terrible adjectif avait franchi les dents serrées de Mlle Knag. Quoi ! vous aurais-je offensée ?

— Vous, m'offenser ? repartit Mlle Knag ; vous, une morveuse, une enfant, une parvenue, une rien du tout. Oh ! par exemple, ha ! ha ! ha ! ha ! »

Il était bien évident, à voir le rire convulsif de Mlle Knag, que cette prétention d'avoir pu l'offenser était excessivement amusante. Et, comme ces demoiselles ne manquaient jamais de s'inspirer de leur chef de file, elles tombèrent à leur tour dans un rire inextinguible, avec de petits signes de tête expressifs, et des sourires moqueurs, en se regardant les unes les autres comme pour se dire : « Voilà qui est fort !

— Voici la demoiselle, continua miss Knag bondissant de sa boîte et présentant Catherine avec toutes sortes de cérémonies et de révérences les plus humbles à la compagnie qui pouffait de rire ; voici la demoiselle dont tout le monde parle, la belle des belles, mesdames, la beauté du jour. Oh ! vilaine effrontée ! »

En ce moment de crise, la vertu de Mlle Knag ne put réprimer un frémissement d'indignation qui se communiqua par un effet électrique à toutes ces demoiselles : puis elle se mit à rire, puis elle se mit à pleurer.

« Voilà quinze ans, s'écria miss Knag avec des sanglots à fendre le cœur le plus dur, voilà quinze ans que je suis l'honneur et l'ornement de cette chambre de travail, et du salon du premier étage. Dieu merci ! ajouta-t-elle en frappant d'abord du pied droit, puis du pied gauche le parquet innocent avec une effroyable énergie, je n'avais jamais été victime des viles intrigues, oui, des viles intrigues d'une créature qui nous déshonore par sa conduite, et qui, rien que d'y penser, fait monter la rougeur au front. Je devrais n'en ressentir que du dégoût; eh bien! c'est plus fort que moi, je ne puis m'empêcher d'y être sensible. »

Ici miss Knag retomba dans ses vapeurs, et ces demoiselles, renouvelant leurs soins délicats, recommencèrent à la supplier de se mettre au-dessus de cela; quant à elles, elles n'avaient que du mépris pour de pareils procédés, et ne voulaient pas même leur faire l'honneur de s'en occuper davantage. Ce qui ne les empêcha pas cependant de répéter avec plus d'énergie que jamais que c'était une honte, et qu'elles en étaient si furieuses, qu'elles avaient peine à se contenir.

« Faut-il que j'aie vécu jusqu'à ce jour pour m'entendre appeler une horreur! cria tout à coup Mlle Knag, qui, dans ses convulsions, faisait des efforts pour s'arracher.... son tour de cheveux.

— Oh! non, non, reprit le chœur, ne dites pas cela, vous nous navrez.

— Je vous le demande, ai-je mérité qu'on me traitât de vieille laideron? » Et elle poussait des cris aigus, en se débattant entre les mains des demoiselles surnuméraires.

« N'y pensez plus, répondit le chœur.

— Eh bien! oui, je la hais, je la déteste! je la déteste et je la hais! qu'elle ne s'avise plus de me dire un mot, et que pas une de celles qui m'aiment ne lui parle jamais: une coquine, une gueuse, une impudente petite gueuse! » Après cette apostrophe vigoureuse à l'objet de son courroux, miss Knag poussa un cri, trois hoquets et je ne sais combien de glouglous du fond de la gorge, s'assoupit, frissonna, reprit ses sens, se remit, se recoiffa, et déclara qu'elle se trouvait tout à fait rétablie.

La pauvre Catherine avait d'abord regardé toutes ces grimaces d'un air effaré. Puis elle était devenue tour à tour pâle comme la mort et rouge comme le feu: elle avait même essayé deux ou trois fois d'ouvrir la bouche, pour demander des explications; mais, en voyant se développer peu à peu les causes du changement d'humeur de miss Knag, elle se retira quelques pas en arrière et continua de rester dans un calme parfait, sans répliquer une parole. Néanmoins, tout en allant reprendre sa chaise dans le coin le plus reculé de la chambre avec un air de fierté blessée, tout en tournant le dos à ce groupe de petits satellites qui circulaient autour de l'orbite de leur planète éclipsée, elle aussi versa en secret des larmes amères qui auraient bien réjoui Mlle Knag jusque dans le fond de l'âme, si elle avait eu le bonheur de les voir.

CHAPITRE XIX.

Description d'un dîner chez M. Ralph Nickleby; amusements auxquels se livre la société avant, pendant et après.

Tout le reste de la semaine, Mlle Knag ne cessa d'épancher sa rancune et sa bile; ou plutôt sa colère, loin de diminuer, ne fit que s'accroître d'heure en heure. Bien entendu que l'honnête courroux de ces demoiselles augmentait, au moins en apparence, avec les élans d'indignation de l'excellente vieille fille. Mais les accès en redoublaient chaque fois qu'on appelait Mlle Nickleby au salon. Tout cela n'était pas fait pour rendre la vie agréable et digne d'envie à la pauvre fille. Aussi soupirait-elle après le retour du samedi soir, comme un prisonnier après quelques heures de répit de ses lentes et cruelles tortures. On lui eût donné le triple de la maigre pitance que lui valait son travail de la semaine, qu'elle l'aurait encore trouvée bien chèrement achetée.

Ce soir-là donc, en allant rejoindre, selon son habitude, sa mère au coin de la rue, elle ne fut pas peu surprise de la trouver en conversation avec M. Ralph Nickleby; mais elle le fut plus encore du sujet de leur entretien et du changement que M. Nickleby montrait dans ses manières et dans le ton radouci de sa voix.

« Ah! vous voilà, ma chère, dit Ralph, justement nous étions en train de parler de vous.

— Vraiment! répondit Catherine baissant les yeux, sans savoir pourquoi, devant le regard brillant mais glacial de son oncle.

— Je venais à l'instant même pour vous voir; je voulais vous prendre avant que vous fussiez sortie, mais votre mère et moi nous nous sommes mis à parler d'affaires de famille, et le temps a filé si vite....

— C'est vrai, n'est-ce pas? interrompit Mme Nickleby, sans se douter le moins du monde de l'intention railleuse ni du ton caustique de M. Ralph. Sur mon honneur, je n'aurais jamais cru possible que.... Catherine, ma chère, vous dînez demain chez votre oncle, à six heures et demie. »

Toute glorieuse d'avoir été la première à apprendre à sa fille cette nouvelle extraordinaire, Mme Nickleby fit je ne sais combien de sourires et de signes de tête, pour mieux faire sentir à Catherine toute la magnificence de l'honneur que lui faisait son oncle; puis, tout à coup, elle tourna tout court pour aviser aux voies et moyens.

« Voyons, dit la bonne dame, votre robe de soie noire fera très-bien l'affaire, avec cette jolie petite écharpe, vous savez, ma chère; un bandeau uni dans vos cheveux et une paire de bas de soie noire.... Mon Dieu! mon Dieu! s'écria Mme Nickleby, faisant un nouvel écart de conversation, si j'avais encore seulement ces malheureuses améthystes.... vous vous rappelez, Catherine, mon ange, comme elles étincelaient, vous savez.... Mais votre papa, votre pauvre papa!... Ah! il n'y a jamais eu de sacrifice plus cruel que celui de ma parure d'améthystes! » Accablée par cette pensée pleine d'agonie, Mme Nickleby branla la tête de la façon la plus mélancolique, et porta son mouchoir à ses yeux.

« Je n'en ai aucun besoin, maman, dit Catherine, vous pouvez oublier que vous en ayez jamais eu.

— C'est bon, c'est bon, ma chère, reprit Mme Nickleby d'un air contrarié; vous parlez là comme un enfant. Vingt-quatre petites cuillers d'argent, mon beau-frère, deux saucières, quatre salières, toutes mes améthystes, un collier, une broche, des boucles d'oreilles, tout cela parti du même coup, et moi lui disant, presque à genoux, à ce pauvre cher homme : « Pourquoi « ne faites-vous pas quelque chose, Nicolas? Pourquoi ne faites- « vous pas quelque arrangement? » Certes tous ceux qui ont pu nous connaître alors me rendront la justice que, si je ne lui ai pas dit cela cinquante fois, je ne le lui ai pas dit une; n'est-ce pas, Catherine? Dites, ai-je jamais négligé une occasion de donner là-dessus de bons conseils à votre pauvre cher père?

— C'est vrai, maman, c'est vrai. »

Et Catherine ne se trompait pas en répondant ainsi. Oui, vraiment Mme Nickleby pouvait se rendre cette justice, comme à peu près toutes les dames, je crois, qu'elle n'avait jamais perdu une occasion de donner à son mari de ces bons conseils qui vaudraient de l'or s'ils étaient seulement plus clairs et plus précis, au lieu d'être enveloppés, comme les oracles de la sibylle, d'un vague et d'un mystérieux qui en rendent l'application impossible.

« Ah ! dit Mme Nickleby avec transport, si on m'avait écoutée dès le commencement ! mais c'est bon, j'ai toujours fait mon devoir, moi, et c'est une consolation. »

Mme Nickleby ne put arriver à cette réflexion sans soupirer, se frotter le dos de la main, jeter les yeux au ciel, prendre enfin un air de résignation angélique, comme une sainte, une vraie sainte, qui ne veut même pas ennuyer plus longtemps ses auditeurs à leur prouver une chose qui saute aux yeux de tout le monde.

« Maintenant, dit Ralph avec un sourire qui, d'accord avec ses autres signes d'émotion, paraissait plutôt à fleur de peau qu'en plein visage, pour en revenir à nos moutons, j'ai demain à dîner quelques gentlemen avec lesquels je suis en affaires, et votre mère m'a promis que vous viendriez faire les honneurs de ma maison. Je n'ai pas grande habitude de ces parties-là, mais celle-ci est plutôt un rendez-vous d'affaires, et quelquefois les affaires ne se font bien qu'à l'aide de ces sottes convenances. Cela ne vous gêne pas de me rendre service ?

— La gêner ! cria Mme Nickleby. Ma chère Catherine, vous....

— Permettez, dit Ralph l'interrompant, et lui faisant signe de se taire ; c'est à ma nièce que je parlais.

— J'en serai fort contente, vous pouvez le croire, mon oncle, reprit Catherine. Je n'ai qu'une peur, c'est que vous ne me trouviez bien gauche et bien empruntée.

— Oh ! que non, dit Ralph. Eh bien donc ! vous viendrez quand vous voudrez. Vous prendrez un fiacre ; je le payerai. Bonsoir. Dieu vous conduise. »

Ralph eut bien du mal à expectorer ce souhait bienveillant qui semblait lui tenir à la gorge par défaut d'habitude. On aurait dit qu'il s'était fourvoyé dans un cul-de-sac dont il ne pouvait plus sortir. Pourtant il finit par se faire un passage avec plus ou moins de bonheur ; Nickleby, après en être sorti à son honneur, serra la main à ses parentes et les quitta brusquement.

« Quelle singulière physionomie a votre oncle ! dit Mme Nickleby frappée de l'expression de son regard en lui disant adieu ; son pauvre frère était loin d'avoir les traits aussi prononcés : il n'y avait pas la moindre ressemblance.

— Maman ! dit Catherine d'un ton de reproche, comment pouvez-vous avoir de ces idées-là !

— Non, décidément, continua Mme Nickleby tout entière à la même pensée, pas la moindre : cependant on ne peut pas dire que ce n'est pas une figure d'honnête homme. »

La digne matrone fit cette remarque avec de grands frais de gestes et de paroles éloquentes, comme s'il y avait dans son observation plus de finesse et de pénétration que cela ne paraissait, et la vérité est que, sauf erreur, c'était en effet une des découvertes contemporaines les plus extraordinaires. Catherine leva les yeux avec vivacité et les baissa de même.

« A quoi donc rêviez-vous là, ma chère, au nom du ciel? demanda Mme Nickleby après qu'elles eurent fait un bout de chemin en silence.

— Oh! à rien, maman, je pensais....

— Vous pensiez! ah, je crois bien, il y a de quoi. Votre oncle s'est pris d'un goût singulier pour vous, voilà ce qu'il y a de sûr, et, s'il ne vous arrive pas après cela quelque bonne fortune des plus extraordinaires, dites que je ne m'y connais pas. Voilà tout. »

Et là-dessus, la voilà lancée en pleines anecdotes sur des demoiselles à qui des oncles d'humeur excentrique glissaient des milliers de billets de banque dans leur ridicule, puis encore sur d'autres demoiselles qui avaient fait chez leurs oncles la rencontre de gentlemen aimables et surtout énormément riches, qu'elles avaient épousés après quelques jours d'une cour ardente et passionnée. Et Catherine, après avoir commencé par écouter avec indifférence, puis ensuite avec intérêt, avait fini, en arrivant chez elle, par sentir s'éveiller dans son cœur quelque chose de la vivacité des espérances ambitieuses de sa mère : elle se figura à son tour que son sort pouvait devenir plus heureux, que des jours meilleurs allaient luire pour elle. Voilà ce que c'est que l'espérance, baume céleste, dit-on, répandu sur les plaies des mortels. En effet, comme une essence subtile versée du haut des cieux, elle pénètre toutes choses, bonnes et mauvaises; elle est universelle comme la mort, et contagieuse comme la peste.

Le faible soleil d'hiver, et Dieu sait si les soleils d'hiver sont faibles dans la cité de Londres, dut briller d'un éclat inaccoutumé en signe de réjouissance le jour où, perçant les sombres fenêtres de la vieille masure, il put assister au spectacle nouveau que présentait une des chambres mal meublées de ce bâtiment délabré. Voyez sous ce coin obscur, où depuis des années il n'avait jamais existé qu'une pile triste et inerte de colis marchands ensevelis dans l'ombre, le silence et la poussière, servant de retraite à une colonie de souris, et accotée contre les lambris? Ce coin paisible n'était jamais troublé que par le roulement des charrettes pesamment chargées qui passaient dehors dans la rue, faisant trembler au dedans les ballots et les caisses, et jetant l'alarme parmi le peuple souriquois dont les yeux brillants étaient illuminés par la peur, et qui se tenait coi, l'oreille dressée, le cœur palpitant, jusqu'à ce que le terrible tonnerre eût fait entendre ses derniers roulements. Eh bien! dans ce coin obscur, vous pouvez voir à présent, rangés avec un soin scrupuleux, tous les petits atours dont Catherine doit se parer aujourd'hui. Chaque article de sa toilette portait le cachet de gentillesse personnelle que nous attribuons volontiers aux vêtements d'une jolie femme, même lorsqu'ils sont suspendus à son portemanteau. Sommes-nous dupes en cela d'une association d'idées qui nous fait illusion, ou bien leur a-t-elle imprimé sa forme et son moule? nous ne savons, mais ils conservent à nos yeux leur charme d'habitude. Ainsi donc, à la place d'une balle de riz moisi, se trouvait alors la fameuse robe de soie noire, encore empreinte de la taille la plus élégante. Les petits souliers, encore soulevés par l'orteil délicat qu'ils ont pressé, pèsent plus légèrement sur le sol tout à l'heure gémissant sous une masse de fer; et la pile de cuir avarié avait, sans le savoir, pour successeur la fine paire de bas de soie noirs, si chère au cœur de Mme Nickleby. Quant aux rats et aux souris, il y avait beau jour qu'ils avaient crevé de faim ou émigré dans un nouveau monde, cédant la place à des gants, des bandeaux, des écharpes, des épingles à tête, et une foule d'autres petits affiquets, non moins ingénieux à provoquer la poursuite des hommes que les souris et les rats à s'y dérober. Puis, au milieu de tout ce petit monde de séductions, se montrait Catherine ellemême, et ce n'était pas le moins brillant des ornements inattendus qui avaient transfiguré cette vieille, triste et sombre ruine.

A l'heure dite, heure de désir ou de crainte, comme le voudra le lecteur, Catherine était prête. Car l'impatience de Mme Nickleby était en avance sur toutes les horloges de ce bout du monde. Aussi sa fille avait mis sa dernière épingle, qu'il y avait encore une grande heure et demie avant qu'elle fût obligée en conscience de commencer sa toilette. Enfin elle était donc complète en attendant l'heure, de plaisir ou d'ennui, qui finit par sonner son départ. Le porteur d'eau de la maison eut la complaisance d'aller chercher un fiacre sur la place, et Catherine y monta, après bien des adieux à sa mère, bien des messages à miss la Creevy, pour la prier de venir prendre le thé avec sa mère, et partit en grande pompe et en fiacre; et le fiacre, et le cocher, et les chevaux se mirent à rouler, trottiner, sautiller, fouetter, jurer, cahoter, tous ensemble, tant qu'enfin ils arrivèrent à Golden-square.

Le cocher frappa avec le marteau de la porte un terrible toctoc, qui n'était pas fini que déjà elle était ouverte. On eût dit qu'il y avait un homme caché tout exprès derrière, la main sur le loquet. Catherine s'attendait à trouver tout au plus, pour recevoir, Newman Noggs en chemise blanche, mais quel fut son étonnement de voir ouvrir par un laquais en livrée élégante, la même que portaient deux ou trois autres valets dans le vestibule. Elle ne se trompait pas cependant : c'était bien là la maison, le nom était encore sur la porte. Elle se décida donc à accepter, pour appuyer sa main, la manche galonnée qu'on lui offrait pour descendre, et fut introduite au premier dans un salon sur le derrière, où on la laissa seule.

Si elle avait été surprise en voyant apparaître le valet de pied, ce fut bien pis en regardant autour d'elle. Elle était tout abasourdie de la richesse et de la splendeur du mobilier. Les tapis les plus nouveaux et les plus moelleux, les tableaux les plus précieux, les glaces les plus chères, les ornements les plus somptueux qui laissaient l'esprit ébloui en suspens entre leur valeur individuelle et la profusion avec laquelle on les avait prodigués partout, appelaient de tous côtés ses regards. Il n'y avait pas jusqu'à l'escalier, du haut en bas, qui ne fût tapissé de décorations magnifiques et d'objets de luxe resplendissants, comme si la maison, regorgeant de richesses, n'attendait qu'un bibelot de plus pour déborder vers la rue.

En ce moment, elle entendit à la porte une série de toc toc, toujours suivis chaque fois de quelque son de voix nouvelle dans la chambre voisine. Au commencement on distinguait aisément le ton de celle de M. Ralph Nickleby, mais elle finit par être couverte aussi par le bourdonnement général des conversations particulières, et tout ce qu'elle put deviner de positif, c'est qu'il y avait là un certain nombre de gentlemen qui n'avaient pas la voix harmonieuse, qui parlaient très-haut, riaient à gorge déployée et juraient plus souvent qu'elle ne l'aurait cru nécessaire, si on lui avait demandé son avis. Mais, après tout, c'est une affaire de goût.

Enfin la porte s'ouvrit, et Ralph en personne, mais cette fois sans bottes (il les avait remplacées par des bas de soie noirs et des escarpins), présenta sa figure de vieux renard.

« Je n'ai pas pu, ma chère, lui dit-il à demi-voix, en lui montrant de la main la chambre voisine, venir vous voir plus tôt, j'étais occupé à les recevoir; maintenant, voulez-vous que je vous y conduise?

— Dites-moi, mon oncle, répondit Catherine un peu émue (on le serait à moins, même avec plus d'habitude du monde, au moment d'entrer dans un salon où l'on ne connaît personne, sans avoir le temps seulement de se préparer) : y a-t-il des dames?

— Non, dit Ralph d'une voix brève, je n'en connais pas

— Faut-il que j'entre tout de suite? demanda Catherine, faisant un pas en arrière.

— Comme vous voudrez, dit Ralph haussant les épaules; tout le monde est arrivé et on va annoncer que le dîner est servi, voilà tout. »

Catherine aurait bien voulu qu'on lui fît grâce encore de quelques minutes; mais réfléchissant que son oncle pourrait bien calculer qu'en retour de l'argent qu'il avait donné pour le fiacre qui l'avait amenée, elle lui devait bien au moins de l'empressement et de l'exactitude, elle se laissa prendre le bras et conduire au salon.

Il y avait là, debout autour du feu, sept ou huit gentlemen tellement absorbés dans une conversation bruyante, qu'ils ne la virent pas même entrer, jusqu'à ce que M. Ralph Nickleby, en prenant un par la manche, lui dit d'une voix fortement accentuée, comme pour commander l'attention générale :

« Lord Frédéric Verisopht, ma nièce, Mlle Nickleby. »

Le groupe s'ouvrit avec l'apparence d'une extrême surprise, et le gentleman interpellé par M. Ralph Nickleby montra, en se retournant, une toilette des plus à la mode, une paire de favoris aussi bien taillés que ses habits, une moustache épaisse, une tête à tous crins, une figure toute jeune.

« Eh! fit-il, que diable!... »

En poussant ces exclamations, il fixa son lorgnon à son œil et son œil sur Mlle Nickleby avec un profond étonnement.

« Ma nièce, milord, dit Ralph.

— En ce cas, mes oreilles ne m'avaient donc pas trompé. Je me croyais en face d'une figure de cire faite au moule, voulut bien dire sa seigneurie. Comment vous portez-vous, mademoiselle? je suis charmé. » Puis il se retourna vers un autre gentleman du meilleur genre aussi, un peu plus âgé, un peu plus fort, un peu plus haut en couleur, un peu plus roué, et lui dit à l'oreille, d'une voix très-intelligible pour tout le monde, que la petite était gentille en diable!

« Présentez-moi, Nickleby, dit à son tour le gentleman qui

s'était mis à son aise, le dos tourné au feu, et les coudes sur la cheminée.

— Sir Mulberry Hawk, dit Ralph.

— Autrement dit, le plus rude jouteur de la bande, mademoiselle Nickleby, dit lord Frédéric Verisopht.

— Ne m'oubliez pas non plus, Nickleby, cria un autre monsieur au visage effilé, en ce moment enfoncé dans un fauteuil à dossier, tenant à la main un journal.

— M. Pyke, dit Ralph.

— Ni moi non plus, Nickleby, cria un monsieur, le visage enluminé et le nez en l'air, qui se tenait à côté de sir Mulberry Hawk.

— M. Pluck, » dit Ralph. Puis, tournant sur ses talons, il alla prendre un gentleman qui avait un cou de cigogne et des jambes qui ne ressemblaient à celles d'aucun autre animal, et le présenta comme le très-honorable M. Snobb. Puis enfin une tête grise assise alors devant la table : « Le colonel Chowser. » Le colonel causait avec un autre invité qui n'était, à ce qu'il paraît, qu'un bouche-trou, et ne fut pas présenté du tout.

Catherine fit deux remarques, dès le début, qui lui allèrent au cœur, et lui firent monter la honte au visage. La première, c'est que tous les personnages ici présents regardaient son oncle avec un mépris outrageant, et la seconde c'est qu'ils mettaient dans leurs manières avec elle un sans façon insolent. Il ne fallait pas une grande pénétration pour comprendre que la seconde humiliation était une conséquence nécessaire de la première. Et ici Ralph Nickleby avait compté sans son hôte. Prenez une jeune personne tout frais débarquée de sa province, aussi novice que vous voudrez pour les usages du monde, et vous pouvez parier, en toute assurance, qu'elle trouvera dans son instinct naturel un tact aussi délicat pour juger des convenances et des lois de la société que si elle avait l'expérience d'une douzaine d'hivers dans le monde. Peut-être même en juge-t-elle avec un sens plus exquis, n'ayant pas eu le temps d'en émousser, comme bien d'autres, la finesse dans une longue pratique.

Quand Ralph eut achevé la cérémonie de la présentation, il conduisit sa nièce, toute rouge de honte, au siége qui lui était destiné. En même temps, il n'oublia pas de s'assurer, par un coup d'œil jeté à la ronde, de l'impression produite par l'apparition inattendue de cette reine de la fête.

« Voilà un plaisir, Nickleby, qui n'était pas dans le programme, dit lord Frédéric Verisopht, faisant passer son lorgnon de l'œil droit, où il était resté jusque-là en sentinelle pour observer Catherine, à l'œil gauche pour le braquer sur Ralph.

— C'est une surprise qu'on vous avait ménagée, lord Frédéric, dit M. Pluck.

— L'idée n'est pas mauvaise, reprit sa seigneurie; elle vaut à elle seule deux et demi pour cent de plus.

— Nickleby, dit sir Mulberry Hawk de sa voix dure et rude, ne laissez pas tomber cette proposition et ne manquez pas de grossir d'autant les vingt-cinq pour cent, ou n'importe quoi de votre compte; je ne demande que moitié pour ma peine. »

Sir Mulberry assaisonna cette fine plaisanterie d'un rire enroué, et finit en jurant par les *membres* de la famille Nickleby, serment qui provoqua chez MM. Pyke et Pluck un rire inextinguible.

Ils riaient encore, quand on annonça que madame était servie, et ce fut une occasion nouvelle de rire sans fin, car sir Mulberry Hawk, dans son transport de folle gaieté, escamota à lord Frédéric Verisopht l'honneur de donner la main à Catherine pour la conduire en bas, à la salle du festin, en passant jusqu'au coude le bras de Mlle Nickleby dans le sien.

« Non pas, ou le diable m'emporte, Verisopht, dit-il à son ami en se glissant à sa place; il ne faut pas tricher ici. Voilà dix minutes que Mlle Nickleby et moi nous nous sommes fait des yeux cette promesse.

— Ha! ha! ha! dit en riant aux éclats l'honorable M. Snobb; charmant! délicieux! »

Piqué au jeu par ses succès, sir Mulberry Hawk fit à ses amis des yeux qui supposaient une foule de choses les plus facétieuses du monde, et conduisit Catherine en bas avec un air de familiarité qui soulevait dans sa poitrine de jeune fille une indignation si ardente qu'elle avait peine à ne pas la laisser éclater. Pour comble de contrariétés, elle s'aperçut, en arrivant, qu'elle occupait le haut bout de la table entre sir Mulberry Hawk et lord Frédéric.

« Oh! vous avez trouvé moyen, à ce qu'il paraît, de venir vous établir dans notre voisinage, dit sir Mulberry à sa seigneurie, qui venait de s'asseoir près de Catherine.

— Je crois bien, répondit lord Verisopht, fixant les yeux sur Mlle Nickleby; comment pouvez-vous me faire cette question?

— A la bonne heure; mais occupez-vous alors de votre dîner, dit l'autre, et point du tout de moi et de Mlle Nickleby, car je vous avertis que nous serions des interlocuteurs fort distraits.

— Nickleby, dit lord Frédéric, j'ai besoin de votre intervention ici pour rétablir mes affaires.

— Qu'est-ce qui se passe, milord? demanda Ralph du bout de la table où il était flanqué de MM. Pyke et Pluck.

— Voilà un camarade qui accapare votre nièce, dit lord Frédéric.

— Vous savez, milord, dit Ralph avec un rire moqueur, qu'il prélève toujours une part raisonnable sur les biens auxquels vous pouvez prétendre.

— Ce n'est que trop vrai, reprit le jeune homme; le diable m'emporte si je peux reconnaître à présent qui est le maître de lui ou de moi dans ma maison.

— Je le sais bien, dit Ralph entre ses dents.

— Vous verrez que je serai obligé de m'en débarrasser en lui léguant un schelling par testament, dit le jeune gentilhomme en plaisantant.

— Non, non, je ne veux pas de cela, de par le diable! dit sir Mulberry. Quand vous en serez réduit à un shelling, à votre dernier schelling, n'ayez pas peur, je ne vous donnerai pas la peine de vous débarrasser de moi; mais, par exemple, jusque-là je ne vous lâcherai pas, vous pouvez m'en croire sur parole. »

Cette saillie, fondée sur des faits irrécusables, fut accueillie par un hourra général, dominé par les éclats bruyants de MM. Pyke et Pluck, évidemment les deux flatteurs en titre de sir Mulberry. Au fait il était facile de voir que la plus grande partie des convives était venue à la curée du malheureux jeune lord, qui, malgré sa faiblesse et son esprit court, était, sans contredit, et de beaucoup le moins vicieux de la compagnie. Sir Mulberry Hawk était renommé pour son habileté à ruiner, par lui-même et par ses agents, de jeunes gentilshommes de riche condition : profession élégante et distinguée où il était passé maître. Grâce à l'intrépidité de son génie sans pareil, il avait même inventé un système tout nouveau, le contre-pied de l'ancienne méthode. Une fois qu'il avait jeté le grappin sur une victime, au lieu de s'asservir à ses volontés, il se faisait un point d'honneur de lui imposer la sienne, et d'exercer sur lui publiquement et sans réserve l'ascendant de sa direction. Ses dupes lui servaient ainsi de but et de plastron, et, tout en vidant gentiment leur gousset, il se donnait encore le plaisir de leur administrer de temps en temps quelque tape bien appliquée pour l'amusement de la cantonnade.

Il ne manqua rien au dîner; il répondit, pour la magnificence de l'ensemble et l'abondance des détails, à l'ameublement de la maison, et nous devons à la société en général, à MM. Pyke et Pluck en particulier, la justice de dire qu'ils se signalèrent par leur zèle tout particulier à faire honneur au repas. Ces deux messieurs surtout mangeaient de tous les plats, buvaient de toutes les bouteilles avec une capacité et une persévérance véritablement surprenantes. Et, malgré cela, il semblait que leurs travaux passés ne nuisaient en rien à la fraîcheur de leur appétit. Car, en voyant servir le dessert, ils donnèrent avec la même ardeur que s'ils n'avaient fait jusque-là que peloter en attendant partie.

« Ma foi, dit lord Frédéric dégustant son premier verre de porto, si c'est là un dîner d'escompte, je puis bien dire, ou le diable me brûle, que je serais charmé de me faire escompter tous les jours.

— Laissez faire, repartit sir Mulberry Hawk, on ne vous en laissera pas manquer dans l'occasion; Nickleby vous en dira quelque chose.

— Qu'en dites-vous, Nickleby? demanda le jeune lord. Est-il vrai que je doive être un jour une de vos bonnes pratiques!

— Cela dépend entièrement des circonstances, milord, répondit Ralph.

— Oui, des circonstances où se trouvera le crédit de Votre Seigneurie, et du produit des courses de chevaux.»

C'était le colonel de la milice, M. Chowser, qui était venu si malheureusement se mêler à la conversation.

Il jeta en même temps un coup d'œil sur MM. Pyke et Pluck, s'attendant bien à les voir rire de sa bonne plaisanterie; mais il en fut pour ses frais; ces messieurs, qui n'étaient engagés comme claqueurs qu'au service de M. Mulberry Hawk, gardèrent, au grand désappointement du galant colonel, une gravité de pompes funèbres. Ce n'est pas tout, sir Mulberry lui porta le dernier coup. Ne voulant pas autoriser ainsi les gens à chasser sur ses terres, il regarda son adversaire fixement au travers de son verre, comme s'il était étonné de cette hardiesse, et exprima à haute et intelligible voix que c'était prendre des *libertés diaboliques*. Lord Frédéric ainsi averti, prit son verre à son tour, pour lorgner au travers le téméraire, comme si c'était quelque animal, quelque bête curieuse, montrée par son cornac pour la première fois. On pense bien que MM. Pyke et Pluck dévisagèrent de leur côté l'individu que M. Mulberry dévisageait du sien · en sorte que le pauvre colonel, pour cacher sa confusion, fut réduit à la nécessité de tenir son verre de porto à hauteur de son œil droit, affectant d'en étudier la couleur avec le plus vif intérêt.

Tout ce temps-là, Catherine était restée aussi silencieuse que possible, osant à peine lever les yeux, dans la crainte de rencontrer le regard admirateur de lord Frédéric Verisopht, ou, ce qui était bien plus embarrassant encore, le regard impudent de son ami sir Mulberry. A la fin, ce fut ce dernier gentleman qui eut l'obligeance d'appeler sur elle l'attention générale.

« Voici Mlle Nickleby, dit-il, qui se demande pourquoi diable il n'y a personne ici qui lui fasse la cour.

— Non pas, monsieur, dit Catherine, se hâtant de le démentir, je.... Mais elle s'arrêta tout court, sentant qu'il valait mieux ne rien dire du tout.

— Je parie contre qui voudra un billet de mille francs, dit Mulberry, que Mlle Nickleby n'osera pas me soutenir, en me regardant en face, que ce n'était pas là sa pensée.

— Je tiens le pari! cria le noble oison. Je vous donne dix minutes.

— Je tiens! » répondit sir Mulberry. On mit les deux billets sur la table, et l'honorable M. Snobb fut chargé du double office de garder les enjeux et de regarder l'heure à sa montre.

« Je vous en prie, dit Catherine dans la plus grande confusion, en voyant sous ses yeux tous ces préliminaires, je vous en prie, point de paris à propos de moi. Mon oncle, je ne veux réellement pas....

— Et pourquoi pas, ma chère? reprit Ralph, dont la voix criarde, plus enrouée que d'habitude, montrait assez que la chose n'était pas non plus de son goût; c'est l'affaire d'un moment, il n'y a pas de mal à cela, si ces messieurs y tiennent absolument.

— Moi je n'y tiens pas du tout, dit sir Mulberry en riant tout haut. C'ést-à-dire, je ne tiens pas du tout à ce que Mlle Nickleby nie le fait, car alors, j'ai perdu; mais j'aurai eu le bonheur de voir ses beaux yeux, faveur d'autant plus précieuse qu'elle n'en a jusqu'à présent honoré que son assiette.

— Pour cela c'est vrai, et c'est par trop rigoureux de votre part, miss Nickleby, dit le noble lord.

— Une véritable cruauté, dit M. Pyke.

— Une horrible cruauté, dit M. Pluck.

— Je ne crains donc pas de perdre, continua sir Mulberry; j'aurai toujours gagné deux fois ma perte si elle me vaut un regard passablement agréable de Mlle Nickleby.

— Comment deux fois? plus que cela, dit Pyke.

— Bien davantage, dit M. Pluck.

— Combien ai-je encore à vivre, Snobb? demanda sir Mulberry Hawk.

— Encore six minutes.

— Bravo !

— Ne ferez-vous pas quelque chose pour moi, mademoiselle Nickleby, demanda lord Frédéric après un court intervalle.

— Vous pouvez, mon cher lovelace, vous épargner ces questions. Mlle Nickleby et moi nous sommes d'intelligence ; elle se déclare pour moi, et fait en cela preuve de goût. Vous n'avez pas la moindre chance en votre faveur. Combien, Snobb?

— Il n'y a plus que deux minutes.

— Apprêtez l'argent, dit sir Mulberry, vous allez me le passer.

—Ha ! ha ! ha ! » cria en riant M. Pyke.

M. Pluck, qui enchérissait toujours sur lui, cria des ha ! ha ! bien plus forts.

La pauvre fille, qui était si couverte de confusion qu'elle ne savait véritablement où elle en était, avait d'abord résolu de garder une parfaite indifférence. Mais craignant de paraître encourager par là les prétentions insolentes de sir Mulberry, exprimées dans des termes si grossiers et d'un ton si malhonnête, elle leva les yeux et le regarda en face. Et dans le regard qu'elle rencontra à son tour, il y avait quelque chose de si odieux, de si insolent, de si repoussant, qu'elle se sentit incapable de balbutier une parole, leva le siége et sortit précipitamment de la salle. Elle eut bien de la peine à retenir ses larmes jusqu'au haut de l'escalier, où elle leur donna un libre cours.

« Excellent ! dit sir Mulberry Hawk, empochant les enjeux ; c'est une fille de caractère, et nous allons boire à sa santé. »

Il va sans dire que Pyke et compagnie acceptèrent avec chaleur cette proposition, et que le toast ne passa pas sans quelques insinuations supplémentaires des deux associés sur la future victoire de ce grand conquérant des cœurs. Ralph, qui avait profité de l'attention que prêtaient tous les autres aux principaux acteurs de la scène précédente, pour les dévorer des yeux comme un loup, semblait, depuis que sa nièce était partie, respirer plus à l'aise. Il regardait passer les flacons à la ronde, et lui, renversé sur sa chaise, promenant ses yeux scrutateurs d'un orateur à l'autre, à mesure que le vin les mettait en verve, il semblait fouiller dans leurs cœurs pour repaître sa curiosité maligne de toutes les sottes pensées qui les traversaient.

Cependant Catherine, dont personne ne troublait la solitude, avait repris, par degrés, son assiette ordinaire ; une domestique était venue l'avertir que son oncle désirait la voir avant son départ, et lui avait en même temps fait entendre à sa grande satisfaction que la compagnie prendrait le café en bas. L'espérance de ne plus les voir contribua beaucoup à calmer son agitation; elle prit un livre, et se mit en devoir de le lire.

De temps en temps elle tressaillait en entendant ouvrir la porte de la salle à manger d'où s'exhalait un bruit sauvage de gaieté bruyante; elle fut même une ou deux fois alarmée à l'idée qu'elle entendait des pas dans l'escalier, tant elle craignait que quelque membre égaré de l'honorable société ne vînt troubler sa paix. Cependant, n'ayant rien vu qui justifiât ses craintes, elle avait reporté toute son attention sur son livre, et finit par y prendre un si grand intérêt qu'elle en avait déjà lu plusieurs chapitres sans y songer, lorsqu'elle crut tout à coup entendre avec terreur la voix d'un homme prononcer son nom à son oreille.

Le livre lui tomba des mains, quand elle vit tout près d'elle, nonchalamment étendu sur une ottomane, M. Mulberry Hawk, que le vin ne devait pas avoir rendu plus honnête, car le cœur d'un gredin n'en est que plus dangereux après boire.

« Quelle application charmante! dit l'impudent. Je voudrais seulement savoir si elle est bien réelle, ou si elle n'était destinée qu'à faire valoir ces cils si longs et si doux. »

Catherine regarda avec inquiétude du côté de la porte, sans répliquer un mot.

« J'ai le plaisir de les contempler depuis cinq minutes, continua-t-il. Ils sont parfaits, sur mon honneur. Je suis un grand maladroit d'avoir rompu, par une parole, le charme d'un si joli tableau.

— Maintenant, monsieur, dit Catherine, faites-moi la grâce de vous taire.

— Non pas, je m'en garderai bien, dit sir Mulberry, pliant son claque pour appuyer dessus son coude, et se rapprocher encore de la jeune fille; je vous jure, miss Nickleby, que vous avez tort. Un esclave dévoué de vos charmes, comme moi, c'est une cruauté infernale de le traiter comme vous faites; vrai, ma parole.

— Sachez, monsieur, dit Catherine toute tremblante en dépit d'elle-même, mais parlant d'un ton indigné, sachez que votre conduite ne m'inspire que mépris et dégoût. S'il vous reste dans l'âme une étincelle d'honneur et de délicatesse, vous allez me quitter à l'instant.

— Allons donc, dit sir Mulberry, qu'est-ce que veulent dire ces simagrées de rigueur excessive, ma belle enfant? Allons, soyons plus naturelle, ma chère Nickleby, soyons plus naturelle n'est-ce pas? »

Catherine se leva à la hâte, mais pas si promptement que sir Mulberry n'eût pu la saisir par la robe et la retenir de force.

« Lâchez-moi, monsieur! cria-t-elle le cœur gonflé de colère; entendez-vous? à l'instant et dépêchez-vous.

— Asseyez-vous, asseyez-vous; j'ai deux mots à vous dire.

— Lâchez-vous, monsieur?

— Je ne vous lâcherais pas pour un empire, » reprit sir Mulberry qui se remit sur pied pour la faire rasseoir; mais la jeune fille, faisant pour se dégager de ses mains un effort désespéré, lui fit perdre l'équilibre, et le fit tomber par terre tout de son long. Au moment où Catherine s'avançait pour sortir de la chambre, M. Ralph Nickleby poussait la porte et se trouva en face de sa nièce.

« Qu'est-ce que c'est que cela? dit-il.

— Ce que c'est? monsieur, répondit Catherine dans une agitation violente; voici ce que c'est : sous ce toit où moi, la jeune fille sans défense, la fille de feu votre frère, je devais m'attendre à trouver partout protection, j'ai été exposée à une insulte de telle nature que vous ne devriez pas oser me regarder en face. Laissez-moi passer. »

Ralph en effet baissa les yeux en rencontrant le regard d'indignation brûlante que la jeune fille fixait sur lui; mais il n'obéit pas à son commandement, et, au lieu de la laisser passer, il la conduisit à un fauteuil au fond du salon, d'où il revint trouver sir Mulberry Hawk relevé de sa chute, et lui montra la porte pour le faire sortir.

« Voilà votre chemin, monsieur, dit Ralph d'une voix étouffée qui n'aurait pas déparé le rôle d'un diable à l'Opéra

— Qu'est-ce que vous entendez par là? » demanda l'autre avec fierté.

Les veines se gonflaient sur le front de Ralph comme des cordes, et les muscles de ses mâchoires s'agitaient dans une émotion pénible. Cependant il se contenta de sourire d'un air de mépris, et lui montra du doigt la porte une seconde fois.

« Est-ce que vous ne me reconnaissez pas, vieille brute? dit sir Mulberry.

— Si, » répondit Ralph. Le bandit élégant perdit son assurance sous le regard perçant du pécheur endurci, et prit le chemin de la porte, marmottant entre ses dents; puis là il s'arrêta tout court comme frappé d'une idée nouvelle :

« C'est le lord qu'il vous fallait, hein? voilà ce qui vous défrise. »

Ralph sourit encore, mais sans desserrer les dents.

« Et pourtant qui est-ce qui vous l'a amené ? poursuivit sir Mulberry. Vous savez bien que, sans moi, il ne serait pas à l'heure qu'il est dans vos filets.

— Le filet est grand et assez plein comme cela, dit Ralph ; prenez garde qu'il ne s'y étrangle encore quelque poisson dans les mailles.

— Allez ! vous seriez capable de vous vendre corps et âme pour de l'argent. J'ai tort de dire votre âme : le marché est déjà fait avec le diable. Voulez-vous pas me faire croire que votre jolie nièce n'a pas été tendue ici comme un hameçon pour le jeune innocent que vous avez grisé en bas ? »

Bien que ce dialogue vif et pressé se tînt à demi-voix des deux côtés, cependant Ralph avait l'œil au guet pour s'assurer que Catherine, toujours à la même place, ne pouvait rien entendre. Son adversaire vit qu'il avait l'avantage du terrain et en profita.

« Voulez-vous pas me faire croire que ce n'est pas ça ? Prétendez-vous que, si c'eût été lui qui fût venu occuper la place et non pas moi, vous n'auriez pas fermé les yeux et les oreilles, au lieu de faire vos embarras comme à présent ? Là, là, mon Nickleby, tirez-vous de là.

— Je vous dis, répliqua Ralph, que, si je l'ai amenée ici pour aider à l'affaire...,

— Ah ! nous y voilà donc ! s'écria en riant sir Mulberry. A la bonne heure, voilà que je vous reconnais.

— Pour aider à l'affaire, continua Ralph de la voix lente et ferme d'un homme qui est sûr de ne dire que ce qu'il voudra, c'est que je savais bien qu'elle ferait impression sur le jeune niais que vous avez pris à tâche d'aider à se ruiner à grandes guides. Mais je savais bien aussi, je le connais, qu'il était incapable d'outrager la délicatesse d'une jeune fille, et qu'à l'exception de quelques plaisanteries échappées à sa tête légère, il serait facile avec un peu d'habileté de le contenir dans le respect que méritent le sexe et l'honneur d'une femme, fût-elle la nièce de son usurier. Mais s'il entrait dans mes projets de l'attirer plus doucement par cet appât, je n'étais pas homme à jeter cette jeune fille en proie à la brutalité licencieuse d'un vieux débauché comme vous. Et à présent j'espère que nous nous comprenons tous les deux.

— Vous n'avez pas dit le fin mot : c'est que vous n'aviez rien à gagner à cela avec moi ; eh ! eh ! dit sir Mulberry avec un affreux ricanement.

— Vous l'avez dit. » Ralph, pour lui faire cette réponse, avait tourné la tête et le regardait par-dessus l'épaule. Les yeux des deux coquins se rencontrèrent avec une expression de mépris réciproque qui semblait dire qu'ils savaient bien qu'ils n'avaient pas besoin de se rien cacher l'un à l'autre. Puis sir Mulberry Hawk haussa les épaules et sortit tranquillement.

Son ami ferma la porte et dirigea ses yeux inquiets du côté où sa nièce était encore immobile, dans l'attitude où il l'avait laissée. Elle s'était laissée tomber de tout son poids sur le canapé, et là, la tête appuyée sur le coussin, la face cachée dans ses deux mains, elle paraissait abîmée dans les larmes, en proie à une agonie de honte et de douleur.

Supposez Ralph entrant en créancier dans la maison de quelque misérable saisi pour dettes, il vous l'aurait, sans sourciller, désigné à l'huissier pour l'exécuter, quand c'eût été un père au lit de mort de son enfant; ne fallait-il pas traiter les affaires comme des affaires, et l'homme n'était-il pas un débiteur en contravention avec son seul code de morale, l'exactitude des payements? Mais ici, il avait devant lui une jeune fille qui n'avait commis d'autre crime que de venir au monde, qui s'était prêtée docilement à tous ses désirs, qui s'était résignée à de rudes épreuves pour le satisfaire, et surtout qui ne lui devait pas un sou; et il se sentait mal à son aise et mécontent.

Ralph prit un fauteuil à quelque distance de sa nièce, puis un autre un peu moins loin, puis il se rapprocha d'elle encore, puis encore plus près; il finit par s'asseoir sur le même sofa et posa sa main sur sa main.

Catherine retira la sienne et ses sanglots redoublèrent. « Allons! allons! dit-il, laissons cela, n'y pensons plus.

— Oh! de grâce, laissez-moi retourner chez ma mère, s'écria Catherine. Laissez-moi quitter cette maison et retourner chez ma mère.

— Oui, dit Ralph oui, vous allez y retourner. Mais il faut auparavant sécher vos larmes et vous remettre. Relevons cette tête; là, là.

— O mon oncle, reprit-elle en joignant les mains; que vous ai-je fait, que vous ai-je donc fait pour me soumettre à cette honte? Si je savais vous avoir offensé par quelque pensée, quelque mot, quelque action, votre conduite me paraîtrait moins cruelle et pour moi et pour la mémoire d'un homme que vous avez dû aimer au moins dans votre jeunesse, mais....

— Écoutez-moi seulement une minute, reprit Ralph sérieusement alarmé de la violence de ses émotions; je ne me doutais point de ce qui est arrivé : il m'était impossible de le prévoir.

J'ai fait tout ce que j'ai pu.... Allons, faisons quelques pas. C'est l'air renfermé de la chambre et la chaleur de ces lampes qui vous ont fait mal. Vous allez vous trouver mieux; faites seulement le moindre effort.

— Je ferai tout ce que vous voudrez, mais renvoyez-moi chez nous.

— Bon, bon, je vais le faire; mais commencez par vous remettre. Dans l'état où vous êtes, vous effrayeriez tout le monde, et personne n'en doit rien savoir que vous et moi. A présent quelques pas dans l'autre sens. Là! vous avez déjà meilleure mine. »

En lui donnant ces encouragements, Ralph faisait avec elle deux ou trois tours dans le salon, et tremblait comme la feuille en la sentant s'appuyer sur son bras.

C'est ainsi que bientôt, quand il jugea prudent de la laisser partir, il la soutint jusqu'au bas de l'escalier, après lui avoir arrangé son châle, et pris toutes sortes d'autres petits soins, probablement pour la première fois de sa vie. Il la reconduisit de même dans le vestibule, sur le pas de la porte, et ne retira sa main qu'après l'avoir mise dans la voiture.

La portière du fiacre, en se fermant rudement, fit tomber de la tête de Catherine son peigne aux pieds de son oncle, et, quand il l'eut ramassé pour le lui rendre, le gaz de la lanterne voisine donnait à plein sur le visage de la pauvre créature. Les boucles de cheveux qui étaient retombées éparses sur son front, les traces de ses pleurs à peine séchés, sa joue brûlante, son regard lugubre, tout ralluma dans le sein du vieillard une foule de souvenirs mal éteints : il crut voir devant lui la figure de défunt son frère ; il reconnaissait dans ses yeux l'expression de ses douleurs enfantines, dont les plus minces détails venaient maintenant assaillir son esprit, aussi frais, aussi vivants que des souvenirs de la veille.

Ralph Nickleby avait beau être à l'épreuve de tous les sentiments fraternels et des devoirs de famille, il avait beau être cuirassé contre toute sympathie pour le chagrin et le malheur; en regardant sa nièce, il n'en sentit pas moins ses jambes chanceler, et n'en rentra pas moins dans sa maison comme un homme poursuivi par l'apparition d'un esprit de l'autre monde, le monde des tombeaux.

CHAPITRE XX.

Nicolas se trouve enfin vis-à-vis de son oncle, et lui exprime ses sentiments avec une grande franchise. Sa résolution.

La petite demoiselle la Creevy trottait lestement, le lendemain du dîner, c'est-à-dire le lundi matin, au travers des rues diverses du quartier occidental de Londres, chargée de l'importante commission de prévenir Mme Mantalini que miss Nickleby était trop souffrante pour sortir ce jour-là, mais qu'elle espérait bien pouvoir reprendre ses occupations le lendemain. Et tout en trottinant, en repassant dans son esprit les tournures de phrases les plus distinguées et les expressions les plus élégantes de la langue, pour revêtir de formes plus choisies le message dont elle allait s'acquitter, elle réfléchissait sérieusement aussi aux causes probables de l'indisposition de sa jeune amie.

« Je ne sais qu'en penser, se disait-elle, mais il est sûr qu'elle avait les yeux tout rouges hier au soir. Elle disait bien qu'elle avait la migraine : mais la migraine ne rend pas les yeux rouges. Il faut qu'elle ait pleuré. » Une fois arrivée à cette conclusion qu'elle trouvait fondée en droit sur la mine qu'avait Catherine hier au soir, miss la Creevy ne s'arrêta pas en chemin; d'ailleurs elle y avait songé déjà toute la nuit ; elle continua donc d'examiner en elle-même quelle nouvelle cause de chagrin elle pouvait avoir eue encore.

« Je ne sais qu'imaginer, disait la petite artiste en miniature; je n'y comprends rien du tout, à moins que ce ne soit du fait de cet ours mal léché. Il l'aura contrariée, je suppose. Sot animal, va ! »

Soulagée par l'expression libre de son opinion sur le compte de Ralph, quoique autant en emportât le vent, miss la Creevy finit donc par arriver chez Mme Mantalini, et, sur la réponse qu'elle reçut que l'autorité souveraine de l'établissement était encore au lit, elle demanda la faveur d'une entrevue avec Mme sa déléguée, sur quoi miss Knag fit son apparition, et reçut communication du message, exprimé d'ailleurs dans un style riche et fleuri.

« C'est bon, vous pouvez dire à Mlle Nickleby que pour mon compte, je pourrais me passer d'elle pour toujours.

— Ah ! vraiment, madame ? repartit miss la Creevy courroucée. Mais, c'est égal, voyez-vous, comme vous n'êtes pas ici la maîtresse, vous sentez que cela ne fait pas grand'chose.

— Très-bien, madame, dit miss Knag : vous n'avez pas d'autres ordres à me donner ?

— Non, madame.

— Alors, bonjour, madame.

— Eh bien ! bonjour, madame; mes remercîments très-humbles de votre extrême politesse et de votre civilité, » répliqua miss la Creevy.

Ainsi se termina l'entrevue. Tant qu'elle dura, les deux demoiselles tremblaient de colère, ce qui ne les empêchait pas de rester merveilleusement polies, signe infaillible qu'elles n'étaient qu'à deux doigts d'une querelle violente. Miss la Creevy ne fit qu'un bond du magasin à la rue.

« Qu'est-ce que cela veut dire ? se demandait la drôle de petite femme. En voilà une aimable personne, qu'en dites-vous ? Je voudrais avoir à faire son portrait ; je ne la manquerais pas. » Alors, tout enchantée de lui avoir décoché ce trait piquant, miss la Creevy partit d'un grand éclat de rire, et s'en retourna déjeuner chez elle de la meilleure humeur du monde.

C'était un des grands avantages qu'elle avait retirés d'avoir vécu seule si longtemps. Cette petite créature si petillante, si active, si gaie, n'existait qu'en elle-même, ne causait qu'en elle-même, n'avait d'autre confidente qu'elle-même. Elle pouvait se passer la fantaisie d'être aussi caustique qu'elle voulait avec les gens qui l'avaient blessée, mais toujours en elle-même; cela lui faisait plaisir et ne faisait de mal à personne. Si elle accueillait avec facilité quelque médisance, personne n'avait à en souffrir dans sa réputation ; et si elle se donnait la jouissance d'une petite vengeance, âme vivante n'en avait pour cela le moindre coup d'épingle. Combien il y en a de ces existences solitaires, forcées, par leur situation étroite et gênée, de renoncer aux connaissances qu'elles auraient voulu faire : par leur éducation et leurs sentiments, d'éviter les connaissances qu'elles pourraient faire : et dont le cœur habite à Londres un désert aussi solitaire que les plaines de la Syrie. C'était aussi le sort de notre humble artiste. Il y avait bien des années qu'elle suivait, sans se plaindre, son sentier isolé dans la vie, et, sans tout l'intérêt que lui avaient inspiré les malheurs particuliers de la famille Nickleby, elle n'aurait pas même songé à faire des amis quoique son âme débordât de sentiments aimants et tendres pour l'humanité tout entière. Qui ne connaît parmi nous bien des cœurs aussi chauds, condamnés au même isolement que celui de la pauvre petite miss la Creevy !

Mais il ne s'agit pas de cela quant à présent. Elle retourna donc déjeuner chez elle, et elle avait à peine humecté ses lèvres des premières vapeurs du thé parfumé qui bouillait dans sa tasse, que sa bonne lui annonça un gentleman. Miss la Creevy, s'imaginant tout de suite que c'était un nouveau client qui avait été frappé d'admiration en regardant son cadre de miniatures à la porte, fut consternée plus qu'on ne peut dire de penser qu'il allait la surprendre entre sa tasse et sa théière.

« Vite, emportez-moi tout cela et sauvez-vous dans ma chambre à coucher, n'importe où. Dieu ! Dieu ! n'est-ce pas du guignon ! pour une pauvre fois que je me suis mise en retard, me voilà prise. Et dire que voilà trois semaines que j'étais prête tous les jours à huit heures et demie, et qu'il ne m'est pas venu un chat.

— Si vous faites disparaître tout le reste, j'espère au moins que vous, vous ne disparaîtrez pas, dit une voix bien connue de miss la Creevy. C'est moi qui ai dit à la bonne de ne pas m'annoncer par mon nom, parce que je voulais vous faire une surprise.

— Monsieur Nicolas ! cria miss la Creevy, tressaillant de surprise en effet.

— Je vois que vous ne m'avez pas oublié, reprit Nicolas en lui tendant la main.

— Oublié ! je suis sûre que je vous aurais reconnu, même en vous rencontrant dans la rue, dit miss la Creevy avec un sourire. Hannah ! une tasse et une soucoupe. Mais, par exemple, jeune homme, que je vous dise : Je vous défends bien de recommencer à prendre les libertés que vous avez prises avec moi le matin de votre départ.

— Vous n'en seriez peut-être pas fâchée, n'est-ce pas ?

— Pas fâchée ! eh bien ! vous n'avez qu'à essayer : je ne vous dis que cela. »

Nicolas, en galant chevalier, s'empressa de la prendre au mot. Miss la Creevy, cria, pas bien fort, et lui donna une tape, pas bien forte non plus, sur la joue, pour lui apprendre.

« Je n'ai jamais vu un si vilain homme, s'écria-t-elle.

— Mais c'est vous qui m'avez dit d'essayer, dit Nicolas.

— C'était de l'ironie toute pure, répliqua miss la Creevy.

— Ah ! c'est différent. Mais alors vous deviez donc le dire.

— Avec cela que vous ne le saviez pas bien. Mais, voyons maintenant que je vous regarde de plus près, je vous trouve maigri depuis la dernière fois ; vous avez le visage plus pâle et plus défait ; et puis, qu'est-ce qui vous a donc fait quitter le Yorkshire? »

Elle s'arrêta là-dessus, car son inquiétude se trahissait dans le ton de sa voix : Nicolas fut ému de lui voir ce tendre intérêt pour son état.

« Il serait bien extraordinaire, dit-il après un court silence, que je ne fusse pas un peu changé en effet. Si vous saviez tout ce que j'ai eu à souffrir de corps et d'esprit, depuis mon départ de Londres ! Je n'ai pas été à mon aise, vous pouvez croire, ni même à l'abri du besoin.

—Est-il Dieu possible! monsieur Nicolas, s'écria-t-elle; qu'est-ce que vous me dites-là?

— Rien qui doive vous alarmer si fort, répondit-il d'un air plus dégagé, et je ne suis pas venu ici pour vous faire des jérémiades, mais bien dans un but plus utile. Je commence par vous dire que mon intention est de voir mon oncle face à face.

— Tout ce que je puis vous dire là-dessus, c'est que je ne vous fais pas compliment de votre goût, et que moi, il me suffirait de me trouver dans cette chambre, face à face avec ses bottes, pour me donner une humeur massacrante pendant quinze jours.

— Au fond, quant à cela, nous pourrions bien ne pas différer beaucoup d'opinion, mais vous comprenez que je tienne à le voir en face pour me justifier d'abord, et pour lui faire rentrer dans la gorge toute sa duplicité et sa malice.

— Pour cela c'est autre chose. J'en demande bien pardon au bon Dieu, mais elles y resteraient pour l'étrangler que je n'userais pas mes yeux à pleurer sa perte.

— C'est donc dans ce but que j'ai passé chez lui ce matin; il n'est revenu à Londres que samedi; et ce n'est qu'hier au soir que j'ai été prévenu de son retour.

— Et l'avez-vous vu?

— Non : il était sorti.

— Ah! dit miss la Creevy; c'était sans doute pour quelque œuvre charitable.

— J'ai lieu de croire, poursuivit Nicolas, d'après ce que j'ai su d'un de mes amis qui est au courant de ses affaires, qu'il a l'intention d'aller voir aujourd'hui ma sœur et ma mère, pour leur raconter, à sa manière, ce qui m'est arrivé. C'est chez elle que je veux le voir.

— A la bonne heure, dit miss la Creevy en se frottant les mains · et pourtant, je ne sais pas, ajouta-t-elle, ce n'est pas une petite affaire; il n'y a pas que vous à considérer là dedans.

— Je n'ai pas oublié les autres, reprit Nicolas; mais, comme il y va de la réputation et de l'honneur, rien ne pourra m'arrêter.

— Vous savez mieux que personne ce que vous avez à faire.

— Dans ce cas, du moins, je l'espère, répondit Nicolas. Et tout ce que je viens vous demander, c'est de les préparer à ma visite. Elles me croient bien loin, et je craindrais, en arrivant brusquement, de les effrayer. Si vous aviez le temps de leur dire que vous m'avez vu et que je vais vous suivre à un quart d'heure de distance, vous me rendriez un vrai service.

— De grand cœur, et de plus importants si je pouvais, dit miss la Creevy; mais malheureusement le pouvoir de rendre service ne se trouve pas plus souvent uni à la bonne volonté, que la bonne volonté au pouvoir de le faire, si je ne me trompe. »

Tout en continuant de causer vite et beaucoup, miss la Creevy dépêcha son déjeuner à la hâte, serra sa boîte à thé, dont elle cacha la clef par précaution sous le garde-feu, remit son chapeau, et, prenant le bras de Nicolas, se dirigea tout de suite vers la Cité. Nicolas la déposa à la porte de la maison de sa mère, et promit d'être de retour dans un quart d'heure.

Le hasard voulut que Ralph Nickleby, trouvant enfin que l'occasion était bonne pour lui de révéler les atrocités dont Nicolas s'était rendu coupable, au lieu de commencer par aller pour affaires dans un autre quartier, comme l'avait supposé Newman Noggs, s'était dirigé tout droit chez sa belle-sœur; c'est ce qui fit que, lorsque miss la Creevy, reçue par une petite fille qui nettoyait dans la maison, entra dans le salon, elle trouva Mme Nickleby et Catherine en larmes, pendant que Ralph finissait le lamentable récit des méfaits de son neveu. Catherine fit signe à miss la Creevy de ne pas se retirer, c'est pourquoi elle s'assit en silence.

« Ah! vous voilà déjà ici, mon beau monsieur, se dit la petite femme en elle-même; eh bien, en ce cas, Nicolas s'annoncera tout seul; nous verrons si cela vous fera de l'effet.

— C'est joli, disait Ralph en repliant la lettre de Mlle Squeers; très-joli. Je le recommande, contre ma conscience, car je n'augurais de lui rien de bon, à un homme avec lequel, en se conduisant bien, il pouvait demeurer agréablement des années. Eh bien! quel en a été le résultat? Une conduite telle, qu'il peut être, du jour au lendemain, traîné devant la cour d'assises.

— Jamais je ne croirai cela, dit Catherine indignée, jamais : il faut qu'il y ait là-dessous quelque vil complot, une fausseté trop évidente par elle-même.

— Ma chère, dit Ralph, vous faites injure au digne instituteur : d'ailleurs on n'invente pas de ces choses-là. Le brave homme a été victime de voies de fait : votre frère a disparu sans qu'on puisse le retrouver : il a emmené avec lui ce grand garçon en question. Songez à tout cela.

— C'est impossible, dit Catherine; accuser ainsi Nicolas, et de vol encore! Maman! comment pouvez-vous rester tranquillement sur votre chaise à entendre de telles calomnies? »

La pauvre Mme Nickleby, qui n'avait jamais brillé par l'intelligence et que le changement de sa fortune avait réduite à la perplexité la plus embarrassante, ne fit pas d'autre réplique à cet appel passionné que de se cacher la figure dans son mouchoir de poche, tout en s'écriant qu'elle n'aurait jamais cru cela; échappatoire injurieuse qui pouvait laisser supposer à ses auditeurs qu'elle le croyait en effet.

« Il serait de mon devoir, si je le trouvais sur mon chemin, dit Ralph, de le livrer à la justice; de mon devoir strict et rigoureux : comme homme du monde et comme homme d'affaires, je ne pourrais m'en dispenser. Et cependant, dit Ralph d'un air fin, en jetant un regard furtif mais assuré sur Catherine, je voudrais ménager la sensibilité de sa.... de sa sœur, ainsi que de sa mère, naturellement, » ajouta-t-il, comme par réflexion et d'un ton beaucoup moins expressif.

Catherine comprit à merveille que c'était un appât à son intention, une ruse de plus pour s'assurer sa discrétion et son silence sur les événements de la veille. Elle tourna involontairement les yeux du côté de Ralph quand il cessa de parler, mais il avait lui-même tourné déjà les siens d'un autre côté, et ne semblait pas même songer pour le moment que sa nièce fût là présente. Enfin, après un long silence, interrompu seulement par les sanglots de Mme Nickleby : « Toutes les circonstances, dit-il, concourent à prouver la vérité des détails contenus dans cette lettre, s'il se trouvait quelqu'un d'assez téméraire pour en douter. Voit-on jamais un innocent se dérober à la vue des honnêtes gens pour aller se cacher à l'ombre comme un bandit? Voit-on jamais un innocent embaucher pour le suivre des vagabonds sans nom, et battre la campagne avec eux comme font les voleurs de grand chemin? Non. Ainsi, voies de fait, rixe, vol, comment appelez-vous cela?

— Un mensonge! » s'écria une voix qu'on reconnut pour être

celle de Nicolas, en le voyant ouvrir la porte avec fracas et entrer brusquement dans la chambre.

Ému d'abord d'un sentiment de surprise et peut-être même de frayeur, Ralph se leva de son siége pour reculer de quelques pas, tout abasourdi de cette apparition à laquelle il ne s'attendait guère; mais le moment d'après, il se tint fixe et immobile, les bras croisés, regardant son neveu d'un air sombre, pendant que Catherine et miss la Creevy se jetaient entre eux deux pour prévenir les actes de violence que pouvait faire craindre l'excitation manifeste de Nicolas.

« Cher Nicolas, lui cria sa sœur en s'attachant à lui; soyez calme, réfléchissez!

— Réfléchir à quoi, Catherine? » Et il serrait la main de sa sœur d'une si vive étreinte, dans l'emportement de sa colère, qu'elle avait toutes les peines du monde à ne pas crier. « Mais c'est justement quand j'y réfléchis, quand je pense à tout ce qui s'est passé, qu'il faudrait que je fusse un homme de fer pour ne point me sentir ému devant lui.

— Ou plutôt de bronze, dit Ralph tranquillement, car il n'y a pas de cœur assez dur pour soutenir la honte d'une pareille situation.

— Ah! grand Dieu! cria Mme Nickleby, qui m'aurait dit que les choses en viendraient là?

— Et qui donc parle ici d'un ton à faire croire que je suis coupable et que j'ai déshonoré ma famille? dit Nicolas regardant autour de lui.

— C'est votre mère, monsieur, dit Ralph en la montrant du doigt.

— Oui, ma mère, dont vous avez empoisonné les oreilles de vos calomnies, en accumulant sur ma tête toutes les insultes, tous les crimes, toutes les infamies, sous prétexte de mériter les remercîments qu'elle vous prodiguait; vous qui m'avez envoyé vivre dans un repaire où règne, sans contrôle, une cruauté sordide bien digne de vous plaire, où une jeunesse misérable s'étiole dans une corruption précoce, où la vivacité de l'enfance s'éteint déjà sous le poids de l'âge, où elle avorte dans ses espérances et se flétrit dans sa fleur. Oui, le ciel qui m'entend, continua Nicolas se retournant avec sentiment vers sa mère, sait que j'ai vu tout cela : et lui aussi, il le sait.

— Réfutez les calomnies, dit Catherine, et modérez-vous pour qu'on ne tire pas contre vous avantage de votre emportement. Dites-nous toute la vérité, et confondez l'imposture.

— De quoi m'accuse-t-on, ou plutôt de quoi m'accuse-t-il? dit Nicolas.

— D'abord, dit Ralph, de vous être jeté sur votre maître et de l'avoir frappé de manière qu'il ne tient à rien qu'on ne vous juge pour assassinat. Vous voyez que je ne crains pas de vous parler franchement, sans m'inquiéter de vos airs tapageurs.

— Je n'ai fait, dit Nicolas, que m'interposer pour arracher un malheureux enfant à la cruauté la plus lâche; je l'ai fait de manière à infliger au misérable une correction qu'il n'oubliera pas de longtemps, quoiqu'il méritât mieux. On recommencerait encore devant moi la même scène aujourd'hui, que je recommencerais encore ce que j'ai fait, si ce n'est que je battrais le drôle plus ferme encore, pour lui laisser des marques qui le suivissent jusqu'au tombeau, quand il plaira à Dieu de l'y faire descendre.

— Vous l'entendez? dit Ralph se tournant du côté de Mme Nickleby. Que dites-vous de ce repentir?

— Ah! mon Dieu! cria Mme Nickleby, je ne sais qu'en penser. Non, en vérité, je n'en sais rien.

— Laissez, je vous prie, maman, dit Catherine, laissez justifier Nicolas. Mon cher frère, j'ose à peine vous le dire; mais vous savez tout ce que la méchanceté est capable d'inventer; eh bien! on vous accuse de.... Enfin il manque une bague; ils osent dire que....

— Je sais, dit Nicolas avec hauteur; la femme, la digne épouse du coquin dont émanent toutes ces accusations, a laissé tomber à dessein, je suppose, une bague de quatre sous dans mes affaires, le matin même du jour où j'ai quitté la maison. Tout ce que je sais, c'est que cette mégère était dans la chambre où elles étaient déposées, en train de battre un malheureux enfant, et qu'en ouvrant mon paquet sur la route, j'y ai retrouvé la bague. Je me suis hâté de la renvoyer par la diligence. Elle doit l'avoir à présent.

— Je le savais bien, dit Catherine regardant son oncle d'un air triomphant. Et ce garçon, mon bon frère, qu'on vous accuse d'avoir emmené avec vous?

— Ce garçon, répondit Nicolas, il est avec moi maintenant; c'est une pauvre créature sans défense, dont leurs mauvais traitements et leur brutalité ont hébété l'intelligence.

— Vous entendez, dit Ralph s'adressant de nouveau à la mère. Tout est prouvé, même de son aveu. Et êtes-vous prêt à rendre ce garçon, monsieur?

— Non, reprit Nicolas, je ne le rendrai pas.

— Vous ne le rendrez pas? dit Ralph en ricanant.

— Non, répéta Nicolas; du moins, pas à l'homme chez qui je

l'ai trouvé. Plût à Dieu que je pusse découvrir quelqu'un dont il dût se réclamer par sa naissance. Fût-il sourd à tous les sentiments de la nature, je voudrais essayer au moins de le prendre par celui de la honte.

— En vérité! dit Ralph. Eh bien, monsieur, voulez-vous me permettre de vous dire un mot ou deux?

— Vous pouvez bien dire tout ce que voudrez, répondit Nicolas en embrassant sa sœur ; je fais autant de cas de vos avis que de vos menaces.

— C'est on ne peut mieux, reprit Ralph ; mais ce que j'ai à dire peut en regarder d'autres qui se croiront peut-être intéressés à m'écouter et à réfléchir à ce que je vais leur dire. Je commence par votre mère, monsieur, qui connaît le monde.

— Oh! oui, et je voudrais de bien bon cœur ne pas le connaître, » dit Mme Nickleby avec un sanglot.

Réellement, la bonne dame avait tort de se montrer si affligée sur ce point particulier, car sa connaissance du monde était pour le moins très-contestable, et c'était aussi, à ce qu'il semble, l'opinion de M. Ralph, car il ne pouvait s'empêcher de sourire en lui parlant. Il se mit donc à lancer à la mère et au fils, tour à tour, un regard assuré, en leur adressant ce discours :

« Ce que j'ai eu l'intention de faire pour vous, madame, et vous, ma nièce, je ne veux pas en dire un mot. Je ne vous avais pas fait de promesses, je m'en rapporte à vous : aujourd'hui, je ne vous fais pas non plus de menaces ; mais je vous déclare que cette mauvaise tête, cet audacieux, ce libertin n'aura pas un sou de ma poche, ni un morceau de mon pain, ni la poignée de main de son oncle, n'y eût-il pas d'autres moyens de sauver son cou de la plus haute potence en Europe. Je ne veux plus le voir, où qu'il aille. Je ne veux plus entendre parler de lui. Non-seulement je ne veux pas l'assister ; mais je n'assisterai pas ceux qui l'assistent. Quand il est revenu se livrer à sa paresse égoïste, pour aggraver encore vos besoins et se mettre à la charge des modestes journées de sa sœur, il l'a fait en pleine connaissance de cause ; qu'il en subisse donc toutes les conséquences. Je regrette de vous abandonner, madame, et plus encore elle, Catherine, en ce moment ; mais je me reprocherais d'encourager un tel mélange de cruauté et de bassesse ; et, comme je ne veux pas exiger de vous que vous renonciez à lui, c'est moi qui renoncerai à vous voir. »

Quand Ralph n'aurait pas connu par expérience l'effet de ces paroles de vengeance sur ceux qu'il détestait, il lui aurait suffi de regarder Nicolas, pour reconnaître dans sa physionomie toute la force de son pouvoir, pendant qu'il prononçait ces menaces. Tout innocent que se sentait le jeune homme, bien sûr, dans sa conscience, de n'avoir aucun tort, chacune des insinuations perfides de son oncle lui allait à l'âme. Chacun de ses sarcasmes étudiés le blessait au vif; et, en lui voyant la face pâle et la lèvre tremblante, Ralph put se féliciter intérieurement d'avoir bien choisi les traits les mieux faits pour pénétrer au fond d'un cœur jeune et bouillant.

« Non, non! cria Mme Nickleby; ce n'est pas faute, je sais bien que vous avez été très-bon pour nous; que vous étiez très-bien disposé pour ma chère fille : pour cela, j'en suis bien sûre. Je sais que vous l'étiez, et vous en avez bien donné la preuve, en ayant la bonté de l'inviter chez vous, et ainsi de suite; et, je dois le dire, ç'aurait été une chose bien heureuse et pour elle et aussi pour moi; mais je ne peux pas, vous sentez, mon beau-frère, je ne peux pas renoncer à mon fils, eût-il fait tout ce que vous lui reprochez. Non, ce n'est pas possible; je ne m'y résignerai jamais. Ainsi donc, ma chère Catherine, nous sommes perdues sans ressource. Je suis prête, pour ma part, à tout souffrir. »

C'est ainsi qu'épanchant ses regrets en un assemblage bizarre d'images et d'expressions qui n'avaient jamais été accouplées avant Mme Nickleby, elle se tordait les mains et versait des larmes de plus en plus abondantes.

« Comment! maman, dit Catherine avec une généreuse colère; que voulez-vous dire par ces mots : Nicolas eût-il fait tout ce qu'on lui reproche?... Mais, d'ailleurs, vous savez bien qu'il ne l'a pas fait.

— Je ne sais que penser, ma chère, dit Mme Nickleby, ni d'un côté ni de l'autre : Nicolas est si emporté et votre oncle a tant de sang-froid, que je ne puis entendre que lui; quant à Nicolas, je n'en entends pas un mot; mais n'importe, n'en parlons plus. Nous pouvons aller à Bicêtre, ou à la maison de refuge des indigents, ou à l'hôpital de la Madeleine; eh bien! partons; le plus tôt sera le mieux. »

Et pendant qu'elle passait ainsi en revue pêle-mêle toutes les institutions de charité, Mme Nickleby donnait un nouveau cours à ses larmes.

« Arrêtez, dit Nicolas à Ralph qui s'apprêtait à s'en aller, vous n'avez que faire de sortir d'ici, monsieur; ma présence ne vous y offusquera pas une minute de plus, et il se passera bien du temps avant que je vienne frapper à cette porte.

— Nicolas! cria Catherine en se jetant dans les bras de son

frère; ne parlez pas ainsi, mon cher frère, vous me brisez le cœur. Mais, maman, dites-lui donc un mot. Nicolas! ne faites pas attention à ce qu'elle dit : au fond, elle n'en croit rien. Mon oncle.... quelqu'un, au nom du ciel! parlez-lui donc.

— Mon intention, ma chère Catherine, dit Nicolas tendrement, n'a jamais été de rester avec vous; j'espère que vous ne m'avez pas supposé cette lâche pensée. Il est possible que tout ceci me décide à quitter Londres quelques heures plus tôt que je n'avais pensé; mais, qu'importe! pour être séparés, nous ne nous en oublierons pas davantage l'un l'autre; et il viendra des jours meilleurs où nous ne nous séparerons plus, ma Catherine, lui dit-il à l'oreille avec un sentiment de fierté. Oui, tu es une noble et tendre femme; mais moi, il ne faut pas que je m'attendrisse aussi comme une femme, pendant qu'il a les yeux fixés sur moi.

— Non, non, je ne veux pas non plus, dit Catherine avec vivacité; mais ne nous quittez pas. Oh! pensez à tous les jours de bonheur que nous avons passés ensemble avant que le malheur vînt à fondre sur nous; au bien-être, à la félicité de notre maison alors; à nos épreuves d'aujourd'hui; à notre isolement qui nous laisserait sans aucun protecteur contre tous les mépris et les entreprises qu'encourage la pauvreté. Non, vous ne pouvez nous laisser seules ici à en supporter le poids, sans qu'une seule main s'étende sur nous pour nous protéger.

— Je laisse ici pour vous, en mon absence, répliqua Nicolas sans hésitation, une protection plus puissante que la mienne, qui ne pourrait vous servir à rien qu'à accroître votre chagrin, vos besoins, vos souffrances. Ma mère même le sent, et les alarmes de sa tendresse pour vous me montrent mon devoir. Ainsi donc, Catherine, que tous les bons anges veillent sur vous, jusqu'à ce que je puisse avoir un chez moi où je vous emmène, pour y faire revivre le bonheur qui nous est refusé maintenant, et ne plus avoir à nous entretenir de ces temps d'épreuves, que pour nous féliciter qu'ils soient passés. Ne me retenez plus; laissez-moi partir à l'instant. Là! bonne fille! bonne fille! »

La main qui s'était cramponnée après lui se desserra, et Catherine s'évanouit dans ses bras. Nicolas resta penché sur elle pendant quelques secondes; puis, la plaçant doucement sur une chaise, l'abandonna aux soins de leur fidèle amie.

« Je sais, dit-il en lui serrant la main, que je n'ai pas besoin de la recommander à votre sympathie, je vous connais, vous ne les délaisserez jamais. »

Il fit un pas vers Ralph, qui était resté pendant toute cette entrevue dans la même attitude, sans remuer seulement le bout du doigt.

« Tous vos procédés envers elles, monsieur, dit-il d'une voix à n'en rien laisser entendre aux autres, je saurai les reconnaître comme je dois. Les voilà, je les laisse à votre discrétion ; nous aurons un jour ou l'autre à régler nos comptes : gare à vous, si vous n'êtes pas en règle. »

Ralph ne permit pas même à un muscle de sa face de témoigner qu'il eût entendu un seul mot de cet adieu. Il n'eut pas l'air non plus de s'apercevoir que Nicolas eût fini, et Mme Nickleby venait à peine de se résoudre à retenir son fils de force, si c'était nécessaire, qu'il était déjà parti.

Pendant qu'il arpentait les rues pour regagner son obscur logis, cherchant, pour ainsi dire, à se mettre au pas avec la marche rapide des pensées qui venaient l'assaillir en foule, il sentit s'élever dans son âme quelques doutes et quelques scrupules qui lui donnèrent presque la tentation de retourner sur ses pas; mais que pouvait-il y gagner? En supposant qu'après avoir poussé à bout Ralph Nickleby, il fût assez heureux pour obtenir par lui-même quelque petit emploi, sa seule présence au milieu de sa famille ne ferait que rendre, dès à présent, leur condition pire encore, et peut-être compromettre grandement leur sort à venir; car il venait d'entendre sa mère parler de bontés récentes de son oncle pour Catherine; et Catherine ne les avait pas niées. « Non, décidément, dit Nicolas; j'ai fait pour le mieux. »

Mais il n'avait pas fait trois cents pas, que d'autres pensées venaient combattre les premières; et alors il était décidé à rester; il enfonçait son chapeau sur ses yeux et s'abandonnait tout entier aux tristes réflexions qui venaient l'assaillir en foule. Ne se sentir coupable d'aucune faute, et cependant se voir entièrement seul dans le monde, séparé des seules personnes qu'il aimât, proscrit comme un criminel; et cela, lorsqu'il y a six mois il s'était vu entouré de tant de bien-être, lorsque tout le monde portait les yeux sur lui, comme sur le chef futur de la maison; c'était une épreuve bien affreuse et qu'il n'avait pas méritée. Enfin, c'était toujours une consolation, et le pauvre Nicolas reprenait courage, pour se décourager encore, comme si ces pensées mobiles présentaient tour à tour à son esprit leurs nuances d'ombre et de lumière.

C'est à travers toutes ces alternatives d'espérance et de crainte, que pas un de nous n'a manqué de ressentir dans ses épreuves journalières, que Nicolas finit par rentrer dans sa pauvre chambre, où, ne se sentant plus soutenu par l'excitation fiévreuse qui l'avait jusque-là tenu en haleine, accablé, au contraire, par le sentiment des regrets qu'il allait emporter, il se jeta sur son lit et, se tournant du côté de la muraille, donna un libre cours aux émotions qu'il avait si longtemps comprimées.

Il n'entendit pas même que l'on entrait dans sa chambre, et ne se doutait pas de la présence de Smike, lorsque, relevant la tête par hasard, il le vit à l'autre bout, se tenant tout droit, les yeux fixés attentivement sur lui. Il les détourna cependant quand il s'aperçut que Nicolas l'observait, et fit semblant d'être occupé à quelques maigres apprêts pour le dîner.

« Eh bien! Smike, dit Nicolas aussi gaiement qu'il put, contez-moi les nouvelles connaissances que vous avez faites ce matin, ou les nouvelles merveilles dont vous avez fait la découverte, en faisant le tour des quatre rues.

— Non, dit Smike secouant la tête de l'air le plus triste du monde; j'ai à vous parler d'autre chose.

— De tout ce que vous voudrez, reprit Nicolas d'un ton de bonne humeur.

— Voici, dit Smike; je vois que vous êtes malheureux, et que vous vous êtes créé des embarras en m'emmenant avec vous. J'aurais dû le prévoir et vous laisser passer sans vous arrêter là-bas sur la route : je l'eusse fait si j'avais su ce que je sais à présent. Vous.... vous n'êtes pas riche; vous n'avez pas de trop pour vous, je ne dois pas rester ici. Je vous vois, continua-t-il en lui mettant timidement la main dans la main, maigrir tous les jours; vos joues pâlissent, vos yeux se cernent. Alors je me reproche de vous voir dans cet état, quand je pense que je vous suis à charge. J'ai déjà essayé de vous quitter ce matin, mais le souvenir de votre visage si bienveillant pour moi m'a ramené près de vous pour vous dire du moins un mot avant notre séparation. » Le pauvre garçon n'en put dire davantage, car ses yeux se remplirent de larmes et la voix lui manqua.

« Ce mot qui doit être le signal de notre séparation, dit Nicolas le saisissant cordialement par l'épaule, je ne le dirai jamais; car vous êtes ma seule consolation, mon seul appui. Je ne voudrais plus maintenant, Smike, renoncer à vous pour tout l'or du monde. Ce n'est qu'en pensant à vous que j'ai pu supporter tout ce que j'ai eu à souffrir aujourd'hui, et que je me sens le courage d'en supporter encore le centuple. Donnez-moi la main; mon cœur est maintenant enchaîné au vôtre. Nous allons quitter ces lieux pour voyager ensemble, avant la fin de la semaine. Eh bien! si je tombe dans le dénûment, vous me le rendrez moins pénible en le partageant avec moi. »

CHAPITRE XXI.

Mme Mantalini se trouve dans une position assez difficile, ce qui fait que Mlle Nickleby se trouve n'avoir plus de position du tout.

Les émotions par lesquelles avait passé Catherine Nickleby l'avaient mise dans l'impossibilité de reprendre pendant trois jours ses occupations chez la maîtresse couturière. Quand elle fut remise, elle se rendit à l'heure accoutumée, d'un pas encore languissant, au temple de la mode, où Mme Mantalini tenait son sceptre souverain.

Le mauvais vouloir de Mlle Knag n'avait, dans l'intervalle, rien perdu de sa violence. Ces demoiselles continuèrent scrupuleusement de se refuser à toute relation avec leur camarade, mise au ban de l'atelier; et, quand cette fille respectable arriva, quelques minutes après, elle ne se donna pas la peine de déguiser son mécontentement du retour de Catherine.

« Ma parole d'honneur, dit-elle à ses satellites empressées autour d'elle pour la débarrasser de son châle et de son chapeau, il y a des gens à qui je supposais au moins assez de cœur pour se retirer tout à fait en voyant quel embarras leur présence cause aux personnes honnêtes. Mais le monde est si étrange! Oh! certes, il faut que le monde soit bien étrange! »

Miss Knag, après avoir fait sur le monde cette réflexion déplaisante du ton dont on parle toujours du monde quand on est de mauvaise humeur, c'est-à-dire en ayant l'air d'oublier qu'on en fait partie soi-même, finit par un profond soupir, sans doute un soupir de charitable compassion pour la perversité du genre humain.

L'assistance lui rendit aussitôt son soupir, et miss Knag s'apprêtait sans doute à les favoriser de quelques nouvelles réflexions morales, quand la voix de Mme Mantalini, apportée sur l'aile du tube de caoutchouc, manda au premier Mlle Nickleby, pour l'aider à ranger le salon d'apparat : distinction flatteuse dont Mlle Knag fut tout émue, remuant la tête avec tant de vivacité et se mordant si bien les lèvres, qu'elle en perdit, pour l'instant, les rares facultés dont elle était douée pour entretenir la conversation.

« Eh bien! miss Nickleby, dit Mme Mantalini en voyant Catherine, êtes-vous tout à fait remise, mon enfant?

— Je vous remercie, madame, je suis beaucoup mieux.

— Je voudrais bien en dire autant, reprit Mme Mantalini en s'asseyant avec un air très-abattu.

— Seriez-vous malade? demanda Catherine. J'en serais bien désolée.

— Pas précisément, mais tourmentée, mon enfant, très-tourmentée.

— Je suis encore plus désolée de ce que vous me dites là, dit Catherine avec douceur. Les maux du corps sont moins pénibles que ceux de l'âme.

— Ah! ce n'est rien que de le dire, il faut en souffrir pour le savoir, dit Mme Mantalini en se frottant avec rage le bout du nez. Allons, mon enfant, à l'ouvrage, rangez-moi bien tout cela. »

Pendant que Catherine se demandait en elle-même avec étonnement ce que signifiaient ces symptômes de contrariétés nouvelles, M. Mantalini passa par la porte entr'ouverte, d'abord le bout de ses moustaches, puis insensiblement toute la tête, et cria d'une voix tendre :

« L'âme de ma vie est-elle ici?

— Non, répondit sa femme.

— Comment pourrais-je le croire, quand je la vois d'ici briller dans le salon comme une charmante petite rose dans un diable de pot à fleurs; son bichon peut-il entrer pour lui parler?

— Certainement non, répliqua sa femme, vous savez que je ne vous permets jamais d'entrer ici. Passez votre chemin. »

Le bichon, cependant, encouragé par le ton radouci de cette réponse, risqua une désobéissance; il entra dans le salon, s'avançant sur la pointe du pied jusqu'à Mme Mantalini, en lui envoyant des baisers tout le long du chemin.

« Pourquoi se tourmente-t-il comme cela, ce petit amour? pourquoi allonge-t-il son petit museau boudeur en forme de casse-noisettes? dit-il en passant son bras gauche autour de la taille de l'âme de sa vie et en l'attirant du bras droit sur son sein.

— Oh! je ne peux pas vous souffrir, répliqua sa femme.

— Qui? moi? ne pas me souffrir! s'écria Mantalini. Chansons! chansons! c'est impossible. Il n'y a pas une femme en ce monde qui eût le courage de me dire cela en face, en me regardant bien en face. » Et M. Mantalini, en disant cela, se caressait le menton, et se mirait avec complaisance dans une glace vis-à-vis.

« Une extravagance ruineuse ! lui disait-elle à voix basse et d'un ton de reproche.

— La faute en est tout entière à la joie qui me transportait d'avoir conquis une si aimable créature, une seconde petite Vénus, une diablesse de charmante, séduisante, attrayante, ravissante petite Vénus.

— Voyez où vous m'avez réduite, reprit madame.

— Il n'en arrivera, il ne pourra en arriver aucun mal. C'est une affaire finie. Il n'y a rien à craindre. On se procurera de l'argent, et, s'il se fait trop attendre, le vieux Nickleby viendra encore faire un tour par ici, ou on lui coupera la jugulaire, s'il se permet de tourmenter et de contrarier ma petite....

— Chut ! ne voyez-vous pas ? »

M. Mantalini, qui, dans son empressement à se réconcilier avec sa femme, avait oublié, ou fait semblant d'oublier jusqu'ici la présence de Mlle Nickleby, fit signe qu'il comprenait à demi-mot; il mit son doigt sur ses lèvres, et parla plus bas encore. Il y eut alors une infinité de chuchoteries, dans lesquelles on put entendre plus d'une fois madame reprocher à monsieur certaines dettes par lui contractées avant leur mariage, et par lui payées aux dépens du ménage d'une manière tout à fait inattendue : sans compter d'aimables faiblesses de gentleman, toutes ruineuses, le jeu, par exemple, le gaspillage, la fainéantise, et un goût prononcé pour la chair de cheval, dont il était très-friand. A tous ces chefs d'accusation, Mantalini répondait victorieusement par un ou deux baisers, selon leur importance relative. Aussi, pour le bouquet, Mme Mantalini devint plus folle de lui que jamais, et ils montèrent déjeuner les meilleurs amis du monde. Catherine s'occupait de ce qu'elle avait à faire : elle disposait en silence, avec le plus de goût qu'elle pouvait, les divers articles qui formaient la décoration du magasin, lorsqu'elle tressaillit en entendant une voix étrange, une voix d'homme dans la chambre. Elle eut une autre souleur, en se retournant, lorsqu'elle se vit nez à nez avec un chapeau blanc, une cravate rouge, une grande figure plate, une grosse tête, et une moitié d'habit vert dont le reste n'était pas encore entré avec son propriétaire.

« N'ayez pas peur, mademoiselle, se mit-il à dire. C'est-il pas ici la boutique de la couturière, hein?

— Si fait, répondit Catherine, singulièrement étonnée. Qu'est-ce que vous voulez ? »

L'étranger ne répondit point : mais il commença par regarder derrière lui, comme pour faire un signe à quelque individu du dehors, encore invisible; puis il entra d'un air décidé, suivi de près par un petit homme en habit brun, terriblement râpé, qui fit entrer avec lui un parfum composé de vieux tabac et d'oignons nouveaux. Ses vêtements étaient pleins de duvet; ses souliers, ses bas, sa culotte, et son habit jusqu'à la taille, étaient peints en relief d'une foule de dessins confus formés par une crotte qui remontait à quinze jours avant que le temps se fût mis au beau.

L'impression bien naturelle de Catherine fut d'abord que ces individus, avec leur tournure séduisante, n'étaient pas venus pour autre chose que pour s'assurer la possession illégitime de quelques articles portatifs qui avaient eu l'honneur de frapper leur imagination en passant. Elle ne se donna pas la peine de déguiser son inquiétude, et fit un mouvement vers la porte.

« Une petite minute, dit l'homme à l'habit vert, fermant d'abord la porte doucement et se mettant le dos contre. Il ne s'agit pas de plaisanter. Où est votre gouverneur?

— Mon quoi? qu'est-ce que vous dites? demanda Catherine d'une voix tremblante, car elle s'imaginait qu'en terme d'argot, gouverneur voulait dire sans doute une bourse ou une montre.

— M. Mantalini, dit l'homme, où-s-qu'il est? est-il ici?

— Il est en haut, je pense, répondit Catherine, un peu rassurée par cette question; avez-vous besoin de lui?

— Non, répliqua l'étrange visiteur; je peux à la rigueur m'en passer, si ça le dérange. Donnez-lui seulement ma carte que voici, et dites-lui que, s'il désire me parler pour s'éviter quelques désagréments, je suis ici; voilà tout. »

En même temps, il mit dans la main de Catherine une grosse carte carrée, et, se retournant vers son ami, il lui fit remarquer, avec une grande aisance de manières, que l'appartement était d'une belle hauteur d'étage. L'ami partageait son sentiment, et, pour mieux le faire valoir par une image vive, ajouta qu'il y avait là un tas de chambres où on pourrait mettre un petit bonhomme pour grandir à son aise, sans craindre qu'il se cassât jamais la tête contre le plafond.

Après avoir tiré la sonnette pour avertir Mme Mantalini, Catherine jeta un coup d'œil sur la carte, sur laquelle s'étalait le nom de Scaley, avec l'énumération de quelques autres titres qu'elle n'eut pas le temps d'examiner, car son attention fut attirée par M. Scaley en personne, qui, se dirigeant vers une des psychés et la frappant au milieu de la glace d'un coup sec de sa canne, avec autant de sang-froid que si la glace eût été de fer, dit à son ami :

« Voilà un beau morceau, dites-donc, Tix.

— Ah ! répliqua M. Tix en imprimant sans façon sur une pièce de taffetas bleu de ciel ses quatre doigts et le pouce, et cet article-ci, qu'en dites-vous, croyez-vous qu'il ait été fabriqué gratis ? »

M. Tix promena son admiration de la soie à d'autres articles de toilette élégante, pendant que M. Scaley, sans gêne, ajustait sa cravate, en se regardant dans la glace, puis profita de l'invention qui réfléchissait son image pour considérer avec soin un bouton qui lui poussait sur le menton. Il était encore absorbé dans cette occupation intéressante, quand Mme Mantalini, en mettant le pied dans la chambre, poussa un cri de surprise qui réveilla son attention.

« Oh ! est-ce là madame ? demanda Scaley.

— C'est Mme Mantalini, dit Catherine.

— Alors, dit M. Scaley tirant de sa poche un petit document qu'il déplia sans se presser, voici un arrêt de saisie, et, à moins qu'il ne vous convienne de donner l'argent, nous allons, s'il vous plaît, parcourir toute la maison et procéder de suite à l'inventaire. »

La pauvre Mme Mantalini, dans sa douleur, commença par se tordre les mains et par sonner son mari. Cela fait, elle se laissa choir sur une chaise, où elle se trouva mal immédiatement. Cependant ces messieurs, sans y faire attention, n'en continuèrent pas moins l'exercice de leur industrie. M. Scaley, en particulier, était appuyé contre un portemanteau décoré d'une robe magnifique, de manière que ses épaules semblaient, par derrière, sortir de la toilette, comme auraient fait les épaules de la belle dame à laquelle elle était destinée. Là cessait l'illusion, le gentleman tenant son chapeau d'une main, pendant qu'il se grattait la tête de l'autre avec un air de parfaite indifférence. Pendant ce temps-là, M. Tix, profitant de l'occasion pour prendre un aperçu général de l'appartement, avant de commencer à instrumenter, se tenait debout, son livre à inventaires sous le bras, son chapeau à la main, occupé d'un calcul mental sur la valeur respective de chacun des objets soumis à son inspection.

Voilà où en étaient les affaires quand M. Mantalini accourut en toute hâte. Et, comme cet échantillon de gentleman à la mode n'en était pas à sa première aventure ; qu'il avait entretenu des rapports assez fréquents, dans ses jours de célibat, avec les confrères de M. Scaley; comme il avait d'ailleurs ses raisons pour n'être pas surpris le moins du monde de la circonstance présente, il se contenta simplement de hausser les épaules, de fourrer ses mains au fond de ses goussets, de relever ses sourcils, de siffler une note ou deux, de lancer un juron ou deux, après quoi il se mit à cheval sur une chaise et aborda la question avec beaucoup de tenue et de convenance.

« Quel est donc le chien de total?

— Trente-huit mille cent soixante-quinze francs cinq centimes, répondit M. Scaley complétement immobile.

— Que le diable emporte les cinq centimes! dit Mantalini avec impatience.

— Je ne m'y oppose pas, si cela peut vous faire plaisir, repartit M. Scaley; et les cent soixante-quinze francs avec.

— Quand les trente-huit mille francs prendraient le même chemin, cela ne nous ferait pas grand'chose, à ce que je puis croire, remarqua M. Tix.

— Pas seulement cela, » dit Scaley avec un geste de profonde insouciance. « Ah çà! continua-t-il après un moment de silence, n'est-ce qu'un petit accroc, ou si c'est un vrai patatras? Oh! une faillite en règle; bon. En ce cas, monsieur Tom Tix, mon gentilhomme, vous ne risquez rien d'informer votre amour de femme et votre aimable petite famille que vous n'irez pas coucher dans votre lit de trois jours d'ici; vous allez avoir ici de la besogne. Qu'est-ce qu'elle a donc à se tourmenter, cette dame? ajouta-t-il en entendant sangloter Mme Mantalini. Elle sait pourtant bien que plus de la moitié de ce qui est ici n'est pas seulement encore payé; c'est toujours une consolation pour sa sensibilité. »

C'est avec de pareilles réflexions, mélange heureux de bonne plaisanterie et de philosophie encourageante dans les cas difficiles, que M. Scaley procéda à l'inventaire, assisté matériellement dans cette tâche par le tact délicat et l'expérience peu commune de M. Tix, brocanteur.

« Coupe enchantée de mon bonheur, dit Mantalini s'approchant de sa femme d'un air pénitent, voulez-vous me prêter l'oreille deux minutes seulement?

— Ah! ne me parlez pas, répliqua sa femme toujours sanglotant. C'est vous qui m'avez ruinée; en voilà assez. »

M. Mantalini, qui avait sans doute bien étudié son rôle, n'eut pas plutôt entendu prononcer ces mots d'un ton triste et sévère, qu'il recula de quelques pas, donna à sa physionomie une expression de douloureuse et secrète agonie, se précipita tête baissée hors de la chambre, et, bientôt après, on entendit la porte d'un cabinet de toilette du second étage se fermer avec fracas.

« Mademoiselle Nickleby! cria Mme Mantalini à ce bruit terrible, dépêchez-vous, au nom du ciel! il va se détruire. Je lui ai dit des duretés, et il n'aura pas le courage de les supporter. Alfred! mon mignon! Alfred! »

Et voilà Mme Mantalini, escaladant le second avec force exclamations du même genre, suivie de Catherine, qui, sans partager toutes les craintes de l'épouse passionnée, n'était pas cependant sans quelque émotion. On ouvre toute grande la porte du cabinet de toilette, et que voit-on? grand Dieu! M. Mantalini, le col de sa chemise rabattu avec symétrie, donnant le fil à un couteau de table sur un cuir à rasoir.

« Ah! » s'écria M. Mantalini pris à l'improviste.

Et le couteau de table disparut à l'instant dans la poche de la robe de chambre de M. Mantalini, pendant que M. Mantalini roulait des yeux égarés, que ses cheveux épars flottaient en désordre et dérangeaient l'économie de ses favoris.

« Alfred! cria l'épouse en se jetant à son cou. Non, je ne voulais pas dire ce que j'ai dit; non, je ne le voulais pas!

— Ruinée! cria à son tour M. Mantalini. Moi! j'ai ruiné la meilleure créature, l'ange le plus pur qui ait jamais béni l'existence d'un damné de vagabond! Nom d'un chien! laissez-moi faire. »

A ce moment de crise furieuse, M. Mantalini plongea la main à la recherche du couteau de table; mais, se voyant saisir le bras par les doigts délicats de son épouse, qui le retient, il veut au moins essayer de se briser la tête contre la muraille : heureusement, il a grand soin de s'en tenir au moins à six pieds de distance.

« Calmez-vous, mon cher ange, dit madame. Je sais bien que ce n'est la faute de personne : c'est la mienne autant que la vôtre. Nous nous tirerons encore une fois d'affaire. Venez, Alfred, venez. »

M. Mantalini ne crut pas convenable de venir tout de suite. Il demanda d'abord à plusieurs reprises qu'on lui donnât du poison, ou bien qu'on envoyât chercher quelqu'un, mâle ou femelle, pour lui faire sauter la cervelle. A la longue, cependant, sa sensibilité devint plus tendre, et des larmes pathétiques coulèrent. Une fois dans cette disposition d'esprit à des sentiments plus doux, il n'opposa plus de résistance à ce qu'on le désarmât de son couteau, d'autant plus qu'il n'était pas fâché d'en être débarrassé : c'est très-gênant et même dangereux, un couteau de table dans une poche. Bref, il finit par se laisser entraîner par sa belle et tendre moitié.

Au bout de deux ou trois heures, les demoiselles de l'atelier furent remerciées jusqu'à nouvel ordre, et, deux jours après, le nom de Mantalini parut sur la liste officielle des déconfitures. Le même jour, Mlle Nickleby reçut avis par la poste que la maison serait désormais au nom de Mlle Knag, qui n'avait plus besoin de ses services. En recevant cette nouvelle, Mme Nickleby déclara qu'il y avait longtemps qu'elle s'y attendait, et cita plusieurs circonstances dont personne ne se souvenait qu'elle, où elle avait dû prophétiser la chose avec exactitude.

« Et, je le répète, ajouta-t-elle (quoique ce fût bien, comme on le pense, la première fois qu'elle en eût parlé), je le répète, l'état de modiste et de couturière est bien le dernier, ma fille, auquel vous eussiez dû jamais penser. Je ne vous en fais pas un reproche, ma chère enfant, mais encore dois-je vous répéter que si vous aviez consulté votre mère....

— Bien, maman, bien, lui dit doucement sa fille, qu'est-ce que vous me conseillez maintenant ?

— Ce que je vous conseille ! cria Mme Nickleby ; ne tombe-t-il pas sous le sens que, de toutes les occupations faites pour une personne de votre rang, celle de demoiselle de compagnie chez une dame aimable est justement la situation à laquelle vous êtes préparée par votre éducation, vos manières, votre extérieur et tout enfin ? N'avez-vous jamais entendu parler à votre pauvre cher papa de la fille de la vieille dame qui était dans la même pension bourgeoise que lui, quand il était garçon ?... Comment donc s'appelait-elle déjà ? Je sais que cela commençait par un B et finissait par un G : n'était-ce pas Waters, ou.... non, ce ne pouvait être cela. Mais enfin, n'importe le nom ; ne vous souvenez-vous pas que cette demoiselle entra comme dame de compagnie chez une dame mariée qui mourut peu de temps après ? qu'elle épousa le mari, et qu'elle eut même un des plus jolis petits garçons que les accoucheurs eussent jamais vus venir au monde, le tout dans l'espace de dix-huit mois ? »

Catherine se doutait bien que ce torrent de souvenirs opportuns devait être occasionné par quelque oasis nouvelle, réelle ou imaginaire, dont sa mère avait fait la découverte dans le monde particulier des dames de compagnie. Elle attendit donc avec beaucoup de patience qu'elle eût épuisé toutes ses réminiscences et ses anecdotes, plus ou moins applicables au sujet, avant de se hasarder à lui demander quelle était la découverte qu'elle avait faite. La vérité ne tarda pas à se faire connaître. Mme Nickleby s'était procuré le matin même un journal de la veille au café d'où on lui apportait sa bière. Ce journal de la veille contenait un avis rédigé en anglais du style le plus pur et le plus correct, annonçant qu'une dame mariée désirait s'attacher comme demoiselle de compagnie une jeune personne de bon ton, et qu'on trouverait le nom et l'adresse de la dame mariée chez un libraire du quartier West-End dont on indiquait exactement la demeure.

« Et je vous déclare, s'écria Mme Nickleby déposant le journal d'un air triomphant, que, si votre oncle n'y voit pas d'inconvénient, cela vaut la peine d'y aller voir. »

Catherine était trop découragée par le succès de la joute énergique qu'elle venait déjà de soutenir contre le monde, et s'intéressait trop peu en ce moment au sort qui lui était réservé, pour faire la moindre objection. M. Ralph Nickleby, loin d'en faire de son côté, approuva au contraire cette idée de toutes ses forces. Il ne se montra pas non plus autrement surpris de la faillite soudaine de Mme Mantalini, et certes il eût été bien étrange qu'il en parût étonné, car il y avait contribué plus que personne pour sa part. On alla donc chercher le nom et l'adresse de l'inconnue sans perdre de temps, et miss Nickleby partit avec sa mère le matin même à la recherche de Mme Wititterly, place Cadogan, rue Sloane.

La place Cadogan est un petit trait d'union entre deux grands extrêmes. C'est l'anneau qui relie les trottoirs aristocratiques de Belgrave-Square et les contrées barbares de Chelsea. Elle est bien dans la rue Sloane, mais elle ne lui appartient pas. Les gens de la place Cadogan jettent un regard de dédain sur la rue Sloane et regardent Brompton comme au-dessous d'eux. Ils singent les airs du grand monde et font semblant de ne pas savoir où se trouve situé New Road ; non pas cependant qu'ils aient la fatuité de se croire précisément sur le même pied que les personnes de la haute volée qui habitent Belgrave-Square et Grosvenor-Place; mais ils s'attribuent auprès d'elles le même rang que ces enfants illégitimes de grands seigneurs qui se vantent de leur parentage, quoique désavoués par leurs parents. Au milieu de leurs airs de ressemblance avec les conditions les plus élevées, les gens de la place Cadogan n'ont en réalité qu'une situation secondaire. C'est, si l'on veut, le conducteur qui transmet aux habitants des régions ultérieures le choc électrique de l'orgueil, de la naissance et du rang, qu'il ne porte pas en lui-même, mais qu'il tire d'une source plus élevée. Ou bien encore elle ressemble à la membrane qui unit les frères Siamois, dans laquelle circule quelque chose de la vie et de l'essence des deux jumeaux, sans qu'elle appartienne à l'un ni à l'autre.

C'est sur ce terrain ambigu que demeurait Mme Wititterly, et que Catherine Nickleby souleva le marteau d'une main tremblante, à la porte de Mme Wititterly. Le valet qui vint l'ouvrir était un gros garçon aux cheveux poudrés, ou plâtrés, ou blanchis par tout autre procédé que la poudre véritable; et le gros valet, après avoir reçu la carte d'introduction, la donna à un petit page, si petit en effet que sa taille ne comportait pas sur deux rangs, comme d'habitude, le nombre de petits boutons indispensable au costume de tout page; on avait été obligé de les mettre sur quatre rangs par devant. Ce jeune messager monta la carte sur une soucoupe, et, attendant son retour, Catherine et sa mère furent introduites dans une salle à manger assez malpropre et de chétive apparence, si commodément agencée qu'elle était également propre pour tous les usages, excepté pour boire et pour manger.

Maintenant, selon le cours régulier des choses et conformément à toutes les descriptions authentiques de la haute société qu'on trouve dans les livres, Mme Wititterly aurait dû se trouver dans son *boudoir*. Mais, soit que M. Wititterly fût en ce moment à se faire ou non la barbe dans le boudoir de madame, toujours est-il que Mme Wititterly donna audience à ses visiteuses dans le salon, bien pourvu de tout ce qui était utile et nécessaire pour protéger contre le trop grand jour la fleur délicate du teint de Mme Wititterly, y compris des rideaux et des housses d'un rose tendre. N'oublions pas un roquet accoutumé à mordre les mollets des étrangers pour amuser Mme Wititterly et le susdit page, toujours prêt à servir du chocolat pour restaurer Mme Wititterly.

Le dame avait un air de douceur insipide et un teint d'une pâleur intéressante. Il y avait autour d'elle et sur elle, dans sa personne comme dans son mobilier et toute sa maison, quelque chose de fané. Elle était étendue sur un sofa, dans une attitude si naturelle qu'on aurait pu la prendre pour une danseuse, le pied levé pour entrer en scène dans un ballet, et n'attendant plus pour prendre son vol que le lever du rideau.

« Donnez des chaises. »

Le page les avança.

« Sortez, Alphonse. »

Le page sortit. Quel Alphonse! Il portait plutôt écrit sur sa figure le nom de Baptiste ou de Gros-Jean.

« J'ai pris, madame, dit Catherine après quelques minutes d'un silence général assez embarrassant, la liberté de venir vous voir, d'après un avis que vous avez fait insérer dans les journaux.

— Ah! oui! répliqua miss Wititterly, un de mes gens l'a fait mettre dans les journaux, en effet.

— J'ai pensé, madame, continua Catherine d'un ton modeste, que, si vous n'avez pas encore arrêté votre choix, vous voudriez bien me pardonner la peine que je vous donne en venant me proposer.

— Oui, répéta Mme Wititterly d'une voix traînante.

— Si au contraire vous avez déjà choisi....

— Ah! mon Dieu! non, dit la dame en l'interrompant; je ne suis pas si facile à décider. Je ne sais réellement que vous dire : avez-vous déjà été employée comme dame de compagnie? »

Mme Nickleby, qui grillait d'impatience de dire son mot, saisit habilement cette occasion, avant que Catherine eût pu répondre.

« Pas chez une étrangère, madame, dit la bonne dame, mais elle m'a tenu compagnie bien des années. C'est moi qui suis sa mère, madame.

— Oh! dit Mme Wititterly, je comprends.

— Il fut un temps où je ne songeais guère, madame, reprit Mme Nickleby, que ma fille dût jamais être obligée d'aller chez le monde, car son pauvre cher papa était un gentleman qui vivait de son bien, et il en vivrait encore à l'heure qu'il est, s'il avait seulement voulu prêter l'oreille à mes prières, à mes....

— Chère maman, lui dit Catherine à voix basse.

— Ma chère Catherine, si vous voulez bien me permettre de parler, je prendrai la liberté d'expliquer à cette dame....

— Cela me paraît peu nécessaire, maman. »

Et malgré tous les clins d'œil et les froncements de sourcils de Mme Nickleby, pour faire comprendre qu'elle allait dire quelque chose qui déciderait immédiatement la chose, Catherine maintint la position jusqu'au bout par un regard expressif, et Mme Nickleby fut, pour cette fois, arrêtée sur le bord d'une harangue intempestive.

« Qu'est-ce que vous savez faire? » demanda Mme Wititterly, les yeux fermés.

Catherine détailla en rougissant ses talents principaux, pendant que Mme Nickleby la contrôlait en les repassant d'avance un à un sur ses doigts, pour voir si elle n'en oubliait pas. Heureusement les deux calculs se trouvèrent d'accord, ce qui priva encore Mme Nickleby d'une occasion de prendre la parole.

« Vous avez un bon caractère? demanda Mme Wittitterly, entr'ouvrant les yeux pour les fermer encore.

— Je l'espère, madame, répondit Catherine.

— Et vous avez des répondants sûrs et respectables sur tous les points, n'est-ce pas? »

Catherine répondit qu'elle en avait, et déposa sur la table une carte de son oncle.

« Ayez la complaisance de vous approcher un peu plus près avec votre chaise, que je vous regarde, dit Mme Wittitterly : j'ai la vue si courte que je ne peux pas bien distinguer vos traits. »

Catherine fit ce qu'on lui demandait, non sans en éprouver quelque embarras, et Mme Wittitterly examina sa figure à son aise d'un œil languissant; l'examen dura au moins deux ou trois minutes.

« Votre extérieur me plaît, dit la dame en tirant une petite sonnette : Alphonse, priez votre maître de venir. »

Le page disparut pour remplir sa mission, et, après un court intervalle, pendant lequel on ne dit pas un mot des deux côtés, la porte s'ouvrit pour laisser passer un gentleman imposant de trente-huit ans environ, d'un visage un peu commun, la tête peu garnie de cheveux, qui se tint penché quelque temps par derrière, sur le fauteuil de Mme Wittitterly, échangeant avec elle quelques mots à voix basse.

« Oh! dit-il en se retournant, certainement il s'agit ici d'une affaire très-importante. Mme Wittitterly est d'une constitution très-irritable, très-délicate, très-fragile; c'est une plante de serre chaude, une fleur exotique.

— Henri! mon bon! dit Mme Wittitterly jouant l'embarras.

— Je dis la vérité, m'amour, vous le savez bien comme moi; un souffle — et ici M. Wittitterly fit comme s'il soufflait en l'air un fétu imaginaire, — un simple souffle, phu! et vous voilà partie! »

La dame soupira.

« Votre corps est trop étroit pour votre âme, dit M. Wittitterly; la lame use le fourreau; tous les médecins en conviennent. Vous savez qu'il n'en est pas un qui ne tienne à honneur d'être appelé près de vous pour observer votre mal; eh bien, quelle est, après tout, leur déclaration unanime? « Mon cher docteur, disais-je à « sir Thomas Snuffim, dans ce salon même, lors de sa dernière « visite; mon cher docteur, quelle est la maladie de ma femme?

« ne me cachez rien; j'aurai le courage de tout entendre. Est-ce « les nerfs? — Mon brave monsieur, m'a-t-il répondu, soyez « fier d'avoir une telle femme, et choyez-la bien. C'est un orne« ment pour la société distinguée comme pour vous. Elle n'a « mal qu'à l'âme; c'est l'âme qui, chez elle, se gonfle, s'épanche. « se dilate. Alors son sang s'allume, son pouls s'accélère, son « excitation redouble, — atchi. » C'est que M. Wittitterly, qui, dans le feu de sa description, avait balancé sa main dans les airs à quelques lignes du chapeau de Mme Nickleby, l'avait tout à coup retirée brusquement pour se moucher avec un bruit aussi terrible que celui du ronflement que ferait une machine de la force de trente chevaux.

« Vous me faites plus étrange que je ne suis, Henri, dit Mme Wittitterly avec un faible sourire.

— Non pas, Julia, non pas! La société dans laquelle vous entraînent nécessairement votre rang, vos relations, vos mérites, est un gouffre, un tourbillon d'une effrayante activité pour exciter votre sensibilité. Dieu du ciel! quand je pense à cette soirée où vous dansâtes avec le neveu du baronnet au bal d'Exeter! Il y a de quoi faire frémir.

— Il n'y a pas un seul de ces triomphes que je ne paye bien plus cher après.

— Et c'est justement pour cela qu'il vous faut une dame de compagnie dont le caractère vous présente une grande tranquillité, une grande douceur, une excessive sympathie, un repos parfait. »

Ici, M. et Mme Wittitterly, dont la conversation s'adressait surtout, sans en avoir l'air, aux dames Nickleby, cessèrent leur dialogue, et regardèrent leur auditoire d'un air qui voulait dire: « Hein! qu'est-ce que vous dites de cela? »

« Mme Wittitterly, dit son mari en s'adressant directement à Mme Nickleby, est recherchée et courtisée par les réunions les plus brillantes, les cercles les plus à la mode. Elle est impressionnée par l'opéra, le drame, les beaux-arts, le.... la.... le....

— La noblesse, mon cher ami.

— La noblesse, cela va sans dire, et le militaire. Elle se forme sur une immense variété de sujets, une immense variété d'opinions qu'elle énonce avec une immense variété d'expressions. Il y a bien des gens, dans le grand monde, s'ils savaient l'opinion que Mme Wittitterly a conçue de leur personne, qui ne porteraient pas la tête si haute.

— Henri, en voilà assez; ce n'est pas bien, dit la dame.

— Je ne cite aucun nom, Julia, répliqua M. Wittitterly : ainsi personne n'a à se plaindre. J'entre seulement dans quelques détails pour montrer que vous n'êtes pas une personne comme une autre; qu'il y a un frottement perpétuel entre votre esprit et votre corps, et que vous avez besoin d'être calmée et choyée. A présent, il nous reste à nous informer positivement et avec exactitude des garanties que mademoiselle présente pour cet emploi. »

Il fallut donc, pour répondre à cette question, recommencer à nouveau la liste des qualités et des talents de Catherine, le tout interrompu par les interrogatoires de M. Wititterly. Enfin, il fut décidé qu'on irait aux informations et qu'on adresserait à Mlle Nickleby une réponse définitive, d'ici à deux jours, sous le couvert de son oncle. Une fois convenus de leurs faits, le page reconduisit ces dames jusqu'à la fenêtre de l'escalier, où le gros valet de pied était de faction pour le relever et pour piloter ces dames saines et sauves jusqu'à la porte.

« Voilà des gens très-distingués, évidemment, dit Mme Nickleby, en prenant le bras de sa fille. Quelle personne supérieure que cette Mme Wititterly!

— Vous trouvez, maman? répliqua seulement Catherine.

— Comment! Et qui donc ne le trouverait pas, ma chère Catherine? Seulement, elle est bien pâle et paraît bien épuisée. J'espère qu'elle ne touche pas encore à sa fin, mais j'en ai bien peur. »

Ces réflexions plongèrent naturellement la prévoyante mère dans une série de calculs de probabilités sur le temps que Mme Wititterly pouvait avoir encore à vivre, sur les chances qu'il y avait pour que le veuf inconsolable offrît sa main à Catherine. Elle n'était pas encore rentrée chez elle, qu'elle avait déjà affranchi l'âme de Mme Wititterly de ses liens terrestres; marié sa fille en grande pompe à Saint-George, Hanover-square; elle n'avait plus qu'un point à résoudre, mais il n'était pas d'importance, à savoir si le magnifique bois de lit en acajou, vernis français, qu'on lui destinait à elle-même, serait dressé pour elle, au second, sur le derrière de la maison de la place Cadogan, ou au troisième, sur le devant. Entre les deux son cœur balançait encore; elle s'en tira sagement en prenant le parti de s'en rapporter à la décision de son gendre.

Informations prises, la réponse fut favorable, ce qui ne veut pas dire que Catherine en fût bien joyeuse; et au bout de la semaine, elle se transporta avec tous ses biens, meubles et valeurs, à l'hôtel de Mme Wititterly, où nous la laisserons pour le moment.

CHAPITRE XXII.

Nicolas, accompagné de Smike, va chercher fortune. Il fait la rencontre de M. Vincent Crummles, dont on peut voir ici la profession.

Le capital dont Nicolas se trouvait légitime propriétaire, soit en biens propres, acquêts, argent réversible, reliquat et espérances, après avoir payé son loyer et soldé le brocanteur qui lui avait loué son misérable mobilier, montait, à un sou près, à la somme totale de vingt-cinq francs. Cela ne l'empêcha pas de saluer de bon cœur l'aurore du jour où il avait résolu de quitter Londres, et de sauter à bas de son lit avec cette vivacité d'humeur et cette résolution qui sont heureusement le partage de la jeunesse, et l'aident à supporter la vie, sans quoi on ne verrait pas beaucoup de vieillards obstruer les chemins.

C'était par une matinée de printemps, froide, âpre, brumeuse. On voyait çà et là voltiger dans les rues quelques ombres vaporeuses à travers le brouillard; ou bien se dessiner la silhouette grossière d'un fiacre retournant au logis, et, à mesure qu'il approchait, il se dandinait, versant à droite et à gauche la petite croûte de gelée blanche qui avait blanchi son impériale, puis il se perdait de nouveau dans les nuages. On entendait par intervalles le pauvre ramoneur traîner la savate, pousser son cri perçant, pendant qu'il s'en allait, tout grelotant, commencer de bonne heure sa journée : ou bien c'était le pas pesant du veilleur officiel qui se promenait lentement de long en large, maudissant les heures paresseuses qui le séparaient encore du sommeil; ou le roulement des lourdes charrettes et des wagons; le trot des voitures plus légères qui portaient aux différents marchés de la ville des marchands ou des chalands; le tapage inutile des coups de marteau frappés à la porte de dormeurs obstinés. Tous ces bruits venaient frapper l'oreille de temps en temps, mais ils semblaient pourtant emmitouflés dans le brouillard, qui en amortissait la force et rendait les sons presque aussi insensibles à l'oreille que les objets étaient peu sensibles à la vue. A mesure que le jour paraissait, l'ombre inerte semblait s'épaissir à son tour, et ceux qui avaient eu le courage de se lever pour aller regarder dans la rue, derrière les rideaux de leur fenêtre, se hâtaient de regagner bien vite leurs lits à tâtons, et de s'enfoncer le nez dans leurs couvertures pour se rendormir.

Nicolas n'avait pas attendu que tous ces avant-coureurs du jour fussent réveillés dans la vie active de Londres pour se diriger vers la Cité, et pour aller se planter sous les fenêtres de la maison qu'habitait sa mère ; maison triste et sombre pour tout le monde, mais pour lui pleine de lumière et de vie. Car là du moins il y avait dans ces vieilles murailles un cœur qu'il savait prêt à battre comme le sien du même sang qui coulait dans ses veines, au seul mot d'insulte ou de déshonneur.

C'était le cœur de sa sœur. Aussi traversa-t-il la rue pour lever les yeux vers la fenêtre de la chambre où il savait qu'elle reposait. Elle n'était point ouverte ni éclairée. « Pauvre fille, pensa-t-il, elle ne se doute guère que je suis à l'épier ici. »

Il regarda de nouveau, et se sentit presque contrarié que Catherine ne fût pas là pour échanger avec lui quelques mots d'adieu. Mais ce ne fut qu'un éclair, il s'en voulut après. « Bon Dieu, dit-il, que je suis enfant!

« Ne vaut-il pas mieux, continua-t-il après avoir fait encore quelques pas, pour revenir ensuite à la même place, que les choses se passent comme cela? La première fois que je les ai quittées et que j'aurais pu leur dire au revoir plus de mille fois, si j'avais voulu, je leur ai épargné la douleur d'une séparation; pourquoi ne pas faire de même aujourd'hui? » Pendant qu'il se raisonnait de la sorte, il s'imagina voir remuer le rideau, et se persuada que Catherine était là, à la fenêtre; puis, par un de ces retours étranges que nous éprouvons tous dans nos sentiments, il se retira involontairement à l'écart dans une allée pour qu'elle ne pût l'apercevoir. Il rit lui-même de sa faiblesse, appela sur elle la bénédiction du ciel, et se remit en marche d'un pas plus dégagé.

Smike l'attendait avec impatience, quand il entra dans son ancien logement, ainsi que Newman, qui avait dépensé un jour de revenu à leur payer un flacon de grog au lait et au rhum pour les réconforter contre les fatigues du voyage. Les paquets étaient ficelés : Smike n'eut plus qu'à les charger sur son épaule, et les voilà partis tous trois de compagnie. Car Newman Noggs avait insisté, la veille, pour les conduire aussi loin qu'il pourrait.

« Par où? demanda Newman d'un air soucieux.

— Par Kingston d'abord, répondit Nicolas.

— Et puis après? Pourquoi ne voulez-vous pas me dire où vous allez?

— Parce que je n'en sais en vérité rien moi-même, mon bon

ami, répondit Nicolas en lui mettant la main sur l'épaule; et quand je le saurais, sans plan, sans dessein arrêté, comme je suis pour l'instant, je pourrais bien déménager vingt fois avant que vous eussiez seulement le temps de m'adresser une lettre.

— J'ai peur que vous ne méditiez quelque profond coup de tête, dit Newman d'un air de doute.

— Si profond, répliqua son jeune ami, que je ne pourrais pas moi-même en sonder la profondeur. Dans tous les cas, soyez assuré d'une chose, c'est que, quel que soit le parti que je vais prendre, je vous l'écrirai promptement.

— Ne l'oubliez pas, toujours.

— Il n'y a guère d'apparence. Je n'ai pas un si grand nombre d'amis que je puisse m'y perdre, jusqu'à en oublier le meilleur. »

Ils marchèrent bien une couple d'heures à deviser ainsi tous les deux, et ils auraient bien marché une couple de jours, si Nicolas n'avait pas fini par s'asseoir sur une borne du chemin, déclarant sa résolution bien arrêtée de ne pas faire un pas de plus, tant que Newman Noggs ne leur aurait pas tourné le dos. Newman demandait grâce. Il ne voulait plus les accompagner qu'un demi-mille, puis qu'un quart de mille, puis quelques pas seulement; tout fut inutile, il fallut s'exécuter, et revenir à Golden-square, après avoir échangé bien des adieux et des souhaits aussi tendres que sincères, après s'être souvent retourné sur sa route pour agiter en l'air son chapeau en dernier signe de reconnaissance aux deux voyageurs, lorsqu'ils n'apparaissaient déjà plus que comme deux points dans l'espace.

« Ah çà, Smike, écoutez-moi, dit Nicolas pendant qu'ils se remettaient bravement en route; nous allons à Portsmouth. »

Smike approuva d'un signe de tête et sourit, sans se montrer autrement ému. Portsmouth ou Port-Royal lui était tout un, pourvu qu'ils y allassent ensemble.

« Je ne suis pas bien au fait de tout cela, reprit Nicolas, mais Portsmouth est un port de mer, et, à défaut d'autre emploi, je dois croire que nous trouverons toujours bien à nous enrôler au service de quelque bâtiment. Je suis jeune et actif, je peux me rendre utile de bien des manières; et vous aussi.

— Je l'espère, répondit Smike. Quand j'étais à ce.... vous savez ce que je veux dire.

— Oui, oui, je sais bien, dit Nicolas, vous n'avez pas besoin de nommer l'endroit.

— Eh bien! du temps que j'y étais, reprit Smike, dont les

yeux étincelaient à l'idée de mettre en œuvre ses talents, je savais traire une vache, et panser un cheval aussi bien que personne.

— Ah! dit gravement Nicolas, j'ai bien peur que l'on n'entretienne pas beaucoup d'animaux de ce genre à bord d'un vaisseau, et, si par hasard il s'y trouve quelque cheval, je ne pense pas qu'on se donne grand mal à l'étriller. Mais vous pourrez apprendre à faire quelque autre chose, vous sentez. Avec de la bonne volonté, on va loin.

— Et j'en ai beaucoup, dit Smike ranimé par l'espérance.

— Dieu sait que vous en avez; à la rigueur, vous n'en trouveriez pas l'emploi, que je travaillerai pour deux, ou ce sera donc bien difficile.

— Allons-nous faire toute la route aujourd'hui? demanda Smike après un moment de silence.

— Vos jambes ont beau avoir de la bonne volonté, dit Nicolas en souriant gaiement, ce serait les mettre à une épreuve trop difficile. Non. J'ai vu dans une carte qu'on m'avait prêtée à Londres, que Godalming en est à trente et quelques milles, ce sera là notre couchée. Demain nous nous remettrons en route, car nos moyens ne nous permettent pas de perdre de temps. Laissez-moi vous soulager de ce paquet: allons! à mon tour.

— Non, non, répondit Smike, faisant quelques pas en arrière; ne me demandez pas cela.

— Pourquoi pas?

— Laissez-moi faire au moins quelque chose pour vous; je ne vous montrerai jamais autant de reconnaissance que je vous en dois. Vous ne pouvez pas vous faire une idée de tous les projets que je repasse nuit et jour dans ma tête pour trouver moyen de vous faire plaisir.

— Vous êtes un nigaud; vous n'avez pas besoin de me dire cela; ne le sais-je pas bien? Il faudrait donc que j'eusse les yeux crevés ou l'esprit obtus pour ne pas le voir. Mais, pendant que j'y pense, puisque nous sommes seuls, ajouta-t-il en le regardant fixement entre les deux yeux, répondez-moi à cette question: avez-vous une bonne mémoire?

— Je ne sais pas, dit Smike en secouant la tête d'un air triste, je crois qu'elle était bonne autrefois, mais elle est partie aussi maintenant, je n'en ai plus.

— Qu'est-ce qui vous fait dire que vous en aviez autrefois? lui demanda Nicolas, saisissant au vol cette indication qui pouvait le mettre sur la voie pour éclaircir ce qu'il voulait savoir.

— Parce que, dans mon enfance, je me rappelais bien des

choses; mais il y a longtemps, bien longtemps, si je ne me trompe. Là-bas, vous savez, d'où vous m'avez tiré, j'avais toujours la tête tournée et les idées confuses; je ne pouvais plus rien me rappeler; souvent même je ne comprenais plus ce qu'on me disait. Je.... voyons.... voyons un peu.

— Vous battez la campagne, n'est-ce pas? dit Nicolas en lui touchant le bras pour réveiller son attention.

— Non, répondit-il avec un regard effaré, c'est que je pensais encore à.... Il ne put dire ces mots sans frissonner malgré lui.

— Ne pensez plus à cette prison, c'est bien fini pour vous, vous savez, reprit Nicolas en fixant ses yeux en plein sur le visage de son compagnon de voyage, qui commençait à retomber dans ses habitudes de physionomie stupide, qu'il n'avait pas encore complétement perdues. Vous rappelez-vous le premier jour que vous êtes allé en Yorkshire?

— H. in! cria l'autre.

— Vous savez, c'était avant que vous eussiez commencé à perdre la mémoire, dit Nicolas avec calme. Faisait-il froid ou chaud?

— Humide, répondit Smike, très-humide. Très-souvent je disais plus tard, quand il était tombé beaucoup d'eau, que c'était comme le jour de mon arrivée; et les autres se pressaient autour de moi pour rire de me voir pleurer quand il tombait une bonne pluie. Ils me disaient que je pleurais comme un enfant, et je n'en pleurais que davantage. J'avais la chair de poule rien qu'en me rappelant comment j'étais, quand j'ai vu cette maudite porte pour la première fois.

— Vous dites comment j'étais, répéta Nicolas, sans paraître y attacher d'importance. Comment donc étiez-vous?

— J'étais si petit, que, rien que d'y penser, on devait plutôt me plaindre et m'épargner.

— Alors vous n'y étiez pas venu tout seul?

— Non; oh! non.

— Qu'est-ce qui était avec vous?

— Un homme, un homme brun et sec. On me l'a souvent dit à l'école, mais je me le rappelais déjà bien auparavant. Je fus bien aise de le quitter, il me faisait peur; mais les autres m'ont fait plus peur encore et m'ont encore traité plus durement que lui.

— Regardez-moi bien, lui dit Nicolas pour obtenir toute son attention. Allons, ne vous détournez pas. Vous ne vous rappelez pas quelque femme, quelque femme douce et bonne, qui se penchait quelquefois vers vous, pour baiser vos lèvres, en vous appelant mon enfant?

— Non, dit la pauvre créature secouant la tête; non, jamais.

— Ni d'autre maison que celle du Yorkshire?

— Non, répondit Smike d'un air triste. Une chambre!... Je me rappelle que je couchais dans une chambre, une grande chambre isolée au haut de la maison, où il y avait une trappe dans le plafond. Combien de fois je me suis caché la tête dans les draps pour ne pas la voir, cette vilaine trappe qui me causait tant de frayeur! pensez, un enfant tout petit! tout seul, la nuit. Je me demandais toujours avec inquiétude ce qu'il pouvait y avoir derrière. Il y avait aussi une horloge, dans un coin. Je me rappelle cela, par exemple: je ne l'ai jamais oublié. Souvent, quand je fais de mauvais rêves, la chambre me revient toujours présente. J'y vois des choses et des gens que je n'y ai jamais vus alors, mais la chambre est toujours la même. Pour cela, ça ne change pas.

— Voulez-vous maintenant me laisser prendre le paquet? demanda Nicolas, changeant brusquement de conversation.

— Non, non. Allons, continuons notre route. »

En même temps, il hâtait le pas, préoccupé de l'idée qu'ils avaient perdu du temps à rester en place, pendant tout le cours de ce dialogue. Nicolas l'observait de près, et enregistrait dans sa mémoire chacun des mots qu'il avait prononcés.

Il était, en ce moment, une heure de l'après-midi, et, quoiqu'une vapeur épaisse enveloppât encore la Cité qu'ils avaient laissée derrière eux, comme si le souffle de ses habitants avides planait sur leurs spéculations intéressées, et montrait plus de sympathie pour rester dans cette région du calcul et du gain que pour remonter dans les régions plus tranquilles de l'air, cependant la campagne au contraire était claire et radieuse. Parfois seulement, dans quelques vallons, ils rencontraient des vapeurs arriérées que le soleil n'avait pas encore forcées dans leurs dernières retraites: mais elles étaient bientôt passées, et, quand ils gravissaient les collines voisines, ils prenaient plaisir à voir au-dessous d'eux cette masse brumeuse s'ébranler lourdement sous la bénigne influence du jour naissant. Un brave soleil, un vaste, un franc soleil, illuminait les verts pâturages et ridait la surface de l'eau comme sous le souffle d'une brise d'été, tout en laissant aux voyageurs la fraîcheur bienfaisante de cette saison précoce de l'année. La terre semblait rebondir sous leurs pieds: les clochettes des agneaux étaient pour leurs oreilles une douce musique; égayés par la marche, stimulés par l'espérance, ils marchaient en avant, vaillants et forts comme des lions.

Le jour s'avance : toutes ces couleurs éclatantes s'adoucissent et prennent une teinte plus paisible, semblable aux espérances de la jeunesse tempérées par le progrès du temps, ou bien encore à ces traits juvéniles qui finissent par se fondre dans le calme et la sérénité de l'âge. Mais, pour être déjà sur leur déclin, elles n'en étaient guère moins belles que dans leur primeur, car la nature a doté chaque âge et chaque saison de ses beautés particulières. Et du matin jusqu'au soir, du berceau jusqu'à la tombe, ce n'est qu'une suite de changements si doux et si faciles qu'on en remarque à peine la marche rapide.

Enfin ils arrivèrent à Godalming; ils firent prix pour deux lits modestes, et dormirent comme il faut. Le lendemain, dès le matin, ils étaient debout, pas avant le soleil cependant. Et puis en route! On n'était pas tout à fait frais et dispos comme la veille au départ, mais il restait encore assez d'espérance et d'entrain pour défier gaiement la fatigue.

La journée était plus forte que la dernière : il y avait des côtes longues et pénibles à gravir : et les voyages, c'est comme la vie ; il y a des hauts et des bas, mais on a toujours bien plus de peine à monter qu'à descendre. Ils continuèrent donc avec persévérance, sans se laisser décourager, et la persévérance n'a pas encore trouvé en face d'elle de montagne si haute qu'elle n'en ait vu la fin.

Arrivés au bord du *bol de Punch du Diable*, Smike suivit avec un intérêt avide la lecture que fit Nicolas d'une inscription gravée là sur la pierre, élevée dans ce lieu sauvage, en souvenir d'un assassinat qui y avait été commis la nuit. Le gazon sur lequel ils étaient arrêtés avait donc été teint du sang de la victime; il avait coulé goutte à goutte dans le gouffre dont la forme a fait donner à ce lieu le nom qu'il porte à présent. *Le bol du Diable*, se disait Nicolas penché sur l'abîme, n'a jamais reçu liqueur plus digne de Satan.

Ils reprirent leur route, toujours avec la même résolution, et finirent par se trouver dans une large et vaste étendue de dunes, entremêlées de petites collines et de petites plaines, pour varier de temps en temps l'uniformité de leur surface verdoyante. Ici s'élançait presque perpendiculairement vers le ciel une hauteur si abrupte, que les moutons et les chèvres avaient peine à s'y tenir pour brouter l'herbe de ses flancs. Là un tertre de verdure dont la pente insensible s'effilait si délicatement, qu'il était bien difficile d'en reconnaître les limites. Des coteaux arrondis les uns sur les autres, des ondulations élégantes ou grossières, lisses ou raboteuses, gracieuses ou grotesques, jetées négligemment côte à côte, bornaient la vue de tous côtés. Et de temps en temps, on entendait tout à coup un bruit inattendu, et l'on voyait s'envoler du sol une bande de corbeaux qui, après avoir croassé longtemps, et longtemps tournoyé, dans leur vol circulaire, autour des collines d'alentour, avant de se résoudre, tout à coup tendaient l'aile, plongeaient et rasaient, prompts comme l'éclair, la longue enfilade d'une vallée dont on commençait à voir dérouler l'amphithéâtre.

Petit à petit, la vue recula des deux côtés, et, après avoir été privés dans leur étroit horizon d'un paysage riche et étendu, ils se retrouvèrent bientôt en pleine campagne. En apprenant qu'ils touchaient au terme de leur journée, ils se sentirent de nouvelles forces pour avancer : mais la route avait été laborieuse, ils avaient perdu du temps, et Smike était fatigué. Aussi, le crépuscule était tombé, quand ils s'arrêtèrent à la porte d'une auberge sur le grand chemin, encore à quatre lieues de Portsmouth.

« Quatre lieues ! dit Nicolas, les deux mains appuyées sur son bâton de voyage et regardant Smike d'un air d'hésitation.

— Quatre grandes lieues, répéta l'aubergiste.

— La route est-elle bonne ? demanda Nicolas.

— Très-mauvaise, répondit l'aubergiste en véritable aubergiste qu'il était.

— J'ai pourtant besoin de continuer, dit Nicolas indécis ; je ne sais que faire.

— Je ne voudrais pas avoir l'air de chercher à vous influencer; mais, si c'était moi, je ne continuerais pas.

— En vérité ? demanda Nicolas encore incertain.

— Certainement non, si j'avais sous la main l'occasion de passer une bonne nuit, » dit l'aubergiste.

Et, en disant cela, il retroussa son tablier, mit ses mains dans ses goussets et fit un pas ou deux hors de la maison, pour regarder, avec l'air d'une parfaite indifférence, la route envahie déjà par les ténèbres sombres de la nuit.

Un coup d'œil jeté sur la figure décomposée de Smike fut ce qui détermina Nicolas; et, à l'instant, sans autre hésitation, il se décida à s'arrêter là.

L'aubergiste le vit entrer dans la cuisine; et, comme il y avait un bon feu :

« Il fait bien froid dehors, » dit-il.

Il aurait dit de même qu'il faisait bien chaud, s'il n'y avait pas eu de feu dans l'âtre.

« Qu'est-ce que vous avez à nous donner pour souper? fut naturellement la première question de Nicolas.

— Mais, ce que vous voudrez, » fut naturellement aussi la réponse de l'aubergiste.

Nicolas parla de viande froide, mais il n'y avait pas de viande froide; d'œufs sur le plat, mais il n'y avait pas d'œufs; de côtelettes de mouton, mais il n'y avait pas une côtelette de mouton à une lieue à la ronde. Ce n'est pas comme la semaine dernière, où ils avaient tant de côtelettes de mouton, qu'ils n'en savaient que faire; mais, par exemple, après-demain ils allaient en avoir en quantité.

« En ce cas, dit Nicolas, ce que j'ai de mieux à faire, c'est de m'en rapporter entièrement à vous, comme je voulais le faire tout de suite, si vous ne m'en aviez pas empêché.

— Écoutez, voulez-vous que je vous dise? reprit l'aubergiste Il y a là, dans le parloir, un monsieur qui a commandé un pudding au filet de bœuf avec des pommes de terre, pour neuf heures Il y en a plus qu'il n'en a besoin, et je suis presque sûr que, si vous lui en demandiez la permission, vous pourriez souper avec lui. Je vais m'en assurer tout de suite.

— Non, non, dit Nicolas l'arrêtant. J'aime mieux pas. Je.... au moins.... baste! Pourquoi ne vous parlerais-je pas franchement? Tenez! vous voyez bien que je suis un voyageur de la plus humble catégorie et que j'ai fait tout le chemin à pied pour venir ici; il est donc plus que probable que le monsieur aimerait autant se priver de ma compagnie, et, tout poudreux que vous me voyez, je n'en ai pas moins l'âme trop fière pour me jeter à sa tête.

— Mais, mon cher monsieur, vous ne savez pas que c'est seulement M. Crummles. Je vous réponds que celui-là n'est pas formaliste.

— Non? dit Nicolas, qui n'était pas, il faut être franc, insensible au souvenir du pudding succulent, dont l'eau lui venait à la bouche.

— Certainement, répliqua l'aubergiste. Bien au contraire, je suis sûr qu'il aimera votre franchise. Mais nous allons en avoir bientôt le cœur net. Je ne vous demande qu'une minute. »

L'aubergiste se hâta donc d'entrer dans le parloir sans attendre l'autorisation de Nicolas, qui vraiment ne fit aucun effort pour l'en empêcher, considérant sagement que, dans la circonstance, un souper de plus ou de moins n'était pas pour badiner. L'aubergiste reparut en un moment avec une physionomie conquérante.

« Enlevé ! dit-il à voix basse. J'étais sûr qu'il ne demanderait pas mieux. Vous allez voir quelque chose qui en vaut la peine, là dedans. Peste ! comme ils se trémoussent ! »

Et, sans attendre qu'on lui demandât des explications sur ces exclamations prononcées d'un air de ravissement, l'aubergiste avait déjà ouvert la porte toute grande pour faire passer Nicolas, suivi de Smike, toujours son paquet sur l'épaule, car il ne le portait pas avec moins de vigilance que si c'eût été un sac d'écus.

Nicolas s'attendait sans doute à voir quelque chose d'étrange, mais non pas quelque chose d'aussi étrange que le spectacle qui frappa sa vue. Au bout de la chambre, il y avait deux jeunes gens, l'un très-grand, l'autre très-petit, tous deux en costume de matelots, c'est-à-dire de matelots de théâtre, avec boucles et ceinturons, une queue et des pistolets; rien n'y manquait. Ils se livraient à ce qu'on appelle sur l'affiche un terrible combat, avec deux de ces sabres à garde couverte dont on se sert d'habitude sur les planches de nos boulevards. Le petit avait déjà pris l'avantage sur le grand, qui se voyait réduit à une situation critique. Ce duel à mort était surveillé par un homme gros et pesant, perché sur le coin d'une table, d'où il leur criait avec énergie de tirer plus d'étincelles du choc de leurs sabres, leur promettant, dans ce cas, de faire crouler la salle sous un tonnerre d'applaudissements à la première représentation.

« Monsieur Crummles, dit l'aubergiste avec un air d'humble déférence, voici le jeune gentleman en question. »

M. Vincent Crummles accueillit Nicolas avec un mouvement de tête qu'on pouvait prendre à volonté pour une politesse d'empereur romain ou pour un salut de chevalier de la bouteille, puis il dit à l'hôte de fermer la porte et de s'en aller.

« En voilà un tableau ! ajouta M. Crummles en faisant signe à Nicolas de ne pas bouger pour ne point déranger les combattants. Le petit le tient ! Si le grand ne le renverse pas en moins de trois secondes, je vous le donne pour un homme mort. Recommencez cela, enfants. »

Les deux champions retournent donc au temps, et se mettent à ferrailler jusqu'à ce que les sabres échauffés fassent jaillir une pluie d'étincelles, à la grande satisfaction de M. Crummles, qui paraissait considérer ce feu d'artifice comme un point capital. L'engagement commença par deux cents coups de sabre administrés par le petit et le grand matelot alternativement, sans résultat décisif; seulement, le petit fut abattu sur un genou; mais cela lui était bien égal, il ne s'en défendait pas moins vaillamment, dans cette position, de la main gauche, et se battait comme un lion, jusqu'à ce que le grand matelot lui eût fait tomber le sabre des mains. Oui, mais voilà-t-il pas que le petit, réduit à cette extrémité qu'on le croyait prêt à capituler tout de suite en criant merci, au lieu de cela, tire tout à coup de sa ceinture un gros pistolet dont il présente la gueule à la face du grand matelot, qui s'attendait si peu à cette surprise, qu'il donna au petit le temps de ramasser son sabre et de recommencer le combat. Alors, on se remet à ferrailler avec une variété charmante de coups de fantaisie des deux parts : des coups de la main gauche, des coups par-dessous la jambe, par-dessus l'épaule droite, par-dessus l'épaule gauche. Le petit matelot lance aux jambes du grand matelot une vigoureuse estocade qui les aurait coupées tout net, si l'autre n'avait pas sauté par-dessus le sabre fatal ; même attaque rendue au petit, qui l'esquive en sautant à son tour par-dessus le sabre de son adversaire. Alors, des feintes et des contre-feintes, tout en relevant sa culotte qui tombait faute de bretelles; et enfin le petit matelot, qui était évidemment le rôle noble de la pièce, car il avait toujours le dessus, fit une attaque désespérée, serra le bouton au grand matelot, qui, après quelques efforts inutiles, tomba à la renverse et expira dans de cruelles tortures, pendant que le petit, lui mettant le pied sur la poitrine, le perça de part en part.

« Vous serez bissés plus d'une fois pour ce tableau-là, si vous voulez, enfants, dit M. Crummles; mais, pour le moment, reprenez haleine et allez changer. »

Après avoir adressé ces mots aux combattants, il salua Nicolas, qui put alors observer à loisir M. Crummles. Sa figure était de taille à bien répondre au reste de sa personne; sa lèvre inférieure était grosse et épaisse; sa voix enrouée annonçait qu'il devait crier souvent à tue-tête; ses cheveux noirs, rasés jusqu'au haut de la tête, lui laissaient la facilité de porter des perruques à caractères de toute forme et de tout modèle.

« Eh bien! qu'en dites-vous? demanda M. Crummles.

— Ma foi! c'est fort joli, excellent, dit Nicolas.

— Vous ne verrez pas souvent des gaillards comme ceux-là, je vous en réponds. »

Nicolas n'eut garde de le contredire; mais il eut le tort d'ajouter que « s'ils étaient un peu mieux assortis....

— Assortis! cria M. Crummles.

— Je veux dire que s'il n'y avait pas une si grande différence de taille....

— De taille! répéta M. Crummles; mais c'est là le beau du combat, c'est qu'il y ait toujours au moins un pied ou deux de différence. Comment voudriez-vous exciter l'intérêt de l'assemblée, je dis un intérêt légitime, s'il n'y a pas un tout petit homme aux prises avec un grand géant, ou même avec cinq ou six? Mais, malheureusement, nous n'avons pas assez de sujets dans la troupe pour aller jusque-là.

— Je comprends, répliqua Nicolas. Pardon, j'étais un grand sot, je le confesse, de n'avoir pas songé à cela.

— C'est là toute l'affaire, dit M. Crummles. Après-demain, nous débutons à Portsmouth; si vous allez par là, faites un tour au théâtre et vous m'en direz des nouvelles. »

Nicolas promit de ne pas y manquer, s'il pouvait, et, approchant sa chaise du feu, entra tout de suite en conversation avec le directeur. C'était un homme très-expansif de sa nature, devenu peut-être un peu plus babillard encore par l'effet des grogs répétés qu'il savourait à longs traits, ou bien encore par la vertu du tabac, qu'il prenait en grande quantité, puisant à même dans un cornet de papier gris qu'il avait dans la poche de son gilet. Il se mit à conter ses affaires sans aucune réserve, s'étendant avec complaisance sur les mérites de sa troupe et sur les talents de sa famille : les deux combattants, les héros du duel au sabre, n'en étaient pas les moins honorables; les autres, tant dames que messieurs, s'étaient donné, à ce qu'il paraît, rendez-vous à Portsmouth pour le lendemain, où le père et les fils allaient les rejoindre. Ce n'était plus la saison des bains; mais M. Crummles comptait y faire une excursion profitable, après avoir rempli dernièrement un engagement au théâtre de Guilford, avec des applaudissements unanimes.

« Allez-vous par là? demanda le directeur.

— Ou.... i, dit Nicolas, oui; c'est par là que je vais

— Connaissez-vous un peu la ville? demanda le directeur, qui paraissait se croire en droit d'obtenir autant de confiance qu'il en montrait lui-même.

— Non, répondit Nicolas.

— Vous n'y avez jamais été?

— Jamais. »

M. Vincent Crummles répliqua par une petite toux sèche qui voulait dire : « Si vous êtes discret, gardez vos secrets pour vous, » et il se mit à puiser dans son cornet de papier tant de prises de tabac successives, que Nicolas se demandait avec surprise où tout cela pouvait passer.

Cependant M. Crummles considérait de temps en temps, avec un grand intérêt, Smike, qui, dès son apparition, semblait l'avoir émerveillé. Pour le moment, le compagnon de Nicolas était endormi sur sa chaise, baissant et relevant la tête tour à tour.

« Pardonnez-moi cette réflexion, dit le directeur se penchant à l'oreille de Nicolas pour lui parler à voix basse, mais vous avez là un ami qui a une figure admirable.

— Le pauvre garçon! dit Nicolas, qui ne put s'empêcher de sourire, je la voudrais un peu plus dodue et moins hâve.

— Dodue! s'écria le directeur avec horreur; vous voudriez donc la gâter sans remède?

— Comment cela?

— Comment cela, monsieur? mais, tel qu'il est à présent, reprit le directeur frappant sur son genou avec expression, sans un bourrelet de graisse sur le corps, sans un grain de vermillon sur la face, cela ferait un acteur dans le genre affamé, tel qu'on n'en a jamais vu dans ce pays. Vous n'auriez qu'à lui faire endosser le costume d'apothicaire dans Roméo et Juliette, avec une pointe de rouge sur le nez, et il serait sûr d'être accueilli par une triple salve de bravos, aussitôt qu'il passerait la tête par la porte des avant-scènes, de l'autre côté du souffleur.

— Vous le jugez, dit Nicolas en riant de tout son cœur, au point de vue de l'art dramatique.

— Je crois bien, dit le directeur ; je n'ai jamais vu de jeune artiste mieux taillé pour l'emploi, depuis que je suis sur les planches, et j'y ai débuté dans les moutards, que je n'avais pas plus de dix-huit mois. »

L'apparition du pudding au filet de bœuf, qui fit son entrée en même temps que M. Vincent Crummles junior, donna un autre cours à la conversation, ou plutôt l'arrêta pour un moment. Ces deux jeunes artistes maniaient leurs couteaux et leurs fourchettes avec non moins d'adresse que leurs briquets; et, comme toute la société avait l'appétit aussi aiguisé que ces armes terribles, on ne songea guère à parler en présence des apprêts faits pour le souper.

MM. Crummles fils n'eurent pas plutôt avalé le dernier morceau de comestible, qu'ils montrèrent, par une foule de bâillements à demi comprimés et de mouvements spasmodiques pour s'étirer les jambes, une inclination très-prononcée à regagner leurs lits. Smike trahissait ce désir d'une façon bien plus vive encore; car, pendant le souper même, il était tombé plusieurs fois de sommeil, la bouche pleine. Nicolas proposa donc une retraite générale; mais le directeur ne voulut pas entendre de cette oreille-là, jurant qu'il s'était promis d'avoir le plaisir d'inviter sa nouvelle connaissance à prendre avec lui un bol de punch, et qu'il considérerait son refus comme des plus désobligeants pour sa personne.

« Laissez-les aller, dit M. Vincent Crummles; pendant ce temps-là nous allons passer tranquillement ensemble une bonne petite soirée au coin du feu. »

Nicolas ne se sentait pas très-disposé d'ailleurs au sommeil. Il était si préoccupé! Aussi, après une courte résistance, il accepta la proposition, et, après avoir échangé une poignée de main avec les jeunes Crummles, pendant que le père, de son côté, donnait cordialement sa bénédiction du soir à Smike, il s'assit près du feu, vis-à-vis du gentleman directeur, pour l'aider à vider le bol annoncé qui fit bientôt son apparition, fumant d'une manière tout à fait réjouissante à voir, et exhalant le parfum le plus agréable et le plus séduisant.

Mais en dépit du punch, et même du directeur, qui ne tarissait pas en histoires divertissantes, tout en fumant sa pipe, dont il absorbait la vapeur avec une jouissance étonnante, Nicolas n'en était pas moins distrait et abattu. Ses pensées étaient ailleurs; elles retournaient vers la maison paternelle, où il était heureux autrefois, et, quand elles revenaient vers sa condition présente, l'incertitude du lendemain l'accablait d'une tristesse invincible. Son attention errante ne l'empêchait pas d'entendre bourdonner la voix de son interlocuteur, mais elle le rendait sourd à ses paroles; et, quand M. Vincent Crummles, à la fin du récit d'une longue aventure qu'il termina par un grand éclat de rire, lui demanda ce qu'il aurait fait en pareil cas, il fut bien obligé de s'excuser de son mieux, en confessant son entière ignorance de tout ce qu'on venait de lui raconter.

« Allez! dit M. Crummles, je m'en étais bien aperçu; vous n'avez pas l'esprit tranquille. Qu'est-ce que vous avez qui vous tourmente? »

A un appel si direct, Nicolas ne put s'empêcher de sourire; mais comment y échapper? Il aima mieux avouer franchement qu'il avait des raisons de craindre de ne pas réussir dans le but qu'il s'était proposé en venant à Portsmouth.

« Et quel est ce but? demanda le directeur.

— C'est de trouver quelque chose à faire pour nous faire vivre moi et mon pauvre camarade. Voilà toute la vérité! aussi bien, il y a longtemps que vous l'aviez devinée; je veux au moins avoir à vos yeux le mérite de vous la dire de bonne grâce.

— Qu'est-ce que vous pouvez trouver à faire à Portsmouth plutôt qu'ailleurs? demanda M. Crummles en s'amusant à faire fondre sur le bord de sa pipe, à la chandelle, la cire dont elle était décorée et la lissant après avec le bout de son petit doigt.

— Il ne manque pas de bâtiments, je suppose, prêts à mettre à la voile. J'y trouverai toujours bien un hamac de manière ou d'autre. Il y a bien à boire et à manger là comme ailleurs

— De la viande salée et du rhum frais; une platée de pois secs avec du biscuit éventé, dit le directeur tirant de sa pipe une bouffée pour l'entretenir, et fondant sa cire de plus belle pour achever l'embellissement commencé.

— On peut avoir pis, dit Nicolas. Je ne serai pas le premier de mon âge et de ma condition qui aura pu s'y faire. Je ferai comme eux.

— Il faudra bien, si vous montez à bord : mais vous n'y monterez pas.

— Et pourquoi cela?

— Parce qu'il n'y a pas de patron ni de contre-maître qui voulût acheter vos services pour un morceau de petit salé, quand il peut se procurer au même prix un marin tout fait; et il n'en manque pas à Portsmouth, pas plus que d'huîtres dans les rues.

— Que voulez-vous dire? demanda Nicolas alarmé de cette prédiction décourageante, prononcée d'un ton si assuré; on ne naît pas marin, il faut bien commencer par un apprentissage, je suppose?

— C'est vrai, dit M. Crummles avec un signe de tête; mais ce n'est pas à votre âge qu'on le commence, ni quand on est un jeune monsieur comme vous. »

Nicolas ne répondit rien; mais sa physionomie exprima l'abattement, et il regardait tristement le feu sans le voir.

« Eh quoi! ne trouvez-vous pas quelque autre profession dont un jeune homme de votre tournure et de votre mérite puisse mieux s'accommoder, et qui lui procure le moyen de voir le monde d'une manière plus avantageuse?

— Non, dit Nicolas secouant la tête.

— Alors, c'est moi qui vais vous en enseigner une, dit M. Crummles, jetant sa pipe au feu et élevant la voix : le théâtre!

— Le théâtre? cria Nicolas presque aussi haut que lui.

— Oui, l'art théâtral; je professe moi-même l'art théâtral. Ma femme professe l'art théâtral. Mes enfants professent l'art théâtral. J'avais un chien qui y est entré en sevrage; il y a vécu, il y est mort. Le petit poney de ma carriole y joue son rôle dans *Tamerlan*. Je vous engage, si vous voulez, vous et votre ami : vous n'avez qu'à dire un mot. Je ne serai pas fâché d'ailleurs de rafraîchir ma troupe.

— Mais, dit Nicolas, suffoqué par cette proposition si subite, je n'y entends absolument rien; je n'ai de ma vie joué un rôle, excepté peut-être à la distribution du collége.

— C'est égal : il y a de la comédie élégante dans votre tournure et vos manières, de la tragédie passionnée dans votre œil, de la farce amusante dans votre franc rire, dit M. Vincent Crummles. Vous réussirez aussi bien du premier coup que si vous n'aviez jamais fait que cela depuis que vous êtes au monde. »

Nicolas se rappela qu'après avoir payé l'hôte, il ne lui resterait plus que quelques gros sous dans sa poche, et il se sentit ébranlé.

« Vous pouvez, dit M. Crummles, nous rendre mille petits services. Quand ce ne serait que toutes les magnifiques affiches qu'un homme bien élevé comme vous peut composer pour les devantures de boutiques !

— Pour cela, dit Nicolas, je pourrais me charger de ce département.

— Je crois bien, répliqua M. Crummles. *Pour plus amples renseignements, voir les programmes détaillés*, etc., vous en feriez bien un demi-volume. Et les pièces donc ! Vous seriez bien en état de nous en composer une où vous feriez figurer toute la troupe dans son éclat, chaque fois que besoin serait

— Par exemple, reprit Nicolas, je ne suis pas aussi sûr de cela, quoique, dans l'occasion, je me sente capable de vous gribouiller de temps en temps quelque chose qui pourrait vous convenir.

— Justement il nous faut tout de suite une pièce nouvelle à grand spectacle. Laissez-moi récapituler les ressources particulières de cet établissement : un paysage splendide, tout neuf. Vous ne manquerez pas d'y introduire une vraie pompe et deux cuviers à lessive.

— Dans la pièce?

— Oui. Je les ai achetés bon marché l'autre jour à une vente, et ils feront un effet magnifique, c'est à l'instar de Londres. Vous savez, ils se procurent quelques costumes, quelques meubles, et on compose une pièce pour les faire valoir. Il y a beaucoup de théâtres qui entretiennent un auteur *ad hoc*

— Vraiment? dit Nicolas.

— Comment donc ! dit le directeur; mais cela se voit tou

les jours. Cela fera très-bien dans les affiches, en lignes séparées :

UNE POMPE NATURELLE !

DES CUVIERS SUPERBES !

GRAND SPECTACLE !

Vous ne seriez pas, par hasard, un peu dessinateur ?

— Non, répondit Nicolas ; c'est un talent dont je suis tout à fait dépourvu.

— Ah ! tant pis ! que voulez-vous ? dit le directeur. Sans cela, nous aurions eu, pour les répandre, de grandes lithographies représentant la dernière scène : on y aurait vu toute la profondeur du théâtre, avec la pompe et les cuviers au milieu ; mais que voulez-vous ? puisque vous ne l'êtes pas, tant pis !

— Et qu'est-ce que tout cela pourrait me rapporter ? demanda Nicolas après quelques moments de réflexion. Pourrais-je y gagner ma vie ?

— Gagner votre vie ! une vie de prince. Avec vos honoraires, ceux de votre ami et vos compositions, vous vous feriez.... ah ! certainement, vous vous feriez bien vingt-cinq francs par semaine.

— Vous plaisantez ?

— Non, vraiment ; et, si nous avions de bonnes recettes, vous vous feriez près du double. »

Nicolas haussa les épaules ; mais quoi ! il n'avait devant lui que la misère en perspective ; et, en supposant qu'il pût trouver dans son courage la force de subir, sans se plaindre, les cruelles extrémités de la fatigue et du besoin, c'était bien la peine d'avoir arraché à son sort la victime de Squeers pour lui infliger un sort qui ne serait pas moins pénible pour lui. Et puis, il avait pu regarder comme rien une distance de vingt lieues quand il se trouvait dans la même ville que l'homme qui l'avait traité avec tant de barbarie et dont la présence réveillait en lui des pensées amères ; mais à présent il se trouvait assez loin de Catherine et de sa mère. Que serait-ce s'il allait s'embarquer pour de lointains voyages, et que, pendant ce temps-là, la mort vînt les atteindre !

Ces réflexions le décidèrent ; il s'empressa de déclarer que c'était marché fait, et le signa en tapant dans la main de M. Vincent Crummles.

CHAPITRE XXIII.

Où l'on fait connaître au lecteur la troupe de M. Vincent Crummles, et ses affaires domestiques et théâtrales.

Grâce à l'étrange quadrupède que M. Crummles avait dans l'écurie de l'auberge sous le nom de poney, et à un véhicule de forme originale qu'il décorait du nom de phaéton à quatre roues, Nicolas continua sa route le lendemain matin avec moins de fatigue qu'il ne s'y était attendu. Le directeur et lui occupaient le devant : les petits messieurs Crummles étaient emballés ensemble avec Smike par derrière, en compagnie d'une manne d'osier, défendue contre la pluie par une toile cirée, et contenant les briquets, pistolets, queues postiches, costumes nautiques et autres ustensiles nécessaires à l'industrie de nos jeunes artistes.

Le poney ne se gêna pas sur la route pour montrer de temps en temps une certaine inclination à se coucher par terre; peut-être était-ce un souvenir de son éducation théâtrale. Cependant, M. Vincent Crummles réussit assez bien à le tenir sur ses jambes, tantôt en secouant les rênes, tantôt en recourant au fouet. Quand ces moyens de douceur ne suffisaient pas pour persuader à l'animal de continuer gentiment son chemin, le fils aîné des Crummles était chargé de descendre pour lui administrer quelques coups de pied.

En lui prodiguant des encouragements de cette nature, on finissait par le convaincre de la nécessité d'avancer de temps en temps, et, au bout du compte, on allait son petit bonhomme de chemin, à la satisfaction de toutes les parties intéressées, comme M. Crummles en faisait judicieusement la remarque.

« Au fond c'est un bon poney, » dit M. Crummles se tournant vers Nicolas.

Au fond, c'était possible; mais il n'avait pas pour lui les apparences : sa robe était de l'étoffe la plus grossière et la moins avantageuse. Aussi Nicolas, consciencieusement, se borna à répondre que cela pouvait bien être.

« Il a déjà fait bien des tours et des détours, ce petit poney, ajouta M. Crummles en lui lançant adroitement un coup de fouet sur la paupière de l'œil droit, en l'honneur de leur vieille intimité. C'est presque un membre de la troupe. Savez-vous que sa mère a eu son temps?

— En vérité?

— Pendant plus de quatorze ans elle a mangé dans un cirque un chausson de pommes en public; elle tirait le pistolet et se mettait un bonnet de coton pour aller se coucher; bref, elle jouait tout du long dans la farce. Quant à son père, c'était un danseur.

— Était-ce un artiste distingué?

— Il n'était pas fort. C'était seulement un poney vulgaire. La vérité est que, dans l'origine, c'était un locatis, et il n'a jamais pu s'élever au-dessus de son ancien métier. Il ne réussissait pas mal dans le mélodrame, cependant, mais il était épais, trop épais. A la mort de la mère, il passa au vin de Porto.

— Comment? le vin de Porto?

— Oui, il buvait le vin de Porto avec le clown; mais il était gourmand en diable, si bien qu'un beau jour il cassa le verre à belles dents et en avala le fond, et s'étrangla. Voilà ce que c'est que les mauvaises passions : il en mourut. »

Le descendant de cet infortuné exigeant, à mesure qu'il avançait, une attention redoublée de la part de M. Crummles, il ne resta plus au gentleman grand loisir pour soutenir la conversation. Nicolas en profita pour se livrer à ses propres pensées, jusqu'à ce qu'ils arrivassent au pont-levis, à Portsmouth, où M. Crummles arrêta.

« Nous allons descendre ici, dit le directeur. Les enfants vont le mener à l'écurie et porter le bagage à mon logement. Vous ferez aussi bien, pour le moment, d'y faire aussi porter vos effets par la même occasion. »

Nicolas remercia M. Crummles de son offre obligeante et sauta à bas du phaéton, donna le bras à Smike et accompagna le directeur au théâtre de Highstreet, tout inquiet et mal à l'aise à l'idée qu'on allait le présenter immédiatement dans un monde si nouveau pour lui.

Ils passèrent devant un grand nombre d'affiches collées contre les murs ou suspendues aux croisées, avec les noms de M. Vincent Crummles, Mme Vincent Crummles, M. Crummles fils aîné, M. P. Crummles junior et Mlle Crummles, imprimés en caractères monstres, avec le détail des pièces en très-petites lettres; puis, arrivés enfin à une entrée qui exhalait une forte odeur combinée de pelures d'orange et d'huile à quinquet, avec un arrière-goût de sciure de bois, ils grimpèrent à tâtons par un corridor obscur, descendirent une couple de marches, filèrent le long d'un petit labyrinthe de tentures en toile et de pots de peinture, si bien qu'à la fin ils se trouvèrent sur les planches du théâtre de Portsmouth.

« Nous y voilà! » dit M. Crummles.

Quoiqu'il n'y fît pas très-clair, Nicolas put reconnaître qu'il se trouvait tout près de la première coulisse, à côté du trou du souffleur, contre des murailles nues, des toiles poudreuses, des nuages moisis, des draperies barbouillées à grands coups de brosse, et un parquet des plus malpropres. En portant les yeux autour de lui, sur le plafond, sur le parterre, les loges, la galerie, l'orchestre, les ornements et les décors en général, tout lui parut grossier, froid, triste, misérable.

« Est-ce que c'est là ce qu'on nomme un théâtre? lui dit tout bas Smike ébahi. J'avais toujours cru que ce devait être éblouissant de luxe et de lumière.

— Vous ne vous trompiez pas, répondit Nicolas qui n'était guère moins surpris. Mais, voyez-vous, ce n'est pas pendant le jour, Smike, ce n'est que le soir. »

Pendant qu'il examinait ainsi curieusement les détails de l'édifice, la voix du directeur appela son attention vers l'avant-scène vis-à-vis. Là on voyait assise à une petite table d'acajou de forme oblongue, supportée sur des pieds rachitiques, une vaste et forte femme qui paraissait avoir entre quarante et cinquante ans, avec une robe de soie passée, tenant à la main, par les rubans, son chapeau qu'elle balançait à plaisir, les cheveux (des cheveux abondants) tressés en larges festons sur ses deux tempes.

« Monsieur Johnson, lui dit le directeur, car Nicolas avait gardé le nom que lui avait donné Newman Noggs chez les Kenwigs, que je vous présente Mme Vincent Crummles.

— Je suis charmée de vous voir, monsieur, dit Mme Vincent Crummles d'une voix sépulcrale. Je suis enchantée de vous voir, et plus heureuse encore de saluer en vous un membre d'avenir pour notre corps. »

La dame, en lui adressant ce compliment, lui tendit la main, une fameuse main, comme Nicolas put s'en apercevoir à l'étreinte puissante dont cette main de fer honora la sienne.

« Et ce jeune homme.... ajouta-t-elle en s'avançant vers Smike du pas d'une tragédienne qui marche sur la scène, conformément aux prescriptions de son rôle, ce jeune homme est votre compagnon? Soyez aussi le bienvenu, monsieur.

— Il fera bien l'affaire, qu'en pensez-vous, ma chère? dit le directeur en prenant une prise de tabac.

— Je le trouve admirable! répondit la dame; c'est une trouvaille, je vous assure. »

Comme Mme Crummles traversait le théâtre pour retourner à sa table, tout à coup on vit bondir sur la scène, par une ouverture mystérieuse, une petite fille en jupe jadis blanche, avec des plis jusqu'aux genoux, un pantalon court, des sandales, un spencer blanc, un chapeau de gaze lilas, un voile vert, des papillotes; elle fit une pirouette, deux entrechats, une seconde pirouette; puis, en regardant à l'autre aile, poussa un cri, fit un saut en avant, à six pouces de la rampe, et s'abattit dans une attitude de terreur charmante, en voyant un gentleman mal mis, avec une vieille paire de pantoufles en peau de buffle, s'approcher à grands pas, grinçant des dents et brandissant sa canne d'un air féroce.

« Les voilà dans *le Sauvage indien et la jeune fille*, » dit Mme Crummles.

— Ah! dit le directeur, le petit intermède en ballet! Très-bien, continuez. Rangez-vous un peu par ici, s'il vous plaît, monsieur Johnson. C'est cela. Allons! »

Le directeur frappa dans ses mains, c'était le signal d'exécution. Le sauvage, devenu féroce, fit un chassé du côté de la jeune fille; mais la jeune fille l'évita en six pirouettes, et à la dernière, elle tomba toute droite sur la pointe du pied. Cette évolution parut faire impression sur le sauvage, car, après s'être montré de plus en plus féroce et plus ardent à la chasse de sa proie dans les petits coins de la salle, il commença à se radoucir, et se donna plusieurs fois de petites tapes sur la joue avec les cinq doigts de la main droite, ce qui voulait dire, à n'en pouvoir douter, qu'il était frappé d'admiration de la beauté de la jeune personne. Sous l'influence de cette passion naissante, le sauvage commença à se donner de bons coups de poing dans la poitrine, et à faire toute sorte d'autres démonstrations d'un amour irrésistible; mais ces procédés un peu prosaïques auront sans doute été cause que la demoiselle tombait de sommeil. Soit que ce fût là la raison, soit qu'il y en eût une autre, la voilà toujours qui tombe de sommeil. Pendant qu'elle dort comme une souche, sur un banc de gazon, le sauvage qui s'en aperçoit penche son oreille gauche sur sa main gauche, et hoche de la tête, pour faire savoir à tous ceux qui peuvent s'y intéresser qu'elle est bien réellement endormie, et qu'elle ne fait pas semblant. Pendant qu'il est ainsi livré à lui-même, le sauvage exécute une danse à lui tout seul, et juste à son dernier pas, la jeune fille s'éveille, se frotte les yeux, quitte son banc, et se met aussi à danser toute seule; mais quelle danse! Le sauvage en est en extase tout le temps, et, quand c'est fini, il va décrocher d'un arbre du voisinage quelque curiosité botanique, assez semblable à un cornichon confit et l'offre à la jeune fille. Elle commence par faire des façons, mais en voyant le sauvage verser des larmes, elle est attendrie. Alors le sauvage bondit de joie. Alors la jeune fille bondit de bonheur, en respirant le doux parfum du cornichon confit. Alors le sauvage et la jeune fille dansent ensemble avec fureur, et, finalement, le sauvage tombe sur un genou, la jeune fille monte sur son autre genou et s'y tient droite sur une jambe; finissant ainsi le ballet et laissant à dessein les spectateurs dans un état d'incertitude charmante si elle célébrera décidément son mariage avec le sauvage, ou si elle retournera chez son papa.

« Très-bien, à merveille, dit M. Crummles, bravo!

— Bravo! cria Nicolas résolu à voir le beau côté des choses. Magnifique!

— Voici, monsieur, dit M. Vincent Crummles, lui présentant la jeune fille, voici l'enfant phénoménal, Mlle Ninette Crummles.

— Votre fille? demanda Nicolas.

— Ma fille, ma fille, répondit M. Vincent Crummles, l'idole de toutes les villes où nous allons, monsieur. Nous avons reçu en son honneur des lettres de compliment de la noblesse de tous les degrés dans presque tous les bourgs d'Angleterre.

— Je n'en suis pas surpris du tout, dit Nicolas; il faut que ce soit naturellement un vrai génie.

— Oh! c'est un!... M. Crummles ne put pas aller plus loin; il ne trouva pas dans la langue de mot assez énergique pour définir l'enfant phénoménal. Je vais vous dire, monsieur, ajouta-t-il, le talent de cette enfant est inimaginable. Il faut la voir; oui, il faut la voir pour s'en faire une faible idée. Là! là! ma fille, allez retrouver votre mère.

— Peut-on savoir quel âge elle a? » demanda Nicolas.

M. Crummles fixa ses yeux sur la figure de Nicolas à cette question, comme le font d'habitude certaines gens avant de répondre quelque chose qu'ils regardent eux-mêmes comme incroyable. « Eh bien! monsieur, elle a dix ans.

— Pas plus?

— Pas un jour de plus.

— Ma parole, dit Nicolas, c'est extraordinaire. »

C'était extraordinaire, en effet; car l'enfant phénoménal, malgré sa petite taille, avait une figure comparativement un peu vieillotte; et d'ailleurs on lui avait toujours connu exactement le même âge, non pas de mémoire d'homme dans le pays, mais toujours bien depuis cinq bonnes années. Après cela, comme on l'avait fait veiller très-tard tous les soirs, et qu'on lui avait donné, depuis son enfance, du grog au genièvre à discrétion pour l'empêcher de grandir, peut-être fallait-il attribuer à ce système d'éducation la jeunesse phénoménale de l'enfant phénoménal.

Pendant ce petit dialogue, le gentleman qui avait fait le sauvage, s'avança, les pieds dans ses souliers ordinaires, et ses pantoufles de sauvage à la main; il se tint à quelques pas de leur groupe, comme s'il avait le désir de prendre part à leur conversation. Trouvant l'occasion favorable pour placer son mot :

« C'est un vrai talent, monsieur, dit-il, en montrant de la tête Mlle Crummles. Nicolas ne manqua pas d'être de son avis.

—Ah! dit l'acteur, serrant les dents, avec une respiration sifflante, elle ne devrait pas rester en province, certainement non.

— Que voulez-vous dire? dit le directeur.

— Je veux dire, répliqua l'autre avec chaleur, qu'un théâtre de province n'est pas digne d'elle, et que, si sa place n'est pas dans un des grands établissements de Londres, elle n'est nulle part; et je ne vais pas par quatre chemins pour vous dire que, sans l'envie et la jalousie de certaine personne que vous connaissez bien, elle y serait déjà. Voudriez-vous me présenter à monsieur, monsieur Crummles?

— M. Folair, dit le directeur, le présentant en effet à Nicolas.

— Heureux de faire votre connaissance, monsieur. »

M. Folair toucha de son index le bord de son chapeau et donna une poignée de main à Nicolas. « Un nouveau collègue, monsieur, à ce que l'on m'a dit?

— Un collègue bien indigne, répliqua Nicolas.

— Dites donc, lui murmura l'acteur à l'oreille, en le tirant à part pendant que Crummles les quittait pour parler à sa femme, avez-vous jamais vu pareille attrape?

— Pareille à quoi? »

M. Folair fit une des grimaces les plus comiques de son répertoire mimique, en montrant du doigt, par-dessus son épaule, la famille Crummles.

— Vous ne voulez pas parler de l'enfant phénoménal?

— L'enfant flouriménal, monsieur, répliqua M. Folair. Il n'y a pas une petite fille d'une intelligence ordinaire dans les écoles de charité qui ne pût faire mieux que cela; elle doit de belles grâces à son étoile d'être née fille du directeur.

— Vous avez l'air de prendre cela bien à cœur, dit Nicolas avec un sourire.

— C'est vrai, ma foi, et vous conviendrez que ce n'est pas sans raison, dit M. Folair en passant son bras dans celui de Nicolas et se promenant avec lui de long en large sur la scène. N'y a-t-il pas de quoi faire endêver de voir cette petite morveuse accaparer, tous les soirs, les rôles les plus avantageux et prélever déjà des honoraires sur les profits de la troupe, à laquelle on la fait avaler de force, pendant qu'il y en a tant d'autres à qui on fait des passe-droits? N'est-ce pas étrange de voir un homme se laisser aveugler sur les talents de sa chienne de famille jusqu'à sacrifier ses propres intérêts? Je connais, moi, une recette de vingt francs quarante centimes qui est venue un soir du mois dernier grossir la caisse à Southampton, seulement pour me voir danser la bourrée d'Écosse. Eh bien! quel en a été le résultat? c'est que depuis on ne m'a même plus mis en évidence. Jamais, pas une fois, pendant que l'on voit l'enfant phénoménal, avec ses guirlandes de fleurs artificielles, faire ses grimaces tous les soirs à deux gamins dans la galerie, à quatre pelés et un tondu dans le parterre.

— Autant que j'ai pu en juger tout à l'heure, dit Nicolas, vous devez être un membre important de la société.

— Oh! répondit M. Folair, battant ses pantoufles l'une contre l'autre pour en secouer la poussière, je ne m'en tire pas mal, c'est vrai. Il n'y a peut-être personne qui me surpasse dans mon genre. Mais, voyez-vous, d'être traité comme on l'est ici, cela vous met du plomb à la semelle en guise de blanc d'Espagne, c'est comme si on dansait avec les menottes, sans en avoir seulement le mérite aux yeux du public. Holà! vieux troubadour, comment va? »

Le gentleman auquel s'adressait cet appel amical était un homme au teint basané, un peu blafard, avec les cheveux longs, noirs, touffus, et des traces non équivoques d'une barbe épaisse et de favoris item, quoiqu'ils fussent rasés de près. Il n'avait pas l'air d'avoir plus de trente ans, quoique, de prime abord, on fût porté à le croire plus âgé, à voir sa figure longue et blême, qu'avait décolorée l'application journalière du plâtre et du vermillon. Il portait une chemise à pois, un vieil habit vert, rajeuni par des boutons dorés neufs, une cravate à grandes raies rouges et vertes, un pantalon bleu de roi. Il était orné aussi d'une canne assez commune en bois blanc, véritable canne de parade, car il ne s'en servait guère que pour lui faire décrire dans l'air des figures variées, presque toujours la tête en bas; ou, s'il lui rendait, pendant quelques secondes, son attitude naturelle, c'était pour se mettre en garde, pousser une ou deux bottes dans les coulisses, à tous les objets animés ou inanimés que le hasard envoyait sous sa main pour servir de plastron à ses coups.

« Eh bien ! Tommy, dit-il, en portant une botte à son ami qui la para adroitement avec sa pantoufle, quelles nouvelles?

— Un nouveau venu, voilà tout, répondit M. Folair, en regardant Nicolas.

— Faites donc les honneurs, Tommy, faites donc les honneurs, dit l'autre, en lui donnant d'un ton de reproche un petit coup du bout de sa canne sur le chef.

— Vous voyez M. Lenville, notre premier tragique, monsieur Johnson, dit l'artiste en pantomimes.

— Excepté pourtant quand il prend fantaisie au vieux patapouf de me remplacer en personne; vous n'auriez pas dû oublier ça, Tommy. Vous savez, monsieur, je suppose, ce que nous entendons par le vieux patapouf?

— Non, je ne comprends pas, répondit Nicolas.

— C'est Crummles, à qui nous donnons ce nom-là, pour rappeler son jeu lourd et pesant. Mais, pas de bêtises, je n'ai pas le temps de rire, il m'est tombé sur la tête un rôle de douze feuilles pour demain soir, et je n'y ai pas encore jeté les yeux; heureusement que j'ai une facilité diabolique; c'est ce qui me console. »

Consolé par cette réflexion, M. Lenville tira de sa poche un manuscrit crasseux et chiffonné, poussa encore une botte à son ami, et se mit à marcher de long en large, se répétant par cœur son rôle à lui-même, sans oublier les gestes et les poses appropriés à la circonstance que pouvaient lui inspirer le texte ou son imagination.

Pendant ce temps-là, la troupe était presque au grand complet. Outre M. Lenville et son ami Tommy, était maintenant présent à l'appel un jeune homme élancé, aux yeux langoureux, qui jouait les amoureux découragés et chantait les airs de ténor; il venait d'arriver, bras dessus bras dessous, avec le Jocrisse de la bande. Celui-là avait le nez retroussé, une bouche comme un four, une figure plate, des yeux hébétés. Près de l'enfant phénoménal, auquel il faisait une cour assidue, se tenait un vieux monsieur, un peu en goguette, râpé jusqu'à la corde : c'était lui qui jouait les vieillards sereins et vertueux. Mme Crummles avait aussi à ses côtés un vieux monsieur plein d'attentions pour elle; sa tenue n'était pas tout à fait si ignoble, c'était lui qui jouait les vieillards moroses · vous savez, ces vieux grognards qui ont des neveux militaires, et qui sont toujours à les poursuivre, la canne haute, pour les forcer à épouser des héritières. Après cela venait une espèce d'aventurier en redingote à long poil, qui se promenait à grands pas le long de la rampe, faisant le moulinet avec sa badine, et marmottant à demi-voix, avec une grande vivacité, des tirades destinées à l'amusement d'un auditoire imaginaire. Il n'était plus si jeune qu'autrefois, et sa taille commençait à monter en graine. Mais il avait dans sa personne un air éventé qui annonçait en lui le héros des rodomontades. Il y avait encore un petit groupe de trois ou quatre jeunes gens aux joues creuses, aux sourcils épais, qui faisaient la conversation dans un coin. Mais c'étaient apparemment des personnages d'importance secondaire : on les laissait rire et causer ensemble, sans y faire la moindre attention.

Les dames étaient réunies en un petit peloton, toutes seules, autour de la table rachitique déjà nommée. On voyait Mlle Snevellicci, également propre à tous les emplois, depuis la danse des sorcières jusqu'au rôle de lady Macbeth, et qui paraissait toujours en culotte courte de soie bleu de ciel, dans les représentations à son bénéfice. Du fond de son chapeau de paille, en forme de seau à charbon de terre, elle faisait des yeux à Nicolas, quoique absorbée en apparence dans le récit d'une histoire divertissante qu'elle confiait à Mlle Ledrook son amie. Mlle Ledrook, de son côté, avait apporté son ouvrage, et s'occupait, de l'air le plus naturel du monde, à monter une collerette. Après cela, Mlle Belawney. Cette demoiselle prétendait rarement à des rôles parlants; on ne la voyait guère paraître sur la scène qu'en page à culotte de soie blanche, une jambe tendue avec grâce en avant, les yeux braqués sur la cantonnade, à moins qu'elle n'entrât et sortît à la suite de M. Crummles dans la haute tragédie. Pour le moment, elle tortillait les boucles de cheveux de la belle Mlle Bravassa, qui avait eu autrefois son portrait gravé sur acier par un apprenti graveur; on en mettait même en vente des exemplaires pendus à la fenêtre du pâtissier et de la fruitière, au cabinet de lecture, et au bureau des places, toutes les fois que les affiches annonçaient la représentation annuelle à son bénéfice. Puis Mme Lenville, avec son petit chiffon de chapeau à voile, arrangé précisément dans le goût coquet qu'elle savait propre à lui gagner le cœur de M. Lenville. Ensuite, Mlle Gazingi avec un boa, imitation d'hermine, noué négligemment autour de son cou, et dont les deux bouts lui servaient à corriger, pour de rire, M. Crummles junior. Enfin, n'oublions pas Mme Grudden en pelisse de drap brun et en chapeau de castor. Elle assistait Mme Crummles dans l'administration de ses affaires domestiques; elle recevait l'argent à la porte, habillait ces dames, balayait le théâtre, tenait le cahier du souffleur lorsque ce fonctionnaire devait faire nombre sur la scène dans un tableau général; elle jouait même d'inspiration toute espèce de rôle banal en toute occasion; elle tenait sa place dans les affiches, tantôt sous un nom, tantôt sous un autre, selon l'effet plus ou moins satisfaisant qu'il pouvait présenter à l'œil : c'est le directeur qui en était juge.

M. Folair, après avoir confié obligeamment ces particularités à Nicolas, le laissa là pour se mêler à ses camarades, et la cérémonie de la présentation fut complétée par la déclaration publique de M. Vincent Crummles, qui proclama le nouvel acteur un prodige de savoir et de génie.

« Pardon, monsieur, dit Mlle Snevellicci à Nicolas, en lui jetant un regard timide, n'avez-vous pas déjà joué à Canterbury?

— Jamais, répondit Nicolas.

— Je me rappelle avoir vu là un gentleman (quelques moments seulement, car je quittais la troupe comme il y entrait) qui vous ressemblait tant que j'aurais juré que c'était vous.

— Je vous vois aujourd'hui, mademoiselle, pour la première fois, reprit Nicolas, et il ajouta galamment : si je vous avais vue auparavant, vous pouvez croire que je ne l'aurais pas oublié.

— Ah! en vérité! Savez-vous que c'est très-flatteur de votre part, repartit Mlle Snevellicci en s'inclinant avec grâce. A présent que je vous considère, je vois bien que le gentleman de Canterbury n'avait pas vos yeux.... Vous allez dire que je suis bien ridicule de faire de pareilles remarques, n'est-ce pas?

— Bien au contraire, dit Nicolas; je ne puis que me trouver flatté que vous me fassiez l'honneur de me remarquer de manière ou d'autre.

— Oh! les vilains hommes, comme ils ont de l'amour-propre! » cria Mlle Snevellicci. En même temps elle tomba dans une confusion ravissante, et tirant son mouchoir d'un sac de soie lilas fanée, avec un fermoir doré par le procédé Ruolz, elle s'adressa à miss Ledrook.

« Ma chère petite, dit Mlle Snevellicci.

— Eh bien! qu'est-ce qu'il y a?

— Ce n'est pas le même.

— Le même quoi?

— Canterbury.... Vous savez bien ce que je veux dire. Venez donc par ici, je veux vous conter quelque chose. »

Mais miss Ledrook ne voulait pas se déranger pour aller trouver miss Snevellicci, et alors miss Snevellicci fut obligée de se déranger pour aller trouver miss Ledrook, ce qu'elle fit en sautillant avec une légèreté véritablement enchanteresse ; et miss Ledrook fit évidemment la guerre à miss Snevellicci de son caprice pour Nicolas; car, après quelques chuchotements folâtres, miss Snevellicci donna des tapes, mais de bonnes tapes, sur les doigts à Mlle Ledrook, pour lui apprendre, et revint à sa place toute honteuse; cela faisait plaisir à voir.

« Messieurs et mesdames, dit M. Vincent Crummles, tenant à la main un morceau de papier sur lequel il venait d'écrire, demain matin, à dix heures, nous répéterons la *Lutte mortelle*. Que tout le monde soit là pour la cérémonie. Vous connaissez tous l'intrigue, le plan, la conduite de la pièce. Ainsi nous n'aurons besoin que d'une répétition. Tout le monde à dix heures, s'il vous plaît.

— Tout le monde à dix heures, répéta Mme Grudden en regardant à la ronde.

— Lundi matin nous aurons la lecture d'une pièce nouvelle, dit M. Crummles; je n'en sais pas encore le nom, mais je sais que chacun y aura un bon rôle; c'est M. Johnson qui voudra bien prendre ce soin.

— Hé ! dit Nicolas en tressaillant : je....

— Lundi matin, répéta M. Crummles élevant la voix pour dominer et comprimer les représentations de l'infortuné M. Johnson ; voilà qui est réglé, messieurs et mesdames. »

Ces messieurs et ces dames ne se le firent pas dire deux fois, et, au bout de quelques minutes, il ne restait plus sur le théâtre que la famille Crummles, Nicolas et Smike.

« Je vous donne ma parole, dit Nicolas, prenant à part le directeur, que je ne crois pas pouvoir être prêt pour lundi.

— Bah ! bah ! répliqua M. Crummles.

— En vérité, cela m'est impossible; mon imagination n'est pas accoutumée à ces tours de force, autrement peut-être que....

— Votre imagination ! que diable a-t-elle à faire là dedans ? cria le directeur avec vivacité.

— Mais tout, mon cher monsieur.

— Mais rien, mon cher monsieur, repartit M. Crummles avec des marques d'impatience ; savez-vous le français ?

— Parfaitement.

— C'est très-bien, dit le directeur, prenant dans le tiroir de la table un rouleau de papier pour le donner à Nicolas. Là, vous n'avez qu'à me mettre cela en anglais, avec votre nom au bas du titre. Le diable m'emporte si je n'ai pas souvent dit que je ne devrais avoir dans ma troupe ni hommes ni femmes, que des professeurs de langue. Ils apprendraient leurs rôles dans l'original et joueraient en anglais; cela nous épargnerait bien de la peine et de l'argent. »

Nicolas sourit en mettant la pièce française dans sa poche.

« A propos, et votre logement, dit M. Crummles, que comptez-vous faire ? »

Nicolas aurait bien voulu, pour la première semaine, qu'on lui dressât seulement un lit de sangle dans le parterre, mais il se contenta de répondre qu'il n'avait pas encore pensé à se loger.

« Alors, venez chez moi, dit M. Crummles, et mes garçons iront avec vous après le dîner pour vous montrer quelque chose qui pourra vous convenir. »

Ce n'était pas de refus. Nicolas et M. Crummles donnèrent chacun un bras à Mme Crummles pour paraître dans la rue avec plus de dignité.

Smike, les fils, le phénomène, prirent le plus court, et Mme Grudden resta au théâtre à prendre un morceau de bouilli froid et une pinte de porter dans le bureau de recette.

A voir Mme Crummles marcher fièrement sur le trottoir, on aurait pu la prendre pour un martyr qui marche à la mort, soutenu par la conscience de son innocence, et ce courage héroïque que peut seule donner la vertu. M. Crummles, de son côté, avait pris l'air et la démarche d'un tyran endurci. A eux deux ils attiraient l'attention d'un bon nombre de passants, mais, quand ils entendaient murmurer tout bas près d'eux : « c'est M. et Mme Crummles, » ou quand ils voyaient un petit garçon revenir sur ses pas pour les considérer en face, alors la sévère expression de leurs physionomies se déridait pour montrer qu'ils étaient sensibles à cette popularité flatteuse.

M. Crummles demeurait dans la rue Saint-Thomas, maison d'un pilote du nom de Bulph, qui s'était donné le plaisir de peindre sa porte en vert bateau, les fenêtres de même couleur, et qui avait sur le manteau de sa cheminée, dans son parloir, le petit doigt d'un noyé avec d'autres curiosités naturelles et maritimes. Il avait aussi fait les frais d'un marteau en cuivre, d'une plaque en cuivre, d'une poignée de sonnette en cuivre, tout cela brillant et reluisant ; et un mât donc, que j'allais oublier, avec un guidon au bout, dans son arrière-cour.

« Soyez le bienvenu, » dit Mme Crummles se retournant vers Nicolas, quand ils furent arrivés à la porte d'une chambre au premier étage sur le devant, avec des fenêtres cintrées.

Nicolas lui fit un salut de remercîment poli, et ne dissimula pas le plaisir qu'il avait à voir la nappe mise.

« Nous n'avons qu'une épaule de mouton à la sauce à l'oignon, dit Mme Crummles toujours d'une voix sépulcrale; mais au petit bonheur, nous vous offrons la fortune du pot.

— Vous êtes bien bonne, répliqua Nicolas, je vais y faire honneur.

— Vincent, dit Mme Crummles, quelle heure est-il?

— Il y a cinq minutes que nous devrions être à table, » dit M. Crummles.

Mme Crummles tira la sonnette. « Qu'on nous monte le mouton à la sauce à l'oignon. »

L'esclave attaché au service des locataires de M. Bulph disparaît et reparaît bientôt portant le splendide festin. Nicolas et l'enfant phénoménal se faisaient face à la table en fer à cheval; Smike et les jeunes Crummles dînaient sur le lit-canapé.

« Est-on amateur du théâtre à Portsmouth? demanda Nicolas.

— Non, répondit M. Crummles en secouant la tête, loin de là, loin de là.

— Je les plains, dit Mme Crummles.

— Et moi aussi, dit Nicolas, s'ils ne trouvent pas de plaisir dans les divertissements dramatiques dirigés d'une manière intéressante.

—Eh bien! monsieur, ils n'en trouvent pas, reprit M. Crummles; l'année dernière, le jour du bénéfice de l'enfant, où elle joua trois de ses rôles les plus populaires, et où elle apparut dans celui qu'elle a créé, celui de la fée Porc-épic, la recette ne s'est pas montée à plus de cent quinze francs.

—Est-il possible? cria Nicolas.

— Et encore, il y avait là-dessus cinquante francs de crédit, ajouta le phénomène.

— Et il y avait là-dessus cinquante francs de crédit, répéta M. Crummles. Et si je vous disais que Mme Crummles elle-même a joué devant une poignée d'amateurs.

— C'est vrai, dit la femme du directeur, mais vous savez, Vincent, que c'était au moins un public qui paraissait prendre goût à la représentation.

— Cela ne peut manquer, quand on leur donne de bons acteurs, c'est bien le moins, répliqua M. Crummles : il le faut bien.

— Ne donnez-vous pas des leçons, madame? demanda Nicolas.

— Si fait, dit Mme Crummles.

— Il n'y en a pas ici, je suppose?

— J'en ai eu, dit Mme Crummles; j'ai reçu ici des élèves; j'ai été la maîtresse de la fille d'un marchand qui tenait la partie des biscuits de mer, mais on sut plus tard que la première fois qu'elle vint me trouver elle avait perdu la tête: c'est très extraordinaire, n'est-ce pas, que de songer, dans ce cas, à venir me demander de lui donner des leçons? »

Nicolas, qui ne trouvait pas la chose trop extraordinaire, crut à propos de ne rien dire.

« Voyons, dit le directeur réfléchissant à ses affaires après le dîner, joueriez-vous bien quelque joli petit rôle avec notre enfant?

— Vous êtes bien bon, s'empressa de répondre Nicolas; mais je pense qu'il vaudrait peut-être mieux, pour commencer, me donner quelqu'un de mieux assorti à ma taille; dans le cas où je viendrais à me troubler, il me semble que je me sentirais plus à mon aise.

— C'est vrai, dit le directeur, il faut tout prévoir; et puis cela vous donnera le temps de mieux vous préparer à pouvoir jouer un jour avec l'enfant, vous sentez.

— Certainement, répliqua Nicolas embrassant avec ardeur l'espérance qu'il se passerait encore bien du temps avant qu'il fût honoré d'une telle faveur.

— Alors je vais vous dire ce que nous ferons, dit M. Crummles: quand vous aurez composé cette pièce.... à propos, n'oubliez pas d'y mettre la pompe et les cuviers.... vous étudierez Roméo; Juliette sera miss Snevellici; la vieille Grudden fera la nourrice. Oui, cela ira à merveille. Ah! et le pirate donc? Vous pourrez, par la même occasion, étudier le pirate, et Cassio et Jérémie Diddler; il ne vous sera pas bien difficile de vous fourrer cela dans la tête: un rôle aide l'autre, c'est toujours la même chose, les répliques, les gestes et tout. »

M. Crummles, après ces instructions un peu précipitées et passablement générales, jeta une foule de petits livres dans les mains défaillantes de Nicolas abasourdi: puis, ordonnant à son fils aîné d'accompagner le jeune homme pour lui faire voir des logements, il lui donna une poignée de main et lui souhaita le bonsoir.

Il ne manque pas à Portsmouth de bons appartements meublés; il n'est même pas difficile d'en trouver qui soient proportionnés aux ressources modestes d'un locataire malaisé; mais ils trouvèrent les premiers trop beaux, les seconds trop laids, et ils firent tant de maisons, sans pouvoir s'arranger, que Nicolas commençait à penser sérieusement à demander tout simplement la permission de coucher dans le théâtre. A la fin, cependant, ils tombèrent sur deux petites chambres, au troisième étage, où l'on montait du second par une échelle de meunier. C'était chez un marchand de tabac de Commonhard, sale rue qui descendait au quai. Nicolas se dépêcha bien vite de les retenir, trop heureux qu'on ne lui eût pas demandé de payer les huit jours d'avance.

« Là! déposons ici notre propriété personnelle, Smike; dit-il après avoir reconduit le jeune Crummles au bas de l'escalier Voilà un singulier début, et il n'y a que Dieu qui puisse savoir comment cela finira; mais je suis fatigué de ces trois jours d'aventures, remettons nos réflexions à demain, si nous pouvons. »

CHAPITRE XXIV.

Grande représentation au bénéfice de Mlle Snevellici. Premiers débuts de Nicolas sur la scène.

Le lendemain matin de bonne heure, Nicolas fut sur pied, et pourtant il avait encore à faire un bout de toilette, quand il entendit monter l'escalier et fut aussitôt hélé par la voix de M. Folair le pantomime, et de M. Lenville le tragédien.

« A la boutique, à la boutique, à la boutique, criait M. Folair.

— Hé! ho! y a-t-il quelqu'un, ici? disait M. Lenville d'une voix de baryton.

— Le diable soit des gens, se dit Nicolas; je parie qu'ils viennent déjeuner; un moment! on va vous ouvrir la porte.

— Ne vous pressez pas; et, pour passer le temps, ils prirent leurs cannes pour s'escrimer un peu sur l'étroit palier, ce qui n'était pas du tout amusant pour les locataires d'au-dessous.

— Entrez, dit Nicolas quand il eut achevé sa toilette : de par tous les diables, ne faites donc pas tant de bruit dehors.

— Tiens! la bonne petite chambrette, dit M. Lenville en entrant chez Nicolas, le chapeau à la main, pour pouvoir passer sous la porte; elle est diablement commode.

— Un homme un peu difficile pourrait bien la trouver un peu petite, dit Nicolas ; car enfin c'est sans doute un grand avantage d'avoir tout sous sa main, au plafond, sur le plancher, ou sur les quatre murailles, sans être obligé de se déranger de sa chaise, mais c'est un avantage qu'on ne peut avoir que dans un appartement un peu étroit.

— Je ne le trouve pas du tout trop resserré pour un célibataire, reprit M. Lenville. Tiens ! cela me rappelle que je ne le suis pas : et ma femme, monsieur Johnson, j'espère que vous lui ménagez un bon rôle dans votre pièce?

— J'ai jeté un coup d'œil sur le texte français hier au soir, dit Nicolas, le rôle est bon.

— Et moi, mon vieux camarade, qu'est-ce que vous ferez pour moi? demanda M. Lenville, portant une botte au feu qui n'en pouvait mais, avec le bout de sa canne, et l'essuyant avec le pan de son habit.

« Vous savez, il me faut du grognard et du bourru.

— Eh bien, mon cher, dit Nicolas, je vous fais mettre à la porte votre femme et vos enfants, puis, dans un accès de rage et de jalousie, vous poignardez votre fils aîné dans votre cabinet de travail.

— Quoi ! c'est moi qui fais ça, s'écria M. Lenville, c'est charmant, à la bonne heure !

— Après quoi, dit Nicolas, vous êtes poursuivi par vos remords, jusqu'au dernier acte, où vous vous décidez à vous détruire : mais, juste au moment où vous levez le pistolet vers votre tête, une horloge sonne une, deux, trois.... dix heures.

— Ah ! je vois, s'écria M. Lenville, c'est parfait.

— Vous vous arrêtez, dit Nicolas; vous vous rappelez avoir entendu dans votre enfance une horloge sonner une, deux, trois.... dix ; le pistolet vous tombe des mains ; vous ne pouvez plus y tenir, vous fondez en larmes, et vous devenez à tout jamais le modèle de la plus pure vertu.

— Excellent ! dit M. Lenville ; la partie est sûre, succès complet; faites seulement baisser la toile sur une donnée de ce genre-là et je vous garantis un triomphe certain.

— Et moi, avez-vous quelque chose de bon pour moi? demanda M. Folair, d'un air inquiet.

— Voyons, dit Nicolas; vous, vous jouez le serviteur fidèle et dévoué; c'est vous qu'on met à la porte avec la femme et l'enfant.

— Toujours accouplé avec cet infernal phénomène, dit M. Folair en soupirant; et puis alors, n'est-ce pas, nous allons demeurer dans un méchant logement, où je n'ai pas de gages et où je fais du sentiment?

— Vous l'avez deviné, dit Nicolas; c'est justement là le programme.

— Oui, mais de manière ou d'autre, il me faut une danse, vous savez, dit M. Folair; et, comme il vous en faudra une aussi pour le phénomène, vous auriez plus tôt fait de faire un pas de deux.

— Il n'y a rien de plus facile, dit M. Lenville en remarquant l'air effaré du jeune auteur dramatique.

— Ma foi, je ne vois pas du tout comment cela peut se faire, reprit Nicolas.

— Comment! cela ne va-t-il pas tout seul? continua M. Lenville; vous avez donc la berlue, de ne pas voir la chose? Vraiment, vous m'étonnez. Vous avez installé la dame infortunée, son petit enfant et son fidèle serviteur, dans un pauvre logis, n'est-ce pas? Eh bien! raisonnons un peu. La dame infortunée tombe dans un fauteuil : elle se cache la figure dans son mouchoir. « Qu'est-ce qui vous fait pleurer, maman? dit le petit enfant. Ne pleurez pas, maman, ou vous allez me faire pleurer aussi.—Et moi aussi, dit le fidèle serviteur, se frottant les yeux avec sa manche.—Qu'est-ce que nous pourrions donc faire pour relever votre courage, chère maman, dit le petit enfant?—Oui, qu'est-ce que nous pourrions faire? répète le fidèle serviteur. —Ah! Pierre, dit la dame infortunée; je voudrais bien pouvoir secouer ces pensées pénibles. — Essayez, madame, essayez, dit le fidèle serviteur. Courage, madame, amusez-vous.

— Oui, j'y suis résolue, dit la dame, je veux m'apprendre à souffrir vaillamment. Vous rappelez-vous, mon honnête ami, cette danse, qu'autrefois, dans des jours plus heureux, vous dansiez avec ce cher petit ange? Elle n'a jamais manqué de calmer ma douleur. Ah! je veux la voir une fois encore avant de descendre au tombeau. » Voilà. L'orchestre prélude *Avant de descendre au tombeau*, et en avant le pas de deux. Rien de plus naturel, n'est-il pas vrai, Tommy?

— C'est cela, répondit M. Folair; la dame infortunée, en proie à ses vieux souvenirs, se trouve mal, quand la danse est finie, et la toile tombe sur ce tableau. »

Grâce à ces conseils, ou plutôt à ces leçons, fruit d'une longue expérience personnelle de ses deux collègues, Nicolas, après leur avoir donné à déjeuner de son mieux et s'être débarrassé d'eux, se remit avec succès à l'ouvrage; charmé de reconnaître que sa tâche n'était pas, à beaucoup près, aussi difficile qu'il l'avait cru d'abord. Il travailla d'arrache-pied toute la journée, et ne sortit que le soir pour aller au théâtre, où Smike se trouvait déjà pour représenter avec un autre comparse une insurrection générale à eux deux.

Mais ce n'étaient plus les mêmes gens; quel changement! Il eut peine à les reconnaître. Faux toupets, faux teint, faux muscles, faux mollets; c'était toute une métamorphose. M. Lenville était devenu un guerrier dans la fleur de l'âge, taillé en Hercule. M. Crummles, la face ombragée d'une chevelure noire abondante, un proscrit écossais du port le plus majestueux. L'un des vieux gentlemen était geôlier, l'autre un patriarche vénérable : le jocrisse, un combattant brave comme un César, avec une pointe de belle humeur; chacun des fils Crummles était un prince pur sang, et l'amoureux transi un captif au désespoir. Il y avait un banquet splendide, tout préparé pour le troisième acte; deux volailles en carton, une assiettée de biscuits, une bouteille d'abondance, un huilier avec des burettes pleines de vinaigre; bref, il régnait dans les moindres détails une splendeur et une magnificence incomparables.

Nicolas tournait le dos à la toile, tantôt contemplant la première décoration, représentant une porte gothique à peu près de deux pieds plus basse que M. Crummles, qui devait faire par là son entrée, tantôt écoutant deux ou trois amateurs du paradis qui s'amusaient à casser des noix, et se demandant si ce n'était pas là tout le public, lorsque le directeur en personne vint familièrement l'accoster.

« Êtes-vous allé dans la salle ce soir? demanda-t-il.

— Non, pas encore; je vais y aller pour voir la pièce.

— La location n'a pas mal donné. Quatre places au milieu sur le devant, de retenues, et toute une loge d'avant-scène.

— Vraiment! dit Nicolas, c'est donc pour une famille?

— Justement, répondit M. Crummles. C'est un spectacle vraiment intéressant. Il y a là six enfants qui ne viennent jamais que quand le phénomène doit jouer. »

Il aurait été bien difficile pour les auditeurs, famille ou non, de venir au théâtre un soir où le phénomène ne dût pas jouer, vu qu'il était toujours chargé de remplir tous les soirs deux ou trois rôles en moyenne. Mais Nicolas ne voulait pas blesser par cette observation les tendres sentiments d'un père, et, loin de s'arrêter à ce détail sans importance, il laissa M. Crummles continuer de plus belle, sans l'interrompre.

« Six enfants donc, reprit le directeur, le papa et la maman huit, la tante neuf, la gouvernante dix, le grand-père et la grand'mère douze. Il y a aussi le valet de pied, mais il se tient dehors, avec un sac d'oranges et une carafe d'eau panée; il peut regarder la pièce par-dessus le marché, à travers le petit carreau de vitre de la porte de la loge. Ce n'est pas cher, une guinée, ils gagnent encore à prendre une loge.

— Comment pouvez-vous leur permettre d'amener tant de monde? remarqua Nicolas.

— Il n'y a pas moyen d'empêcher cela, répondit Crummles. C'est reçu en province. Y a-t-il six enfants, il y a six personnes pour les tenir sur les genoux. Une loge de famille est toujours double en nombre. Grudden, le coup de sonnette pour l'orchestre. »

Mme Utilité obéit; et en effet, quelques moments après, on entendit accorder trois violons. Cet exercice préparatoire ayant été prolongé tout le temps qu'on pouvait supposer que durerait la patience du public, un nouveau coup de sonnette vint y mettre fin et donner le signal pour commencer sérieusement, ce qui fit que l'orchestre se mit à jouer une multitude d'airs populaires avec variations involontaires.

Si Nicolas avait été étonné des heureux changements qu'avaient subis les acteurs, que dire de la merveilleuse transfiguration des dames! Lorsque, du fond d'un bon petit coin de la loge du directeur, il put voir Mlle Snevellicci dans toutes ses gloires de mousseline blanche à liséré d'or, et Mme Crummles dans toute sa dignité de femme de proscrit, et Mlle Bravassa dans toute sa sensibilité de confidente de Mlle Snevellicci, et Mlle Belawney dans son activité, en bas de soie blancs, de page infatigable, montant la garde en tous lieux, jurant de servir fidèlement tout le monde, à la vie et à la mort, il ne put contenir son admiration, qu'il témoigna par de grands applaudissements et l'attention la plus soutenue à la conduite de l'action.

Le sujet de la pièce était des plus intéressants. On ne pouvait pas dire qu'il appartînt plutôt à un siècle qu'à un autre, ni à une nation particulière ou à un pays déterminé, peut-être même était-ce ce qui en faisait le charme, parce que personne n'était préparé à l'avance à deviner la plus légère lueur des événements qui allaient se développer. Un proscrit avait eu le bonheur de faire quelque part quelque chose qui lui valait les honneurs d'un retour triomphal dans sa patrie, au bruit des acclamations et du violon. Il revenait voir sa femme, une dame d'un courage viril, qui parlait beaucoup des os de son père. Il paraît que ces os-là étaient restés sans sépulture, soit par un goût particulier du vieux monsieur, à son lit de mort, soit plutôt par la négligence impardonnable de ses parents. Ce point n'était pas éclairci. Cette femme de proscrit se trouvait, je ne sais comment, en relation avec un patriarche, qui demeurait dans un vieux château bien loin, bien loin. Le patriarche, de son côté, se trouvait être le père de plusieurs de ces messieurs et dames de la pièce, mais il ne savait pas précisément lesquels, incertain qu'il était si c'étaient les bons ou les mauvais qu'il avait élevés dans son château; quoiqu'au fond il penchât plutôt pour cette dernière opinion. Dans cet état de malaise, il veut se récréer un peu par un banquet, pendant lequel quelqu'un vient, enveloppé dans un manteau, troubler son divertissement, en criant : « Garde à vous! » Ce quelqu'un-là n'était connu de personne (excepté de toute la salle, qui savait bien, elle, que c'était le proscrit lui-même, venu là pour des raisons restées inexpliquées, peut-être aussi pour chiper les couverts).

Il y avait aussi de petites surprises tout à fait agréables, sous forme de dialogues d'amour entre le captif au désespoir et Mlle Snevellicci, ou bien encore entre le combattant comique e Mlle Bravassa. De plus, M. Lenville avait plusieurs scènes tragiques dans les ténèbres de la nuit, pendant ses expéditions de coupe-jarret. Mais rien n'égalait l'adresse et la bravoure du combattant comique, qui savait, je ne sais comment, tout ce qui se disait dans la pièce : ni l'intrépidité de Mlle Snevellicci, qui, après avoir passé un pantalon collant, se rendait, dans cet équipage, à la prison de son amant captif, portant à la main un panier de rafraîchissements et une lanterne sourde. A la fin, on découvre que le patriarche était précisément l'homme qui avait traité avec si peu de façon les os du beau-père proscrit. Aussi la dame de ce dernier, à telle fin que de raison, va le trouver dans son château pour le tuer; elle se glisse à tâtons dans l'ombre d'une pièce obscure, où ils s'attrapent tous les uns après les autres, se prenant les uns pour les autres. Jugez de la confusion! coups de pistolet, mort d'homme, lueur de torches : après quoi le patriarche fait quatre pas en avant, pour faire observer, d'un air fin, qu'il connaît très-bien maintenant ses enfants, et ne manquera pas de le leur dire, quand ils vont être rentrés. En attendant, il ne peut pas trouver une meilleure occasion que celle-là pour marier le jeune couple agonisant. Il unit donc leurs mains avec le plein et entier agrément du page infatigable qui, se trouvant être à présent le seul personnage vivant de la pièce, montre le ciel du bout de son bonnet qu'il tient à la main droite, et la terre de sa main gauche, implore la bénédiction divine et fait signe au rideau de tomber là-dessus. Le rideau n'y manque pas, au milieu des applaudissements unanimes.

« Eh bien! qu'en dites-vous? » demanda M. Crummles à Nicolas, quand il reparut dans l'entr'acte. M. Crummles était pourpre; il avait le visage tout en feu, parce que, voyez-vous, les proscrits sont de terribles gens pour crier à tue-tête.

« J'ai trouvé cela excellent, ma foi! répondit Nicolas. Mlle Snevellicci, en particulier, a fait merveilles.

— C'est un génie, dit M. Crummles, un vrai génie, cette petite fille-là. A propos, j'ai dans l'idée de donner votre pièce, vous savez, pour sa représentation à bénéfice.

— Ah! bon!

— Vous comprenez, dit M. Crummles, des jours comme cela, on est toujours sûr du succès, et, au pis aller, si elle ne réussissait pas tout à fait comme nous devons l'espérer, eh bien! ce serait à ses risques et périls, vous sentez, non pas aux nôtres.

— Aux vôtres, vous voulez dire, reprit Nicolas.

— Aux miens, sans doute; comment donc ai-je dit? répliqua M. Crummles. Pour lundi en huit, qu'en dites-vous? Vous aurez eu grandement le temps de finir la pièce et d'apprendre votre rôle d'amoureux.

— Grandement le temps, c'est beaucoup dire, mais enfin je ne serai pas en retard, je l'espère.

— Très-bien; alors nous pouvons dire que voilà une affaire réglée. A présent, j'ai encore quelque chose à vous demander. Les jours à bénéfice, il faut toujours un peu de.... comment appeler cela? un peu d'entregent, c'est l'usage.

— Auprès des amateurs qui patronnent le théâtre, je suppose, dit Nicolas.

— Précisément. Le fait est que Snevellicci a déjà eu à Portsmouth tant de représentations de ce genre, qu'elle a besoin de chauffer le succès. Un bénéfice à la mort de sa belle-mère, un bénéfice à la mort de feu son oncle, etc. D'un autre côté, Mme Crummles et moi, nous avons eu aussi des bénéfices pour l'anniversaire de la naissance de l'enfant phénoménal, de notre mariage, etc., de sorte qu'il y a bien quelque difficulté à en attraper encore un qui en vaille la peine. Eh bien! monsieur Johnson, ne viendrez-vous pas en aide à la pauvre fille? dit Crummles, assis sur un tambour et prenant une grande prise de tabac, en le regardant fixement dans le blanc des yeux.

— Comment l'entendez-vous? répliqua Nicolas.

— Ne pourriez-vous pas lui faire demain matin le sacrifice d'une demi-heure pour l'accompagner chez deux ou trois des principaux personnages de la ville? murmura doucement le directeur d'une voix persuasive.

— Ah! grand Dieu! dit Nicolas d'un air très-peu disposé à le faire, j'en serais bien fâché.

— L'enfant l'accompagnera, monsieur Johnson. Dès les premiers moments qu'on m'en a parlé, j'ai donné la permission à l'enfant d'y aller. Vous voyez que tout se passera dans les règles de la plus stricte convenance. Mlle Snevellicci, d'ailleurs, est le temple même de l'honneur. Vous lui rendriez là un service capital : le gentleman venu de Londres, auteur de la pièce nouvelle, acteur dans la nouvelle pièce, premier début, croyez que tout cela donnerait des chances bien favorables à son bénéfice, monsieur Johnson.

— Je suis désolé de détruire des espérances flatteuses, surtout celles d'une demoiselle, répliqua Nicolas; mais réellement je ne puis me décider à m'associer à cette démarche

— Vincent, que dit donc là M. Johnson? demanda une voix tout contre son oreille, et, en se retournant, il se trouva nez à nez avec Mme Crummles et Mlle Snevellicci elle-même.

— Il n'est pas bien décidé, ma chère, répliqua M. Crummles en regardant Nicolas.

— Il n'est pas décidé, s'écria Mme Crummles, est-il possible?

— Oh! j'espère que non! cria Mlle Snevellicci; certainement non, vous n'êtes pas assez cruel. Ah! mon Dieu!... et moi qui.... Comment faire, après avoir compté là-dessus?

— M. Johnson ne persistera pas dans son refus, ma chère, dit Mme Crummles; vous n'avez pas assez mauvaise opinion de lui pour le croire. Il sait bien que la galanterie, l'humanité, tous les bons sentiments qui lui sont naturels, sont en cause et plaident en votre faveur.

— Le cœur même d'un directeur y serait sensible, dit M. Crummles en souriant.

— Et celui d'une femme de directeur aussi, ajouta Mme Crummles, toujours sur le ton de la tragédie. Allons, allons, vous commencez à vous attendrir; est-ce que je ne vous connais pas bien?

— Il n'est pas dans ma nature, dit Nicolas, attendri en effet par cet appel à ses bons sentiments, de résister aux prières, tant qu'il ne s'agit pas d'une chose absolument contraire à mes principes, et je ne vois, à vrai dire, ici, qu'un peu d'amour-propre qui me retient encore. Mais, après tout, je ne connais ici personne, personne ne me connaît. Soit! je me rends. »

Mlle Snevellicci n'eut pas plutôt entendu ces dernières paroles, qu'elle ne put s'empêcher de rougir de bonheur et d'exprimer sa reconnaissance dans des termes sur lesquels M. et Mme Crummles enchérirent encore. Tout fut arrangé à l'instant : Nicolas irait chez elle demain matin à onze heures. En attendant ils se séparèrent tous, lui pour retourner au logis reprendre son métier d'auteur, Mlle Snevellicci dans la coulisse, pour se costumer pour la seconde pièce, le directeur et sa femme pour calculer, dans leur âme désintéressée, le gain probable qu'ils feraient sur le bénéfice de Mlle Snevellicci, car une clause en bonne forme de leur traité leur adjugeait les deux tiers du profit à faire.

Le lendemain matin, à l'heure stipulée, Nicolas se rendit à la demeure de Mlle Snevellicci, chez un tailleur, sur la place appelée rue des Lombards. Le petit corridor exhalait une forte odeur de fer à repasser, et la fille du tailleur, qui était venue ouvrir la porte, était dans cet état d'animation qu'éprouve chaque ménagère à l'époque périodique d'une lessive domestique.

« N'est-ce pas ici que demeure Mlle Snevellicci? demanda Nicolas.

— Oui, monsieur, répondit la fille du tailleur.

— Auriez-vous la bonté de la prévenir que M. Johnson est ici?

— Oh! vous n'avez qu'à monter, s'il vous plaît, » répondit-elle avec un sourire.

Nicolas suivit la demoiselle, et fut introduit dans une petite pièce du premier, communiquant avec une chambre sur le derrière, où sans doute Mlle Snevellici était à déjeuner dans son lit, autant qu'il put croire, en entendant un petit cliquetis mal dissimulé de tasses et de soucoupes.

La demoiselle passa dans l'autre chambre; le cliquetis cessa pour faire place à un chuchotement; puis elle revint presque tout de suite, en priant Nicolas de vouloir bien attendre un moment : Mlle Snevellicci allait se dépêcher.

En même temps elle releva le store de la fenêtre, sans doute dans l'espérance d'occuper les yeux de M. Johnson par la vue des passants, pour le distraire des petits soins qu'elle avait à prendre dans la chambre, prit devant le feu quelques objets qu'on y avait mis sécher et qui avaient tout l'air d'être une paire de bas, et disparut.

Comme le spectacle de la rue n'avait rien de bien intéressant, Nicolas se mit à examiner la chambre avec plus de curiosité qu'il n'en aurait peut-être montré sans cela. Sur le sofa reposaient une vieille guitare, plusieurs morceaux de musique où était imprimé le pouce de l'artiste, et toute une litière de papillotes le tout pêle-mêle avec un tas d'affiches de théâtre, et une paire malpropre de souliers de satin blanc à grandes rosettes bleu de ciel; sur le dos d'une chaise pendait un tablier de mousseline commencé, avec des pochettes ornées de rubans rouges, de ces tabliers que portent les soubrettes sur la scène, et que, par conséquent, on ne voit jamais que là. Debout, dans un coin, se tenait un abrégé de bottes à revers à l'usage de Mlle Snevellicci dans ses rôles de petit jockey; enfin, on voyait près de là, sur une chaise, plié en un petit paquet, quelque chose que l'on pouvait soupçonner, sans médire, d'être la culotte courte qui tenait compagnie aux bas de soie.

Mais, ce qu'il y avait peut-être de plus intéressant, c'était l'album, tout grand ouvert, au milieu de quelques libretti in-12 épars sur la table. Dans cet album étaient collées une grande variété de réclames théâtrales en faveur de Mlle Snevellicci, extraites de différents journaux de province. On y lisait entre autres un dithyrambe en son honneur dont voici le premier sixain :

> Chante, dieu de l'amour, et dis-nous dans tes chants
> Quelle fée a voulu, pour enchanter la terre,
> Douer Snevellicci de trois dons si touchants,
> Qui la rendent ici l'idole du parterre:
> Le sourire où se peint son esprit gracieux,
> Les pleurs d'une âme tendre, et le feu de ses yeux.

Venaient à la suite une foule innombrable d'allusions également flatteuses, toutes empruntées aux gazettes; par exemple :

« Nous remarquons à l'autre page de notre numéro l'annonce d'une représentation au bénéfice de Mlle Snevellicci pour mercredi. Nous y lisons qu'à cette occasion cette charmante actrice, du plus beau talent, veut faire jouir le public d'un spectacle capable de faire bondir de plaisir le cœur d'un misanthrope. Persuadés que nos concitoyens tiennent à se montrer fidèles à ces principes de bon goût qui leur ont valu depuis longtemps une réputation méritée de connaisseurs distingués, nous prédisons d'avance à cette charmante actrice un accueil étourdissant. »

Dans une autre :

« A nos correspondants.

« J. S. est dans l'erreur quand il suppose que la belle et admirable Snevellicci, qui captive tous les soirs les cœurs de ses auditeurs sur notre joli petit théâtre, n'est pas la même demoiselle qui a reçu dernièrement des propositions honorables du jeune gentleman, possesseur d'une immense fortune, qui réside à trente-quatre lieues de la bonne ville de York. Nous avons des raisons de croire que Mlle Snevellicci est bien la demoiselle dont il a été question dans cette affaire mystérieuse et romanesque, et dont la conduite, dans cette occasion, n'a pas fait moins d'honneur à son cœur et à son jugement que ses triomphes théâtrals n'en font tous les jours à son brillant génie. »

L'album de Mlle Snevellicci n'était guère rempli que de paragraphes de ce genre, avec de longues affiches de représentations à bénéfice, toutes finissant par ces mots : « Venir de bonne heure ! » en grosses capitales.

Nicolas en avait déjà lu un bon nombre et se trouvait absorbé, pour le moment, dans un récit triste et détaillé de la suite de circonstances qui avaient déterminé chez Mlle Snevellicci une luxation de la malléole interne du pied gauche : le pied lui avait glissé sur une pelure d'orange qu'un monstre à figure humaine (ainsi s'exprimait le rédacteur du journal) avait jetée sur la scène de Winchester. Il en était au moment où elle venait de se démettre la cheville, lorsqu'il la vit tomber du ciel en personne, coiffée du fameux chapeau à corridor, et tirée à quatre épingles, avec un millier d'excuses pour l'avoir fait attendre si longtemps après l'heure convenue.

« Mais, je vous assure que c'est la faute de cette chère Ledrook qui demeure avec moi : elle s'est trouvée si indisposée cette nuit que j'ai cru qu'elle allait m'expirer dans les bras.

— Destin digne d'envie ! répliqua Nicolas. Cependant, croyez que je suis réellement fâché de ce que vous me dites là.

— Vilain flatteur que vous êtes ! dit Mlle Snevellicci en boutonnant ses gants avec une confusion inexprimable.

— Si c'est être flatteur que de rendre hommage à votre mérite et à vos charmes, reprit Nicolas la main sur l'album, vous avez ici bien des flatteurs.

— Ah ! faut-il que vous soyez terrible, d'avoir lu de pareilles choses ! Je n'oserai plus jamais vous regarder en face. C'est vrai, j'en suis toute honteuse, dit Mlle Snevellicci en saisissant l'album pour l'emporter dans son cabinet. C'est cette négligente de Ledrook : elle est vraiment détestable.

— Et moi qui croyais que vous l'aviez laissé là tout exprès pour me le faire lire, dit Nicolas; car enfin, la chose n'était pas invraisemblable.

— Je voudrais pour tout au monde que vous ne l'eussiez pas lu, répliqua Mlle Snevellicci; je n'ai jamais été si contrariée de ma vie, jamais. Mais c'est une vieille sans soin, il faudrait toujours être derrière elle. »

En ce moment la conversation fut interrompue par l'entrée

du phénomène, qui avait eu la discrétion de rester jusque-là dans la chambre à coucher, et qui se présentait enfin, avec beaucoup de grâce et de vivacité, portant à la main une très-petite ombrelle verte à large frange; la poignée du manche était absente. Après quelques mots sans intérêt, ils sortirent tous les trois dans la rue.

Le phénomène était un camarade de route assez incommode. Ce fut d'abord sa sandale qui lui sortit du pied droit, puis après cela du pied gauche; puis, quand on eut réparé ce double accident, ce fut une jambe du petit pantalon blanc qui se trouva plus longue que l'autre. Ensuite, ce fut le tour du petit parasol vert à tomber par un grillage d'où il fallut le repêcher, avec de grandes difficultés et de grands efforts. Encore, c'est qu'il n'y avait pas moyen de la gronder, c'était la fille du directeur. Aussi Nicolas prit tout cela de bonne humeur, et se remit en marche, bras dessus, bras dessous, d'un côté avec Mlle Snevellicci, et de l'autre avec l'enfant terrible.

La première maison vers laquelle ils dirigèrent leurs pas était située sur une terrasse dont l'apparence annonçait des gens comme il faut. Au toc toc modeste de Mlle Snevellicci répondit un valet de pied qui, après lui avoir ouvert, l'entendant demander si Mme Curdle était chez elle, ouvrit de grands yeux, fit toutes sortes de grimaces, et finit par dire qu'il ne savait pas, mais qu'il allait voir. En même temps il les fit entrer dans un parloir où il donna le temps aux deux servantes de la maison d'aller voir, sous un prétexte ou sous un autre, les comédiens. Enfin, après avoir échangé leurs observations dans le corridor, après bien des chuchotements et des ricanements, il se décida à monter chez madame, pour lui porter le nom de Mlle Snevellicci.

Il est bon de savoir que les gens bien informés à Portsmouth regardaient Mme Curdle comme un parfait échantillon du goût de la capitale en matière de littérature dramatique. Quant à M. Curdle, il avait fait une brochure de soixante-quatre pages, petit in-8°, sur la moralité de feu le mari de la nourrice de Juliette dans Roméo, en réponse à cette question : Si c'était réellement en son temps un « bon vivant, » comme l'avait prétendu le poëte, ou si cette critique déguisée ne venait pas plutôt d'une injuste prévention de sa veuve. Il avait, par la même occasion, démontré que l'on ne pourrait changer la ponctuation reçue de toutes les pièces de Shakespeare, sans les altérer notablement, et même sans en dénaturer le sens. Inutile de dire, par conséquent, que c'était un savant critique, un penseur original et profond.

« Ah ! c'est vous, mademoiselle Snevellicci, dit Mme Curdle en entrant dans le parloir ; et comment vous portez-vous ? »

Miss Snevellicci fit une révérence pleine de grâce ; elle exprima l'espérance que Mme Curdle se portait bien, ainsi que M. Curdle, qui ne tarda pas à paraître. Mme Curdle était en négligé du matin, avec un petit bonnet planté sur le sommet de la tête. M. Curdle avait endossé une grande robe de chambre et tenait l'index de sa main droite sur son front, d'après les portraits de Stern, depuis que je ne sais qui lui avait trouvé une grande ressemblance avec cet écrivain.

« J'ai pris la liberté de vous rendre visite, pour vous demander, madame, si vous ne voudriez pas bien souscrire à mon bénéfice, dit Mlle Snevellicci présentant son programme.

— Oh ! je ne sais vraiment qu'en dire, répliqua Mme Curdle ; ce n'est pas comme si le théâtre était encore dans ses jours de grandeur et de gloire ; — ne restez donc pas debout, mademoiselle Snevellicci, — aujourd'hui le drame est mort, bien mort.

— Certainement, dit M. Curdle, soit qu'on le considère comme l'incarnation merveilleuse des visions du poëte, ou comme la réalisation de l'intellectualité humaine qui vient dorer de ses reflets brillants nos moments de mélancolie, et ouvrir devant les yeux de notre esprit l'horizon magique d'un monde tout nouveau, le drame est mort, bien mort.

— Où trouver aujourd'hui un homme qui puisse nous rendre ces couleurs changeantes du prisme resplendissant dont le poëte a revêtu le caractère d'Hamlet ? dit Mme Curdle.

— Oui, où le trouver cet homme.... au moins sur le théâtre ? dit M. Curdle, qui n'était pas fâché de faire cette réserve en sa faveur. Hamlet ! fi donc ! c'est ridicule. Hamlet est mort, bien mort. »

En proie à ces réflexions douloureuses, M. et Mme Curdle poussèrent un soupir et restèrent quelque temps sur leurs chaises sans dire un mot. A la fin, la dame, se tournant vers Mlle Snevellicci, lui demanda quelle pièce on devait jouer.

« Une pièce toute nouvelle, dit Mlle Snevellicci. C'est monsieur qui en est l'auteur, et il y joue un rôle pour son premier début au théâtre. M. Johnson, madame.

— J'espère, monsieur, que vous avez gardé fidèlement les unités ? dit M. Curdle.

— C'est la traduction d'une pièce française, dit Nicolas. On y trouve des incidents variés, un dialogue animé, des caractères fortement tracés.

— Tout cela n'est rien, monsieur, reprit M. Curdle, sans les unités. Dans un drame, les unités avant tout.

— Pourrais-je me permettre, monsieur, dit Nicolas hésitant entre le respect que lui imposait son rôle de circonstance et l'entraînement de son humeur moqueuse, me permettre de vous demander ce que c'est que les unités ? »

M. Curdle toussa, pensa et dit :

« Les unités, monsieur, forment un corps, — comme qui dirait les tenons et les mortaises d'une charpente, — en matière de temps et de lieu, — une sorte d'union générale, si l'on veut bien me permettre cette expression hardie. Voilà, à mon sens, les unités dans le drame, autant que j'ai pu le reconnaître par l'étude approfondie que j'en ai faite, et Dieu sait si j'ai négligé de lire et de réfléchir beaucoup sur cette question. » Puis, se tournant vers le phénomène : « Je trouve, continua-t-il, en prenant l'un après l'autre tous les rôles de cet enfant, une unité de sentiment, une ampleur, une lumière nuancée, une chaleur de coloris, un ton, une harmonie, un éclat, un développement artistique de conceptions originales que je cherche en vain chez des acteurs plus anciens dans le métier. — Je ne sais pas si je me suis bien fait comprendre ?

— Parfaitement, répondit Nicolas.

— Eh bien ! vous voyez, dit M. Curdle en relevant sa cravate, voilà ma définition des unités dans le drame. »

Mme Curdle était restée à écouter cette explication lucide avec un air de vive sympathie, et, quand la tirade fut finie, elle demanda à M. Curdle si son intention était de souscrire.

« Mais, ma chère, je ne sais pas. En vérité, je n'en sais rien, dit M. Curdle. Si nous souscrivons, il faut qu'on sache bien que nous n'entendons pas par là garantir le mérite de la représentation. Il faut faire connaître au monde que nous n'y donnons pas la sanction de notre nom ; que c'est purement une distinction que nous croyons devoir à Mlle Snevellicci. Une fois ce point bien et dûment établi, je regarderais volontiers comme un devoir d'étendre notre patronage au théâtre, même dans l'état de dégradation où il est tombé, par considération pour les personnes qui s'y trouvent associées.

— Avez-vous sur vous deux francs soixante centimes, mademoiselle Snevellicci, à me rendre sur cinq francs ? » dit M. Curdle en étalant quatre pièces de cent sous.

Mlle Snevellicci tâta tous les coins de son ridicule, mais il n'y avait pas une pièce de monnaie. Quant à Nicolas, son titre d'auteur lui servit naturellement d'excuse pour le dispenser de chercher dans sa bourse et de tâter ses poches.

« Voyons, dit M. Curdle, deux fois cinq font dix. C'est bien cher, miss Snevellicci, cinq francs par personne dans les loges; c'est excessivement cher pour l'état actuel du théâtre. Trois places à deux francs cinquante dans les galeries font sept francs cinquante : voilà sept francs; nous n'aurons pas de discussion, je suppose, pour cinquante centimes; ce n'est pas cinquante centimes qui nous empêcheront d'être d'accord. »

La pauvre Mlle Snevellicci prit les sept francs en faisant beaucoup de frais de remercîments et de sourires, et Mme Curdle, après avoir, en sus, donné quelques instructions particulières pour qu'on leur gardât bien leurs places, pour qu'on époussetât bien la banquette, pour qu'on leur envoyât les deux coupons de bonne heure et qu'on eût soin qu'ils fussent propres, donna le signal de la clôture en tirant la sonnette.

« Voilà de drôles de gens! dit Nicolas quand ils furent dehors.

— Je vous assure, dit Mlle Snevellicci en lui prenant le bras, que je me trouve encore très-heureuse qu'ils m'aient payé comptant. Je ne regrette pas mes cinquante centimes. Pour ce qui est du succès, cela ne les regarde pas. Avez-vous réussi, ils se vanteront de vous avoir toujours protégé. Faites-vous fiasco, ils l'auraient parié d'avance. »

A la première maison qu'ils visitèrent ensuite, ce fut pour eux un vrai triomphe : c'était là que demeuraient les six enfants en question. Ils étaient tellement émerveillés du talent déployé en public par le phénomène, que, lorsqu'on les fit venir de leur appartement particulier pour qu'ils pussent voir de près la demoiselle, ils n'eurent rien de plus pressé que de lui fourrer le doigt dans l'œil avec une foule d'autres attentions délicates propres à cet âge intéressant.

« Je ne manquerai pas certainement, dit la maîtresse de la maison après une réception des plus gracieuses, d'engager M. Borum à prendre une loge. Je n'emmènerai avec moi que deux enfants; le reste de la société se composera de gentlemen vos admirateurs, miss Snevellicci. Auguste, petit méchant, voulez-vous bien laisser la petite demoiselle tranquille? »

Auguste était un petit monsieur qui s'amusait à pincer le phénomène par derrière, sans doute pour s'assurer s'il était vrai qu'elle fût en vie.

« Vous devez être bien fatiguée, dit la maman en se retournant vers Mlle Snevellicci; je ne vous laisserai pas partir sans prendre un verre de vin. Mademoiselle Lane, ma chère, faites attention aux enfants, je vous prie. »

Mlle Lane était la gouvernante, et ce qui avait rendu l'observation de la mère nécessaire, c'était la conduite désordonnée de la plus jeune des demoiselles Borum, qui ne s'était pas contentée de chiper le petit parasol vert du phénomène, mais qui maintenant voulait l'emporter tout à fait pour son usage particulier, pendant que la malheureuse Ninette regardait d'un œil triste disparaître sa propriété.

« Mais où donc avez-vous pu apprendre tout ce que vous savez faire? dit l'excellente Mme Borum en s'adressant encore à miss Snevellicci. Je ne comprends pas.... Emma, n'ouvrez donc pas des grands yeux hébétés comme cela.... que vous puissiez rire dans une pièce, pleurer dans l'autre, et tout cela d'une façon si naturelle. Cela me passe.

— Je suis bien heureuse, madame, dit Mlle Snevellicci, de vous entendre exprimer une opinion qui m'est si favorable. C'est un vrai bonheur pour moi de penser que j'aie pu vous plaire.

— Me plaire! cria Mme Borum; et à qui donc cela ne plairait-il pas? Moi, j'irais volontiers au spectacle deux fois par semaine; j'en raffole. Seulement, je trouve que vous êtes quelquefois trop attendrissante. Ciel! dans quel état vous me mettez! Que de larmes vous me faites répandre!... Mais, au nom du ciel! miss Lane, comment pouvez-vous les laisser tourmenter cette petite fille comme cela? »

La vérité est que le phénomène se voyait à la veille d'être écartelée. Il y avait déjà deux robustes petits garçons qui l'avaient saisie chacun par une main et la tiraient en sens contraire pour essayer leurs forces. Heureusement, miss Lane, qui avait à se reprocher d'avoir été trop occupée à regarder les grands personnages pour faire attention aux petits, avertie par la réprimande de Mme Borum, arracha la malheureuse enfant à cette torture, la restaura avec un verre de vin, et bientôt le phénomène fut emmenée par sa société, heureuse d'en être quitte pour emporter de là son chapeau de gaze lilas un peu aplati, et sa robe blanche, ainsi que son pantalon, considérablement allongés par quelques solutions de continuité.

Ce fut une matinée assommante. Il y avait tant de visites à faire, et chacune des personnes visitées avait tant de choses différentes à demander! L'un voulait des tragédies, l'autre des comédies.

« Surtout, pas de danse, disaient les uns.

— Il n'y a que cela d'amusant, » disaient les autres.

Ici, le chanteur comique avait décidément baissé beaucoup; là, on espérait bien qu'on lui donnerait un rôle plus long qu'à l'ordinaire. Il y avait des gens qui ne voulaient pas promettre d'y aller, parce qu'il y en avait d'autres qui ne voulaient pas non plus promettre d'y aller; mais il y en avait aussi qui ne voulaient pas y aller du tout, parce qu'il y en avait d'autres qui y allaient.

Enfin, petit à petit, après avoir promis aux uns de retrancher ceci, aux autres d'ajouter cela, miss Snevellicci s'engagea à donner un spectacle auquel on ne pouvait toujours pas reprocher d'être trop court ou trop uniforme, car il comptait, entre autres bagatelles, quatre pièces, des chants divers, quelques combats plusieurs danses. A leur retour, je vous réponds qu'ils en avaient assez de leurs fatigues du jour.

Nicolas eut bientôt achevé sa pièce, que l'on mit aussitôt à l'étude. Alors, il s'occupa d'étudier lui-même son rôle avec une grande activité. Le jour de la répétition, il le joua, au dire de toute la troupe, dans la perfection; et puis enfin le grand jour arriva. Le crieur fit sa ronde dès le matin dans la ville, annonça le divertissement du soir à son de cloche dans tous les quartiers, les places et les carrefours. Des affiches-monstres de trois pieds de long sur neuf pouces de large furent dispersées dans toutes les directions. On les flanquait, à travers la grille, dans les cuisines des sous-sol; on les jetait dans la boîte aux journaux, sous tous les marteaux de porte; on les développait dans toutes les boutiques, on les placardait même sur tous les murs, mais avec moins de succès, vu qu'on avait eu le tort de confier l'entreprise de l'affichage à une personne illettrée, en l'absence de l'afficheur officiel indisposé, ce qui fit qu'il y en eut une partie de collées sens dessus dessous et l'autre en travers.

A cinq heures et demie, il y eut une poussade de quatre personnes à la porte de la galerie; à six heures moins un quart, la queue se composait d'une douzaine au moins d'amateurs; à six heures, on trépignait des pieds d'une manière effrayante, et, quand l'aîné des fils Crummles vint ouvrir la porte, s'il n'avait pas pris la précaution de se tenir derrière, il aurait risqué de perdre la vie.

Mme Grudden, en moins de dix minutes, fit une recette de dix-neuf francs quinze centimes.

Derrière la toile, mêmes symptômes d'agitation inaccoutumée. Mlle Snevellicci était dans un tel état de transpiration, qu'elle ne pouvait pas faire tenir son fard sur ses joues. Mme Crummles était si émue, que c'était à peine si elle pouvait se rappeler son rôle. Les anglaises de Mlle Bravassa se défrisaient de chaleur et d'impatience. Il n'y avait pas jusqu'à M. Crummles lui-même qui était toujours à regarder par le trou du rideau, pour revenir annoncer à chaque instant qu'il venait encore d'entrer un individu au parterre.

Enfin, enfin, le dernier coup d'archet, et la toile se lève sur la pièce nouvelle. Comme il n'y avait pas d'acteur remarquable dans la première scène, elle se passa d'une façon assez calme; mais, dans la seconde, à l'apparition de Mlle Snevellicci en compagnie du phénomène son enfant, quel tonnerre d'applaudissements! La loge des Borum tout entière se leva comme un seul homme, agitant mouchoirs et chapeaux, et vociférant des bravos à outrance. Mme Borum et la gouvernante jetèrent sur le théâtre des couronnes, dont les unes voltigèrent parmi les quinquets, et dont une autre alla décorer le chef d'un gros monsieur du parterre, trop occupé à regarder la pièce pour s'apercevoir seulement de cet insigne honneur. Le tailleur et sa famille tapaient des pieds sur le parquet des loges supérieures avec une telle fureur d'enthousiasme, qu'on put craindre un moment qu'ils n'allassent bientôt défoncer tout et passer au travers. Le garçon limonadier, avec sa *limonade et bière*, restait cloué au centre du théâtre. On vit même un jeune officier, soupçonné d'un attachement de cœur pour Mlle Snevellicci, s'enfoncer son lorgnon dans le coin de l'œil, sans doute pour cacher une larme. Une fois deux fois, Mlle Snevellicci fit des révérences de plus en plus profondes, et une fois, deux fois, les applaudissements redoublèrent, de plus en plus éclatants. Enfin, quand le phénomène eut ramassé une des couronnes roussie par les quinquets et l'eut placée de travers sur l'œil gauche de Mlle Snevellicci, l'enthousiasme arriva à son paroxysme, et la pièce, un moment interrompue, reprit son cours.

Mais quand Nicolas en vint à sa scène passionnée avec Mme Crummles, c'est alors qu'on battit des mains; et quand Mme Crummles, son indigne mère, se mit à l'appeler en ricanant un petit présomptueux, et qu'il fit tête à ses insultes, c'est alors qu'il y eut un tumulte d'applaudissements; et quand il eut sa querelle avec l'autre monsieur au sujet de la demoiselle, quand il mit sur la table sa boîte à pistolets, en disant que, si l'autre était un gentleman, il se battrait avec lui dans le salon même jusqu'à ce que les meubles fussent tachés du sang de l'un des combattants sinon de tous deux, c'est alors que, depuis les loges jusqu'au paradis, sans oublier le parterre, il n'y eut qu'un cri d'admiration retentissant; et quand il dit à la mère son fait, parce qu'elle ne voulait pas lâcher les biens de la demoiselle, et quand, la voyant s'attendrir, il s'attendrit à son tour et tomba sur un genou pour lui demander sa bénédiction, c'est alors qu'il fallait voir les dames sangloter de toutes parts; et quand il se cacha derrière un rideau dans l'obscurité, et que le mauvais parent porta des coups de son épée partout, excepté à l'endroit où on voyait parfaitement passer ses jambes, c'est alors qu'un frisson d'inquiétude et de crainte électrisa l'assemblée. Son port, sa taille, sa démarche, son air, tout ce qu'il disait, tout ce qu'il faisait était accueilli avec la même faveur. Il y avait une salve d'applaudissements à la fin de toutes ses tirades, et, lorsque, en dernier lieu, dans la scène de la pompe et des cuviers, Mme Grudden alluma les feux du Bengale, et que tous les acteurs de la troupe qui n'avaient pas de rôle à jouer dans la scène vinrent se former en groupes ou se précipiter dans toutes les directions, non pas que cela fût nécessaire à l'action, mais seulement pour augmenter l'effet du tableau final, alors l'auditoire qui, pendant ce temps-là, s'était accru considérablement, s'abandonna à des transports d'enthousiasme tels que les murs de cette enceinte n'en avaient pas entendu depuis bien des années.

Bref, le succès de la pièce nouvelle et celui du nouvel acteur furent complets tous les deux, et quand on rappela, à la fin de la pièce, Mlle Snevellicci, ce fut Nicolas qui eut l'honneur de l'amener sur la scène et de partager avec elle les applaudissements.

CHAPITRE XXV.

Concernant une demoiselle qui vient de Londres rejoindre la compagnie avec un vieil amateur qu'elle traîne à sa suite : cérémonie touchante qui s'ensuit.

Comme la pièce nouvelle était décidément un succès, elle fut annoncée pour tous les soirs de spectacle jusqu'à nouvel ordre, et l'on réduisit de trois à deux les jours de relâche par semaine. Nicolas toucha des témoignages plus solides encore de la faveur publique, car, dès le samedi suivant, il empochait, par l'intermédiaire de l'infatigable Mme Grudden, la somme de trente-sept francs cinquante. Cette rémunération, qui n'était pas à dédaigner, n'était rien encore en comparaison de l'honneur et de la réputation qui s'attachèrent à sa personne. M. Curdle lui fit hommage d'une brochure de sa façon, dédiée au théâtre, avec un autographe de sa main (trésor inestimable déjà par lui-même), qu'il consigna sur la couverture, le tout accompagné d'une lettre pleine d'expressions de son estime et de l'assurance spontanée qu'il serait heureux de lire avec lui Shakspeare pendant trois heures tous les matins, avant le déjeuner, tout le temps de son séjour à Portsmouth.

« Encore du nouveau, Johnson, dit un matin M. Crummles dans un accès de joie.

— Qu'est-ce que c'est? demanda Nicolas; le poney?

— Non, non, on n'en vient jamais au poney que quand on est à bout de ressources; et j'espère bien que nous n'aurons pas besoin d'y recourir du tout de cette saison. Non, non, il ne s'agit pas du poney.

— Un garçon phénoménal, peut-être?

— Non, monsieur, répondit Crummles d'un air sérieux, il n'y a qu'un phénomène, et ce n'est pas un garçon, c'est une fille.

— C'est vrai, dit Nicolas; je vous demande pardon de cette plaisanterie. Mais alors je n'y suis plus du tout.

— Qu'est-ce que vous diriez, s'il nous venait une demoiselle de Londres? Mlle une telle, du théâtre royal de Drury Lane?

— Je dirais qu'elle ferait merveille sur l'affiche.

— Vous avez mis le doigt dessus, dit M. Crummles, mais vous pourriez ajouter qu'elle ne fera pas moins d'effet sur la scène, sans craindre de vous tromper. Tenez, regardez-moi cela, et vous m'en direz votre façon de penser. »

En même temps il déploya aux yeux de Nicolas une affiche rouge, une affiche bleue, une affiche jaune, en tête desquelles on voyait en caractères gigantesques l'annonce suivante : « Début de l'incomparable miss Petowker, du théâtre royal de Drury Lane. »

« Tiens ! dit Nicolas, mais je connais cette dame-là.

— En ce cas, vous pouvez vous flatter de connaître le plus beau talent qu'ait jamais possédé une jeune personne, repartit M. Crummles roulant les affiches; un talent cependant d'un certain genre.... d'un certain genre. La goule ou *la buveuse de sang*, ajouta M. Crummles avec un soupir prophétique, la goule n'aura qu'un temps, elle ne survivra pas à Mlle Petowker. C'est la première sylphide à moi connue que j'aie vue se tenir droite sur une jambe en jouant du tambourin de l'autre genou, une vraie sylphide.

— Et quand l'attendez-vous? demanda Nicolas.

— Aujourd'hui même. C'est une vieille amie de Mme Crummles. Mme Crummles l'a devinée de bonne heure, il n'y a personne comme elle pour cela. C'est elle qui lui a appris presque tout ce qu'elle sait. C'est Mme Crummles qui a été la première buveuse de sang.

— Comment, en vérité?

— Certainement, mais elle a été obligée d'y renoncer.

— Elle s'en est lassée?

— Non, c'est le public. Personne ne pouvait y résister, elle faisait frémir. Ah! vous ne connaissez pas encore sa capacité. »

Nicolas se hasarda à dire qu'il la connaissait bien.

« Non, non, c'est impossible, dit M. Crummles; c'est impossible, voyez-vous. Son pays ne la connaîtra que quand elle ne sera plus. Chaque année de sa vie fait éclater quelque talent nouveau chez cette femme étonnante. Voyez : mère de six enfants, dont trois vivants, tous artistes dramatiques.

— C'est extraordinaire, cria Nicolas.

— Ah! oui, c'est extraordinaire, allez! répliqua M. Crummles prenant avec complaisance une prise de tabac et secouant la tête d'un air grave. Si je vous disais que moi-même j'ignorais qu'elle sût danser, jusqu'à son dernier jour de bénéfice, où elle a joué Juliette et Hélène Mac-Gregor, ce qui ne l'a pas empêchée de danser dans les entr'actes la bourrée écossaise sur la corde roide. La première fois que j'ai vu cette femme admirable, Johnson, continua M. Crummles en approchant sa chaise pour lui parler de plus près sur le ton d'une confiante amitié, elle se tenait toute droite sur la tête au bout d'une pique, entourée de feux d'artifice.

— Vous m'étonnez, dit Nicolas.

— Je crois bien, elle m'a étonné moi-même, ajouta M. Crummles de l'air le plus sérieux du monde; tant de grâce et tant de dignité tout ensemble! A partir de ce moment-là, je suis devenu son adorateur. »

L'arrivée de l'objet de ces éloges mérités vint brusquement mettre un terme au panégyrique de M. Crummles; presque aussitôt après, maître Percy Crummles entra avec une lettre venue par la poste, et adressée à sa gracieuse mère. Mme Crummles n'eut besoin que d'en voir la suscription pour s'écrier aussitôt : «D'Henriette Petowker, sur ma parole!» et en même temps elle se plongea dans cette lecture intéressante.

« Eh bien! et...? demanda M. Crummles.

— Oui, oui, tout va à merveille, répondit-elle avant d'avoir laissé M. Crummles achever sa question. J'en suis bien contente pour elle.

— C'est bien en effet la plus heureuse aventure que j'aie jamais vue, dit M. Crummles. » Et alors M. Crummles, Mme Crummles, et maître Percy Crummles tombèrent tous les trois dans un fou rire. Nicolas les laissa s'en donner à cœur joie et retourna chez lui, sans se rendre compte du rapport mystérieux qu'il pouvait y avoir entre Mlle Petowker et cet accès de gaieté, et songeant à l'extrême surprise de cette demoiselle quand elle apprendrait son enrôlement soudain dans une profession dont elle était elle-même une des glorieuses colonnes.

Mais, à cet égard, il était dans une profonde erreur. En effet, soit que M. Vincent Crummles eût préparé la voie, ou que Mlle Petowker eût quelque raison particulière de le traiter encore avec plus d'amabilité qu'à l'ordinaire, leur entrevue le lendemain au théâtre eut plutôt l'air de la rencontre d'une paire d'amis intimes, qui ne se sont jamais quittés depuis leur enfance, que d'une reconnaissance passagère entre un monsieur et une dame qui se sont vus seulement une douzaine de fois, et encore par pur hasard. Miss Petowker, bien au contraire, commença par lui dire à l'oreille qu'elle n'avait pas dit un mot de Kenwigs à la famille Crummles, et qu'elle avait fait remonter leur connaissance réciproque à leur fréquentation respective des cercles les plus distingués et les plus à la mode : et, comme elle voyait Nicolas accueillir cette confidence avec une surprise qui n'était pas jouée, elle ajouta, avec un coup d'œil des plus aimables, qu'elle avait voulu se créer ainsi des titres à son obligeance, et qu'elle comptait la mettre à contribution avant peu.

Nicolas eut l'honneur, le soir même, de jouer dans une petite pièce avec miss Petowker ; il ne put s'empêcher de remarquer qu'elle n'était guère applaudie avec chaleur que par un parapluie obstiné des secondes loges. Il remarqua bien aussi que l'enchanteresse lançait de temps en temps un regard fascinateur du côté même d'où partaient les bravos, et, à chaque coup d'œil nouveau, le parapluie répondait par un nouveau trémoussement. Il y eut même un moment où il crut voir, dans le coin qui était le point de mire des yeux de Mlle Petowker, une forme de chapeau qui ne lui était pas tout à fait inconnue ; mais occupé qu'il était de son rôle dans la pièce, il ne fit plus attention à ce détail et l'avait même complétement oublié quand il rentra chez lui.

Il venait de se mettre à table pour souper avec Smike, quand une personne de la maison frappa à sa porte et lui annonça qu'il y avait en bas un monsieur qui désirait parler à M. Johnson.

« Eh bien ! en ce cas, il n'a qu'à monter : ce n'est pas plus difficile que cela, répliqua Nicolas. Sans doute un camarade qui a faim, Smike. »

Smike regarda le morceau de bœuf froid, calculant, sans rien dire, ce qu'il en fallait garder pour le dîner du lendemain, et remit dans l'assiette une tranche qu'il avait déjà coupée pour lui, pour réparer la brèche que le visiteur allait sans doute faire à leur propriété.

« Il faut que ce soit quelqu'un qui n'est pas encore venu ici, dit Nicolas, car je l'entends trébucher à chaque marche. Entrez, entrez !... Il n'est pas Dieu possible : M. Lillyvick ! »

C'était lui, c'était le percepteur des taxes aquatiques qui, regardant Nicolas d'un œil fixe et d'un air impassible, lui donna une poignée de main avec la majesté la plus solennelle, et prit un siége au coin du feu.

« Eh ! dit Nicolas, vous ici? et depuis quand?

— Depuis ce matin, monsieur.

— Ah ! je comprends, alors vous étiez au théâtre ce soir, et c'était votre par....

— Mon parapluie; le voici en personne. » Et M. Lillyvick présentait un gros parapluie de coton dont la pointe en fer était bien avariée. « Qu'est-ce que vous dites du spectacle?

— Autant qu'on en peut juger de la scène, il me semble qu'il a été très-agréable. .

— Agréable ! cria le percepteur; vous pouvez dire hardiment, monsieur, qu'il était délicieux. »

M. Lillyvick, en même temps, se pencha en avant pour prononcer le dernier mot avec plus d'énergie; puis il se redressa, fronçant le sourcil et remuant la tête.

« Ah ! dit Nicolas, un peu surpris de ces symptômes d'approbation délirante; oui, c'est une habile femme.

— C'est une divinité, répliqua M. Lillyvick en donnant du bout de son susdit parapluie un toc toc de percepteur sur le plancher. Vous pouvez croire, monsieur, que j'ai déjà connu plus d'une actrice divine; c'était moi qui allais percevoir, c'est-à-dire qui allais voir, qui allais souvent voir si je pouvais percevoir le montant de la taxe chez une dame actrice qui a demeuré plus de quatre ans dans ma circonscription; mais jamais, non, monsieur, jamais, de toutes ces divines créatures, actrices ou non, je n'en ai vu de plus divine que miss Henriette Petowker. »

Nicolas eut bien de la peine à s'empêcher de rire; il se garda bien de dire un mot. Il se contenta, pour toute réponse, de rendre chaque fois à M. Lillyvick ses signes de tête, et resta silencieux.

« Je voudrais vous dire un mot en particulier, » dit M. Lillyvick.

Nicolas regarda Smike, qui comprit son désir et disparut.

« Ce n'est pas grand'chose qu'un célibataire, dit M. Lillyvick.

— Vraiment? répondit Nicolas.

— Certainement, reprit le percepteur. Voici bientôt soixante ans que je suis de ce monde, et je dois savoir ce qui en est.

— Qu'il doive le savoir, pensa Nicolas, c'est positif, mais qu'il le sache, c'est une autre question.

— Si un célibataire a eu le bonheur de mettre de côté un peu d'argent, dit M. Lillyvick, ses frères et sœurs, neveux et nièces pensent à cet argent beaucoup plus qu'à lui, fût-il même, en raison de son caractère public, le chef de la famille et pour ainsi dire le grand canal où débouchent tous les petits tuyaux. Ils ne font que souhaiter sa mort tout le temps, et rien n'égale leur découragement quand ils le voient en bonne santé. Et tout cela, parce qu'ils brûlent d'hériter de son petit bien! Cela ne vous étonne pas, n'est-ce pas?

— Oh! c'est vrai, trop vrai! répliqua Nicolas.

— La grande raison pour ne pas se marier, c'est que l'on craint la dépense, et c'est là ce qui m'a retenu. Autrement, parbleu! dit M. Lillyvick en faisant claquer ses doigts, j'aurais pu avoir cinquante femmes.

— De belles femmes? demanda Nicolas.

— Oui, monsieur, de belles femmes. Je ne dis pas d'aussi belles femmes qu'Henriette Petowker, celle-là n'est pas un modèle ordinaire, mais des femmes enfin telles que tout le monde ne peut pas se flatter d'en rencontrer tous les jours sur son chemin. Maintenant, supposez qu'un homme épouse une fortune, non pas précisément avec sa femme, mais dans sa femme même....

— Diantre! Mais alors, répliqua Nicolas, cet homme-là n'est pas à plaindre.

— C'est justement ce que je me dis, répliqua le percepteur en lui caressant par amitié la tête avec le manche de son parapluie; c'est justement ce que je me dis. Henriette Petowker, la fameuse Henriette Petowker a par elle-même une fortune dans son talent, et je vais....

— En faire Mme Lillyvick? dit Nicolas.

— Non, monsieur, non, pas Mme Lillyvick, repartit le percepteur : une actrice garde toujours son nom, c'est la règle mais enfin je vais l'épouser, et pas plus tard qu'après-demain.

— Je vous en fais mon compliment, monsieur, dit Nicolas.

— Merci, monsieur, continua le percepteur en boutonnant son gilet. Je toucherai ses honoraires, naturellement, et j'espère, après tout, que la vie n'est guère plus chère pour deux que pour un : c'est toujours une consolation

— Une consolation! vous n'avez aucun besoin de consolation dans un pareil moment.

— Non, reprit M. Lillyvick secouant la tête avec vivacité, non, vous avez raison.

— Mais qu'êtes-vous venus faire ici tous les deux, si vous êtes sur le point de vous marier, monsieur Lillyvick? demanda Nicolas.

— Voilà justement ce que je venais vous expliquer : la vérité est que nous avons jugé à propos de cacher notre mariage à la famille.

— La famille? dit Nicolas; quelle famille?

— Vous savez bien, les Kenwigs. Si par malheur ma nièce ou ses enfants en avaient entendu souffler le mot avant mon départ, je les aurais vus tomber du haut mal à mes pieds, et je ne m'en serais jamais tiré avant de m'engager par serment à ne jamais épouser personne. Sans cela, qui sait s'ils n'auraient pas fait nommer une commission d'enquête pour me faire interdire. Le percepteur, à ces mots, tremblait encore de tous ses membres en songeant à toutes les horribles choses qu'on aurait pu lui faire.

— C'est vrai, dit Nicolas, ils auraient été jaloux, ce n'est pas douteux.

— C'est pour éviter tout cela qu'Henriette Petowker et moi nous sommes convenus entre nous qu'elle viendrait ici, chez ses amis les Crummles, sous prétexte de s'enrôler dans leur troupe, et que moi, je quitterais Londres le lendemain pour aller la rejoindre à Guildford, dans la diligence. C'est ce que j'ai fait, et nous sommes arrivés ensemble de Guildford hier au soir. A présent, si nous avons pensé à vous faire confidence de notre secret, c'est dans la crainte qu'en écrivant à M. Noggs vous n'allassiez lui parler de nous. Nous partirons de chez les Crummles pour la célébration du mariage, et nous serons charmés de vous voir, soit avant la cérémonie à l'église, soit après, au déjeuner, à votre choix. Vous sentez, continua le percepteur qui tenait à éviter toute méprise sur ce point, que nous n'avons pas fait de folies : quelques rôties et du café, avec des crevettes peut-être, ou quelque chose comme cela pour se régaler, voilà tout.

— Bon, bon, je comprends, dit Nicolas; je serai très-heureux d'aller vous voir; j'accepte votre invitation avec le plus grand plaisir. Où reste madame? chez les Crummles?

— Non pas, ils n'auraient pu la loger convenablement la nuit; elle a préféré descendre chez une de ses connaissances qui demeure déjà avec une autre demoiselle, toutes deux artistes dramatiques.

— C'est sans doute miss Snevellicci?

— Précisément, c'est là son nom.

— Et ce sont ces demoiselles, je suppose, qui seront ses filles d'honneur?

— Si c'était tout, dit le percepteur d'un air contrarié; mais on veut lui en donner quatre. J'ai peur qu'on ne vise un peu trop à la mise en scène.

— Oh que non! répliqua Nicolas, qui avait toutes les peines du monde à déguiser son envie de rire sous une toux peu naturelle. Et quelles seront les quatre?

— D'abord miss Snevellicci, cela va sans dire; miss Ledrook, puis le.... le.... phénomène, dit en grognant le percepteur.

— Ha! ha! cria Nicolas; excusez-moi, je ne sais pas ce que j'ai à rire comme cela ce soir. Ma foi, ce sera très-joli : le phénomène, et puis après?

— Une autre demoiselle, je ne sais pas qui, répondit le percepteur levant le siége, quelque autre amie d'Henriette Petowker; à propos, je vous recommande bien de n'en rien dire à personne, n'est-ce pas?

— Soyez tranquille, répondit Nicolas; c'est convenu. Ne voudriez-vous pas avant de partir accepter quelque chose?

— Non, dit le percepteur; je n'ai pas d'appétit. J'ai dans l'idée que ce doit être quelque chose de bien amusant que d'être marié, hein?

— Cela ne fait pas pour moi l'ombre d'un doute, répondit Nicolas.

— Certainement, reprit le percepteur, certainement.... oui, oui, sans aucun doute. Bonsoir. »

Là-dessus, M. Lillyvick, qui, pendant tout le cours de son entrevue, avait montré dans ses manières le mélange le plus extraordinaire de précipitation, d'hésitation, de confiance, de doute, d'entraînement, de déception, d'abattement, de présomption, descendit l'escalier et laissa Nicolas rire tout seul à son aise, tant qu'il voudrait.

Sans nous arrêter à rechercher si le jour suivant parut à Nicolas exactement composé du même nombre d'heures et de la même longueur qu'à l'ordinaire, nous demanderons la permission de remarquer au moins que les personnes qui avaient un intérêt plus direct dans la prochaine cérémonie trouvèrent qu'il s'écoula avec une rapidité prodigieuse. Ainsi, quand miss Petowker s'éveilla le lendemain matin dans la chambre de Mlle Snevellicci, elle ne voulut jamais croire qu'elle en fût déjà réellement au jour qui devait éclairer un si grand changement dans sa condition.

« Non, je ne le croirai jamais, dit-elle ; réellement ce n'est pas possible ; vous aurez beau dire, je ne pourrai jamais me décider à consommer un pareil sacrifice. »

A ces mots, Mlle Snevellicci et Mlle Ledrook, qui savaient parfaitement qu'il y avait déjà trois ou quatre ans que leur belle amie était décidée à faire de gaieté de cœur, aussitôt qu'on voudrait, ce terrible sacrifice, et qu'il ne lui avait manqué que la rencontre d'un monsieur un peu sortable pour le consommer, se mirent à lui prêcher le courage et la fermeté ; à lui faire sentir combien elle devait être fière de se voir à même de faire à tout jamais le bonheur d'un objet digne de son choix ; combien il était nécessaire à la béatitude de l'espèce humaine en général, que les femmes, en pareille occasion, s'armassent de courage et de résignation ; elles-mêmes, et toutes persuadées qu'elles étaient que la véritable félicité consistait dans le célibat, qu'elles ne voudraient pas changer pour tout l'or du monde, cependant, grâce à Dieu, si jamais elles devaient en venir là à leur tour, elles avaient l'espérance de connaître trop bien alors leur devoir pour s'y soustraire ; elles ne s'en soumettraient qu'avec plus de douceur et d'humilité de cœur à une destinée que la Providence leur aurait visiblement imposée pour le contentement et la récompense de leurs frères et de leurs semblables.

« Ce serait, dit Mlle Snevellicci, un coup terrible pour moi, je l'avoue, de me voir obligée à rompre mes vieilles relations et tout ce que vous voudrez dans ce genre-là ; mais je me soumettrais,ma chère, vous pouvez en être sûre.

— Et moi aussi, dit Mlle Ledrook. Je bénirais plutôt le joug conjugal que je ne le maudirais ; j'ai déjà tant fait de malheureux, que j'en suis toute triste : c'est affreux, voyez-vous, de songer à cela.

— Certainement, dit Mlle Snevellicci ; mais, voyez-vous, ma chère petite, nous n'avons que le temps de l'apprêter, ou vous verrez que nous serons en retard. »

Grâce à ce sermon pieux, et peut-être aussi à la crainte de se mettre en retard, la fiancée put supporter sans trop d'émoi la cérémonie de sa toilette de mariée. Après quoi, pour affermir ses membres délicats et lui donner une démarche plus assurée, on lui administra, par doses alternatives, quelques tasses de thé fort et quelques petits verres d'eau-de-vie.

« Eh bien! vous trouvez-vous un peu mieux, ma bonne amie? demanda Mlle Snevellicci.

— Oh! Lillyvick, cria la fiancée, si vous saviez toute la grandeur du sacrifice que je vais faire pour vous!

— Va, va, ma chère, il le sait bien, et il ne l'oubliera pas, dit Mlle Ledrook.

— En êtes-vous bien sûre? criait toujours Mlle Petowker, qui montrait réellement de grandes dispositions pour jouer la comédie, en êtes-vous bien sûre? croyez-vous que Lillyvick se le rappellera toujours.... toujours.... toujours.... toujours?... »

Personne ne peut dire où se serait arrêté ce transport de sensibilité, si Mlle Snevellicci n'avait pas annoncé au moment même l'arrivée d'une citadine. La fiancée fut tellement étourdie de cette nouvelle, qu'elle réprima immédiatement divers symptômes alarmants qui continuaient d'être très-violents, courut à la glace pour donner à sa toilette un dernier coup d'œil, et déclara avec calme qu'elle était prête à marcher au sacrifice.

En conséquence, on la porta plutôt qu'on ne la conduisit jusqu'à la voiture; et là on *la soutint*, comme disait Mlle Snevellicci, en lui faisant continuellement respirer un flacon de sel volatil, et continuellement déguster un flacon de cognac avec quelques autres stimulants de même nature; tant qu'enfin elles arrivèrent à la porte du directeur, déjà ouverte par les deux jeunes Crummles, qui portaient des cocardes blanches et qui s'étaient parés des gilets les plus distingués et les plus resplendissants de toute la garde-robe théâtrale. Les efforts combinés de ces deux messieurs et des filles d'honneur, assistés par le cocher, finirent par déposer miss Petowker, dans un état d'épuisement inquiétant, sur le palier du premier étage; mais là, elle n'eut pas plutôt rencontré les yeux de son jeune fiancé, qu'elle se trouva mal, comme le voulait le décorum de la circonstance.

« Henriette Petowker! dit le percepteur, allons, remettez-vous, ma belle amie. »

Miss Petowker eut la force de se cramponner à la main du percepteur; mais elle n'eut pas la force de dire un mot: elle était trop émue.

« Quoi! je vous fais donc bien peur, Henriette Petowker, dit le percepteur.

— Oh! non, non, non, répondit la fiancée; mais tous les amis, les chers petits amis des jours de ma jeunesse, les abandonner tous; quel coup terrible! »

Après ces expressions générales de chagrin, miss Petowker se mit à compter un par un les chers petits amis des jours de sa jeunesse, en invitant chacun de ceux qui étaient présents, à son tour, à venir l'embrasser. Ce n'était pas tout : elle se ressouvint ensuite que Mme Crummles avait été pour elle plus qu'une mère; après cela, que M. Crummles avait été pour elle plus qu'un père ; après cela, que les petits MM. Crummles et Mlle Nina Crummles avaient été pour elle plus que des frères et sœurs. Tous ces souvenirs variés, avec accompagnement d'embrassades, ne laissèrent pas de durer longtemps; il fallut ensuite qu'on les menât bon train à l'église pour réparer le temps perdu.

La file de voitures se composait de deux citadines. Dans la première était Mlle Bravassa, la quatrième fille d'honneur, Mme Crummles, le percepteur et M. Folair, qu'il avait pris pour témoin dans cette occasion; l'autre voiture possédait la fiancée, M. Crummles, Mlle Snevellicci, Mlle Ledrook et le phénomène. Les costumes étaient magnifiques : les filles d'honneur étaient toutes couvertes de fleurs artificielles, et le phénomène, en particulier, disparaissait presque tout entier sous le bosquet portatif dans lequel elle était enchâssée. Mlle Ledrook, qui avait une tournure d'esprit un peu romanesque, portait sur le sein la miniature d'un officier général inconnu, qu'elle avait achetée à bon marché quelques jours avant. Les autres dames étalaient des articles éblouissants de bijouterie d'imitation, mais une imitation qu'on aurait jurée vraie ; quant à Mme Crummles, elle posait dans tout l'éclat de sa majesté tragique, qui attirait l'admiration de tous les passants.

Cependant je ne sais pas si la mine de M. Crummles n'avait pas encore quelque chose de plus frappant et de mieux approprié à la circonstance, que tous les autres membres de la compagnie. M. Crummles, qui représentait le père de la fiancée, avait eu l'idée heureuse et originale de se composer pour son rôle un costume particulier. Il s'était d'abord affublé d'une perruque de théâtre dans le style et sur le modèle de celle que l'on connaît généralement sous le nom de perruque de M. Pigeon, en harmonie avec un habillement complet de drap tabac du siècle précédent, des bas de soie gris et des souliers à boucles. Pour mieux entrer dans l'esprit de son rôle, il avait pris le parti de se montrer très-affecté; et, par conséquent, lorsque le cortége passa sous le porche de l'Eglise, les sanglots de ce père sensible fendaient si bien le cœur, que le bedeau lui proposa de se retirer un moment dans la sacristie, pour se remettre en buvant un verre d'eau avant le commencement de la cérémonie. Ce fut un beau spectacle de voir la procession se développer pour aller au chœur, la fiancée et ses quatre filles d'honneur formant un groupe convenu et répété d'avance; le percepteur suivi de son témoin, qui modelait sur lui sa démarche et ses gestes, de manière à faire mourir de rire quelques artistes de ses amis placés dans la galerie. M. Crummles marchait d'un pas faible et débile; Mme Crummles, au contraire, avançait de ce pas de théâtre composé d'une grande enjambée et d'une halte alternatives. Jamais vous ne vîtes spectacle où il y eût plus d'ensemble. La cérémonie ne fut pas longue, et quand toutes les personnes présentes eurent signé le registre, ce que M. Crummles ne put faire à son tour sans commencer par essuyer avec soin, avant de se la mettre sur le nez, une immense paire de lunettes, on revint déjeuner avec ardeur. Là, on retrouva Nicolas, qui attendait le retour.

« Allons vite! dit Crummles qui avait donné un coup de main à Mme Grudden pour le service, et, par parenthèse, il avait fait plus de frais que ne s'y attendait le percepteur, qui n'en était pas plus content; déjeunons! déjeunons. »

Il n'y eut pas besoin de le dire deux fois : la société s'étouffa à se presser contre la table du mieux qu'elle put, et se mit à l'œuvre sans tarder, Mlle Petowker rougissant toutes les fois qu'on la regardait, et mangeant à mort toutes les fois qu'on ne la regardait pas. Quant à Lillyvick, il travaillait avec la froide résolution d'un homme qui s'est dit que, puisque c'est lui qui payera toutes ces bonnes choses, il est de son devoir d'en laisser le moins possible de reste pour les Crummles.

« N'est-ce pas que c'est bientôt fait? dit M. Folair au percepteur en se mettant les coudes sur la table pour lui adresser cette question.

—Qu'est-ce qui est bientôt fait, monsieur? demanda M. Lillyvick.

— Ce nœud-là, ce nœud qui vous rive à une femme, répondit M. Folair; ce n'est pas long, hein?

— Non monsieur, répondit M. Lillyvick rouge de colère, ce n'est pas long; eh bien, après?

— Oh! rien, dit l'acteur, si ce n'est que ce n'est pas plus long que de se pendre; ha! ha! ha! »

M. Lillyvick posa sur la table son couteau et sa fourchette, et promena autour de lui sur les convives un regard d'indignation et d'étonnement.

« Se pendre! » répéta M. Lillyvick.

Profond silence.... pétrification générale, en voyant l'inexprimable dignité de M. Lillyvick.

« Se pendre ! cria encore une fois M. Lillyvick. Serait-ce un parallèle que vous entendriez établir ici entre le mariage et la pendaison ?

— Le nœud coulant, vous savez, dit M. Folair un peu dans ses petits souliers.

— Le nœud coulant, monsieur ! reprit M. Lillyvick ; qu'est-ce qui ose me parler de nœud coulant et d'Henriette Peto....

— Lillyvick, Lillyvick, lui souffla M. Crummles.

— Et d'Henriette Lillyvick à côté l'un de l'autre ? dit le percepteur. Quoi ! c'est dans cette maison, en présence de M. et de Mme Crummles, qui ont élevé une famille, modèle de talents et de vertus, pour en faire des anges et des phénomènes, qu'on viendra nous parler de nœuds coulants !

— Folair, dit M. Crummles, croyant qu'il était dans la décence de son rôle de se montrer touché de cette allusion à sa personne et à celle de son épouse, je ne m'attendais pas à cela de votre part.

— Tiens ! vous aussi, dit l'acteur infortuné. Ah çà, qu'ai-je donc fait ?

— Ce que vous avez fait, monsieur ! cria M. Lillyvick, vous avez visé la société au cœur.

— Et vous avez du même coup blessé les meilleurs et les plus tendres sentiments, ajouta Crummles, fidèle à son personnage de père noble.

— Et les liens les plus importants et les plus estimables de l'ordre social, dit le percepteur. Nœud coulant ! comme si le mariage était un piége où l'on se fait prendre, attraper, lier par la patte, au lieu d'en faire un engagement réciproque, libre et glorieux.

— Mon intention n'était pas de vous dire que vous aviez été pris au piége, attrapé et lié par la patte, répondit l'acteur ; j'en suis fâché, que voulez-vous que je vous dise ?

— Et vous avez raison de l'être, monsieur, continua Lillyvick ; et je suis charmé de voir qu'il vous reste encore assez de bons sentiments pour cela. »

Cette réplique parut devoir terminer la querelle. Mais Mme Lillyvick avait réfléchi qu'elle ne pouvait pas trouver une meilleure occasion (maintenant que l'attention de la compagnie n'avait plus d'autre objet) pour verser des torrents de larmes, et réclamer les soins des quatre filles d'honneur, qui coururent en effet à son secours ; seulement ce ne fut pas sans quelque confusion, car la chambre étant très-petite et la nappe très-longue, le premier mouvement de ces dames entraîna un régiment d'assiettes de la table au parquet. Cependant, sans tenir compte de cette circonstance, Mme Lillyvick se refusa à rien entendre avant qu'on eût fait jurer aux deux champions que les choses n'iraient pas plus loin, ce qu'ils consentirent à faire après une défense honorable; et, à partir de ce moment, M. Folair resta à bouder sur sa chaise, se contentant de pincer Nicolas à la jambe toutes les fois que l'autre disait quelque chose. C'était une manière d'exprimer son mépris, et pour la personne et pour les sentiments de l'orateur.

Il y eut ensuite un grand nombre de discours prononcés, les uns par Nicolas, les autres par Crummles, d'autres par le percepteur, chacun des fils Crummles fit le sien par forme de remerciment. Le phénomène, au nom des filles d'honneur, en adressa un aussi à la mariée, et c'est celui-là qui fit verser des larmes à Mme Crummles. On chanta un peu. Mlle Ledrook et Mlle Bravassa se livrèrent à cet exercice, et vraisemblablement on ne s'en serait pas tenu là, si le cocher de la citadine, qui attendait à la porte pour emporter l'heureux couple à l'endroit où il devait prendre le bateau à vapeur de Ryde, n'avait pas fini par envoyer un message péremptoire déclarant que, s'ils ne venaient pas tout de suite, il ne manquerait pas d'exiger un franc quatre-vingts centimes de plus en sus du prix convenu.

Cette menace effrayante fut le signal de la séparation. Après les adieux les plus pathétiques, M. Lillyvick et son épouse partirent pour Ryde où ils devaient passer le lendemain et le surlendemain, dans une retraite absolue, accompagnés seulement de l'enfant phénomenal qui avait été choisie, sur la demande expresse de M. Lillyvick, en qualité de fille d'honneur accompagnadour. La vérité est que M. Lillyvick s'était assuré, en la demandant de préférence à toute autre, que les gens du bateau à vapeur, trompés par sa petite taille, ne lui feraient payer que demi-place.

Comme c'était un jour de relâche, M. Crummles manifesta l'intention de ne pas quitter la place que l'on n'eût eu raison de tout ce qui restait à boire; mais Nicolas, qui avait à jouer le lendemain soir le rôle de Roméo pour la première fois, réussit à s'esquiver dans un moment de confusion déterminée par le développement inattendu des symptômes d'ivresse les moins équivoques de la part de Mme Grudden.

En désertant ainsi le poste, il ne céda pas seulement à son goût, mais il n'était pas sans inquiétude sur le compte de Smike qui avait à remplir le rôle de l'apothicaire, et qui n'avait encore pu réussir à se mettre rien dans la tête de cette création de

Shakspeare, si ce n'est l'idée générale et vague qu'il avait bien faim. Quant à cela, il l'avait appris avec une merveilleuse facilité, grâce sans doute aux vieux souvenirs de Dotheboys-Hall.

« Je ne sais plus que faire, Smike, dit Nicolas posant là le livre ; j'ai peur, mon pauvre garçon, que vous ne puissiez jamais l'apprendre par cœur.

— J'en ai bien peur aussi, dit Smike en secouant la tête. Je crois pourtant que si vous.... mais ce serait bien ennuyeux pour vous.

— Quoi? demanda Nicolas ; ne vous inquiétez pas de moi.

— Je crois, dit Smike, que si vous vous donniez la peine de me le dire par petits morceaux en me le répétant bien des fois, à force de l'entendre de votre bouche, je finirais par être capable de m'en souvenir.

— Croyez-vous? s'écria Nicolas. Eh bien! voyons qui se lassera le premier, ce ne sera pas moi, Smike, je vous en avertis. Commençons donc : *Qui est-ce qui m'appelle si haut là-bas?*

— *Qui est-ce qui m'appelle si haut là-bas?* dit Smike.

— *Qui est-ce qui m'appelle si haut là-bas?* répéta Nicolas.

— *Qui est-ce qui m'appelle si haut là-bas?* » cria Smike.

Et ils continuèrent ainsi bien des fois à se demander qui est-ce qui les appelait si haut là-bas, tant qu'enfin Smike ayant appris cette phrase par cœur, Nicolas passa à une autre ; puis il se hasarda à en dire deux à la fois, puis trois, et ainsi de suite jusqu'à ce que le pauvre Smike, à minuit, découvrit avec une joie inexprimable qu'il commençait réellement à se rappeler quelque chose de son auteur.

Le lendemain matin, de bonne heure, ils recommencèrent sur nouveaux frais, et Smike, rendu plus confiant par les progrès qu'il avait déjà faits, en fit de plus rapides encore et travailla de meilleur cœur. A mesure qu'il commençait à retenir assez fidèlement les mots, Nicolas lui montrait les gestes ; il lui apprenait à entrer sur la scène, les deux mains étalées sur son estomac, et à le frotter de temps en temps, conformément à la tradition suivie dans les pantomimes des théâtres, pour indiquer au public qu'on voudrait bien avoir quelque chose à manger. Après la répétition du matin, ils se mirent encore à l'ouvrage, sans s'arrêter, excepté pour dîner sous le pouce, jusqu'à l'heure de la représentation. Jamais maître n'eut d'élève plus appliqué, plus humble, plus docile ; jamais élève n'eut de maître plus patient, plus infatigable, plus sérieux et plus bienveillant.

Au théâtre, quand ils furent costumés, Nicolas recommença ses instructions et les renouvela chaque fois qu'il n'était pas en scène. Il ne perdit pas ses peines, car, si Roméo fut accueilli par des applaudissements chaleureux et honoré d'une faveur universelle, Smike aussi, de son côté, fut déclaré un vrai prodige par les acteurs aussi bien que par les auditeurs, qui le proclamèrent tout d'une voix le prince des apothicaires.

CHAPITRE XXVI.

Danger réel qui menace le repos de Mlle Nickleby.

Nous sommes transportés dans une longue file de pièces magnifiques d'un appartement de Regent-street. Pour les classes tristes et laborieuses, il est déjà trois heures de l'après-midi; pour les oisifs et les gens de plaisir, le matin se lève à peine. Les personnages sont lord Frédérick Verisopht et son ami sir Mulberry Hawk.

Ces beaux fils étaient étendus nonchalamment, chacun sur un sofa, et séparés seulement l'un de l'autre par une table sur laquelle on voyait servis, dans une riche confusion, les éléments d'un déjeuner encore intact. Des journaux jonchaient la chambre; mais, comme les mets qui décoraient la table, ils étaient restés là sans qu'on y eût seulement touché : et cependant, ce n'était pas l'entraînement de la conversation qui pouvait nuire aux séductions des feuilles publiques, car les deux convives n'échangeaient pas un mot ensemble, pas un son ne se faisait entendre, excepté peut-être le bruit d'un mouvement que faisait l'un ou l'autre pour accommoder le coussin sur lequel il reposait, aux besoins de sa tête appesantie : alors une exclamation d'impatience qui trahissait son malaise semblait réveiller chez son compagnon un sentiment analogue.

On en voyait assez déjà pour comprendre les excès de débauche auxquels ils s'étaient livrés la veille; mais il y avait encore bien d'autres signes des divers amusements dans lesquels ils avaient passé la soirée précédente. Des billes de billard sales et gluantes, deux chapeaux bossués, une bouteille de vin de Champagne avec un gant malpropre tortillé autour du goulot pour être plus ferme dans la main de celui qui voudrait s'en faire une arme offensive, une canne en morceaux, une boîte à jeu sans couvercle, une bourse vide, une chaîne de montre arrachée, une poignée d'argent pêle-mêle avec des fragments de cigares à demi fumés, dans des cendres de tabac réduit en poussière, témoignaient, avec bien d'autres traces non moins évidentes, du trouble et du désordre nés des orgies élégantes de la nuit précédente.

Lord Frédérick Verisopht fut le premier à ouvrir la bouche. Laissant tomber ses pieds chaussés de pantoufles sur le parquet et poussant un long bâillement, il fit des efforts pour se mettre sur son séant, et tourna ses yeux pleins d'une triste langueur vers son ami, en l'appelant d'une voix avinée.

« Hallo ! répondit sir Mulberry en se retournant.

— Est-ce que nous allons rester là toute la journée? dit le lord.

— Ma foi! je ne sais pas si nous sommes capables de faire autre chose, au moins pour un bout de temps, répliqua sir Mulberry; pour moi, je n'ai pas pour deux liards de vie dans le corps ce matin.

— La vie! cria lord Verisopht; eh bien! moi, il me semble qu'il ne pourrait rien m'arriver de meilleur et de plus agréable que de mourir tout de suite.

— Alors, qui vous empêche de mourir? » dit sir Mulberry.

Et là-dessus, il se retourna de l'autre côté, comme un homme qui veut encore essayer de faire un somme.

L'élève distingué d'un maître aussi fameux approcha sa chaise de la table pour tâter de quelques mets, mais son appétit s'y refusa; il se traîna jusqu'à la fenêtre, fit quelques tours dans la chambre en portant les mains à sa tête où bouillonnait la fièvre, et finalement se jeta encore sur son sofa, appelant de nouveau son compagnon endormi.

« Que diable me voulez-vous? » grommela sir Mulberry se redressant sur son coude.

Malgré la mauvaise humeur bien visible dont il prononça ces paroles, sans doute il ne se crut pas tout à fait maître de rester ainsi en silence, car, après s'être étendu bien des fois, après avoir déclaré en frissonnant qu'il faisait un froid infernal, il essaya à son tour de goûter au déjeuner, et se trouvant moins de répugnance pour y faire honneur que son ami moins robuste, il s'installa à la table.

« Dites donc! commença-t-il en tenant un morceau à la pointe de sa fourchette; si nous en revenions à cette amour de Nickleby?

— Quel amour de Nickleby? l'usurier ou la fille? demanda Verisopht.

— Vous savez bien ce que je veux dire, répliqua sir Mulberry; la fille, parbleu!

— Vous m'aviez promis de me la trouver, dit lord Verisopht.

— C'est vrai; mais j'y ai réfléchi depuis, vous aviez l'air de vous défier de moi; en ce cas, cherchez-la vous-même.

— No.... on.

— Eh bien! moi, je vous dis que si; vous la chercherez vous-même. Je ne veux pas pour cela vous laisser dans l'embarras; je sais bien que, si je ne m'en mêlais pas, vous chercheriez longtemps; ce n'est pas ça. Vous la chercherez et vous la trouverez, car je vous mettrai sur la voie.

— Eh bien! le diable m'emporte, si vous n'êtes pas de la tête aux pieds un réel, un véritable, un franc ami, dit le jeune lord, que les dernières paroles avaient tout à fait réveillé.

— Tenez! je vais vous dire tout, reprit sir Mulberry, la petite était une amorce à votre intention, le jour du dîner.

— Non, cria le jeune lord; que diable!...

— C'était une amorce à votre intention, répéta son ami; je le tiens du vieux Nickleby lui-même.

— Vieux renard, va! s'écria lord Verisopht, fameux coquin!

— Oui, continua sir Mulberry, il s'est dit que cette petite créature, étant assez gentille....

— Gentille, dit en l'interrompant le jeune lord; sur mon âme, Hawk, c'est une beauté parfaite.... un.... un tableau, une statue .... une.... une.... oui, sur mon âme, c'est comme cela que je la juge.

— Bon! répliqua sir Mulberry en haussant les épaules comme désintéressé dans l'affaire, chacun a son goût; si le mien ne s'accorde pas avec le vôtre, tant mieux!

— Chien de rusé! répondit le lord, avec tout cela vous l'aviez joliment accaparée, l'autre jour.

— C'est à peine si j'ai pu lui dire un mot; c'est bon pour un caprice, répliqua sir Mulberry, pas plus; elle n'en vaut pas la peine. Si vous avez sérieusement du goût pour la nièce, vous n'avez qu'à dire à l'oncle que vous voulez savoir où elle demeure, avec qui et chez qui, ou que vous lui retirez votre pratique. N'ayez pas peur qu'il vous fasse attendre.

— Pourquoi ne m'avoir pas dit cela plus tôt, demanda lord Verisopht; au lieu de me laisser brûler, consumer, faire du mauvais sang pendant un siècle?

— Ma foi! la première raison, dit négligemment sir Mulberry, c'est que je n'y ai pas pensé; la seconde, c'est que je ne vous croyais pas si amoureux. »

Mais la vérité, c'est que, depuis le dîner chez Ralph Nickleby, sir Mulberry Hawk avait essayé secrètement tous les moyens en son pouvoir pour découvrir d'où Catherine était venue et où elle était retournée le jour de cette apparition et de cette disparition subites. Or, ne pouvant s'adresser à Ralph, avec qui il n'avait eu aucune relation depuis qu'ils s'étaient séparés assez mal à cette occasion, tous ses efforts échouèrent complétement, et c'est ce qui l'avait déterminé à confier en substance au jeune lord l'aveu qui était échappé à l'honorable usurier. Il y fut encouragé par plusieurs considérations, et en particulier par le désir de s'assurer adroitement de tout ce que le jeune homme pouvait avoir appris lui-même. A la vérité, le désir de se retrouver avec la nièce de Nickleby, de faire feu de toutes ses batteries pour réduire son orgueil et se venger de son mépris, dominait en lui toute autre pensée. Mais c'était de sa part une tactique habile et qui ne pouvait tourner qu'à son avantage sous tous les rapports, que cette circonstance d'avoir arraché à Ralph Nickleby l'aveu de son intention secrète en appelant sa nièce en pareille société, rapprochée du désintéressement manifeste avec lequel il en faisait franchement confidence à son ami. Cela ne pouvait que servir puissamment ses intérêts de ce côté, et par conséquent faciliter de plus en plus le passage déjà fréquent et rapide de l'argent de lord Frédérick Verisopht des poches de ce jeune fou dans celles de sir Mulberry Hawk.

Ce n'était pas mal raisonner, et, par suite de ce raisonnement, son ami et lui furent bientôt prêts à se rendre chez Ralph Nickleby pour y exécuter un plan d'opérations de l'invention de sir Mulberry lui-même, destiné en apparence à servir la passion du lord, mais en réalité à satisfaire la sienne.

Ils trouvèrent Ralph chez lui et seul. En les faisant entrer dans le salon, le souvenir de la scène qui s'y était passé sembla lui revenir dans la pensée, car il jeta sur sir Mulberry un regard singulier auquel l'autre ne répondit que par un sourire des plus insignifiants.

Ils commencèrent par un court entretien sur leurs affaires d'argent; après quoi, fidèle aux instructions de son ami, le jeune lord pria Ralph, avec un peu d'embarras, de lui donner quelques moments d'entretien particulier.

« Ah! s'écria sir Mulberry simulant la surprise, vous voulez être seuls; très-bien! très-bien! je m'en vais passer dans la chambre voisine: seulement ne me laissez pas là trop longtemps. »

Sir Mulberry mit son chapeau et disparut, en fredonnant un

couplet, par la porte de communication entre les deux salons, et la ferma derrière lui.

« Eh bien! milord, dit Ralph, qu'avez-vous à me dire?

— Nickleby, lui dit son client se couchant tout de son long sur le sofa où il était seulement assis auparavant, pour approcher de plus près ses lèvres de l'oreille du vieux grigou, quelle jolie nièce vous avez!

— Vous trouvez, milord? répondit Ralph; c'est possible, c'est possible; je ne me tourmente pas beaucoup l'esprit de ces choses-là.

— Oh! vous savez bien que c'est la plus jolie petite fille; vous ne pouvez pas dire que vous ne le savez pas, Nickleby; allons! allons! convenez-en.

— Dame! je crois qu'en effet elle en a la réputation, et peut-être qu'elle la mérite. Mais je ne le croirais pas, que je m'en rapporterais encore à vous là-dessus, car votre goût, milord, fait loi. »

Il n'y avait que le jeune homme à qui ces mots étaient adressés qui pût s'y méprendre; mais lui, il n'avait ni oreilles pour entendre le ton moqueur du rire qui les accompagnait, ni yeux pour voir le regard de mépris que Nickleby ne cherchait pas à dissimuler. Au lieu d'en être offensé, il prit le compliment au sérieux.

« A la bonne heure! cela peut être, Nickleby; mais passons là-dessus.... Je veux savoir où demeure cette beauté, pour me donner encore le plaisir de la voir.

— En vérité! continua Ralph toujours sur le même ton.

— Ne parlez pas si haut, lui dit l'autre jouant son rôle jusqu'au bout dans la perfection, je ne veux pas que Hawk nous entende.

— Vous savez que c'est votre rival, n'est-ce pas? dit Ralph en le regardant d'un air sérieux.

— Lui, ne l'est-il pas toujours? le diable d'homme! raison de plus pour que je me cache de lui. Ha! ha! ha!... Il va me faire une jolie scène, pour vous avoir parlé en tête-à-tête sans lui. Voyons, Nickleby, décidément, où demeure-t-elle? je ne vous demande que cela; dites-moi où elle demeure.

— Le voilà qui mord à l'hameçon, se dit Ralph; cela va bien.

— Eh bien, Nickleby, où demeure-t-elle?

— Écoutez, milord, dit Ralph en se frottant lentement les mains l'une dans l'autre; réellement j'ai besoin d'y réfléchir avant de vous le dire.

— Non pas! de par le diable, Nickleby, pas la moindre réflexion : où est-ce?

— Elle n'a rien à gagner à votre connaissance, répliqua Ralph : elle a reçu une éducation honnête et vertueuse, c'est une bonne petite fille sans protection.... Pauvre fille, va ! »

Ralph murmura ce court résumé de la situation de Catherine, comme en passant, et sans avoir l'intention d'en parler à d'autres qu'à lui-même. Mais en même temps, le regard sournois qu'il adressait au jeune lord trahissait son indigne tricherie.

« Puisque je vous dis que je veux seulement la voir, cria son client : on peut regarder une jolie femme sans qu'il y ait du mal à cela, n'est-ce pas ? Ainsi, où demeure-t-elle ? Vous savez, Nickleby, que vous faites de l'argent gros comme vous avec moi : eh bien ! je vous donne ma parole que je n'en irai jamais trouver d'autres que vous, si vous voulez seulement me dire cela.

— Puisque vous me le promettez, milord, dit Ralph ayant l'air de vaincre avec peine sa répugnance, comme je n'ai rien de plus à cœur que de vous obliger, et qu'il n'y a pas de mal à cela (vous me l'assurez), je vais vous le dire ; mais vous ferez bien de le garder pour vous, pour vous seul, vous m'entendez ? » Et en même temps il montrait la chambre voisine avec un signe de tête expressif.

Le jeune lord ayant l'air de ne pas sentir moins que lui la nécessité de cette précaution, Ralph lui révéla la demeure et la situation de sa nièce chez Mme Wititterly, en lui faisant observer que, d'après ce qu'il avait entendu dire de cette maison, on y était très-avide de connaissances du beau monde, et qu'un lord ne trouverait sans doute pas beaucoup de difficultés à s'y introduire, s'il y était disposé.

« Comme vous n'avez d'autre but que de la revoir, ce serait pour vous, en tout cas, un moyen d'y réussir. »

Lord Verisopht, pour reconnaître le service que lui rendait Ralph, secoua amicalement, à plusieurs reprises, sa main rude et calleuse, en lui disant tout bas qu'il ferait bien d'en rester là pour aujourd'hui, et cria à sir Mulberry-Hawk qu'il pouvait rentrer.

« Je croyais que vous aviez mis votre bonnet de nuit, dit sir Mulberry, qui reparut d'un air assez maussade.

— Je suis fâché de vous avoir retenu si longtemps, lui dit sa dupe, mais Nickleby a été si terriblement amusant, que je ne pouvais pas m'arracher de là.

— Non, non, dit Ralph, c'était bien Votre Seigneurie ; vous connaissez l'esprit, la gaieté, l'élégance, le mérite de lord Frédérick.... Prenez garde au pas, milord.... Sir Mulberry, laissez passer, je vous prie. »

Avec force révérences bien humbles, force politesses de ce genre, et toujours avec le même ricanement sur la face, Ralph se mit en devoir de reconduire ses visiteurs jusqu'au bas de l'escalier. Et pendant tout le temps, rien qu'un léger mouvement de dédain caché dans le coin de ses lèvres ne pouvait faire croire qu'il eût remarqué l'air étonné dont sir Mulberry Hawk semblait le complimenter de l'assurance et de l'habileté avec laquelle il soutenait son personnage en coquin achevé.

Avant de se séparer, ils avaient entendu sonner à la porte, et Noggs venait d'ouvrir au moment où ils arrivaient dans le vestibule. En toute autre circonstance, Newman Noggs se serait contenté de recevoir le nouveau venu en silence, ou l'aurait prié seulement de se ranger pour laisser passer la société. Mais il n'eut pas plutôt vu qui c'était, que, pour des raisons à lui connues, il se départit hardiment de la règle établie dans la maison de Ralph pendant les heures d'affaires, pour crier, d'une voix claire et sonore, en regardant venir le respectable trio : « Mme Nickleby !

— Mme Nickleby ! » cria sir Mulberry Hawk, pendant que son ami se retournait pour le regarder en face d'un air étonné.

En effet, c'était bien la bonne dame qui, toujours obligeante, venait, tout essoufflée, apporter sans retard à M. Nickleby la proposition d'un locataire qui s'était présenté pour louer la maison vacante qu'elle occupait dans la Cité.

« C'est quelqu'un que vous ne connaissez pas, dit Ralph; Entrez au bureau, ma.... ma chère ; je suis à vous à l'instant.

— Quelqu'un que je ne connais pas ! cria sir Mulberry faisant un pas vers la dame, surprise de cette démarche. N'est-ce pas Mme Nickleby, la mère de Mlle Nickleby, cette délicieuse personne que j'ai eu le bonheur de voir ici la dernière fois que j'y ai dîné ? Mais non, je me trompe, ajouta sir Mulberry s'interrompant ; non, cela ne peut pas être : ce sont bien les mêmes traits, le même air incomparable de.... Mais non, non, madame est trop jeune pour cela.

— Il me semble, mon beau-frère, dit Mme Nickleby en répondant au compliment par une salutation pleine de grâce, que vous pourriez dire à monsieur, s'il tient à le savoir, que Catherine Nickleby est bien ma fille.

— Sa fille ! milord, cria sir Mulberry en se tournant vers son ami ; la fille de madame, milord !

— Milord ! se dit en elle-même Mme Nickleby. Eh bien ! voici la première fois que.....

— En ce cas, milord, dit sir Mulberry, madame a bien fait de se marier ; si elle n'avait pas eu cette obligeance, nous ne lui devrions pas le bonheur de connaître sa fille, la charmante Mlle Nickleby. Remarquez-vous, milord, quelle ressemblance extraordinaire ? Nickleby, présentez-nous donc. »

Ralph le fit à contre-cœur.

« Sur mon honneur, je suis enchanté de cette occasion, dit lord Frédérick passant devant sir Mulberry ; comment vous portez-vous ? »

Mme Nickleby était trop émue de ces salutations si amicales et si imprévues (que n'avait-elle pu les prévoir : elle eût mis au moins son autre chapeau !), qu'elle ne sut que répondre sur le moment; elle se contenta de saluer et de sourire, avec une agitation visible dans toute sa personne.

« Eh bien ! comment va Mlle Nickleby ? dit lord Frédérick ; j'espère qu'elle est en bonne santé.

— Très-bien, je vous remercie, milord, répondit Mme Nickleby commençant à se remettre, très-bien. Elle a été assez mal pendant quelques jours après le dîner chez son oncle, et j'ai dans l'idée qu'elle aura attrapé un rhume dans ce fiacre, en revenant à la maison. Les fiacres, milord, sont si désagréables, qu'il vaut encore mieux, je crois, aller à pied. Par exemple, je me suis laissé dire qu'on peut faire condamner un cocher de fiacre à la transportation perpétuelle, quand il a un carreau cassé; eh bien ! ils sont si négligents, qu'ils ont presque tous des carreaux cassés. J'ai eu une fois la figure enflée par une fluxion pendant six semaines, milord, pour avoir été en fiacre. Je crois bien que c'était un fiacre, ajouta-t-elle en réfléchissant ; cependant, je n'en suis pas sûre : ce pourrait bien être un petit coupé. Tout ce que je sais, c'est qu'il était vert-bouteille, avec un grand numéro qui commençait par un zéro et finissait par un neuf. Non, au contraire, il commençait par un neuf et finissait par un zéro ; bien, c'est cela ! Et, par conséquent, on pourrait tout de suite savoir au timbre, pour peu qu'on voulût s'en informer, si c'était un fiacre ou un petit coupé. Enfin, toujours est-il qu'il y avait un carreau cassé, et que j'en ai eu la figure enflée pendant six semaines. Je crois que, depuis, c'est le même fiacre que nous avons trouvé avec la capote rabattue pendant tout le temps ; nous n'y aurions même pas fait attention, si on ne nous avait pas fait payer pour cela un franc vingt-cinq centimes en sus par heure, car tel est le règlement, à moins qu'il n'ait changé, et, en vérité, c'est un règlement odieux. Je ne m'y connais pas, c'est vrai, mais je crois pouvoir dire que la loi des céréales n'est rien auprès de cet acte inique du parlement. »

Après cette excursion un peu longue, tout d'une haleine, Mme Nickleby s'arrêta brusquement comme elle avait commencé, pour répéter que Catherine se portait très-bien. « Et même, ajouta-t-elle, je crois qu'elle ne s'est jamais mieux portée depuis sa coqueluche, qu'elle a eu en même temps que la fièvre scarlatine et la rougeole, c'est bien la vérité.

— La lettre que vous avez là est-elle pour moi? demanda Ralph d'un ton bourru, en montrant le petit paquet que Mme Nickleby tenait à la main.

— Oui, mon beau-frère, répondit Mme Nickleby; et j'ai fait tout le chemin à pied pour vous l'apporter.

— Tout le chemin à pied! cria sir Mulberry saisissant l'occasion qui se présentait de découvrir sa demeure; il y a une chienne de trotte. Combien comptez-vous de distance?

— De distance? voyons : il y a plus d'un grand kilomètre de la porte de notre maison à Old-Bailey.

— Non, non, pas tant, reprit sir Mulberry.

— Oh! que si, dit Mme Nickleby; je m'en rapporte à milord.

— Moi, je suis de l'avis de Mme Nickleby, dit lord Frédérick d'un air solennel; je crois qu'il y a plus d'un grand kilomètre.

— C'est bien le compte, à un mètre près, dit Mme Nickleby. Voyez donc : Newgate-street tout du long, puis Cheapside, jusqu'à Lombard-street, Gracechurch-street tout du long, Thomas-street, jusqu'au quai de Spigwiffin. Oh! certainement, il y a plus d'un grand kilomètre.

— C'est vrai; en y réfléchissant, je commence à le croire, répliqua sir Mulberry. Mais vous ne vous proposez pas, sans doute, de retourner à pied.

— Oh! non, je prendrai un omnibus. Ah! mon beau-frère, du vivant de mon pauvre cher Nicolas, je n'ai jamais pris d'omnibus, mais, que voulez-vous? à présent il faut bien....

— C'est bon, c'est bon, reprit Ralph impatienté; je crois, en effet, que vous feriez bien de vous en retourner avant qu'il fasse nuit.

— Merci, mon beau-frère, vous avez raison. Je pense comme vous, et je vais tout de suite vous souhaiter le bonsoir.

— Vous ne voulez pas rester à.... vous reposer? dit Ralph, qui n'offrait jamais un verre d'eau que lorsqu'il *prévoyait* pouvoir y gagner quelque chose.

— Ah ! bon Dieu ! non, répondit Mme Nickleby en jetant un coup d'œil sur la pendule.

— Lord Frédérick, dit sir Mulberry, nous allons du côté de Mme Nickleby ; si vous voulez, nous la mettrons dans l'omnibus.

— C'est cela, ou....i.

— Ah ! vraiment je crains de vous gêner, » dit Mme Nickleby.

Mais sir Mulberry Hawk et lord Verisopht ne voulurent pas entendre parler de la laisser aller seule, et, prenant congé de Ralph, qui paraissait croire, avec raison, qu'il n'avait rien de mieux à faire, pour ne pas ajouter au ridicule de sa situation, que de rester simple spectateur de leur combat de politesse, ils quittèrent la maison en mettant entre eux deux Mme Nickleby. Quant à la bonne dame, rien ne pourrait dépeindre dans quelle extase de satisfaction l'avaient mise les attentions des deux gentlemen titrés, et la conviction que Catherine n'avait plus qu'à se baisser et en prendre, avec le choix entre deux fortunes brillantes et deux maris des mieux qualifiés.

Pendant qu'elle se berçait à plaisir dans le cours irrésistible de ses pensées ambitieuses, et qu'elle lisait dans l'avenir la grandeur future de sa fille, sir Mulberry Hawk et son ami échangeaient des regards moqueurs par-dessus son chapeau, ce chapeau qu'elle avait tant de regret de n'avoir pas laissé chez elle, et ne tarissaient pas en admiration respectueuse sur les perfections infinies de Mlle Nickleby.

« Quelles jouissances, quelles consolations, quel bonheur vous devez trouver dans la société de cette aimable personne ! disait sir Mulberry en donnant à sa voix l'accent de la plus tendre émotion.

— C'est vrai, monsieur, répondit Mme Nickleby, c'est bien la meilleure créature, le cœur le plus dévoué, l'esprit le plus....

— Oui, elle a l'air d'en avoir beaucoup, de l'esprit, dit lord Verisopht avec l'air d'un connaisseur en fait d'esprit.

— Pour cela, je puis vous en répondre, milord, continua Mme Nickleby. Quand elle était à sa pension, en Devonshire, on la regardait généralement comme celle qui en avait le plus, sans exception, et, certainement, il n'en manquait pas d'autres qui en avaient beaucoup aussi, vous pouvez croire. Vingt-cinq demoiselles, toutes payant douze cent cinquante francs par an, non compris les mémoires, avec les deux demoiselles Dowdles, les plus charmantes femmes, les plus élégantes, les plus séduisantes.... Mon Dieu ! ajoutait Mme Nickleby, je n'oublierai jamais la satisfaction qu'elle nous donnait, à son pauvre cher père et à moi, quand elle était à sa pension ; jamais je n'oublierai la jolie lettre qu'elle nous écrivait tous les six mois pour nous dire qu'elle était la première de tout l'établissement, et celle qui avait fait le plus de progrès. Rien que d'y penser, j'en suis encore tout ému. Les pensionnaires écrivaient toutes leurs lettres elles-mêmes. Le maître d'écriture n'avait plus qu'à les retoucher au verre grossissant, avec une plume d'argent. Du moins, je crois bien que les demoiselles les écrivaient elles-mêmes, bien que Catherine ne s'en soit jamais expliquée bien clairement, parce que, disait-elle, elle ne reconnaissait plus là son écriture. Mais, dans tous les cas, je sais qu'elles copiaient toutes cette circulaire qu'on leur donnait pour écrire à leurs parents, qui, naturellement, étaient bien enchantés de la recevoir, bien enchantés. »

Tels étaient les souvenirs qui servirent à Mme Nickleby à charmer les ennuis du chemin jusqu'à la station de l'omnibus. Là, l'extrême politesse de ses nouveaux amis ne leur permit pas de la laisser seule jusqu'au départ. Alors seulement ils lui tirèrent leur chapeau avec la plus respectueuse déférence, et lui envoyèrent des baisers d'adieu avec leurs gants de chevreau jaune-paille, jusqu'à ce qu'elle et l'omnibus eurent entièrement disparu à leurs yeux.

Mme Nickleby alla s'enfoncer dans un coin de la voiture, ferma les yeux et se livra à son aise à une foule de suppositions, toutes plus agréables les unes que les autres. Catherine ne lui avait jamais dit un mot de la rencontre qu'elle avait faite de ces gentlemen, ce qui prouvait bien, selon elle, qu'elle avait une forte inclination pour l'un d'eux. Mais lequel? voilà la question. Le lord était plus jeune que l'autre, et son titre supérieur. Mais Catherine n'était pas fille à se laisser séduire par de si pauvres considérations. « Je ne contrarierai jamais ses inclinations, se disait Mme Nickleby; mais, si c'était moi, je ne ferais aucune comparaison entre Sa Seigneurie et sir Mulberry. Sir Mulberry est un gentleman si plein d'attentions délicates, il a de si belles manières, une si belle tournure : il a tout pour lui! J'espère que c'est sir Mulberry qu'elle a distingué; oui, ce doit être lui. » Et alors voilà ses pensées qui s'envolent et l'emportent vers ses anciennes prophéties, au temps où elle avait prédit tant de fois que Catherine sans fortune ferait un plus beau mariage que bien des demoiselles fières de leurs dots superbes; et repassant dans son imagination, avec toute la vivacité de la tendresse d'une mère, la beauté, la grâce de la pauvre fille qui avait accepté si vaillamment la lutte cruelle de sa vie d'épreuves laborieuses, son cœur débordait en un ruisseau de larmes qui inondait ses joues.

Pendant ce temps-là, Ralph se promenait de long en large dans son arrière-cabinet, l'esprit troublé de ce qui venait de se passer. Dire que Ralph aimait quelqu'un, ou même qu'il s'intéressait, dans l'acception la plus ordinaire du mot, à quelqu'une des créatures du bon Dieu, ce serait la fiction la plus extravagante. Et cependant, sans le vouloir, de temps en temps il se surprenait à penser à sa nièce avec une ombre de compassion et de pitié. A travers l'épais nuage de dégoût ou d'indifférence dans lequel il confondait hommes, femmes et enfants, Catherine lui apparaissait comme une faible lueur, un petit rayon pâle et débile, qui perçait pourtant ces ténèbres, et la montrait à ses yeux plus pure et plus lumineuse que tous les visages humains qui eussent jamais occupé un de ses regards.

« Je suis fâché, se disait-il, de ce que j'ai fait. Cependant c'était un moyen de m'assurer ce jeune fou jusqu'à ce que je l'aie mis à sec. Vendre une jeune fille, l'exposer à la séduction, à l'insulte, à des propos grossiers ! avec tout cela voilà déjà cinquante mille francs que cela m'a rapporté. Bah ! les mères qui marient leurs filles en font autant tous les jours. »

Il s'assit et calcula sur ses doigts les chances pour et contre.

« Quand je ne les aurais pas mis aujourd'hui sur la piste, cette sotte femme l'aurait toujours fait. Si sa fille est aussi sûre d'elle qu'elle doit l'être, qu'a-t-elle à craindre ? Elle en sera quitte pour un peu de tracas, d'humiliation, au pis pour quelques larmes. Ma foi ! dit Ralph à haute voix en se parlant à lui-même, c'est à elle à se tirer de là, c'est à elle à se tirer de là. » Et là-dessus il ferma à clef son coffre-fort.

CHAPITRE XXVII.

Mme Nickleby fait la connaissance de MM. Pike et Pluck, qui lui montrent un intérêt et une affection inimaginables.

Il y avait longtemps que Mme Nickleby n'était rentrée chez elle le cœur aussi fier et le visage aussi important qu'en descendant de l'omnibus, dont elle continua de ressasser en son esprit les charmantes visions, comme elle n'avait pas cessé de faire tout le long du chemin. Lady Mulberry Hawk, voilà son idée fixe. Lady Mulberry Hawk ! « Mardi dernier, à Saint-Georges, place de Hanovre, par-devant le très-révérend évêque de Landaff, sir Mulberry Hawk, de Mulberry-Château, Galles du Nord, a épousé Catherine, fille unique de feu Nicolas Nickleby, esquire, de Devonshire.... En vérité, cria Mme Nickleby, interrompant son rêve, voilà qui résonne tout à fait bien à l'oreille! »

Après avoir accompli, toujours en idée, la cérémonie, sans oublier les plaisirs qui la suivent, le tout à son parfait contentement, l'ardente imagination de Mme Nickleby lui représenta la longue suite d'honneurs et de distinctions qui allaient pleuvoir sur Catherine dans sa nouvelle condition, dans sa sphère brillante. D'abord elle allait être présentée à la cour, cela va sans dire. Puis à l'anniversaire de sa naissance, le dix-neuf juillet (à trois heures dix minutes du matin, par parenthèse, car elle se rappelait bien avoir demandé l'heure au moment même), sir Mulberry donnait un grand festin à tous ses fermiers et ses tenanciers, et leur faisait la remise de trois pour cent sur le montant du dernier semestre, comme on ne manquait pas d'en faire l'observation avec éloge dans le *Times*, au chapitre des nouvelles du grand monde, pour la plus grande satisfaction des lecteurs émerveillés d'une telle largesse. Puis le portrait de Catherine se trouvait dans une demi-douzaine au moins de calendriers élégants, avec un petit poëme en regard, imprimé en mignonne :

VERS INSPIRÉS PAR LA CONTEMPLATION DU PORTRAIT DE LADY MULBERRY HAWK, PAR SIR DINGLEBY DABBER.

Peut-être même l'un de ces almanachs, un peu plus étendu que les autres, contiendrait aussi un portrait de la mère de lady Mulberry Hawk, avec des vers en son honneur, par le père de sir Dingleby Dabber. On a vu des choses plus extraordinaires, et des portraits moins intéressants. A cette pensée rapide, la bonne dame prenait à son insu une expression de physionomie souriante et languissante, caractère obligé de tous ces portraits, et qui contribue peut-être à les rendre tous si charmants et si agréables.

C'est à bâtir tous ces châteaux en l'air, dans son imagination triomphante, que Mme Nickleby occupa sa soirée entière, après avoir eu l'honneur de se voir présenter les amis titrés de Ralph. Et la nuit son sommeil s'en ressentit, car elle n'eut que des rêves prophétiques, dorés comme ses rêves du soir. Le lendemain elle était en train de préparer son dîner frugal, toujours sous l'empire des mêmes idées, un peu décolorées pourtant par le sommeil et le grand jour, quand la bonne qu'elle avait prise, tant pour lui tenir compagnie que pour l'assister dans les soins du ménage, se précipita dans la chambre avec tous les symptômes d'une agitation inaccoutumée, lui annonçant qu'il y avait deux messieurs qui attendaient dans le corridor la permission de monter la voir.

« Bonté divine! crie Mme Nickleby ajustant à la hâte son tour et son bonnet, si c'étaient.... Quel ennui! les faire attendre si longtemps dans le corridor. Mais allez donc, stupide que vous êtes, et priez-les de monter. »

Pendant que la bonne allait exécuter cette commission, Mme Nickleby se dépêcha de fourrer dans un buffet tous les vestiges de son déjeuner. Elle n'eut après cela que le temps bien juste de s'asseoir et de composer son visage, avant que les deux visiteurs, qui lui étaient parfaitement inconnus, se fussent présentés devant elle.

« Comment vous portez-*vous?* dit un de ces messieurs, appuyant très-fort sur le dernier mot de sa question.

— *Comment* vous portez-vous? » dit l'autre monsieur, qui, pour varier ce salut uniforme, aima mieux appuyer sur le premier mot.

Mme Nickleby fit la révérence, sourit, fit une seconde révérence, et remarqua en même temps, en se frottant les mains, qu'elle n'avait pas.... réellement.... l'honneur de....

« De nous connaître, dit le premier. C'est nous qui avons à nous en plaindre, madame Nickleby. N'est-ce pas nous qui avons à nous en plaindre, Pyke?

— C'est nous, Pluck, sans aucun doute, répondit l'autre.

— Nous en avons exprimé souvent le regret, je crois. Qu'en dites-vous, Pyke?

— Bien souvent, Pluck, répondit son partner.

— Heureusement qu'aujourd'hui, dit le premier interlocuteur, nous goûtons ce bonheur après lequel nous avons tant de fois langui et soupiré. Voyons, Pyke, avons-nous ou n'avons-nous pas langui et soupiré après ce bonheur?

— Vous me faites là une question inutile, Pluck; vous savez bien ce qui en est, dit Pyke d'un ton de reproche.

— Vous l'entendez, madame, dit M. Pluck se retournant vers elle, vous entendez le témoignage irrécusable de mon ami Pyke? A propos, cela me rappelle que, dans une société civilisée, on ne doit pas s'affranchir des formes de la politesse. Permettez-moi de vous présenter Pyke, madame Nickleby. »

M. Pyke, la main sur le cœur, s'inclina aussi bas qu'il le put.

« A présent, dit M. Pluck, faut-il que je me présente moi-même avec les mêmes cérémonies? Faut-il que je vous dise moi-même que je m'appelle Pluck, ou que je demande à mon ami Pyke, que sa présentation en forme autorise à le faire, de me rendre ce service en vous disant, madame Nickleby, que je m'appelle Pluck? Faut-il que je réclame l'honneur de votre connaissance seulement au nom du vif intérêt que je prends à ce qui vous touche, ou en me faisant connaître à vous comme l'ami de sir Mulberry Hawk? Voilà, madame Nickleby, les réflexions que je soumets à votre jugement.

— Un ami de sir Mulberry Hawk ne saurait avoir de meilleure recommandation près de moi, dit gracieusement Mme Nickleby.

— Je suis charmé de ces dispositions, dit M. Pluck prenant une chaise pour s'asseoir tout près de Mme Nickleby. C'est un grand bonheur pour moi de voir que vous teniez en si haute estime mon excellent ami sir Mulberry, et, entre nous, madame Nickleby, sir Mulberry sera bien heureux de l'apprendre; mais je dis très-heureux, madame Nickleby. Pyke, vous pouvez vous asseoir.

— La bonne opinion que je puis avoir de sir Mulberry, dit Mme Nickleby, toute glorieuse en elle-même de sa finesse merveilleuse, ne saurait avoir une grande importance pour un gentleman comme lui.

— Une grande importance! s'écria M. Pluck. Pyke! quelle importance peut avoir, pour notre ami sir Mulberry, la bonne opinion de madame Nickleby?

— Quelle importance? répéta son écho.

— Oui, recommença Pluck; n'a-t-elle pas la plus grande importance?

— La plus grande importance, répéta Pyke.

— Madame Nickleby ne peut pas ignorer, dit M. Pluck, l'impression immense que cette charmante fille a....

— Pluck, lui dit son ami, prenez garde.

— Pyke a raison, marmotta M. Pluck après quelques moments de silence. Je n'aurais pas dû parler de cela. Pyke a tout à fait raison. Je vous remercie, Pyke.

— Eh bien! réellement, se disait Mme Nickleby en elle-même, je n'ai jamais vu pareille délicatesse. »

M. Pluck, après avoir fait semblant, pendant quelques minutes, de se trouver dans le plus grand embarras, recommença la conversation, en priant Mme Nickleby de ne pas faire attention à ce qui lui était échappé par inadvertance, et de n'en accuser que son imprudence, sa témérité, son indiscrétion. Il n'avait qu'une excuse à faire valoir auprès d'elle : c'étaient ses bonnes intentions, auxquelles il la suppliait de croire avec confiance.

« Mais, continua-t-il, quand je vois, d'un côté, tant de beauté, tant de charmes, et, de l'autre, tant d'ardeur, tant de dévouement, je.... Ah! pardonnez-moi, madame, c'est sans intention que j'y revenais encore. Voyons, Pyke, parlons d'autre chose.

— Nous avons promis, dit Pyke, à sir Mulberry et à lord Frédérick, de venir ce matin nous informer si vous n'aviez pas pris un rhume hier au soir.

— Pas le moins du monde, répondit Mme Nickleby. Veuillez bien remercier Sa Seigneurie et sir Mulberry de leur exquise politesse; mais je n'ai point attrapé de rhume, et c'est d'autant plus singulier que j'y suis en effet sujette, très-sujette. J'en ai gagné un, un jour, je crois que c'était en 1817. Voyons, quatre et cinq font neuf.... oui, c'était bien en 1817. J'ai cru que je n'en guérirais jamais; mais sérieusement, là, j'ai bien cru que je n'en guérirais jamais. Et, en effet, je n'ai pu m'en débarrasser qu'à l'aide d'un remède dont vous n'avez peut-être jamais entendu parler, monsieur Pluck. Vous prenez quatre litres d'eau presque bouillante, avec une livre de sel gris, douze sous de son première qualité, et vous y tenez la tête.... qu'est-ce que je dis donc, la tête?... les pieds pendant vingt minutes, tous les soirs au moment de vous coucher. C'est une recette très-extraordinaire, n'est-ce pas? J'en ai fait usage, pour la première fois, le lendemain de Noël, et, pas plus tard qu'à la mi-avril, mon rhume était parti. Vraiment, quand on y pense, cela tient du prodige, car je l'avais déjà depuis le commencement de septembre.

— Mais c'était une abominable calamité, dit M. Pyke.

— Parfaitement horrible, s'écria M. Pluck.

— Heureusement que nous avons la consolation d'apprendre que Mme Nickleby s'en est bien remise, n'est-ce pas, Pluck? dit M. Pyke.

— C'est là la circonstance qui donne au récit un si palpitant intérêt, répliqua M. Pluck.

— Mais à propos, dit Pyke, comme se rappelant tout à coup quelque chose qu'il avait oublié, il ne faut pas que le plaisir de cet entretien nous fasse perdre de vue notre mission; nous sommes venus en mission, madame Nickleby.

— En mission! s'écria la bonne dame, qui vit aussitôt se présenter à son esprit, sous les plus vives couleurs, une demande en mariage pour Catherine.

— De la part de sir Mulberry, reprit Pyke. Vous devez vous ennuyer ici, toute seule?

— Un peu, je l'avoue, dit Mme Nickleby.

— Eh bien! sir Mulberry Hawk nous envoie vous présenter ses compliments, en vous priant instamment d'accepter une place dans sa loge pour ce soir, dit M. Pluck.

— Ah ciel! dit Mme Nickleby, et moi qui ne sors jamais, jamais.

— Raison de plus, ma chère madame Nickleby, pour sortir ce soir, repartit M. Pluck. Pyke, priez donc Mme Nickleby.

— Oh! je vous en prie, dit Pyke.

— Vous ne pouvez absolument pas faire autrement, dit Pluck avec insistance.

— Vous êtes bien bon, dit Mme Nickleby encore indécise, mais....

— Il n'y a pas de mais, ma chère madame Nickleby : ce n'est pas un mot qui puisse se trouver dans notre vocabulaire. Votre beau-frère est de la partie, lord Frédérick est de la partie, sir Mulberry est de la partie. Pyke est de la partie, il n'est donc pas possible de refuser. Sir Mulberry vous enverra prendre en voiture à sept heures moins vingt minutes, pour que vous arriviez au lever du rideau. Vous ne serez pas assez cruelle pour désespérer toute la société, madame Nickleby.

— Vous êtes si pressant qu'en vérité je ne sais que répondre, répliqua la digne Mme Nickleby.

— Écoutez : vous n'en direz rien, pas un mot, pas le plus petit mot, très-chère madame, lui dit à l'oreille l'honorable M. Pluck. Je sais qu'en vous faisant la confidence que je vais vous faire, je manque à la discrétion que j'ai promise : mais j'espère que vous la trouverez excusable, et pourtant, si mon ami Pyke pouvait seulement s'en douter, avec la délicatesse des sentiments d'honneur que je lui connais, madame Nickleby, il n'attendrait seulement pas le dîner pour me faire une querelle. »

Mme Nickleby jeta un regard craintif sur le belliqueux Pyke qui était allé à la fenêtre, et M. Pluck, lui serrant la main, continua sa confidence.

« Votre fille a fait une conquête, mais une conquête dont vous me permettrez de vous faire mes compliments. C'est sir Mulberry, chère madame, sir Mulberry qui est son esclave dévoué. Hem!

— Ha! cria M. Pyke en ce moment, décrochant quelque chose du manteau de la cheminée d'un air théâtral. Qu'est-ce? que vois-je?

— Que voyez-vous, mon cher ami? demanda M. Pluck.

— Voilà bien la figure, la physionomie, l'expression faiblement reproduites, il est vrai, imparfaitement rendues, mais enfin c'est toujours la figure, la physionomie, cria M. Pyke se jetant dans un fauteuil, une miniature dans la main.

— Quoi! je la reconnais d'ici, s'écria M. Pluck dans un accès d'enthousiasme; n'est-ce pas là, chère madame, la faible image de?...

— C'est le portrait de ma fille, » dit Mme Nickleby avec orgueil. Et c'était bien lui en effet, vu que la petite demoiselle la Creevy l'avait apporté la veille au soir pour le faire voir à la mère.

M. Pyke ne se fut pas plutôt assuré qu'il ne s'était pas trompé dans ses conjectures, qu'il se lança dans les éloges les plus extravagants de l'original divin dont il avait en main le portrait, et, dans la chaleur de son enthousiasme, il embrassait mille fois la miniature, pendant que M. Pluck pressait contre son cœur la main de Mme Nickleby en lui enviant le bonheur d'être la mère d'une telle fille. avec le témoignage d'une affection si profonde et si tendre qu'il en avait, ou peu s'en faut, la larme à l'œil.

La pauvre Mme Nickleby, qui avait commencé par lui prêter l'oreille avec un plaisir bien facile à comprendre, finit par être toute confuse de ces marques de respectueux attachement pour elle et sa famille; et la servante elle-même, qui était venue regarder à travers la porte, resta comme clouée là par son étonnement, en voyant les transports et l'extase des deux amis nouveaux qui rendaient visite à Mme Nickleby.

Cependant, petit à petit, ces émotions vives finirent par se calmer, et Mme Nickleby ne manqua pas d'entretenir ses hôtes de ses regrets amers sur sa fortune passée. Elle leur fit même une description pittoresque de son ancienne maison de campagne, sans oublier le détail des différentes chambres, pas même le petit cabinet destiné aux provisions. Elle compta toutes les marches qu'il y avait à descendre pour aller au jardin, leur indiqua le détour qu'il fallait prendre en sortant du parloir; elle leur fit le catalogue de tous les ustensiles intéressants que l'on trouvait dans la cuisine. Par une liaison d'idées naturelle, elle passa de la cuisine à la buanderie, où elle se trouva embarrassée au milieu de tous les instruments employés pour brasser la bière. Je ne sais quand elle s'en serait tirée, si M. Pyke, en entendant parler de bière, ne s'était en même temps rappelé, par une heureuse analogie, qu'il avait une soif terrible.

« Vous ne savez pas, Pluck, je vais vous dire quelque chose:

si vous voulez envoyer chercher, au cabaret voisin, un pot de bière half-and-half, franchement et véritablement je le boirai avec plaisir. »

Et en effet, franchement et véritablement, M. Pyke l'avala avec l'aide de M. Pluck, pendant que Mme Nickleby ne savait ce qu'elle devait admirer le plus, de la complaisance ou de l'habileté qu'ils montraient à boire à même du pot d'étain. Elle ne savait pas, comme nous pouvons l'expliquer à nos lecteurs, qu'il n'est pas rare de voir les gens qui font métier, comme MM. Pyke et Pluck, de vivre de leur esprit ou plutôt du défaut d'esprit des autres, réduits de temps en temps à de dures nécessités, et par conséquent accoutumés, en pareille occasion, à des régals de la nature la plus simple et la plus primitive.

« Ainsi donc, à sept heures moins vingt minutes, dit M. Pyke en levant le siége, la voiture sera devant votre porte. Voyons, regardons encore une fois, une petite fois cette charmante fille. Ah ! la voici; toujours la même, toujours la même, elle n'a pas changé (par parenthèse, où M. Pyke avait-il pris qu'une miniature pût changer en si peu de temps?). Ah! Pluck! Pluck! »

M. Pluck, à cette interpellation, ne fit pas d'autre réponse que de baiser la main de Mme Nickleby avec une grande démonstration de tendresse et d'attachement. M. Pyke, de son côté, en fit autant, et les deux gentlemen se retirèrent à la hâte.

Il n'était pas rare que Mme Nickleby se félicitât elle-même de la pénétration et de la finesse dont la nature l'avait douée. Mais cette fois elle se sentit plus que jamais charmée d'avoir tout deviné d'avance par la seule force de son esprit prévoyant. N'était-ce pas l'accomplissement exact de ses plans de la veille? Elle n'avait jamais vu sir Mulberry et Catherine ensemble; bien mieux elle n'avait même jamais entendu prononcer le nom de sir Mulberry; et cependant ne s'était-elle pas dit tout de suite où en étaient les choses? triomphe d'autant plus glorieux, qu'à présent, il n'y avait plus l'ombre d'un doute. Quand toutes ces attentions flatteuses dont elle était l'objet n'en seraient pas une preuve suffisante, l'ami de cœur, le confident de sir Mulberry n'avait-il pas assez souvent laissé échapper son secret? «Ce cher M. Pluck, dit-elle, je suis folle de lui : c'est sûr : il est si aimable! »

Cependant, il y avait quelque chose qui lui gâtait un peu son bonheur, c'est qu'elle n'avait personne à qui le confier. Deux ou trois fois, elle fut sur le point d'aller trouver directement miss la Creevy pour tout lui dire, mais, après réflexion : « Je ne sais pas, dit-elle, si je ferais bien; c'est une très-honnête personne, mais j'ai peur qu'elle ne soit beaucoup trop au-dessous du rang de sir Mulberry pour que nous fassions société avec elle, cette pauvre petite femme.» Cette grave considération la fit renoncer à l'idée de prendre l'artiste pour confidente; elle fut obligée de s'en tenir à quelques mots de vague et de mystérieuse espérance où elle fit entrevoir à la bonne une augmentation de gages Inutile de dire que la bonne reçut cette communication, si obscure qu'elle pût être, avec des marques de vénération et de respect pour l'aurore du nouvel horizon ouvert à la grandeur de Mme Nickleby.

La voiture en question ne se fit pas attendre ; ce n'était pas un fiacre, mais bien un coupé bourgeois, avec un laquais derrière dont les mollets un peu gros pour sa taille n'en auraient pas moins pu servir, en tant que mollets, de modèles excellents à l'Académie royale de peinture.

C'était plaisir d'entendre le bruit et le fracas avec lequel mil ferma la portière et monta par derrière, après avoir mi Me Nickleby dans la voiture. Aussi la pauvre dame, qui ne 'ses doutait guère qu'en appliquant sa grande canne au bout de son nez, le laquais de Sa Seigneurie s'en servait pour faire au cocher par-dessus la capote des signes télégraphiques très-peu respectueux pour elle, se tenait assise sur les coussins, pleine d'une roideur et d'une dignité bien justifiées par le sentiment d'une position qui devait la rendre si fière.

A la porte du théâtre, nouveau bruit, nouveau fracas pour ouvrir et fermer la portière, et là MM. Pyke et Pluck attendaient son arrivée pour la conduire à sa loge. Ces messieurs étaient si polis que M. Pyke, avec des jurons effroyables, menaça d'une mornifle un vieux bonhomme qui se trouvait par hasard devant elle une lanterne à la main, embarrassant le passage. Mme Nickleby, sans s'expliquer autrement l'étymologie du mot *mornifle*, n'en était pas moins effrayée en voyant l'emportement de M. Pyke et ne doutait pas qu'il n'y eût du sang de versé au bout de ce mot-là. Aussi était-elle alarmée plus qu'on ne peut dire de ce qui allait en arriver. Heureusement cependant que M. Pyke s'en tint à une mornifle purement nominale et il n'y eut pas d'autres incidents jusqu'à la loge, si ce n'est que le même gentleman, en véritable matamore, exprima le désir d'écrabouiller l'ouvreuse de loge en second pour lui apprendre à se tromper de numéro.

Mme Nickleby avait à peine eu le temps de prendre un fauteuil derrière la draperie de la loge, que sir Mulberry et lord Verisopht arrivèrent habillés de la tête aux pieds et des pieds à la tête, du bout des gants au bout des bottes, de la manière la plus riche et la plus élégante. Sir Mulberry était un peu plus enroué que la veille, et lord Verisopht un peu plus endormi et un peu plus excentrique. Mme Nickleby, en rapprochant cette remarque d'une autre observation qu'elle put faire sur le peu de solidité qu'ils semblaient avoir sur leurs jambes, en conclut, avec beaucoup de vraisemblance, qu'ils sortaient de dîner.

« Nous venons.... nous venons.... de boire à la santé de votre admirable fille, madame Nickleby, lui dit à l'oreille sir Mulberry, en s'asseyant derrière elle.

— Oh ! oh ! se dit en elle-même d'un air de connais[illegible]r la bonne dame, quand le vin entre par le gosier, la vérité so[illegible]ur les lèvres. Vous êtes bien bon, sir Mulberry.

— Non, non, ma parole d'honneur ; répliqua sir Mulberry Hawk, c'est vous qui êtes bien bonne. Ce n'est pas nous, ma parole d'honneur, c'est vraiment une grande bonté de votre part d'être venue ce soir.

— Dites plutôt que c'est une grande bonté, de la vôtre, de m'y avoir invitée, répliqua Mme Nickleby en remuant la tête avec un petit air étrangement narquois.

— Je suis si impatient de faire votre connaissance, si impatient de cultiver la bonne opinion que vous avez montrée pour moi, si désireux de voir s'établir entre nous comme une harmonie délicieuse de bon accord domestique, qu'il ne faut pas me croire le moins du monde désintéressé dans ce que je fais. Je suis diablement égoïste, allez, oh ! oui je le suis, ma parole d'honneur !

— Et moi, sir Mulberry, je suis bien sûre de n'en rien croire ; vous avez la figure trop ouverte et trop généreuse pour être égoïste.

— Quel admirable tact d'observation vous avez là ! dit sir Mulberry Hawk.

— Oh ! non, je ne me flatte pas de cela ; je ne vois pas bien loin au contraire, sir Mulberry, répliqua Mme Nickleby d'un ton de voix destiné pourtant à faire sentir au baron qu'elle voyait plus loin qu'on ne croyait peut-être.

— Eh bien, dit le baronnet, vous le croirez si vous voulez, mais vous me faites peur, répéta sir Mulberry en regardant ses compagnons à la ronde. Oui, messieurs, Mme Nickleby me fait peur, avec cette immense habileté qu'elle a pour deviner les choses. »

MM. Pyke et Pluk secouèrent la tête d'un air mystérieux, en déclarant que, pour leur part, il y avait déjà longtemps qu'il s'en étaient bien aperçus : sur quoi Mme Nickleby rit du bout des lèvres, sir Mulberry ne s'en gêna pas pour rire franchement, et Pyke et Pluck rirent tous deux aux éclats.

« Mais où donc est mon beau-frère, monsieur Mulberry? demanda Mme Nickleby; je serais ici déplacée s'il n'y venait pas : j'espère qu'il ne tardera pas.

— Pyke, » demanda sir Mulberry, tirant de sa poche son curedent et se dandinant renversé dans son fauteuil, comme s'il ne voulait pas se donner la peine d'inventer une réponse mensongère à cette question; « où est Ralph Nickleby?

—Pluck, dit Pyke singeant le baronnet et passant le mensonge à son ami; où est Ralph Nickleby? »

M. Pluck allait répliquer par quelque réponse évasive, lorsque le bruit causé par l'entrée d'une société particulière dans la loge voisine parut attirer l'attention de ces quatre messieurs qui échangèrent des mines très-significatives. Et quand les nouveaux spectateurs entamèrent ensemble une conversation, sir Mulberry eut tout à coup l'air d'y prêter une oreille très-attentive, et supplia les autres de ne pas souffler un mot, pas un mot.

« Pourquoi donc? dit Mme Nickleby; qu'est-ce qu'il y a?

— Chut! répliqua sir Mulberry lui posant la main sur le bras. Lord Frédérick, est-ce que vous ne reconnaissez pas le son de cette voix?

— Le diable m'emporte si je ne l'ai pas prise pour celle de Mlle Nickleby.

— Comment, milord? cria Mme Nickleby en avançant la tête devant la draperie; mais, en effet, Catherine! c'est bien ma chère Catherine.

— Quoi! c'est vous! vous ici, maman! Est-il possible?

— Si c'est possible? Vous voyez.

— Mais qui.... qui donc, au nom du ciel, avez-vous là avec vous, maman? dit Catherine se retirant en arrière à la vue d'un homme qui lui souriait et lui envoyait des baisers.

— Qui donc voulez-vous que ce soit, ma chère? répondit Mme Nickleby se penchant du côté de Mme Wititterly et élevant un peu la voix pour mieux se faire entendre de cette dame. Je suis avec M. Pyke, M. Pluck, sir Mulberry Hawk et lord Frédérick Verisopht.

— Dieu du ciel! se dit Catherine; comment peut-elle se trouver en pareille société! »

Cette pensée traversa son esprit comme un éclair, et en même temps, au milieu de cette surprise rapide, le souvenir de ce qui s'était passé au grand dîner de Ralph vint l'assaillir avec tant de violence qu'elle devint d'une pâleur extrême et montra les symptômes d'une agitation subite. Mme Nickleby, qui s'en aperçut aussitôt, ne manqua pas, avec sa pénétration ordinaire, d'en attribuer intérieurement la cause à un amour violent : mais, toute charmée qu'elle était de cette découverte, qui faisait tant d'honneur à son coup d'œil vif et sûr, sa tendresse maternelle n'en fut pas moins émue, et, par conséquent, elle se mit à quitter sa loge avec toutes sortes de simagrées pour passer précipitamment dans celle de Mme Wititterly. Mme Wititterly, de son côté, ravie de la glorieuse pensée qu'elle pouvait compter parmi ses visiteurs un lord et un baronnet, fit signe à M. Wititterly d'ouvrir la porte sans perdre de temps ; et leur loge, en moins de trente secondes, fut envahie par la société de Mme Nickleby, qui la remplit jusqu'à la porte, où MM. Pyke et Pluck n'avaient que la place, et bien juste, de passer leur tête et leur gilet blanc.

« Ma chère Catherine, dit Mme Nickleby embrassant sa fille avec une vive tendresse ; comme vous aviez mauvaise mine tout à l'heure ! Je vous assure que vous m'avez fait peur.

— C'était imagination toute pure, ma mère, la.... la.... réflexion des bougies peut-être, répliqua Catherine, jetant autour d'elle des regards troublés et ne sachant comment donner tout bas à sa mère un avis ou une explication qui ne fût pas entendu de tout le monde.

— Je crois que vous n'avez pas vu sir Mulberry Hawk, ma chère. »

Catherine s'inclina à peine et tourna la tête du côté de la scène en se mordant les lèvres.

Mais sir Mulberry Hawk n'était pas homme à se laisser rebuter pour si peu, il avança la main à laquelle miss Nickleby fut bien obligée de tendre la sienne, sur l'observation que lui en fit sa mère. Sir Mulberry, en la serrant, murmura une foule de compliments que Catherine, au souvenir de leur dernier entretien, considéra comme autant d'aggravations de l'insulte qu'il lui avait faite alors. Il fallut ensuite reconnaître à son tour lord Verisopht et essuyer les salutations de M. Pyke et de M. Pluck. Enfin, comme si ce n'était pas assez, elle se vit obligée, sur la demande de Mme Wititterly, de passer à la présentation officielle de tous ces odieux personnages, dont la vue ne lui inspirait que de l'indignation et de l'horreur.

« Mme Wititterly est charmée, dit M. Wititterly en se frottant les mains, charmée, je vous assure, milord, de lier avec vous aujourd'hui une connaissance qui ne fera, j'espère, milord, que devenir plus intime. Julia, ma chère, ne vous laissez pas trop émouvoir; vous savez qu'il faut vous observer. Mme Wititterly est d'une sensibilité, sir Mulberry, dont vous ne vous faites pas d'idée. La flamme d'une bougie, la lueur d'une lampe, le duvet de la pêche, la poussière des ailes d'un papillon, ne sont pas plus frêles et plus délicats ; un simple souffle, milord, et vous la verrez disparaître. »

Sir Mulberry eut l'air de croire que ce serait un procédé bien commode si l'on pouvait la faire disparaître rien qu'en soufflant dessus; toutefois, il répondit que le plaisir témoigné par M. Wititterly était réciproque. Lord Verisopht répéta qu'il était réciproque, et l'on entendit, comme un murmure lointain, la voix de MM. Pyke et Pluck répéter en écho : « *Réciproque.* »

« Vous ne sauriez croire, milord, l'intérêt que je prends aux drames, dit Mme Wititterly avec un sourire languissant.

— Oui. C'est très-intéressant, répliqua lord Verisopht.

— Je ne puis pas entendre Shakspeare sans être sûre d'en être malade, dit Mme Wititterly. Le lendemain je suis à moitié morte. La réaction est si forte après une tragédie, milord, et Shakspeare est un être si délicieux !

— Oh ! oui, répliqua lord Verisopht, c'était un habile homme.

— Le croiriez-vous, milord, dit Mme Wititterly après un long silence, je trouve que, si je prends tant d'intérêt à ses pièces, c'est surtout depuis que j'ai visité cette chère pauvre petite maison où il est né. Y avez-vous jamais été, milord ?

— Non, jamais, répondit Verisopht.

— Eh bien, réellement, vous auriez tort de ne pas y aller, reprit Mme Wititterly d'un ton traînant et plein de langueur. Je ne sais pas comment cela se fait, mais sitôt que vous avez vu les lieux et écrit votre nom sur le petit registre, vous vous sentez inspirée de manière ou d'autre par un feu intérieur qui vous enflamme.

— Oh ! oui, répondit lord Verisopht; certainement, je veux y aller.

— Julia, m'amour, dit M. Wititterly se mêlant de la conversation, vous induisez Sa Seigneurie en erreur. Oui, milord, elle vous induit en erreur involontairement. C'est votre tempérament poétique, ma chère, votre âme aérienne, votre imagination brûlante qui vous donnent ce feu sacré du génie et du sentiment : mais les lieux, ils n'y sont pour rien, pour rien du tout, ma chère.

— Je croirais volontiers, dit Mme Nickleby qui jusque-là s'était contentée d'écouter en silence, que les lieux pourraient bien y être pour quelque chose. Peu de jours après mon mariage, je suis allée avec mon pauvre cher M. Nickleby, de Birmingham à Stratford, en chaise de poste. Était-ce bien une chaise de poste ? dit Mme Nickleby réfléchissant. Oui, ce devait être une chaise de poste, car je me rappelle très-bien avoir fait la remarque, à cette époque, que le conducteur avait un garde-vue vert sur l'œil gauche. Nous partîmes donc en chaise de poste pour Birmingham, et, après avoir visité la tombe et la maison natale de Shakspeare, nous retournâmes à l'auberge du lieu où nous passâmes la nuit ; et je me souviens que, pendant toute cette nuit-là, je ne fis autre chose que de rêver d'un monsieur tout noir, de grandeur naturelle, en plâtre de Paris, avec un collet rabattu, formé par un cordonnet à deux glands, appuyé contre un pilier d'un air rêveur; et, lorsqu'en m'éveillant, le lendemain, j'en fis la description à M. Nickleby, il me dit que c'était exactement le portrait de Shakspeare, de son vivant; n'était-ce pas curieux ? Stratford, je ne me trompe pas, continua Mme Nickleby réfléchissant toujours, c'était bien Stratford ; oui, c'est cela, car je me rappelle positivement que j'étais enceinte alors de mon fils Nicolas, et que j'avais eu bien peur le jour même, en voyant un de ces petits Italiens qui colportent leurs images en plâtre, et en vérité, madame, je fus bien heureuse, murmura-t-elle tout bas à l'oreille de Mme Wititterly, que mon fils, après cela, ne soit pas devenu un Shakspeare. Je tremble de penser que j'aurais pu avoir un regard. »

Quand Mme Nickleby eut fini le récit de cette anecdote plus ou moins amusante, Pyke et Pluck, toujours occupés des intérêts de leur patron, proposèrent d'emmener dans la loge voisine une partie de la société, et ils prirent si adroitement leurs mesures que Catherine, en dépit de tout ce qu'elle put dire, dut se laisser emmener par sir Mulberry Hawk. Elle fut accompagnée, il est vrai, de sa mère et de M. Pluck ; mais la bonne dame se flattait d'avoir trop de discrétion pour ne pas détourner les yeux pendant toute la soirée, tout entière, en apparence, absorbée par les plaisanteries et la conversation de M. Pluck, qui, de son côté, placé précisément auprès de Mme Nickleby en sentinelle, pour l'occuper d'autre chose, fit toutes sortes de frais pour captiver son attention.

Lord Frédérick Verisopht resta dans la loge d'à côté pour essuyer la conversation de Mme Wititterly, et on lui laissa M. Pyke pour placer de temps en temps un mot quand il serait nécessaire. Quant à M. Wititterly, il avait bien assez à faire d'aller dans toute la salle informer ceux de ses amis et connaissances qu'il put y rencontrer, que ces deux messieurs des premières loges, qu'ils voyaient en train de causer avec Mme Wititterly, étaient l'illustre lord Frédérick Verisopht avec son plus intime ami, l'aimable sir Mulberry Hawk. En recevant cette confidence, il y eut plusieurs respectables mères de famille qui en furent dévorées de jalousie et de rage, et seize demoiselles à marier qui en furent presque réduites au désespoir.

Enfin la soirée finit, mais Catherine eut encore le dégoût de se voir reconduire en bas par cet homme qu'elle détestait, sir Mulberry; et MM. Pyke et Pluck manœuvrèrent encore avec tant d'habileté, qu'elle et le baronnet se trouvèrent à quelque distance en arrière de la société, comme par un pur effet du hasard.

« Ne vous pressez pas, ne vous pressez pas, » dit sir Mulberry, en voyant Catherine hâter le pas et se disposer à quitter son bras.

Elle ne répondit pas, mais elle ne fit que marcher plus vite.

« Qu'est-ce que vous faites donc? dit froidement sir Mulberry en l'arrêtant tout court.

— Ne cherchez pas à me retenir, monsieur, dit Catherine courroucée.

— Et pourquoi pas? repartit sir Mulberry, pourquoi donc, ma belle enfant? voulez-vous faire croire que vous êtes fâchée?

— Faire croire! répéta Catherine indignée : comment avez-vous l'audace de me parler, monsieur, de vous adresser à moi, de paraître en ma présence?

— Vous n'êtes jamais si jolie que quand vous êtes en colère, miss Nickleby, dit sir Mulberry se baissant pour mieux la voir en face.

— Tenez, monsieur, dit Catherine, je n'ai pour vous que le plus profond sentiment de haine et de mépris. Si vous trouvez en effet du plaisir à voir un regard de dégoût et d'aversion, vous pouvez.... Mais laissez-moi rejoindre ma société, monsieur, à l'instant : quelles que soient les considérations qui m'ont retenue jusqu'ici, je les sacrifierai toutes, pour faire un éclat auquel vous, vous-même, vous ne serez pas insensible, si vous ne me laissez pas immédiatement descendre. »

Sir Mulberry ne fit que sourire, la regarder de plus près encore et retenir son bras en s'avançant doucement vers la porte.

« Si vous continuez, sans respect pour mon sexe ou pour ma situation qui me laisse sans protection, cette persécution lâche et grossière, dit Catherine, sans trop savoir ce qu'elle disait, dans le tumulte des sentiments qui l'agitaient; j'ai un frère qui vous le fera payer cher un jour.

— Ma parole d'honneur, s'écria sir Mulberry comme s'il s'entretenait tranquillement avec lui-même, tout en passant son bras autour de la taille de sa belle ennemie, elle n'en est que mille fois plus charmante, et je la trouve mieux comme cela que lorsqu'elle a les yeux baissés, ou que ses traits sont dans un calme parfait. »

Catherine arrive enfin, elle ne sait comment, aux couloirs où l'attendait la compagnie, poursuit sa route sans regarder personne, se dégage brusquement de son cavalier, se précipite dans la voiture, se jette dans le coin le plus sombre, et fond en larmes.

MM. Pyke et Pluke, qui savaient bien leur métier, mirent la société en révolution à force de crier à tue-tête pour demander des voitures, et de faire des querelles d'Allemand à de pauvres gens bien inoffensifs qui attendaient à la porte. Ils profitèrent de ce tumulte habile pour planter dans son coupé Mme Nickleby tout effrayée, puis, après s'en être débarrassés, ce fut le tour de Mme Wititterly, qu'ils jetèrent exprès dans un état de frayeur et d'égarement causé par tout ce vacarme, pour qu'elle ne fît pas attention aux larmes de sa demoiselle de compagnie. Enfin, les voitures étant parties avec leur précieux fardeau, les quatre honorables, restés seuls sous le portique, se mirent à rire ensemble et s'en donnèrent à cœur-joie.

« Là! dit sir Mulberry en se tournant vers le noble lord, ne vous avais-je pas bien dit hier au soir que, si nous pouvions savoir d'un de leurs domestiques, en lui faisant donner quelque argent par ce brave camarade, où ils devaient aller passer la soirée, et nous établir nous-mêmes près d'eux avec la mère, ces gens-là ne nous résisteraient pas longtemps? eh bien! vous voyez, ç'a été l'affaire de vingt-quatre heures.

— Ou....i, répondit la dupe; mais, avec tout cela, j'ai été, moi, condamné à la société de la vieille femme toute la soirée.

— Vous l'entendez! dit sir Mulberry se retournant vers ses deux acolytes, vous l'entendez; il n'est jamais content, il grogne toujours. N'y a-t-il pas de quoi vous faire renoncer à jamais un homme à se mêler de servir ses intérêts? N'y a-t-il pas de quoi vous faire damner? »

Pyke demanda à Pluck s'il n'y avait pas de quoi faire damner, et Pluck fit la même question à Pyke; tous deux s'abstinrent de répondre.

« N'est-ce pas la vérité? demanda Verisopht. N'est-ce pas comme cela que ça s'est passé?

—N'est-ce pas comme cela que ça s'est passé? répéta sir Mulberry, mais comment vouliez-vous donc que cela se passât? Vous voulez réussir à vous faire inviter du premier coup chez les gens pour pouvoir y aller quand vous voudrez, vous en retourner quand vous voudrez, y rester tant que vous voudrez, y faire ce que vous voudrez, et vous ne voulez pas, vous, un lord, faire un peu l'aimable auprès de la maîtresse de la maison, qui est folle des grands seigneurs. Et qu'est-ce que cela me fait, à moi, cette petite fille, si ca n'était pas par amitié pour vous? N'était-ce pas bien amusant pour moi d'être toute la soirée à lui chanter vos louanges et à essuyer ses rebuffades et sa mauvaise humeur tout cela pour vous? Croyez-vous donc qu'on soit de bois? Allez, si c'était un autre que vous.... Mais voilà comme vous vous montrez reconnaissant!

— Allons, vous êtes un bon diable, dit le pauvre jeune homme en lui prenant le bras; ma parole d'honneur, vous êtes un bon diable.

— C'est bon; mais, voyons, avais-je raison? demanda sir Mulberry.

—Tout à fait raison.

— Et n'ai-je pas agi comme un pauvre chien, un chien de nigaud qui veut faire plaisir à son maître?

— Ou-i, ou-i, vous avez agi en ami, répliqua le lord.

— A la bonne heure, reprit sir Mulberry, me voilà satisfait; à présent, il ne nous reste plus qu'à aller prendre notre revanche contre le baron allemand et le Français qui nous ont si bien nettoyés hier au soir. »

Là-dessus, l'ami fidèle prit le bras de son compagnon et l'emmena avec lui, tout en se retournant vers MM. Pyke et Pluck avec un coup d'œil d'intelligence et un sourire de mépris à l'adresse de sa dupe imbécile, pendant que ces messieurs se fourraient leurs mouchoirs dans la bouche, pour s'empêcher de trahir leur gaieté par des éclats de rire, et suivaient à quelques pas de distance leur patron et sa victime.

CHAPITRE XXVIII.

Miss Nickleby, poussée au désespoir par la poursuite de sir Mulberry Hawk, ne trouve d'autre ressource pour faire face aux difficultés et aux ennuis qui l'assiégent que d'en appeler à la protection de son oncle.

Le lendemain matin, comme toujours, amena bien des réflexions, mais elles étaient de nature bien différente, selon les personnes qui avaient été réunies la veille d'une manière si inattendue, grâce à l'active industrie de MM. Pyke et Pluck.

Chez sir Mulberry Hawk, les réflexions (il m'en coûte de donner ce nom à un plan de dissipation systématique et raisonnée inventé par un homme pour rapporter à lui seul toute joie, tout regret, toute peine, tout plaisir, ne voulant voir dans l'intelligence dont il a reçu le don qu'un instrument d'avilissement pour lui-même et de dégradation pour la nature humaine dont il porte en lui l'image)....Les réflexions de sir Mulberry Hawk donc portaient tout entières sur Catherine Nickleby; et en résumé, il se disait qu'elle était véritablement charmante; que son humeur rebelle ne pouvait tenir longtemps contre un homme aussi habile, aussi roué que lui; que c'était une conquête à faire honneur à son mérite, et à rehausser singulièrement sa réputation dans le monde; et cette dernière considération, peut-être la plus importante aux yeux de sir Mulberry, ne doit pas effaroucher l'esprit scrupuleux de nos lecteurs, s'ils veulent bien se rappeler que la plupart des hommes vivent dans un monde à eux, dans un cercle limité, dont l'estime et les applaudissements sont le but unique de leur ambition. Eh bien ! son monde à lui ne se composait que de libertins, et il agissait en conséquence.

Il n'y a pas d'autres explications à tous ces traits d'injustice, d'oppression, de la plus extravagante bigoterie que nous voyons tous les jours accomplis sous nos yeux. On est dans l'usage de trompetter bien haut son étonnement, son indignation de voir les acteurs principaux de ces scènes déplorables jeter si hardiment le gant à l'opinion du monde. On se trompe et l'erreur est grossière: c'est précisément, au contraire, parce qu'ils se sont faits les esclaves de l'opinion de leur petit monde particulier, que ces choses-là se passent au grand scandale du monde véritable, qui reste muet d'étonnement.

Mme Nickleby aussi avait ses réflexions du matin; celles-là étaient de la nature la plus flatteuse pour son amour-propre; et, sous l'influence des illusions de plaisir et d'orgueil auxquels elle était en proie, elle s'assit à son secrétaire, pour écrire à Catherine une longue lettre, dans laquelle elle lui donnait son approbation pleine et entière pour l'heureux choix qu'elle avait fait : et à ce propos elle élevait au ciel sir Mulberry, ajoutant, pour rassurer davantage l'inclination de sa fille, que c'était précisément l'homme qu'elle, Mme Nickleby, aurait souhaité pour gendre, si elle avait été à même de choisir à son goût, dans toute l'espèce humaine. Aussi la bonne dame, après un court préambule, pour bien établir que sans doute on ne supposait pas qu'elle eût vécu si longtemps dans le monde pour ne pas le connaître, traçait à sa fille tout un code de préceptes à suivre pendant le temps que durait la cour d'un prétendant; préceptes sûrs, car elle les avait vérifiés par son expérience propre et personnelle. Mais avant tout, elle lui recommandait une réserve pudique des plus strictes, non pas seulement comme une chose louable en elle-même, mais comme un appât matériel, tout à fait propre à aiguiser et à entretenir l'ardeur d'un amoureux. « Aussi, continuait Mme Nickleby, je n'ai jamais eu de plus grand plaisir de ma vie, que de remarquer, l'autre soir, que votre bon sens naturel vous en avait déjà donné le conseil avant moi. » Là-dessus, après différentes allusions au plaisir qu'elle ressentait de voir sa fille hériter déjà si heureusement de son excellent jugement et de son discernement, qu'il fallait espérer qu'elle réussirait avec l'âge à en avoir autant qu'elle, Mme Nickleby termina son interminable lettre.

Les réflexions de la pauvre Catherine n'étaient pas si gaies, surtout quand elle eut reçu ce message presque illisible, qui n'était guère qu'une félicitation en quatre pages bien serrées, écrites en long et en travers, sur le triste sujet qui ne lui avait pas permis de fermer l'œil de toute la nuit, et qui l'avait tenue éveillée et tout en pleurs dans sa chambre. Le pis encore, c'est que, pour ajouter à ces épreuves, il n'en fallait pas moins, de toute nécessité, faire l'aimable auprès de Mme Wititterly, qui, se sentant fort abattue après la fatigue de la soirée précédente, devait naturellement attendre que sa demoiselle de compagnie (puisqu'elle était payée pour cela) se mettrait en frais de belle humeur.

Passons sur les réflexions de M. Wititterly : celui-là ne fit pas autre chose, tout le jour, que d'aller partout épancher une espèce de frémissement de plaisir qu'il ressentait encore, d'avoir donné la veille une poignée de main à un lord et d'avoir eu l'honneur de l'inviter à venir le voir chez lui.

Le lord en question, dont la réflexion n'avait jamais été le fort, n'en était pas non plus autrement tourmenté à son réveil. Il se régalait seulement de la conversation de MM. Pyke et Pluck, qui, pour aiguiser leur esprit, se payaient à discrétion, aux frais du jeune lord, une foule de liquides pétillants et de stimulants de première qualité.

Il était quatre heures de l'après-midi, je veux dire de cette après-midi vulgaire qui se règle sur le soleil ou sur l'horloge ; et Mme Wititterly était accoudée, selon sa coutume, sur le sofa du salon, pendant que Catherine lui faisait la lecture d'un roman moderne en trois volumes, intitulé *Dame Flabella*, que le soi-disant Alphonse était allé chercher le matin même au cabinet de lecture. C'était une œuvre qu'on aurait crue faite exprès pour l'état maladif de Mme Wititterly, vu qu'il n'y avait pas une ligne, du commencement à la fin, qui pût donner la moindre crainte d'éveiller la moindre émotion de qui que ce fût au monde. Catherine lisait donc :

« Cherisette, dit dame Flabella, en glissant ses petits pieds de souris dans les pantoufles de satin bleu qui avaient été l'occasion involontaire d'une altercation demi-rieuse demi-sérieuse entre elle et le jeune colonel Befillaire *dans le salon de danse* (l'ouvrage était hérissé de citations françaises de même force), *dans le salon de danse* du duc de Mincefeuille la veille au soir. *Cherisette, ma chère, donnez-moi de l'eau de Cologne, s'il vous plaît, mon enfant.*

« — *Mercie*, c'est-à-dire je vous remercie, » dit dame Flabella, dont la fine et fidèle Cherisette venait d'arroser à longs flots, d'une senteur parfumée, *le mouchoir* de dame Flabella, élégante batiste garnie de la plus riche dentelle, et brodée aux quatre coins du chiffre de Flabella, avec les armes héraldiques pleines de magnificence de cette noble famille.

« — *Mercie*, c'est bien.

« A cet instant, pendant que dame Flabella respirait cette odeur délicieuse en tenant le *mouchoir* à son nez d'une forme exquise, mais taillé dans le style mélancolique, la porte du *boudoir* (artistement dissimulée par les riches tentures de damas de soie, bleu de ciel d'Italie) s'ouvrit à deux battants, et deux *valets de chambre*, revêtus de leurs somptueuses livrées, or et fleur de pêcher, s'avancèrent d'un pas discret dans la chambre. Derrière eux marchait un page en *bas de soie*, qui, les laissant à distance faire des révérences les plus gracieuses du monde, s'approcha, mit un genou en terre aux pieds de son aimable maîtresse, et lui présenta, sur un plateau d'or magnifiquement ciselé, un *billet* parfumé.

« Dame Flabella, avec une agitation dont elle ne fut pas maîtresse, déchira à la hâte *l'enveloppe* et brisa le cachet odorant. C'était un mot de Befillaire, le jeune colonel à la taille élancée, à la voix métallique, son Befillaire, pour tout dire. »

« Ah! c'est charmant! dit la patronne de Catherine interrompant la lecture pour cette exclamation qui trahissait ses prétentions littéraires. C'est de la poésie, en vérité. Relisez-moi cette description, mademoiselle Nickleby. »

Catherine obéit.

« Quelle douceur! dit Mme Wititterly avec un soupir. Quelle volupté, n'est-ce pas? quelle mollesse!

— Oui, je trouve aussi, répliqua doucement Catherine, c'est plein de mollesse!

— Fermez le livre, mademoiselle Nickleby, dit Mme Wititterly. Je ne pourrais plus m'en entendre lire d'aujourd'hui. Je regretterais de gâter l'impression de cette description ravissante. Fermez le livre. »

Catherine ne se fit pas prier deux fois; et pendant qu'elle le fermait, Mme Wititterly, soulevant son lorgnon d'une main languissante, trouva que sa lectrice était bien pâle.

« C'est un reste de la peur que m'a faite ce.... ce bruit et cette confusion d'hier au soir, dit Catherine.

— Quelle drôle de chose! s'écria Mme Wititterly avec un air de surprise. » Et vraiment, en effet, quand on y pense, n'est-ce pas bien drôle qu'une demoiselle de compagnie se permette d'avoir aussi des émotions? Aussi Mme Wititterly n'aurait pas regardé avec plus de curiosité quelque machine à vapeur, ou quelque autre pièce ingénieuse d'un mécanisme extraordinaire.

« Comment donc avez-vous fait la connaissance de lord Frédérick et de ces autres délicieuses créatures, mon enfant? demanda Mme Wititterly, toujours l'œil fixé sur Catherine à travers son lorgnon.

— Je les ai rencontrés chez mon oncle, dit Catherine vexée contre elle-même de sentir la rougeur lui monter au visage, sans pouvoir retenir le sang qui se portait violemment à sa tête toutes les fois qu'elle pensait à cet homme.

— Y a-t-il longtemps que vous les connaissez?

— Non, répondit Catherine, il n'y a pas longtemps.

— J'ai été charmée de l'occasion de cette respectable personne, je veux parler de votre mère, pour nous faire faire leur connaissance, dit Mme Wititterly d'un ton de supériorité. Justement il y avait quelques-uns de nos amis qui étaient sur le point de nous les présenter. C'est une singulière coïncidence. »

Ceci était dit pour que Mlle Nickleby ne fût pas trop fière de l'avantage et de l'honneur d'avoir connu avant elle quatre grands personnages comme ceux-là, car Pyke et Pluck étaient compris dans les *délicieuses créatures*. Mais cette intention fut perdue pour Mlle Nickleby, qui n'y fit pas attention, par la raison qu'elle n'était pas fière du tout de les connaître.

« Ils nous ont demandé la permission de nous rendre visite, dit Mme Wititterly, et je l'ai donnée, comme de raison.

— Est-ce que vous les attendez aujourd'hui? » demanda timidement Catherine.

La réponse de Mme Wititterly se perdit dans le bruit d'un choc terrible du marteau à la porte de la place; il vibrait encore lorsqu'on vit s'arrêter un cabriolet élégant, d'où sautèrent à la fois sir Mulberry Hawk et son ami lord Verisopht.

« Ce sont eux, dit Catherine se levant de son siége et se précipitant pour sortir.

— Miss Nickleby! cria Mme Wititterly tout épouvantée de voir une demoiselle de compagnie prendre la liberté de quitter la chambre sans avoir au préalable demandé et obtenu sa permission en bonne forme, gardez-vous bien, je vous prie, de vous en aller.

— Vous êtes bien bonne, madame, mais....

— Au nom du ciel, mademoiselle, ne m'agacez pas les nerfs en me faisant trop parler, dit Mme Wititterly d'un air revêche. Mon Dieu! mademoiselle Nickleby, je vous dis.... »

En vain Catherine protesta-t-elle qu'elle ne se sentait pas bien, car on entendait déjà sur l'escalier les pas des visiteurs encore inconnus. Elle reprit son siége et s'était à peine rassise, que le soi-disant page s'élança dans le salon pour annoncer M. Pyke, M. Pluck, lord Verisopht et sir Mulberry Hawk, tout d'une haleine.

« La chose du monde la plus extraordinaire! dit M. Pluck saluant les deux dames avec une cordialité parfaite. Comme cela se rencontre! Au moment où Pyke et moi nous venions de frapper, lord Frédérick et sir Mulberry Hawk mettaient justement pied à terre.

— Juste au moment où nous venions de frapper, dit Pyke.

— N'importe comment vous êtes venus, messieurs; l'important c'est que vous soyez venus, dit Mme Wititterly, qui, à force de rester trois ans et demi couchée sur le même sofa, avait fini par se composer à son usage toute une pantomime de poses gracieuses, et elle en abusait alors pour choisir dans son répertoire celles qu'elle pouvait croire les plus propres à frapper d'étonnement ses visiteurs. Soyez sûrs que j'en suis enchantée!

— Et comment se porte mademoiselle Nickleby? dit, en s'approchant de Catherine, sir Mulberry à voix basse, non pas assez basse pourtant pour échapper à l'attention de Mme Wititterly.

— Mais elle souffre encore, à ce qu'il paraît, du vacarme effrayant d'hier au soir, dit la dame; et, pour ma part, je n'en suis pas étonnée, car j'en ai moi-même les nerfs brisés.

— Et cependant vous avez une mine, reprit sir Mulberry se tournant vers elle, vous avez pourtant une mine....

— Au-dessus de tout ce qu'on peut dire, dit M. Pyke venant en aide à son patron. » Le mot fut répété par M. Pluck, bien entendu.

« J'ai bien peur, milord, dit Mme Wititterly s'adressant au jeune gentleman qui était resté tout ce temps-là à teter le bout de sa canne en silence et à dévisager Catherine; j'ai bien peur que sir Mulberry ne soit un flatteur.

— Oh! en diable, répliqua Verisopht. » Après avoir exprimé avec cette énergie un sentiment si distingué, il retourna à sa première occupation.

« Mais Mlle Nickleby ne perd rien non plus à cette petite indisposition, dit sir Mulberry, fixant sur elle un regard impudent. Je l'ai toujours vue charmante, mais, sur ma parole, madame, je trouve que vous lui avez donné de plus encore quelques-uns de vos charmes. »

A voir le feu qui embrasa à ces mots les joues de la pauvre fille, on aurait pu croire, sans témérité, que si Mme Wititterly lui avait donné quelqu'un de ses charmes, c'était surtout le fard dont elle décorait les siennes. Mme Wititterly convint, non sans faire quelques façons, que Catherine était jolie. Mais, dès ce moment, elle commença à ne plus trouver sir Mulberry une aussi *délicieuse créature* qu'elle l'avait supposé d'abord. Car on peut bien prendre plaisir à la compagnie d'un flatteur habile quand on est son unique idole, mais du moment qu'il se met à égarer ailleurs ses compliments, son goût devient à l'instant plus que douteux.

« Pyke, dit le vigilant M. Pluck qui remarqua l'effet des éloges donnés à Mlle Nickleby.

— Eh bien, Pluck? dit Pyke.

— Y a-t-il quelqu'un, lui demanda M. Pluck d'un air mystérieux, quelqu'un de votre connaissance dont Mme Wititterly vous rappelle le profil?

— Me rappelle le profil? répondit Pyke. Certainement.

— Eh bien! qui cela? dit Pluck toujours avec le même air de mystère. La duchesse de B...?

— Non, la comtesse de B..., répliqua Pyke avec la trace visible à peine d'un sourire moqueur dans le coin de ses lèvres vous savez que des deux sœurs la plus belle c'est la comtesse et non pas la duchesse.

— C'est vrai, dit Pluck, la comtesse de B.... C'est une ressemblance merveilleuse.

— Ce qu'il y a de plus saisissant, » dit Pyke.

En voilà un succès! Voyez-vous d'ici Mme Wititterly proclamée, sur le témoignage de deux témoins fidèles et compétents, le portrait véritable d'une comtesse! Voilà ce qu'on gagne à fréquenter la bonne société. Elle serait bien restée vingt-quatre ans à patauger dans la société des gens de rien sans jamais entendre de pareils compliments. Et comment aurait-elle pu l'entendre? ces gens-là savaient-ils seulement ce que c'est qu'une comtesse!

Les deux gentlemen s'étant assurés, en voyant avec quelle avidité elle mordait à l'hameçon, qu'ils pourraient oser beaucoup en fait d'adulations contre cet appétit vorace, commencèrent à lui administrer ce doux poison à grandes doses; ce qui donnait à sir Mulberry Hawk tout le temps d'ennuyer Mlle Nickleby de questions ou d'observations auxquelles elle ne pouvait se dispenser de répondre. Lord Verisopht, pendant ce temps-là, s'amusait à sa manière, sans crainte des jaloux : il respirait le parfum de la pomme d'or qui couronnait le bout de sa canne, en la portant toujours à son nez : il y serait encore si M. Wititterly, en rentrant chez lui, n'eût ramené la conversation à son sujet de prédilection.

« Milord, dit-il, je suis charmé, honoré, fier; je vous en prie, milord, restez assis, ne vous dérangez pas; oui, fier, très-fier. »

Mme Wititterly n'en était pas plus contente. Elle aurait bien voulu contenir la joie indiscrète de son mari. Elle aussi crevait d'orgueil dans sa peau; mais elle n'aurait pas été fâchée de laisser croire à ses illustres hôtes que leur visite n'était pour elle qu'un événement tout simple et tout ordinaire, et qu'il ne se passait pas de jour dans la semaine qu'elle ne vît chez elle des lords et des baronnets.

« C'est un grand honneur, assurément, dit M. Wititterly; le malheur est que Julia, ma tendre amie, va en souffrir demain.

— En souffrir? cria lord Verisopht.

— La réaction, milord, la réaction, dit M. Wititterly; cette violente secousse qui vient ensuite ébranler son système nerveux : un affaissement, un abattement, une prostration, une lassitude, une faiblesse! Tenez, milord, si sir Tumley Snuffim pouvait voir en ce moment cette délicate créature, il ne donnerait pas *cela* de sa vie. » Pour mieux faire comprendre *cela*, M. Wititterly prit dans sa tabatière une prise de tabac qu'il lança légèrement en l'air, comme un emblème de l'existence fugitive de son épouse adorée.

« Pas *cela*, répéta-t-il en regardant autour de lui de l'air le plus sérieux du monde; non, sir Tumley Snuffim ne donnerait pas cela de la vie de Mme Wititterly. »

M. Wititterly dit ces paroles avec une sorte de joie à la fois fière et recueillie, comme un homme qui ne se fait pas d'illusion sur l'état désespéré de sa femme, mais qui ne se dissimule pas non plus l'honneur qu'il en reçoit. Mme Wititterly, de son côté, soupirait et roulait des yeux modestes, comme une femme qui a le sentiment de cette distinction glorieuse, mais qui veut la soutenir avec autant d'humilité que faire se peut.

« Mme Wititterly, dit le mari, est la cliente favorite de sir Tumley Snuffim. Je crois pouvoir dire que Mme Wititterly est la première personne qui ait expérimenté le nouveau médicament auquel on attribue la mort d'une famille entière aux sablonnières de Kensington. Je crois bien que c'est elle qui a été la première. Si je me trompe, ma chère Julia, vous pouvez me reprendre.

— Je crois que j'ai été la première, » dit Mme Wititterly d'une voix débile.

En voyant que son patron ne savait trop comment se mêler à la conversation, dont il n'avait d'ailleurs nulle envie, l'intrépide M. Pyke monta encore à la brèche à sa place, et, pour ne pas avoir l'air de dévier de la question, il demanda si ce médicament avait bon goût.

« Non, monsieur, bien loin de là! il n'avait pas même ce triste mérite, dit M. Wititterly.

— Alors, Mme Wititterly est un vrai martyr, continua-t-il en s'inclinant devant cette sainte femme.

— Je le crois, vraiment, dit Mme Wititterly avec un sourire.

— Et moi, je le crois aussi, ma chère Julia, répliqua son mari d'un ton qui semblait dire : « On n'y met pas de vanité, mais enfin « on est toujours bien aise de tenir à ses avantages. » S'il y a quelqu'un, milord, ajouta-t-il, en se retournant vers le jeune lord, qui veuille me présenter un martyr plus réel que Mme Wititterly, je serai charmé de le voir, ce martyr, mâle ou femelle, milord.... je ne dis que cela. »

Pyke et Pluck ne furent pas les derniers à faire observer qu'il ne pouvait pas y avoir au monde de privilége plus flatteur ; puis, comme la visite, pendant tout ce bavardage, s'était prolongée plus qu'on ne pensait, sur un signe de sir Mulberry, ils levèrent le siége pour se retirer. Sir Mulberry et lord Verisopht furent aussi bientôt debout. On échangea force protestations d'amitié, force assurances du plaisir qu'on se promettait infailliblement d'une connaissance si heureuse, force instances pour qu'à toute heure et toujours ces messieurs tinssent la maison des Wititterly pour très-honorée de les recevoir sous son toit.

Et, en effet, ils y vinrent à toute heure et toujours : aujourd'hui pour y dîner, demain pour souper, après-demain pour dîner encore. C'étaient des allées et venues continuelles : tantôt, on allait ensemble, en partie, visiter les places publiques ; tantôt, on se rencontrait par hasard en flânant dans le parc, et, dans toutes ces occasions, miss Nickleby se voyait exposée à la persécution constante, impitoyable de sir Mulberry Hawk, qui commençait à se faire un point d'honneur de ne pas descendre par un échec dans l'estime de sa clique même. Il y allait de sa réputation de réduire l'orgueil de la rebelle ; aussi ne lui laissait-il plus ni paix ni trêve, excepté aux heures, aux tristes heures où elle se retirait le soir dans sa chambre solitaire pour y pleurer sur son chagrin du jour. Ainsi se déroulait le plan infernal de sir Mulberry, secondé par l'habile exécution de Pyke et Pluck, ses dignes auxiliaires.

Une quinzaine se passe : c'était bien assez pour ouvrir les yeux des gens les plus simples et les plus faibles d'esprit, pour leur faire voir clair comme le jour que lord Verisopht, tout lord qu'il était, et sir Mulberry Hawk, avec son titre de baronnet, n'étaient pas des gens accoutumés à la bonne compagnie, et que ni leurs habitudes, ni leurs manières, ni leurs goûts, ni leur conversation, rien enfin ne les rendait propres à jeter un grand lustre sur une société de dames ; mais, auprès de Mme Wititterly, leurs titres leur tenaient lieu de tout. La grossièreté devenait de l'originalité ; la trivialité se traduisait en une excentricité charmante ; l'insolence passait pour une indépendance de caracère qu'on ne pouvait se flatter de trouver que chez les gens assez heureux pour s'être frottés au grand monde.

Quand la maîtresse inventait des noms si flatteurs pour colorer la tenue de ses nouveaux amis, que vouliez-vous que fît la demoiselle de compagnie? Quand ils en étaient venus à ne plus s'imposer aucune contrainte devant la dame du logis, comment ne se seraient-ils pas crus plus libres encore avec une fille à ses gages? Hélas! il y avait quelque chose de pis encore. A mesure que sir Mulberry Hawk mettait moins de déguisement à faire éclater son attachement pour Catherine, Mme Wititterly devenait de plus en plus jalouse de la supériorité des agréments de Mlle Nickleby. Encore, si ce sentiment l'avait poussée à bannir sa rivale du salon quand elle recevait pareille compagnie, Catherine aurait béni dans son cœur l'heureux effet de ses préventions injustes; mais, malheureusement pour elle, elle possédait cette grâce naïve et cette distinction franche et aisée dans les manières, enfin ces mille attraits sans nom qui font le charme de la société des femmes, et qui ne pouvaient être plus nécessaires nulle part que dans une maison dont la maîtresse était une vraie poupée vivante. Il en résulta donc que Catherine, doublement mortifiée, devint l'âme du cercle formé par sir Mulberry et ses amis, et se vit exposée, par cela même, à toutes les humeurs et les bourrasques de Mme Wititterly après le départ de ses hôtes. En un mot, elle fut bientôt la plus misérable du monde.

Mme Wititterly n'avait jamais, par égard pour sir Mulberry, affronté une explication franche; elle se bornait, quand elle était plus aigrie que de coutume, à s'en prendre, comme toutes les dames, à la mauvaise qualité de ses nerfs. Cependant, le jour où elle vit poindre dans son esprit, et se développer, petit à petit, l'affreuse idée que lord Verisopht aussi en tenait pour Catherine, et qu'elle, Mme Wititterly, passait ainsi au numéro deux, personnage secondaire dans sa propre maison, elle devint en proie au sentiment le plus vif et le plus passionné de la plus vertueuse indignation, et crut de son devoir, en sa double qualité de femme mariée et de membre moral de la société, d'en parler sans délai avec *la jeune personne*.

En conséquence, le lendemain matin, pendant la lecture du roman, Mme Wititterly profita d'une pause pour rompre la glace.

« Mademoiselle Nickleby, dit Mme Wititterly, je désire vous parler très-sérieusement. Je suis fâchée d'y être réduite, très-fâchée, je vous assure; mais votre conduite ne me laisse pas le choix. »

Ici, Mme Wititterly imprima à sa tête non pas de ces mouvements désordonnés qu'agite la colère, mais de ces petits mouvements modérés qu'inspire la vertu; puis, avant de passer outre, elle parut craindre que son émotion ne ramenât ses palpitations de cœur.

« Votre tenue, mademoiselle Nickleby, reprit la dame, est loin, bien loin de me plaire. Personne ne désire plus vivement que moi de vous voir bien tourner; mais, si vous continuez, mademoiselle Nickleby, cela ne peut pas être, vous pouvez y compter.

— Madame! s'écria Catherine outrée.

— Ne m'agitez pas en me parlant de cette manière, mademoiselle Nickleby; je vous le défends! dit Mme Wititterly avec beaucoup de violence pour un être réputé si débile, ou vous me forcerez à sonner Alphonse. »

Catherine la regarda sans ajouter un mot.

« Je ne suppose pas, mademoiselle Nickleby, reprit Mme Wititterly, que vous ayez la prétention, en me regardant de cette façon, de m'empêcher de vous dire ce que j'ai à vous dire pour obéir à un devoir impérieux. Vous n'avez pas besoin de me faire des yeux! reprit-elle dans un éclat de dépit soudain. Moi, je ne suis pas sir Mulberry ni lord Frédérick Verisopht, mademoiselle Nickleby, ni M. Pyke, pas plus que M. Pluck. »

Catherine la regarda encore, mais avec moins d'assurance, et appuyant son coude sur la table voisine, elle se cacha les yeux dans sa main.

« S'il s'était passé quelque chose comme cela quand j'étais fille, moi, continua Mme Wititterly (et, par parenthèse, elle ne parlait pas d'hier au soir), je puis dire que personne n'aurait voulu le croire.

— Et c'est de même aujourd'hui, j'espère, murmura Catherine. Non, personne ne voudrait croire, sans y avoir passé, tout ce que j'ai été condamnée à supporter de souffrances.

— Ne me parlez pas, s'il vous plaît, d'être condamnée à supporter des souffrances, mademoiselle Nickleby, dit Mme Wititterly d'un ton de voix perçant, mal en rapport avec ce tempérament souffreteux : je ne veux pas qu'on me réponde, mademoiselle Nickleby; je ne suis pas accoutumée à ce qu'on me réponde, et je ne le permettrai jamais à qui que ce soit, entendez-vous? ajouta-t-elle, s'arrêtant pour lui donner le temps de répondre, tout en disant qu'elle ne voulait pas qu'on lui répondît.

— Oui, madame, je vous entends, répondit Catherine; je suis

même surprise de vous entendre, plus surprise que je ne saurais dire.

— Je vous ai toujours considérée, dit Mme Wititterly, comme une jeune personne d'une tenue satisfaisante pour la classe à laquelle vous appartenez, et, comme vous avez la fraîcheur de la santé, que vous vous habillez proprement, et ainsi de suite, je me suis intéressée à vous, je m'y intéresse même encore, c'est un devoir que je crois avoir rempli par considération pour cette respectable dame, votre mère. Voilà les raisons, mademoiselle Nickleby, pour lesquelles il faut que je vous dise, une fois pour toutes, et je vous prie de ne pas l'oublier, que j'insiste absolument pour une réforme immédiate dans votre ton hardi avec les gentlemen qui viennent me voir. En vérité, ce n'est point du tout un ton convenable, ajouta-t-elle en abaissant sa paupière sur ses chastes yeux; c'est indécent, tout à fait indécent.

— Ah! s'écria Catherine, levant les yeux au ciel et joignant les mains dans son angoisse, n'est-ce pas aussi une épreuve trop cruelle, trop horrible à supporter! N'était-ce donc pas assez de souffrir, comme je souffrais, nuit et jour? d'avoir presque perdu l'estime de moi-même à mes propres yeux, en me voyant en contact journalier avec de telles gens? Il me manquait encore d'avoir à subir une accusation si injuste, si mal fondée!

— Vous aurez la bonté de vous rappeler, mademoiselle Nickleby, dit Mme Wititterly, qu'en vous servant des termes: *injuste, mal fondée*, vous avez l'air de m'accuser de dire des choses qui ne sont pas vraies.

— Si je vous en accuse! dit Catherine avec une honnête indignation. Ah! que vous me fassiez de pareils reproches, spontanément ou parce qu'ils vous sont soufflés par d'autres, peu importe: ils n'en sont pas moins faux, de la fausseté la plus vile, la plus basse, la plus grossière. Quoi! il est possible qu'une personne de mon sexe, qui ne m'a pas perdue de vue un moment, n'ait pas remarqué les tourments que j'ai endurés de la part de ces hommes; il est possible que vous, madame, vous ayez pu être là, toujours présente, sans remarquer la liberté insultante que trahissait chacun de leurs regards! Il est possible que vous ayez fermé les yeux, pour ne point voir que ces libertins, sans aucun respect pour vous comme pour eux-mêmes, au mépris des lois de l'honneur et de la décence même, n'ont eu qu'un but en s'introduisant dans votre maison, celui de sacrifier à leurs abominables desseins une pauvre fille sans amis, sans protecteurs, qui, au lieu de se croire réduite un jour à cette confession humiliante, devait au moins espérer de votre âge, si différent du sien, l'aide et la sympathie qu'une femme doit à une femme? non, je ne crois pas, je ne puis pas croire que ce soit possible. »

Pour peu que la pauvre Catherine eût possédé la moindre connaissance du monde, elle ne se serait certainement pas permis, même sous l'empire des sentiments qui l'avaient entraînée, une tirade aussi imprudente, dont l'effet était facile à prévoir avec un peu d'expérience. En effet, tant qu'elle n'attaqua que la véracité de Mme Wititterly, cette dame reçut le choc avec un calme exemplaire, et mit une patience héroïque à écouter le récit que fit Catherine de ses souffrances. Mais quand il fut question du peu de respect que ces gentlemen avaient montré pour elle, elle commença à laisser voir une émotion violente, et n'était pas encore remise de ce coup, lorsqu'en entendant parler de la différence d'âge elle retomba sur le sofa en poussant des cris affreux.

« Qu'est-ce qu'il y a? cria M. Wititterly, s'élançant d'un bond dans la chambre. Ciel! que vois-je? Julia! Julia! levez les yeux, ô ma vie! mon bonheur! levez les yeux. »

Mais Julia baissait au contraire les yeux avec persévérance, et criait toujours plus fort. Alors M. Wititterly se mit à tirer la sonnette, à danser comme un possédé autour du sofa où reposait Mme Wititterly, à demander à grands cris sir Tumley Snuffin, et à insister chaque fois pour obtenir des explications sur la scène qu'il avait sous les yeux.

« Veux-tu courir chercher sir Tumley? cria M. Wititterly en montrant ses poings menaçants au page. Je le savais bien, mademoiselle Nickleby, disait-il, en se retournant pour la regarder d'un air de triomphe douloureux, que la société ne lui valait rien. Elle est tout âme, voyez-vous, jusqu'au bout des ongles; » et, sur cette déclaration, M. Wititterly prit dans ses bras la forme évanouie de cette âme délicate, et l'emporta corporellement jusque sur son lit.

Catherine attendit que sir Tumley Snuffin eût fait sa visite, examiné la malade, et répondu que, par l'intervention spéciale de la miséricordieuse Providence (ce furent les propres expressions de sir Tumley), Mme Wititterly venait de s'endormir; alors elle s'habilla à la hâte pour sortir, annonça qu'elle serait de retour dans une couple d'heures, et courut chez son oncle.

La matinée avait été bonne pour Ralph Nickleby: il n'avait jamais été plus heureux en affaires, et, tout en se promenant dans son petit cabinet, les mains croisées derrière le dos, faisant dans son esprit l'addition de toutes les sommes qui étaient entrées ou qui allaient entrer dans sa nasse, par suite de l'affaire conclue le matin, sa bouche laissait deviner un sourire dur et triste, pendant que la roideur des lignes et des courbes dont il était formé, unie au regard astucieux de son œil froid et brillant, disait assez que s'il fallait encore trouver, pour augmenter ses profits, quelque nouvel effort de résolution ou de ruse, il en avait de reste à son usage.

« A la bonne heure, disait Ralph, faisant allusion, sans aucun doute, à quelque opération du jour. Ah! il brave l'usurier, c'est bon, nous allons voir. Ah! la probité est la meilleure politique! dit-il : eh bien! je suis curieux de voir si c'est vrai. »

Puis il s'arrêtait, puis il reprenait sa promenade.

« Ah! dit-il, se déridant par un sourire, il est bien aise de mettre dans la balance son caractère et son honnêteté connue contre le pouvoir de l'argent, ou, comme il l'appelle, d'un vil métal! Il faut donc que ce soit un bien grand imbécile! Vil métal! Comment peut-on dire cela? Vil métal!... Mais qui est là?

— Moi, dit Newman Noggs passant la tête par la porte : votre nièce....

— Eh bien! quoi, ma nièce? demanda Ralph contrarié.

— Elle est ici.

— Ici? »

Newman rejeta sa tête du côté de son petit bureau pour montrer qu'elle était là, à attendre.

« Qu'est-ce qu'elle veut? demanda Ralph.

— Je ne sais pas, répondit Newman; faut-il que je le lui demande? ajouta-t-il vivement.

— Non, faites-la entrer.... Un moment, attendez. » Il se dépêcha de faire disparaître un petit coffre à argent fermé au cadenas, qu'il avait sur la table, et qu'il remplaça par une bourse vide. « Là! dit-il, à présent elle peut entrer. »

Newman, qui n'avait pu retenir un comique sourire en voyant cette manœuvre, fit signe à la demoiselle d'approcher, lui donna une chaise et se retira, jetant par-dessus l'épaule un regard furtif à Ralph. En même temps il sortit sans se presser, clopin, clopant.

« Eh bien! dit Ralph d'un ton rude encore, quoiqu'il y eût pourtant dans ses manières une expression moins dure qu'avec tout autre; eh bien! ma chère, qu'est-ce qu'il y a de nouveau? »

Catherine leva ses yeux remplis de larmes et fit un effort sur son émotion pour pouvoir répondre, mais en vain. Alors elle laissa retomber sa tête et demeura silencieuse. Ralph, sans voir son visage, voyait pourtant bien qu'elle pleurait.

« Je vois d'ici ce que c'est, se dit-il en lui-même après

l'avoir regardée quelque temps en silence ; oui, je sais d'avance ce qu'elle va me dire, » et il parut un moment déconcerté de voir la détresse de sa belle nièce, mais il se ravisa bientôt. « Bon ! bon ! pensa-t-il, le grand mal ! quelques larmes versées, qui ne seront pas perdues pour elle. C'est un excellent apprentissage pour une jeune fille, un excellent apprentissage. »

« Voyons ! qu'est-ce qu'il y a ? » demanda Ralph approchant sa chaise et s'asseyant en face d'elle.

Il fut bientôt frappé de la fermeté soudaine avec laquelle Catherine leva les yeux sur lui pour lui répondre.

« Ce qu'il y a, monsieur ? dit-elle ; ce qui m'amène devant vous, c'est quelque chose qui doit vous faire monter la rougeur au visage comme à moi, et allumer votre honte ; j'ai grandement à me plaindre, monsieur ; ma sensibilité a été outragée, insultée, blessée mortellement, et par qui ? par vos amis.

— Mes amis ! cria Ralph d'un ton rude ; moi, je n'ai pas d'amis, ma petite.

— Eh bien ! reprit-elle promptement, par les hommes que j'ai vus chez vous. S'ils n'étaient pas de vos amis, et que vous les connussiez bien cependant, il n'en est que plus honteux à vous de m'avoir jetée au milieu d'eux. Du moins, en m'exposant aux affronts que j'ai reçus ici, si vous aviez pu les accuser d'avoir trahi votre confiance, et vous reprocher à vous-même de n'avoir pas assez bien connu vos hôtes, c'était peut-être une excuse, si faible qu'elle pût être. Mais, si vous l'avez fait, comme à présent j'en suis sûre, sans vous faire d'illusion sur leur caractère ; ah ! c'était de votre part bien lâche et bien cruel ! »

Ralph recula sa chaise, frappé d'étonnement en entendant parler avec tant de franchise, et lança sur elle un de ses plus rudes regards. Mais elle, elle le soutint en face, fièrement et vaillamment ; et, toute pâle qu'elle était, son visage n'en était que plus noble et plus beau, éclairé par le feu de ses yeux. Jamais elle n'avait été si belle.

« Vous avez, à ce que je vois, du sang de votre frère dans les veines, dit Ralph d'une voix presque menaçante, car l'œil flamboyant de Catherine lui avait rappelé sa dernière entrevue avec Nicolas.

— Je l'espère bien, dit Catherine ; c'est mon orgueil de le croire. Je suis jeune, mon oncle, et ce sang dont vous parlez, toutes les difficultés et toutes les misères de ma position l'avaient refoulé dans mon cœur ; mais il reflue aujourd'hui, il se révolte enfin contre l'outrage, et il en arrivera ce qui voudra; mais je viens, moi, la fille de votre frère, vous déclarer que je ne veux plus supporter ces insultes.

— Quelles insultes, petite? demanda Ralph avec aigreur.

— Rappelez-vous ce qui s'est passé ici, et vous pourrez vous répondre en ma place, répliqua-t-elle en rougissant jusqu'au blanc des yeux. Mon oncle, il est de votre devoir, et j'espère aussi qu'il est dans vos sentiments de m'affranchir de la société indigne et avilissante à laquelle je suis livrée maintenant. Je ne veux pas, ajouta-t-elle en s'approchant de lui vivement et lui mettant la main sur l'épaule, je ne veux pas montrer de violence ni de colère. Pardon, mon cher oncle, si j'ai paru le faire; mais vous ne savez pas, et vous ne pouvez pas savoir tout ce que j'ai souffert. Vous ne savez pas ce que c'est que le cœur d'une jeune fille. Il serait injuste de vous en faire un reproche, vous ne pouvez pas le connaître; mais quand je vous dis que je suis malheureuse et que j'ai le cœur brisé de douleur, je suis sûre que vous ne me refuserez pas votre aide; j'en suis sûre; oh! oui, j'en suis sûre. »

Ralph la considéra un instant, puis détourna la tête et frappa du pied sur le parquet comme un homme agacé.

« J'ai patienté de jour en jour, dit Catherine se penchant vers lui et plaçant dans sa main sa petite main timide; j'avais toujours l'espoir de voir cesser ces persécutions. J'ai patienté de jour en jour, forcée de donner à mon visage l'expression de la bonne humeur au moment où j'étais la plus malheureuse; et pas une âme pour me conseiller, pour me soutenir, pour me protéger! Maman se berce de l'idée que ce sont des hommes honorables, riches, distingués. Comment voulez-vous?... comment voulez-vous que j'aille la détromper, quand je la vois si heureuse de ses petites illusions, son seul bonheur après tout. Quant à la dame chez laquelle vous m'avez placée, ce n'est point du tout une personne à laquelle on puisse se confier dans des matières si délicates. J'ai donc fini par venir à vous, le seul ami que j'aie près de moi, presque le seul ami que j'aie au monde, pour vous implorer, pour vous supplier de m'assister.

— Et comment voulez-vous que je vous assiste, mon enfant? dit Ralph se levant de sa chaise et recommençant à se promener de long en large dans la chambre, les mains derrière le dos, comme avant l'arrivée de Catherine.

— Vous avez de l'influence sur un de ces hommes, je le sais, répliqua Catherine, je l'ai vu; un mot de vous suffirait peut-être pour le faire renoncer à cette lâche conduite.

— Non, dit Ralph se retournant aussitôt; du moins, en supposant cela vrai, ce mot, je ne peux pas le dire.

— Vous ne pouvez pas le dire ?

— Non, » dit Ralph s'arrêtant tout court et serrant convulsivement ses mains derrière le dos, je ne puis pas le dire.

Catherine recula un pas ou deux et regarda comme si elle doutait qu'elle eût bien entendu.

« Nous sommes liés d'affaires, dit Ralph se balançant alternativement sur les talons et sur la pointe des pieds et regardant froidement sa nièce en face : liés d'affaires, et il faut que je le ménage. D'ailleurs, de quoi vous plaignez-vous, après tout ? Qu'est-ce qui n'a pas ses chagrins ? Eh bien ! vous avez les vôtres. Et encore, combien de filles seraient fières d'avoir de tels galants à leurs pieds !

— Fières ! cria Catherine.

— Je ne dis pas, répliqua Ralph en levant l'index, que vous n'ayez pas raison de mépriser leur exemple. Non, vous faites en cela preuve de bon sens, et je vous connaissais assez pour y avoir compté tout d'abord. Mais voyons; sous tous les autres rapports, vous n'êtes pas si malheureuse, ce n'est pas la mer à boire. Si ce jeune lord vous suit à la piste comme un chien pour fatiguer vos oreilles de son radotage insensé, après ? C'est une passion contraire à l'honneur, je le veux bien, mais elle ne durera pas longtemps. Un de ces matins, il s'enflammera pour quelque nouvelle idole, et vous laissera tranquille. En attendant....

— En attendant, interrompit Catherine, avec un juste sentiment d'orgueil et d'indignation, je serais la honte de mon sexe et le jouet de l'autre; condamnée, sans avoir droit de m'en plaindre, par toutes les femmes dont l'estime vaut quelque chose, et méprisée par tous les hommes honnêtes; dégradée dans ma propre estime, et avilie aux yeux des autres. Non, non, quand il faudrait gratter la terre avec mes ongles, quand il faudrait m'atteler à la plus rude charrue, cela ne sera pas. Ne vous y trompez pas, je ferai honneur jusqu'au bout à votre recommandation, je resterai dans la maison où vous m'avez placée jusqu'à ce que je sois autorisée à la quitter, d'après les termes mêmes de mon engagement; mais pour ce qui est de revoir ces hommes, sachez-le bien, jamais ! Et puis, quand je sortirai de là, j'irai me cacher bien loin d'eux et de tous. J'accepterai le service le plus rude, s'il peut m'aider à soutenir ma mère, trop heureuse de vivre au moins en face avec moi-même et pleine de confiance en Dieu qui, lui, ne me délaissera pas ! »

En prononçant ces derniers mots, elle fit signe de la main à Ralph Nickleby de ne pas se déranger, et sortit, le laissant immobile sur ses pieds comme une statue.

Catherine fut si surprise, en fermant la porte de la chambre, de voir, tout près derrière, Newman Noggs debout, droit comme un I, au fond d'une petite niche pratiquée dans la muraille, avec l'air d'un épouvantail à moineaux, que c'est à peine si elle put retenir un cri d'étonnement; mais Newman lui recommandant le silence en mettant un doigt sur ses lèvres, elle eut la présence d'esprit de ne pas dire un mot.

« Non, dit Newman, sortant doucement de sa cachette et l'accompagnant dans le vestibule, non, ne pleurez pas. » Et en disant cela, Newman laissait couler deux grosses larmes le long de ses joues.

« Je sais ce que c'est, allez, dit le pauvre Noggs tirant de sa poche quelque chose qui ressemblait à un vieux torchon, pour en essuyer les yeux de Catherine aussi doucement qu'une nourrice essuie ceux de son enfant. Allons! allons! voilà que vous pleurez maintenant. Eh bien! à la bonne heure! c'est bon, j'aime cela; vous avez eu raison tout à l'heure de ne pas pleurer devant lui. Oui, oui. Ha! ha! ha! oh oui! pauvre malheureuse! »

En poussant ces exclamations, Newman s'essuyait aussi les yeux avec le susdit torchon, et s'en allait boitillant vers la porte de la rue, qu'il lui ouvrit, et la laissa passer.

« Ne pleurez plus, lui dit-il tout bas, je vous reverrai bientôt; ha! ha! ha! et un autre aussi vous reverra; oui, oui. Ho! ho!

— Que Dieu vous récompense, répondit Catherine se hâtant de sortir, qu'il vous bénisse!

— Et vous de même, répliqua Newman rouvrant un peu la porte pour lui répondre. Ha! ha! ha! ho! ho! ho! »

Et Newman la rouvrit encore pour lui faire avec la tête de petits signes d'amitié et un nouvel éclat de rire, et la referma pour secouer sa tête tristement et fondre en larmes.

Ralph resta dans la même attitude jusqu'à ce qu'il eut entendu fermer la porte. Alors il haussa les épaules, fit quelques tours dans la chambre, plus rapides d'abord, puis plus lents par degrés, à mesure qu'il revenait à lui, et finalement s'assit devant son bureau.

Expliquez-moi, si vous pouvez, ce singulier problème de la nature humaine. Ralph, en ce moment, ne ressentait aucun remords de sa conduite envers cette jeune fille innocente, au cœur franc et loyal; les libertins dont elle était victime n'avaient pas fait autre chose que ce qu'il avait prévu d'avance, ou plutôt ce qu'il avait précisément désiré dans l'intérêt de ses affaires, et cependant il leur en voulait de l'avoir fait, il les en détestait davantage au fond de l'âme.

« Vilains que vous êtes, disait-il en fronçant le sourcil, en fermant les poings pour en menacer de loin le visage des deux débauchés; vous me le payerez : oh! oui, vous me le payerez cher. »

Et il retourna, pour se consoler, à ses registres et à ses cartons. Au lieu de cela, s'il eût seulement tourné le bouton de la porte, il eût vu dans la pièce voisine un spectacle qui lui aurait causé une singulière surprise.

Ce spectacle n'avait qu'un acteur, c'était Newman Noggs. Placé à une petite distance de la porte, en la regardant d'un air courroucé, et les manches retroussées jusqu'au coude, il était en train de distribuer, dans le vide de l'air, une volée des plus vigoureux, des plus savants, des plus redoublés coups de poing qu'on pût voir.

On aurait pu, au premier abord, être tenté de croire que c'était purement, chez un homme d'habitudes sédentaires, un exercice hygiénique pour se développer la poitrine et se fortifier les muscles des bras, mais alors la figure de Newman Noggs n'aurait pas eu cette expression de colère et de bonheur tout ensemble. Il n'aurait pas eu la face toute couverte de sueur. Il n'aurait pas montré cette énergie surprenante à diriger une grêle de coups sur un panneau de la porte, à la hauteur de cinq pieds du sol. Il ne se serait pas acharné à cette besogne avec une ardeur si infatigable. La vérité, c'est qu'il rossait sans quartier, dans son imagination, le tyran de sa personne réelle, M. Ralph Nickleby.

CHAPITRE XXIX.

Nous retournons à Nicolas : divisions intérieures qui éclatent dans la troupe de M. Vincent Crummles.

Le succès inespéré qu'il avait obtenu et l'accueil favorable qu'on lui avait fait à Portsmouth décidèrent M. Crummles à prolonger d'une quinzaine son séjour dans cette ville, au delà du terme qu'il avait assigné d'abord à son excursion théâtrale. Nicolas y joua une infinie variété de rôles, toujours avec le même engouement du public, et la foule s'y porta toujours avec une constance si encourageante que le directeur considéra comme une chose très-profitable pour lui-même de donner, avant son départ, une représentation au bénéfice de l'artiste chéri des loges et du parterre. Nicolas, ayant accepté les conditions qui lui furent proposées, tira de cette représentation une somme ronde de 500 francs pour le moins.

Quand il se vit à la tête de cette fortune qui lui tombait des nues, son premier soin fut d'envoyer par la poste à l'honnête John Browdie le montant de ce prêt généreux qu'il lui avait fait d'un si bon cœur, sans oublier dans sa lettre l'expression de tous ses sentiments d'estime et de reconnaissance, non plus que ses souhaits sincères pour le bonheur de son ménage. En même temps il fit passer à Newman Noggs la moitié de son petit trésor, en le priant de saisir la première occasion d'en faire présent à Catherine en secret, et de lui transmettre l'assurance la plus cordiale de sa tendresse et de son affection. Quant à son genre de vie, il n'en faisait pas mention. Il se bornait à prévenir Newman que ses lettres lui parviendraient à l'adresse de Johnson, bureau restant, Portsmouth. Il le priait au nom de leur amitié de lui donner dans sa réponse les plus grands détails sur la situation de sa mère et de sa sœur, avec un récit circonstancié de toutes les grandes et belles choses que Ralph Nickleby avait faites pour elles depuis leur séparation.

« Je vous trouve bien abattu, lui dit Smike le soir du départ de la lettre.

— Il n'en est rien, répondit Nicolas avec une feinte gaieté, car il ne voulait pas, par un aveu de sa peine, attrister le pauvre garçon pour toute la nuit; c'est que je pensais à ma sœur, Smike.

— Votre sœur?

— Oui.

— Vous ressemble-t-elle? demanda Smike.

— Mais, on le dit, répliqua Nicolas en riant; seulement elle est beaucoup mieux.

— En ce cas elle est donc bien belle, dit Smike après avoir un peu réfléchi, en joignant les mains et fixant les yeux sur son ami.

— Mon cher garçon, savez-vous que quelqu'un qui ne vous connaîtrait pas comme je vous connais, vous accuserait d'être un parfait courtisan.

— Je ne sais seulement pas ce que c'est, répliqua Smike,

hochant la tête. Est-ce que je la verrai quelque jour, votre sœur ?

— Je crois bien, cria Nicolas, nous serons tous réunis un de ces jours, quand nous serons riches, Smike.

— Comment se fait-il, vous qui êtes si bon et si tendre pour moi, que vous n'ayez personne qui soit bon et tendre pour vous? demanda Smike. C'est une chose qui me passe.

— Oh ! ce serait une longue histoire, répliqua Nicolas, et que vous auriez peut-être quelque peine à comprendre : c'est que j'ai un ennemi, voyez-vous. Vous savez ce que c'est?

— Oh oui ! je le sais.

— Eh bien ! c'est lui qui en est cause. Il est riche, celui-là, et n'est pas aussi aisé à punir que le vôtre, votre ancien ennemi, M. Squeers. C'est mon oncle, mais ce n'en est pas moins un méchant, et qui m'a fait bien du mal.

— Est-ce vrai ? demanda Smike vivement, en faisant un pas en avant. Quel est son nom ? Je veux savoir son nom.

— Ralph.... Ralph Nickleby.

— Ralph Nickleby, répéta Smike. Ralph; je vais apprendre ce nom-là par cœur. »

En effet, il le marmotta plus de vingt fois entre ses lèvres; il le marmottait encore, lorsqu'un coup frappé avec force à la porte vint le distraire de cette occupation. Sans attendre qu'on lui ouvrît, M. Folair, l'illustre pantomime, avait déjà passé sa tête.

La tête de M. Folair était ordinairement ornée d'un chapeau rond, dont la forme était extraordinairement haute, et les bords très-retroussés. Il avait cru devoir, pour l'occasion présente, le mettre sur le coin de l'oreille, en plaçant le derrière devant, sans doute parce qu'il était moins usé. Il portait autour du cou un cache-nez de laine tricotée rouge-feu, dont les bouts pendants passaient sous un habit râpé acheté de rencontre, qui lui serrait la taille, et boutonné de haut en bas. A la main il avait un gant très-sale et une canne bon marché surmontée d'une poignée en verre. Bref, il y avait dans toute sa personne quelque chose d'éblouissant et une prétention de toilette inusitée.

« Bonsoir, monsieur, dit M. Folair ôtant son grand chapeau et passant ses doigts dans ses cheveux, voici un message dont je suis porteur. Hum !

— De qui et pourquoi? demanda Nicolas. Je vous trouve singulièrement mystérieux ce soir.

— Froid peut-être, répondit M. Folair; il est possible que vous me trouviez froid; ce n'est pas ma faute, monsieur Johnson, c'est celle de ma position. C'est ma position d'ami commun, monsieur, qui l'exige. » Là-dessus M. Folair s'arrêta d'un air composé, plongea la main dans le chapeau déjà décrit, en tira un petit morceau de papier gris plié avec soin, le développa, y prit une lettre à laquelle il avait servi d'enveloppe pour la tenir plus propre, et la passa à Nicolas en disant : « Ayez la bonté de lire cela, monsieur. »

Nicolas n'en revenait pas. Cependant il prit la lettre, rompit le cachet, tout en suivant des yeux M. Folair qui, fronçant le sourcil et plissant le coin de sa bouche pour plus de dignité, restait assis sans bouger les yeux obstinément fixés sur le plafond. La lettre était adressée à Johnson Esq.... tout court, par l'intermédiaire de Auguste Folair, et l'étonnement de Nicolas alla toujours croissant, quand il la trouva conçue en ces termes laconiques :

« M. Lenville présente ses très-humbles respects à M. Johnson et le prie d'avoir l'obligeance de lui faire savoir à quelle heure il lui sera plus commode, demain matin, de venir le trouver au théâtre pour se faire tirer le nez par M. Lenville en présence de *la compagnie.*

« M. Lenville recommande à M. Johnson de ne pas négliger de lui donner un rendez-vous, parce qu'il a invité deux ou trois artistes de ses amis à assister à la cérémonie, et qu'il ne peut pas absolument se dispenser de leur donner ce plaisir.

« Portsmouth, mardi soir, etc. »

Tout indigné qu'il était de cette impertinence, il trouvait cependant ce cartel si absurde, qu'il fut obligé de se mordre les lèvres et de relire la lettre deux ou trois fois avant de pouvoir reprendre la gravité et le sérieux nécessaires pour s'adresser au commissionnaire de son ennemi, dont les yeux n'avaient pas un seul moment perdu de vue le plafond, et dont l'expression n'avait pas varié davantage.

« Connaissez-vous, monsieur, lui demanda-t-il à la fin, le contenu de cette lettre ?

— Oui, répondit M. Folair en se détournant pour le regarder et en reportant avec soin ses yeux vers le plafond.

— En ce cas, je vous trouve bien hardi de me l'apporter, monsieur, dit Nicolas en la déchirant en mille morceaux qu'il jeta à la tête du messager. Vous n'avez donc pas eu peur de vous faire jeter du haut en bas des escaliers à coups de pied dans le derrière ? »

M. Folair tourna la tête (cette tête qui venait de recevoir de nouveaux ornements, sous l'averse de petits morceaux de papier que Nicolas venait de faire pleuvoir sur elle), regarda Nicolas, et, toujours avec la même dignité imperturbable, répondit par ce simple mot :

« Non !

— En ce cas, dit Nicolas en lui prenant son grand chapeau, qu'il fit sauter du côté de la porte, je vous conseille, monsieur, de suivre cette partie intéressante de votre vêtement, si vous ne voulez pas vous exposer à une cruelle déception, avant qu'il soit seulement deux secondes.

— Dites donc, Johnson, s'écria M. Folair, perdant en un moment toute sa dignité, pas de ces bêtises-là ; vous savez bien qu'on ne plaisante pas avec la garde-robe des gens.

— Détalez, reprit Nicolas ; il faut que vous soyez bien impudent pour vous être chargé d'un tel message, polisson que vous êtes.

— Allons, allons, dit M. Folair déroulant son cache-nez et se défaisant petit à petit de cet agrément. Là ! en voilà bien assez.

— Assez ! cria Nicolas en s'avançant vers lui ; allons, filez, monsieur.

— Allons ! allons ! écoutez-moi donc, disait M. Folair en agitant ses mains pour lui faire signe de se calmer ; ce n'était pas sérieux ; je ne m'en suis chargé que pour rire.

— Eh ! bien, quand vous voudrez rire une autre fois, vous ferez bien d'y faire plus d'attention, dit Nicolas, ou on pourrait vous montrer que c'est une plaisanterie qui n'est pas sans danger, que de venir proposer à un homme de lui tirer le nez. Et le cartel, dites-moi, est-il aussi pour rire ?

— Non, non, c'est bien ce qu'il y a de plus plaisant : il est très-sérieux, au contraire, et c'est une affaire d'honneur. »

Nicolas ne put s'empêcher de rire en voyant devant lui cet original, si bien fait en tout temps pour mettre plutôt en gaieté qu'en colère, mais plus risible alors que jamais, un genou en terre pour ramasser son chapeau, son vieux chapeau rond, et simulant la plus vive inquiétude pour le duvet de son couvre-chef compromis peut-être dans cette chute, le brosser diligemment avec sa manche, quoiqu'il sût bien que sa coiffure était chauve depuis plusieurs mois.

« Allons ! monsieur, dit Nicolas riant malgré lui. Ayez la bonté de vous expliquer.

— Eh bien ! je vais vous dire comment c'est venu, dit M. Folair prenant une chaise avec le plus grand sang-froid. Depuis votre entrée dans la troupe, Lenville n'a plus joué que les seconds emplois, et, au lieu d'avoir tous les soirs une réception comme autrefois, on ne s'est pas plus occupé de lui que s'il n'existait pas.

— Que voulez-vous dire par là, une réception? demanda Nicolas.

— Par Jupiter! s'écria M. Folair, il faut, Johnson, que vous soyez le pastoureau le plus naïf. Mais, une réception, c'est un applaudissement général de la salle quand vous entrez en scène. Si bien donc qu'il faisait tous les soirs ses entrées sans voir seulement deux mains se lever en sa faveur, tandis que vous, vous avez toujours deux salves d'applaudissements au moins, quelquefois trois; tant qu'enfin le désespoir l'a pris, et pas plus tard qu'hier au soir, il a eu presque envie de jouer son rôle de Tibalt avec une vraie épée, pour vous découdre le casaquin; pas un coup dangereux, mais tout juste assez pour vous mettre sur le flanc pendant un mois ou deux.

— Merci de la précaution, dit Nicolas.

— Moi, je pense, dit M. Folair du plus grand sérieux au monde, vu les circonstances, que cela pouvait se faire, car il y allait de son honneur d'artiste. Mais enfin le cœur lui a manqué; et alors il s'est mis à chercher quelque autre moyen de se venger de vous et de se rendre lui-même populaire, car c'est là l'affaire : se faire connaître, il n'y a que cela. Dieu de Dieu! s'il vous avait pincé, dit M. Folair s'arrêtant pour faire un petit calcul mental; cela lui aurait rapporté.... oh! oui, cela lui aurait bien rapporté dix ou douze francs par semaine. Toute la ville serait venue voir l'acteur qui aurait presque tué un homme par mégarde. On me dirait que cela lui aurait valu un engagement à Londres, que je n'en serais pas étonné. Enfin il a donc été obligé d'aviser à d'autres moyens pour rentrer dans sa popularité, et il s'est arrêté à celui-là. Ce n'était réellement pas une mauvaise idée : si vous faisiez une reculade, il vous tirait le nez et le faisait mettre dans le journal; si vous lui intentiez un procès, le procès était mis aussi dans le journal, et, dans l'un comme dans l'autre cas, il faisait parler de lui autant que vous : vous comprenez?

— Certainement, dit Nicolas. Mais renversons la question et supposons que ce fût moi qui lui tirasse le bout du nez, qu'en dites-vous? était-ce là pour lui un moyen de faire fortune?

— Ouais! répliqua M. Folair en se grattant la tête, je ne pense pas; ce ne serait pas très-romanesque, et le moyen ne serait pas bon pour se faire connaître favorablement. Mais, à vous dire vrai, il n'a pas compté là-dessus. Votre ton dans la conversation est toujours si poli, et vous savez vous faire si bien venir auprès des dames, que personne de nous ne vous a supposé l'idée de faire mine de résister. Mais, dans ce cas-là même, il a en réserve quelque moyen de se tirer d'affaire aisément, soyez-en sûr.

— Oui? reprit Nicolas; eh bien, nous le verrons demain matin, pas plus tard. En attendant, je vous laisse maître de raconter notre entrevue comme il vous plaira; bonsoir. »

Comme M. Folair était bien connu parmi ses camarades pour un homme qui n'avait pas grands scrupules, et qui ne se plaisait qu'à faire du mal, Nicolas n'avait pas douté un moment que ce ne fût lui qui eût en secret soufflé le feu, et que de plus il ne fût disposé à s'acquitter de sa mission avec beaucoup de hauteur, s'il n'avait pas été tout de suite déconcerté par l'accueil inattendu qu'il avait reçu. Mais, comme il ne valait pas la peine qu'on le prît au sérieux, Nicolas congédia ce pantomime en lui faisant entendre gentiment que, s'il recommençait à l'insulter, il pouvait s'attendre à se voir casser la tête. M. Folair, tout à fait reconnaissant de cet avertissement utile, se remit en route pour aller conférer avec son ami M. Lenville, et lui raconter les circonstances de sa mission de la manière la plus propre à laisser continuer la plaisanterie.

Il faut croire qu'il lui avait rapporté que Nicolas avait reçu le cartel en tremblant de tous ses membres, car le lendemain matin, lorsqu'il se rendit au théâtre à l'heure accoutumée, sans hésiter le moins du monde, il trouva toute la troupe assemblée, dans l'attente évidente de quelque événement, et M. Lenville, assis majestueusement sur une table, sifflant en manière de défi avec la figure la plus tragique qu'il avait pu trouver dans son répertoire.

Or, les dames étaient du parti de Nicolas, mais les messieurs, tous plus ou moins jaloux, étaient de celui du tragédien déconfit. Les derniers formaient donc un petit groupe autour du redoutable M. Lenville, et les premières se tenaient à une petite distance, donnant des signes d'agitation et d'anxiété. Quand Nicolas s'arrêta devant elles pour les saluer, M. Lenville poussa un éclat de rire insultant, et fit en passant quelques remarques générales sur l'histoire naturelle des roquets.

« Ah! dit Nicolas se retournant tranquillement pour le regarder, c'est vous?

— Esclave! » répliqua M. Lenville faisant un geste avec son bras droit, et s'approchant de Nicolas par une enjambée théâtrale. Il n'alla pas plus loin pour le moment, tout étonné qu'il était de voir que son adversaire ne se montrait pas aussi effrayé qu'il s'y était attendu, ce qui lui fit faire tout court une halte assez maladroite, aux grands éclats de rire des dames assemblées.

« Vil objet de ma colère et de ma haine, dit M. Lenville, vous êtes trop heureux que je vous méprise. »

Nicolas, qui ne s'attendait pas à lui voir jouer sérieusement la comédie, se mit à rire à cœur joie, et les dames, pour l'encourager, de rire bien plus fort, ce qui donna à M. Lenville l'occasion de prendre son sourire le plus amer et d'exprimer son opinion : qu'elles n'étaient toutes que des poupées.

« Mais ce ne sont pas elles qui vous sauveront de mon courroux, dit le tragédien portant sur Nicolas un regard qui commença à la pointe de ses bottes et finit à la pointe de ses cheveux, pour redescendre de la pointe de ses cheveux à la pointe de ses bottes. Ce regard en partie double a, comme tout le monde le sait, le privilége d'exprimer les défis sur la scène. Non! elles ne vous sauveront pas, mioche! »

Et M. Lenville se croisa les bras et regarda Nicolas avec cette expression de physionomie dont il avait l'habitude dans ses rôles mélodramatiques, toutes les fois que le tyran obligé de la pièce prononçait ces mots : « *Qu'on l'entraîne au donjon, dans le cachot le plus profond des souterrains du château.* » Quand ce regard était accompagné d'un petit cliquetis des fers de la victime, il n'avait jamais manqué de faire un très-bel effet dans son temps.

Mais, cette fois, soit à cause des fers qui étaient absents, soit autrement, le regard terrible de M. Lenville ne fit pas d'autre effet sur son adversaire que de redoubler sa bonne humeur et son envie de rire. Un ou deux messieurs, qui n'étaient venus positivement que pour voir tirer Nicolas par le bout du nez, commencèrent à trouver le temps long et à murmurer que, si on avait en effet l'intention de faire quelque chose, il valait mieux en finir; et que, si M. Lenville ne voulait rien faire du tout, il n'avait qu'à le dire, au lieu de les tenir là le bec dans l'eau. Voyant qu'il n'y avait pas moyen de reculer, le tragédien releva le parement de sa manche droite, pour accomplir en règle l'opération annoncée, et s'avança d'un pas majestueux près de Nicolas, qui le laissa approcher à distance raisonnable, sans montrer la moindre émotion, et le flanqua par terre d'un coup de poing.

Le tragédien déconfit était encore étendu tout de son long sur le dos, quand Mme Lenville (on se rappelle que cette dame était dans une situation intéressante) s'élança du milieu des autres dames et, poussant un cri perçant, se jeta sur le corps de son mari.

« Voyez-vous, monstre, voyez-vous *cela?* cria M. Lenville se remettant sur son séant et montrant sa dame infortunée qui, le genou en terre, le tenait étroitement serré par la taille.

— Allons! dit Nicolas en lui faisant un signe de tête victorieux, demandez-moi pardon de la lettre insolente que vous m'avez écrite hier au soir, et ne perdez pas de temps à bavarder.

— Jamais! cria M. Lenville.

— Si! si! si! lui dit sa femme à grands cris; faites-le pour moi, pour mon enfant; Lenville, ne vous arrêtez point à un vain point d'honneur, ou votre femme ne sera bientôt plus qu'un triste cadavre à vos pieds.

— Je ne puis pas résister à cela, dit M. Lenville regardant autour de lui et passant le dos de sa main le long de ses yeux. Les liens de la nature sont bien puissants; l'époux trop tendre, et le père déjà faible, bien que je ne le sois encore qu'en espérance, fléchit devant cette prière; je demande pardon, dit-il.

— Un pardon humble et repentant, dit Nicolas.

— Humble et repentant, répéta le tragédien d'un air triste et farouche, mais c'est seulement pour la sauver que je me sacrifie; car il viendra un jour....

— Très-heureux, dit Nicolas; je souhaite qu'il soit très-heureux pour Mme Lenville; et ce jour-là, le jour où vous serez père, vous reprendrez vos excuses, si vous en avez le courage. Allons! une autre fois, monsieur, réfléchissez davantage avant de vous laisser emporter à votre jalousie, et surtout ayez soin de ne pas trop vous avancer, avant de vous assurer du caractère de votre adversaire. »

En lui faisant cet adieu, il ramassa la canne de bois blanc que M. Lenville avait laissée tomber de ses mains, et la cassant par le milieu, il lui en jeta les morceaux et se retira, faisant en passant un léger salut aux spectateurs de cette scène.

Le soir, Nicolas fut traité avec la plus profonde déférence, les gens qui s'étaient montrés les plus impatients, le matin, de lui voir tirer le nez, saisirent la première occasion de le prendre à part, pour lui exprimer chaudement leur satisfaction de la manière dont il avait traité cet animal de Lenville, qui était véritablement insupportable; et tous lui assurèrent, par une coïncidence remarquable, qu'ils lui auraient déjà donné aussi une bonne leçon s'ils n'avaient pas été retenus par pure compassion; et certes, à en juger par la conclusion uniforme de toutes ces confidences, il faut croire que la compassion jouait chez eux un grand rôle, et qu'il n'y avait pas de gens plus charitables que les membres mâles de la troupe de M. Crummles.

Nicolas ne fut pas plus enivré de sa victoire qu'il ne l'avait été de son grand succès sur le petit théâtre de Portsmouth. Il y mit la même modération et la même bonhomie. M. Lenville, tout penaud, fit pourtant un dernier effort pour prendre sa revanche, en envoyant un gamin siffler au paradis. Mais l'indignation populaire en fit immédiatement justice en le mettant à la porte sans lui rendre son argent.

« Eh bien ! Smike, lui dit Nicolas après la fin de la première pièce, et lorsqu'il était déjà presque rhabillé pour retourner chez lui, avons-nous encore une lettre?

— Oui, répondit Smike; en voici une que je viens de prendre au bureau.

— De Newman Noggs, dit Nicolas en jetant les yeux sur l'écriture griffonnée de l'adresse; ce n'est pas facile à déchiffrer. Voyons! voyons! »

A force de se casser la tête pendant une demi-heure à étudier la lettre, il finit par en lire le contenu, qui n'était certes pas de nature à le tranquilliser. Newman prenait sur lui de lui envoyer les deux cent cinquante francs, après s'être assuré que ni Mme Nickleby, ni Catherine n'avaient réellement besoin d'argent pour le moment, tandis que Nicolas pourrait avant peu avoir besoin de toutes ses ressources. Il le priait de ne pas s'alarmer de ce qu'il allait lui dire ; qu'il n'avait pas de mauvaises nouvelles à lui donner; que tout le monde était en bonne santé. Mais, ajoutait-il, il pourrait se présenter bientôt peut-être telle circonstance qui rendrait absolument nécessaire à Catherine d'avoir auprès d'elle la protection de son frère; et, dans ce cas, il ne manquerait pas de lui écrire par un des prochains courriers.

Nicolas lut et relut ce passage, et plus il le lisait, plus il commençait à craindre quelque perfidie de la part de Ralph; une fois ou deux, il fut tenté de se rendre à Londres à tout hasard, sans attendre seulement une heure, mais un moment de réflexion suffit pour lui faire comprendre que, si sa présence eût été nécessaire, Newman le lui aurait dit tout de suite franchement.

« Dans tous les cas, je ferai bien, dit Nicolas, de préparer ici tout le monde à me voir, s'il le faut, précipiter mon départ. Je n'ai pas de temps à perdre. »

Et aussitôt il prit son chapeau et se rendit au foyer.

« Eh bien ! monsieur Johnson, lui dit Mme Crummles qui était là sur son trône en grand costume de reine, avec le phénomène qui représentait la jeune vierge dans ses bras maternels, la semaine prochaine nous nous mettons en route pour Ryde, de là pour Winchester, de là pour.... »

Nicolas l'interrompit.

« J'ai quelque raison de craindre, dit-il, qu'avant votre départ même je ne sois obligé de me séparer de vous tout à fait.

— Tout à fait! cria Mme Crummles levant les mains d'étonnement.

— Tout à fait! cria Mlle Snevellicci tremblant de tout son corps dans sa culotte courte, si bien qu'elle fut obligée de mettre sa main sur l'épaule de la directrice pour se soutenir.

— Comment! Il ne veut sans doute pas dire qu'il s'en va! s'écria Mme Grudden faisant quelques pas vers Mme Crummles. Plus souvent! c'est des bêtises! »

Le phénomène, en sa qualité de créature sensible et irritable, poussa un grand cri, et miss Bravassal, en compagnie avec miss Belvawney, versèrent des larmes, ma parole d'honneur. Les acteurs eux-mêmes, le sexe fort de la troupe, s'arrêtèrent au milieu de leur conversation pour répéter en chœur : « Il s'en va! » Mais, par exemple, il faut être franc, bon nombre d'entre eux, surtout parmi ceux qui avaient été les plus empressés à lui faire leurs félicitations le jour même, guignèrent de l'œil en se regardant les uns les autres, comme des gens qui n'étaient pas fâchés de perdre un rival trop écrasant pour leur mérite. Ce fut, en particulier, le sentiment de l'honnête M. Folair, qui s'en ouvrit franchement en costume de sauvage à un démon avec lequel il trinquait un verre de bière.

Nicolas dit en peu de mots qu'il craignait d'y être obligé, sans pourtant l'annoncer comme une chose certaine. Puis, s'esquivant au plus tôt, il retourna chez lui épeler encore la lettre de Newman, et y réfléchir à son aise.

Ah! comme toutes les occupations, toutes les pensées auxquelles il s'était livré depuis quelques semaines lui parurent vaines et frivoles pendant cette longue nuit sans sommeil, lorsque son imagination lui représentait sans cesse et toujours Catherine, la triste, la malheureuse Catherine, du sein de ses peines et de sa détresse n'appelant, ne souhaitant, n'espérant que lui!

CHAPITRE XXX.

Fêtes données en l'honneur de Nicolas, qui se sépare tout à coup de la société de M. Vincent Crummles et de ses camarades de théâtre.

M. Crummles n'eut pas plutôt appris que Nicolas avait annoncé publiquement la probabilité de son prochain départ, qu'en songeant à la perte qu'il allait faire d'un membre si important de sa troupe, il s'abandonna au chagrin et à l'abattement. Dans l'excès de son désespoir, il alla jusqu'à faire de vagues promesses d'une augmentation prochaine, non-seulement dans les honoraires fixes de l'artiste, mais aussi dans le revenu éventuel de ses droits d'auteur. Enfin, quand il eut trouvé Nicolas inflexible dans sa résolution de quitter la troupe (car il venait de s'y décider absolument, même dans le cas où il ne recevrait pas d'autres nouvelles de Newman, voulant à tout hasard se tranquilliser l'esprit en allant reconnaître à Londres la position exacte de sa sœur), M. Crummles en fut réduit à se consoler par l'espérance qu'il pouvait revenir, et à prendre des mesures promptes et énergiques pour tirer au moins de sa présence tout le parti qu'il pourrait avant son départ.

« Voyons, dit M. Crummles en ôtant sa perruque de proscrit pour avoir les idées plus fraîches dans l'examen de cette importante question, voyons : c'est aujourd'hui mercredi. La première chose que nous ferons demain matin, ce sera de mettre des affiches annonçant positivement votre dernière représentation pour l'après-midi.

— Mais, vous savez, il est bien possible que ce ne soit pas la dernière. A moins que je ne sois rappelé précipitamment, je serais fâché de vous laisser dans l'embarras en vous quittant avant la fin de la semaine.

— Tant mieux ! reprit M. Crummles ; cela fait que vous pourrez nous donner encore une dernière représentation, jeudi ; rengagé pour une soirée seulement, vendredi ; et, pour céder au désir d'un grand nombre de personnes influentes qui patronnent le théâtre et qui ont eu le désagrément de ne pouvoir se procurer des places, samedi. Voilà qui doit nous faire trois recettes très-convenables.

— Alors je vais donc avoir trois dernières représentations? demanda Nicolas en souriant.

— C'est vrai! répliqua le directeur en se grattant la tête d'un air contrarié, cela n'en fait que trois : c'est trop peu. C'est vraiment un massacre de s'en tenir là, c'est même contre les règles; mais enfin que voulez-vous? on ne peut faire que ce qu'on peut, il n'y a pas à dire. Seulement il nous faudrait bien quelque petite nouveauté. Est-ce que vous ne pourriez pas nous chanter une chanson comique, à cheval sur le poney, hein?

— Non, répondit Nicolas, je m'en sens tout à fait incapable.

— C'est dommage : cela nous a quelquefois rapporté gros, dit M. Crummles visiblement désappointé. Qu'est-ce que vous dites d'un beau feu d'artifice?

— Ce serait un peu cher, répliqua Nicolas tout sec.

— Bah! avec une pièce de quarante sols on en verrait la fin, dit M. Crummles. Vous, par exemple, sur une estrade de deux marches, avec le phénomène, faisant tableau; ADIEU sur un transparent par derrière; neuf personnes sur les ailes avec un pétard dans chaque main : les dix-huit pétards partant ensemble. Ah! ce serait tout à fait grand, un magnifique coup d'œil à voir de la salle, un vrai coup d'œil. »

Comme la solennité de cet effet merveilleux ne paraissait pas avoir converti Nicolas, qui reçut au contraire la proposition de la manière la moins respectueuse par un grand éclat de rire, M. Crummles vit bien que c'était un projet avorté, et fit seulement l'observation, d'un air triste, qu'alors il faudrait enjoliver, le mieux qu'ils pourraient, l'affiche d'annonce de combats et de bourrées écossaises; que, pour le reste, on s'en tiendrait au drame pur.

Pressé de passer à l'exécution immédiate de son plan, le directeur se rendit sur-le-champ dans un petit cabinet de toilette voisin, où Mme Crummles était, pour le moment, occupée à échanger le costume d'une impératrice de mélodrame contre la toilette d'une matrone du XIXe siècle. Et là, avec l'aide de cette dame et de l'incomparable Mme Gradden (un vrai génie pour les affiches : elle n'avait pas son pareil pour semer à grands traits les points d'exclamation; personne ne pouvait disputer à sa longue expérience la science des grandes lettres capitales et de la place qu'elles devaient nécessairement occuper), il se mit sérieusement à l'œuvre pour composer l'affiche.

« Ouf! » dit Nicolas avec un soupir, en se renversant dans le fauteuil du souffleur, après avoir fait jouer le télégraphe pour donner à Smike les conseils nécessaires à son rôle. Smike jouait, comme intermède, celui d'un tailleur peu étoffé, avec un habit auquel il manquait un pan, un petit mouchoir de poche percé d'un grand trou, un bonnet de nuit en laine, le nez rouge, et les autres attributs convenus des tailleurs de théâtre. « Ouf! que je voudrais donc que tout cela fût fini!

— Fini! monsieur Johnson? répéta une voix de femme derrière lui avec une espèce de surprise et d'un ton de reproche

— L'exclamation n'est pas galante, c'est vrai, dit Nicolas reconnaissant dans son interlocuteur Mlle Snevellicci; vous pouvez être sûre que je ne me la serais pas permise si j'avais pu croire que vous fussiez là pour l'entendre. »

Le tailleur, justement, quittait la scène à la fin de la pièce, couvert d'applaudissements.

« Quel charmant jeune homme, que ce M. Digby! » dit Mlle Snevellicci. M. Digby était le nom de guerre de Smike.

« Je vais de ce pas lui faire part de vos sentiments; cela lui fera plaisir, reprit Nicolas.

— Êtes-vous méchant! répliqua Mlle Snevellicci; ce n'est pas, après tout, qu'il me serait bien égal qu'il sût mon opinion sur son compte. Il y a telle autre personne avec laquelle ce serait.... »

Mlle Snevellicci n'alla pas plus loin, dans l'espérance sans doute de provoquer quelque question; mais la question ne fut pas faite : Nicolas avait alors des pensées plus sérieuses.

« C'est une grande bonté de votre part, reprit Mlle Snevellicci après un court silence, de rester ici à l'attendre tous les soirs, tous les soirs; fatigué ou non, de vous donner tant de mal après lui, et toujours avec autant de plaisir et d'empressement que si cela vous rapportait des monts d'or.

— Il mérite bien toute l'affection que je peux lui montrer, et mieux encore, dit Nicolas; c'est le cœur le plus reconnaissant, le plus loyal, le plus affectueux qui ait jamais battu dans une poitrine humaine.

— C'est égal, il est bien drôle, observa Mlle Snevellicci, n'est-ce pas? »

Nicolas branla la tête et répondit à Mlle Snevellicci : « C'est vrai, Dieu me pardonne, et surtout à ceux qui l'ont mis dans cet état.

— C'est toujours un garçon qui est diablement boutonné, dit M. Folair qui venait d'arriver pour se mêler à la conversation. Il n'y a pas à dire que personne puisse rien tirer de lui.

— Et qu'est-ce qu'on voudrait tirer de lui? demanda Nicolas en se tournant un peu brusquement.

— Diantre! quelle soupe au lait! comme vous vous emportez,

monsieur Johnson, répliqua M. Folair en relevant le quartier de son chausson de danse; je ne parlais que de la curiosité bien naturelle aux gens de savoir ce qu'il a fait toute sa vie.

— Le pauvre garçon! je croyais qu'il n'était que trop visible qu'il n'a pas assez d'intelligence pour avoir jamais rien fait d'important, ni pour eux ni pour personne.

— A la bonne heure, répliqua l'acteur en se mirant et s'admirant dans un quinquet à réflecteur. Mais c'est là le nœud de la question, vous comprenez?

— Quelle question? demanda Nicolas.

— Mais qui il est? ce qu'il est? comment il se fait que deux personnes aussi différentes que vous l'êtes soient devenues inséparables? répondit M. Folair enchanté de l'occasion de dire quelque chose de désagréable. Les voilà, les questions que tout le monde se fait.

— Tout le monde de la troupe, je suppose, dit Nicolas avec mépris.

— Au dedans comme au dehors, répliqua l'acteur. Tenez, Lenville, par exemple.

— Je croyais pourtant l'avoir fait taire, dit vivement Nicolas, le rouge lui montant à la figure.

— Peut-être bien, continua l'imperturbable M. Folair; alors c'est qu'il disait cela avant que vous l'eussiez fait taire. Lenville donc prétend que vous êtes un artiste de renom, qu'il n'y a que le mystère qui vous entoure qui ait pu vous décider à venir vous associer à notre troupe, et que Crummles vous garde le secret parce qu'il en profite. Ce n'est pas, comme dit Lenville, qu'il y ait du mal à cela, si ce n'est que vous aurez eu quelque mauvaise affaire qui vous aura forcé de vous sauver de quelque part pour avoir fait quelque chose.

— Ah! dit Nicolas qui riait jaune.

— Voilà en partie ses suppositions, ajouta M. Folair. Je ne vous en parle qu'à titre d'ami commun et sous le sceau du secret. Je ne suis pas son homme, vous le savez; eh bien, il veut absolument voir dans Digby plutôt un fripon qu'un imbécile. Et quant au vieux Flaggers, qui fait ici, comme vous le savez, la grosse besogne, il croit se rappeler que, du temps qu'il était commissionnaire à Covent-Garden, il y a bientôt six mois, il y avait toujours un filou qui était en mouvement pour ouvrir les portières, qui était tout le portrait de Digby. Cela n'empêche pas, comme il le dit très-bien, que ce peut bien n'être pas lui, mais seulement son frère ou quelque proche parent. »

Nicolas poussa un nouveau cri de surprise.

« Ah! vraiment.

— Oui, dit M. Folair, toujours avec le même calme; voilà ce qu'on dit; j'ai pensé que vous seriez bien aise de le savoir, c'est pour cela que je vous en ai parlé. Oh! bénédiction! voici enfin le phénomène, mon boulet, ma croix. Ah! que je voudrais te voir.... Me voilà prêt, ma mignonne.... imbécile.... Vous pouvez sonner, madame Grudden. »

Ces formes de compliments si diverses n'étaient pas non plus prononcées du même ton. Il disait tout haut : *ma mignonne*, pour flatter la crédule enfant; mais sa *croix* et son *boulet* faisaient partie d'un aparté dans lequel était compris Nicolas. M. Folair suivit des yeux le lever de la toile, regarda avec un rire moqueur la réception faite à Mlle Crummles, la vierge du ballet, et reculant d'une semelle ou deux pour s'avancer sur la scène de manière à produire plus d'effet, il poussa d'abord un hurlement préliminaire, puis il se mit à grincer des dents et à brandir son tomahawk de fer-blanc, en sa qualité de sauvage indien.

« Voilà un échantillon des sottes histoires qu'ils inventent sur notre compte et qu'ils font après circuler de bouche en bouche, se disait Nicolas. Qu'un homme vienne à commettre un horrible attentat contre la société dont il est membre, petit ou grand, il n'a qu'à réussir, son crime sera bien vite oublié; mais, par exemple, on ne lui pardonnera jamais son succès.

— J'espère que vous ne faites pas attention à ce que dit cette mauvaise langue, monsieur Johnson, insinua Mlle Snevellicci de sa voix la plus douce et la plus séduisante.

— Qui? moi! répondit Nicolas; si j'étais pour rester ici, je me donnerais peut-être la peine de démêler cette intrigue, mais, dans ma situation, ils peuvent bien s'enrouer à parler tant qu'ils voudront, ce n'est pas moi qui les empêcherai. Mais voici, ajouta-t-il en voyant approcher Smike, une des victimes de leurs mauvais propos. Nous allons vous souhaiter ensemble le bonsoir.

— Pas du tout, ni l'un ni l'autre vous ne me quitterez comme cela; il faut que vous veniez chez nous voir maman, qui ne fait que d'arriver à Portsmouth aujourd'hui, et qui se meurt d'envie de vous voir. Ledrook, ma chère, je vous charge de persuader M. Johnson.

— Voilà qui est bon, répondit Mlle Ledrook avec une extrême vivacité, si vous-même vous ne l'avez pas persuadé.... »

Miss Ledrook n'en dit pas davantage, mais ses rires folâtres disaient assez pour elle que, si miss Snevellicci ne réussissait pas à le persuader, c'est que personne ne pourrait le faire.

« M. et Mme Lillyvick ont loué dans notre maison et partagent notre salon pour le moment, dit Mlle Snevellicci; j'espère que cela va vous décider.

— Vous pouvez être sûre, répondit Nicolas, qu'il n'y a rien au-dessus de votre invitation elle-même pour me décider à l'accepter.

— Oh! je sais bien que non, » repartit miss Snevellicci. Mais Mlle Ledrook jura sa parole d'honneur que son amie savait bien que si; et alors Mlle Snevellicci dit que Mlle Ledrook était une petite étourdie; et alors Mlle Ledrook dit que Mlle Snevellicci n'avait pas besoin de rougir si fort pour cela; et alors Mlle Snevellicci se mit à battre Mlle Ledrook; et alors Mlle Ledrook le rendit à Mlle Snevellicci.

« Allons, dit Mlle Ledrook, il est grand temps que nous partions, ou nous allons faire croire à cette pauvre Mme Snevellicci que M. Johnson lui a enlevé sa fille, et, ma foi, ce serait bien une autre histoire.

—Ma chère Ledrook, lui dit Mlle Snevellicci prenant un petit air boudeur, comment pouvez-vous dire des choses comme ça? »

Miss Ledrook, sans autre réponse, prit le bras de Smike, laissant son amie avec Nicolas les rejoindre quand cela leur plairait. Il paraît que cela leur plut tout de suite, ou au moins à Nicolas, qui ne se sentait pas de goût, dans la circonstance, pour un tête-à-tête.

Les sujets de conversation ne manquèrent pas en chemin; d'abord il se trouva que Mlle Snevellicci avait un petit panier à emporter à la maison, et Mlle Ledrook un petit carton, tous deux contenant certains accessoires de costume théâtral, que Mmes les actrices portaient et rapportaient tous les soirs. Nicolas insista pour prendre le panier, mais miss Snevellicci résista. Elle voulait le porter elle-même. Il s'ensuivit naturellement une lutte, dans laquelle Nicolas victorieux finit par conquérir le panier et même le carton. Après cela, Nicolas s'avisa de faire le curieux. Qu'est-ce donc qu'il pouvait y avoir dans ce panier? et il essayait d'y regarder. Mais Mlle Snevellicci poussait un cri perçant, en déclarant que pour sûr, si elle croyait qu'il eût vu quelque chose, elle allait se trouver mal. Alors Nicolas se retourna du côté du carton, dont il voulait aussi pénétrer le secret. Mais il ne trouve pas Mlle Ledrook moins alarmée que son amie, et les deux demoiselles, de concert, jurent qu'elles ne feront pas un pas de plus, sans avoir fait promettre à Nicolas de ne plus regarder ni carton ni panier. Enfin Nicolas capitule et s'engage à ne plus se montrer si curieux, et l'on se remet en route; je vous laisse à penser si ce fut sans de continuels éclats de rire de ces dames, qui ne cessaient de protester qu'elles n'avaient jamais vu, de leur vie vivante, un si méchant homme; jamais !

Toutes ces plaisanteries abrégèrent bien le chemin. Ils arrivèrent à la maison du tailleur en moins de rien; la société se trouva assez nombreuse pour simuler une petite soirée, car il y avait déjà M. et Mme Lillyvick, et non-seulement la maman de Mlle Snevellicci, mais aussi son papa, et quel papa ! Comme c'était un bel homme, M. Snevellicci ! un nez crochu, un grand front blanc, décoré d'une chevelure noire toute frisée, de grosses pommettes bien saillantes; enfin, au total, une figure magnifique, n'étaient les bourgeons dont elle était couverte : et encore peut-être n'était-ce que l'effet de la boisson. Il avait une poitrine large, le papa de Mlle Snevellicci, et par-dessus, un habit bleu râpé, boutonné, bien serré avec des boutons dorés. Il n'eut pas vu plutôt entrer Nicolas dans la chambre, qu'aussitôt il passa les deux premiers doigts de sa main droite entre les boutons du milieu, et plantant avec grâce son autre bras sur sa hanche, il avait l'air de dire : « Maintenant vous voyez, mon petit damoiseau, que vous avez à qui parler. »

Tel était le papa de Mlle Snevellicci, telle était son attitude quand il reçut Nicolas; on reconnaissait tout de suite un homme du métier. En effet, c'était un véritable enfant de la balle. Il avait commencé par jouer, dès l'âge de dix ans, les diablotins, dans les pantomimes de Noël. Il savait un peu chanter, un peu danser, un peu faire assaut, un peu jouer sur la scène, un peu tout faire, mais rien qu'un peu. Quelquefois on l'avait vu figurer dans les ballets, quelquefois dans les chœurs, sur tous les théâtres de Londres. Sa tournure lui avait valu d'être toujours choisi pour jouer les militaires en visite ou les seigneurs muets (vous savez, de ces gentilshommes qui sont bien habillés, et qui viennent, bras dessus, bras dessous, avec une petite dame à l'air égrillard, aux jupons courts); et il jouait ces rôles avec tant de naturel, qu'on avait vu plus d'une fois le parterre faire bravo dans l'idée que c'était véritablement *quelqu'un* qui entrait en scène. Voilà donc le papa de Mlle Snevellicci. Il ne nous reste plus à dire que quelques petites choses pour le faire connaître; par exemple, que ses envieux lui faisaient la réputation de rosser de temps en temps la maman de Mlle Snevellicci, qui elle-même dansait encore, avec une petite tournure assez proprette, et quelques restes de vieux attraits. Malgré tout, comme elle savait bien qu'elle était un peu vieille pour affronter l'éclat resplendissant de la rampe, elle ne dansait plus qu'au second plan, et ce soir-là même, fidèle à ses habitudes prévoyantes, elle se tenait un peu éloignée des chandelles.

Nicolas fut présenté en grande cérémonie au couple illustre; et, après la présentation, le papa de miss Snevellicci, tout parfumé d'une forte odeur de grog au rhum, déclara qu'il était charmé de faire la connaissance d'un gentleman d'un si beau talent, et même, après s'être donné le temps de l'observer davantage, il ne fit pas difficulté d'avouer qu'il n'avait pas rencontré une si belle prestance depuis le début de son ami, M. Glavornelly, au théâtre de Cobourg.

« Vous l'avez vu sans doute, monsieur? dit le papa Snevellicci.

— Mon Dieu, non, répondit Nicolas.

— Quoi! vous n'avez jamais vu mon ami Glavornelly, monsieur? dit le papa Snevellicci. Alors vous n'avez jamais rien vu. S'il vivait encore!

— Oh! dit Nicolas, il est donc mort?

— Il est mort, dit M. Snevellicci, et enterré, mais non pas dans l'abbaye de Westminster, et c'est une honte. C'était un.... enfin n'en parlons plus. Il est parti pour ce pèlerinage d'où voyageur n'est jamais revenu. Là du moins il est apprécié ce qu'il vaut. »

Papa Snevellicci ne put pas prononcer ces mots sans se frotter le nez avec un mouchoir jaune-serin, pour faire entendre à la compagnie que ces souvenirs lui étaient toujours bien sensibles.

« Eh! bonjour, monsieur Lillyvick, dit Nicolas, comment vous portez-vous?

— Très-bien, monsieur, répondit le percepteur; il n'est rien tel que le mariage, voyez-vous.

— Vraiment? dit Nicolas en riant.

— Non, monsieur, il n'y a rien de tel, répliqua M. Lillyvick d'un air solennel. Comment la trouvez-vous, lui dit-il ensuite tout bas en le tirant à part, comment la trouvez-vous ce soir?

— Plus belle que jamais, répondit Nicolas jetant un coup d'œil sur Mme Lillyvick, ci-devant miss Petowker.

— Tenez! monsieur, voyez-vous, il y a en elle quelque chose, je ne sais quel prestige, que je n'ai jamais vu ailleurs. Regardez, la voilà qui se dérange pour mettre la cafetière sur la table : hein? n'y a-t-il pas là quelque chose qui vous fascine?

— Allez! vous êtes né coiffé, dit Nicolas.

— Ha! ha! ha! reprit le percepteur, je ne dis pas ça; dame! cependant, c'est possible, je ne dis pas non.

— Ce qu'il y a de sûr, c'est que je n'aurais pas pu mieux rencontrer quand j'aurais été jeune, n'est-il pas vrai? Vous-même, auriez-vous pu rencontrer mieux, hein? dites, dites donc. » Et en même temps qu'il le pressait de questions, M. Lillyvick lui enfonçait son coude dans les côtes, riant aux éclats d'une telle fo rce que, lorsqu'il voulut réprimer l'expression de son contente ment, sa figure en était devenue toute pourpre.

Cependant, grâce aux soins réunis de toutes les dames à la fois, la nappe se trouva mise sur deux tables que l'on avait mariées ensemble; mariage mal assorti s'il en fut jamais, car, pendant qu'une était étroite et haute, l'autre était basse et large. Il y avait des huîtres au haut bout, du saucisson à l'autre extrémité, une paire de mouchettes au milieu du service, et des pommes de terre cuites au four, qui se promenaient de place en place, selon le bon plaisir des convives. On avait apporté de la chambre à coucher deux chaises de plus. Mlle Snevellicci tenait la place d'honneur, M. Lillyvick était en face. Nicolas n'avait pas l'avantage de siéger auprès d'elle, mais il avait maman Snevellicci à sa droite et papa Snevellicci vis-à-vis. Bref, c'est lui qui fut le héros de la fête; et, quand on eut desservi la table pour apporter un verre de punch, papa Snevellicci se leva et proposa la santé du jeune homme, la santé de Nicolas en des termes et avec des allusions si touchantes à son prochain départ, que miss Snevellicci fut obligée, pour cacher ses larmes, de se retirer dans sa chambre à coucher.

« Surtout, qu'on n'ait pas l'air d'y faire attention! » dit Mlle Ledrook, qui l'avait accompagnée en parlant à la société, de la chambre à coucher dont elle avait entr'ouvert la porte; vous aurez l'air de croire, quand elle va revenir, que c'est qu'elle s'est donné trop de mal à préparer la table.

Et miss Ledrook, avant de refermer la porte, accompagna cet avertissement de tant de petits signes de tête mystérieux, de tant de petites mines intelligentes, que toute la compagnie gardait un profond silence pendant que papa Snevellicci, ouvrant des yeux grands comme des portes cochères, qu'il fixait tour à tour sur chacun des convives, mais plus particulièrement sur Nicolas, ne cessait d'emplir et de vider son verre, jusqu'à ce que toutes les dames revinrent de leur chambre en un peloton avec miss Snevellicci au milieu d'elles.

« Vous n'avez pas besoin de vous tourmenter beaucoup, monsieur Snevellicci, dit Mme Lillyvick; elle est seulement un peu faible, un peu agacée; elle est comme cela depuis ce matin.

— Ah! dit M. Snevellicci, voilà tout· et ce n'est donc que cela?

— Oui, ce n'est que cela : surtout pas de mauvaise plaisanterie ! » crièrent toutes les dames à la fois.

Mais ce n'était pas là exactement le genre de réponse auquel un homme de l'importance de M. Snevellicci sentait qu'il avait droit, et comme homme et comme père. Il se mit donc à entreprendre l'infortunée Mme Snevellicci, et à lui demander ce que diable elle voulait dire avec toutes ses énigmes.

« Au nom du ciel, mon cher.... dit Mme Snevellicci.

— Je vous prie de ne pas m'appeler votre cher, madame, dit M. Snevellicci, s'il vous plaît.

— Papa, je vous en prie, finissez, dit Mlle Snevellicci s'interposant entre eux.

— Finir quoi, ma fille ?

— De parler comme cela.

— De parler comme cela ? reprit M. Snevellicci ; j'espère que vous ne supposez pas qu'il y ait ici personne qui puisse m'empêcher de parler comme je veux.

— Personne n'y pense, papa.

— Mais quand ils y penseraient, qui donc m'en empêcherait ? Je n'ai pas à me cacher, moi. Je m'appelle Snevellicci, on me trouve à Board-Court, rue de l'Arc, quand je suis à Londres, et quand je n'y suis pas, on n'a qu'à m'aller demander à la porte du théâtre. Je vous réponds qu'on m'y connaît, à la porte du théâtre ; il y a bien des gens qui ont vu mon portrait chez le marchand de cigarres du coin. Ce n'est pas d'aujourd'hui non plus que mon nom a été imprimé dans le journal, n'est-ce pas ? Ne pas parler comme cela ! tenez, je vais vous dire : si je venais à savoir qu'un homme se fût permis de plaisanter avec les sentiments de ma fille, je ne parlerais pas ; je n'aurais pas besoin de parler pour le confondre. C'est comme cela que je suis, moi. »

Et M. Snevellicci, finissant le reste avec des gestes, donnait trois bons coups de son poing droit dans la paume de sa main gauche, dessinait en l'air un nez imaginaire, qu'il tirait entre son pouce et son index, en le pinçant bien fort, et puis il avalait d'un trait un autre verre de liquide, en répétant : « Voilà comme je suis, moi. »

Il faut dire que les hommes publics ont leurs défauts comme tous les autres ; il n'est donc pas extraordinaire que celui de M. Snevellicci fût d'être un peu adonné à la boisson. Tenez, soyons francs : il n'était presque jamais à jeun. Seulement il reconnaissait trois degrés distincts dans le progrès de l'ivresse : l'ivresse majestueuse, l'ivresse querelleuse, l'ivresse amoureuse ;

mais dans les réunions particulières, il les pratiquait toutes trois, passant de l'une à l'autre avec une rapidité de transition souvent embarrassante pour ceux qui n'avaient pas l'honneur de bien le connaître.

Ainsi, M. Snevellicci n'eut pas plutôt avalé son second verre de punch, qu'oubliant presque aussitôt les symptômes qu'il venait de faire paraître de son ardeur belliqueuse, il promena sur tous les visages un sourire aimable, en proposant ce toast avec une extrême vivacité: « Les dames!... Honneur aux dames!

« Je les aime, dit M. Snevellicci promenant ses yeux tout autour de la table; je les aime toutes.

— Pas toutes, lui dit doucement M. Lillyvick.

— Si.... toutes, répéta M. Snevellicci.

— Permettez, dit M. Lillyvick, vous auriez l'air d'y comprendre les femmes mariées.

— Monsieur, je les aime comme les autres, » dit M. Snevellicci

Le percepteur, frappé d'étonnement, promenait sur toutes les figures qui l'entouraient des yeux surpris qui semblaient dire: « En voilà un joli coco! » et il ne se montra pas peu étonné de ne point lire dans les traits de Mme Lillyvick, les marques d'indignation et d'horreur qu'il espérait y voir.

« Oui; mais, dit M. Snevellicci, si je les aime, elles m'aiment aussi: c'est un prêté rendu. »

Et, comme si cet aveu n'était pas déjà un attentat assez direct contre les plus saintes lois de la morale, savez-vous ce que fait M. Snevellicci? Il se met à cligner de l'œil.... à cligner de l'œil ouvertement et sans déguisement aucun; il se met à cligner de l'œil droit.... à l'adresse d'Henriette Lillyvick.

Le percepteur, frappé d'étonnement, en tombe à la renverse sur sa chaise. Qu'un homme se fût permis de cligner de l'œil à Henriette Petowker, c'était d'une indécence qui n'avait pas de nom; mais à Henriette Lillyvick! Ce n'est pas tout: pendant qu'il en a encore la chair de poule, et qu'il se demande si ce n'est pas par hasard un mauvais rêve, l'autre recligne de l'œil, et boit, par signes, à la santé de Mme Lillyvick; il s'oublie jusqu'à lui envoyer de loin un baiser. Ah! pour le coup, M. Lillyvick ne peut pas tenir sur sa chaise; il va droit à l'autre bout de la table, et tombe (c'est le mot), il tombe sur lui sans dire gare. M. Lillyvick pesait son poids: aussi, quand il tomba sur M. Snevellicci, M. Snevellicci tomba sous la table, où M. Lillyvick le suivit à son tour. Les dames poussent un cri de détresse

« A-t-on jamais vu ! dit Nicolas; ils sont donc fous ? » Puis, en même temps il plonge sous la table, remorque le percepteur de vive force, et le jette sur sa chaise, plié en deux comme un chiffon. « Qu'est-ce que vous prétendez faire?... Qu'est-ce que vous voulez ?... Qu'avez-vous donc ? »

Ce que Nicolas venait de faire pour le percepteur, Smike, de son côté, le faisait pour M. Snevellicci, qui se mit à regarder son adversaire d'un œil stupide et aviné.

« Voyez, monsieur, dit Lillyvick à Nicolas en lui montrant son épouse abasourdie, voyez la pureté et la grâce en personne dont la sensibilité vient d'être outragée.... violée, monsieur.

— Là ! dit-il assez de bêtises ! s'écria Mme Lillyvick répondant au regard de Nicolas, qui ne semblait rien comprendre à tout cela : personne ne m'a pourtant rien dit.

— Rien dit, Henriette ! cria le percepteur; croyez-vous que je ne l'ai pas vu vous... ? » M. Lillyvick ne put pas prendre sur lui de prononcer le mot, mais il simula la chose par le mouvement de son œil droit.

« Eh bien ! après ? cria Mme Lillyvick; est-ce que vous supposez, par hasard, que personne ne me regardera plus ? Le mariage ne laisserait pas que d'être amusant, par ma foi ! s'il fallait se condamner à ces privations-là.

— Comment ! cria le collecteur, vous n'en êtes pas plus émue que cela ?

— Émue ! répéta Mme Lillyvick avec dédain; tenez, vous n'avez qu'une chose à faire : c'est de tomber à genoux et de demander pardon à toute la société.

— Pardon, ma chère ! dit le percepteur déconfit.

— Oui, et à moi toute la première, répliqua Mme Lillyvick est-ce que vous croyez que ce n'est pas moi qui suis le mieux à même de juger de ce qu'on me fait de convenable ou d'indécent ?

— Elle a raison, crièrent toutes les dames; ne croyez-vous pas que nous ne serions pas les premières à nous plaindre, s'il y avait quelque chose qui en valût la peine ?

— Ne croyez-vous pas, monsieur, qu'elles ne savent pas ce qu'elles ont à faire ? » dit le papa de Mlle Snevellicci relevant le col de sa chemise et marmottant quelques menaces de casser des margoulettes, s'il n'était pas retenu par la considération des cheveux blancs. En même temps, il regarda pendant quelques secondes M. Lillyvick d'un œil hardi et courroucé; puis, se levant de sa chaise d'un air délibéré, il embrassa toutes les dames à la ronde, en commençant par Mme Lillyvick.

Le malheureux percepteur regardait piteusement sa femme,

comme pour s'assurer s'il restait encore dans Mme Lillyvick quelque trait de miss Petowker : et, ne s'étant que trop convaincu que son malheur était consommé, il demanda pardon à toute la société avec une grande humilité, et se rassit tellement abattu, découragé, désenchanté, qu'on ne pouvait s'empêcher de le plaindre, malgré son égoïsme et ses manies.

Le papa de Mlle Snevellicci, exalté par son triomphe et par l'épreuve incontestable qu'il venait de faire de sa popularité dans le beau sexe, ne tarda pas à devenir jovial, pour ne pas dire tapageur. Tantôt c'était une chanson qu'il entonnait sans en être prié, et une chanson qui ne finissait pas ; tantôt c'étaient des prouesses de sa jeunesse, dont il régalait dans l'entr'acte les oreilles de la société : il racontait toutes les femmes magnifiques soupçonnées dans le public d'avoir eu un caprice pour lui ; il en citait plusieurs par leurs noms, pour leur porter une santé, et ne manquait pas l'occasion de remarquer que, s'il n'avait pas été si négligent de ses intérêts, il roulerait, à l'heure qu'il est, dans sa voiture à quatre chevaux. Heureusement ces réminiscences ne paraissaient pas éveiller des sentiments bien douloureux dans l'âme de Mme Snevellicci, qui s'occupait tranquillement, pendant ce temps-là, à édifier Nicolas sur toutes les qualités et les mérites infinis de sa fille. La fille, de son côté, ne s'oubliait pas pour faire valoir ses moyens de séduction les plus victorieux, qui pourtant, malgré le concours des petits artifices de Mlle Ledrook, échouèrent net contre l'indifférence de Nicolas. Il avait encore tout frais dans la mémoire le souvenir peu encourageant de Mlle Squeers : aussi résista-t-il avec fermeté à toutes les fascinations braquées contre son cœur, et mit une telle réserve dans toute sa conduite, que, lorsqu'il prit congé des dames, il n'y eut qu'une voix pour le proclamer un monstre d'insensibilité.

Le lendemain de bonne heure, les affiches étaient mises et le public averti, avec toutes les couleurs de l'arc-en-ciel, et des lettres de fantaisie qui figuraient, dans leurs contours, la collection complète des difformités résultant d'une déviation de l'épine dorsale, que M. Johnson aurait l'honneur de faire le soir ses adieux à la ville ; qu'on était donc invité à retenir les places de bonne heure, vu l'affluence considérable de spectateurs qui se portaient à ses représentations. Car c'est un fait curieux dans l'histoire dramatique, mais un fait trop avéré pour qu'il puisse y avoir de contestations là-dessus, qu'il faut renoncer à attirer du monde au théâtre, à moins qu'on ne commence par faire croire aux amateurs qu'ils ne pourront jamais y entrer.

Nicolas, en arrivant le soir, ne savait trop comment s'expliquer le trouble inaccoutumé et l'excitation visible qu'i remarquait dans la physionomie de toute la troupe; mais on ne le laissa pas longtemps dans l'embarras. Avant même qu'il eût pu faire une question, M. Crummles s'approcha de lui, et, d'un ton de voix qui exprimait son trouble, l'informa qu'il y avait dans les loges un directeur de Londres.

« C'est le phénomène, voyez-vous, monsieur, disait Crummles entraînant Nicolas au petit trou du rideau, pour lui faire voir par là le directeur de Londres. Je ne fais pas le moindre doute que c'est la renommée du phénomène; tenez, le voilà! ce monsieur en manteau, avec une chemise sans col. Mais, Johnson, je ne la donnerai pas à moins de deux cent cinquante francs par semaine : elle ne montera pas sur la scène dans un théâtre de Londres pour un sou de moins. Et puis, qu'ils n'aillent pas s'imaginer que j'irai leur donner l'enfant, sans qu'ils prennent aussi la mère. Ils enrôleront Mme Crummles par la même occasion. Cinq cents francs la paire par semaine. A moins, je vais vous dire, qu'ils ne me comprennent aussi dans le marché avec les deux garçons, parce qu'alors je lui donnerais toute la famille pour sept cent cinquante. On ne peut pas mieux dire. Il faut bien qu'ils nous prennent tous en bloc, si pas un de nous ne veut quitter les autres. Cela se fait quelquefois à Londres, et ça va tout seul. Sept cent cinquante francs par semaine; c'est bien bon marché, Johnson; vraiment c'est pour rien. »

Nicolas ne contesta pas ce point, et M. Vincent Crummles, prenant coup sur coup plusieurs prises de tabac pour se calmer, se dépêcha d'aller conter à Mme Crummles qu'il venait décidément d'arrêter les seules conditions auxquelles il consentirait à traiter, et qu'il était bien résolu à ne pas en rabattre un liard.

Voilà donc tout le monde habillé; la toile se lève, et l'excitation causée par la présence du directeur dans la salle monta à son paroxysme. Chaque artiste en particulier se trouve savoir de bonne source que c'est pour lui ou pour elle qu'il est venu voir son jeu, et tous, par conséquent, sont dans un grand trémoussement d'inquiétude et d'impatience. Ceux qui n'étaient pas sur le premier plan en scène vont bien vite prendre sur le côté une place d'où ils puissent, en tendant le cou, voir et se faire voir. D'autres vont se porter en reconnaissance dans les deux petites loges d'avant-scène réservées, pour observer de là le directeur de Londres. Il y eut un moment où l'on vit sourire le directeur de Londres : c'est en voyant le jocrisse essayer d'attraper une mouche à viande, pendant que Mme Crummles en était justement au plus beau de ses grands effets. « Très-bien; mon joli garçon, dit M. Crummles en montrant le poing au jocrisse quand il rentra dans les coulisses. Vous quitterez la troupe pas plus tard que samedi. »

Il n'y avait donc pour tous les acteurs en général et pour chacun en particulier qu'un spectateur dans la salle : c'était le directeur de Londres : la pièce ne se jouait, à vrai dire, que pour lui. Quand M. Lenville, dans un transport de colère irrésistible, appela l'empereur un mécréant, et que, par réflexion, il dit, en mordant son gant : « mais non, il faut dissimuler ; » au lieu d'abaisser d'un air sombre ses regards sur les planches, pour attendre la réplique, comme cela se fait toujours en pareil cas, lui, il tint son œil bravement fixé sur le directeur de Londres. Quand Mlle Bravassa chanta sa charmante chansonnette à son amoureux, qui se tenait tout prêt, selon l'usage, à lui prendre la main dans l'intervalle des couplets, au lieu de se regarder l'un l'autre tendrement, qu'est-ce qu'ils regardaient? le directeur de Londres. C'est pour lui tout seul que M. Crummles mourut en scène, et, quand les deux gardes vinrent emporter son cadavre, après une mort affreuse, son cadavre ouvrit l'œil pour lancer une œillade au directeur de Londres.

Mais malheureusement on finit par s'apercevoir que le directeur de Londres s'était endormi. Il ne tarda pas à se réveiller, et partit tout de suite, au grand désappointement de toute la troupe, qui passa sa colère sur le malheureux jocrisse, déclarant que c'était sa bouffonnerie intempestive qui avait fait tout le mal ; et M. Crummles annonça qu'il y avait longtemps qu'il hésitait à prendre ce parti, mais que décidément il ne pouvait pas patienter davantage, et qu'il lui serait donc obligé de lui faire l'amitié de chercher ailleurs un autre engagement.

Désintéressé dans la question, Nicolas n'y trouva qu'un sujet de divertissement très-amusant, et surtout de satisfaction véritable, quand il vit disparaître l'illustre personnage avant qu'il eût lui-même paru sur la scène. Il joua de son mieux dans les deux dernières pièces, et, après avoir été accueilli avec *une faveur unanime et des applaudissements sans exemple*, pour nous servir des propres termes de l'affiche du lendemain, imprimée la veille deux heures avant la représentation, il prit Smike par le bra et s'en retourna avec lui coucher à la maison.

Le lendemain matin arriva une lettre de Newman Noggs, toute couverte de pâtés d'encre, très-laconique, très-petite, très-sale et très-mystérieuse. Il y pressait Nicolas de revenir à Londres sur-le-champ, sans perdre un instant, ce soir même, s'il était possible.

« J'y serai, dit Nicolas ; Dieu sait que, si je suis resté ici, c'était contre ma volonté : enfin, j'ai cru bien faire. Et pourvu que je n'y sois pas resté trop longtemps ! Que peut-il donc être arrivé ? Smike, mon brave garçon, tiens, prends ma bourse ; emballe nos effets ; va payer les petites dettes que nous pouvons avoir ; vite ! et nous aurons le temps d'être prêts pour prendre la diligence de ce matin. Je vais seulement leur dire en deux mots que nous partons : je suis à toi dans un moment. »

En même temps il prit son chapeau, et courut en toute hâte au logis de M. Crummles, frappa le marteau de si bon cœur qu'il éveilla le directeur, et que M. Bulph, le pilote, dans l'excès de sa surprise, faillit lâcher sa pipe, qu'il avait toujours entre les dents.

La porte s'ouvre : Nicolas enjambe les escaliers sans autre cérémonie, et, tombant comme une bombe dans le salon du premier sur le devant, dont les volets étaient encore fermés, il trouve sur pied les deux fils Crummles, qui s'étaient réveillés en sursaut et passaient leur pantalon avec une extrême vivacité, en proie à la pensée sinistre qu'il n'était encore que minuit, et que le feu était apparemment dans la maison voisine.

Avant qu'il eût eu le temps de les rassurer, M. Crummles était descendu avec son peignoir de flanelle et son bonnet de nuit. Nicolas lui expliqua rapidement qu'il était survenu des circonstances qui le rappelaient impérieusement à Londres, à l'instant même.

« Ainsi, au revoir, dit Nicolas, au revoir, au revoir. »

Il était déjà presque au bas de l'escalier, que M. Crummles, encore tout saisi, n'avait pu ouvrir la bouche que pour lui représenter que les affiches....

« Je n'y peux rien, répliqua Nicolas ; je vous laisse en dédommagement ce que vous me devez sur cette semaine, et, si ce n'est pas assez, dites-moi tout de suite ce qu'il vous faut. Surtout dépêchez-vous.

— C'est bon, nous sommes quittes, répondit Crummles ; mais, dites-moi, ne pouvez-vous pas nous donner encore ce soir ?

— Pas une heure, pas une minute, reprit Nicolas dans son impatience.

— Ne vous arrêtez-vous pas au moins le temps de dire un mot à Mme Crummles ? demanda le directeur en l'accompagnant jusque sur le pas de la porte.

— Je ne m'arrêterais pas même pour prolonger ma vie de vingt ans. Tenez, donnez-moi la main, et recevez tous mes remercîments. Mon Dieu ! je crains de m'être amusé ici trop longtemps. »

En prononçant ces mots, il frappa du pied la terre dans son impatience, s'arracha des bras du directeur, qui ne voulait pas le lâcher, et, partant comme un dard, disparut bientôt à sa vue.

« Voyez donc, voyez donc, dit M. Crummles toujours les yeux fixés dans la rue, sur le point où il venait de le perdre de vue ; ah ! s'il jouait seulement comme cela, qu'il ferait d'argent ! Je suis fâché qu'il nous quitte sitôt : il m'était bien utile. Mais il ne sait pas ce qu'il veut ; c'est un jeune étourdi. Oh ! les jeunes gens, les jeunes gens, c'est si imprudent ! »

M. Crummles, une fois lancé dans les réflexions morales, n'en aurait pas fini de sitôt ; mais, en portant machinalement la main à la poche de son gilet, sa tabatière ordinaire, il ne trouva pas la moindre poche de ce côté, et se rappela tout à coup qu'il n'y avait pas plus de gilet que de poche ; puis, jetant un coup d'œil sur l'extrême simplicité de son costume, il ferma brusquement la porte et se sauva dans sa chambre.

Smike n'avait pas perdu son temps pendant l'absence de Nicolas, et, grâce à son activité, tout se trouva bientôt prêt pour leur départ. Ils se dépêchèrent de casser une croûte, et, moins d'une demi-heure après, ils étaient au bureau de la diligence, tout essoufflés de leur course rapide. Comme ils avaient encore quelques minutes devant eux, Nicolas donna des arrhes pour arrêter ses places, et se précipita chez le fripier d'à côté, pour y acheter à Smike un paletot. Le manteau aurait été un peu large pour un cent-garde, mais le fripier ayant déclaré qu'il allait à Smike comme un gant, Nicolas en fit l'emplette ; dans son impatience, il l'eût acheté tout de même, s'il avait été le double.

En arrivant à la voiture, déjà arrêtée en pleine rue et prête à partir, Nicolas fut bien étonné de se sentir tout à coup étreindre d'un embrassement amical, mais violent, qui faillit lui faire perdre l'équilibre ; et son étonnement redoubla en entendant la voix de M. Crummles s'écrier : « C'est lui ! c'est mon ami ! mon cher ami !

— Au nom du ciel ! cria Nicolas se débattant entre les bras du directeur, que venez-vous faire ? »

Le directeur, sans lui répondre, le pressait de nouveau contre son cœur en s'écriant : « Adieu, mon noble ami ! mon vrai cœur de lion ! »

La vérité est que M. Crummles, qui ne perdait jamais l'occasion d'un coup de théâtre, était revenu tout exprès pour faire des adieux publics et solennels à Nicolas ; et, pour en augmenter l'effet, il se mit, en dépit de la répugnance de l'autre pour être le héros de cette mise en scène, à lui infliger coup sur coup de ces embrassades dramatiques dont voici la règle : l'embrasseur se pose le menton sur l'épaule de l'embrassé et ils regardent, comme Janus, chacun de leur côté. M. Crummles appliqua la règle dans toute sa pureté, fidèle au grand style du mélodrame, répandant en même temps avec profusion les formules d'adieu les plus attendrissantes qu'il pût trouver dans son répertoire. Mais ce n'était pas tout : maître Crummles, le fils aîné, faisait la même cérémonie avec Smike, et maître Percy Crummles, le fils cadet, vêtu d'un très-petit manteau d'occasion en camelot, jeté tragiquement par-dessus l'épaule, se tenait près de là, debout, dans l'attitude d'un satellite du tyran attendant Oreste et Pylade pour les conduire à l'échafaud.

Les spectateurs en riaient de bon cœur ; et Nicolas, voyant que c'était encore le meilleur parti à prendre, en fit autant de son côté, aussitôt qu'il fut parvenu à se dégager ; puis, allant au secours de Smike, fort étonné de tout ceci, il grimpa derrière lui sur l'impériale, et de là envoya de la main un baiser en l'honneur de Mme Crummles absente. La voiture roulait déjà.

CHAPITRE XXXI.

De Ralph Nickleby et de Newman Noggs, ainsi que de quelques précautions sages dont on verra plus tard le bon ou le mauvais succès.

Ce matin-là même, dans une heureuse ignorance du parti qu'avait pris son neveu, et ne se doutant guère que Nicolas avançait au grand trot de quatre bons chevaux vers la sphère d'activité dans laquelle il se mouvait lui-même, de sorte que chaque minute qui s'écoulait les rapprochait l'un de l'autre Ralph Nickleby était à son bureau occupé de ses affaires comme toujours, et cependant, malgré lui, distrait de temps en temps par le souvenir de son entrevue de la veille avec Catherine, sa nièce. Chaque fois qu'il venait d'y penser, il chassait ces idées importunes en marmottant quelque interjection maussade, puis se remettait avec une nouvelle ardeur à méditer sur son grand livre ; mais, en dépit de tous ses efforts, son esprit suivait un autre cours, et toujours, toujours la même pensée venait le troubler dans ses calculs et l'arracher à l'examen sérieux des chiffres sur lesquels il fixait en vain les yeux. A la fin Ralph posa sa plume, et se renversa dans son fauteuil, comme un homme décidé à s'abandonner au courant qu'il ne pouvait remonter, et à laisser sa réflexion l'entraîner au gré de son caprice, pour voir si ce ne serait pas le moyen d'en être quitte un peu plus tôt.

« Je ne suis pas homme à me laisser émouvoir par un joli minois, murmurait Ralph en lui-même d'un air chagrin. Je sais bien ce qu'il y a dessous, un crâne qui fait la grimace; et les gens comme moi qui ne s'amusent pas à considérer la surface des choses, aiment mieux en voir le fond que la séduisante couverture. Et cependant je me sens presque de l'affection pour cette petite fille, ou du moins je m'en sentirais si son éducation ne l'avait pas faite si fière et si susceptible. Si le garçon était seulement noyé ou pendu et la mère dans la bière, ma maison deviendrait la maison de Catherine. Ma foi! si cela leur arrivait, je n'en serais pas fâché. »

Malgré la haine mortelle que Ralph se sentait pour son neveu, et le mépris amer qu'il portait aux ridicules de la pauvre Mme Nickleby; malgré la bassesse de sa conduite passée, présente et même future, si besoin était, envers la pauvre Catherine, cependant, chose étrange! ses pensées en ce moment prenaient un tour moins sauvage, une teinte moins sombre. Il rêvait à ce que serait sa maison si Catherine y prenait place. Il la mettait en imagination là, dans ce fauteuil vide, la regardait, l'écoutait, sentait par souvenir sur son bras la pression légère de sa main tremblante; il jonchait ses riches appartements des mille petits objets qui attestent en silence la présence ou le travail d'une femme. Alors il retombait sur son foyer sans feu, sur la triste splendeur de son salon muet, et cet aperçu rapide d'une vie meilleure, tout en traversant pour arriver à lui ses habitudes d'esprit insensibles et égoïstes, lui faisait sentir pourtant qu'on peut être riche, et cependant pauvre d'amis, pauvre d'enfants et seul au monde. L'or pour un moment perdait à ses yeux tout son lustre, puisqu'il y avait de ces trésors du cœur, les plus précieux de tous, qu'il ne pouvait donner.

Il ne fallait pas grand'chose pour bannir de pareilles réflexions de l'esprit d'un pareil homme. En promenant vaguement ses regards à travers la cour vers la fenêtre de l'autre bureau, il s'aperçut tout à coup qu'il était observé de près par Newman Noggs, qui, le bout de son nez rouge collé contre la vitre, faisait semblant de tailler sa plume avec un reste rouillé de lame de canif, mais qui, en réalité, fixant sur son patron un œil scrutateur, trahissait par l'expression de sa physionomie une attention ardente et curieuse.

En un clin d'œil Ralph quitta son attitude rêveuse pour reprendre l'air appliqué qu'il portait toujours dans l'examen de ses affaires. La figure de Newman s'évanouit et, avec elle, le train irrégulier des pensées fugitives qui assiégeaient M. Nickleby.

Au bout de quelques minutes il sonna la sonnette. Newman accourut à ses ordres, et Ralph jeta sur lui un regard furtif comme s'il craignait de lire dans ses traits un reflet de ses derniers rêves.

Mais la physionomie de Newman Noggs ne laissait rien soupçonner des secrets qu'il avait pu surprendre. Imaginez-vous un homme qui a bien deux yeux dans la tête, et tout grands ouverts, mais immobiles et sans regard, et vous avez le portrait de Newman Noggs, pendant que Ralph l'examine.

« Eh bien ! quoi ? grommela Ralph.

— Ah ! dit Newman, animant tout de suite son regard et le baissant sur son maître, je croyais que vous aviez sonné. » Et, après cette remarque laconique, il se retourne et s'en va clopinant.

« Restez. »

Newman resta sans témoigner la moindre surprise

« Je vous ai sonné.

— Je le savais bien.

— Alors, pourquoi faites-vous mine de vous en aller, puisque vous le saviez ?

— Je croyais que vous m'aviez sonné pour le plaisir de me dire que vous ne m'aviez pas sonné, répliqua Newman ; ce n'est pas rare.

— Qui vous a donné la hardiesse de venir m'épier et me dévisager comme vous faites, drôle ? demanda Ralph.

— Dévisager ! cria Newman ; vous ! ha ! ha ! Ce fut là toute l'explication qu'il voulut bien donner.

— Faites attention, monsieur, dit Ralph en le regardant fixement ; il ne s'agit pas ici de faire l'ivrogne ou l'imbécile. Voyez-vous ce paquet ?

— Il est assez gros pour cela.

— Vous allez le porter dans la Cité, à Cross, Broad-street, où vous le déposerez. Allons vite, vous m'entendez ? »

Newman fit son signe de tête habituel d'un air hargneux, pour exprimer qu'il entendait, et sortit de la chambre, où il rentra quelques secondes après avec son chapeau. Après avoir tenté une foule d'essais infructueux pour y faire tenir dans le fond le paquet, qui pouvait bien avoir deux pieds carrés, il finit par le mettre sous son bras, ajusta ses gants sans doigts avec une précision et un soin exemplaires, toujours les yeux fixés sur Ralph Nickleby, plaça son chapeau sur sa tête avec la même précaution, vraie ou simulée, que si c'était un castor tout battant neuf, de la première qualité, et finit par partir pour sa commission.

Il s'en acquitta avec beaucoup de promptitude et de vivacité, ne s'arrêtant qu'une demi-minute devant le comptoir d'un cabaret; encore peut-on dire que c'était son chemin d'y passer, car il entra par une porte et sortit par l'autre. Mais, en revenant, quand il fut au Strand, Newman commença à flâner, de l'air incertain d'un homme qui ne sait trop s'il doit avancer ou reculer Après avoir réfléchi un moment, il prit son parti et frappa d'une main modeste deux coups de marteau, ou plutôt un coup de marteau sec et nerveux à la porte de miss la Creevy.

La porte s'ouvrit; une espèce de bonne qui se trouva nez à nez avec le drôle de visiteur qui se présentait si matin, n'eut pas l'air d'en concevoir l'impression la plus favorable, et ne l'eut pas plutôt vu qu'elle ferma presque la porte en se plaçant de sa personne dans l'étroite ouverture, comme pour en barrer le passage, et demanda ce qu'il voulait. Mais Newman, se bornant à prononcer le monosyllabe *Noggs* comme un de ces mots cabalistiques qui font tomber serrures et verrous, la jeta de côté pour passer son chemin avant que la bonne, étonnée, pût seulement songer à l'en empêcher.

« Entrez, s'il vous plaît, » dit Mlle la Creevy en réponse aux petits coups donnés par Noggs avec le revers de ses doigts, et il entra.

« Bonté divine! cria Mlle la Creevy tressaillant en voyant Newman entrer sans plus de façon; qu'est-ce que vous voulez, monsieur?

— Je vois bien, dit Newman avec un salut, que vous m'avez oublié, et je m'en étonne. Que ceux qui m'ont connu dans d'autres temps ne me reconnaissent plus, je trouve cela tout naturel; mais à présent, il y a peu de gens qui m'oublient après m'avoir vu seulement une fois. Et en disant ces mots il jetait un coup d'œil sur ses habits râpés et secouait légèrement la tête.

— C'est vrai, je ne vous reconnaissais pas, dit miss la Creevy se levant pour recevoir Newman, qui avait déjà fait plus de la moitié du chemin, et j'en suis toute honteuse; car vous êtes trop bon et trop obligeant pour qu'on doive vous oublier, monsieur Noggs. Asseyez-vous donc, vous allez me parler de Mlle Nickleby : la pauvre chère fille ! voilà plusieurs semaines que je ne l'ai pas vue.

— Comment cela se fait-il ? demanda Newman.

— Mais, monsieur Noggs, je vais vous dire la vérité : c'est que je suis allée faire un petit tour à la campagne pour la première fois depuis quinze ans.

— C'est un long bail, dit Newman ayant l'air de la plaindre.

— Oh ! oui, c'est un long bail dans la vie, quoique, de manière ou d'autre, grâce à Dieu, les jours qu'on passe dans la solitude s'écoulent aussi paisiblement et aussi doucement que les autres, répliqua l'artiste en miniature. Vous saurez donc, monsieur Noggs, que j'ai un frère, c'est mon seul parent ; et j'avais passé tout ce temps-là sans le voir. Ce n'est pas que nous ayons jamais eu rien ensemble : mais il avait débuté dans le commerce en province, il s'y était marié, et au milieu des nouveaux liens d'affection qu'il s'était formés, vous sentez bien qu'il put aisément oublier une pauvre petite femme comme moi. C'était bien naturel. Et n'allez pas croire que j'en parle ainsi pour m'en plaindre ; car je me suis toujours dit à moi-même : C'est tout simple, ce pauvre cher John est en train de faire son chemin dans le monde. Il a une femme pour lui confier ses soucis et ses peines, des enfants pour folâtrer autour de lui ; que Dieu répande sur eux toutes ses bénédictions et nous fasse la grâce de nous réunir un jour pour ne plus nous séparer ! mais ne voilà-t-il pas, monsieur Noggs, continua miss la Creevy prenant feu et battant des mains, que ce même frère, parvenu à Londres sans se donner de cesse qu'il n'ait trouvé mon adresse, ne voilà-t-il pas qu'il vient ici, s'assied dans ce fauteuil même, et se met à pleurer comme un enfant de la joie qu'il avait de me voir. Ne voilà-t-il pas qu'il insiste pour m'emmener à la campagne, chez lui (ô le bel endroit, monsieur Noggs ! un grand jardin, je ne sais combien de domaines, un homme en livrée pour servir à table, des vaches, des chevaux, des cochons, et je ne sais plus quoi), voilà-t-il pas qu'il me force d'y rester un grand mois ! Si je l'avais cru, j'y serais restée toute ma vie, oui, toute ma vie. Il m'en priait assez, et sa femme aussi, et leurs enfants aussi, ces pauvres enfants ; figurez-vous qu'ils sont quatre, dont une, la fille aînée, à laquelle ils avaient donné, croiriez-vous cela ? ils lui avaient donné, il y a huit bonnes années, mon nom de baptême, en souvenir de sa tante. Je n'ai jamais été si heureuse, non, de ma vie vivante. »

Et la digne femme se cachait la figure avec son mouchoir pour sangloter à son aise; car elle avait le cœur trop plein, et elle saisissait la première occasion de l'épancher ainsi.

« Mais, mon Dieu! dit miss la Creevy en s'essuyant les yeux après un moment de silence et en fourrant son mouchoir dans sa poche avec beaucoup de vivacité et de résolution, combien vous devez me trouver ridicule, monsieur Noggs! Cependant croyez bien que je n'en aurais jamais rien dit si ce n'avait pas été pour vous expliquer comment il se fait que je n'aie pas vu depuis longtemps miss Nickleby.

— Et la vieille dame, l'avez-vous vue? demanda Newman.

— Qui? Mme Nickleby, dit miss la Creevy. A propos, voulez-vous que je vous dise, monsieur Noggs? si vous voulez rester dans ses petits papiers, vous ferez bien de ne plus l'appeler la vieille dame, car j'ai dans l'idée qu'elle n'aurait pas grand plaisir à vous entendre lui donner ce titre. Oui, je l'ai vue; j'y suis allée avant-hier soir; mais elle était montée sur des échasses; elle avait pris des airs si grands, si mystérieux, que je n'en ai rien pu tirer. Il est vrai, voyez-vous, qu'en la trouvant si mal montée, je me suis mis aussi dans la tête de garder mon décorum, et nous nous sommes quittées en grande cérémonie. J'avais pensé qu'elle reviendrait me voir; mais je ne l'ai pas revue.

— Quant à Mlle Nickleby?... dit Newman.

— Elle est venue deux fois me voir pendant que je n'y étais pas, répondit miss la Creevy. J'avais peur qu'elle n'eût pas grand plaisir à recevoir ma visite chez sa grande dame, sur la place de.... je ne me rappelle plus le nom; c'est ce qui fait que j'ai attendu un jour ou deux, bien décidée à lui écrire si je ne la revoyais pas.

— Ah! s'écria Newman en faisant craquer ses doigts.

— Mais vous, dit miss la Creevy, j'espère bien que vous allez me donner des nouvelles de tout le monde; et d'abord comment va ce vieux grigou, votre loup-garou de Golden-square? Je parie qu'il va bien; ces gens-là ne sont jamais malades. Aussi ce n'est pas de sa santé que je m'inquiète, je voudrais seulement vous demander ce qu'il fait, comment il se conduit.

— Malédiction! cria Newman en lançant par terre son chapeau chéri, il se conduit comme un chien d'animal.

— Dieu de Dieu! monsieur Noggs, je vous assure que vous me faites trembler, s'écria miss la Creevy pâlissant.

— Je lui aurais volontiers mis la figure en compote avant-hier soir si j'en avais eu le cœur, dit Newman, qui ne pouvait rester en place et qui montrait le poing par méprise à un innocent portrait de M. Canning accroché sur la cheminée. Il ne s'en est pas fallu de beaucoup; j'ai été obligé, pour me contraindre, de mettre mes mains dans mes poches et de les y tenir emprisonnées; mais bah! je finirai quelque jour par lui faire son affaire dans le petit parloir sur le derrière, je suis sûr que je finirai par là. Il y a déjà longtemps que ce serait fait si je n'avais pas eu peur d'empirer encore les choses : mais patience, un beau matin je m'enfermerai avec lui à double tour, et il faudra qu'il me passe par les mains avant que je m'en aille, c'est sûr.

—Remettez-vous donc, monsieur Noggs, dit miss la Creevy, ou je vais crier comme une folle; je sens que je ne pourrais pas m'en empêcher.

— C'est égal, répondit Newman en continuant de se promener à grands pas de long en large. Il arrive ce soir, je lui ai écrit. Il ne se doute guère que je sais tout; il ne se doute guère que je l'épie; le fourbe! le brigand! il ne s'en doute guère, bien sûr, bien sûr, mais c'est égal. Il aura affaire à moi, moi, Newman Noggs. Ho! ho! le gredin! »

Une fois emporté par cet accès extravagant d'une fureur trop légitime, Newman Noggs s'agita dans la chambre en prenant les postures les plus excentriques qu'on puisse donner au corps humain; tantôt il se mettait en garde pour boxer avec les petites miniatures rangées le long du mur, tantôt il s'assénait à lui-même de violents coups de poing sur la tête, comme pour ajouter à l'illusion, jusqu'à ce qu'enfin il se rassit sur le siége qu'il occupait d'abord, épuisé et haletant.

« Là! là! dit-il en ramassant son chapeau, cela m'a fait du bien; maintenant que je me sens mieux, je vais tout vous dire. »

Miss la Creevy ne se rassura pas tout de suite complétement, tant elle avait été mise hors d'elle par les transports violents de son visiteur. Mais, une fois que ce fut fini, Newman lui fit un récit fidèle de tout ce qui s'était passé dans l'entrevue de Catherine et de son oncle, n'oubliant pas, en tête de sa narration, les soupçons antérieurs qu'il avait conçus à cet égard, et pourquoi. Enfin il réserva, pour terminer sa narration, la confidence du parti qu'il avait pris d'écrire secrètement à Nicolas.

Si l'indignation de la petite demoiselle la Creevy ne se répandait pas en manifestations extérieures, aussi singulières que celles de Newman, elle n'y perdait rien, à l'intérieur, en violence et en intensité. Je n'aurais pas voulu pour Ralph que quelque hasard l'amenât là dans sa chambre en ce moment. Il n'est pas sûr qu'il n'eût pas trouvé dans miss la Creevy une ennemie plus dangereuse que Newman Noggs lui-même.

« Dieu me pardonne ! dit miss la Creevy (c'était une précaution qu'elle prenait toujours pour mettre à l'aise sa colère). En vérité je crois que, si je le pouvais, je lui planterais cela avec plaisir dans le cœur. »

Ce n'était pas une arme bien redoutable que celle dont miss la Creevy menaçait Ralph : ce n'était réellement, ni plus ni moins, qu'un crayon de mine de plomb qu'elle tenait à la main ; mais quand elle reconnut son erreur, la petite exaspérée l'échangea contre un canif de nacre, dont elle dessina dans l'air un coup désespéré qui aurait été dans le cas de déranger la mie de pain d'une petite flûte de deux sous.

« A partir de ce soir, dit Newman, elle ne restera pas là où elle est. C'est une consolation.

— Rester là ! cria miss la Creevy; il y a longtemps qu'elle devrait en être sortie.

— Ah ! si nous avions su ! répliqua Newman ; mais nous ne le savions pas : et puis personne n'avait le droit d'intervenir que son frère. La mère est bien peu de chose, la pauvre femme ! Quant à ce cher jeune homme, il sera ici ce soir.

— Ah ! mon Dieu ! cria miss la Creevy; mais il va faire quelque mauvais coup, monsieur Noggs, si vous allez lui dire tout à son arrivée. »

A cette réflexion, Newman cessa de se frotter les mains et prit un air sérieux.

« Vous pouvez compter là-dessus, dit miss la Creevy avec vivacité. Si vous ne mettez pas beaucoup de prudence dans les confidences que vous allez lui faire, il se portera à quelque violence contre son oncle ou contre un de ces hommes-là, sans calculer les calamités terribles qu'il peut attirer sur sa tête, ou la peine et le chagrin qu'il peut donner aux autres.

— Et moi qui n'avais pas pensé à cela ! reprit Newman de plus en plus déconcerté ; j'étais venu seulement vous prier de recevoir sa sœur, dans le cas où il l'amènerait ici ; mais....

— Mais, dit miss la Creevy en l'interrompant, ce dont je vous parle est bien plus important ; il aurait mieux valu y penser tout de suite, car personne ne peut dire comment tout ceci finira, si l'on n'y met beaucoup de prudence et de discrétion.

— Que voulez-vous que j'y fasse ? cria Newman en se grattant la tête d'un air très-perplexe et très-contrarié. S'il venait pourtant me parler d'aller leur brûler la cervelle, je serais bien obligé de lui dire en conscience : Bravo, Nicolas! et ne les manquez pas. »

Miss la Creevy ne put pas retenir un petit cri en entendant cette déclaration, et, sur-le-champ, elle exigea de Newman une promesse solennelle de faire tous ses efforts pour calmer la colère de Nicolas. Elle eut de la peine, mais enfin elle la lui arracha; puis après ils délibérèrent en commun sur le moyen le plus sûr et le moins périlleux de lui faire connaître les circonstances qui avaient rendu sa présence nécessaire.

« Il faut d'abord lui laisser le temps de refroidir un peu sa tête avant de pouvoir rien faire, dit miss la Creevy : c'est de la plus grande importance; il ne faut pas qu'il en sache rien avant ce soir, et bien tard.

— Mais, répliqua Newman, il va être à Londres entre six et sept heures. Comment voulez-vous que je ne réponde pas à ses questions?

— Alors il ne faut pas rester chez vous, dit miss la Creevy. Rien ne vous est plus facile que d'avoir été retenu dehors par des affaires, et de ne pas pouvoir revenir chez vous avant minuit, au plus tôt.

— Alors il va venir ici tout droit?

— Cela pourrait bien être, dit miss la Creevy; mais il ne me trouvera pas à la maison, car aussitôt que vous allez me quitter, j'irai de ce pas à la Cité m'entendre avec Mme Nickleby pour l'emmener au spectacle de manière qu'il ne puisse pas même savoir où demeure sa sœur. »

Après quelques débats, ce plan parut en effet le plus sûr et le plus praticable; on finit donc par s'y arrêter, et Newman, muni de quelques conseils et de quelques instructions supplémentaires, que miss la Creevy ne lui épargna pas, prit congé d'elle, et se remit à trotter du côté de Golden-square, ruminant tout le long du chemin une foule infinie de probabilités pour ou contre, qui se livraient bataille dans son cerveau et qui toutes prenaient leur origine dans la conversation qu'il venait d'avoir avec l'amie de Nicolas.

CHAPITRE XXXII.

Ayant trait principalement à une conversation intéressante, et aux résultats intéressants de cette conversation.

« Enfin nous sommes à Londres, cria Nicolas mettant bas son paletot et réveillant Smike, qui venait de faire un bon somme, je croyais que nous n'y arriverions jamais. »

Le cocher regarda Nicolas par-dessus l'épaule, d'un air assez mécontent. « Et pourtant, dit-il, vous pouvez dire que vous êtes venu d'un bon pas !

— Oh ! je le sais bien, mais j'étais si impatient de toucher au terme de mon voyage, que c'est là ce qui m'a fait trouver le temps long.

— A la bonne heure, reprit le cocher ; si le temps vous a semblé long, avec des bêtes comme celles qui vous traînaient, il faut croire, en effet, que c'est que vous aviez une impatience qui n'est pas ordinaire. » Et en même temps il envoya son fouet pincer les mollets d'un petit garçon dans la rue, en manière de conversation.

Les voilà donc qui se mettent à rouler à travers le bruit, le fracas, la foule des rues de Londres. Tantôt, ils voient se développer au loin devant eux la double file des lanternes de gaz avec leur lumière éclatante, entremêlée çà et là des lueurs bleues ou jaunes, qui brillent à la montre d'un pharmacien. D'autres flots de lumière jaillissent de l'étalage des magasins, où les joyaux étincelants, la soie et le velours avec leurs riches couleurs, les articles enfin les plus somptueux dont le luxe aime à se parer, se succèdent dans une profusion pleine de magnificence et d'éclat. Le long des rues s'écoulaient sans fin, à flots pressés, des passants qui se coudoyaient dans la foule et se pressaient d'arriver à leur but, sans regarder seulement les richesses déployées tout le long de leur chemin dans les boutiques, pendant que des véhicules de toutes formes et de toutes façons se confondaient ensemble en une masse mouvante, semblable à une eau courante, et venaient ajouter le bruit incessant de leurs roues au reste du tumulte et du tapage.

C'était pour eux un curieux coup d'œil, en courant au travers de ces objets toujours changeants, toujours variés, de voir le singulier panorama qui se déroulait devant leurs yeux ; des dépôts d'étoffes splendides, le rendez-vous des produits des quatre parties du monde ; des magasins séduisants, contenant tout ce qui peut aiguiser et stimuler l'appétit rassasié et donner un nouvel attrait à des régals trop répétés ; des vases d'or et d'argent brunis, façonnés avec un goût exquis en urnes, en plats, en gobelets ; des fusils, des épées, des pistolets, des instruments de destruction brevetés ; des mécaniques de fer pour redresser les tortus ; des langes pour les nouveau-nés ; des drogues pour les malades ; des bierres pour y mettre les morts, des cimetières pour y mettre les bierres, tout cela s'arrangeait ensemble et se pavanait côte à côte ; tout cela semblait glisser dans une danse confuse et bigarrée, comme les groupes fantastiques du vieux peintre hollandais, offrant ensemble une sérieuse leçon à la foule indifférente qui passait et repassait toujours.

Et cependant, il ne manquait pas dans la foule même de nouveaux sujets de réflexion, pour ajouter à l'effet des tableaux qui se présentaient à leurs yeux ; les haillons du chanteur de ballade s'agitaient, sales et dégoûtants, à la riche lumière qui éclairait les trésors du bijoutier ; des figures pâles et ratatinées voltigeaient autour des fenêtres, qui étalaient des mets appétissants ; des yeux affamés erraient sur une profusion de bonnes choses, dont ils n'étaient séparés que par une mince feuille de verre : c'était pour eux un mur d'airain. Des ombres demi-nues et grelottantes s'arrêtaient ébahies devant les châles de la Chine et les soies brochées d'or de l'Inde. Il y avait une soirée de baptême chez un gros marchand de cercueils, et un écusson funèbre venait d'arrêter les apprêts d'un mariage dans le plus bel hôtel du chemin. La vie et la mort se tenaient par la main ; l'opulence et la pauvreté marchaient côte à côte ; le cadavre apoplectique du gourmand et le squelette du *meurt-de-faim* gisaient à la distance de quelques pouces, séparés par une cloison.

Mais enfin c'était Londres, comme put s'en convaincre la vieille dame de l'intérieur, qui, plus d'une lieue avant Kingston, passa la tête par la portière pour crier au conducteur qu'à coup sûr Londres devait être passé et qu'il avait oublié de l'y descendre.

Nicolas retint deux lits pour Smike et pour lui dans l'auberge de la diligence, et courut sans perdre un moment au logement de Newman Noggs, car chaque minute qui se succédait ne faisait qu'accroître son anxiété et son impatience. Il n'en était plus maître. Il y avait du charbon au feu et une chandelle restée allumée dans la mansarde de Newman. Le carreau était balayé avec soin, la chambre aussi confortable qu'elle pouvait l'être. De la viande dans une assiette, de la bière dans un pot, tout cela placé en ordre sur la table; le soin et les attentions de Newman Noggs se montraient partout, mais Newman n'y était pas en personne.

« Savez-vous à quelle heure il sera chez lui? demanda Nicolas en frappant à la porte du voisin de Newman sur le devant.

— Ah! monsieur Johnson, dit Crowl venant le recevoir, je vous souhaite le bonjour; comme vous avez bonne mine! je n'aurais jamais cru....

— Pardon, dit Nicolas l'interrompant, je vous avais fait une question.... je suis extrêmement impatient d'en savoir la réponse.

— Mais, répliqua Crowl, il a une affaire qui va le retenir dehors, à son grand regret, au moins jusqu'à minuit; je peux vous assurer qu'il était bien ennuyé de sortir; mais il n'y avait pas moyen de faire autrement: en attendant, il m'a chargé de vous dire de ne pas vous gêner ici, de faire comme chez vous et de prendre patience en causant avec moi. Me voici à votre disposition. »

Et dans son extrême empressement à faire tout ce qui était en son pouvoir pour mieux prouver son désir de faire prendre patience aux autres, M. Crowl, en disant cela, approcha sa chaise de la table, et se servant une bonne assiettée de bœuf froid, invita Nicolas et Smike à suivre son exemple.

Nicolas était trop contrarié et trop inquiet pour songer à rien prendre. Quand il eut vu Smike installé à table comme il faut, il sortit, malgré les bons conseils que M. Crowl lui prodigua, la bouche pleine, recommandant à son compagnon de retenir Newman dans le cas où il viendrait à rentrer avant lui.

Miss la Creevy ne s'était pas trompée dans ses conjectures: c'est chez elle que Nicolas se rendit tout droit. L'ayant trouvée sortie, il se mit à délibérer un moment avec lui-même s'il irait chez sa mère, au risque de la compromettre avec Ralph Nickleby. Enfin, pleinement convaincu que Newman n'aurait pas tant pressé son retour s'il n'y avait pas des raisons majeures qui réclamassent sa présence à la maison, il se détermina à y aller voir, et se dirigea en toute hâte vers la demeure de sa mère.

Mme Nickleby ne devait pas revenir chez elle, dit la bonne, avant minuit au plus tôt. Pour ce qui est de miss Nickleby, elle croyait qu'elle se portait bien, mais cette demoiselle ne demeurait plus à la maison et n'y venait que très-rarement. Elle ne pouvait pas dire où elle restait, mais ce qu'elle pouvait assurer positivement, c'est que ce n'était pas chez Mme Mantalini.

Nicolas, dont le cœur battait avec violence, dans la crainte de quelque catastrophe inconnue, revint trouver Smike. Newman n'avait pas reparu; il ne fallait pas compter le revoir avant minuit. Ne pourrait-on pas au moins l'envoyer chercher seulement pour quelques minutes ou lui faire passer deux mots auxquels il pourrait répondre de vive voix? C'était tout à fait impraticable. Il n'était pas à Golden-square, et sans doute il était allé faire quelque commission lointaine.

Nicolas essaya de rester là tranquillement, mais il n'y put pas durer : il était trop ému, trop agacé. Il lui semblait qu'il perdait son temps à rester en place. C'était une idée absurde, il le savait bien, mais il n'en était pas maître. Il prit donc son chapeau pour aller encore errer à l'aventure.

Cette fois, il alla promener ses rêveries vers l'ouest de la ville, précipitant ses pas dans les longues rues qui traversent ce quartier, en proie à mille craintes, mille pressentiments qui le poursuivaient toujours. Il prit par Hyde-Park, silencieux et désert à cette heure, et redoubla de vitesse, comme pour devancer la cause de ses propres pensées. Mais non, elles n'en revenaient que plus obstinées, plus pressées, plus nombreuses, maintenant qu'il n'y avait plus même le spectacle mobile de Londres pour distraire son attention. Il n'avait plus qu'une idée, qui s'était emparée de son esprit, c'est qu'il était arrivé quelque catastrophe si affreuse, que tout le monde le fuyait pour n'avoir pas à la lui révéler. Mais il n'en restait pas moins l'éternelle question : Qu'est-ce que ce peut être? Nicolas n'y pouvait répondre; il avait beau se harasser de fatigue, il n'en était pas plus avancé; Au contraire, il sortit du parc bien plus troublé, bien plus agité qu'il n'y était entré.

Il n'avait presque rien pris depuis six heures du matin, et se sentait exténué de faim, de soif et de fatigue. Il s'en retournait donc languissamment vers la demeure de Newman, le long d'une de ces rues populeuses qui séparent Park-Lane de Bond-street, quand il passa devant un hôtel garni de belle apparence, et s'arrêta machinalement à le considérer.

« Tout doit être ici bien cher, se dit Nicolas, mais on peut se régaler partout d'un biscuit et d'un verre de vin sans grands frais... et encore, on ne sais pas! »

Il marcha donc quelques pas, mais quand il vit de loin se dérouler la longue file de lanternes qui lui marquait son chemin, et qu'il réfléchit au temps qu'il lui fallatt encore avant d'être au bout, disposé d'ailleurs par le tour de ses pensées à suivre son premier mouvement, tenté par la curiosité et peut-être par un singulier mélange de sentiments qu'il aurait eu bien du mal à définir lui-même, Nicolas revint sur ses pas et entra dans le café qui dépendait de l'hôtel.

La salle était magnifiquement meublée, les murs étaient tapissés des tentures les plus élégantes en papier français et enrichis d'une corniche dorée du plus joli dessin. Le parquet était couvert d'un tapis somptueux, et deux glaces superbes, l'une sur la cheminée, l'autre en face, dans toute la hauteur de la chambre, multipliaient la vue des autres ornements dont elle était décorée, et ajoutait à la beauté de l'effet général. Il y avait dans le compartiment auprès de la cheminée une société un peu bruyante, composée de quatre personnes; puis, plus loin, deux autres messieurs seulement, tous deux âgés, tous deux à part.

Il ne fallait pas longtemps à un étranger pour reconnaître les lieux; aussi, Nicolas vit-il tout cela d'un coup d'œil et alla-t-il prendre place dans le compartiment voisin de la société en question en leur tournant le dos; puis il attendit, pour demander son carafon de bordeaux, qu'un des vieux gentlemen qu'il avait vus dans un coin eût réglé avec le garçon un *item* de son addition dont le prix lui paraissait exagéré, prit un journal et se mit à lire.

Il n'en avait pas encore parcouru vingt lignes, et se sentait à moitié assoupi, lorsqu'il tressaillit tout à coup en entendant prononcer le nom de sa sœur: *A la petite Catherine Nickleby!* Tels furent les mots qui frappèrent son oreille. Il releva la tête tout étonné, et vit alors, dans la glace vis-à-vis, que deux des convives étaient debout devant la cheminée. Cela ne peut venir que de l'un d'eux, pensa Nicolas; il prêta l'oreille pour en entendre davantage, réprima l'indignation légitime qu'il ressentait, car le ton dont ces mots avaient été prononcés était loin d'être respectueux, et l'extérieur de l'individu qu'il soupçonnait d'avoir pris la parole avait quelque chose de grossier et de fanfaron.

En l'examinant de plus près, toujours dans la glace, il le vit en conversation, le dos au feu, avec un personnage plus jeune que lui, qui tournait le dos à la compagnie, son chapeau sur la tête, en ajustant devant la glace le col de sa chemise. Ils chuchotaient ensemble, et de temps en temps poussaient un grand éclat de rire, sans que Nicolas pût leur entendre répéter les mots qui avaient attiré son attention.

A la fin, ces messieurs reprirent leurs siéges; on demanda encore une bouteille de vin, et la gaieté générale n'en devint que plus bruyante. Cependant, pas une parole qui intéressât personne de sa connaissance. Nicolas commençait à se persuader que c'était son imagination surexcitée qui avait formé les sons dont avaient été frappées ses oreilles, et transformé d'autres mots en un nom qui occupait sa pensée tout entière.

« Pourtant, se disait Nicolas, c'est bien extraordinaire; si seulement ç'avait été *Catherine*, ou même *Catherine Nickleby*, j'en aurais été moins surpris; mais, *à la petite Catherine Nickleby!* »

Au même instant on lui apporta son vin; il en avala un verre et reprit le journal, puis, tout d'un coup :

« *A la petite Catherine Nickleby!* cria une voix derrière lui.

— Je ne m'étais pas trompé, murmura Nicolas; et le journal lui tomba des mains; oui, c'est bien l'homme que j'avais supposé.

— Puisqu'on n'a pas accepté sa santé tout à l'heure, dit la voix, parce que le vin n'était pas frais, nous allons cette fois lui offrir notre premier verre de ce nouveau flacon : « *A la petite Catherine Nickleby!*

— *A la petite Catherine Nickleby!* » répétèrent les trois autres; et les verres furent vidés à l'instant.

Vivement excité par l'insolence et le ton des gens qui se permettaient de prononcer ainsi sans façon le nom de sa sœur dans un lieu public, Nicolas prit feu d'abord, mais il se contint par réflexion avec beaucoup de peine, et ne tourna même pas la tête.

« La petite gueuse! dit la même voix, c'est bien une vraie Nickleby, la digne nièce de son oncle Ralph. Elle refuse pour se faire prier. C'est comme lui : pour en attraper quelque chose, il faut le traquer à la piste, et si l'argent en paraît doublement agréable, le marché en devient doublement onéreux; car vous êtes impatient, et lui, il ne l'est pas. C'est une ruse infernale.

— Une ruse infernale! » répétèrent les voix.

Nicolas tremblait de peur que le bruit fait par les deux vieux messieurs, pour se lever de table et s'en aller, ne lui fît perdre un mot de cette conversation pour lui si palpitante. Mais elle ne fut reprise qu'après leur départ, et cette fois sans réserve.

« Je crains, dit le plus jeune des quatre, que la vieille femme n'en soit devenue jalouse et ne l'ait mise sous clef. Cela me fait cet effet-là, je vous assure.

— Eh bien, si elles se disputent, et que la petite Nickleby s'en retourne chez sa mère, tant mieux, dit le premier interlocuteur. Je fais tout ce que je veux de la vieille dame; elle croira tout ce que je lui dirai.

— C'est ma foi vrai, réplique l'autre. Ha! ha! ha! la pauvre diablesse! »

Les deux voix jumelles qui n'allaient jamais l'une sans l'autre se mirent à rire à leur tour, comme tout le monde, aux dépens de Mme Nickleby. La rage brûlait les joues de Nicolas; mais il sut se maîtriser pour le moment : il voulait en entendre davantage.

Ce qu'il entendit n'a pas besoin d'être répété ici. Il suffit de savoir qu'à mesure que le flacon de vin circulait à la ronde, il en entendit assez pour bien connaître les sentiments et les plans de ceux dont il écoutait la conversation; assez pour le mettre au fait de toutes les viles pratiques de Ralph, pour lui révéler la véritable raison qui réclamait sa présence à Londres. Bien plus, il entendit tourner en dérision les souffrances de sa sœur, railler et calomnier brutalement sa vertu. Il entendit son nom passer de bouche en bouche pour donner lieu aux paris les plus grossiers et les plus insolents, aux paroles les plus libres, aux plaisanteries les plus licencieuses. L'homme qui avait pris le premier la parole donnait le ton à la conversation, ou plutôt il n'y avait à parler que pour lui; les autres se contentaient de le stimuler de temps en temps par quelques observations sans importance.

C'est donc à lui que s'adressa Nicolas, quand il se sentit assez remis pour se présenter devant leur société, et donner un libre cours aux paroles enflammées de colère qui lui brûlaient la gorge.

« Je voudrais vous dire un mot, monsieur, dit Nicolas.

— A moi, monsieur? repartit sir Mulberry Hawk en le toisant de la tête aux pieds, avec une expression de surprise et de dédain.

— Je vous ai dit que c'était à vous, répliqua Nicolas d'une voix embarrassée, car il étouffait de colère.

— Voilà un mystérieux étranger, ma parole d'honneur! s'écria sir Mulberry en portant son verre à ses lèvres et regardant ses amis l'un après l'autre.

— Voulez-vous, oui ou non, venir échanger à part quelques mots avec moi? » dit Nicolas rudement.

Sir Mulberry abaissa un moment son verre en lui disant de décliner son nom et d'expliquer ce qu'il voulait, ou de le laisser tranquille.

Nicolas tira une carte de sa poche et la lui jeta devant lui.

« Voilà, monsieur! dit Nicolas, mon nom vous fera deviner le reste. »

En effet, en le lisant sur la carte, sir Mulberry ne put se défendre d'une expression d'étonnement passagère et même de quelque confusion ; mais il reprit bientôt son aplomb, et, passant la carte à lord Verisopht, qui était assis en face de lui, il prit à la glace un cure-dents et le porta à sa bouche tout tranquillement.

« Votre nom et votre adresse? dit Nicolas, qui devenait plus pâle à mesure que sa tête s'échauffait.

— Je ne vous donnerai ni l'un ni l'autre, répliqua sir Mulberry.

— S'il y a ici un homme d'honneur, dit Nicolas promenant ses yeux sur les autres personnages, pendant que ses lèvres blanches et tremblantes pouvaient à peine articuler ces mots, il ne me cachera pas le nom et la demeure de cet homme-là. »

Silence complet.

« Je suis le frère de la demoiselle qui vient d'être le sujet de votre conversation. Je vous dénonce monsieur comme un menteur, et je vous déclare que c'est un lâche ; s'il a ici un ami, que cet ami lui épargne le déshonneur de chercher encore quelque misérable subterfuge pour cacher son nom. Il n'y gagnera rien, car je suis décidé à le savoir, et je ne le laisserai pas aller auparavant. »

Sir Mulberry le regarda d'un œil de mépris, puis s'adressant à ses amis :

« Laissez-le parler, dit-il ; je n'ai rien de sérieux à dire à des individus de sa classe, et il peut parler comme cela jusqu'à minuit, sans que je lui casse la tête, par considération pour sa jolie sœur.

— Vous n'avez ni âme ni cœur, vil gredin, dit Nicolas, et je le ferai savoir au monde entier, mais je connaîtrai votre nom, quand je devrais vous suivre jusqu'à demain dans les rues : je vous verrai bien rentrer chez vous. »

La main de sir Mulberry, par un mouvement involontaire, se ferma sur la carafe, et on put voir le moment où il allait la lancer à la tête de son provocateur ; mais il se contenta de remplir son verre, avec un rire de mépris.

Nicolas alla s'asseoir juste en face de la société, appela le garçon et lui paya la carte.

« Connaissez-vous le nom de ce monsieur? » lui dit-il de manière à être entendu, en lui montrant sir Mulberry.

Sir Mulberry se mit à rire un peu plus fort, et l'on entendit après l'écho de deux voix jumelles, mais un écho affaibli.

« Le gentleman qui est là, monsieur? répliqua le garçon qui

n'était pas novice dans son métier, et qui répondait à Nicolas tout juste avec assez de politesse pour ne pas se compromettre, et cependant avec assez d'impertinence pour plaire à ses habitués ; non, monsieur ; je ne sais pas, monsieur.

— Et vous, monsieur, cria sir Mulberry au garçon, comme il se retirait, connaissez-vous le nom de cet individu ?

— Son nom, monsieur ? non, monsieur.

— Eh bien ! si vous voulez le savoir, vous le trouverez là-dessus, dit sir Mulberry en lui jetant la carte de Nicolas ; et puis, quand vous l'aurez déchiffré, vous me jetterez ce morceau de carton-là au feu ; vous m'entendez ? »

Le domestique ricana en regardant du coin de l'œil Nicolas, et prit un mezzo termine en plaçant la carte à la glace de la cheminée. Cela fait, il se retira.

Nicolas, se croisant les bras et se mordant les lèvres, restait sur sa chaise parfaitement immobile. Mais son attitude exprimait sa détermination bien arrêtée d'exécuter la menace qu'il avait faite à sir Mulberry de le suivre jusque chez lui.

On voyait bien aussi, au ton de quelques observations que le plus jeune de la bande faisait à son ami, qu'il n'approuvait pas sa conduite dans cette circonstance, et qu'il le pressait de satisfaire à la demande de Nicolas ; mais sir Mulberry, qui était un peu en train, et par suite dans un état d'entêtement obstiné, imposa bientôt silence aux représentations de son jeune ami, trop faible pour insister davantage, et même, pour s'en délivrer tout à fait, il voulut absolument que les autres le laissassent seul

Le jeune gentleman et les deux inséparables se levèrent là-dessus au bout de peu de temps pour partir, et se retirèrent, laissant leur ami en tête-à-tête avec Nicolas.

Il est facile de concevoir que, dans l'état de ce jeune homme, les minutes semblaient avoir des ailes de plomb, et que le tic tac monotone d'un coucou français ou même le son criard de son petit carillon pour marquer les quarts n'étaient pas pour faire paraître plus rapide le cours des heures, mais cela ne l'empêchait pas de rester cloué sur son siége, pendant qu'en face, sir Mulberry Hawk, couché sur sa banquette, les jambes sur le coussin, son mouchoir négligemment jeté sur ses genoux, achevait son flacon de bordeaux avec le sang-froid le plus intrépide et l'indifférence la plus parfaite.

Ils restèrent comme cela plus d'une heure dans un silence absolu, et une heure qui parut à Nicolas avoir duré trois heures au moins, quoique le petit carillon n'eût sonné que quatre fois.

A plusieurs reprises, il promena autour de lui des regards impatients et colères; mais il retrouvait toujours sir Mulberry dans la même posture, portant de temps en temps son verre à ses lèvres, et regardant vaguement le mur d'en face comme s'il ne savait seulement pas qu'il y eût là quelqu'un.

A la fin, il bâilla, étendit ses membres, se leva, alla tranquillement se regarder dans la glace, se retourna, et fit à Nicolas l'honneur de fixer sur lui un regard méprisant et prolongé. Nicolas le lui rendit de bon cœur. Sir Mulberry haussa les épaules, sourit du bout des lèvres, tira la sonnette et demanda au garçon son paletot.

Le garçon l'apporta et tint la porte ouverte.

« Vous n'avez pas besoin d'attendre, » dit sir Mulberry; et le tête-à-tête recommença.

Sir Mulberry fit plusieurs tours dans la chambre de long en large, sifflant tout le temps d'un air insouciant, s'arrêta à la table, pour finir le dernier verre de bordeaux qu'il venait de se verser quelques minutes avant, prit son chapeau, l'ajusta dans la glace sur sa tête, mit ses gants et finalement sortit.

Nicolas, que le sang-froid de l'autre avait irrité et exalté presque jusqu'à la folie, s'élança de son siége et le suivit de si près qu'avant que la porte eût roulé sur ses gonds derrière sir Mulberry, ils étaient ensemble côte à côte dans la rue.

Il y avait un cabriolet bourgeois qui attendait; le groom ouvrit le tablier et sauta à la tête du cheval pour le tenir.

« Voulez-vous me dire votre nom? demanda Nicolas d'une voix étouffée.

— Non! répondit l'autre d'un ton farouche en accompagnant son refus d'un juron; non!

— Si vous vous fiez à la vitesse de votre cheval, dit Nicolas, je vous avertis qu'elle ne vous servira de rien. Je suis décidé à vous accompagner; je vous jure que je ne vous quitterai pas, dussé-je m'accrocher à votre marchepied.

— Faites-le et vous allez voir comme je vais vous corriger à coups de fouet, reprit sir Mulberry.

— Vous êtes un infâme!

— Vous êtes un saute-ruisseau! voilà tout.

— Je suis le fils d'un gentleman de province, votre égal par la naissance et l'éducation, et je vaux mieux que vous, je m'en flatte, pour tout le reste. Je vous le répète, Mlle Nickleby est ma sœur. Voulez-vous, oui ou non, me donner satisfaction de votre conduite odieuse et brutale?

— A un champion digne de moi, oui; à vous, non, répliqua

sir Mulberry prenant en main les rênes. Gare de là, chien! William, lâche-lui la tête.

— Vous ferez mieux de n'en pas courir le risque, cria Nicolas en sautant sur le marchepied derrière sir Mulberry, et saisissant les rênes. Songez-y, il n'est plus maître du cheval. Je ne vous laisserai pas partir, croyez-en ma parole, avant de savoir de vous qui vous êtes. »

Le groom hésitait, car la jument, un fier animal, une bête de race, se cabrait avec tant de violence qu'il avait du mal à la contenir.

« Lâche-la, te dis-je! » lui dit son maître d'une voix de tonnerre.

Le groom obéit, l'animal se mit à ruer et à se cabrer, à briser tout en mille morceaux; mais Nicolas insensible au danger, et n'écoutant que sa furie, restait ferme à sa place et retenait les rênes.

« Voulez-vous lâcher!

— Voulez-vous me dire qui vous êtes?

— Non!

— Non? »

Ces mots furent échangés plus vite que la pensée, et sir Mulberry, prenant son fouet par le milieu, en asséna des coups furieux sur la tête et sur les épaules de Nicolas. Le fouet se brise dans la lutte. Nicolas en saisit le manche et en frappe son adversaire à la face qu'il lui fend depuis l'œil jusqu'à la lèvre. Il voit la plaie s'ouvrir, il voit la jument partir au grand galop, puis il ne voit plus rien, et, dans l'éblouissement qui le prend, il se sent jeté roide par terre.

Toute l'attention du public s'était portée à l'instant sur la personne emportée dans la voiture à fond de train. Nicolas restait seul, et jugeant sagement qu'en pareil cas ce serait folie à lui de vouloir courir après, il tourne le coin d'une rue de traverse, pour gagner la première place de fiacres venue. Il sent, au bout de quelques minutes, qu'il chancelle comme un homme ivre, et s'aperçoit, pour la première fois, que le sang lui ruisselle sur la figure et la poitrine.

FIN DU PREMIER VOLUME

TABLE DES MATIÈRES

CONTENUES DANS LE PREMIER VOLUME

FIN DE LA TABLE DES MATIÈRES.

Coulommiers. — Typ. P. BRODARD et GALLOIS.

Juillet 1886

CATALOGUE
D'OUVRAGES DE LECTURE

A L'USAGE

DES BIBLIOTHÈQUES POPULAIRES, SCOLAIRES
ET COMMUNALES

COMPRIS DANS LES LISTES ET CATALOGUES OFFICIELS PUBLIÉS

PAR LE MINISTÈRE DE L'INSTRUCTION PUBLIQUE

PARIS
LIBRAIRIE HACHETTE ET Cie
79, BOULEVARD SAINT-GERMAIN, 79

ORDRE DES SÉRIES

COMPOSANT LE CATALOGUE DES OUVRAGES DE LECTURE

AVIS

Tous les ouvrages annoncés sur ce Catalogue sont brochés, à moins d'indication contraire.

Les ouvrages brochés peuvent être fournis cartonnés très solidement en toile, suivant le modèle officiel.

Le prix de ce cartonnage, qui se paye en sus du prix de l'ouvrage, est fixé comme suit :

Pour le format in-18..........	}	60 centimes.
— grand in-18....	}	
— petit in-16.....	}	
in 16..................		75 —
— in-8° ordinaire.....		1 fr. 15 —
Pour le format gr. in-8 (suiv. la grosseur du volume)		1 fr. 60 à 2 fr. 65
— in-4 (—)		2 fr. 25 à 4 fr. 25

Il faut compter environ un mois pour établir ce genre de cartonnage.

CATALOGUE
D'OUVRAGES DE LECTURE

Série A. — Ouvrages généraux. — Grammaires et Dictionnaires.

Bouillet. Dictionnaire universel d'histoire et de géographie. Grand in-8. 21 fr.

— Dictionnaire universel des sciences, des lettres et des arts. Gr. in-8. 21 fr.

Charton. Dictionnaire des professions, ou guide pour le choix d'un état. Gr. in-8. 10 fr.

Conférences faites à la gare Saint-Jean, à Bordeaux. 2 volumes in-16. 2 fr. 50

Journal de la jeunesse (1873-1885). 26 vol. in-4°, avec gravures. 260 fr.

Chaque année forme 2 vol., qui se vendent séparément. 10 fr.

Lafaye. Dictionnaire des synonymes de la langue française. Gr. in-8. 23 fr.

Littré. Dictionnaire de la langue française, avec supplément. 5 vol. in-4°. 112 fr.

Littré et Beaujean. Abrégé du Dictionnaire de la langue française de Littré, suivi d'un supplément historique, biographique et géographique. Gr. in-8. 13 fr.

— Petit dictionnaire universel, ou Abrégé du dictionnaire de la langue française de Littré. 1 vol. in-16, cartonné. 3 fr.

Sonnet. Dictionnaire des mathématiques appliquées. Gr. in-8. 30 fr.

Série B. — Histoire et Biographies.

I. — Histoire ancienne.

Duruy (V.). Histoire sainte. In-16. 3 fr.

— Histoire grecque. In-16. 4 fr.

— Histoire romaine. In-16. 4 fr.

Lanoye (de). Ramsès le Grand. In-16, illustré. 2 fr. 25

Maspero. Histoire ancienne des peuples de l'Orient. In-16. 6 fr.

Plutarque. Vies des Romains illustres (édition Feillet). In-16, illustré. 2 fr. 25

Plutarque. Vies des Grecs illustres (édition Feillet). In-16, illustré. 2 fr. 25

Salluste. Guerre de Jugurtha. In-16. 2 fr.

Van den Berg. Petite histoire ancienne des peuples de l'Orient. Petit in-16, cartonné. 3 fr. 50

— Petite histoire des Grecs. Petit in-16 illustré, cartonné. 4 fr. 50

II. — Histoire de France.

Berwick. Mémoires. In-16. 2 fr.

Challamel. Mémoires du peuple français. 8 vol. in-8. 60 fr.

Chéruel. Histoire de France sous le ministère de Mazarin. 3 vol. in-8. 22 fr. 50

Chéruel. Dictionnaire historique des institutions, mœurs et coutumes de la France. 2 volumes in-16. 12 fr.

Courgeon. Récits de l'histoire de France (les Mérovingiens). In-16. 3 fr. 50

Desprez. Les guerres de la Vendée. In-16. 1 fr.

Ducoudray. Cent récits d'histoire de France. In-4° illustré, cartonné. 4 fr.

— **Simples récits** d'histoire de France. In-16, cartonné. 2 fr.

Duruy (V.). Histoire de France. 2 vol. in-16, illustrés. 8 fr.

— **Introduction générale à l'histoire de France.** In-16. 3 fr. 50

Froissart. Les chroniques. Grand in-8, illustré. 32 fr.

Gaffarel. Les campagnes de la première République. In-8, illustré. 3 fr.

Gibelin. Histoire des milices provinciales. In-8. 5 fr.

Guizot. Édouard III et les bourgeois de Calais. In-16. 1 fr. 25

— L'histoire de France racontée à mes petits-enfants, depuis les origines jusqu'en 1789. 5 vol. gr. in-8, illustrés. 90 fr.

— L'histoire de France racontée à mes petits-enfants, de 1789 à 1848; leçons recueillies par Mme de Witt, née Guizot 2 vol. gr. in-8, illustrés. 48 fr.

Histoire de France (L') racontée par les contemporains, extraits publiés par M. B. Zeller, format petit in-16, avec gravures.

Chaque volume se vend séparément 50 cent.

La Gaule et les Gaulois.
La Gaule romaine.
Les invasions barbares en Gaule.
Les Francs mérovingiens.
Les fils de Clotaire. — Frédégonde et Brunehaut.
Les rois fainéants.
Charlemagne.
Les premiers Capétiens.
Louis VI et Louis VII.
Philippe le Hardi.
L'empire français d'Orient.
Philippe le Bel.
Le dauphin Charles.
La grande invasion anglaise.
Charles V et du Guesclin.
Charles VII et Jeanne d'Arc.

Joinville. Histoire de Saint Louis. In-16. 1 fr. 25

Lacombe. Petite histoire du peuple français. In-16. 1 fr. 25

Legrelle (A.). Louis XIV et Strasbourg. In-8. 7 fr. 50

Michelet. Louis XI et Charles le Téméraire. In-16. 1 fr.

Napoléon Ier. Campagnes d'Italie, d'Égypte et de Syrie. 3 vol. in-16. 6 fr.

Pallu. Relation de l'expédition de Chine en 1860, avec atlas. 20 fr.

— Histoire de l'expédition de Cochichine en 1861. In-8. 3 fr. 50

Rambaud. Histoire de la Révolution française. In-16. 1 fr. 25

Retz (Cardinal de). Mémoires, abrégés par Feillet. In-16, illustré. 2 fr. 25

Saint-Paul. Histoire monumentale de la France. In-8, illust. 3 fr.

III. — Histoires étrangères.

About (Ed.). La Grèce contemporaine, avec grav., in-16. 4 fr.

Estournelles de Constant (Baron d'). La vie de province en Grèce. In-16. 3 fr. 50

Fleury. Histoire d'Angleterre, comprenant celle de l'Écosse, de l'Irlande et des possessions anglaises. In-16. 4 fr.

Frédéric II. Œuvres historiques (1740-1763), suivies du Précis des guerres de Frédéric par Napoléon. 3 vol. in-16. 6 fr.

Fustel de Coulanges. La cité antique. In-16. 3 fr. 50

Guizot. L'histoire d'Angleterre racontée à mes petits-enfants. 2 vol. gr. in-8, illustrés. 45 fr.

Jouault. Vie d'Abraham Lincoln. In-16. 1 fr. 25

— Washington. In-16. 1 fr. 25

Lacombe. L'Angleterre. 1 vol., petit in-16. 50 c.

La Jonquière (de). Histoire de l'empire Ottoman. In-16. 6 fr.

Lavallée. Histoire de la Turquie. 2 volumes in-16. 7 fr.

Lavisse. Études sur l'histoire de Prusse. In-16. 3 fr. 50

Prescott. Conquête du Mexique. In-16. 1 fr

Rambaud (A.) Histoire de la Russie. In-16. 6 fr.

Reinach (Th.) Histoire des Israélites depuis leur dispersion jusqu'à nos jours. In-16. 4 fr.

Schiller. Histoire de la guerre de Trente Ans. Traduction de M. Ad. Regnier. In-16. 3 fr. 50

Voltaire. Histoire de Charles XII. In-16, cartonné. 1 fr. 60

IV. — Biographies et mémoires.

Anastasi. Vie de Nicolas Leblanc. In-16. 2 fr.

Aubigné (d'). Histoire de Bayard. In-16, illustré. 1 fr.

Badin (Ad.). Histoire de Jean Bart. In-16. 1 fr. 25

— Duguay-Trouin. In-16. 1 fr. 25

Biographies d'hommes célèbres : Chaque biographie, format in-18, avec gravure, se vend séparément 15 c.

Desaix. — Kléber. — Necker. — Charles XII. — Louvois. — Vasco de Gama. — Magellan. — Cook. — La Pérouse. — Livingstone. — Gutenberg. — Bernard Palissy. — Watt. — Franklin. — Arago. — Olivier de Serres. — Buffon. — Daubenton. — Paul Puget. — Philibert Delorme. — Les Mansart. — Stephenson. — La Fontaine. — Gœthe. — Montyon. — Oberlin. — Philippe de Girard. — Cavour. — Mahomet. — Washington. — Jean Goujon. — Solon.

Bonnechose (Ch. de). Montcalm et le Canada français. In-16. 1 fr.

Bonnechose (Em. de.) Histoire de du Guesclin. In-16. 1 fr. 25

— Le général Hoche. In-16. 1 fr. 25

Charton (Ed.). Histoire de trois enfants pauvres. In-16. 1 fr. 25

Corne. Le C[al] Mazarin. In-16. 1 fr. 25

— Le C[al] de Richelieu. In-16. 1 fr. 25

Corréard. Vie de Vercingétorix. In-16. 1 fr.

Debidour. Vie de du Guesclin. In-16, illustré. 1 fr.

Deschanel. Vie de Benjamin Franklin. In-16, illustré. 1 fr.

Desprez. Le maréchal Ney. In-16, illustré. 1 fr.

Duruy (G.). Histoire de Turenne. In-16, illustré. 1 fr.

Ernouf. Denis Papin. In-16. 1 fr. 25

— Histoire de deux inventeurs célèbres. In-16. 1 fr. 25

— Histoire de trois ouvriers français. In-16. 1 fr. 25

Giraud. La maréchale de Villars. In-16. 3 fr. 50

Gossot. Mademoiselle Sauvan, sa vie et son œuvre. In-16. 1 fr. 50

Irving (W.). Vie et voyages de Christophe Colomb, abrégés par J. Girardin. In-8, illustré. 1 fr. 50

Jonveaux. Histoire de quatre ouvriers anglais. In-16. 1 fr. 25

Labouchère. Vie d'Oberkampf. In-16. 1 fr. 25
Labour. Vie de monsieur de Montyon. In-16. 3 fr. 50
La Landelle (de). Jean Bart et Charles Keyser. In-16. 3 fr. 50
Lavisse. Histoire de Sully. In-16, illustré. 1 fr.
Lee Childe (Mme). Le général Lee. In-16. 50 c.
Le Loyal serviteur. Histoire du chevalier Bayard. In-16. 1 fr. 25
Le même ouvrage, avec gravures. In-16. 2 fr. 25
Luce. Histoire de du Guesclin et de son époque. In-16. 3 fr. 50
Luchaire. Philippe-Auguste. In-16, illustré. 1 fr.
Menault. Suger. In-16, illust. 1 fr.
Muller (E.). Ambroise Paré. In-16, illustré. 1 fr.
Passy. Vie de Stephenson. In-16, illustré. 1 fr.
Relave (l'abbé). La vie et les œuvres de Töpffer. In-16. 3 fr. 50
Saint-Simon (le duc de). Le Régent et la cour de France. In-16. 2 fr.
Wallon. Jeanne d'Arc. 2 volumes in-16. 7 fr.
Le même ouvrage. Édition abrégée. In-16. 1 fr.
Zeller (B.). Richelieu. In-16, illustré. 1 fr.
Zeller (J.). François Ier. In-16, illustré. 1 fr.
— Louis XI. In-16, illustré. 1 fr.

V. — Divers.

About (Ed.). Alsace (1871-1872). In-16. 3 fr. 50
Barrau. La patrie. In-16, cart. 1 fr. 50
Bernard. Les fêtes célèbres. In-16, illustré. 2 fr. 25
Bourde. Le patriote. In-16. 1 fr. 25
Delon. Simples lectures préparant à l'étude de l'histoire. In-16, cartonné. 1 fr.
Dixon (Hepworth). La Russie libre. In-8, illustré. 10 fr.
Duruy (V.). Histoire du moyen âge. In-16. 4 fr.
— Histoire des temps modernes. In-16. 4 fr.
— Histoire générale. In-16. 4 fr.
— Petite histoire générale. In-16, cartonné. 1 fr.
Franklin. Mémoires. In-16. 1 fr. 25
Gœpp et Ducoudray. Le patriotisme en France. In-16. 1 fr. 25
Hervé (E.). La crise irlandaise. In-16. 3 fr. 50
Jurien de la Gravière. Souvenirs d'un amiral. 2 vol. in-16. 7 fr.
Lacombe. Le patriotisme. In-16, illustré. 2 fr. 25
Lehugeur (P.). Histoire de l'armée française. In-8, illustré. 1 fr. 50
Lesbazeilles. Les forêts. In-16, illustré. 2 fr. 25
Locke. Quelques pensées sur l'éducation. In-16. 2 fr. 50
Lorrain. Récits patriotiques. In-16, cartonné. 1 fr. 50
Petit (M.). Les sièges célèbres. In-16, illustré. 2 fr. 25
Piotrowski. Souvenir d'un Sibérien. In-16. 1 fr. 25
Le même ouvrage, illust. 2 fr. 25
Prévost-Paradol. Essai sur l'histoire universelle. 2 vol. in-16. 7 fr.
Roy (J.). L'an mille. In-16, illustré. 2 fr. 25
Simonin. Les ports de la Grande-Bretagne. In-16. 3 fr. 50
Turenne. Mémoires. In-16. 2 fr.
Zucher et Margollé. Les naufrages célèbres. In-16, illust. 2 f. 25

Série C. — Géographie et Voyages.

I. — Atlas et dictionnaire de géographie.

Atlas manuel de Géographie moderne, contenant 54 cartes, imprimées en couleurs. In-folio, relié. 32 fr.

Cortambert. Petit atlas de géographie moderne, composé de 20 cartes en couleurs. Gr. in-8, cartonné. 3 fr. 50

— Atlas de géographie ancienne, du moyen âge et moderne, 100 cartes in-4°, relié en percaline. 16 fr.

— Nouvel atlas de géographie moderne, 66 cartes in-4°, relié. 12 fr

Joanne. Petit dictionnaire géographique de la France. In-16, cartonné. 6 fr.

Petit atlas départemental de la France. Petit in-8, cart. 1 fr.

Debriges. Les Alpes du Dauphiné. In-8. 75 c.

II. — France et colonies.

Fillias. Géographie de l'Algérie. In-16, cartonné. 1 fr. 50

Joanne. Géographies départementales. 86 volumes in-16, avec gravures et 1 carte en couleurs. Chaque département, cart. 1 fr.
Le départ. de la Seine. 1 fr. 50

— Itinéraire général de la France. 15 volumes in-16, qui se vendent séparément cartonnés :

Paris illustré. 15 fr.
Environs de Paris illustrés. 10 fr.
Jura et Alpes françaises. 15 fr.
Provence. 7 fr. 50
Corse. 5 fr.
Auvergne, Morvan, Velay. 10 fr.
La Loire. 7 fr. 50
De la Loire à la Gironde. 7 fr. 50
Pyrénées. 15 fr.
Gascogne et Languedoc. 7 fr. 50
Cévennes. 7 fr. 50
Bretagne. 10 fr.
Normandie. 12 fr.
Nord. 9 fr.
Champagne et Ardennes. 7 fr. 50

— Paris-diamant. 5 fr.

Montégut (E.). En Bourbonnais et en Forez. In-16, illustré. 4 fr.

Piesse. Itinéraire de l'Algérie. In-16, cartonné. 15 fr.

Reclus (Onésime). France, Algérie et colonies. In-16, ill. 5 fr. 50

Richard. Guide du voyageur en France. In-16, cartonné. 12 fr.

Simonin. Les grands ports de commerce de France. In-16. 3 fr. 50

III. — Géographie générale.

Cortambert. Le globe illustré. In-4°, cartonné. 4 fr.

— Mœurs et caractères des peuples (Europe et Afrique). In-8, illustré. 5 fr.

— Voyage pittoresque à travers le monde. In-8, illustré. 5 fr.

Delon. Cent tableaux de géographie pittoresque. In-4°, illustré. 4 fr.

Duval (Jules). Notre planète. In-16. 3 fr. 50

Lanoye (de). La mer polaire. In-16, illustré. 2 fr. 25

— Les grandes scènes de la nature. In-16, illustré. 2 fr. 25

— La Sibérie. In-16, illust. 2 fr. 25

Maunoir et Duveyrier. L'année géographique, 1876, 1877 et 1878. In-16. Chaque volume 3 fr. 50

Maury. La terre et l'homme. In-16. 6 fr.

Reclus (Élisée). Les phénomènes terrestres. 2 vol. in-16. 2 fr. 50

On vend séparément :

I. *Les continents.* 1 fr. 25
II. *Les mers et les météores.* 1 fr. 25

— La terre. 2 vol. gr. in-8, avec figures et cartes. 30 fr.

On vend séparément :

I. *Les continents.* 15 fr.
II. *L'océan, l'atmosphère, la vie.* 15 fr.

— Nouvelle géographie universelle, illustrée, format gr. in-8, avec cartes, plans et grav. Chaque vol., moins le tome X. 30 fr.
Le tome X. 20 fr.

En vente :

I. *L'Europe méridionale.*
II. *La France.*
III. *L'Europe centrale.*
IV. *L'Europe septentrionale.*
V. *L'Europe scandinave et russe.*
VI. *L'Asie russe.*
VII. *L'Asie orientale.*
VIII. *L'Inde et l'Indo-Chine*
IX. *L'Asie antérieure.*
X. *L'Afrique septentrionale* (bassin du Nil, Egypte et Nubie).
XI. *L'Afrique septentrionale* (Tripolitaine, Tunisie, Algérie et Maroc).

Reclus (Onésime). La terre à vol d'oiseau. 2 volumes in-16, illustrés. 10 fr.

Le même ouvrage. Gr. in-8, illustré. 20 fr.

Vivien de Saint-Martin. Histoire de la géographie et des découvertes géographiques. In-8 et atlas in-folio. 20 fr.

— L'année géographique (1862-1875). 15 vol. in-16. 52 fr. 50
Chaque volume séparé, 3 fr. 50

IV. — Voyages.

Agassiz. Voyage au Brésil. 1 vol. In-16. 1 fr. 25

Le même ouvrage, avec gravures. In-16. 2 fr. 25

Amicis (de). La Hollande, traduit par Bernard. In-16, avec gravures. 4 fr.

— Constantinople, traduit par Mme J. Colomb. In-16, avec gravures. 4 fr.

Le même ouvrage, grand in-8, avec gravures. 15 fr.

— L'Espagne, traduit par Mme J. Colomb. In-16, avec grav. 4 fr.

Augé. Voyage aux sept merveilles du monde. In-16, illust. 2 fr. 25

Aunet (Mme d'). Voyage d'une femme au Spitzberg. In-16. 1 fr. 25

Le même ouvrage, avec gravures. In-16. 2 fr. 25

Baker. Le lac Albert. In-16. 1 fr. 25

Le même ouvrage, avec gravures. In-16. 2 fr. 25

— L'Afrique équatoriale. In-8, illustré. 1 fr. 50

— Exploration du Haut-Nil. In-8, illustré. 1 fr. 50

Baldwin. Récits de chasses dans l'Afrique centrale. In-8, illustré. 1 fr. 50

Belle. Trois années en Grèce. In-16, illustré. 4 fr.

Blunt (Lady). Voyage en Arabie. In-8, illustré. 10 fr.

Burton. Voyages à la Mecque, aux grands lacs d'Afrique et chez les Mormons. In-16. 1 fr. 25

Le même ouvrage, avec gravures. In-16. 2 fr. 25

Cameron. A travers l'Afrique. In-8, illustré. 10 fr.

Catlin. La vie chez les Indiens. In-16, illustré. 2 fr. 25

Charton (Ed.). Le Tour du Monde (1860-1885). 25 années in-4°, avec 15000 gravures. (les années 1870-1871 ne forment qu'un volume). — Chaque année séparément, brochée en un ou deux volumes. 25 fr.

Cotteau. De Paris au Japon à travers la Sibérie. In-16, illust. 4 fr.

— Un touriste dans l'Extrême-Orient. In-16, illustré. 4 fr.

Crevaux (Dr). Voyages dans l'Amérique du Sud. In-4°, illust. 50 fr.

Daireaux. Buenos-Ayres, la Pampa et la Patagonie. In-16, illust. 4 fr.

Deslys et Cortambert. Le pays du soleil. In-8, illustré. 5 fr.

Dufferin (Lord). Lettres écrites des régions polaires. In-8, illustré. 3 fr.

Fonvielle (de). Les affamés du pôle Nord. In-16, illustré. 4 fr.

Garnier (Francis). De Paris au Tibet. In-16, illustré. 4 fr.

Gourdault. L'Italie. Grand in-4°, illustré. 50 fr.

— La Suisse. 2 vol. in-4°, illustrés. 100 fr.

— L'Italie pittoresque. In-8, illustré. 3 fr.

— La Suisse pittoresque. In-8, illustré. 3 fr.

— Rome et la campagne romaine. In-8, illustré. 3 fr.

Hall. Deux ans chez les Esquimaux. In-8, illustré. 1 fr. 50

Hayes. La mer libre du pôle. In-16. 1 fr. 25

Le même ouvrage, avec gravures. In-16. 2 fr. 25

— L'océan Arctique. In-8, illustré. 1 fr. 50

— Perdus dans les glaces. In-8, illustré. 5 fr.

Hervé et de Lanoye. Voyages dans les glaces du pôle Arctique. In-16, illustré. 2 fr. 25

Hübner. Promenade autour du monde. 2 vol. in-16. 7 fr.

Johnson. Dans l'extrême Far-West. In-16, illustré. 2 fr. 25

Jusserand. La vie nomade et les routes d'Angleterre au XIVe siècle. In-16. 3 fr. 50

Kanitz. La Bulgarie danubienne et le Balkan. Gr. in-8, illust. 25 fr.

Karamzine. Voyage en France. In-16. 3 fr. 50

Kingston. Une croisière autour du monde. In-8, illustré. 5 fr.

Kœchlin-Schwartz. Un touriste en Laponie. In-16. 3 fr. 50

La Landelle. Naufrages et sauvetages. In-16. 2 fr.

Lamothe. Cinq mois chez les Français d'Amérique. In-16, illustré. 4 fr.

Lanoye (de). Le Nil et ses sources. In-16, illustré. 2 fr. 25

Largeau. Le pays de Rirha, Ouargla. In-16, illustré. 4 fr.

Leclercq (J.). Voyage au Mexique. In-16, illustré. 4 fr.

Livingstone. Explorations dans l'intérieur de l'Afrique australe (1840-1864). Edition abrégée. In-16. 1 fr. 25

Le même ouvrage, avec gravures. In-16. 2 fr. 25

— Voyage d'exploration au Zambèze et dans l'Afrique centrale. In-8, illustré. 1 fr. 50

— Dernier journal. Edition abrégée. In-16. 1 fr. 25

Le même ouvrage, avec gravures. In-16. 2 fr. 25

Long (Le commandant de). Voyage de la *Jeannette*. In-8, illustré. 10 fr.

Lortet (Dr). La Syrie d'aujourd'hui. In-4°, illustré. 50 fr.

Mage. Voyage dans le Soudan occidental. In-16. 1 fr. 25

Le même ouvrage, avec gravures. In-16. 2 fr. 25

Markham. La mer glacée du pôle. In-16, illustré. 4 fr.

Milton et **Cheadle**. Voyage de l'Atlantique au Pacifique. In-8, illustré. 10 fr.

Le même ouvrage, édition abrégée. In-16. 1 fr. 25

Le même, avec gravures. 2 fr. 25

Montano. Voyage aux Philippines et en Malaisie. In-16, illustré. 4 fr.

Mouhot. Voyage dans les royaumes de Siam, de Cambodge et de Laos. In-16. 1 fr. 25

Le même ouvrage, avec gravures. In-16. 2 fr. 25

Nares. Un voyage à la mer polaire. In-8, illustré. 10 fr.

Nördenskiöld. Voyage de la *Véga* autour de l'Asie et de l'Europe. 2 vol. in-8, illust. 30 fr.

Palgrave. Une année dans l'Arabie centrale. In-16. 1 fr. 25

Le même ouvrage, avec gravures. In-16. 2 fr. 25

Payer. La Terre de François-Joseph et la mer de la Nouvelle-Zemble. In-8, illustré. 1 fr. 50

— L'expédition du *Tegetthoff*. In-8, illustré. 10 fr.

Pfeiffer (Mme Ida). Voyage à Madagascar. In-16, illustré. 4 fr.

— Voyages d'une femme autour du monde. In-16, illustré. 4 fr.

— Mon second voyage autour du monde. In-16, illustré. 4 fr.

Piétri (Le capitaine). Les Français au Niger, voyages et combats. In-16, illustré. 4 fr.

Prjévalski. Mongolie et pays des Tangoutes. In-8, illustré. 10 fr.

Raynal. Les naufragés des îles Auckland. Grand in-8, illust. 10 fr.

Reclus (Élisée). Voyage à la Sierra Nevada de Sainte-Marthe. In-16, illustré. 4 fr.

Rousset (L.). A travers la Chine. In-16, illustré. 4 fr.

Schweinfurth. Au cœur de l'Afrique. Édition abrégée. In-16. 1 fr. 25

Le même ouvrage, avec gravures. In-16. 2 fr. 25

Serpa Pinto (Le major). Comment j'ai traversé l'Afrique. 2 vol. in-8, illustrés. 20 fr.

Stanley. Comment j'ai retrouvé Livingstone. Édition abrégée. In-16. 1 fr. 25

Le même ouvrage, avec gravures. In-16. 2 fr. 25

— A travers le continent mystérieux. 2 volumes in-8, illustrés. 20 fr.

Taine. Voyage aux Pyrénées. In-16, illustré. 4 fr.

Talbert. Les Alpes. In-8, illustré. 1 fr. 50

Tissot et **Amero**. Aventures de trois fugitifs en Sibérie. In-8, illustré. 5 fr.

Vambéry. Voyages d'un faux derviche dans l'Asie centrale. Edition abrégée. In-16. 1 fr. 25

Le même ouvrage, avec gravures. In-16. 2 fr. 25

Vattemare. A travers l'Australie. In-8, illustré. 1 fr. 50

— L'Amérique septentrionale. In-8, illustré. 1 fr. 50

Vidal-Lablache. Marco Polo, son temps et ses voyages. In-8, illustré. 1 fr. 50

Villetard. Le Japon. In-8, illustré. 1 fr. 50

Wallace (A. Russell). La Malaisie. In-8, illustre. 1 fr. 50

Whymper. Voyages et aventures dans la Colombie anglaise. In-8, illustré. 1 fr. 50

Série D. — Littérature française et étrangère.

I. — Philosophie et Morale.

Barrau. Devoirs des enfants envers leurs parents. In-18, cartonné. 50 cent.

— Conseils aux ouvriers. 1 vol. in-16. 1 fr. 25

— Direction morale pour les instituteurs. In-16. 1 fr. 25

Bersot. Un moraliste. In-16. 3 fr. 50

Caro. L'idée de Dieu. In-16. 3 fr. 50

— M. Littré et le positivisme. In-16. 3 fr. 50

Franck. Morale pour tous. In-16. 1 fr. 25

Franklin (Benjamin). Correspondance (traduction Laboulaye). 3 vol. in-16. 3 fr. 75

— Essais de morale. In-16. 1 fr. 25

Gréard. De la morale de Plutarque. In-16. 3 fr. 50

— Extraits annotés des lettres de Mme de Maintenon sur l'éducation. In-16. 2 fr. 50

Lévêque. Les harmonies providentielles. In-16, illustré. 2 fr. 25

Schiller. Jeanne d'Arc (traduction). In-16. 2 fr.

Simon (J.). Le devoir. In-16. 3 fr. 50

— Le livre du petit citoyen. In-16, cartonné. 1 fr. 10

— La religion naturelle. 1 vol. in-16. 3 fr. 50

— L'ouvrière. In-16. 3 fr. 50

Witt (Mme de), née Guizot. Notre-Dame Guesclin. In-8, illustré. 5 fr.

II. — Histoire des littératures et Critique.

Albert (Paul). La poésie, étude sur les chefs-d'œuvre des grands poètes. In-16. 3 fr. 50

— La prose, étude sur les chefs-d'œuvre des grands prosateurs. In-16. 3 fr. 50

— La littérature française des origines à la fin du XVIe siècle. In-16. 3 fr. 50

— La littérature française au XVIIe siècle. In-16. 3 fr. 50

— La littérature française au XVIIIe siècle. In-16. 3 fr. 50

— La littérature française au XIXe siècle. 2 vol. in-16. 7 fr.

— Variétés morales et littéraires. In-16. 3 fr. 50

— Poètes et poésies. In-16. 3 fr. 50

Brachet. Morceaux choisis des grands écrivains français du XVIe siècle. In-16, cart. 3 fr. 50

Demogeot. Histoire de la littérature française. In-16. 4 fr.

— Histoire des littératures étrangères. 2 vol. in-16. 8 fr.

Étienne. Histoire de la littérature italienne. In-16. 4 fr.

Filon (Augustin). Histoire de la littérature anglaise. In-16. 6 fr.

Labbé. Morceaux choisis des classiques français. 3 vol. in-16, cartonnés :

- *Cours élémentaire.* 1 fr.
- *Cours moyen.* 1 fr. 50
- *Cours supérieur.* 2 fr. 50

Merlet. Études littéraires sur les classiques français. 2 volumes in-16. 8 fr.

— Études littéraires sur les grands classiques latins. In-16. 4 fr.

— Études littéraires sur les grands classiques grecs. In-16. 4 fr.

Mézières (A.). En France, XVIIIe et XIXe siècles. In-16. 3 fr. 50
— Hors de France : Italie, Espagne, Angleterre, Grèce moderne. In-16. 3 fr. 50

Montégut (Emile). Les écrivains modernes de l'Angleterre. In-16. 3 fr. 50
— Essais sur la littérature anglaise. In-16. 3 fr. 50

Pressard. Lectures littéraires et morales, tirées des meilleurs écrivains français. Petit in-16, cartonné. 1 fr. 25

Trésor littéraire de la France (Le). Recueil de morceaux en prose empruntés aux écrivains français du XIIIe siècle à nos jours. Grand in-8, illustré. 20 fr.

III. — Littératures anciennes (Traductions).

Homère. Beautés de l'Iliade et de l'Odyssée. In-16, illustré. 2 fr. 25
— L'Iliade et l'Odyssée, abrégées. In-8, illustré. 3 fr.

Virgile. Œuvres choisies. In-16, illustré. 2 fr. 25
Le même ouvrage. In-8, illustré. 3 fr.

IV. — Littérature française jusqu'à la fin du XVIIIe siècle. (Sauf le théâtre).

Bernardin de Saint-Pierre. Œuvres choisies. In-16, illustré. 2 fr. 25

Fénelon. Œuvres choisies. In-8, illustré. 3 fr.

La Fontaine. Fables, illustrées par Doré. In-4°. 30 fr.

La Fontaine. Choix de fables, illustrées. In-8. 1 fr. 50

Marivaux. Œuvres choisies. 2 volumes in-16. 2 fr. 50

Sévigné (Mme de). Choix de lettres. In-8, illustré. 1 fr. 50

Voltaire. Choix de lettres. Petit in-16. 2 fr. 25

V. — Littérature française au XIXe siècle.

Calemard de la Fayette. Le poème des champs. In-16. 3 fr. 50

Chateaubriand. Le génie du christianisme. In-16. 3 fr. 50

Hüe (Mme S.). Les maternelles (poésie). In-16. 2 fr. 50

Hugo (Victor). Odes et ballades. In-16. 3 fr. 50
— Les voix intérieures, les rayons et les ombres. In-16. 3 fr. 50
— Les orientales. — Les feuilles d'automne. — Les chants du crépuscule. In-16. 3 fr. 50
— La légende des siècles. 1 vol. in-16. 3 fr. 50
— L'année terrible. In-16. 3 fr. 50

Lamartine. Le tailleur de pierres de Saint-Point. In-16. 1 fr. 25
— Lectures pour tous. 1 vol. in-16. 3 fr. 50
— Morceaux choisis à l'usage des classes. Petit in-16, cart. 2 fr.
— Harmonies poétiques. 1 vol. in-16. 3 fr. 50

Quinet (Ed.). Pages choisies. In-16, cartonné. 2 fr.

VI. — Théâtre.

Corneille. Œuvres choisies. In-8, illustré. 3 fr.

Hugo (Victor). Théâtre. 4 volumes in-16. 14 fr.

Molière. Œuvres choisies. 2 volumes in-16, illustrés. 4 fr. 50

— Chefs-d'œuvre. 2 volumes in-16. 2 fr. 50

— Les Précieuses ridicules, avec des notes par M. Vapereau. In-16, cartonné. 1 fr.

Racine. Chefs-d'œuvre. 2 volumes in-16. 2 fr. 50

— Britannicus, annoté par M. Anthoine. In-16, cart. 1 fr. 25

Shakespeare. Chefs-d'œuvre. 3 vol. in-16. 3 fr. 75

Voltaire. Théâtre choisi. In-16, cartonné. 2 fr. 50

VII. — Romans, Contes et Nouvelles (français et étrangers).

About (Edm.). Le roman d'un brave homme. In-16. 3 fr. 50

Le même ouvrage. In-8, illustré. 10 fr.

— L'homme à l'oreille cassée. In-16. 2 fr.

Le même ouvrage. In-8, ill. 10 fr.

— Germaine. In-16. 2 fr.

— Le fellah. In-16. 3 fr. 50

— Les mariages de province. In-16. 3 fr. 50

— Le turco. In-16. 3 fr. 50

— Les mariages de Paris. In-16. 2 fr.

— Tolla. In-16. 2 fr.

— Maître Pierre. In-16. 2 fr.

— Nouvelles et souvenirs. In-8, avec gravures. 3 fr.

Beecher-Stowe (Mme). La case de l'oncle Tom. In-16. 1 fr. 25

Bernard. Les évasions célèbres. In-16, illustré. 2 fr. 25

Bernardin de Saint-Pierre. Paul et Virginie. In-16. 1 fr. 25

Bersezio (V.). Pauvre Jeanne! in-16. 1 fr. 25

Berthet (Élie). Les houilleurs de Polignies. In-16. 1 fr. 25

— L'enfant des bois. In-16, illustré. 2 fr. 25

Blandy. Mon ami et moi. In-8, illustré. 3 fr.

Bulwer-Lytton. Mémoires de Pisistrate Caxton. 2 volumes in-16. 2 fr. 50

— Le dernier des barons. 2 vol. in-16. 2 fr. 50

— Les derniers jours de Pompéi. In-16. 1 fr. 25

— Rienzi. 2 vol. in-16. 2 fr. 50

Cahun. La bannière bleue. In-8, illustré. 5 fr.

Calemard de la Fayette. Peau-de-bique, ou la prime d'honneur. In-16. 1 fr. 25

— Petit Pierre, ou le bon cultivateur. In-16, avec gravures, cartonné. 1 fr. 10

Carraud (Mme). Une servante d'autrefois. In-16. 1 fr. 25

Cervantès. Don Quichotte. Édition abrégée. In-16, illust. 2 fr. 25

— Don Quichotte de la Manche. In-8, illustré. 3 fr.

Chamisso. Pierre Schlemihl. Petit in-16. 1 fr.

Charton. Le tableau de Cébès. In-16. 3 fr. 50

Cherbuliez. Prosper Randoce. In-16. 3 fr. 50

Cherbuliez. Olivier Maugant. 1 vol. in-16. 3 fr. 50
— Le comte Kostia. In-16. 3 fr. 50
— La revanche de Joseph Noirel. In-16. 3 fr. 50
— Samuel Brohl et Cie. 1 vol. in-16. 3 fr. 50

Colomb (C.). Ici et là. In-16, illustré. 1 fr.

Colomb (Mme). Le bonheur de Françoise. In-8, illustré. 5 fr.
— La fille de Carilès. In-8, illustré. 5 fr.
— Franchise. In-8, illustré. 5 fr.
— L'héritière de Vauclain. In-8, illustré. 5 fr.
— Chloris et Jeanneton. In-8, illustré. 5 fr.
— Le violoneux de la Sapinière. In-8, illustré. 5 fr.
— Deux mères. In-8, illustré. 5 fr.
— Feu de paille. In-8, illustré. 5 fr.
— Histoires et proverbes. In-8, illustré. 1 fr. 50
— Simples récits. 1 vol. in-8, illustré. 1 fr. 50
— Une nichée de pinsons. In-8, illustré. 1 fr.
— Pieter Vandael. In-16, illustré. 1 fr.
— L'ours de neige. In-16, illustré. 1 fr.

Conway (H.). Le secret de la neige. In-16. 1 fr. 25

Cummins (Miss). L'allumeur de réverbères. In-16. 1 fr. 25

Currer-Bell. Jane Eyre. 2 volumes in-16. 2 fr. 50

Daudet (E.). Robert Darnetal. In-8, illustré. 5 fr.

Deherrypon. La boutique de la marchande de poissons. 1 fr. 25

Demoulin (Mme). Les gens de bien. In-8. 5 fr.

Deslys. L'ami François. In-8, illustré. 5 fr.
— La mère aux chats. In-8. 5 fr.

Dickens. Contes de Noël. 1 vol. in-16. 1 fr. 25
— Nicolas Nickleby. 2 volumes in-16. 2 fr. 50
— Aventures de M. Pickwick. 2 vol. in-16. 2 fr. 50

Le même ouvrage. In-8, illust. 3 fr.
— Bleak-House. 2 v. in-16. 2 fr. 50
— La petite Dorrit. 2 volumes in-16. 2 fr. 50
— David Copperfield. In-8, ill. 3 fr.
— Dombey et fils. 3 volumes in-16. 3 fr. 75
— Barnabé Rudge. 2 volumes in-16. 2 fr. 50
— Les temps difficiles. In-16. 1 fr. 25
— Le magasin d'antiquités. 2 volumes in-16. 2 fr. 50
— Olivier Twist. In-16. 1 fr. 25
— Vie et aventures de Martin Chuzzlewit. 2 vol. in-16. 2 fr. 50
— Les grandes espérances. 2 volumes in-16. 2 fr. 50
— L'ami commun. 2 volumes in-16. 2 fr. 50

Erckmann-Chatrian. L'ami Fritz. 1 vol. in-16. 3 fr.

Ernst (Mme). Tony Brenner. 1 volume in-16. 1 fr. 25

Ferry (G.). Le coureur des bois. 2 vol. in-16. 7 fr.

Fleuriot (Mlle). Mandarine. In-8, illustré. 5 fr.
— Feu et flammes. In-8, illust. 5 fr.
— Tombée du nid. In-16. 2 fr.

Freytag. Doit et avoir. 3 volumes in-16. 3 fr. 75

Gérard (Jules). Le tueur de lions. In-16. 2 fr.

Gerstæcker. Les deux convicts. In-16. 1 fr. 25

Girardin (J.). L'oncle Placide. In-8, illustré. 5 fr.
— Le neveu de l'oncle Placide. 3 vol. in-8, illustrés. 15 fr.
— Fausse route. In-8, illust. 5 fr.
— Les braves gens. In-8, illust. 5 fr.
Le même ouvrage. Petit in-16. 2 fr.
— Nous autres. In-8, *illust*. 5 fr.
— Maman. In-8, illustré. 5 fr.
— Grand-père. In-8, illust. 5 fr.
— Histoire d'un Berrichon. In-8, illustré. 5 fr.
— Le locataire des demoiselles Rocher. In-8, illustré. 3 fr.
Le même ouvrage. In-16. 2 fr.
— Les gens de bonne volonté. In-8, illustré. 1 fr. 50
— La nièce du capitaine. In-8, illustré. 1 fr. 50
— Récits de la vie réelle. In-8, illustré. 1 fr. 50
— Bonnes bêtes et bonnes gens. In-8, illustré. 1 fr. 50
— Petits contes alsaciens. In-8, illustré. 1 fr. 50
— Les théories du docteur Wurtz. In-16. 2 fr.
— Dans notre classe. In-16, illustré. 2 fr. 25
— Quand j'étais petit garçon. In-16, illustré. 2 fr. 25
— Miss Sans-Cœur. In-16. 2 fr.
— Contes sans malice. In-16, illustré. 1 fr.
— Un peu partout. In-16, illust. 1 fr.
— Récits et menus propos. In-16, illustré. 1 fr.
— Têtes sages et têtes folles. In-16, illustré. 1 fr.

Gogol. Les âmes mortes. 2 volumes in-16. 2 fr. 50

Hall. Scènes de la vie maritime. In-16. 1 fr. 25

Hauff. L'auberge du Spessart. In-16, illustré. 2 fr. 25
— La caravane. In-16, illust. 2 fr. 25

Henty. Les jeunes francs-tireurs, traduction de l'anglais. In-8, illustré. 5 fr.

Hillern. La fille au vautour. In-16. 1 fr. 25

Kompert. Nouvelles juives, traduction de l'allem. In-16. 1 fr. 25

La Landelle (de). Mœurs maritimes. In-16. 3 fr. 50

Lesage. Aventures de Gil Blas. In-16, illustré. 2 fr. 25

Maistre (X. de). Œuvres choisies. In-16, illustré. 2 fr. 25

Marmier (X.). L'arbre de Noël. In-16, illustré. 2 fr. 25
— Robert Bruce. In-16. 3 fr. 50
— Légendes des plantes et des oiseaux. In-16. 3 fr. 50
— A la maison. In-16. 3 fr. 50

Masson (M.). Le dévouement. In-16, illustré. 2 fr. 25

Mayne-Reid. Les grimpeurs de rochers. In-16, illustré. 2 fr. 25
— A la mer! In-16, illust. 2 fr. 25
— Les vacances des jeunes Boërs. In-16, illustré. 2 fr. 25
— Les veillées de chasse. In-16, illustré. 2 fr. 25
— L'habitation du désert. In-16, illustré. 2 fr. 25
— Les exilés dans la forêt. In-16, illustré. 2 fr. 25
— Les peuples étranges. In-16, illustré. 2 fr. 25
— Les chasseurs de girafes. In-16, illustré. 2 fr. 25
— Les chasseurs de plantes. In-16, illustré. 2 fr. 25
— A fond de cale. In-16, illustré. 2 fr. 25
— Bruin ou les chasseurs d'ours. In-16. 2 fr. 25
— Les partisans. In-16. 1 fr. 25
— Le roi des Séminoles. 1 vol. In-16. 1 fr. 25
— La piste de guerre. In-16. 1 fr. 25

Muller. La boutique du marchand de nouveautés. In-16. 1 fr. 25

Page (H.). Un collège de femmes. In-16. 1 fr. 25

Peyronny (Mme de), née d'Isle. Deux cœurs dévoués. In-16, illustré. 2 fr. 25

Rousselet. La peau du tigre. In-8, illustré. 5 fr.

Sacher-Masoch. Le legs de Caïn. In-16. 1 fr. 25

— Le nouveau Job. In-16. 1 fr. 25

Saintine. Picciola. In-16. 3 fr. 50

— Seul ! In-16. 3 fr. 50

Stolz (Mme de). Le vieux de la forêt. In-16, illustré. 2 fr. 25

Swift. Voyages de Gulliver. Edition abrégée. In-16, illust. 2 fr. 25

Thackeray. La foire aux vanités. In-16. 2 fr. 50

Tom Brown, imité de l'anglais. In-8, illustré. 5 fr.

Topffer. Le presbytère. 1 vol. in-16. 3 fr. 50

— Nouvelles genevoises. 1 vol. in-16. 3 fr. 50

— Rosa et Gertrude. In-16. 3 fr. 50

Vèze (de). La fille du braconnier. In-8, illustré. 1 fr. 50

Vimont. Histoire d'un navire. In-16, illustré. 2 fr. 25

Witt (Mme de), née Guizot. Légendes et récits pour la jeunesse. In-8, illustré. 5 fr.

— Scènes historiques. 2 volumes in-8, illustrés. 10 fr. Chaque vol., séparément. 5 fr.

VIII. — Ouvrages divers.

Adam. Lectures militaires. In-16, cartonné. 1 fr. 50

Armagnac. Quinze jours en campagne. In-16, illustré. 1 fr.

Augé. Les tombeaux. In-16, illustré. 2 fr. 25

Bombonnel. Le tueur de panthères. In-16. 2 fr.

Bouant. Les grands froids. In-16, illustré. 2 fr. 25

Colomb (C.). Habitations et édifices. In-8, illustré. 3 fr.

Garsault. Les causeries d'un grand-père. In-16, illust. 90 c.

Gazeau. Les bouffons. In-16, illustré. 2 fr. 25

Guizot. L'amour dans le mariage. In-16. 1 fr. 25

— Lettres à sa famille et à ses amis. In-16. 3 fr. 50

Lacombe. Les armes et les armures. In-16, illustré. 2 fr. 25

Menault. L'amour maternel chez les animaux. In-16, illust. 2 fr. 25

Moireau. La marine française sous Louis XVI. In-8, illustré. 1 fr. 50

Monnier. Pompéi et les Pompéiens. In-16, illustré. 2 fr. 25

Moulin. En campagne. In-16, illustré. 1 fr.

Mussat (Mme). Autrefois et aujourd'hui. In-8, illustré. 1 fr. 50

Petit (Maxime). Les sièges célèbres. In-16, illustré. 2 fr. 25

— Le courage civique. In-16, illustré. 2 fr. 25

— La mer et la marine. In-8, illustré. 3 fr.

Raymond. Les marines de France et d'Angleterre comparées. 1 vol. in-16. 2 fr.

Série E. — Ouvrages pour les enfants.

Achard (Am.). Histoire de mes amis. In-16, illustré. 2 fr. 25

Albert-Lévy. La légende des mois. In-16, illustré. 1 fr.

Assolant (E.). Aventures merveilleuses du capitaine Corcoran. 2 vol. in-16, illustrés. 4 fr. 50

Belèze. Jeux des adolescents. In-16, illustré. 2 fr. 25

Berquin. Choix de petits drames et de contes. In-16, illust. 2 fr. 25

Blanchère (de la). Oncle Tobie le pêcheur. In-16, illust. 2 fr. 25

Carpentier (Mlle). La maison fermée. In-16, illustré. 2 fr. 25

— Sauvons-le! In-16, illust. 2 fr. 25

Carraud (Mme). Contes et historiettes. In-16, cartonné. 1 fr. 10

— La petite Jeanne. In-16, cartonné. 1 fr. 10

— Maurice. In-16, cart. 1 fr. 10

Cazin (Mme). Les petits montagnards. In-16, illustré. 2 fr. 25

— Un drame dans la montagne. In-16, illustré. 2 fr. 25

— Histoire d'un pauvre petit. In-16, illustré. 2 fr. 25

— L'enfant des Alpes. In-16, illustré. 2 fr. 25

Charton (Ed.). Histoire de trois enfants pauvres. In-16. 1 fr. 25

Chéron de la Bruyère (Mme). Contes à Pépée. In-16, illust. 2 fr. 25

Colomb (Mme). Le prix de Gisèle. In-18, illustré. 15 cent.

— La trouvaille de Jeannette. In-18, illustré. 15 cent.

— Entre oiseaux. In-18, illust. 15 c.

— La famille Friquet. In-18, illustré. 15 cent.

— Trottino. In-18, illust. 15 cent.

Cuir. Les petits écoliers. In-18, cartonné. 90 cent.

Defodon. Regardez, mais n'y touchez pas. In-18, illust. 15 cent.

Delon. Lectures expliquées. In-16, avec gravures, cartonné. 1 fr.

— Idylles enfantines. In-18, illustré. 15 cent.

— Historiettes. In-18, illust. 15 c.

Demoulin (Mme). Les jouets d'enfants. In-8, illustré. 1 fr. 50

Dillaye. Les jeux de la jeunesse. In-8, illustré. 10 fr.

Du Bos d'Elbhecq (Mme). Le père Fargeau. In-16, cartonné. 1 fr. 25

Durand (V.) Lectures choisies sur l'histoire de notre patrie. In-16, cartonné. 1 fr. 50

Duruy (G.). Pour la France. In-16, illustré, cartonné. 1 fr. 10

— Biographies d'hommes célèbres. In-16, illustré, cartonné. 1 fr. 25

Edgeworth (Miss). Contes de l'enfance. In-16, illustré. 2 fr. 25

— Contes de l'adolescence. In-16, illustré. 2 fr. 25

— Demain, suivi de Mourad le malheureux. In-16, illust. 2 fr. 25

Énault (L.). Le chien du capitaine. In-8, illustré. 5 fr.

Fath. Le Paris des enfants. In-8, illustré. 5 fr.

Fleuriot (Mlle). Plus tard. In-16, illustré. 2 fr. 25

— Un enfant gâté. In-16, ill. 2 fr. 25

— Ces bons Rosaec. In-16. 2 fr.

— Grand cœur. In-8, illust. 5 fr.

Foë (de). Robinson Crusoé. In-16, illustré. 2 fr. 25

Girardin. La vocation de Paul Violet. In-18, illustré. 15 c.

— Comme Don Quichotte. In-18, illustré. 15 c.

Gouraud (Mlle). Les quatre pièces d'or. In-16, illustré. 2 fr. 25

— L'enfant du guide. In-16, illustré. 2 fr. 25

— Les enfants de la ferme. In-16, illustré. 2 fr. 25

Hawthorne. Le livre des merveilles. 2 vol. in-16, illust. 4 fr. 50

Humbert. Jean le dénicheur. In-18, cartonné. 50 c

Kergomard (Mme). Galerie enfantine des hommes illustres. Grand in-18. 2 fr.

La Fontaine. Fables choisies. In-8, illustré. 1 fr. 50

Lebrun. Livre de lecture courante. 4 vol. in-18, cart. 4 fr. 40

Lévy (Daniel). Le docteur Pétrus. In-16, illustré. 1 fr.

Marcel (Mme J.). Les petits vagabonds. In-16, illustré. 2 fr. 25

— Le bon frère. In-16, ill. 2 fr. 25

— Histoire d'une grand'mère et de son petit-fils. In-16, illust. 2 fr. 25

Maréchal (Mlle). La dette de Ben-Aïssa. In-16, illustré. 2 fr. 25

— La maison modèle. In-16, illustré. 2 fr. 25

Pape-Carpantier (Mme). Histoires et leçons de choses. In-16, illustré. 2 fr. 25

— Nouvelles histoires et leçons de choses. In-16, illust. 2 fr. 25

— Lectures et travail pour les enfants et les mères. In-16, illustré, cartonné. 1 fr. 25

Perrault. Contes de fées. In-16, illustré. 2 fr. 25

Pitray (Mme de). Le château de la Pétaudière. In-16, illust. 2 fr. 25

Poiré. Six semaines de vacances. In-8, illustré. 1 fr. 50

Rousselet. Le charmeur de serpents. In-8, illustré. 5 fr.

Rousselet. Les deux mousses. In-8, illustré. 5 fr.

Schmidt. (Le chanoine). 190 contes. In-16, illustré. 2 fr. 25

Ségur (Mme de). L'auberge de l'Ange gardien. In-16, illustré. 2 fr. 25

— Le général Dourakine. In-16, illustré. 2 fr. 25

— La sœur de Gribouille. In-16, illustré. 2 fr. 25

— Mémoires d'un âne. In-16, illustré. 2 fr. 25

— Pauvre Blaise. In-16, illustré. 2 fr. 25

— Évangile d'une grand'mère. In-16, cartonné. 1 fr. 50

Soulice. Premières connaissances. In-18, cartonné. 30 c.

Souriau. Les 2 brigands. In-18, illustré. 15 c.

Stolz (Mme de). Le secret de Laurent. In-16, illustré. 2 fr. 25

Surville (A.). Les grandes vacances. In-16, illustré. 2 fr. 25

Witt (Mme de), née Guizot. Recueil de poésies pour les jeunes filles. In-16, illustré. 2 fr.

— Une sœur. In-8, illustré. 5 fr.

— Enfants et parents. In-16, illustré. 2 fr. 25

— Petite. In-16, illustré. 2 fr. 25

Wood (Mrs.) Édina. 2 volumes in-16. 2 fr. 50

Wyss. Le Robinson suisse. In-8, illustré. 3 fr.

Série F. — Économie politique.

About. L'ABC du travailleur. In-16. 3 fr. 50

Baudrillart. Économie politique populaire. In-16. 3 fr. 50

— Le crédit populaire. In-32. 25 c.

Bersot. Questions d'enseignement. In-16. 3 fr. 50

Carraud (Mme). Les veillées de maître Patrigeon. In-16. 1 fr. 25

Franklin. Essais de morale et d'économie politique. In-16. 1 fr. 25

Hébert. Leçons familières d'économie politique. In-16. 1 fr. 50

— Précis scolaire d'économie politique. In-16, cartonné. 1 fr. 50

Levasseur. Précis d'économie politique. In-16, cartonné. 3 fr.

— Du rôle de l'intelligence dans la production In-32. 25 c.

— L'assurance. In-32. 25 c.

Passy (Fréd.). L'industrie humaine. In-32. 25 c.

— Les machines et leur influence sur le progrès social. In-16. 1 fr. 25

Paulian. La hotte du chiffonnier. In-8, illustré. 5 fr.

Thévenin. Cours d'économie industrielle (tomes I à III). 3 vol. in-16. 3 fr. 75.

Vergnes. Manuel de gymnastique. In-16, avec figures, cart. 2 fr. 25

Véron. Les associations ouvrières. In-26. 1 fr. 25

— Les institutions ouvrières de Mulhouse. In-8. 7 fr. 50

Wolowski. Le travail des enfants dans les manufactures. In-32. 25 c.

Worms. Quelques considérations sur le mariage. In-32. 25 c.

Série G. — Mathématiques, Physique.

I. — Sciences mathématiques.

Albert-Lévy. Le pays des étoiles. In-8, illustré. 3 fr.

— Les nouveautés de la science. In-16, illustré. 1 fr.

Briot et Vacquant. Arpentage, levé des plans et nivellement. In-16, avec figures. 3 fr.

Collignon. Les machines. In-16, illustré. 2 fr. 25

Degranges. Petit traité de comptabilité agricole. In-8. 3 fr.

Demoulin (Mme). Les maisons des bêtes. In-8, illustré. 5 fr.

Flammarion. Les merveilles célestes. In-16, illustré. 2 fr. 25

Flammarion et Delon. Petite astronomie descriptive. In-16, avec figures. 1 fr. 25

Garrigues. Le système métrique. In-18, cartonné. 75 c.

Guillemin. Le ciel. Grand in-8, illustré. 30 fr.

— Les comètes. Grand in-8, illustré. 10 fr.

— Le soleil. In-16, illust. 1 fr. 25

— Les étoiles. In-16, illus. 1 fr. 25

— La lune. In-16, illust. 1 fr. 25

— Les nébuleuses. In-16, illustré. 1 fr. 25

Pape-Carpantier (Mme). Arithmétique, géométrie appliquée, système métrique (cours d'éducation, période élémentaire). Gr. in-18, cartonné. 1 fr. 50

II. — Sciences physiques

Abria. Voyage de la lumière au travers des cristaux. In-32. 25 c.

Albert-Lévy. Nos vraies conquêtes. In-8, illustré. 1 fr. 50

— Curiosités scientifiques. In-8, illustré. 1 fr. 50

— Une première année de sciences. In-16, avec gravures, cartonné. 90 c.

— Cent récits de science pittoresque. In-4, avec gravures, cartonné. 4 fr.

Baille. L'électricité. In-16, illustré. 2 fr. 25

Bérard. La chaux. In-32. 25 c.

Castillon. Récréations physiques. In-16, illustré. 2 fr. 25

— Récréations chimiques. In-16, illustré. 2 fr. 25

Cazin. Les forces physiques. In-16, illustré. 2 fr. 25

— La chaleur. In-16, illust. 2 fr. 25

— L'étincelle électrique. In-16, illustré. 2 fr. 25

Deharme. Les merveilles de la locomotion. In-16, illust. 2 fr. 25

Dehérain. Cours de chimie agricole. In-8, avec figures. 10 fr.

Dehérain et Tissandier. Éléments de chimie (sels, métaux et chimie organique). In-16, cartonné. 3 fr.

Delon. Le fer, la fonte et l'acier. Petit in-16, avec figures. 50 c.

Demoulin (Mme). La pluie et le beau temps. In-8, illust. 1 fr. 50

— Le chaud et le froid. Petit in-16, illustré. 60 c.

— L'eau liquide et l'eau solide. Petit in-16, illustré. 60 c.

Devic. Petite physique. 2 vol. In-16, avec figures. 1 fr.

Dujardin. La chaleur et l'humidité à la surface de la terre. In-32. 25 c.

Du Moncel. L'éclairage électrique. 2 vol. in-16, illust. 4 fr. 50

— Le téléphone. In-16, ill. 2 fr. 25

— Le microphone, le radiophone et le phonographe. In-16, illustré. 2 fr. 25

Figuier (L.). Les grandes inventions modernes. In-16 avec gravures, cartonné. 1 fr. 50

— Le savant du foyer. In-8, illustré. 10 fr.

— Vies des savants illustres de l'antiquité. 2 vol. in-16. 7 fr.

— L'année scientifique et industrielle (1856-1885). Chaque année, in-16. 3 fr. 50

Fonvielle (de). Les merveilles du monde invisible. In-16, illustré. 2 fr. 25

Garnier. Le fer. In-16, ill. 2 fr. 25

Garrigues et Boutet de Montvel. Simples lectures sur les sciences. In-16, avec grav., cart. 1 fr. 80

Graffigny. Les moteurs anciens et modernes. In-16, illust. 2 fr. 25

Guillemin. Le son. In-16. 1 fr. 25

— La lumière. In-16, illust. 1 fr. 25

— Les chemins de fer. 2 volumes in-16, illustrés. 4 fr. 50

— La vapeur. In-16, illust. 2 fr. 25

Hawthorne. Le livre des merveilles. 2 volumes in-16, illustrés. 4 fr. 50

Hélène (M.). Les galeries souterraines. In-16, illustré. 2 fr. 25

— La poudre à canon. In-16, illustré. 2 fr. 25

Hément. L'aluminium. In-32. 25 c.

Hennebert. Les torpilles. In-16, illustré. 2 fr. 25

Marion. Les merveilles de l'optique. In-16, illustré. 2 fr. 25

— Les ballons. In-16, ill. 2 fr. 25

Marzy. L'hydraulique. In-16, illustré. 2 fr. 25

Moitessier. L'air. In-16, illustré. 2 fr. 25

— La lumière. In-16, ill. 2 fr. 25

Muller (E.). La machine à vapeur. In-16. 1 fr. 25

— Quelle heure est-il ? Petit in-16, illustré. 60 c.

Payen. Précis de chimie industrielle. 2 vol. in-8 et atlas. 32 fr.

— L'éclairage au gaz. In-32. 25 c.

Radau. Le magnétisme. In-16, illustré. 2 fr. 25

— L'acoustique. In-16, illustré. 2 fr. 25

Renard. L'art naval. In-16, illustré. 2 fr. 25

— Les phares. In-16, illust. 2 fr. 25

Saffray. La chimie des champs. Petit in-16, avec figures. 50 c.

— La physique des champs. Petit in-16, avec figures. 50 c.

Sauzay. La verrerie. In-16, illustré. 2 fr. 25

Simonin. L'or et l'argent. In-16, illustré. 2 fr. 25

Ternant. Les télégraphes. In-16, illustré. 2 fr. 25

Tissandier. L'eau. In-16, illustré. 2 fr. 25

— La houille. In-16, ill. 2 fr. 25

— La photographie. In-16, illustré. 2 fr. 25

Wurtz. Histoire des doctrines chimiques. In-16. 3 fr. 50

Zurcher et **Margollé.** Les ascensions célèbres. In-16, ill. 2 fr. 25

III. — Sciences naturelles.

André (E.). Les *fourmis.* In-16, illustré. 2 fr. 25

Badin. Grottes et cavernes. In-16, illustré. 2 fr. 25

Brévans (de). La migration des oiseaux. In-16, illustré. 2 fr. 25

Capus. L'œuf. In-16, ill. 2 fr. 25

Cortambert. Les trois règnes de la *nature.* In-16, avec gravures, cartonné. 1 fr. 50

Dary. L'homme au fond de la mer. In-16. 1 fr. 25

Delon. Mines et carrières. Petit in-16, avec figures. 50 c.

— Le sol. Petit in-16, avec gravures. 50 c.

— Promenades dans les nuages. In-8, illustré. 1 fr. 50

— A travers nos campagnes : Histoire des animaux et des plantes de notre pays. In-4, illustré, cartonné. 4 fr.

— La maison flottante. Petit in-16, illustré. 60 c.

Depping. Merveilles de la force et de l'adresse. In-16, illustré. 2 fr. 25

Dieulafait. Diamants et pierres précieuses. In-16, illust. 2 fr. 25

Émery. La vie végétale. Gr. in-8, illustré. 30 fr.

Figuier. Scènes et tableaux de la nature. In-8, illustré. 1 fr. 50

Franklin (Jonathan). La vie des animaux, cours complet d'histoire naturelle. 6 vol. in-16. 21 fr.

On vend séparément :

Mammifères. 2 volumes. 7 fr.
Oiseaux. 3 fr. 50
Reptiles. 3 fr. 50
Poissons et Mammifères. 3 fr. 50
Monde des métamorphoses. 3 fr. 50

Gervais (P.). Zoologie. In-8, avec figures. 10 fr.

— Mammifères. In-16, ill. 1 fr. 25

Girard. Métamorphoses des insectes. In-16, illustré. 2 fr 25

Hélène (M.). Les galeries souterraines. In-16, illustré. 2 fr. 25

Hément (F.). Les infiniment petits. In-8, illustré. 1 fr. 50

Jamin. Quelques phénomènes atmosphériques. In-8, ill. 1 fr. 50

Landrin. Les monstres marins. In-16, illustré. 2 fr. 25

— Les inondations. In-16, illustré. 2 fr. 25

Lanoye (de). L'homme sauvage. In-16, illustré. 2 fr. 25

Lefebvre. Le sel. In-16, illustré. 2 fr. 25

— Les aliments. In-8, ill. 1 fr. 50

Lesbazeilles. Les colosses anciens et modernes. In-16. 2 fr. 25

— Les merveilles du monde polaire. In-16, illustré. 2 fr. 25

Marié-Davy et **Sonrel.** Éléments de physique terrestre. In-16, avec figures, cart. 1 fr. 80

Menault. L'intelligence des animaux. In-16, illustré. 2 fr. 25

Meunier. Les grandes pêches. In-16, illustré. 2 fr. 25

— Les grandes chasses. In-16, illustré. 2 fr. 25

Meunier (Mme Stanislas). Le monde végétal. In-8, ill. 1 fr. 50

— L'écorce terrestre. In-16, illustré. 2 fr. 25

Michelet. L'insecte. In-16. 3 fr. 50

— L'oiseau. In-16. 3 fr. 50

Millet. Les merveilles des fleuves et des ruisseaux. In-16, illustré. 2 fr. 25

Pape-Carpantier (Mme). Zoologie des écoles. 5 volumes grand in-18. 7 fr. 25

Raulin. Eléments de géologie. In-16, avec figures, cart. 1 fr. 25

Rendu (V.). Les animaux de la France. In-8, illustré. 10 fr.

— Mœurs pittoresques des insectes. In-16. 1 fr. 25

Le même ouvrage, avec gravures. In-16. 2 fr. 25

Reynaud. Histoire élémentaire des minéraux usuels. In-16, ill. 2 fr. 25

Saffray (Dr). Histoire de l'homme. Petit in-16, illustré. 50 cent.

— Leçons de choses. 1 vol. in-16, cartonné. 1 fr. 80

Saintine. La nature et ses trois règnes. In-8, illustré. 5 fr.

Seignette. Géologie. In-16, cartonné. 2 fr. 50

Simonin. Le monde souterrain. In-16, illustré. 2 fr. 25

— Le monde américain. In-16, illustré. 4 fr.

— Les cités ouvrières [illegible]jnours. In-32. 5 cent.

— Les pierres. Gr. in-8, illus. 10 fr.

— La vie souterraine. Gr. in-8, illustré. 30 fr.

Sonrel. Le fond de la mer. In-16, illustré. 2 fr. 25

Tissandier. Les fossiles. In-16, illustré. 2 fr. 25

— La navigation aérienne. In-16, illustré. 2 fr. 25

— Voyages dans les airs. Petit in-8, illustré. 1 fr.

Zurcher et Margollé. Volcans et tremblements de terre. In-16, illustré. 2 fr. 25

— Les météores. In-16, illustré. 2 fr. 25

— Les glaciers. In-16, illustré. 2 fr. 25

— Les trombes et les cyclones. In-16, illustré. 2 fr. 25

Série H. — Hygiène.

Meunier (Mme H.). Le docteur au village. Entretiens familiers sur l'hygiène. In-16. 1 fr. 25

Pécaut (Dr). Cours d'hygiène. In-16. 2 fr.

Riant (Dr). L'alcool et le tabac. Petit in-16, avec figures. 50 cent.

— Le café, le chocolat et le thé. Petit in-16, avec figures. 50 cent.

— Hygiène scolaire. In-16. 3 fr. 50

Saffray (Dr). Les moyens de vivre longtemps. Petit in-16, avec figures. 50 cent.

Ségur (Mme de). La santé des enfants. In-16. 50 cent.

Série I. — Industrie.

Deherrypon. La boutique de la marchande de poissons. 1 vol. in-16. 1 fr. 25

Delon. Histoire d'un livre. In-8, illustré. 1 fr. 50

Ernouf. Les inventeurs du gaz et de la photographie. In-16. 1 fr. 25

— Quatre inventeurs français. In-16. 1 fr. 25

Jonveaux. Histoire de trois potiers célèbres. In-16. 1 fr. 25

Lasteyrie (de). Histoire de l'orfèvrerie. In-16, illustré. 2 fr. 25

Lefebvre. Histoire d'une assiette. Petit in-8, illustré. 1 fr.

— Un morceau de sucre. Petit in-16, illustré. 60 cent.

Muller (E.). La boutique du marchand de nouveautés. 1 vol. in-16. 1 fr. 25

Poiré. La France industrielle. In-8, illustré. 10 fr.

— Simples lectures sur les principales industries. In-16, avec gravures, cartonné. 1 fr. 50

Série K. — Agriculture, etc.

Barrau et Heuzé. Simples notions sur l'agriculture. In-16, avec figures, cartonné. 1 fr. 50

— Félix, ou le jeune cultivateur. In-18, cartonné. 50 cent.

Bocquillon. La vie des plantes. In-16, illustré. 2 fr. 25

Calemard de la Fayette. L'agriculture progressive. In-16. 1 fr. 25

Degranges. Petit traité de comptabilité agricole. In-8. 3 fr.

Girard (M.). Le phylloxera de la vigne. Petit in-16. 50 cent.

— Catalogue raisonné des animaux utiles et nuisibles de la France. 2 vol. in-8. 4 fr.

Giron. Histoire d'une ferme. In-8, illustré. 1 fr. 50

Marion. Les merveilles de la végétation. In-16, illustré. 2 fr. 25

Menault. Le vacher et le bouvier. Petit in-16, avec fig. 50 c.

— Le berger. Petit in-16, avec figures. 50 cent.

— Les engrais. Petit in-16, avec figures. 50 cent.

Muller. Les apôtres de l'agriculture. In-8, illustré. 1 fr. 50

Neveu-Derotrie. Veillées villageoises. In-16, cart. 1 fr. 25

Quatrefages (de). Le ver à soie. In-32. 25 cent.

Rendu (V.). Notions élémentaires d'agriculture. In-18. 75 cent.

— Les abeilles. Petit in-16. 50 c.

— Les insectes nuisibles à l'agriculture. In-16, avec figures. 3 fr.

Richard (du Cantal). Etude de la conformation du cheval. In-16, avec figures. 3 fr. 50

— Vocabulaire agricole et horticole. In-16. 3 fr. 50

Sauvage. Comptabilité agricole. 3 cahiers. 3 fr.

Theuriet. Les enchantements de la forêt. In-8, illustré. 1 fr. 50

Thévenin. Cours d'économie industrielle (séries 4 et 7). 2 vol. in-16. 2 fr. 50
Chaque vol. séparément. 1 fr. 25

Série L. — Beaux-Arts.

Berger. L'Ecole française de peinture, depuis ses origines jusqu'à la fin du règne de Louis XIV. In-16. 3 fr. 50

Castel. Les tapisseries. In-16, illustré. 2 fr. 25

Clément (F.). Les musiciens célèbres. Gr. in-8, illustré. 12 fr.

Colomb (C.). La musique. In-16, illustré. 2 fr. 25

Danhauser. Chants pour les écoles. 10 cahiers réunis en 1 volume in-16. 3 fr. 50
Chaque cahier. 40 cent.

Duplessis. Les merveilles de la gravure. In-16, illustré. 2 fr. 25
— Histoire de la gravure. Grand in-8, illustré. 25 fr.

Erwin (Mme d'). Histoire d'un tableau. In-8, illustré. 1 fr. 50

Henriet (D'). Cours rationnel de dessin. 3 vol. gr. in-8, et atlas in-4. 26 fr.
On vend séparément :
1re partie. *Dessin d'imitation.* 8 fr.
2e partie. *Dessin linéaire.* 8 fr.
3e partie. *Dessin d'ornement.* 10 fr.

Jacquemart. Merveilles de la céramique. 3 vol. in-16, illust. 6 fr. 75
On vend séparément :
1re partie. *Orient.* 2 fr. 25
2e partie. *Occident.* 2 fr. 25
3e partie. *Occident.* 2 fr. 25
— Histoire de la céramique. Grand in-8, illustré. 25 fr.
— Histoire du mobilier. Grand in-8, illustré. 30 fr.

Lefèvre. Les merveilles de l'architecture. In-16, illust. 2 fr. 25

Müntz (E.). Raphaël, sa vie, son œuvre et son temps. Gr. in-8, illustré. 25 fr.

Parent (Mlle). Etude du piano. In-16. 2 fr.

Quicherat (J.). Histoire du costume en France. Grand in-8, illustré. 20 fr.

Quicherat (L.). Traité élémentaire de musique. In-16. 1 fr. 50

Savard. Principes de la musique et méthode de transposition. In-8. 4 fr.
— Premières notions de musique. In-16. 50 cent.

BIBLIOTHÈQUES

Nos			
1.	Bibliothèque chêne fort; hauteur 2 mètres, largeur 1 mètre, profondeur 0m,30, vitrée...	la pièce 77 fr.	»
	La même, non vitrée..................	— 73	»
	Emballage en plus..................	— 3	50
2.	Bibliothèque acajou; hauteur 2 mètres, largeur 1 mètre, profondeur 0m,30...........	— 112	»
	La même, vitrée..................	— 118	»
3.	Bibliothèque à deux corps en chêne; hauteur 2m,10, largeur 1m,10, profondeur 0m,30 et 0m,45..................	— 200	»
	La même, vitrée..................	— 206	»

5413. BOURLOTON. — Impr. réunies, A, rue Mignon, 2, Paris. 7.86. — 60.000

www.ingramcontent.com/pod-product-compliance
Lightning Source LLC
LaVergne TN
LVHW011301110826
845149LV00001B/212

* 9 7 8 2 0 1 1 8 5 7 9 8 9 *